근대 한국학 교과서 총서

5

윤리과

성신여대 인문융합연구소 **편**

제이앤씨
Publishing Company

간행사

근대 한국학 교과서의 탄생

1.

근대 교과서는 당대 사회의 복잡한 사회・역사・정치・문화의 상황과 조건들의 필요에서 나온 시대의 산물이다. 한국 근대사는 반봉건과 반외세 투쟁 속에서 자주적인 변혁을 이루어야 했던 시기였고, 특히 1860년대부터 1910년에 이르는 시간은 반봉건・반외세 투쟁을 전개하면서 근대적 주체를 형성해야 했던 때였다. 주체의 형성은 근대사에서 가장 중요한 과제였는 바, 그 역할의 한 축을 담당한 것이 근대 교육이다.

근대 초기 교과서 개발은 1876년 개항 이후 도입된 신교육 체제를 구현하기 위한 구체적인 과제였다. 교과서가 없이는 신교육을 실행할 수 없었기 때문에 개화정부는 교육개혁을 시행하면서 우선적으로 교과서 개발을 고려한다. 갑오개혁에 의해 각종 학교의 관제와 규칙이 제정되고 이에 따라 근대적 형태의 교육과정이 구성되는데, 교육과정이 실행되기 위해서는 교육내용을 전하는 교과서를 먼저 구비해야 했다. 당시 교과서 편찬을 관장했던 기구는 '학부(學部) 편집국'이다. 편집국은 일반도서와 교과용 도서에 관한 업무를 관장해서 ① 도서의 인쇄, ② 교과용 도서의 번역, ③ 교과용 도서의 편찬, ④ 교과용 도서의 검정, ⑤ 도서의 구입・보존・관리 등의 사무를 맡았다. 학부는 교과서의 시급성을 감안하여 학부 관제가 공포된지 불과 5개월만인 1895년 8월에 최초의 근대 교과서라 할 수 있는『국민소학독본』을 간행하였고, 이후『소학독본』(1895)과『신정심상소학』(1896) 등을 연이어 간행해서 1905년까지 40여 종의 교과서를 출간하였다.

학부 간행의 교과서는 교육에 의한 입국(立國) 의지를 천명한 고종의 '교육조서'(1895,2)에 의거해서 이루어졌다. 교육조서는 ① 교육은 국가 보존의 근본이고, ② 신교육은 과학적 지식과 신학문과 실용을 추구하는 데 있고, ③ 교육의 3대 강령으로 덕육(德育)・체육(體育)・지육(智育)을 제시하고, ④ 교육입국의 정신을 들어 학교를 많이 설립하고 인재를 길러내는 것이 곧 국가 중흥과 국가보전에 직결된다는 것을 천명하였다. 이는 오늘날의 바람직한 국민상을 육성하기 위한 교육 목표와 동일한 것으로, 이런 취지를 바탕으로 학부는 신학문의 흡수와 국민정신의 각성을 내용으로 하는 교재를 다수 출간한다. 학부는 『조선역사』, 『태서신사』, 『조선지지』, 『여재촬요』, 『지구약론』, 『사민필지』, 『숙혜기략』, 『유몽휘편』, 『심상소학』, 『소학독본』, 『서례수지』, 『동국역사』, 『동국역대사략』, 『역사집략』, 『조선역사』 등 역사와 지리, 수신과 국어 교과서를 연속해서 간행했는데, 특히 역사와 지리 교과서가 다수 출판된 것을 볼 수 있다.

이 시기 교과서를 제대로 이해하기 위해서는 우선 교과서 편찬 주체가 누구인가를 알아야 한다. 불과 두세 달의 시차를 두고 간행되었지만 교과의 내용과 정치적 입장, 역사 인식 등에서 큰 차이를 보이는 『국민소학독본』과 『신정심상소학』을 비교해봄으로써 그런 사실을 알 수 있다.

『국민소학독본』이 간행된 1895년 전후의 시기는 민비와 대원군을 둘러싼 갈등과 대립이 극에 달했던 때였다. 『국민소학독본』은 박정양이 총리대신으로 있던 시기에 간행되었는데, 당시 교과서 편찬의 실무는 이상재(학부참서관), 이완용(학부대신), 윤치호(학부협판) 등 친미·친러파 인사들이 맡았다. 그런 관계로 『국민소학독본』에는 일본 관련 글은 거의 없고 대신 미국과 유럽 관련 글들이 대부분을 차지한다. 전체 41과로 구성되어 우리의 역사와 인물, 근대생활과 지식, 서양 도시와 역사와 위인을 다루었는데, 미국 관련 단원이 10과에 이른다. 그런데, 『신정심상소학』은 민비가 시해되고 대원군이 집권하면서 김홍집이 총리대신으로 있던 시기에 간행되었다. 친일 내각의 등장과 함께 일제의 개입이 본격화되어 책의 '서(序)'에는 일본인 보좌원 다카미 가메(高見龜)와 아사카와(麻川松次郞)가 관여한 사실이 소개되고, 내용도 일본 교과서인 『尋常小學讀本(신정심상소학)』을 그대로 옮겨놓다시피 했다. 근대적인 체계를 앞서 갖춘 일본의 교재를 참조한 것이지만, 일본인 명사 2명이 소개된 것처럼 교과 내용이 친일적으로 변해서 이전 교과서와는 상당히 다른 모습이다.

1906년 일제의 통감이 파견되고 일인 학정참정관이 조선의 교육을 장악하면서부터 교과서의 내용은 이전과 확연히 달라진다. 1906년 2월에 통감부가 서울에 설치되고 초대 통감으로 이토 히로부미(伊藤博文)가 부임해서 한국 국정 전반을 지휘·감독하였다. 일제는 교과서야말로 식민지 건설에 가장 영향력 있는 수단으로 간주해서 교과서 출판에 적극 개입하였다. 조선의 역사와 지리 그리고 국어과 교과서 출판에 대해서는 극심한 통제를 가했고, 한국인 출판업자가 출원하는 검정 교과서는 이른바 '정치적 사항에 문제가 있다' 하여 불인가 조치를 가하는 경우가 빈번하였다. 그 결과 한국사 및 한국 지리 교과서는 거의 간행되지 못하고, 대신 친일적인 내용의 교과서가 다수 간행된다. 1909년 5월에 보통학교용으로 『수신서』 4책, 『국어독본』 8책, 『일어독본』 8책, 『한문독본』 4책, 『이과서』 2책, 『도화 임본』 4책, 『습자첩』 4책, 『산술서』 4책이 출간된다. 이들 교과서에는 일본 관련 단원이 한층 많아져서, 『보통학교학도용 국어독본』(1907)에서 볼 수 있듯이, 우리나라와 일본의 국기가 나란히 걸린 삽화가 게재되고(1권 「국기」), 『일본서기』를 근거로 한 일본의 임나일본부설이 수록되며(6권 「삼국과 일본」), 심지어 세계 6대 강국이 된 군국주의 일본의 강성함을 선전하는 내용의 글(8권 「세계의 강국」)이 수록되기에 이른다.

민간인에 의한 교과서 출판은 을사늑약 이후 활발하게 이루어진다. 일제의 강압 아래 추진된 학부 간행의 교과서를 비판하면서 자주적 한국인 양성에 적합한 교과서를 편찬하고자 힘을 모으는데, 편찬의 주체는 민간의 선각이나 학회와 교육회였다. 이들은 교과서를 '애국심을 격발시키고 인재를 양성'하는 도구로 간주하였다. "학교를 설립하고 교육을 발달코자 할진데 먼저 그 학교의 정신부터 완전케 한 연후에 교육의 효력을 얻을지니 학교의 정신은 다름 아니라 즉 완전한 교과서에 있"다고 말하며, 학교가 잘 설비되어 있더라도 교과서가 "혼잡 · 산란하여 균일한 본국정신"을 담고 있지 못하다면 "쓸데없는 무정신교육"이 되어 국가에 별 이익이 없을 것이라고 주장했는데, 그것은 교과서가 "애국심을 격발케 하는 기계"(「학교의 정신은 교과서에 재함2」. 《해조신문》, 1908, 5.14.)라고 보았기 때문이다. 당시 민간 선각이나 학회들이 대대적으로 교과서 간행에 나선 것은 이런 배경을 갖고 있었다.

민간에서 간행된 최초의 교과서는 대한민국교육회의 『初等小學(초등소학)』(1906)이다. 당시 4년제인 보통학교의 전 학년이 배울 수 있도록 각 학년에 2권씩 모두 8권이 간행되었는데, 『초등소학』에서 무엇보다 두드러지는 것은 자주독립과 충절로 무장한 국민을 만들고자 하는 의지이다. 국가의 운명이 백척간두에 달한 현실에서 『초등소학』은 단군, 삼국시대, 영조, 세종, 성종 등 민족사의 성현들의 행적을 소환한다. 민족이란 발전하는 실체라기보다는 발생하는 현실이자 지속적으로 수행되고 또 다시 수행되는 제도적 정리 작업이라는 점에서 부단히 새롭게 규정될 수밖에 없는데, 『초등소학』은 그런 작업을 과거의 역사와 영웅적 인물들의 소환을 통해서 시도한다. 여기서 곽재우와 송상현, 조헌의 수록은 각별하다. 곽재우는 임진왜란 때 일제의 침략을 물리친 장군이고, 송상현 역시 동래부사로 있으면서 죽음으로 왜군을 막은 장수이며, 조헌은 일본군과 싸우다 금산성 밖에서 전사한 인물이다. 이들을 통해서 풍전등화의 민족적 위기를 극복하고자 하는 취지를 보여준다. 또, 『초등소학』에서 언급되는 한국사는 『大東歷史略(대동역사략)』의 내용을 그대로 집약한 것으로, 중국과의 관계에서 조선의 자주성이 강조되고 일본의 침략을 경계하는 내용이 주를 이룬다. 『대동역사략』은 신라가 마한의 뒤를 이어 삼국을 주도한, 한국사의 계통을 중화 중심에서 벗어나 자주적이고 주체적인 시각에서 서술하여 민족의 자부심을 고취시키고자 하는 취지를 갖고 있었다.

이런 내용의 『초등소학』을 시발로 해서 『유년필독』, 『몽학필독』, 『노동야학독본』, 『부유독습』, 『초등여학독본』, 『최신초등소학』, 『신찬초등소학』, 『초목필지』, 『초등국어어전』, 『윤리학 교과서』, 『초등소학수신서』, 『대한역사』, 『보통교과대동역사략』 등 수신과 역사, 지리 등의 교재들이 간행되었다.

사립학교의 대부분은 남학교였지만, 한편에서는 여성교육이 강조되고 여학교가 설립되기도 하였다. 1880년대부터 선교사들에 의하여 이화학당을 비롯한 여학교들이 설립되고, 민간에서도 1897년경 정선여학교가, 1898년에는 순성여학교가 설립되었다. 순성여학교를 설립한 찬양회는 여성단체의 효시로 여성의 문명개화를 위하여 여학교를 설립하였다. 이들 여학생을 위해서 각종 여학생용 교과서가 간행된다. 『녀ᄌᆞ쇼학슈신셔』, 『부유독습』, 『초등여학독본』 등의 교과서에서는, 여성이 맺는 여성 혹은 남성과의 관계에서 동등한 지위를 차지해야 한다는 담론이 등장하고, 유교적·전통적 성격의 여성상과 기독교적·서구적 성격의 여성상이 일정 수준 이상으로 혼재하고, 국모(國母)의 양성이 강조된다.

2.

『근대 한국학 교과서 총서』에는 총 54종 133권이 수록되었다. 여기서 교과서를 국어과, 수신과, 역사과, 지리과로 나누어 배치한 것은 다분히 편의적인 것이다. 근대적 의미의 교과(教科)가 분화되기 이전에 간행된 관계로 개화기 교과서는 통합교과적인 특성을 갖고 있다. 특히 국어와 수신 교과서는 내용이 중복되어 분간이 어려울 정도이다. 그럼에도 교과를 나눈 것은 다음과 같은 최소 기준에 의한 것이다.

'국어과'는, 교재의 제명이 독본(讀本), 필독(必讀), 필지(必知), 독습(讀習), 보전(寶典), 작문(作文) 등 다양하게 나타나지만, 당대의 문화, 역사, 정치, 경제적 정체성을 '국어'로 반영했다는 데서 국어과로 분류하였다. 당시 국어과 교과서는 "다른 교과목을 가르칠 때에도 항상 언어 연습을 할 수 있도록 하고, 글자를 쓸 때에도 그 모양과 획순을 정확히 지키도록 지도"(보통학교령, 1906) 하는 데 초점을 두었다. 근대지의 효율적인 생산과 유통에서 무엇보다 긴절했던 것은 '국어'에 대한 인식과 국어 사용 능력의 제고였다. 『신정심상소학』, 『보통학교학도용 국어독본』, 『최신 초등소학』 등 이 시기 대다수의 국어 교과서가 앞부분에서 국어 자모나 어휘와 같은 국어·국자 교육을 실행한 까닭은 근대적 지식을 용이하게 전달하기 위한 교육적 필요 때문이었다.

'윤리과'는 '수신(修身)'이라는 제명을 가진 교과서를 묶었다. 학부에서 발간을 주도한 수신과 교과서는 대체로 초등학교용에 집중되어 있고, 중등학교용이나 여학교용은 이 영역에 관심이 있던 민간단체나 개인이 주로 발간하였다. 수신과 교과서는 발간의 주체가 다양했던 관계로 교과서의 내용이나 전개 방식이 다채롭다. 역사에서 뛰어난 행적을 남긴 인물들의 사례를 연령대별로 모아 열거한 경우도 있고(『숙혜기략』), 근대적 가치를 포함시키고 삽화에 내용 정리를 위한 질문까지 곁들인 경우도 있으며(『초등소학 수신서』), 당시 국가가 처한 위기 상황과는 맞지 않게 일제의 영향으로 충군과 애국 관련 내용을 소략하게 수록한 경우도(『보통학교학도용 수신서』) 있다. '중등학교용' 수신과 교과서는, '초등학교용'에 비해 다채로운 방식으로 내용이 전개되지는 않지만 교과서 발간 주체들이 전통적 가치와 대한제국으로 유입되던 근대적 가치들을 조화시키기 위해 노력한 흔적을 보여준다. 또한 발간 시기가 1905년 을사늑약 이후로 집중되어 있어서인지 전체적으로 교과서 내용의 수준이 심화되고 분량도 늘어나는 가운데 충군과 애국 관련 내용이 증가하고, 그 표현의 어조도 한층 강화된 것을 볼 수 있다.

'지리과'는 '지리(地理), 지지(地誌)' 등의 제명을 갖는 교과서를 대상으로 하였다. 지리과 교과서 역시 발행 주체에 따라 학부 간행과 민간 선각에 의한 사찬 교과서로 구분된다. 학부 교과서는 종류와 승인·보급된 수량이 적고 특히 을사늑약 이후 일본의 식민치하에서는 발행이 매우 제한적이었다. 1895년 학부 간행의 『조선지지』는 우리나라 최초의 지리 교과서로, 조선의 지정학적 위치를 설명한 뒤, 한성부에서 경성부에 이르는 전국의 23부를 원장부전답·인호·명승·토산·인물 등으로 구분·기재하였다. 반면에 민간 선각들에 의한 발행은 일본의 교육 식민화를 저지하기 위한 목적에서 간행된 다양한 특성의 교과서들이다. 이 시기에는 세계지리를 다룬 만국지리 교과서의 발행이 증가하였는데, 세계 대륙과 대양의 위치 및 관계를 서술하고, 사회 진화 정도(야만, 미개, 반개, 문명)에 따라 세계 지역을 구분하는 등 사회진화론적 인식체계를 보여주었다. 『초등만국지리대요』에서는 '청국 남자는 아편을 좋아하고, 한족 부녀는 전족을 한다'는 부정적 서술이 있는 등 중국 중심의 유교적 철학과 사대주의적 관념에서 벗어나 문명 부강을 추구하는 서구적 문명관으로 재편되고 있음을 볼 수 있다.

'역사과'는 학부에서 발행한 관찬 사서 6권과 사찬 사서 20권으로 대별된다. 관찬 사서 6권은 모두 갑오개혁기(1895)와 대한제국기(1899)에 발행되었고, 사찬 사서 20권은 계몽운동기(1905~1910)에 발행되었다. 갑오개혁기 교과서에서는 모두 '大朝鮮國 開國 紀元'이라는 개국 기원을 사용해 자주독립 의식을 표현하고 있는 점이 특징이다. 하지만 자주와 독립의 의미를 강조하면서도 개국과 근대화 과정에서 일본의 역할과 관계를 강조하는 시각이 투사되어 있다. 교과서에 대한 통제가 본격화된 통감부 시기에 간행된 교과서에는 일제의 사관이 한층 깊이 개입된다. 현채의 『중등교과 동국사략』의 경우, 일본 다이스케 하야시의 『朝鮮史(조선사)』(1892)의 관점을 수용해서 개국과 일본에 의한 조선 독립이라는 내용이 삽입되어 있다. 이후 발행된 다양한 자국사 교과서들 역시 비슷한 관점에서 서술된다. 외국사 교과서는 1896년에 발행된 『萬國略史(만국약사)』부터 1910년에 발행된 『西洋史教科書(서양사교과서)』까지 모두 유사한 관점으로 되어 있다. 제국주의 침략에 맞서 문명개화 노선으로 부국강병을 꾀하려는 의도를 담고 있지만, 문명개화국과 그렇지 않은 국가 간의 우열을 그대로 드러내는 사회진화론적 관점을 보여서 세계 각 나라를 야만→미개→반개→문명으로 나누어 서술하였다. 유럽은 문명을 이룩하여 강대국이 되었으나, 조선은 반개(半開)의 상태로 야만과 미개는 아니지만 문명에는 미달한다고 서술한 것을 볼 수 있다.

3.

그동안 근대 교과서에 대한 관심이 적었던 것은 교과서 자체가 온전한 형태로 복원되지 못했기 때문이다. 여기저기 자료들이 산재해 있었고, 그것의 내역과 계통을 파악하지 못한 경우가 많았다. 그러다 보니 학계의 관심 또한 저조하기 이를 데 없었다. 이에 필자는 근대 교과서를 조사하고 체계화하여 이렇게 그 일부를 공간한다. 상태가 온전하지 못하고 결락된 부분도 있지만, 지금 상황에서 최선을 다한 것임을 밝힌다. 이들 자료는 국립중앙도서관, 국회도서관, 서울대 중앙도서관, 규장각도서관, 고려대 도서관, 이화여대 도서관, 한국학중앙연구원 한국학도서관, 세종대학교 학술정보원, 한국교육개발원, 제주 항일기념관, 한국개화기교과서총서(한국학문헌연구소편) 등등에서 취합하고 정리하였다. 작업에 협조해 준 관계자분들께 감사를 표하며, 아울러 본 총서 간행을 가능케 한 한국학중앙연구원의 지원에 감사를 드린다.

영인본의 명칭을 『근대 한국학 교과서』라 칭한 것은 다양한 내용과 형태의 교과서를 묶기에 적합한 말이 '한국학(Koreanology)'이라고 생각한 때문이다. 한국학이란 범박하게 한국에 관한 다양한 분야에서 한국 고유의 것을 연구 · 계발하는 학문이다. 구체적 대상으로는 언어, 역사, 지리, 정치, 경제, 사회, 문화 등 제 분야를 망라하지만, 여기서는 국어, 역사, 지리, 윤리로 교과를 제한하였다. 이들 교과가 근대적 주체(한국적 주체) 형성에 결정적으로 기여하였고, 그것이 이후의 복잡한 사회 · 역사 · 정치 · 문화의 상황과 길항하면서 오늘의 주체를 만들었다고 믿는다.

모쪼록, 이들 자료가 계기가 되어 교과서에 대한 다양한 관심과 연구가 촉발되기를 소망한다.

2022년 3월 1일
강진호

일러두기

- 수록 교과서는 총 54종 133권이고, 각 권에 수록된 교과서 목록은 아래와 같다.
- 국어과 · 윤리과 · 역사과 · 지리과의 구분은 편의상의 분류이다.
- 『초등국어어전』은 1, 3권은 개정본이고, 2권은 초판본이다.
- 『해제집』(10권)은 개화기와 일제강점기 교과서 전반을 망라한 것이다.
- 개화기와 일제강점기 교과서 목록은 10권 말미에 첨부한다.

교과	권	수록 교과서
국어과 (20종 48권)	1	국민소학독본(1895), 소학독본(1895), 신정심상소학(3권)(1896), 고등소학독본(2권)(1906), 최신초등소학(4권)(1906), 초등소학(1906), 보통학교학도용 국어독본(7권)(1907)(7권 결)
	2	유년필독(4권)(1907), 유년필독석의(2권)(1907), 초등여학독본(1908), 노동야학독본(1908), 부유독습(2권)(1908)
	3	초목필지(2권)(1909), 신찬초등소학(6권)(1909), 몽학필독(1912), 초등작문법(1908), 개정초등국어어전(3권)(1910), 대한문전(1909), 보통학교학도용 한문독본(4권)(1907), 몽학한문초계(1907)
윤리과 (12종 31권)	4	숙혜기략(1895), 서례수지(규장각본), 서례수지(한문본, 1886), 서례수지(한글, 1902), 보통학교학도용 수신서(4권)(1907), 초등소학(8권)(1906), 초등윤리학교과서(1907), 초등소학수신서(1908)
	5	여자독본(2권)(1908), 초등여학독본(1908), 여자소학수신서(1909), 중등수신교과서(4권)(1906), 고등소학수신서(1908), 윤리학교과서(4권)(1906)
역사과 (9종 36권)	6	조선역사(3권)(1895), 조선역대사략(3권)(1895), 동국역대사략(6권)(1899), 초등대한역사(1908), 초등본국역사(1908),
	7	역사집략(11권)(1905), 보통교과 동국역사(5권)(1899), 중등교과 동국사략(4권)(1906), 초등본국약사(2권)(1909)
지리과 (13종 18권)	8	조선지지(1895), 소학만국지지(1895), 지구약론(1897), 한국지리교과서(1910), 초등대한지지(1907), 최신초등대한지지(1909), 대한신지지(2권)(1907), 문답대한신지지(1908), 여재촬요(1894)
	9	(신정)중등만국신지지(2권)(1907), 사민필지(한글본)(1889), 사민필지(한문본)(1895), 중등만국지지(3권)(1902), 신편대한지리(1907)
해제집	10	근대 교과서 해제

목차

녀자독본

상 · 하

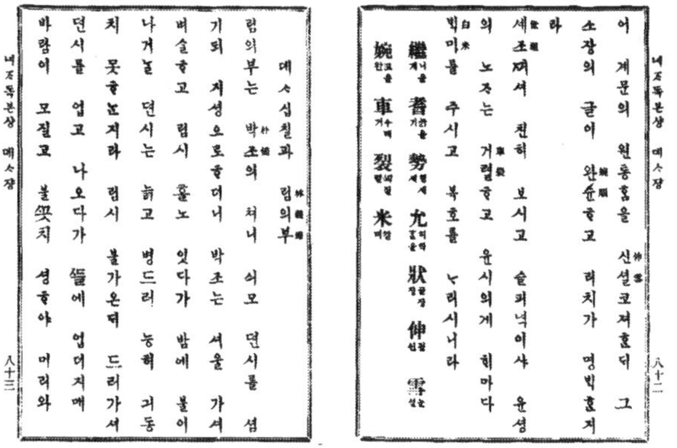

녀ᄌᆞ독본샹 뎨ᄉᆞ장 八十二
어 계문의 원통ᄒᆞᆷ을 신설코져ᄒᆞᄃᆡ 그
소장의 글이 완슌ᄒᆞ고 려치가 명빅ᄒᆞ지
라
세조께셔 친히 보시고 슬피녁이샤 윤셩
의 노ᄌᆞ는 거렴ᄒᆞ고 윤시의게 ᄒᆡ마다
빅미를 주시고 복호를 ᄂᆞ리시니라
繼 耆 勢 允 狀 伸 雪
婉 車 裂 米
녀ᄌᆞ독본샹 뎨ᄉᆞ장 八十三
뎨ᄉᆞ십칠과 림의부
림의부는 박조의 처니 싀모 뎐시를 셤
기되 지셩으로 ᄒᆞ더니 박조는 셔울 가셔
벼슬ᄒᆞ고 림시 홀노 잇다가 밤에 불이
나거ᄂᆞᆯ 뎐시는 늙고 병드러 능히 긔동
치 못ᄒᆞᄂᆞᆫ지라 림시 불가온ᄃᆡ 드러가셔
뎐시를 업고 나오다가 뜰에 업더지매
바람이 모질고 불ᄭᅩᆺ치 셩ᄒᆞ야 머리와

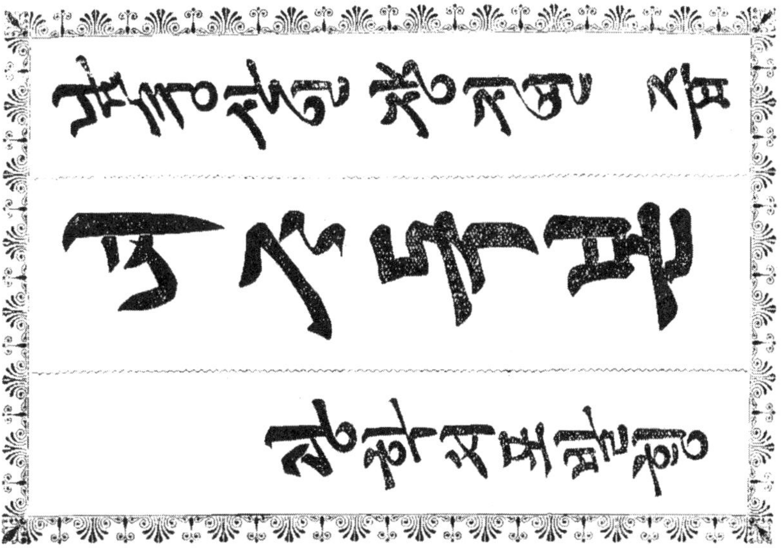

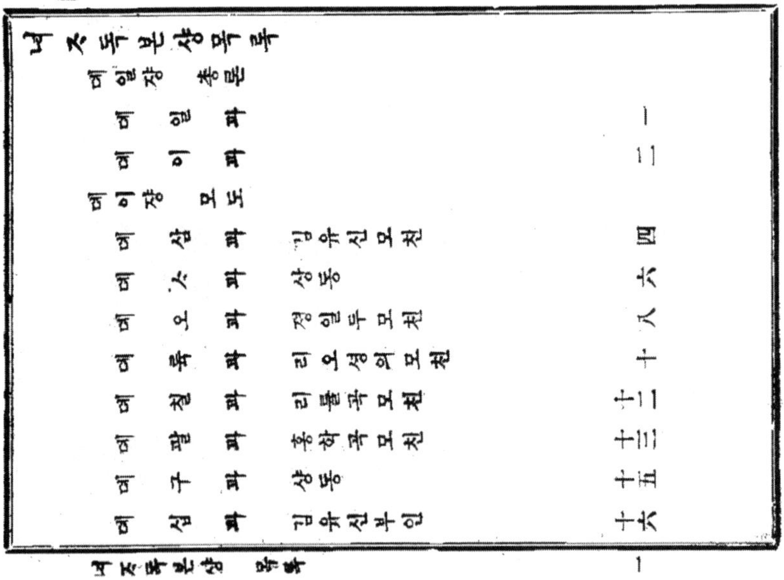
녀ᄌᆞ독본샹목록

뎨일쟝 총론

뎨이쟝 모도

녀ᄌᆞ독본샹 목록 1

녀ᄌ독본샹목록죵

녀ᄌ독본(女子讀本) 샹

남승산인(南嵩山人) 쟝지연(張志淵) 집(輯)

뎨일쟝(第一章) 총론(總論)

뎨일과(第一課)

녀ᄌ는 나라 ᄇᆡᆨ셩(百姓)된 자의 어머니될 사ᄅᆞᆷ이라 녀ᄌ의 교육(敎育)이 발달(發達)된 후에 그 ᄌ녀로 ᄒᆞ여곰 착ᄒᆞᆫ 사ᄅᆞᆷ을 일울지라 그런고로 녀ᄌ를 ᄀᆞᄅᆞ침이 곳 가뎡(家庭)교육을 발

달ᄒᆞ야 국민(國民)의 지식(智識)을 인도(引導)ᄒᆞᄂᆞᆫ 모범(模範)이
되ᄂᆞ니라

女 녀계집 子 ᄌᆞ아ᄃᆞᆯ 讀 독닑을 本 본근본 南 남남녁 嵩 숭놉흘 山 산뫼
人 인사ᄅᆞᆷ 張 쟝베플 志 지ᄯᅳᆺ 淵 연못 輯 집지을 第 뎨ᄎᆞ례 一 일ᄒᆞᆫ
章 쟝글쟈 總 총거ᄂᆞ릴 論 론의론 課 과일과 百 ᄇᆡᆨ일ᄇᆡᆨ 姓 셩셩 教 교ᄀᆞᄅᆞ칠
育 육기를 發 발필 達 달통달 家 가집 庭 뎡ᄯᅳᆯ 國 국나라 民 민ᄇᆡᆨ셩
智 지지혜 識 식알 引 인ᄭᅳ을 導 도인도 模 모법 範 범법

뎨이과 (二)

어머니 된쟈ㅣ 누가 그 ᄌᆞ식(子息)으로ᄒᆞ여곰
착ᄒᆞᆫ사ᄅᆞᆷ이 됨을 원(願)치아니ᄒᆞ리오마ᄂᆞᆫ ᄆᆡ
양 ᄋᆡ졍(愛情)에 ᄲᅡ져 그 ᄌᆞ식의 악(惡)ᄒᆞᆫ힝실을
기르ᄂᆞ니 아바지 된쟈ㅣ 그 ᄌᆞ식으로
멀니 학교(學校)에 보내고져ᄒᆞ여도 그 어머니
나 혹(或) 그 조모(祖母)가 ᄋᆡ졍에 못니져 반ᄃᆡᆨ(反對)
ᄒᆞᄂᆞᆫ쟈ㅣ 만ᄒᆞ니 이거슨 다 녀ᄌᆞ의 학(學)
문(問)이 업서 그러ᄒᆞᆷ이니라

息 쉴식 願 원홀원 愛 ᄉ랑ᄋᆡ 情 뜻졍 惡 악홀악 學 ᄇᆡ홀학 校 학교교

或 혹혹 祖 할아비조 母 어미모 反 도리킬반 對 ᄃᆡ홀ᄃᆡ 問 무를문

뎨이쟝 모도(母道)

이쟝은 ᄌ고로 어머니 도를 잘ᄒᆞᆫ 부인(夫人)을 긔록(記錄)ᄒᆞᆷ이라

뎨삼(三)과 김유신모친(金庾信母親)

김유신은 신라(新羅)ᄊᆡ 명장(名將)이라 ᄋ희시졀에 그 모부인이 날마다 ᄀ르침을 엄(嚴)히ᄒᆞ야 동

류(類)들과 망령되히 ᄉ괴여 놀지 못ᄒᆞ게 ᄒᆞ더니 유신이 일일(一日)은 녀령(女伶)의 집에가셔 자고오거ᄂᆞᆯ 모부인이 크게 노(怒)ᄒᆞ야 ᄭᅮ지져왈(曰) 네 공부(工夫)를 힘써 립신양명(立身揚名)ᄒᆞᆷ을 셩각지아니ᄒᆞ고 날마다 부랑ᄌ뎨(浮浪子弟)로 더브러 챵녀(娼女)의집에 가셔 방탕(放蕩)히 노ᄂᆞ냐ᄒᆞᆫ딕 유신이 곳 밍셰(盟誓)ᄒᆞ고 다시 챵녀의 집에 가지아니ᄒᆞ더라

道 길도	自 스ᄉᆞ로ᄌᆞ	古 녜고	夫 지아비부	人 사ᄅᆞᆷ인	記 긔록긔	錄 긔록록
三 석삼	金 쇠금	庾 고집유	信 밋을신	親 어버이친	新 새신	羅 깁라
名 일홈명	將 장슈장	嚴 엄ᄒᆞᆯ엄	同 ᄒᆞᆫ가지동	類 ᄀᆞᆺᄒᆞᆯ류	日 날일	伶 창기령
怒 셩낼노	曰 ᄀᆞᆯ왈	工 장인공	立 셜립	身 몸신	揚 놉날양	浮 ᄯᅳᆯ부
浪 허랑랑	弟 아ᄋᆞ뎨	娼 창녀챵	放 노흘방	蕩 방탕탕	盟 밍셰밍	誓 밍셰셔

뎨ᄉᆞ(四)과

김유신이 일일은 술이 취ᄒᆞ야 집에 도
라오다가 ᄐᆞ던 ᄆᆞᆯ이 길을 알아 그릇

녀령의 집으로 드러가니 녀령이 대희(大喜)ᄒᆞ
야 유신의 손을 붓들고 방(房)에 드러가더
니 유신이 술을 ᄭᆡ여본즉 창녀의 방에
왓ᄂᆞᆫ지라 크게놀나 칼을 ᄲᆡ여 ᄆᆞᆯ 머리
를 버히고 안장도 ᄇᆞ리고 도라와 학문
울 힘써 못참내 일ᄃᆡ영웅(代英雄)이 되엿스니
이거슨 그 모친의 어짐으로 써 큰 사
ᄅᆞᆷ이 되니라

四 넉 ᄉᆞ　上 웃 샹　醉 취홀 취　大 큰 대　喜 깃블 희　房 방 방　代 ᄃᆡ신 ᄃᆡ

英 ᄭᅩᆺ부리 영　雄 숫 웅

뎨오과 졍일두모친(五 鄭一蠹)

일두 졍문헌공 여챵의 모친이 그 아ᄃᆞᆯ을 교훈ᄒᆞ기에 엄ᄒᆞ더니 일일은 졍공이 친구와 홈ᄭᅴ 술을 먹고 취ᄒᆞ야 들 가온ᄃᆡ셔 밤을 자고 도라오거ᄂᆞᆯ 모친이 크게 ᄭᅮ지져왈 네 부친이 임의 몰셰ᄒᆞ시고(文獻公汝昌 敎訓 親舊 沒世)

내 로경에 의뢰홀바는 오직 너 ᄲᅮᆫ이라 이제 네가 이것치 방탕ᄒᆞ니 내가 누구를 밋을고ᄒᆞᆫᄃᆡ 졍공이 이로브터 깁히 뉘웃치고 공부에 힘써 맛ᄎᆞᆷ내 일ᄃᆡ 명현이 되니라(老境 依賴 名賢)

五 다ᄉᆞᆺ 오　鄭 나라 졍　蠹 좀먹을 두　文 글 문　獻 드릴 헌　公 귀인 공　汝 너 여

昌 창셩 챵　訓 ᄀᆞᄅᆞ칠 훈　舊 녜 구　沒 ᄲᅡ질 몰　世 셰샹 셰　老 늙을 로　境 디경 경

依 의지 의　賴 힘닙을 뢰　賢 어질 현

뎨륙과(六) 리오셩(李鰲城)의모친

오셩리문튱공항복(文忠公恒福)의 모친 최부인(崔夫人)은 가법(家法)이 심히 엄슉(嚴肅)ᄒᆞ야 경계(警戒)ᄒᆞ야 왈 우리 집의 ᄌᆞ녀들이 번셩(繁盛)ᄒᆞ고 나히 임의 쟝셩(長成)ᄒᆞ야 족히 례법(禮法)을 알만ᄒᆞ니 비록 남ᄆᆡ(男妹)지간이라도 셔로 희학(戱謔)을 말거시며 안고 눕고 언어(言語)ᄒᆞ는것도 맛당히 분별이 잇슬지라ᄒᆞ며 그 친형(親兄) 뎡슈(廷秀)와 ᄒᆞᆫ

동리에 살아 늙도록 자조 왕ᄅᆡᄒᆞ나 일즉 비복(婢僕)이 겻헤 업스면 셔로 보는일이 업더라

六 여ᄉᆞᆺ 륙　李 외얏 리　鰲 시오 오　城 재 셩　忠 튱셩 튱　恒 항상 항　福 복 복

崔 놉흘 최　法 법 법　肅 엄숙ᄒᆞᆯ 숙　警 ᄭᆡ울 경　戒 경계 계　繁 번셩ᄒᆞᆯ 번　盛 셩ᄒᆞᆯ 셩

長 긴 쟝　成 일울 셩　禮 례졀 례　男 ᄉᆞ나ᄒᆡ 남　妹 누의 ᄆᆡ　戱 희롱 희　謔 희학 학

言 말ᄉᆞᆷ 언　語 말ᄉᆞᆷ 어　分 논홀 분　別 리별 별　兄 맛 형　廷 조뎡 뎡　秀 ᄲᅢ날 슈

往 갈 왕　來 올 ᄅᆡ　婢 죵 비　僕 죵 복

뎨칠과(七) 리률곡(李栗谷)모친

률곡리문셩공이(文成公珥)의 모친 신부인(申夫人)의 별호는 ᄉ임당(思任堂)이니 덕힝(德行)이 구비ᄒ고 ᄌ예(才藝)가 겸(兼)젼(全)ᄒ야 글씨와 그림이 ᄯᅩᄒᆫ 녯 지나(支那) 、(晉)나라 위부인(衛夫人)과 ᄀᆺ흔지라 셰샹사름이 신부인의 그린 포도(葡萄)를 명화라ᄒᆞᄂᆞ니 부인의 ᄌᆡ덕이 이러홈으로 그 아ᄃᆞᆯ 률곡 션싱도 가뎡교육을 밧아 일국명현이 되

엿ᄂᆞ니라

七 닐곱 칠　栗 밤 률　谷 골 곡　珥 귀고리 이　申 납 신　號 일홈 호　思 싱각 ᄉᆞ

任 맛길 임　堂 집 당　德 큰 덕　行 힝ᄒᆞᆯ 힝　才 ᄌᆡ조 ᄌᆡ　藝 ᄌᆡ조 예　兼 겸ᄒᆞᆯ 겸

全 온젼 젼　支 피일 지　那 엇지 나　晉 진나라 진　衛 위나라 위　葡 포도 포　萄 포도 도

뎨팔과(八) 홍학곡(洪鶴谷)모친

학곡홍샹국셔봉(相國瑞鳳)의 모친 류부인(柳夫人)은 류어우(於于) 몽인(夢寅)의 미뎨(妹弟)라 집이 심히 가난ᄒ야 됴(朝)셕(夕)을 ᄭᅳᆫ흘 ᄯᅢ 만터니 일일은 비ᄌ(婢子)를

명ᄒᆞ야 져ᄌᆞ에 고기를 사오더니 그 고
기빗치 독(毒)이 잇ᄂᆞᆫ것 ᄀᆞᆺ흔지라 류부인이
비ᄌᆞ를 불너 문왈(問曰) 이 고기가 얼마나
남앗더냐 비ᄌᆞㅣ 디왈 아직 만히 잇더이
다ᄒᆞᆫ디 부인이 슈식(首飾)을 팔아 그 남은고
기를 다 사다가 담밋헤 무드니라

八 여덟 팔　洪 넓을 홍　鶴 새 학　相 저상 상　瑞 상셰 셔　鳳 새 봉　柳 버들 류

於 늘 어　于 어조ᄉᆞ 우　夢 ᄭᅮᆷ 몽　寅 동방 인　朝 아춤 죠　夕 저녁 셕　命 목숨 명

毒 독ᄒᆞᆯ 독　首 머리 슈　飾 ᄭᅮᆷ일 식

뎨구(九)과 샹동

혹이 류부인ᄭᅴ 그 연고(緣故)를 무른디 류부
인왈 이고기가 독이 잇스니 다른사람이
사셔 먹으면 병(病)이 될가 두려워ᄒᆞᆷ이라ᄒᆞ
니 홍공이 미양 ᄀᆞᆯᄋᆞ디 모친의 이 ᄆᆞ
암은 가히 신명(神明)에 통ᄒᆞᆯ지라ᄒᆞ더라 류부
인이 문ᄌᆞ(文字)를 능통ᄒᆞ고 지감(智鑑)이 잇슴으로

그. 아ᄃᆞᆯ 가라침을 친히 동독ᄒᆞ야 못ᄌᆞᆷ
내 문쟝을 일우게ᄒᆞ고 리웃 쇼년의 과(科)
문(文) 지은거슬 능히 고열(考閱)ᄒᆞ야 득실(得失)을 비(批)
평(評)ᄒᆞ더라

九 아홉 구　縁 인연 연　故 연고 고　病 병들 병　神 귀신 신　明 밝을 명　通 ᄐᆞᆼᄒᆞᆯ 통
字 글ᄌᆞ ᄌᆞ　知 알 지　鑑 거울 감　少 젊을 쇼　年 ᄒᆡ 년　科 과거 과　考 샹고ᄒᆞᆯ 고
閱 지날 열　得 엇을 득　失 일흘 실

뎨십과 김유신(金庾信)부인

김유신의 부인 김시는 신라 무렬왕(武烈王)의
뎨삼 녀라 아ᄃᆞᆯ 오형뎨(五兄弟)를 나핫더니 ᄃᆞᆯ
재 아ᄃᆞᆯ 원술(元述)이 비쟝이 되여 당(唐)나라
군ᄉᆞ(軍士)와 싸호다가 패ᄒᆞᆫ바ㅣ 되니 원술이
죽고져ᄒᆞ다가 그 휘하(麾下) 담릉(淡凌)의 만류(挽留)ᄒᆞᆫ바
ㅣ 되여 죽지 못ᄒᆞ엿더니 김유신이 그
아ᄃᆞᆯ 원술의 패군ᄒᆞᆷ을 듯고 왕ᄭᅴ 고(告)ᄒᆞ
야 왈 원술이 왕의 명을 욕되게ᄒᆞ엿슨

아니라 ᄯᅩᄒᆞᆫ 가훈을 져ᄇᆞ림이니 버히ᄉᆞ
이다 왕이 듯지 아니ᄒᆞ시고 죄(罪)를 샤(赦)ᄒᆞ
시니라

十 열십 武 호반무 烈 매울렬 王 님군왕 元 읏듬원 述 지을술 唐 나라당
軍 군ᄉᆞ군 士 선비ᄉᆞ 敗 패ᄒᆞᆯ패 麾 긔휘ᄒᆞᆯ휘 下 아래하 淡 ᄆᆞᆰ을담 凌 업수히녀길릉
挽 당긜만 留 머므를류 告 고ᄒᆞᆯ고 罪 허물죄 赦 노흘샤

뎨십일과 샹동

원술이 이로브터는 븟그러워 감히 그

부친을 보지 못ᄒᆞ고 산즁(山中)에 숨엇더니
그 부친이 죽거ᄂᆞᆯ 원술이 그 모친을
뵈오려ᄒᆞᆫ듸 모친이왈 부인은 삼죵(三從)의의가
잇시니 내 맛당히 ᄌᆞ식을 좃칠거시나
원술이 그 부친의게 ᄌᆞ식됨을 엇지못ᄒᆞ
얏스니 내 엇지 어미가 되리오ᄒᆞ고 보
지 아니ᄒᆞᄂᆞᆫ지라 원술이 통곡ᄒᆞ며 가지
아니ᄒᆞ되 부인이 ᄆᆞᄎᆞᆷ내 보지 아니홈으

로 원술이 태ᄇᆡᆨ산(太白山)에 드러가셔 죵신(終身)토록 나오지 아니ᄒᆞ니라

敢 감 감히 山 산 뫼 中 즁 가온ᄃᆡ 從 죵 조칠 義 의 올흘 痛 통 압흘 哭 곡 울

太 태 클 白 ᄇᆡᆨ 흰 終 죵 ᄆᆞᆺ칠

뎨삼쟝 부덕(婦德)

이쟝은 ᄌᆞ고로 어진부녀의 덕힝을 긔록ᄒᆞᆷ이라

뎨십과 소나(素那)쳐(妻)

신라 셕 소나의쳐는 가림군(加林郡) 녀ᄌᆞ라 소나가 젼쟝에 나아가 죽으매 리웃사ᄅᆞᆷ이 와셔 됴상(弔喪)ᄒᆞ거ᄂᆞᆯ 소나쳐ㅣ ᄀᆞᆯᄋᆞᄃᆡ 망인(亡人)이 ᄒᆞᆼ샹 말ᄒᆞ기를 대쟝부(大丈夫)ㅣ 셰샹(世上)에 나셔 맛당히 왕ᄉᆞ(王事)에 죽을지라 엇지 쳐ᄌᆞ의 손에 죽으리오ᄒᆞ더니 이졔 죽음은 그 ᄯᅳᆺ을 일움이니 내 무어시 슬프리오ᄒᆞ더라

婦 지어미 부　素 흴 소　妻 안해 쳐　加 더홀 가　林 수풀 림　郡 고을 군　弔 됴상 됴

喪 죽을 상　亡 도망 망　常 썻썻 상　丈 길 쟝　事 일 ᄉᆞ

뎨십삼과 온달쳐(溫達妻)

온달은 고구려(高句麗) 평원왕(平原王) ᄯᅢ 사ᄅᆞᆷ이라 얼골이 못싱기고 집이 가난ᄒᆞ야 ᄒᆞᆼ샹 밥을 비러 그 모친을 밧들매 ᄒᆡ여진 옷과 ᄯᅥ러진 집신으로 져ᄌᆞ가온ᄃᆡ 왕ᄅᆡᄒᆞ니 시졍(市井)사ᄅᆞᆷ이 다 지목ᄒᆞ야 어리셕은

온달이라ᄒᆞ더니 이ᄯᅢ 평원왕이 ᄒᆞᆫ ᄯᆞᆯ이 잇서 울기를 잘ᄒᆞᆷ으로 왕이 미양 희롱ᄒᆞ야왈 네 ᄒᆞᆼ샹 우러 내 귀를 요란(擾亂)케ᄒᆞ니 자라거든 온달의게 싀집 보내리라ᄒᆞ더라

溫 다술 온　高 놉흘 고　句 글귀 구　麗 고을 려　平 평홀 평　原 언덕 원　市 져자 시

井 우물 졍　指 ᄀᆞᄅᆞ칠 지　目 눈 목　擾 요란홀 요　亂 어지러울 란

뎨십ᄉᆞ과 샹동

공쥬(公主)의 나히 이팔(二八)에 니르믹 왕이 샹부(上部) 고씨(高氏)게로 싀집 보내고져 ᄒᆞᆫ디 공쥬ㅣ 디왈 왕이 ᄒᆞᆼ샹 말ᄉᆞᆷᄒᆞ시기를 온달의게로 싀집 보낸다 ᄒᆞ옵더니 엇지 그젼 말ᄉᆞᆷ을 곳치시ᄂᆞᆫ잇가 필부(匹夫)도 식언(食言)치 못ᄒᆞ거든 하믈며 왕쟈(王者)는 희롱ᄒᆞᄂᆞᆫ 말ᄉᆞᆷ이 업ᄂᆞ이다 쳡은 다른디 싀집 가지 아니ᄒᆞ겟ᄂᆞ이다ᄒᆞ니 왕이 대노ᄒᆞ야 왈 네 나의

명을 좃지 아니ᄒᆞᆯ진디 너 갈 디로 가라ᄒᆞ니 공쥬ㅣ 금은패물(金銀佩物)을 가지고 궁(宮)에 나와 온달의 집을 차자가니 그 로모(老母)는 곳 밍인(盲人)이라 그 연고를 말ᄒᆞᆫ디 로모ㅣ 굴ᄋᆞ디 내 아ᄃᆞᆯ은 가난ᄒᆞ고 루추(陋醜)ᄒᆞ니 귀인(貴人)의 갓가히 ᄒᆞᆯ 바ㅣ 아니라ᄒᆞ고 듯지 아니ᄒᆞ더라

主 쥬님군 部 부떼 匹 필짝 食 식밥 金 금쇠 銀 은은 佩 패찰

物 믈건믈 宮 궁궐궁 盲 쇼경밍 陋 더러울루 醜 츄ᄒᆞᆯ츄 貴 귀ᄒᆞᆯ귀

뎨삼오과 샹동

공쥬ㅣ 온달을 차자 산밋헤 니르니 온
달이 느릅나무 겁질을 벗겨 지고 오거
ᄂᆞᆯ 공쥬ㅣ 회포(懷抱)를 말ᄒᆞᆫ대 온달이 의심
ᄒᆞ야 왈 이거슨 어린 녀ᄌᆞ의 ᄒᆡᆼᄒᆞᆯ 바ㅣ
아니ᄅᆞ 반ᄃᆞ시 여호귀신이라ᄒᆞ고 도라보
지도 아니ᄒᆞ고 가거ᄂᆞᆯ 공쥬ㅣ 뒤를 좃

차 도라와셔 가시사립 아래셔 자고 그
잇ᄐᆞᆫ날 ᄯᅩ 드러가 온달의 모ᄌᆞ를 보고
낫낫치 말ᄒᆞᆫ대 온달이 감히 결뎡(決定)치못ᄒᆞ
고 그 모친은 말ᄒᆞ되 내 ᄌᆞ식이 극히
고루ᄒᆞ야 귀인의 ᄇᆡ필(配匹)이 되지 못ᄒᆞᆯ거시
오 ᄯᅩᄒᆞᆫ 집이 가난ᄒᆞ야 귀인이 거ᄒᆞ지
못ᄒᆞ리라ᄒᆞ더라

懷 품을회 抱 안을포 決 결단결 定 뎡ᄒᆞᆯ뎡 配 ᄧᅡᆨᄇᆡ

뎨십륙과 샹동

공쥬ㅣ 글ᄋᆞ되 녯 말에ᄒᆞ기를 ᄒᆞᆫ말 곡식도 ᄶᅵ여보아야 알고 ᄒᆞᆫ자 뵈도 ᄶᅦ미보아야 안다ᄒᆞ니 진실노 ᄆᆞ음이 ᄀᆞᆺᄒᆞ면 엇지 부귀(富貴)ᄒᆞᆫ 연후에 ᄒᆞᆷᄭᅴᄒᆞ리오 ᄒᆞ고 가져온 패물을 다 팔아 뎐토(田土)와 우마(牛馬)와 노비(奴婢)와 긔물 등쇽(等屬)을 사셔 완젼(完全)ᄒᆞᆫ 가산을 일우고 공쥬ㅣ 온달ᄃᆞ려 나라 어구(御廐)에 병(病)들고 슈쳑(瘦瘠)ᄒᆞᆫ 말을 사오라ᄒᆞ야 잘 먹인디 말이 날노 살지고 장대(壯大)ᄒᆞ더라

富 부쟈 부　田 밧 뎐　土 흙 토　奴 종 노　牛 소 우　馬 ᄆᆞᆯ 마　等 무리 등

屬 ᄉᆞᆺ칠 쇽　完 완젼 완　御 모실 어　廐 마구 구　瘦 파리ᄒᆞᆯ 슈　瘠 파리ᄒᆞᆯ 쳑　壯 장ᄒᆞᆯ 장

뎨십칠과 샹동

이ᄯᅢ 고구려의 풍쇽(風俗)이 삼월(三月) 삼일(三日)이 되면 락랑(樂浪) 언덕에 모혀 뎐렵(畋獵)ᄒᆞ야 그 엇은 즘ᄉᆡᆼ으로 써 하ᄂᆞ님ᄭᅴ와 산쳔(山川)에 졔ᄉᆞ

ᄒᆞᄂᆞ니 이날 온달이 그 글을 듯고 뎐렵
에 가셔 몰을 달니미 ᄒᆞᆼ샹 남의 압헤
잇서 즘싱도 만히 잡은지라 왕이 불너
셩명을 뭇고 놀나 갓가히ᄒᆞ더니 그 후에
쥬(周)무뎨(武帝)와 료동(遼東)에셔 싸홈ᄒᆞᆯ시 온달이 션
봉이 되여 크게 이긔매 공이 뎨일이라
왕이 아름다히 넉여 왈 아ᄂᆞᆫ 나의 녀셔(女婿)
라ᄒᆞ고 례를 갓초아 마ᄌᆞ 대형(大兄) 벼슬을

식히니라

風 바람 풍 俗 풍쇽 쇽 月 ᄃᆞᆯ 월 樂 즐길 락 畋 산양 뎐 獵 산양 렵 川 내 쳔
周 쥬나라 쥬 帝 님군 뎨 遼 멀 료 東 동녁 동 婿 사회 셔

뎨십팔과 샹동

온달이 임의 군공(軍功)을 일우매 왕이 ᄉᆞ랑
홈이 더욱 두터워 위엄(威嚴)이 날노 셩ᄒᆞ더
니 양원왕(陽原王) ᄯᅢ에 온달이 대쟝(大將)이 되여 신
라를 칠ᄉᆡ 온달이 밍셰ᄒᆞ야 왈 계립현(鷄立峴)과

죽령(竹嶺)의 셔를 우리 나라에 차자오지 못ᄒ
면 도라오지 아니ᄒ리라ᄒ고 아ᄎ셩(阿且城)에셔
싸호다가 화살에 마ᄌ죽거놀 반구(反柩)코져ᄒᆫ
ᄃᆡ 관(棺)이 동(動)치아니ᄒ는지라 공쥬ㅣ 관을
어루만지며 왈 ᄉ싱이 임의 결단ᄒ엿스
니 술푸다 도라갈지어다ᄒ고 드듸여 도
라와셔 장ᄉᄒ니라 공쥬ㅣ 궁중에잇는
녀ᄌ로셔 능(能)히 온달이 영걸(英傑)인쥴 알고 맛

츰내 일홈이 쳔고(千古)에 빗나니 진실노 녀
ᄌ의 본밧을만ᄒ도다

功 공 공　威 위엄 위　陽 볏 양　鷄 닭 계　峴 고ᄀᆡ 현　竹 대 죽　嶺 고ᄀᆡ 령
西 셔녁 셔　阿 언덕 아　且 또 ᄎ　返 도라올 반　柩 널 구　棺 널 관　動 움직일 동
葬 장ᄉ 장　能 능홀 능　傑 호걸 걸　千 일쳔 쳔

뎨십구과 유응규(庾應圭)쳐

유응규는 무쟝(茂長) 사름이라 고려(高麗) 명종(明宗) 셰에
남경(南京)을 직히더니 졍ᄉ(政事)가 쳥렴(淸廉)ᄒ야 ᄒᆫ낫

초개(草芥)도 취(取)ᄒᆞ지 아니ᄒᆞ고 쳐ᄌᆞ가 다만 나
물쥭을 먹ᄂᆞᆫ지라 고올 아젼(衙前)이 은밀(隱密)이 ᄭᅯᆼ
두머리를 드리거ᄂᆞᆯ 그 부인이 ᄀᆞᆯᄋᆞ되
량인(良人)이 평ᄉᆡᆼ(平生)에 뢰물(賂物)을 밧지 아니ᄒᆞ거ᄂᆞᆯ
내 엇지 구복(口腹)으로 써 량인의 ᄆᆞᆰ은 덕
을 더럽히리오ᄒᆞ고 밧지 아니ᄒᆞ더라

應 응ᄒᆞᆯ 응　奎 별 규　茂 셩ᄒᆞᆯ 무　宗 마루 종　京 셔울 경　政 졍ᄉᆞ 졍　淸 ᄆᆞᆰ을 쳥

廉 쳥렴 렴　草 풀 초　芥 낫 ᄀᆡ　粥 쥭 쥭　衙 아문 아　前 압 젼　隱 숨을 은

密 ᄲᆡᆨᄲᆡᆨᄒᆞᆯ 밀　良 어질 량　生 날 ᄉᆡᆼ　賂 뢰물 뢰　口 입 구　腹 ᄇᆡ 복

뎨이십과 인렬왕후(仁烈王后)

인렬왕후 쟝시ᄂᆞᆫ 신풍부원군(新豐府院君) 쟝유(張維)의 ᄯᆞᆯ
님이시니
인묘(仁廟)ᄭᅴ셔 반졍(反正)ᄒᆞ신 후에 광히쥬(光海主)의 녯
궁인(宮人)즁에 녯 님군을 ᄉᆡᆼ각ᄒᆞ야 시시(時時)로
눈물을 흘니ᄂᆞᆫ지라 엇더ᄒᆞᆫ 궁인이 그
말을 왕후ᄭᅴ 알소(訐訴)ᄒᆞ거ᄂᆞᆯ 왕후ㅣ 하교(下敎)ᄒᆞ

샤왈 그 사ᄅᆞᆷ이 녯 님군을 ᄉᆡᆼ각ᄒᆞ야 눈물을 흘니ᄂᆞ니 가히 충셩(忠誠)ᄒᆞ다 닐을지라ᄒᆞ시고 인ᄒᆞ야 불녀 ᄀᆞᄅᆞ샤ᄃᆡ 네 능히 녯 님군을 닛지 아니ᄒᆞ니 반ᄃᆞ시 그 셤기ᄂᆞᆫ바를 옴겨 나를 셤기라ᄒᆞ시고 즉시(卽時) 보모샹궁(保姆尙宮)을 삭히신ᄃᆡ 그 궁인이 덕을 감화(感化)ᄒᆞ야 극진히 보호(保護)ᄒᆞ고 여러 궁인들도 덕화를 감복ᄒᆞᄂᆞᆫ지라 우리 나라 녀중(女中) 요순(堯舜)의 셩덕이시니라

后 님군 후 　氏 각씨 시 　豊 풍년 풍 　府 마을 부 　院 집 원 　君 님군 군 　維 벼리 유

仁 착ᄒᆞᆯ 인 　廟 ᄉᆞ당 묘 　正 바를 졍 　光 빗 광 　海 바다 ᄒᆡ 　時 ᄯᅢ 시 　訐 알소ᄒᆞᆯ 알

訴 알욀 소 　誠 졍셩 셩 　卽 곳 즉 　保 보젼ᄒᆞᆯ 보 　尙 오히려 샹 　感 감동ᄒᆞᆯ 감 　化 화ᄒᆞᆯ 화

護 호위ᄒᆞᆯ 호 　服 옷 복 　堯 님군 요 　舜 님군 순

뎨이십일과 윤부인(尹夫人)

신문충공 숙쥬(叔舟)의 부인 윤시는 윤샹국 ᄌᆞ운(子雲)의 누의라

세조(世祖) 병ᄌᆞ(丙子)에 셩삼문(成三問) 등의 륙신(六臣)이 츙졀(忠節)에
죽으매 문츙이 그 날 대궐(大闕)노브터 집에
도라온듸 윤부인이 두어자 되는 뵈를가
지고 루샹(樓上)에 안젓다가 골ᄋᆞ듸 그듸 평
일에 셩모(成某)들과 됴화ᄒᆞᆷ이 형뎨 ᄀᆞᆺ호매 내
그듸도, 반ᄃᆞ시 ᄒᆞᆷᄭᅴ 죽을가 ᄯᅳᆺᄒᆞ고 나도
ᄌᆞ결코져ᄒᆞ얏더니 엇지 홀노 사라오ᄂᆞ뇨
ᄒᆞᆫ듸 문츙이 듯고 붓그러옴을 품으니라

尹 맛윤 叔 아ᄌᆞ비숙 舟 ᄇᆡ쥬 雲 구름운 丙 남녁병 臣 신하신 節 마듸졀
闕 대궐궐 樓 다락루 某 아모모

뎨, 이십이과 리부인(李夫人)

리판셔(判書) 세좌(世佐)의 부인이 덕힝과 지감이 잇
더니 리세좌가 승지(承旨)로 잇슬ᄯᅢ에 연산군(燕山君)
의 모친 윤시를
셩묘(成廟)ᄭᅴ셔 폐ᄒᆞ시고 ᄉᆞ약ᄒᆞ실ᄉᆡ 세좌가
약 그릇을 가지고 갓다가 집에 도라오거

놀 부인이 무러 알고 놀나 ᄀᆞᆯᄋᆞ대 내
ᄌᆞ손이 죵ᄎᆞ(從此) 씨가 업스리로다 텬하(天下)에 그
어머니를 무죄히 죽이고 ᄌᆞ식 된쟈ㅣ 엇
지 보복(報復)이 업스리오 ᄒᆞ더니 과연 연산군
갑ᄌᆞ(甲子)년에 셰좌와 밋 그 아ᄃᆞᆯ 슈졍(守貞)이가
다 참혹(慘酷)ᄒᆞᆫ 죽음을 닙엇스나 부인의 ᄌᆞ
식이 ᄇᆞᆰ음을 세상에 다 흠탄(欽歎)ᄒᆞ더라

判 판단 판　書 글 서　從 조ᄎᆞᆯ 죵　承 니을 승　旨 뜻 지　燕 나라 연　廢 폐ᄒᆞᆯ 폐

賜 줄 ᄉᆞ　藥 약 약　此 이 ᄎᆞ　天 하ᄂᆞᆯ 텬　罪 허믈 죄　報 갑흘 보　復 다시 복, 회복 복
甲 갑옷 갑　守 직힐 슈　貞 곳을 졍　慘 슬플 참　酷 참혹 혹　欽 공경 흠　歎 탄식 탄

뎨이십삼과 김부인(金夫人)

됴은은당뎐(趙隱隱堂遜)의 부인 김시는 부귀가에 ᄉᆡᆼ(生)
쟝(長)ᄒᆞ엿스나 죠곰도 교만(驕慢)ᄒᆞᆫ 빗치 업고 소(小)
학(學) 닉측(內則) 등의 글을 닑기 됴화ᄒᆞ야 ᄌᆞ녀
를 ᄀᆞ르치되 례졀(禮節)노써 지도ᄒᆞ고 봉졔ᄉᆞ(奉祭祀)
졉빈ᄀᆡᆨ(接賓客)ᄒᆞᄂᆞᆫ데 동셔와 ᄀᆞᆺ치홈으로 집사롬

이 다 감복ᄒᆞᄂᆞᆫ지라 죠공이 ᄒᆞᆼ샹 말ᄒᆞ
되 너 평ᄉᆡᆼ에 안으로 도음을 힘닙음이
만타ᄒᆞ더라

趙 나라 죠　遴 샐 린　驕 교만ᄒᆞᆯ 교　慢 모만ᄒᆞᆯ 만　小 젹을 쇼　內 안 ᄂᆡ　則 법 측
奉 밧들 봉　祭 제사 졔　祀 제사 ᄉᆞ　接 졉ᄃᆡᄒᆞᆯ 졉　賓 손 빈　客 손 ᄀᆡᆨ　饌 반찬 찬
需 반찬 슈　妾 쳡 쳡

뎨이십ᄉᆞ과 리부인(李夫人)

신샹촌흠(申象村欽)의 부인 리시는 리쳥강졔신(李淸江濟臣)의

ᄯᆞ님이라 셩픔(性稟)이 근검(勤儉)ᄒᆞ야 문회(門會)ᄒᆞᆯ시
ᄂᆡ외(內外)죵간(從間)에 슈슉(嫂叔)이 심(甚)히 만하 샤치(奢侈)와
화려(華麗)ᄒᆞᆷ을 서로 슝샹(崇尙)ᄒᆞ되 리부인은 검소(儉素)
ᄒᆞᆫ 의복(衣服)으로 참예(參預)ᄒᆞ야 조곰도 붓그러옴
이 업더라

象 코기리 샹　村 마을 촌　江 물 강　濟 건널 졔　勤 부지런ᄒᆞᆯ 근　儉 검박ᄒᆞᆯ 검　門 문 문
會 모흘 회　外 밧 외　間 ᄉᆞ이 간　嫂 아ᄌᆞ미 수　甚 심ᄒᆞᆯ 심　奢 샤치 샤　侈 샤치 치
華 빗날 화　崇 놉흘 슝　衣 옷 의　參 참예ᄒᆞᆯ 참　預 참예ᄒᆞᆯ 예

뎨이십오과 샹동

신공이 리조판셔가 되엿슬 셰에 엇던 ᄉᆞ람이 뢰믈을 가지고 · 무슨 쳥ᄒᆞᆷ을 구ᄒᆞ거ᄂᆞᆯ 리부인이 물니쳐 ᄀᆞᆯᄋᆞᄃᆡ 어려셔브터 호발도 부귀의게 쳥쵹ᄒᆞᆷ이 업섯거ᄂᆞᆯ 엇지 리익으로써 나의 가범을 더럽히리오 ᄒᆞ더라

吏 리아젼 曹 부ᄂᆡ 마조 請 쳥ᄒᆞᆯ 쳥 求 구ᄒᆞᆯ 구 毫 터럭호 髮 터럭발 囑 부탁ᄒᆞᆯ 쵹

利 리ᄒᆞᆯ리 益 더ᄒᆞᆯ익

뎨이십륙과 샹동

리부인의 아ᄃᆞᆯ 이셩이 부마가 되매 부인이 더욱 셩만ᄒᆞᆷ을 두려워ᄒᆞ야 ᄒᆞᆼ샹 겸양ᄒᆞᄂᆞᆫ ᄆᆞᄋᆞᆷ을 가지고 날마다 방젹을 일삼으니 리오셩이 말ᄒᆞ기를 당시 부인즁에 녀ᄉᆞ의 ᄒᆡᆼ실이 잇ᄂᆞᆫ쟈ᄂᆞᆫ 오직 리부인이라 ᄒᆞ더라

翊 도울 익 聖 셩인 셩 駙 부마 부 滿 ᄀᆞ득 만 謙 겸숀 겸 讓 사양 양 紡 길삼 방
績 길삼 젹

뎨이십칠과 권부인(權夫人)

월사(月沙) 리문츙(李文忠) 뎡구(廷龜)의 부인 권시는 권판서 극지(克智)의 ᄯᆞ님이라 녀ᄉᆞ(女士)의 덕(德)이 잇서 아ᄃᆞᆯ 명한(明漢) 쇼한(昭漢)이가 다 귀히 되엿스되 권부인이 치가(治家)ᄒᆞᄂᆞᆫ 법(法)을 검소히ᄒᆞ고 화려ᄒᆞᆫ 의복은 몸에 갓가히 아니ᄒᆞ더니 이ᄯᅵ 엇던 공쥬(公主)의 집에서 신부를 마즐ᄉᆡ 우으로서 쳐분ᄒᆞ시기를 일졀(一切) 명부(命婦)는 모도 잔치에 참예ᄒᆞ라ᄒᆞ시매 모든 부녀들이 다토아 빗나고 샤치ᄒᆞᆷ으로써 서로 숭상ᄒᆞ야 연셕(宴席)에 오ᄂᆞᆫ쟈마다 릉라금슈(綾羅錦繡)와 쥬취(珠翠) 향사(香麝)가 찬란진동(燦爛振動)ᄒᆞ더라

權 권셰 권 沙 모래 사 龜 거북 구 克 이길 극 漢 한슈 한 昭 ᄇᆞᆰ을 쇼 治 다ᄉᆞ릴 치
處 곳 쳐 切 ᄭᅳᆫ을 졀 宴 잔치 연 席 자리 셕 綾 비단 릉 繡 슈노흘 슈 珠 구슬 쥬

翠 (푸를 취) 香 (향긔 향) 麝 (사향 사) 燦 (빗날 찬) 錦 (비단 금)

뎨이십팔과 샹동

이윽고 ᄒᆞᆫ 교ᄌᆞ(轎子)가 드러오ᄂᆞᆫᄃᆡ 엇던 로부(老婦)
인이 집힝이를 붓들고 몸에 갈포(綌布)옷과 삼
뵈치마를 닙고 마루에 오르거ᄂᆞᆯ 쥬인(主人) 공
쥬가 신을 벗고 ᄂᆞ려가서 마ᄌᆞ드리내
년쇼(年少)ᄒᆞᆫ 부녀들은 모도 웃지 아니ᄒᆞᄂᆞᆫ쟈
ㅣ 업서 뉘집 부인인지 쥬인이 샹좌에

마ᄌᆞ 안치고 례(禮)를 공손(恭遜)이 ᄒᆞᄂᆞᆫ거슬 보고
의아ᄒᆞ더니 연석을 파(罷)ᄒᆞ고 로부인이 몬져
니러나 도라감을 고(告)ᄒᆞ거ᄂᆞᆯ 공쥬ㅣ 만류
ᄒᆞᄃᆡ 부인왈 우리집 대감(大監)은 약방도제됴(藥房都提調)
로 새벽에 예궐ᄒᆞ셧고 맛ᄋᆞ희ᄂᆞᆫ 리조판
셔로 정ᄉᆞ자리에 나아갓고 둘재 ᄋᆞ희ᄂᆞᆫ
승지로 좌직ᄒᆞ엿스니 로신(老身)이 급히 가여야
져녁밥을 ᄀᆞ초아 보내겟다ᄒᆞ니 좌즁이 대

경ᄒᆞ야 그제야 려월사의 부인인줄 짐쟉
ᄒᆞ더라

轎(교교ᄌᆞ) 葛(갈칡) 布(포뵈) 恭(공공손) 遜(손겸손) 疑(의의심) 訝(아의심)

罷(파파ᄒᆞᆯ) 監(감볼) 提(뎨ᄭᅳ을) 調(됴고로)

뎨이십구과 쟝부인(張夫人)

쟝부인은 려헌션ᄉᆡᆼ현광(旅軒先生顯光)의 증손(曾孫)이라 슌흥(順興)
안씨의 집으로 싀집 가셔 ᄌᆞ손을 ᄀᆞᄅᆞ치
기를 엄졀(嚴截)히ᄒᆞ더니 그 손ᄌᆞ 모(某)가 ᄉᆞ환(仕宦)에

미혹(迷惑)ᄒᆞ야 가범(家範)을 직히지 아니ᄒᆞ고 령남(嶺南)
ᄉᆞ림(士林)의게 독(毒)을 씨치ᄂᆞᆫ지라 부인이 그 말
ᄉᆞᆷ을 듯고 대노ᄒᆞ야 손ᄌᆞ를 불너 ᄃᆡ칙(大責)
ᄒᆞ야왈 너ᄀᆞᆺ흔 인류(人類)ᄂᆞᆫ ᄃᆡ면치 아니ᄒᆞᆫ다
ᄒᆞ고 교ᄌᆞ(轎子)를 명(命)ᄒᆞ야 녀셔(女婿) 류시의 집으로
가려ᄒᆞᆯ시 날이 임의 져믄지라 ᄌᆞ손이 모
또 근쳥(懇請)ᄒᆞ되 듯지 아니ᄒᆞ고 밤이 못도록
류시집에 가셔 병(病)이 위즁(危重)ᄒᆞᆫ지라 그 손ᄌᆞ

가 시탕(侍湯)코져ᄒᆞ여도 종시(終是) 거절(拒絕)ᄒᆞ고 그 손ᄌ를 드리지 말나 당부ᄒᆞ고 못ᄎᆞᆷ 죽으니 나히 구십팔세(九十八歲)러라

旅 나그네 려　軒 마루 헌　先 몬저 선　顯 나타날 현　曾 일즉 증　孫 손ᄌ 손　順 순ᄒᆞᆯ 순

興 닐 흥　安 편안 안　截 준절 절　仕 벼슬 ᄉ　宦 벼슬 환　迷 아독ᄒᆞᆯ 미　惑 혹ᄒᆞᆯ 혹

責 ᄭᅮ지질 칙　面 낫 면　懇 빌 ᄀᆞᆫ　危 위틱 위　重 무거울 즁　侍 모실 시　湯 ᄭᅳ릴 탕

拒 막을 거　絕 ᄭᅳᆫ홀 절　歲 ᄒᆡ 셰

뎨ᄉ장 정렬(貞烈)

이장은 ᄌ고로 절개 잇ᄂᆞᆫ 부녀의 ᄒᆡᆼ실을 긔록홈이라

뎨삼십과 셕우로쳐(昔于老妻)

셕우로ᄂᆞᆫ 신라 내해왕(奈解王)의 아ᄃᆞᆯ이라 쳠해(沾解)왕(王) 칠년(七年)에 왜국(倭國) ᄉ신(使臣) 갈나고(葛那古)가 오거ᄂᆞᆯ 우로가 왜ᄉ를 희롱ᄒᆞ야 왈 조만간(早晚間)에 너의 왕으로 ᄡ 소곰 굽ᄂᆞᆫ 종을 삼고 왕비(王妃)로 ᄒᆞ여곰 밥짓ᄂᆞᆫ 비ᄌ(婢子)를 삼으리라

ᄒᆞᆫᄃᆡ 왜왕이 듯고 ᄃᆡ노ᄒᆞ야 쟝군을 보내
와셔 치거ᄂᆞᆯ 우로 ᄀᆞᆯᄋᆞᄃᆡ 이번 환난은
내의 말을 삼가지 못ᄒᆞᆷ으로 말미암음이
라 내가 당ᄒᆞ리라ᄒᆞ고 드ᄃᆡ여 왜진(陣)에
드러가셔 ᄀᆞᆯᄋᆞᄃᆡ 젼날 말은 희롱ᄒᆞᆷ일너
니 엇지 군ᄉᆞ(軍士)를 니르킬줄을 ᄯᅳᆺᄒᆞ엿스리
오ᄒᆞᆫᄃᆡ 왜인이 ᄃᆡ답지 아니ᄒᆞ고 우로를
잡아 ᄡᅡ흔 나무우에 안치고 불에 ᄐᆡ와

죽이고 가니라

昔(녯 셕) 于(어조ᄉᆞ 우) 老(늙을 로) 貞(곳을 졍) 奈(엇지 내) 解(풀 해) 沾(젖을 쳠)
倭(왜국 왜) 使(ᄒᆞ야곰 ᄉᆞ) 早(일즉 조) 晩(느즐 만) 妃(후비 비) 陣(진 진)

뎨삼십일과 샹동

그 후에 왜국 ᄉᆞ신이 ᄯᅩ 오거ᄂᆞᆯ 우로의
쳐가 왕ᄭᅴ 쳥ᄒᆞ야왈 왜국 ᄉᆞ신을 ᄉᆞᄉᆞ(私私)로
연향(宴饗)ᄒᆞ겟ᄂᆞ이다ᄒᆞ고 왜ᄉᆞ를 쳥ᄒᆞ야 잔치
ᄒᆞᆯ셔 그 술취ᄒᆞᆷ을 ᄐᆞ셔 쟝ᄉᆞ(壯士)로ᄒᆞ여 ᄯᅳᆯ

아래 ᄭᅳ으러 ᄂᆞ려 죄(罪)를 수(數)ᄒᆞ고 불에 틔
와 죽이고 원슈(寃讐)를 갑ᄒᆞ니 왜인이 분(忿)ᄒᆞ
야 ᄯᅩ 와셔 치다가 패ᄒᆞ야 도라가니라

後 후 뒤 私 ᄉᆞ ᄉᆞᄉᆞ 饗 향 먹일 數 슈 두어 寃 원 원통 讐 슈 원슈 忿 분 분ᄒᆞᆯ

뎨삼십이과 박뎨샹(朴堤上)처(妻)

박뎨샹은 신라 츙신이라 졔샹이 왜국에
드러가 거즛 항복(降服)ᄒᆞ고 눌지(訥祇)왕(王)의 아오
미ᄉᆞ흔(未斯欣)을 셰여 고국에 돌녀 보냄으로

왜왕이 대노ᄒᆞ야 친(親)히 국문(鞠問)ᄒᆞᆯ식 왜왕이
왈 네가 만일 왜국에 신하가 되면 벼
ᄉᆞᆯ노 샹을 주리라 뎨샹이 ᄃᆡ왈 내 ᄎᆞᆯ
하리 계림(雞林)의 개와 도야지가 될지언뎡
왜군의 신하는 아니 될거시오 ᄎᆞᆯ하리
계림의 형벌(刑罰)을 당ᄒᆞᆯ지언뎡 왜국의 벼ᄉᆞᆯ
은 아니 밧는다 ᄒᆞᆫᄃᆡ 왜왕이 더욱 노ᄒᆞ
야 뎨샹의 다리를 벗기고 ᄀᆞᆯᄋᆞᄃᆡ 갈대

버힌 우으로 ᄃᆞ니라ᄒᆞ며 또 문(問)왈 네가
어나나라 신하인고 ᄃᆡ왈 계림의 신하로
다ᄒᆞᆫᄃᆡ 또 ᄯᅳ거운 쇠우에 세우고 뭇거
놀 뎨샹이 여젼(如前)이 ᄃᆡ답ᄒᆞᆫᄃᆡ 왜왕이 굴(屈)
ᄒᆞ지 못ᄒᆞᆯ줄 알고 목도(木島)에셔 불에 ᄐᆡ와
죽이니라

朴 박셩 박　堤 언덕 뎨　降 항복 항　訥 어눌 눌　祇 공경 지　未 아닐 미　斯 이 ᄉᆞ

欣 깃블 흔　鞠 국문 국　賞 상줄 상　刑 형벌 형　罰 형벌 벌　如 ᄀᆞᆺᄒᆞᆯ 여　屈 굴ᄒᆞᆯ 굴

木 나무 목　島 셤 도

뎨삼십삼과 샹동

뎨샹이 임의 죽임을 닙으매 왕이 듯고
이통(哀痛)히 녁여 대아손(大阿飡) 벼슬을 츄증ᄒᆞ고
그 가족(家族)을 두터히 휼금(恤金)을 주고 미ᄉᆞ흔
으로 ᄒᆞ여곰 뎨샹의 둘재 ᄯᅡᆯ의게 쟝가
들게ᄒᆞ니 뎨샹의 쳐가 그 녀식 삼인을
ᄃᆞ리고 치술령(鵄述嶺)에 올나가셔 왜국을 ᄇᆞ라

보고 통곡ᄒᆞ다가 죽으니 지금 경쥬(慶州) 지
슐령 우에 부인의 ᄉᆞ당(祠堂)이 잇ᄂᆞ니라

慶 경ᄉᆞ 경　鷙 새매 지　恤 불상히넉일 휼　族 일가 족　飧 밥 손　痛 슬플 통　哀 슬플 ᄋᆡ
祠 ᄉᆞ당 ᄉᆞ

뎨삼십ᄉᆞ과 도미쳐(都彌妻)

도미는 빅졔(百濟) 개루왕(蓋婁王) ᄯᅢ 사ᄅᆞᆷ이라 왕이
도미의 쳐가 ᄉᆡᆨ(色)이 고음을 듯고 도미를
불너 ᄀᆞᆯᄋᆞ듸 부인의 덕이 졍결(貞潔)노 써

위쥬(爲主)ᄒᆞ나 그윽ᄒᆞ고 어두온듸 사ᄅᆞᆷ이 업
고 교(巧)ᄒᆞᆫ말노 써 달늬면 능히 동심(動心)치
아니ᄒᆞᆯ쟈 드무니라 ᄒᆞ거ᄂᆞᆯ 도미 듸답ᄒᆞ
야왈 인졍(人情)은 가히 측량ᄒᆞᆯ수가 업스나
만약 신의 쳐는 비록 쥭어도 두 ᄆᆞ음이
업ᄉᆞᆯ가ᄒᆞᄂᆞ이다 왕이 도미를 머믈너 두
고 근시ᄒᆞ는 신하로ᄒᆞ여곰 거즛 왕이라
닐ᄏᆞᆺ고 밤에 도미의 집에 가셔 그 쳐

드려 날녀왈 임의 도미와 바독 내기를 두어 이긔엿스니 내 말을 드르라

彌 ᄀᆞ득ᄒᆞᆯ 미 盖 덥흘 개 婁 성 루 色 빗 석 潔 조출ᄒᆞᆯ 결 巧 공교ᄒᆞᆯ 교 心 ᄆᆞ음 심

뎨삼십오과 샹동

도미의 쳐ㅣ 골ᄋᆞᄃᆡ 청컨대 옷을 곳쳐 닙고 나올거시니 기ᄃᆞ리라ᄒᆞ고 거즛 ᄒᆞᆫ 비ᄌᆞ를 ᄭᅮ며 쳔(薦)거ᄒᆞ엿더니 그 후에 왕이 속인쥴 알고 대노ᄒᆞ야 다른 죄로

얽어 도미의 두 눈을 ᄲᅢ고 젹은 비에 시러 하슈(河水)에 던지고 그 쳐를 ᄭᅳ으러 겁간(劫奸)코져ᄒᆞᆫᄃᆡ 그 쳐ㅣ 골아ᄃᆡ 이제 량인(良人)이 임의 죽엇스니 쳡의 몸이 능히 ᄉᆞᄉᆞ로 보젼(保全)치 못ᄒᆞᆯ지라 그러나 다만 월ᄉᆞ(月事)가 잇서 몸이 부졍(不淨)ᄒᆞ니 타일(他日)을 기ᄃᆞ리쇼셔 왕이 허낙(許諾)ᄒᆞᆫᄃᆡ 그 쳐가 도망ᄒᆞ야 비를 ᄐᆞ고 쳔셩도(泉城島)에 대인즉 도미

도 임의 왓거ᄂᆞᆯ 드듸여 ᄒᆞᆷᄭᅴ 고구려로
다라나니라

薦 쳔거 쳔 홀쳔　河 하슈 하　水 믈 슈　刦 겁박 홀겁　奸 간사 간　不 아닐 불　爭 졍홀 졍
他 다ᄅᆞᆯ 타　許 허락 허　諾 허락 낙　泉 심 쳔

뎨삼십륙과 셜시(薛氏)

셜시는 신라 률리(栗里) ᄇᆡᆨ셩의 집 녀ᄌᆞ라 그
아바지 나히 늙어 슈자리에 갈 긔한(期限)을
당ᄒᆞ매 셜시는 녀ᄌᆞ의 몸이 되여 아바지

를 ᄃᆡ힝(代行)ᄒᆞ지 못ᄒᆞᆷ을 ᄒᆞᆫ(恨)ᄒᆞ더니 사량쥬(沙梁州)
사ᄅᆞᆷ 가실(嘉實)이 지절(志節)이 잇ᄂᆞᆫ쟈(者)ㅣ라 셜시를
보고 쳥ᄒᆞ야왈 내 그ᄃᆡ를 ᄃᆡ신ᄒᆞ야 힝
ᄒᆞ리라 셜시 부친(父親)ᄭᅴ 고(告)ᄒᆞᆫᄃᆡ 부친이 왈
그ᄃᆡ가 로신을 ᄃᆡ힝ᄒᆞ면 나의 ᄯᆞᆯ노 써
긔츄(箕帚)를 밧들게ᄒᆞ리라 가실이 긔한을 뭇
거ᄂᆞᆯ 셜시 ᄀᆞᆯᄋᆞᄃᆡ 쳡이 임의 ᄆᆞᄋᆞᆷ으로
써 허낙ᄒᆞ엿스니 죽어도 곳치지 아니ᄒᆞ

리라 도라와셔 셩례홈이 늣지 아니ᄒᆞ리
라ᄒᆞ고 거울을 논호아 ᄒᆞᆫ쪽식 가지니라

薛 설나라 설 里 마을 리 戍 슈자리 슈 期 긔약 긔 限 한뎡 한 恨 ᄒᆞᆫᄒᆞᆯ ᄒᆞᆫ 梁 량나라 량
嘉 아름다올 가 實 열매 실 者 놈 자 箕 키 긔 箒 비 츄

데삼십칠과 샹동

가실이 ᄒᆡᆼᄒᆞᆫ지 륙년이 되도록 도라오지
아니ᄒᆞ거ᄂᆞᆯ 부모가 굴ᄋᆞᄃᆡ 삼년으로 언
약ᄒᆞ엿스니 이제 다른ᄃᆡ 싀집 보내리라

셜시 엿ᄌᆞ오ᄃᆡ 신(信)을 바리고 말을 먹으
면 인졍이 아니라ᄒᆞ고 굿게 좃지 아니
ᄒᆞ되 부모가 구ᄐᆡ여 다른 사ᄅᆞᆷ과 혼인(婚姻)
코져ᄒᆞ거ᄂᆞᆯ 셜시 마구(馬廐)에 가셔 가실의
셔친 물을 보니 물도 눈물을 흘니더니
이 ᄯᅢ에 맛촘 가실이 도라오ᄂᆞᆫ지라 거
울을 맛초아보고 드ᄃᆡ여 부부(夫婦)가 되니라

信 밋을 신 婚 혼인 혼 姻 혼인 인

뎨삼십팔과 령산신시(靈山辛氏)

령산신시는 즁랑장ᄉ쳔(中郞將斯蕆)의 ᄯᆞᆯ이니 고려시ᄃᆡ에 왜인이 침노ᄒᆞ거ᄂᆞᆯ 온 집이 다 피란(避亂)ᄒᆞ야 멸포(蔑浦)를 건너고져ᄒᆞ더니 왜인의게 ᄶᅩᆺ긴바ㅣ 되여 ᄉᆞ쳔은 죽고 신시를 잡아 가고져ᄒᆞ거ᄂᆞᆯ 신시 크게 ᄭᅮ지져 왈 네 임의 내 부친을 살해(殺害)ᄒᆞ엿스니 불공ᄃᆡ텬(不共戴天)의 원슈라 출하리 죽을지언뎡 너를 엇지 좃치리오 드ᄃᆡ여 도적의 목을 안고 입으로 물다가 칼에 죽인바ㅣ 되니 나히 이십이라 죠뎡(朝廷)에셔 비(碑)를 세워 졍포(旌褒)ᄒᆞ니라

靈 신령 령　辛 미울 신　郞 사나희 랑　蕆 ᄀᆞᆺ촐 친　避 피ᄒᆞᆯ 피　蔑 업시녁일 멸　浦 물가 포

殺 죽일 살　害 해ᄒᆞᆯ 해　共 ᄒᆞᆫ가지 공　戴 듸일 ᄃᆡ　碑 비돌 비　褒 포장 포

뎨삼십구과

고려말년에 각도(各道) 연히디방(沿海地方)에 왜적이 창(猖)

궐(蹶)ᄒᆞ야 어ᄂᆞ날 소요ᄒᆞ지 아니ᄒᆞᆫ 곳이 업ᄂᆞᆫ지라 이럼으로 빅셩이 안도(安堵)ᄒᆞᆯ수 업서 로략(擄掠)과 분탕(焚蕩)의 화(禍)를 면치 못ᄒᆞᆫ지라 령산 신시와 ᄀᆞᆺ치 렬부효녀(烈婦孝女)를 니루 다 들어 말ᄒᆞᆯ수 업스나 대강 긔록ᄒᆞ건ᄃᆡ 리동(李東)교(郊)의 처 셩쥬비시(星州裵氏)와 강호문(康好文)의 처 광쥬문(光州文)시(氏)와 강화(江華) 녀ᄌᆞ 삼형뎨가 다 왜적의게 절을 굽히지 아니ᄒᆞ고 죽임을 닙으매

정렬의 ᄒᆡᆼ실(行實)이 쳔고(千古) 력ᄉᆞ(歷史)에 빗나도다

各 각각 각　沿 물가 연　地 ᄯᅡ 디　方 모 방　猖 밋칠 챵　獗 밋칠 궐　騷 소동 소

堵 담 도　擄 로략 로　掠 로략 략　焚 살을 분　禍 재앙 화　郊 들 교　星 별 셩

裵 셩 비　康 편안 강　好 됴흘 호　歷 지날 력　史 ᄉᆞ긔 ᄉᆞ

뎨ᄉᆞ십과 안동김시(安東金氏)

안동김시ᄂᆞᆫ 유텬계(兪天桂)의 처라 고려 말년(末年)에 텬계가 슈ᄌᆞ리 길을 셔날셔 새벽에 큰 호랑(虎狼)이가 텬계를 물어 가ᄂᆞᆫ지라 김시

목궁(木弓)을 가지고 규함(叫喊)을 지르며 나가 웬
손으로 편계를 잡고 올흔 손으로 호랑
이를 두ᄃᆞ리며 오륙보 ᄭᅡ지 니르니 그
호랑이가 편계를 바리고 가거늘 김시
업고 도라와 구료(救療)ᄒᆞ더니 그 잇흔날 호
랑이 ᄯᅩ 와셔 크게 웅키며 ᄯᅱ거늘 김
시 문을 열고 내다라 몽동이를 메고
말ᄒᆞ되 너도 ᄯᅩᄒᆞᆫ 령물(靈物)이라 엇지 이것

치 심ᄒᆞ냐ᄒᆞᆫ듸 그 호랑이가 ᄯᅳᆯ 압헤 선
비나무를 물고 크게 포효(咆哮)ᄒᆞ다가 가니라

兪 몱을 유　桂 계슈나무 계　末 끗 말　虎 범 호　狼 일희 랑　叫 고함지룰 규　喊 고함지룰 함

弓 활 궁　步 거름 보　救 구원홀 구　療 나홀 료　咆 포효홀 포　哮 포효홀 효

뎨ᄉᆞ십일과

호랑이는 사ᄅᆞᆷ을 잡아 먹는 녕악(獰惡)ᄒᆞᆫ 즘
ᄉᆡᆼ이라 그러나 사ᄅᆞᆷ의 졍셩이 지극(至極)ᄒᆞ면
능히 호랑이도 감화(感化)케ᄒᆞᄂᆞ니 안동 김시

의 일을보아도 알거니와 ᄌᆞ고로 력ᄉᆞ(歷史)에
이ᄀᆞᆺᄒᆞᆫ 일이 만흐니 일일이 긔록ᄒᆞ기
어려오나 대강 드러보건ᄃᆡ 단셩(丹城)에 연이(燕伊)
라ᄒᆞᄂᆞᆫ 녀ᄌᆞ와 뎡산(定山)에 옥비(玉杯)라ᄒᆞᄂᆞᆫ 녀ᄌᆞ
도 그 남편이 호랑의게 몰녀 가ᄂᆞᆫ거슬
연약(軟弱)ᄒᆞᆫ 녀ᄌᆞ로 능히 호랑이를 두ᄃᆞ리며
쫏차가셔 필경 그 남편을 구ᄒᆞ엿슴으로
일홈이 ᄉᆞ칙(史冊)에 빗나고 나라에셔도 졍포(旌褒)

의 뎐(典)이 잇도다

獰 녕 모질　惡 악 악ᄒᆞᆯ　至 지 니르　極 극 극진　丹 단 붉을　伊 이 져　玉 옥 구슬
杯 ᄇᆡ 잔　軟 연 연ᄒᆞᆯ　弱 약 약ᄒᆞᆯ　册 ᄎᆡᆨ 칙　表 표 것　典 뎐 법

데ᄉᆞ십이과 군위(軍威)셔시(徐氏)

군위셔시ᄂᆞᆫ ᄉᆞ달(思達)의 녀ᄌᆞ라 동군(同郡) 거ᄒᆞᄂᆞᆫ
도운봉(都雲峯)의 쳐가 되엿더니 운봉이 죽으매
ᄋᆡ훼(哀毁)ᄒᆞᆷ이 심ᄒᆞ더니 집 뒤에 대나무 수
풀이 잇ᄂᆞᆫ지라 날노 대나무를 안고 울

더니 ᄒᆞᆯ연 일일은 흰 대나무가 셰죵이
나셔 삼년만에 칠팔총에 니ᄅᆞᆷ으로
셰죵(世宗)ᄭᅴ셔 ᄇᆡᆨ쥭도(白竹圖)를 그려다가 보시고 복
호(復戶)를 주시고 졍문을 셰우시니라

徐 ᄒᆞᆯ셔 쳔쳔　居 거 살　峯 봉 뫼부리　毁 훼 헐　圖 도 그림　戶 호 지게

뎨ᄉᆞ십삼과 졍부인(鄭夫人)

우리 나라에셔 츙효렬(忠孝烈)을 슝샹(崇尙)ᄒᆞᆷ으로 츙
렬부가 도쳐에 허다(許多)ᄒᆞ야 낫낫치 긔록ᄒᆞ
고져ᄒᆞ면 니루 다 ᄒᆞᆯ수가 업스나 그츙
에 표표ᄒᆞᆫ 부녀를 대강 몃몃만 긔록ᄒᆞ
건ᄃᆡ 졍부인은 포은(圃隱)션ᄉᆡᆼ 몽쥬(夢周)의 증손녀
라 일즉이 문효공죠지셔(文孝公趙之瑞)의 쳐가 되엿더
니 연산군(燕山君) 갑ᄌᆞ(甲子) 화변에 죠공이 금부(禁府)에
나취(拿就)ᄒᆞᆯ시 졍부인과 서로 영결(永訣)ᄒᆞ야 왈 내
가 이번에 가면 도라오지 못ᄒᆞᆯ거시니
조샹신쥬(祖上神主)를 엇지ᄒᆞᆯ고 부인이 왈 맛당히

죽거로 써 보존(保存)ᄒᆞ리라

多 만ᄒᆞᆯ 다 圃 동산 포 之 갈 지 禁 금ᄒᆞᆯ 금 拿 잡을 나 就 나아갈 취 永 길 영

訣 영결 결 存 잇슬 존

뎨ᄉᆞ십ᄉᆞ과 샹동

과연 쇼공이 죽음을 닙고 가산(家産)을 적몰(籍沒)ᄒᆞ매 정부인이 갈바이 업ᄂᆞᆫ지라 그 부친이 본가로 ᄃᆞ려 가고져ᄒᆞᆫᄃᆡ 부인이 울며 ᄀᆞᆯᄋᆞᄃᆡ 망인(亡人)이 내게 조샹의 신쥬를 부탁(付托)ᄒᆞ거ᄂᆞᆯ 허락ᄒᆞ엿ᄉᆞ오니 엇지 져ᄇᆞ리리오 드듸여 신쥬를 안고 본가에 도라가 정셩을 극진(盡)히ᄒᆞ야 제ᄉᆞ를 밧들고 죠셕으로 울며 삼년을 못치더니 밋 즁묘(中廟)ᄶᅢ셔 반정(反正)ᄒᆞ시매 특별이 정려(旌閭)ᄒᆞ시니라

産 세간 산, 희산 산 籍 호적 적 付 붓칠 부 託 부탁 탁 盡 다ᄒᆞᆯ 진 特 특별 특 閭 집 려, 려염 려

뎨ᄉᆞ십오과 권교리(權校理)부인(夫人)

권교리 달슈(達手)의 부인 졍시는 ᄯᅩᄒᆞᆫ 효문
효공의 부인과 ᄒᆞᆫ ᄯᆡ라 연산됴(朝) 갑ᄌᆞ에
권공이 ᄯᅩᄒᆞᆫ ᄉᆞ화(士禍)에 죽인바ㅣ 되매 졍
부인이 함창(咸昌) 촌샤(村舍)에 잇셔 륙십여일에 식(食)
음(飮)을 ᄭᅳᆫ타가 그 비ᄌᆞᄃᆞ려 말ᄒᆞ되 내가
죽기를 참고 오ᄂᆞᆯ날ᄭᆞ지 니름은 남편
의 ᄒᆡ골(骸骨)을 환장(還葬)ᄒᆞ기를 기ᄃᆞ려 그 겻혜
ᄇᆡᆨ골을 의탁코져 ᄒᆞᆷ일너니 긔력(氣力)이 임의 다

ᄒᆞ니 나는 죽ᄂᆞᆫ도다ᄒᆞ고 통곡긔졀ᄒᆞ니라

理 다ᄉᆞ릴리 手 손슈 咸 다함 舍 집사 飮 마실음 骸 뼈해 骨 뼈골
還 도라올환 氣 긔운긔 力 힘력

뎨ᄉᆞ십륙과 윤부인(尹夫人)

윤부인은 라계문(羅繼文)의 쳐요 윤기(尹耆)의 누의라
능히 글ᄌᆞ를 통ᄒᆞ더니 계문이 당시에
셰력가(勢力家)로 유명ᄒᆞᆫ 홍윤셩(洪允成)의 노ᄌᆞ(奴子)의게 죽
인바ㅣ 되엿ᄂᆞᆫ지라 윤부인이 소장(訴狀)을 지

어 계문의 원통홈을 신셜(伸雪)코져ᄒᆞᆫ디 그
ᄉᆞ장의 글이 완슌(婉順)ᄒᆞ고 리치가 명빅ᄒᆞᆫ지
라
셰조(世祖)께서 친히 보시고 슬피녁이샤 윤셩
의 노ᄌᆞ는 거렬(車裂)ᄒᆞ고 윤시의게 ᄒᆡ마다
빅미(白米)를 주시고 복호를 ᄂᆞ리시니라

繼 계니을 著 기ᄅᆞᆯ 勢 셰형셰 允 윤허락ᄒᆞᆯ 狀 장글장 伸 신펼 雪 셜눈
婉 완고을 車 거수레 裂 렬ᄶᅴ질 米 미쌀

뎨ᄉᆞ십칠과 림의부(林義婦)

림의부는 박조(朴[illegible])의 쳐니 식모 뎐시를 셤
기되 지셩으로ᄒᆞ더니 박조는 셔울 가셔
벼슬ᄒᆞ고 림시 홀노 잇다가 밤에 불이
나거ᄂᆞᆯ 뎐시는 늙고 병드러 능히 긔동
치 못ᄒᆞ는지라 림시 불가온ᄃᆡ 드러가셔
뎐시를 업고 나오다가 ᄯᅳᆯ에 업더지매
바람이 모질고 불ᄭᅩᆺ치 셩ᄒᆞ야 머리와

등이 ᄃᆞ도록 뎐시를 놋치 아니ᄒᆞ니 리
웃 사ᄅᆞᆷ이 그 의를 감동ᄒᆞ야 급히 드
러가셔 렴시 고부를 업어내여 구ᄒᆞ니라

慥(확실 조)

뎨ᄉᆞ십팔과 송렬부(宋烈婦)

송렬부는 송도(松都) 쟝ᄉᆞᄒᆞᄂᆞᆫ 고쥰실(高俊實)의 쳐라
쥰실이 쟝ᄉᆞᄎᆞ로 의쥬(義州)에 가셔 손이 되
여 박츈건(朴春建)의 집에 머므ᄂᆞᆫ듸 츈건이 쥰

실의 ᄌᆡ물(財)을 욕심내더니 맛ᄎᆞᆷ 쥰실이
압록강(鴨綠)가에 일 잇슴을 긔회를 삼아 츈
건이 ᄀᆞ만이 쥰실을 죽여 그 ᄐᆞᆫ물과 ᄒᆞᆫ
가지로 강물에 던지고 그 ᄌᆡ물을 모도
ᄎᆞ치ᄒᆞ엿ᄂᆞᆫ지라 송시 그 ᄉᆞ실을 듯고
원슈를 갑고져ᄒᆞ야 남ᄌᆞ의 복장(服裝)을ᄒᆞ고
의쥬에 니르러 집집이 ᄃᆞᆫ니며 비러먹으
며 여러ᄃᆞᆯ 졍탐ᄒᆞ더니 과연 츈건의 집

에셔 ᄒᆞᆫ 증거물을 발각ᄒᆞ니 곳 쥰실의
평ᄉᆡᆼ 가졋던 등(藤)채ᄶᅵᆨ에 픠 뭇은 흔젹이
잇ᄂᆞᆫ지라

宋 송나라 송　松 소나무 송　俊 쥰걸 쥰　春 봄 츈　建 세울 건　財 ᄌᆡ물 ᄌᆡ　鴨 오리 압

綠 푸를 록　機 긔틀 긔　裝 ᄒᆡᆼ장 장　證 증거 증　據 웅거 거　覺 ᄭᆡ다를 각　藤 등 등

뎨ᄉᆞ십구과 샹동

송시가 즉시 관뎡(官庭)에 드러가 부윤(府尹)의게
고ᄒᆞᆫ디 부윤이 의심ᄒᆞ고 송ᄉᆞ(訟事)를 ᄉᆞᆯ피지
아니ᄒᆞᄂᆞᆫ지라 송시 부윤의 의혹홈을 보
고 다시 나와셔 강 가에 단니며 하ᄂᆞ님
을 부르지지며 쥬야(晝夜) 통곡ᄒᆞ더니 홀연이
강물 소ᄅᆡ 크게 니러나며 사ᄅᆞᆷ과 ᄆᆞᆯ의
쥭엄이 일시에 ᄯᅥ셔 나오거ᄂᆞᆯ 송시 그
쥭엄을 취(取)ᄒᆞ야 강가에 내여 노코 부윤
의게 신소(伸訴)코져ᄒᆞ더니 츈건이 임의 ᄃᆡ물
노 ᄡᅥ 부윤을 달넛지라 송시 홀일 업

셔 급히 평양(平壤)에 가셔 감ᄉᆞ(監司)의 ᄯᅳᆯ에 드러
가 하ᄂᆞᆯ을 ᄀᆞᄅᆞ치며 통곡ᄒᆞᆫᄃᆡ 감ᄉᆞ가
그 무례(無禮)ᄒᆞᆷ을 ᄃᆡ노ᄒᆞ야 장ᄎᆞᆺ 죄를 더ᄒᆞ
려ᄒᆞ더라

官 벼슬 판 訟 송ᄉᆞ 송 晝 낫 쥬 夜 밤 야 壤 ᄒᆞᆰ덩이 양 司 맛흘 ᄉᆞ

뎨오십과 샹동

이ᄯᅢ 송시의 머리 우에 홀연이 ᄒᆞᆫ 푸
른 새가 ᄂᆞ라와셔 ᄂᆞᆯ개를 두ᄃᆞ리며 슬

피 울거ᄂᆞᆯ 감ᄉᆞ가 보고 대경ᄒᆞ야 드ᄃᆡ
여 룡쳔부(龍川府)에 비관(秘官)ᄒᆞ야 츈건을 잡아 실
졍을 엇은 후에 형벌(刑罰)을 집힝(執行)코져ᄒᆞᆫᄃᆡ 송
시 쳥ᄒᆞ야 ᄀᆞᆯᄋᆞᄃᆡ 쳡의 지아비 도적의
손에 죽엇ᄉᆞ나 원컨대 도적으로 ᄒᆞ여곰
쳡의 손에 죽게ᄒᆞ옵쇼셔 감ᄉᆞ가 허낙ᄒᆞ
거ᄂᆞᆯ 송시 칼노 츈건의 비를 갈나 간(肝)
을 내여 츈실의 혼령(魂靈)에 졔ᄉᆞᄒᆞ고 도라와

장ᄉ ᄒᆞ니라

龍(룡 룡) 秘(ᄀᆞ만ᄒᆞᆯ 비) 關(관계 관) 執(잡을 집) 肝(간 간) 魂(혼 혼)

뎨오십일과 김렬부(金烈婦)

김렬부도 ᄯᅩᄒᆞᆫ 숑샹(松商) 챠샹민(車尙敏)의 쳐라 샹민이 안동(安東)ᄯᅡ에 갓다가 도적의게 죽인바ㅣ 된지라 김시 그 흉문(凶聞)을 듯고 그 아오 김셤(金暹)과 ᄒᆞᆷᄭᅴ 안동으로 향ᄒᆞᆯ서 각각 칼 ᄒᆞᆫ기식 몸에 간슈ᄒᆞ고 김시는 남복을

닙고 도적을 차자 ᄃᆞᆫ니다가 샹민의 의복을 보고 증거를 삼아 관뎡에 숑ᄉᆞᄒᆞᆯ시 칠삭(七朔)만에 옥안(獄案)이 결과 되거ᄂᆞᆯ 김시 칼노 도적의 고기를 버혀먹고 샹민의 션톄를 차자 고산(故山)에 환장ᄒᆞ고 륙칠년을 쥬야 읍곡(泣哭)ᄒᆞ다가 그 맛ᄯᆞᆯ이 장셩ᄒᆞ매 츌가(出嫁)식히고 인ᄒᆞ야 ᄌᆞ결(自決)ᄒᆞ야 죽으니 슉종(肅宗)ᄭᅴ셔 드르시고 졍려(旌閭)를 ᄂᆞ리시니라

商 상장ᄉ 車 차수레 敏 민첩홀민 凶 흉홀흉 聞 드를문 暹 날빗섬 朔 초하로삭 북방삭
獄 옥옥 案 칙상안 體 몸톄 泣 울읍 出 날출 嫁 싀집갈가

뎨오십이과 박효랑형뎨(朴孝娘兄弟)

박효랑형뎨는 성쥬(星州) ᄉ족(士族)의 녀ᄌ라 집이 빈한(貧寒)ᄒᆞ고 문호가 침톄(沉滯)홈으로 그 린읍(鄰邑) 사는 호강(豪强)의 집에셔 박시의 션산(先山)에 륵장(勒葬)ᄒᆞᆫ지라 효랑의 부친이 통분(痛忿)ᄒᆞ야 루ᄎᆞ 산송ᄒᆞ다가 도리여 락송ᄒᆞ고 억울이 쥭은지라 효랑은 다른 남ᄆᆡ가 업고 다만 녀ᄌ 형뎨ᄲᅮᆫ이라 부친의 포한(抱恨)을 갑고져 ᄒᆞ야 형뎨 밤을 ᄐᆞ셔 그 호강의 분묘(墳墓)를 파 ᄒᆡ골을 셕상(石上)에 노코 ᄲᆞ아 가로를 ᄆᆞᆫ드러 분을 풀고 즉시 관뎡에 ᄌᆞ현(自現)ᄒᆞᆫᄃᆡ 일읍 ᄉᆞ림(士林)이 모다 녀ᄌᆞ의 효렬을 이긍(哀矜)이 녁이나 필경 호강의 세력에 견ᄃᆡ지 못ᄒᆞ야 옥즁에셔 쥭으니라

娘 계집 낭　州 고을 쥬　貧 간난 빈　寒 찰 한　沉 잠길 침　滯 막힐 톄　隣 리웃 린

邑 고을 읍　豪 호걸 호　强 굿셀 강　先 몬져 션　勒 굴레 륵　墳 무덤 분　墓 무덤 묘

石 돌 셕　現 드러날 현　矜 불상 긍

뎨오쟝 잡편(雜篇)

이쟝은 유명ᄒᆞᆫ 부녀의 ᄒᆡᆼ실을 셕거 긔록홈이라

뎨오십삼과 의기론기(義妓論介)

우리 나라는 츙의를 슝상홈으로 챵기(娼妓)즁에도 능히 졀ᄒᆡᆼ 잇ᄂᆞᆫ쟈ㅣ 만흐니 론기ᄂᆞᆫ 진쥬(晋州) 기ᄉᆡᆼ(妓生)이라

션묘(宣廟) 계ᄉᆞ(癸巳) 삼월(三月)에 일본(日本) 군ᄉᆞ가 진쥬를 함셩ᄒᆞ고 ᄒᆞᆫ 쟝슈(將帥)가 론기의 얼골을 깃버ᄒᆞ야 심히 ᄉᆞ랑ᄒᆞ더니 일일은 쵹셕루(矗石樓)에 잔치를 ᄇᆡ셜(排設)ᄒᆞ고 질탕이 놀 즈음에 론기가 그 쟝슈의 술이 취홈을 기ᄃᆞ려 허리를 안고 바회우에셔 ᄯᅥ러지니

그 아래는 남강물이라 지금 그 바회 일홈을 의기암(義妓岩)이라ᄒᆞ고 츙신(忠臣) 렬ᄉᆞ(烈士)와 ᄀᆞᆺ치 ᄒᆡ마다 제ᄉᆞᄒᆞ니 그 별호는 롱월당(弄月堂)이러라

雜 석글 잡　編 최 편　妓 기ᄉᆡᆼ 기　介 낫 ᄀᆡ　宣 베플 션　癸 북방 계　巳 비암 ᄉᆞ

將 쟝슈 쟝　帥 쟝슈 슈　矗 ᄲᅧᆨ쵹ᄒᆞᆯ 쵹　排 분ᄇᆡᄒᆞᆯ ᄇᆡ　設 베플 셜　巖 바회 암　弄 희롱 롱

뎨오십ᄉᆞ과 계화월(桂花月)

계화월은 평양(平壤) 기ᄉᆡᆼ이니 ᄯᅩᄒᆞᆫ 임진란(壬辰亂)에 일본 쟝슈의 ᄉᆞ랑ᄒᆞᆫ바ㅣ 되엿더니 계화월이 거즛 친쳑을 챠자 본다ᄒᆞ고 셩(城)우에 올나 슬피 울며 오라바니를 부른ᄃᆡ 이ᄯᅢ 의병쟝(義兵將) 김응셔(金應瑞)가 그 ᄯᅳᆺ을 알고 계화월과 친형뎨가 된다ᄒᆞ고 셩즁(城中)에 드려가 일본 쟝슈의 취ᄒᆞ야 자는 ᄯᅢ를 ᄐᆞ셔 칼노치니 그 쟝슈의 머리 ᄯᅡ에 ᄯᅥ러지며 오히려 손에 들엇던 칼을 던지

눈지라 맛참 칼이 기동에 부듸쳐 깁히
드러가거늘 웅셔가 그 머리를 츠고 문
에 나셔니 계월이 뒤를 ᄯᅳ르려ᄒᆞ거늘
웅셔가 능히 량젼(兩全)치 못ᄒᆞᆯ줄을 싱각ᄒᆞ고
몸을 돌녀 칼을 ᄲᅢ니 계월이 우스며
목을 드리거늘 드듸여 죽이고 셩을 넘
어 도라오니 그 잇흔날 일본 군즁이 크
게 요란ᄒᆞ야 수일을 진뎡치 못ᄒᆞ더라

壬(북방 임) 辰(별 진) 戚(친쳑 쳑) 兵(군ᄉᆞ 병) 兩(두 량)

데오십오과 금셤이향(金蟾愛香)

션묘 임진 변란에 챵기로 능히 립졀(立節)ᄒᆞᆫ
쟈ㅣ 론기 계화월 ᄀᆞᆺ흔 이국(愛國) 녀ᄌᆞ도
유(有)ᄒᆞ거니와 동시(同時)에 ᄯᅩᄒᆞᆫ 두 녀ᄌᆞ가 잇스
니 ᄒᆞ나는 동리부ᄉᆞ(東萊府使)로 슌졀(殉節)ᄒᆞᆫ 송쳔곡샹(宋泉谷象)
현(賢)의 쳡 금셤이니 본리(本來) 북도(北道) 기싱으로
송공을 ᄯᅡ라 동리에 갓다가 함셩(陷城)이 되

매 숑공이 금셥ᄃᆞ려 피ᄒᆞ라ᄒᆞᆫᄃᆡ 금셤이 울며 가지 아니ᄒᆞ고 홈ᄭᅴ 죽엇고 ᄯᅩ ᄒᆞ나흔 부산쳠ᄉᆞ로(釜山僉使) 슌졀ᄒᆞᆫ 졍발(鄭撥)의 쳡 이향이니 이향도 ᄯᅩᄒᆞᆫ 졍공을 ᄯᆞ라 ᄒᆞᆫ가지로 죽은지라 그후 츙렬ᄉᆞ(忠烈祠)에 ᄇᆡ향(享)ᄒᆞ엿ᄂᆞ니라

蟾 두겁이 셤　有 잇슬 유　萊 쑥 ᄅᆡ　殉 죽을 슌　北 븍녁 븍　陷 ᄲᅡ질 함　釜 가마 부
僉 다 쳠　撥 혀칠 발　享 누릴 향

뎨오십륙과 야은비셕기(冶隱婢石介)

고려 말년에 길(吉)야은션ᄉᆡᆼ ᄌᆡ(再)가 벼슬을 ᄇᆞ리고 금오산(金烏山)에 도라가 졀의(節義)를 직히더니 그 비복(婢僕)도 ᄯᅩᄒᆞᆫ 감화ᄒᆞ야 ᄒᆞᆫ 비ᄌᆞ의 나히 십팔세인ᄃᆡ 그 지아비 쟝ᄉᆞ로 영업(營業)ᄒᆞ다가 바다에 표풍(漂風)ᄒᆞ야 존몰(存沒)을 아지 못ᄒᆞᄂᆞᆫ지라 그 비ᄌᆞ가 졀을 직히고 가지 아니ᄒᆞ더니 십여년만에 그 지아비

일본으로브터 도라와 져믄 밤에 문을 두ᄃᆞ리며 열나ᄒᆞ거ᄂᆞᆯ 비ᄌᆞㅣ ᄃᆡ답ᄒᆞᄃᆡ 말소리와 힝동모양(貌樣)은 덕실(的實)이 남편인줄 알겟고 ᄯᅩ 두번 살아 맛나 보ᄂᆞᆫ거슨 반가오나 깁흔 밤에 사ᄅᆞᆷ이 업스니 엇지 경솔(輕率)이 서로 ᄃᆡᄒᆞ리오 맛ᄎᆞᆷ내 문을 열지 아니ᄒᆞ고 안져셔 아ᄎᆞᆷ을 기ᄃᆞ려 족당(族黨)을 모하놋코 그제야 서로 보니 ᄎᆞᆷ으로

그 지아비라 인ᄒᆞ야 ᄒᆡ로(偕老)ᄒᆞ니라

冶 플무 야　吉 길ᄒᆞᆯ 길　再 두 ᄌᆡ　烏 가마귀 오　營 경영 영　業 업 업　漂 ᄠᅳᆯ 표

貌 얼골 모　樣 모양 양　的 덕실 덕　輕 가ᄇᆡ야올 경　率 거ᄂᆞ릴 솔　黨 무리 당　偕 ᄒᆞᆷᄭᅴ ᄒᆡ

뎨오십칠과 약가(藥哥)

약가는 션산군(善山郡)에 사ᄂᆞᆫ 병ᄉᆞ(兵使) 조을ᄉᆡᆼ(趙乙生)의 처라 을ᄉᆡᆼ이 왜적(倭賊)의게 잡힌바ㅣ 되여 간 후로브터 ᄉᆞᄉᆡᆼ을 모로매 약가가 고기를 먹지안코 ᄒᆞᆼ샹 의복을 닙고 자ᄂᆞᆫ지라

그 부모가 약가의 뜻을 ᄲᅢ앗사 시집 보내고져ᄒᆞ되 죽기를 ᄆᆡᆼ셰ᄒᆞ고 좃지 아니ᄒᆞ더니 팔년만에 을셩이 살아 도라오거늘 부부가 다시 된지라 그 리웃에 길야은 션ᄉᆡᆼ이 잇서 ᄎᆞᆼ졀을 직힘으로 약가가 그 ᄎᆞᆼ졀을 ᄉᆞ모(思慕)ᄒᆞ야 능히 졍졀을 직힘이라 그럼으로 나라에서 졍려각(旌閭閣)을 짓고 길야은과 약가를 ᄒᆞᆫ가지로 졍포ᄒᆞ

사 여ᄃᆞᆲ 글ᄌᆞ로 써 사엿스되 ᄇᆡᆨ셰쳥풍(百世淸風)이오 팔년고등(八年孤燈)이라ᄒᆞ야 지금 ᄭᆞ지 마을 사ᄅᆞᆷ이 서로 젼ᄒᆞᄂᆞ니라

哥 가셩 善 션ᄎᆞᆨ할 乙 을새 賊 적도적 慕 모ᄉᆞ모 閣 각집 孤 고외로울 燈 등등불

뎨오십팔과 향랑(香娘)

향랑은 션산(善山) 샹형(上荊) 사ᄂᆞᆫ 촌가(村家) 녀ᄌᆞ라 어려서브터 셩질(性質)이 졍슉(貞淑)ᄒᆞ야 그 계모

섬기기를 효순이 극진ᄒᆞ더니 밋 출가ᄒᆞ매 그 지아비 불량(不良)ᄒᆞ야 향랑을 구박ᄒᆞ는지라 그 슉부(叔父)와 구고(舅姑)가 어엿비 녁여 다른ᄃᆡ로 싀집 가기를 권ᄒᆞ되 향랑이 듯지 안코 싀집 근처(近處)에 의탁ᄒᆞ더니 ᄯᅩᄒᆞᆫ 구축(毆逐)ᄒᆞᆷ으로 이에 죽기를 결심(決心)ᄒᆞ고 길야은 선ᄉᆡᆼ의 지쥬비(砥柱碑) 아래 니르러 나무ᄒᆞ는 녀ᄌᆞ의게 치마와 머리를 풀어 주며 왈 이거슬 가지고 우리 부모ᄭᅴ 드려 나의 죽음을 증거ᄒᆞ라

荊 가시 형　性 셩픔 셩　質 바탕 질　淑 몱을 슉　舅 싀아비 구　姑 싀어미 고　近 갓가울 근

托 의탁 탁　毆 구박ᄒᆞᆯ 구　逐 ᄶᅩᆺ칠 츅　砥 숫돌 지　柱 기동 쥬

뎨오십구과 샹동

향랑이 말을 맛치매 ᄭᅩᆺ출 ᄭᅥᆨ거 산유화(山有花)ᄒᆞᆫ 곡됴(曲調)를 부르고 드ᄃᆡ여 강물에 던져 죽으니 나히 이십세라 지금ᄭᆞ지 그 곳을

향랑쇼(沼)라ᄒᆞ고 그 곳 사ᄅᆞᆷ들이 그 소릐를
다토아 부르니 그 노래에 ᄒᆞ엿스되
하ᄂᆞᆯ은 엇지 놉고 멀며 (天何高遠)
ᄯᅡ은 엇지 너르고 먼고 (地何曠邈)
일신을 의탁ᄒᆞᆯ수 업도다 (一身靡托)
ᄎᆞᆯ하리 이 못에 던져 (寧投此淵) 고
기 ᄇᆡ에 장ᄉᆞᄒᆞ리로다. (葬於魚腹)
그 ᄯᅢ에 선산부ᄉᆞ 됴구샹(趙龜祥)이 향랑의 젼(傳)을

짓고 그 졍졀을 됴뎡에 보(報)ᄒᆞ야 졍려를
세우니 향랑의 일홈이 세상에 빗나더라

花 ᄭᅩᆺ 화　曲 굽을 곡　操 잡을 조　沼 못 쇼　何 엇지 하　遠 멀 원　地 ᄯᅡ 디
曠 빌 광　邈 멀 막　雖 비록 슈　靡 업슬 미　寧 편안 녕　投 던질 투　魚 고기 어
祥 샹서 샹　傳 젼ᄒᆞᆯ 젼

뎨륙십과 목쥬곡(木州曲)

고려 악부(樂府)에 목쥬곡이라ᄒᆞᄂᆞᆫ 곡됴가 잇
ᄉᆞ니 그 ᄉᆞ실은 목쥬에 ᄒᆞᆫ 효녀(孝女)가 잇

논디 그 아바지 후처(後妻)에 혹(惑)ᄒᆞ야 그 ᄯᆞᆯ
올 뮈워ᄒᆞᄂᆞᆫ지라 효녀ᄂᆞᆫ 오히려 계모
셤기기를 지셩으로ᄒᆞ나 필경 효녀를 ᄶᅩᆺ
거ᄂᆞᆯ 효녀ㅣ 참아 가지못ᄒᆞᆫ디 부모ㅣ
대노ᄒᆞ야 극쵹ᄒᆞᄂᆞᆫ지라 효녀ㅣ ᄒᆞᆯ일 업
서 하직ᄒᆞ고 산즁에 나르니 셕굴(石窟) 가온
디 ᄒᆞᆫ 로파(老婆)가 잇서 그 졍곡(情曲)을 듯고
어엿비 녁여 ᄒᆞᆷᄭᅴ 잇기를 허낙ᄒᆞ거ᄂᆞᆯ

효녀 부모와 ᄀᆞᆺ치 셤긴디 로파가 ᄉᆞ랑
ᄒᆞ야 그 며ᄂᆞ리를 삼고 너외(內外) 동심(同心)ᄒᆞ야
가산(家產)이 부요(富饒)ᄒᆞᆫ지라 효녀ㅣ 그 부모의
싱계(生計)가 간곤(艱困)ᄒᆞᆷ을 듯고 그 집에 마져다
가 봉양(奉養)을 극진이ᄒᆞ되 부모가 오히려
깃버 아니ᄒᆞᄂᆞᆫ지라 효녀ㅣ 노래를 지여
ᄉᆞᄉᆞ로 원망ᄒᆞ니 그 소리 슬프고 근절(懇切)
ᄒᆞᆷ으로 악부에 올녀 효도(孝道)를 권면(勸勉)ᄒᆞ니라

樂 풍류 악　窟 굴 굴　婆 계집 파　饒 넉넉ᄒᆞᆯ 요　計 계교 계　艱 어려울 간　困 곤ᄒᆞᆯ 곤
養 기를 양　勸 권ᄒᆞᆯ 권　勉 힘쓸 면

뎨륙십일과 회소곡(會蘇曲)

동국악부(東國樂府)에 회소곡이라ᄒᆞᄂᆞᆫ 곡됴가 잇스니 신라 유리왕(儒理王) 시ᄃᆡ에 신라 셔울에 륙부(六部)를 ᄂᆞᆫ호아 량편(兩便)을 뎡ᄒᆞ고 왕의 두 ᄯᆞᆯ노 ᄡᅥ 량편의 부ᄂᆡ(部內) 녀ᄌᆞ를 거ᄂᆞ리고 츄칠월(秋七月) 긔망(旣望)으로브터 ᄆᆡ일 아ᄎᆞᆷ에 대부(大部)

ᄯᅳᆯ에 모화 삼을 길삼ᄒᆞ다가 밤이 깁흔 후에 파ᄒᆞ고 팔월 십오일이 니르면 그 공의 다쇼(多少)를 샹고ᄒᆞ야 진편에셔 쥬식(酒食)을 내여 이긴편을 먹이고 서로 가무(歌舞)도ᄒᆞ며 빅가지 희롱을 베프러 즐기며 노ᄂᆞᆫ거슬 닐ᄋᆞᄃᆡ 가비일(嘉俳日)이라ᄒᆞᄂᆞ니 이 ᄯᆡ에 진편에셔 ᄒᆞᆫ 녀ᄌᆞ가 니러나 츔추며 노래ᄒᆞ야 왈 회소회소라ᄒᆞ니 그 소리 슬프고 아

담홈으로 후인(後人)이 그 소리를 지여 풍악
에 올니고 일홈을 회소곡이라 ᄒᆞ니라

蘇 ᄎᆞ죡이 소　儒 션비 유　便 편ᄒᆞᆯ 편　秋 가을 추　旣 임의 긔　望 ᄇᆞ랄 망　酒 술 쥬
歌 노래 가　舞 춤출 무　俳 화랑이 비

데륙십이과 무녀(巫女)일금(一今)

슉종(肅宗) 무오(戊午)에 옥톄(玉體) 미녕(靡寧)ᄒᆞ시매 궁인(宮人)들이
무녀 일금의 신통(神通)ᄒᆞᆫ 령험(靈驗)이 잇슴을 듯
고 궁중(宮中)으로 불너드려 ᄒᆞ여곰 국가(國家)를

위ᄒᆞ야 긔도(祈禱)를 힝ᄒᆞ려 ᄒᆞᆯ서 공구(供具)ᄒᆞ는
셜비(設備)를 임의ᄒᆞ엿는디 무녀 ᄀᆞᆯ오디 내
거즛 신령(神靈)을 빙쟈(憑藉)ᄒᆞ고 사ᄅᆞᆷ을 속여 ᄒᆞᆫ
자 뵈와 ᄒᆞᆫ되 ᄡᆞᆯ을 취(取)ᄒᆞ야 ᄡᅥ 의식(衣食)을
ᄌᆞ뢰(資賴)ᄒᆞ나 ᄒᆞᆼ샹 황텬(皇天)이 벌(罰)을 ᄂᆞ릴가 두
려워ᄒᆞ거든 엇지 대닉(大內)를 긔만(欺瞞)ᄒᆞ리잇가
불의(不義)로 부귀(富貴)ᄒᆞᆷ은 직화(災禍)의 ᄆᆡ쟉(媒妁)이라 내가
본ᄌᆞ ᄉᆞ대부(士大夫)들이 창졸의 부귀ᄒᆞᆫ쟈ㅣ ᄒᆞᆫ

사ᄅᆞᆷ도 뒤 ᄭᅳᆺ치 도치못ᄒᆞ니 ᄎᆞᆷ하리 죄(罪)
를 닙을지언뎡 감히 명(命)을 밧드지 못ᄒᆞ겟
ᄂᆞ이다ᄒᆞ니 여러 궁인들이 탄식(歎息)ᄒᆞ야 왈
죠뎡 ᄉᆞ대부가 모도 이 무녀와 ᄀᆞᆺᄒᆞ면
엇지 지화에 횡리(橫罹)ᄒᆞᆯ자ㅣ 잇스리오ᄒᆞ고
다른 무녀를 불너 ᄃᆡ신(代身)ᄒᆞ니라

巫 무당 무　今 이제 금　戊 별 무　午 낫 오　驗 증험 험　祈 빌 긔　禱 빌 도

供 이밧 공　具 ᄀᆞᆽ출 구　備 ᄀᆞᆽ출 비　憑 비길 빙　藉 빙자 자　賚 주 뢰　皇 님군 황

欺 속일 긔　瞞 속일 만　災 지앙 지　媒 중ᄆᆡ ᄆᆡ　妁 중ᄆᆡ 작　橫 빗길 횡　罹 걸닐 리

뎨륙십삼과 허란설헌(許蘭雪軒)

우리 나라의 ᄌᆞ고로 부인 녀ᄌᆞ중에 총(聰)
명ᄌᆡ예(明才藝)가 잇서 문장(文章)의 민쳡(敏捷)홈이 조ᄃᆡ가(曹大家)
황슝가(黃崇嘏)와 ᄀᆞᆺ흔 녀ᄉᆞ(女士)가 만호니 란설헌 허
시는 초당허엽(草堂許曄)의 ᄯᆞᆯ이오 하곡허봉(荷谷許篈)의 ᄆᆡ
데라 ᄯᅩ 별호는 경번당(景樊堂)이니 텬ᄌᆡ(天才)가 영
민(穎敏)ᄒᆞ야 나히 팔세에 능히 광한뎐(廣寒殿) ᄇᆡᆨ옥(白玉)

루(樓) 샹량문(上樑文)을 짓고 또 꿈에 광상산(廣桑山)에
노ᄂᆞᆫ 시(詩)를 지으니라

蘭 란초 란　聰 귀밝을 총　捷 ᄲᆞ를 쳡　黃 누를 황　轂 가곡　曄 빗날 엽　荷 련꼿 하
封 일홈 봉　景 볏 경　樊 울타리 번　穎 영민 영　廣 넓을 광　殿 집 뎐　樑 들보 량
桑 뽕나무 상　詩 글 시

뎨륙십ᄉᆞ과 샹동

명(明)나라 ᄉᆞ신 쥬지번(朱之蕃)은 당시 문쟝으로
유명ᄒᆞᆫ쟈라 우리 나라 문쟝을 샹고ᄒᆞᆯ시

란설헌의 문고(文稿)를 보고 ᄃᆡ경ᄒᆞ야 가지고
도라가 지나(支那) 젼국(全國)에 젼파ᄒᆞ매 모든 문
쟝들이 론평(論評)ᄒᆞ야 왈 허시ᄂᆞᆫ 곳 셩당(盛唐)의
풍격(風格)이라ᄒᆞ고 판(板)을 삭여 간ᄒᆡᆼ(刊行)ᄒᆞ니라 부
인즁에 또ᄒᆞᆫ 문쟝이 후세에 젼ᄒᆞᄂᆞᆫ 쟈ᄂᆞᆫ
종실(宗室) 슉쳔령(肅川令)의 부인 빙호당(氷壺堂)이오 남츄(南趎)의
미례 남시 일홈이 ᄉᆞ칙에 젼ᄒᆞ며 그외
창기(娼妓) 즁에ᄂᆞᆫ 리옥봉(李玉峰)과 숑도(松都)에 황진(黃眞)과 부(扶)

안(安)기셩 리(李)계(桂)셩(生)과 츄(秋)향(香) 취(翠)션(仙)과 안(安)동(東)권(權)시(氏) 녀ᄌᆞ 취(翠)쥭(竹)과 양(楊)ᄉᆞ(士)언(彥)의 쇼(小)실(室)등이 다 세상에 유명ᄒᆞ니라

朱 붉을쥬　蕃 셩홀번　稿 초집혼고　播 뿌릴파　格 격식격、다다를격　版 조각판　刊 삭일간

室 집실　扶 붓들부　楊 버들양　彥 아름다올언

녀ᄌᆞ독본하목록

녀ᄌᆞ독본하목록죵

남숭산인(南崇山人) 장지연(張志淵) 집(輯)

뎨일과 밍모(孟母)

밍모는 대현(大賢) 밍ᄌᆞ(孟子)의 어머니라 추(鄒)나라에 거ᄒᆞᆯ서 그 집이 무덤에 갓가온지라 ᄎᆞᄎᆞ 자라셔 희유(嬉遊)ᄒᆞ미 묘간(墓間)의 일홈을 본밧이 쒸며 싸코 뭇논 일을ᄒᆞ논지라 밍모ㅣ ᄀᆞᆯᄋᆞ샤ᄃᆡ 이 ᄯᅡ에 내 아ᄃᆞᆯ을 거

훌바ㅣ 아니라ᄒᆞ시고 이에 ᄯᅥ나샤 져ᄌᆞ
겻헤 거ᄒᆞ시니 ᄆᆡᆼᄌᆞㅣ ᄯᅩ 쟝ᄉᆞᄒᆞᄂᆞᆫ 사
ᄅᆞᆷ의 ᄆᆡ(賣)ᄆᆡ(買)ᄒᆞᄂᆞᆫ 일을 ᄒᆞᄂᆞᆫ지라 ᄆᆡᆼ모ㅣ
ᄯᅩ ᄀᆞᆯᄋᆞ샤ᄃᆡ 이 ᄯᅡ에 내 아ᄃᆞᆯ을 거훌
바ㅣ 아니라ᄒᆞ시고 다시 이ᄉᆞᄒᆞ샤 학궁(學宮)
겻헤 거ᄒᆞ시니 이에 조두(俎豆)와 읍양(揖讓)ᄒᆞᄂᆞᆫ
거동을 닉히거ᄂᆞᆯ 드ᄃᆡ여 거ᄒᆞ시니 이
닐은바 ᄆᆡᆼ모의 삼쳔(三遷)이라ᄒᆞᄂᆞ니라

孟 맛 ᄆᆡᆼ　鄒 나라 추　墓 무덤 묘　嬉 희롱 희　遊 놀 유　賣 팔 ᄆᆡ　買 살 ᄆᆡ
俎 도마 조　豆 팟 두　揖 읍ᄒᆞᆯ 읍　遷 옴길 쳔

뎨이과 샹동

ᄆᆡᆼᄌᆞㅣ 자라샤 ᄉᆞ승의게 나아가 ᄇᆡ호다
가 도라오미 ᄆᆡᆼ모ㅣ 맛춤 길삼ᄒᆞ시다가
무러 ᄀᆞᆯᄋᆞ샤ᄃᆡ ᄇᆡ홈이 어ᄃᆡ 니르럿ᄂᆞ냐
ᄆᆡᆼᄌᆞㅣ ᄃᆡ답지 못ᄒᆞ시매 ᄆᆡᆼ모ㅣ 칼을
잡고 그 ᄶᆞ던거슬 ᄭᅳᆫ혀 ᄀᆞᆯᄋᆞ샤ᄃᆡ 네가

학문을 폐(廢)홈이 나의 이 ᄶᅡ던거슬 끈흔
것과 ᄀᆞᆺ흔지라 무릇 학(學)은 써 일홈을
세움이오 문(問)은 써 지혜를 넓혀셔 이로
써 사ᄅᆞᆷ을 일우거ᄂᆞᆯ 이제 폐ᄒᆞ니 이는
시역(廝役)을 면(免)치못ᄒᆞ고 화해(禍害)를 부름이라ᄒᆞ시
니 밍ᄌᆞㅣ 두려워ᄒᆞ시고 ᄯᅩ 감동(感動)ᄒᆞ샤
됴셕으로 부지런이 비호시며 공ᄌᆞ(孔子)의 손
ᄌᆞ ᄌᆞᄉᆞ(子思)를 스승으로 셤기샤 ᄆᆞᄎᆞᆷ내 텬

하에 큰 셩현을 일우시니라

織 직 ᄶᆞᆯ 廝 시 마구 役 역 역ᄉᆞ 免 면 면ᄒᆞᆯ 禍 화 지화 害 해 해ᄒᆞᆯ 孔 공 구멍

뎨삼과 뎨영(緹縈)

뎨영은 즁국(中國) 한(漢)나라 사ᄅᆞᆷ이라 그 아
비 죄가 잇서 맛당히 형벌을 당ᄒᆞ게
되엿ᄂᆞᆫ디 그 ᄯᅢ에 국법이 육형(肉刑)을 쓰ᄂᆞᆫ
고로 뎨영이 복궐(伏闕)샹셔(上書)ᄒᆞ야 ᄀᆞᆯᄋᆞ디 죽은
쟈ᄂᆞᆫ 가히 다시 사지 못ᄒᆞᆸ고 형벌흔

쟈는 가히 다시 붓지 못ᄒᆞᆫ 온즉 비록 쳡(妾)
기(改)과(過)ᄒᆞ고져ᄒᆞ오나 그 도(道)가 업ᄉᆞ오니
이 원(願)컨대 아비를 ᄃᆡ신ᄒᆞ야 ᄉᆞᄉᆞ로 새
롭게 ᄒᆞᆷ을 엇게ᄒᆞ쇼셔 한(漢)데(帝) 불샹히 녁이
샤 조(詔)셔(書)를 ᄂᆞ려 육형을 졔(除)ᄒᆞ야 맛당히
의(劓)ᄒᆞᆯ쟈는 공(工)작(作)으로 벌ᄒᆞ고 맛당히 월(刖)ᄒᆞᆯ
쟈는 티(笞)ᄒᆞ야 수쳔년 참(慘)혹(酷)ᄒᆞᆫ 형벌을 일(一)
죠(朝)에 졔ᄒᆞ야 그 살을 완(完)젼(全)히 ᄒᆞᆷ이 다

뎨영의 쥰바ㅣ니라

緹 뎨 비단　縈 영 얽힐　肉 육 고기　刑 형 형벌　伏 복 업드릴　改 기 곳칠　過 과 허물

詔 죠 죠서　除 졔 덜　劓 의 코버힐　作 작 지을　刖 월 발뒤굼치버힐　笞 티 매띠릴

뎨ᄉᆞ과 방(龐)아(娥)가(賈)녀(女)

방아는 쥬(酒)쳔(泉)죠(趙)시(氏)의 ᄯᆞᆯ이라 아비가 놈의
게 죽인바ㅣ 되고 아오 형(兄)데(弟) 세 사ᄅᆞᆷ
이 다 병(病)드러 죽으매 구(仇)인(人)이 ᄉᆞᄉᆞ로
깃버ᄒᆞᆯ시 아ㅣ ᄀᆞ만히 분(憤)훈(恨)ᄒᆞᆷ을 품고

비슈(匕首)를 ᄭᅵ고 흠을 ᄐᆞ기를 십여년에 게으ᄅᆞᆷ이 업다가 ᄒᆞ로 도졍(都亭)에셔 맛나 못ᄎᆞᆷ내 ᄶᅵᆯ너 죽엿더라 당(唐)나라의 가녀라 ᄒᆞᄂᆞᆫ쟈ᄂᆞᆫ 종인(宗人)이 그 아비를 죽이매 그 종인을 흠ᄐᆞ 죽여셔 그 심간(心肝)을 취(取)ᄒᆞ야 아비 무덤에 졔(祭)ᄒᆞ니 두 사ᄅᆞᆷ이 다 효슌(孝純)으로 써 사ᄅᆞᆷ을 감동ᄒᆞ야 죄를 면ᄒᆞ고 그 리문에 졍표(旌表)ᄒᆞ엿ᄂᆞ니라

龐 큰방　娥 계집아　賈 성가　酒 술주　泉 ᄉᆡᆷ천　仇 원수구　憤 분ᄒᆞᆯ분

恨 한ᄒᆞᆯ한　匕 비수비　都 도읍도　亭 뎡ᄌᆞ뎡　心 ᄆᆞᄋᆞᆷ심　肝 간간　純 슌젼ᄒᆞᆯ슌

孝 효도효　旌 기졍　表 것표

뎨오과 리긔(李寄)

동월(東越)ᄯᅡ이 산(山)이 만흔ᄃᆡ 산 아래 큰 비암의 혈(穴)이 잇서 비암의 기리가 팔장(八丈)이오 ᄂᆞᆲ이가 일장(一丈)이라 ᄒᆞᆼ샹 나와셔 해(害)를 지으매 그 ᄯᅡ 무당이 요언(妖言)을 지여

닐ᄋᆞ되 비암이 동녀(童女) 십여세 된쟈를 먹
고져ᄒᆞᆫ다ᄒᆞ야 ᄆᆡ년(每年) 관민(官民)이 산 녀ᄌᆞ로
졔ᄉᆞᄒᆞ야 동구(洞口)에 보내면 비암이 밤에
나와서 삼키기를 젼후(前後)에 모도 십여인이
라 ᄒᆞᆫᄒᆡ는 장ᄎᆞᆺ 졔ᄉᆞᄒᆞᆯᄉᆡ 녀ᄌᆞ를 사지
못ᄒᆞ엿더니 리탄(李誕)의 집에 ᄯᆞᆯ이 여ᄉᆞᆺ이
잇ᄂᆞᆫ되 그 적은 ᄯᆞᆯ 긔(寄)가 힝ᄒᆞ기를 쳥
ᄒᆞ거ᄂᆞᆯ 부모(父母)ㅣ 듯지 아니ᄒᆞᆫ지라 긔ㅣ

ᄀᆞᆯᄋᆞ되 ᄯᆞᆯ이 잇고 아ᄃᆞᆯ이 업서 능히
종양(終養)치 못ᄒᆞ면 일즉 죽음만 ᄀᆞᆺ지 못ᄒᆞ
다ᄒᆞ고 드듸여 힝ᄒᆞ엿ᄂᆞ니라

寄 긔 붓칠 越 월나라 월 穴 혈 구멍 妖 요 요괴 童 동 아ᄒᆡ 誕 탄 큰 養 양 기를

데륙과 샹동

이 ᄯᅢ 긔가 ᄀᆞ만히 관(冠)과 신과 이(珥)와
당(璫)을 팔아 리로온 칼을 사고 비암을
무ᄂᆞᆫ 개를 구ᄒᆞ야 믄득 묘즁(廟中)에 가니

호(護)송(送)ᄒᆞ던 사람이 다 가매 귀가 이에 쌀을 써셔 떡을 ᄆᆞᆫᄃᆞᆯᄃᆡ 쌀과 국슈를 석거 동구에 두엇더니 비암이 나와 눈이 불ᄀᆞᆺ치 내암새를 맛고 떡을 삼키거ᄂᆞᆯ 귀가 개를 노하 물고 칼노 찍으니 비암이 쒸여나와 죽ᄂᆞᆫ지라 구멍에 드러가 계집의 ᄲᅧ를 엇어 곳 관(官)가(家)에 고ᄒᆞ니 그 ᄯᅢ에 다시 요(妖)샤(邪)ᄒᆞᆫ 법이 업서

사ᄅᆞᆷ이 다 편안히 살매 월(越)왕(王)이 듯고 귀를 마자 후(后)를 삼고 그 아비로 장(將)악(樂)령(令) 벼슬을 식히니 동월 사ᄅᆞᆷ이 다 노래ᄒᆞ야 덕을 치하ᄒᆞ더라

冠 갓 관　璫 패옥 당　送 보낼 송　邪 간사 샤　樂 풍류 악　令 ᄒᆞ여곰 령

데칠과 목(木)란(蘭)

목란은 량(梁)나라 사ᄅᆞᆷ이라 량 나라에셔 황뎨를 닐ᄋᆞ르ᄃᆡ 극(可)한(汗)이라ᄒᆞ니라 극한이

쇼셔를 ᄂᆞ려 군ᄉᆞ를, 부른ᄃᆡ 목란의 아
비 병들고 아오 어림으로 나가 싸홀쟈
ㅣ 업ᄂᆞᆫ지라 드ᄃᆡ여 융복(戎服)을 밧고아닙고
아비를 ᄃᆡ신ᄒᆞ야 군ᄉᆞ에 좃친지 십이년
에 크게 이긔고 도라오매 극한이 벼슬
을 주되 밧지 아니ᄒᆞ고 다만 집에 도라
가기를 비러 도라올ᄉᆡ 부모와 ᄌᆞ뎨(子弟)가
다 멀니 나와 맛ᄂᆞᆫ지라 목란이 이에

그 병복(兵服)을 벗고 방을 열고 단장을 고
로게ᄒᆞ니 ᄀᆞᆺ치 갓던 종졸(從卒)이 다 놀나
열두히를 동항ᄒᆞ되 목란이 계집인줄을
아지 못ᄒᆞ엿더라 후인(後人)이 그 일을 을퍼
굴ᄋᆞᄃᆡ 목란시(詩)라ᄒᆞ야 후세(後世) 시가(詩歌)의 종장(宗匠)
이 되엿ᄂᆞ니라

木 나무목 蘭 란초란 梁 량나라량 可 올흘가、추장극 汗 땀한 戎 군ᄉᆞ융 姊 맛누의ᄌᆞ
卒 군ᄉᆞ졸 詩 글시 歌 노래가 匠 장인장

뎨팔과 샹동시목란

즉즉(唧唧)ᄒᆞ고 다시 즉즉ᄒᆞ나 목란이 지게에
당(當)ᄒᆞ야 길삼ᄒᆞ도다 틀과 북 소리는 들
니지 아니ᄒᆞ고 오직 녀ᄌᆞ(女子)의 탄식이로다
뭇노니 너 무ᄉᆞᆷ ᄉᆡᆼ각ᄒᆞ는거시 잇ᄂᆞ냐
뭇노니 너 무ᄉᆞᆷ 긔억ᄒᆞ는거시 잇ᄂᆞ냐
내 ᄯᅩᄒᆞᆫ ᄉᆡᆼ각ᄒᆞ는바도 업고 내 ᄯᅩᄒᆞᆫ
긔억ᄒᆞ는바도 업도다 어제 밤에 군쳡(軍帖)을

보니 국한이 크게 군ᄉᆞ를 발ᄒᆞ는도다
군셔(軍書) 십이(十二)권(卷)에 권권마다 아바지 일홈이
잇스니 아바지는 큰 아희도 업고 목란
은 졈잔은 형도 업는지라 원컨대 안마(鞍馬)
를 사셔 이로 좃차 아바지 ᄃᆡ신에 가
려로다 동녁 져ᄌᆞ에 쥰마(駿馬)를 사고 북녁
져ᄌᆞ에 ᄎᆡᄶᅵᆨ을 사셔 일즉이 부모를 하
직ᄒᆞ고 져녁에 황하(黃河)가에 쉬니 부모의

ᄯᆞᆯ 부르ᄂᆞᆫ 소리ᄂᆞᆫ 들니지 아니ᄒᆞ고 다만 황하 흐르ᄂᆞᆫ 물 소리 급ᄒᆞᆷ만 들니도다 일즉이 황하를 ᄯᅥ나 가셔 져녁에 흑산(黑山)에 니르러 자니 부모 ᄯᆞᆯ 부르ᄂᆞᆫ 소리ᄂᆞᆫ 들니지 안코 다만 오랑키 말소리 츄々(啾々)ᄒᆞᆯ ᄲᅮᆫ이로다

喞 여러소리 즉　當 맛당 당　帖 서쳡 쳡　卷 칙 권　鞍 안장 안　駿 쥰마 쥰　具 ᄀᆞᆺ출 구
黃 누루 황　河 믈 하　黑 검을 흑　啾 적은소ᄅᆡ 츄

뎨구과 샹동

만리(萬里)에 융긔(戎機)로 다ᄃᆞ르니 관산(關山)을 건너기ᄂᆞᄂᆞᆫ듯ᄒᆞ도다 삭방(朔方) 긔운은 됴두(刁斗)와 목탁(木柝)에 젼ᄒᆞ고 찬 빗촌 쇠 옷에 빗최도다 쟝군(將軍)은 ᄇᆡᆨ번 ᄡᅡ화 죽고 쟝ᄉᆞ(壯士)ᄂᆞᆫ 십년만에 도라오도다 도라와 텬ᄌᆞ끠 뵈오니 텬ᄌᆞ가 명당(明堂)에 뎐좌ᄒᆞ시고 칙훈(策勳)은 열두번 오르고 샹ᄉᆞ(賞賜)ᄂᆞᆫ ᄇᆡᆨ(帛)과 금이 넉넉ᄒᆞ도

다 극한이 ᄒᆞ고져ᄒᆞᄂᆞᆫ바를 무른뒤 목란
은 샹셔랑(尙書郎) 벼슬도 슬코 원컨대 쳔리마
를 달녀 나를 보내여 고향(故鄕)에 도라가게
ᄒᆞ쇼셔 부모가 ᄯᆞᆯ 옴을 듯고 집에 나
와셔 븟들고 맛더라 형은 아오 옴을
듯고 칼을 갈아 돗과 양을 향ᄒᆞ더라
나의 동각(東閣) 문을 열고 나의 셔간(西間) 상에
안져 나의 싸홀 ᄯᅢ의 옷을 벗고 나의

녯적 치마를 입고 창(窓)에 당ᄒᆞ야 운빈(雲鬢)을
다ᄉᆞ리고 거울을 되ᄒᆞ야 연지를 바르고
문에 나와 종졸을 보니 종졸이 다 놀나
황겁ᄒᆞᄂᆞᆫ도다 동힝ᄒᆞᆫ지 열두히에 목란이
계집인줄 아지 못ᄒᆞ엿더라 웅토(雄兎)는 다리
가 잘녹ᄒᆞ고 ᄌᆞ토(雌兎)는 눈이 흐미ᄒᆞ야 쌍
톳기가 겻헤 ᄯᅧ으로 다라나니 엇지 능
히 나의 암과 슈를 분변ᄒᆞ리오

萬 일만 만　里 마을 리　機 긔틀 긔　關 징 관　朔 북방 삭, 초ᄒᆞ로 삭　氣 긔운 긔　刁 됴두 됴

斗 말 두　柝 목탁 탁　策 ᄭᅬ 칙　勳 공 훈　賞 상줄 상　郞 사나ᄒᆡ 랑　鄕 시고을 향

閣 집 각　窓 창 창　鬢 살작 빈　兎 톳기 토　雎 암 조

메십과 순관(荀灌)

진(晉)나라 순숭(荀崧)이 형쥬(荊州) 도독(都督) 벼슬노 완(宛)쑈에 진을 치고 잇서 도적의 에운바 되여 굿게 직희고 나오지 아니ᄒᆞ매 심이 약ᄒᆞ고 먹을거시 다ᄒᆞ야 오직 고리(故吏)

셕람(石覽)의게 구원(救援)을 쳥ᄒᆞ니 람의 군ᄉᆞ가 양셩(襄城)에 잇서 쟝ᄉᆞ가 감히 힝ᄒᆞᆯ쟈 업스매 빅가지 계교로 결단치 못ᄒᆞᄂᆞᆫ지라 숭의 ᄯᆞᆯ 관(灌)이 나히 바야호로 열세살인ᄃᆡ 의연(毅然)히 힝ᄒᆞ기를 쳥ᄒᆞ야 용ᄉᆞ(勇士) 수인(數人)을 거ᄂᆞ리고 셩을 너머 에움을 헷치고 밤을 ᄐᆞ셔 나가니 도적이 ᄯᅩᆺ기를 심히 급(急)히 ᄒᆞ거ᄂᆞᆯ 관이 쟝ᄉᆞ를 지촉ᄒᆞ야 싸홈

ᄒᆞ며 힝ᄒᆞ야 면홈을 엇어 드듸여 셕람
을 향ᄒᆞ야 군ᄉᆞ를 빌고 ᄯᅩ 아비를 듸
신ᄒᆞ야 편지를 지여 즁랑장(中郞將) 쥬방(周訪)으로
더브러 형데를 미지니 방이 ᄯᅩ ᄒᆞᆫ 삼쳔
병을 거ᄂᆞ려 셕람과 힘을 합ᄒᆞ야 숭을
구원ᄒᆞ니 도적이 대패(大敗)ᄒᆞ야 다라나고 형
쥬 빅셩이 다 살랏스니 쳥년(靑年)의 어린
녀ᄌᆞ로 ᄡᅥ 문무(文武)의 지조를 겸ᄒᆞ야 아비

를 구ᄒᆞ고 ᄡᅥ 일방(一方)에 싱민을 구졔ᄒᆞ니
가히 닐ᄋᆞ듸 용밍ᄒᆞ고 지혜롭다 ᄒᆞ리로다

荀 졍 슌　灌 듸일 관　菘 일홈 숑　荊 가시 형　州 고을 쥬　督 지촉ᄒᆞᆯ 독　宛 싸완、완젼 완
石 돌 셕　覽 볼 람　援 구원 원　襄 굿셀 양　毅 굿셀 의　然 그러ᄒᆞᆯ 연　勇 날낼 용
數 두어 수　急 급ᄒᆞᆯ 급　訪 차질 방　靑 푸를 쳥　方 모 방

데십일과 부인(夫人) 셩(城)

진(晉)나라 ᄯᅵ에 ᄂᆡ정(內政)을 닥지 못ᄒᆞ야 오(五)
호(胡)가 침노ᄒᆞ야 ᄉᆞ방(四方)을 웅거ᄒᆞ엿ᄂᆞᆫ듸 진(秦)

부시(苻氏)가 그즁 강ᄒᆞ야 군ᄉᆞ를 보내여 양
양(襄陽)을 칠ᄉᆡ 향ᄒᆞᄂᆞᆫ바에 디뎍이 업ᄂᆞᆫ지라
후에 량쥬(梁州)에 니르니 ᄌᆞᄉᆞ(刺史) 쥬셔(朱序)가 굿게
즁셩(中城)을 직히미 군ᄉᆞᄂᆞᆫ 젹고 셩은 넓어
가히 겸ᄒᆞ야 도라볼수가 업ᄂᆞᆫ지라 량쥬
셩이 셔북(西北)이 ᄭᅳᆫ허져 치기 쉬운지라 쥬(朱)
모(母) 한시(韓氏)가 두루 셩우에 형셰(形勢)를 살피고
빅여명(百餘名) 비ᄌᆞ와 밋 셩즁의 계집을 거ᄂᆞ

려 ᄒᆞᆫ가지 빗긴 셩을 그 안에 ᄡᅡ앗더
니 밋 진병(秦兵)이 니르매 셔북 모통이가
과연 패ᄒᆞᄂᆞᆫ지라 셩 아래 니르러 부인
이 녀병(女兵) 수빅을 거ᄂᆞ려 직히ᄂᆞᆫ지라 힘
ᄡᅥ 친지 삼일(三日)에 못춤내 ᄭᅢ치지 못ᄒᆞ고
량식이 다ᄒᆞ야 다른ᄃᆡ로 가니라 진병이
사ᄅᆞᆷ의게 고ᄒᆞ야 ᄀᆞᆯᄋᆞᄃᆡ 양양에 굿은
셩이 업스되 오직 부인셩(夫人城)이 가히 두렵

다ᄒᆞ야 량쥬에 지금ᄭᅡ지 부인셩이 잇ᄂᆞ
니라

胡 오랑ᄏᆡ 호 秦 진나라 진 苻 풀 부 刺 찌를 ᄌᆞ 史 ᄉᆞ긔 ᄉᆞ 朱 붉을 쥬 序 ᄎᆞ례 셔
韓 한나라 한 形 얼골 형 勢 형세 세 餘 남을 여

뎨십이과 량(梁)부인

송(宋)나라 ᄯᆡ에 금인(金人)이 크게 군ᄉᆞ를 들
어 드러와셔 이뎨(二帝)를 사로잡으니 송나라
이 림안(臨安)으로 옴겨 ᄑᆡ혼ᄃᆡ 금인이 강남(江南)

을 엿보아 곳 몰아 드러오ᄂᆞᆫ지라 이ᄯᆡ
에 악비(岳飛)와 한세츙(韓世忠) 두 사ᄅᆞᆷ이 잇셔 힘
을 합ᄒᆞ야 금인을 막을ᄉᆡ 비ᄂᆞᆫ 하북(河北)을
회복ᄒᆞ고 세츙은 쟝강(長江)을 직히더니 일일
은 금쥬(金主) 올출(兀朮)노 더브러 황텬탕(黃天蕩)에셔 ᄡᅡ
홀ᄉᆡ 세츙의 부인 량씨가 친히 북을 쳐
소ᄅᆡ 수십리에 들니니 쟝ᄉᆞ들이 용밍을
내여 압호로 나아가매 금인이 대패ᄒᆞ야

밤즁에 하슈를 건너 도망ᄒᆞᆫ지라 부인
이 싱금(生擒)ᄒᆞ야 버히지 못홈을 ᄒᆞᆫ탄ᄒᆞ고
샹소(上疏)ᄒᆞ야 극히 세츙이 긔틀을 일허 젹
군을 노핫스니 빌건대 죄를 더ᄒᆞ야 벌
ᄒᆞ고 반ᄃᆞ시 밍세코 나라를 갑하 츄로(醜虜)
를 멸ᄒᆞ리이다ᄒᆞ엿더니 됴뎡(朝廷)이 놀나 탄
복ᄒᆞ며 텬하(天下) 사ᄅᆞᆷ이 듯고 감격ᄒᆞ야 스
ᄉᆞ로 ᄭᅵᄃᆞ듬더라

宋 송나라송 臨 림ᄒᆞᆯ림 岳 뫼악 飛 ᄂᆞᆯ비 兀 옷독올 朮 삽쥬출 擒 사로잡을금
疏 소글소 醜 더러울추 虜 오랑캐로

뎨십삼과 샹동

이 ᄯᅢ에 송군이 다시 셩ᄒᆞ야 악비는
하북에 잇서 여러번 크게 이긔고 세츙
은 군ᄉᆞ를 쟝강에 진처 군ᄉᆞ로 더브러
밍세ᄒᆞ야 곳 금나라 소굴(巢窟)을 ᄭᅵ쳐 즁원(中原)
을 회복ᄒᆞ자ᄒᆞ더니 간신(奸臣) 진회(秦檜)가 이족(異族)의

게 아침ᄒᆞ야 됴셕(朝夕)으로 화친(和親)을 쳥ᄒᆞ고 또 올출의게 편지를 밧아 금패(金牌) 열둘노 써 악비를 불너 도라오게ᄒᆞ야 모반ᄒᆞᆫ다 모함ᄒᆞ야 옥(獄)에 ᄂᆞ려 원통이 죽이고 한세츙은 귀향을 보내니 이에 부인으로 더브러 산슈(山水)에 우유(優遊)ᄒᆞ야 여년(餘年)을 못치니 이에 송나라는 망ᄒᆞ야 겨우 졀강(浙江) ᄯᅡ에 소됴뎡(小朝廷)을 베프러 남송(南宋)이라 닐ᄏᆞᆺ더라 후

에 송(宋) 효종(孝宗)이 후회ᄒᆞ야 악비는 악왕(鄂王)을 봉(封)ᄒᆞ고 한세츙은 긔왕(鄿王)을 봉ᄒᆞ고 량시로 써 량국부인(夫人)을 봉ᄒᆞ고 다시 쟝쥰(張浚)을 써셔 듕원을 도모ᄒᆞ나 ᄉᆞ긔(事機)를 일코 병력(兵力)이 쇠(衰)ᄒᆞ야 졍리(整理)홈을 엇지 못ᄒᆞ니라

巢 깃드릴 소 窟 굴 굴 奸 간사 간 檜 젼나무 회 異 다를 이 族 일가 족 和 화답 화

牌 패 패 獄 옥 옥 水 물 슈 優 넉넉 우 浙 물 졀 小 작을 쇼 悔 뉘웃칠 회

鄂 ᄯᅡ 악 封 봉홀 봉 鄿 ᄯᅡ 긔 兩 두 량 浚 칠 쥰 力 힘 력 衰 쇠홀 쇠

整(정졔) 理(다ᄉ릴리)

뎨십ᄉ과 안공인(晏恭人)

송(宋) 리종(理宗) 말년에 원병(元兵)이 ᄯᅩ 드리와 쳐
셔 영화현(寧化縣)에 니르매 관원과 직힌 군ᄉ
가 다 도망ᄒ엿더라 셩즁(城中)에 조시(曹氏) 며ᄂ
리 안시(晏氏)가 지아비 죽고 아ᄃᆞᆯ이 어려
슈졀(守節)ᄒ야 싀집 가지 아니ᄒ더니 도젹이
니르매 관병(官兵)이 임의 도망홈을 듯고 이

에 량식을 도아 토호(土豪)를 권ᄒ야 ᄎᆡ(砦)를
미자 군ᄉ를 모집ᄒ야 도젹을 막을ᄉᆡ
도젹의 무리가 만혼지라 졔ᄎᆡ(諸砦)가 능히
막지 못ᄒ거놀 안씨 이에 스ᄉ로 모든
비ᄌ를 거ᄂ려 황우산(黃牛山)을 의지ᄒ야 일ᄎᆡ(一砦)
를 일우엇더니 도젹의 침이 더옥 급ᄒ
지라 안씨 그 가산(家產)을 홋ᄒ고 슈식(首飾)을
팔아 다 밧가ᄂ 장뎡을 주어 ᄀᆞᆯ으ᄃᆡ

타족(他族)의게 륜망(淪亡)홈보다 촐하리 나의 동종(同宗)
을 건짐만 ᄀᆞᆺ지 못ᄒᆞ다ᄒᆞ니 원근(遠近)이 다
와서 의지ᄒᆞᄂᆞᆫ지라 드듸여 졂은 장뎡을
ᄲᅢ여 의병(義兵)을 모ᄃᆞ러 친히 북올 치며
모든 비ᄌᆞᄂᆞᆫ 금을 울니여 군ᄉᆞ의 용밍
을 도도니 도적이 다 물너가 감히 더
경에 나오지 못ᄒᆞ거ᄂᆞᆯ 송뎨(宋帝) 듯고 공인(恭人)
을 봉ᄒᆞ엿더라

晏 느질 안　寧 편안 녕　縣 고을 현　豪 호걸 호　砦 진 채　諸 모돌 제　産 세간 산, 히산 산

他 다룰 타　淪 빠질 륜　遠 멀 원　近 가갓올 근

데십오과 셰부인(洗夫人)

셰시는 고량(高凉) ᄯᅡ 사ᄅᆞᆷ이라 부인이 고량(高凉)
태슈(太守) 풍보(馮寶)의 안히되야 일방(一方)에 위엄을
베프더니 그 ᄯᅢ 후경(侯景)과 리쳔ᄉᆞ(李遷仕) 등이
란(亂)을 지여 보를 부르거ᄂᆞᆯ 보가 치고져
ᄒᆞᆫ듸 셰시 ᄀᆞᆯᄋᆞᄃᆡ 그ᄃᆡ가 가면 반ᄃᆞ시

잡히리니 ᄉᆞ신을 보내여 례ᄒᆞ고 날ᄋᆞ되
장ᄎᆞ 안히를 보내고 량식을 빌닐이라
ᄒᆞ면 뎌놈이 깃버 방비홈이 업슬지라
내가 반ᄃᆞ시 ᄭᅢ치리라ᄒᆞ고 세시가 습격(襲擊)
ᄒᆞ야 크게 파ᄒᆞ니 도적이다 다라나 죽
는지라 이에 장셩후(長城侯) 진패션(陳霸先)을 보니라
명년에 보가 죽거늘 세시 빅월(百越)을 쳐셔
토란(土亂)이 다 평뎡ᄒᆞ니라 슈(隋) 문뎨(文帝) ᄯᆡ에 그

아달 복(僕)이 양쥬슈(楊州守)가 되여 신도후(信都侯)를 봉
ᄒᆞ고 세시는 태부인을 삼으니라

洗 씨슬 세　涼 서늘 량　馮 성 풍　寶 보비 보　侯 제후 후　景 볏 경　襲 엄습 습
擊 칠 격　破 ᄭᅢ칠 파　陳 진나라 진　霸 웃듬 패　先 몬져 션　隋 슈나라 슈　楊 버들 양

데십륙과 샹동

광쥬(廣州) ᄌᆞᄉᆞ(刺史) 구양흘(歐陽紇)이 반ᄒᆞ야 복을 ᄭᅬ이거
놀 세시 ᄀᆞᆯᄋᆞ되 내 집이 ᄃᆡᄃᆡ로 츙셩
ᄒᆞᆫ즉 너를 능히 앗겨 나라를 져ᄇᆞ리지

못ᄒᆞᆫ다 ᄒᆞ고 드듸여 군ᄉᆞ를 죠발ᄒᆞ야
막으래 복이는 면ᄒᆞ고 홀이는 죽으니라
후에 반옹(番禺夷)이 반ᄒᆞ야 복이 류시(流矢)를 마자
죽으니 세시 그 손ᄌᆞ 훤(瑄)을 보내여 광
쥬를 구원ᄒᆞᆯ식 나가지 못ᄒᆞ거ᄂᆞᆯ 버혀
죽이고 다시 손ᄌᆞ 앙(盎)을 보내여 쳐셔
파ᄒᆞ니 죠셔ᄒᆞ야 슌무(巡撫)를 삼거ᄂᆞᆯ 세시
친히 갑쥬(甲胄)를 닙고 이십여쥬(二十餘州)를 무마ᄒᆞ고

위로ᄒᆞ니 창오츄쟝(蒼梧酋長)이 다 와셔 보이거ᄂᆞᆯ
관속(官屬)을 두고 인쟝(印章)을 주어 편의(便宜)로 ᄒᆡᆼᄉᆞ(行事)
ᄏᆡᄒᆞ고 반쥬총관(番州摠管)이 탐학(貪虐)ᄒᆞᆫ지라 부인이
법으로 다ᄉᆞ리고 ᄉᆞᄉᆞ로 ᄉᆞ쟈(使者)라 닐ᄏᆞ리
항복 밧은쟈가 ᄇᆡᆨ국(百國)이라 쟝건(張騫)과 반쵸(班超)에
비ᄒᆞ야 못ᄒᆞᆷ이 업더라 슈 나라에셔 풍보
를 증직(贈職)ᄒᆞ야 쵸국공(譙國公)을 삼고 세시로 쵸
국 부인을 봉ᄒᆞ니라

廣 넓을 광　歐 셩 구　紇 실 흘　番 ᄶᅥ 반　禺 ᄶᅥ 옹　夷 오랑키 이　流 흐를 류

矢 살 시　暄 다술 훤　盎 동의 앙　巡 순힐 순　撫 어루문질 부　胄 투긔 쥬　蒼 푸를 창

梧 오동 오　酋 미슈 츄　印 인 인　便 편홀 편　宜 맛당 의　管 ᄎᆞ지홀 관　貪 탐홀 탐

虐 사오나올 학　者 놈 자　騫 조진홀 건　班 반렬 반　超 뛸 초　贈 줄 증　職 벼슬 직

譙 ᄶᅥ 쵸

데십칠과 진량옥(秦良玉)

량옥은 명(明)나라 셕쥬션무ᄉᆞ(石柱宣撫使) 마쳔승(馬千乘)의 부인이라 쳔승이 죽으매 량옥이 더신ᄒᆞ야

그 무리를 거ᄂᆞ리더니 위인(爲人)이 담식(膽識)이 녁녁ᄒᆞ고 말 ᄐᆞ고 쏘기를 잘ᄒᆞ며 아울너 ᄉᆞ한(詞翰)을 통ᄒᆞ고 의도(儀度)가 한가ᄒᆞ고 안즁ᄒᆞ야 아래를 어거홈이 엄쥰(嚴峻)ᄒᆞ야 미양 군ᄉᆞ를 힝ᄒᆞ고 령(令)을 발ᄒᆞ매 융오(戎伍)가 졍슉ᄒᆞ야 거ᄂᆞ린바를 일홈ᄒᆞ야 한병(悍兵)이라ᄒᆞ더라 파쥬(播州)와 린쥬(藺州)를 평ᄒᆞ며 료(遼)를 구원ᄒᆞ야 장헌츙(張獻忠)을 막으매 다 공이 잇더니

밋 헌츙이 쵹(蜀)을 함몰ᄒᆞ거ᄂᆞᆯ 량옥이 강(慷)개(慨)ᄒᆞ야 그 무리의게 말ᄒᆞ야 ᄀᆞᆯᄋᆞᄃᆡ 우리 형뎨 두 사ᄅᆞᆷ이 다 군ᄉᆞ의게 죽고 내가 잔약ᄒᆞᆫ 부인으로 갑쥬를 닙은지 이십년이라 지금 불힝(不幸)이 여긔 니르럿스니 여(餘)년(年)으로써 역적 셤기기를 즐길소냐 거ᄂᆞ린바를 불너 언약ᄒᆞ야 ᄀᆞᆯᄋᆞᄃᆡ 도적의게 좃ᄂᆞᆫ쟈ㅣ 잇스면 죽여 사(赦)ᄒᆞᆷ이 업스리라ᄒᆞ고 이에 군ᄉᆞ를 ᄂᆞᆫ호아 ᄯᅦ 더경을 직히니 도적이 감히 셕쥬에 니르ᄂᆞᆫ쟈ㅣ 업더라

柱 기동 쥬　宣 베플 션　乘 탈 승　爲 ᄒᆞᆯ 위　膽 쓸개 담　詞 글 ᄉᆞ　翰 놀개 한

儀 거동 의　度 법도 도　峻 놉흘 쥰　伍 항오 오　悍 사오나올 한　播 ᄲᅳ릴 파　藺 ᄯᅵ 린

蜀 나라 쵹　慷 슬플 강　慨 슬플 개　不 아닐 불　幸 다ᄒᆡᆼ 힝

뎨십팔과 양향(楊香)과 동팔나(童八娜)

한(漢)나라 양향은 슌양(順陽) 양풍(楊豐)의 ᄯᆞᆯ이라

그 아비 밧헤 나가매 ᄯᅳ라갓더니 풍이 범의게 물닌바ㅣ 되엿ᄂᆞᆫ지라 향이 나히 십ᄉᆞ세에 손에 촌텰(寸鐵)이 업스되 이에 범의 목을 ᄭᅵ니 범이 풍을 ᄇᆞ리고 니를 갈고 다라나며 ᄯᅩ 송(宋)나라 동팔나라ᄒᆞᄂᆞᆫ 녀ᄌᆞ가 잇스니 운(鄖)ᄯᅡ 사ᄅᆞᆷ이라 범이 그 할머니를 물거ᄂᆞᆯ 팔나가 힘써 범의 ᄭᅩ리를 잡고 몸으로 써 되신ᄒᆞ려

ᄒᆞ니 범이 그 할머니를 놋코 도로켜 팔나를 물어 먹고가니 그 할미니 슬퍼ᄒᆞ나 오히려 삶을 엇어 도라오니라

娜 아름다울나 寸 마듸촌 鐵 쇠텰 鄖 ᄯᅡ운

뎨십구과 샹동

뎌 두 사ᄅᆞᆷ이 다 나히 십여세에 지나지 못ᄒᆞᆫ지라 범을 항복식힐 능력(能力)과 졔어ᄒᆞᆯ 긔계가 업스되 일죠에 ᆡᆼ슈(猛獸)를

맛낫스니 손이 ᄯᅥᆯ니고 다리가 흔들니지
아니ᄒᆞᆯ쟈ㅣ 업거ᄂᆞᆯ 대개 경각(頃刻) ᄉᆞ이에
오직 부모가 잇고 ᄆᆡᆼ슈가 잇슴을 아지
못ᄒᆞ며 또 몸의 ᄉᆡᆼᄉᆞ를 니진고로 ᄒᆞᆫ갓
처셔 두려워ᄒᆞᆷ이 업ᄂᆞᆫ거시라 내가 드르
니 젼ᄃᆡ(前代)에 쥬태(朱泰)라ᄒᆞᄂᆞᆫ쟈ㅣ 잇서 산에
드러가셔 나무를 ᄒᆞᆯ식 범을 맛나매 그
발을 물거ᄂᆞᆯ 쥬태가 소ᄅᆡ를 크게ᄒᆞ야

ᄀᆞᆯᄋᆞᄃᆡ 범아 나를 먹어야 너ᄂᆞᆫ 족히
ᄒᆞᆫ번 ᄇᆡ부르지 못ᄒᆞ고 내 늙은 어머니
ᄂᆞᆫ 의뢰ᄒᆞᆯ 곳이 업노라ᄒᆞ니 범이 ᄇᆞ리
고 가ᄂᆞᆫ지라 이로 보면 범도 또ᄒᆞᆫ 어
진쟈ㅣ 잇거ᄂᆞᆯ 팔나ᄂᆞᆫ 엇지ᄒᆞ야 맛난바
ㅣ 불ᄒᆡᆼᄒᆞᆫ고ᄒᆞ더라

猛 사오나올 ᄆᆡᆼ 獸 즘ᄉᆡᆼ 슈 頃 더즘게 경 刻 삭일 각 泰 클 태

뎨이십과 젹량공(狄梁公)이모(姨母)

당(唐) 고종(高宗)의 춍쳡(寵妾) 무시(武氏)가 요괴롭고 음란
ᄒᆞ며 참람ᄒᆞ야 고종이 죽으ᄆᆡ 태후(太后)로써
즁종(中宗)을 폐(廢)ᄒᆞ고 스ᄉᆞ로 서셔 국호(國號)를 곳
쳐 쥬(周)라ᄒᆞ고 측텬황뎨(則天皇帝)라 ᄌᆞ칭ᄒᆞ야 젹인(狄仁
傑)걸노 정승을 삼으니 인걸이 위(位)가 인신(人臣)
에 극(極)ᄒᆞ야 회복ᄒᆞᆷ을 ᄉᆡᆼ각지 아니ᄒᆞ고
다만 부앙(俯仰)ᄒᆞ야 몰 압헤 ᄭᅮ러 업듸며
혹 음승(淫僧) 회의(懷義)로 더브러 ᄀᆞᆺ치 됴당(朝堂)에

셧더니 일일은 그 이모 로시(盧氏)를 뵈온ᄃᆡ
로시 늙고 가난ᄒᆞ야 손슈 밥을 지으며
그 아ᄃᆞᆯ노 ᄒᆞ야곰 나무를 ᄒᆞ야 간신이
ᄉᆞᆯ더라

狄 (오랑ᄏᆡ 젹) 姨 (이모 이) 寵 (고일 춍) 位 (벼슬 위) 俯 (구푸릴 부) 仰 (우러룰 앙) 淫 (음란 음)
僧 (승 승) 盧 (로 셩)

뎨이십일과 샹동

이 ᄯᆡ에 인걸이 오거놀 로시 탁쥬(濁酒)를 베

홀며 믹반(麥飯)을 지여 먹일식 그 아ᄃᆞᆯ이
궁시(弓矢)를 쎄고 쐉과 ᄌᆞᆺ기를 잡아 가지고
도라와 인걸을 보고 읍(揖)ᄒᆞ며 ᄯᅳᆺ이 가벼
얍고 간략ᄒᆞᆫ지라 인걸이 ᄆᆞ음이 됴치
못ᄒᆞ야 그 이모ᄭᅴ 고ᄒᆞ야왈 제가 졍승
위에 거ᄒᆞ엿고 표뎨(表弟) 나이 자랏스니 엇
지 벼슬ᄒᆞ야 이모를 봉양케 아니ᄒᆞ시ᄂᆞ
잇가 만일 좃치실진ᄃᆡ 맛당히 힘을 다

ᄒᆞ리이다 로시 ᄀᆞᆯ오ᄃᆡ 지상(宰相)은 스ᄉᆞ로
귀ᄒᆞ라 나는 다만 이 ᄌᆞ식ᄲᅮᆫ이니 그
계집 남군 셤기기를 슬혀ᄒᆞ노라 인걸이
크게 붓그러워 물너가니라

濁 탁흐릴 麥 ᄆᆡᆨ보리 飯 반밥 宰 ᄌᆡ지상

뎨이십이과 샹동

그 후에 무시가 쟝ᄎᆞᆺ 그 둘재 족하로
태ᄌᆞ(太子)를 삼을ᄉᆡ ᄯᅩᄒᆞᆫ 결뎡치 못ᄒᆞᆫ지라

인걸이 드듸여 죵용이 굴ᄋᆞ듸 션뎨(先帝) 두
아ᄃᆞᆯ노 폐하(陛下)ᄭᅴ 부탁ᄒᆞ엿거ᄂᆞᆯ 이제 다른
족속의게 옴기면 엇지 텬의(天意)가 잇고 ᄯᅩ
고모와 족하와 어머니와 ᄌᆞ식이 누가
친ᄒᆞ며 폐하의 아ᄃᆞᆯ을 세운즉 태묘(太廟)에
ᄶᅣᆨᄒᆞ야 니여가며 궁진홈이 업스려니와
족하를 세운즉 족하가 텬ᄌᆞ가 되여셔
고모를 죵묘(宗廟)에 붓친다홈은 듯지 못ᄒᆞ엿

ᄂᆞ이다 무시 다른 날에 ᄯᅩ 인걸ᄃᆞ려
닐너 굴ᄋᆞ듸 짐(朕)이 ᄭᅮᆷ에 큰 잉무(鸚鵡)가 두
ᄂᆞᆯ개 ᄶᅥᆨ거짐을 보앗노라ᄒᆞ니 인걸이 듸
왈 무ᄌᆞ(武字)는 폐하의 셩이오 ᄂᆞᆯ개는 두
아ᄃᆞᆯ이라 폐하ᄭᅴ셔 두 아ᄃᆞᆯ을 니르킨즉
두ᄂᆞᆯ개를 ᄯᅥᆯ치리라 무시 드듸여 감히
옴기지 못ᄒᆞ고 졔무(諸武)가 비록 강ᄒᆞ나 못
ᄎᆞᆷ내 당 나라를 회복ᄒᆞ야 후세에 인걸

을 닐ᄏᆞ러 현신(賢臣)이라 ᄒᆞ나 그 이모의
ᄒᆞᆫ말노 일움을 아지못ᄒᆞ더라

陛 폐 셤돌 朕 짐 나 鸚 잉 잉무 鵡 무 잉무

데이십삼과 반쇼(班昭)

반쇼는 한(漢)나라 반표(班彪)의 ᄯᆞᆯ이라 학문이
넓고 저조가 놉하 교육(敎育)의 대가(大家)가 되여
학궁(學宮)에서 ᄀᆞᄅᆞ칠서 녀계(女誡) 칠장(七章)을 지여
젼혀 가뎡(家庭)의 일을 말ᄒᆞ니 대개 녯적

공궁(公宮)의 ᄀᆞᄅᆞ침을 닐름이라 그 ᄯᅢ 진(秦)
나라 분시셔(焚詩書)ᄒᆞᆫ 뒤를 니여 법뎐(法典)과 셔젹(書籍)
이 업서지고 오직 ᄉᆞ마쳔(司馬遷)이 츈츄(春秋)를 니
여 ᄉᆞ긔(史記)를 지으매 력ᄃᆡᄉᆞ가(歷代史家)의 조종이
되고 쇼의 형 고(固)가 어려셔 아비의 ᄯᅳᆺ
을 니여 져작(著作)홈으로 일을 삼으매 드ᄃᆡ
여 ᄉᆞ긔를 니여 한셔(漢書)를 지엇더니 불힝
이 일우지 못ᄒᆞ고 고가 죽ᄂᆞᆫ지라 만죠(滿朝)

공경(公卿)이 능히 그 업(業)을 못칠쟈ㅣ 업거늘
한뎨(漢帝) 쇼를 불너 동관(東觀) 장셔(藏書)ᄒᆞᆫ 집에 나아
가 이에 일우니라 후세에 다 일ᄃᆡ(一代)ᄉᆞ긔
가 잇스되 문장(文章)이 한셔에 밋칠쟈ㅣ 업
ᄂᆞ니라

彪 호문 표
誡 경계 계
焚 살을 분
固 굿을 고
著 지을 저
卿 벼슬 경
觀 볼 관, 집 관
藏 감출 장

뎨이십ᄉᆞ과 황슝가(黃崇嘏)

당나라 황슝가는 나며 녀ᄌᆞ됨을 원(願)ᄒᆞ지
아니ᄒᆞ고 자라매 또ᄒᆞᆫ 남ᄌᆞ의 복장(服裝)을
ᄒᆞᄂᆞᆫ지라 부모가 금(禁)ᄒᆞ여도 가히 엇지
못ᄒᆞ더라 그 ᄯᅢ 맛참 쥬샹(周庠)이 그 고을에
원이 되매 슝가가 글을 드린ᄃᆡ 샹이 크
게 긔이(奇異)히 녁이ᄂᆞᆫ지라 슝가ㅣ 더옥 시(時)
ᄉᆞ(事)를 위ᄒᆞ야 ᄎᆡᆨ문(策文)을 대부(大府)에 올니되 ᄉᆞ
ᄉᆞ로 향공진ᄉᆞ(鄕貢進士)라 닐ᄏᆞᄅᆞ니 됴뎡이 놀나

칙셔(勅書)로 부(府)에 ᄉᆞ호(司戶) 벼슬을 셥(攝)ᄒᆞ라ᄒᆞ니
졍ᄉᆞ가 ᄇᆰ고 민쳡ᄒᆞ야 리셔(吏胥)가 두려워
항복ᄒᆞ나 그러나 사ᄅᆞᆷ이 그 쇼년의 안
히 업슴을 의심ᄒᆞ더니 쥬샹이 스ᄉᆞ로
쳔쥬(薦主)라 닐ᄏᆞᆺ고 쇼개(紹介)ᄒᆞ야 ᄯᆞᆯ노 ᄡᅥ 안히
삼기를 원ᄒᆞᄃᆡ 슝가ㅣ 글을 봉ᄒᆞ야 샤
례왈 막부(幕府)가 만일 탄복(坦腹)을 용납ᄒᆞᆯ진ᄃᆡ
하ᄂᆞᆯ노 강잉이 변ᄒᆞ야 남ᄋᆞ(男兒)를 지으쇼셔

ᄒᆞ엿더라

庠 학교 샹　奇 긔이ᄒᆞᆯ 긔　貢 공밧칠 공　進 나아갈 진　勅 칙서 칙　攝 셥셥　胥 아전 셔
薦 쳔거ᄒᆞᆯ 쳔　紹 니을 쇼　幕 장막 막　坦 평탄ᄒᆞᆯ 탄　兒 ᄋᆞᄒᆡ ᄋᆞ

데이십오과 위부인(衛夫人)

지나(支那)의 각종 학문 일홈이 만ᄒᆞ되 ᄒᆞᆯ노
셔학(書學)은 셩ᄒᆞ야 모범(模範) 될쟈ㅣ 수만만가(數萬萬家)에
그치지 아니ᄒᆞ되 글시를 의론ᄒᆞᄂᆞᆫ쟈ㅣ
업스니 왕희지는 자못 텬셩으로 잘 쓸

이 아니오 위부인의 법을 젼ᄒ야 올ᄉᆞ룸이라 부인의 일홈은 삭(鑠)이오 ᄌ(字)는 무(茂)의(猗)니 리시의게 싀집 가셔 글시에 졍(精)ᄒ저 아님이 업는지라 왕희지가 좃차 비혼지 십여년에 부인이 그 벗의게 편지ᄒ야 ᄀᆞᆯᄋᆞ되 왕일쇼(王逸少)가 능히 나의 진셔(眞書)를 비왓다 ᄒ엿스니 일쇼는 희지의 ᄌ(字)라 희지는 고금(古今) 글시에 뎨일(第一)이 되엿슨

즉 위부인은 곳 발명(發明)ᄒ야 창시(創始)ᄒᆫ 집이라ᄒ리로다

羲 복희 희　鑠 쇠녹일 삭　猗 불은 의　精 정ᄒᆞᆫ 정　逸 편안 일　創 비로솔 창　始 비로솔 시

뎨이십륙과 사로탈(沙魯脫)

사로탈은 법국(法國) 사ᄅᆞᆷ이니 집이 심히 녁녁ᄒ야 ᄒᆞᆫ셰 유명ᄒ더니 어머니 일즉 죽고 아바지 병이 만하 가산이 탕패ᄒ매 나이 열세살에 가난ᄒ야 견ᄃᆡ기 어

려온지라 드듸여 몸을 니ᄉᆞ(尼寺)에 ᄇᆞ려 룩
년을 거ᄒᆞ야 글 닑기를 됴하ᄒᆞ매 한셔(寒暑)를
가리지 안코 더욱 박로합(撲路哈)에 영웅젼(英雄傳)
을 됴하ᄒᆞ더니 분(憤)을 발(發)ᄒᆞ야 니ᄉᆞ에 나
와 슉모(叔母)의 집에 붓쳐 잇서셔 스ᄉᆞ로
각고(刻苦)ᄒᆞ야 학문을 힘쓰더라 맛참 법국에
대혁명(大革命)이 니러나매 법왕(法王) 로이(路易)가 국인(國人)의
게 죽인바ㅣ 되고 셰에 또 호가(豪家) 마랍(馬拉)이

잇서 젼국(全國)의 대권(大權)을 잡고 그 빅셩을
포학(暴虐)ᄒᆞ야 상(傷)홈이 한뎡업더라

魯 로나라 로 脫 버슬 탈 尼 녀승 니 寺 절 ᄉᆞ 署 더울 셔 樸 질박 박 路 길 로
哈 마실 합 苦 괴로올 고 革 곳칠 혁, 가죽 혁 易 쉬울 이 拉 꺽글 랍 暴 사오나올 포 傷 샹홀 샹

데이십칠과 샹동

사로탈이 홀연히 젼국의 싱민(生民) 구원홈을
싱각ᄒᆞ야 곳 아비를 하직ᄒᆞ고 영길리(英吉利)에
간다고 거즛 닐ᄏᆞ르니 붕우(朋友)가 보내ᄂᆞᆫ쟈

ㅣ 수빅인이라 사로탈이 다 그 셔젹(書籍)을
는화 써 긔념(記念)을 삼게ᄒᆞ고 조고마ᄒᆞᆫ 힝(行)
리(李)로 곳 파리(巴黎)에 다다르니 마합이 집이
잇서 방슈(防守)홈이 심히 엄ᄒᆞ야 남ᄌᆞ도 드
러가지 못ᄒᆞ논지라 사로탈이 선명(鮮明)ᄒᆞᆫ 의
복을 닙고 그 문에 다다라 마차(馬車)를 ᄐᆞ
고 몬져 ᄒᆞᆫ 글을 문쟈(門者)를 주어 마랍의
게 밧쳐 향모(向慕)ᄒᆞ논 졍셩을 말ᄒᆞ야 ᄒᆞᆫ번

뵈옵기를 쳥ᄒᆞ고 드듸여 드러가셔 계하(階下)
에 서니 마랍의 쳡(妾)이 보고 크게 의심
ᄒᆞ더라

吉 길ᄒᆞᆯ길 朋 벗붕 友 벗우 紀 벼리긔 念 싱각념 巴 파파 黎 검을려

防 막을방 鮮 고을션 向 향ᄒᆞᆯ향 階 섬돌계

뎨이십팔과 샹동

이 새 마랍이 안에 잇서 부르니 사로탈
이 임의 마랍의 곗헤 니르러 릉릉(稜稜)ᄒᆞᆫ

서리 곳흔 칼ᄂᆞᆯ노 곳 그 가슴을 쐐여 렬렬(烈烈)ᄒᆞ고 평평(轟轟)ᄒᆞᆫ 마ᄅᆞᆷ이 ᄆᆞᆺᄎᆞᆷ내 한약ᄒᆞᆫ 녀ᄌᆞ의 손에 죽은지라 집안이 물 끌듯 ᄒᆞ야 변(變)을 듯고 다 모히되 사ᄅᆞᆷ들이 홀연(忽然)이 움직이지 아니ᄒᆞ고 종용(從容)이 옥(獄)에 드러가니 옥관(獄官)이 무러왈 네 엇지ᄒᆞ야 마ᄅᆞᆷ을 찔넛ᄂᆞ냐 ᄃᆡ왈 원망ᄒᆞᄂᆞᆫ바도 업고 포학ᄒᆞᆷ을 긋치게ᄒᆞᆷ이로라 ᄯᅩ 무러왈

마ᄅᆞᆷ이 죽으면 포학을 가히 긋칠소냐 ᄃᆡ왈 ᄒᆞᆫ 마ᄅᆞᆷ을 찌르면 다른 마ᄅᆞᆷ이 다 경계ᄒᆞᆯ지라ᄒᆞ고 이에 그 아비의게 편지ᄒᆞ야 ᄀᆞᆯᄋᆞᄃᆡ 가히 붓그럽고 욕(辱)됨이 오직 죄악(罪惡)이라 죄악(罪惡)이 업ᄂᆞᆫ쟈ᄂᆞᆫ 비록 극형(極刑)에 처ᄒᆞᆯ지라도 붓그럽지 아니ᄒᆞ다ᄒᆞ고 형벌에 림(臨)ᄒᆞ여도 오히려 손에 영웅젼을 잡고 사ᄅᆞᆷ의게 말ᄒᆞ야 ᄀᆞᆯᄋᆞᄃᆡ 파

리에 약흔 녀즈가 능히 몸을 밧쳐 국(國)亽(事)를 다흐니 죽어도 눈을 감겟다흐더라

稜 릉 모질 轟 굉 수레소리 變 변 변흘 屹 흘 놉흘 容 용 얼굴 辱 욕 욕흘

데이십구과 마리타(馬利他)

지금 빅년 젼에 구쥬(歐洲) 의대리(意太利)의 대혁명이 니러나 닐우지 못흐고 그 석 쇼년 가리파(加里波)가 또 죄를 엇어 남미쥬(南美洲) 흔 적은 나라에 도망흐야 겨우 병션(兵船)의 亽무원(事務員)이

되엿더니 홀연히 마리타와 서로 맛나니 마리타는 의대리 사름이오 그 아비는 병관(兵官)이라 亽직(辭職)흐고 그 싸에 피흐야 거흐더라 마리타ㅣ 어려셔브터 그 아비의 교훈을 밧아 병법(兵法)을 련습(鍊習)흐엿더니 맛춤 남미의 아리격(阿里格)이 파셔(巴西)로 더브러 싸홀식 가리파ㅣ 몸을 쌔쳐 아리격을 도아 파셔 병함(兵艦)을 쌔앗스매 마리타

ㅣ 또ᄒᆞᆫ 싸홈을 보다가 ᄆᆞᄋᆞᆷ이 가리파
의게 향ᄒᆞ야 몸으로 써 좃차 병션에 거
ᄒᆞᆫ지 십여년에 부인이 조곰도 쉬지 아
니ᄒᆞ고 그 쟝부를 도아 좌우(左右)로 지휘(指揮)ᄒᆞ
더라

洲 물가 쥬　波 물결 파　美 아름다울 미　船 비 션　務 힘쓸 무　員 관원 원　辭 말ᄉᆞᆷ ᄉᆞ
職 벼슬 직　鍊 단련ᄒᆞᆯ 련　習 니힐 습　艦 비 함　左 왼 좌　右 올을 우　揮 두를 휘

뎨삼십과 샹동

가리파ㅣ 이 비에 통령(統領)이 되여 마리타
와 ᄀᆞᆺ치 ᄒᆡ젼(海戰)에 림(臨)ᄒᆞᆯᄉᆡ 홀연 적병의
탄환(彈丸)이 셤셤(纖纖)ᄒᆞᆫ 녀ᄌᆞ의 몸에 쎠러지ᄂᆞᆫ지
라 가리파 놀나 보니 겨오 조곰 샹ᄒᆞ
매 강잉히 진정ᄒᆞ고 닐어나 싸홈을 ᄌᆡ
촉ᄒᆞᆯᄉᆡ 조곰도 두려온 빗치 업고 군ᄉᆞ
가 샹ᄒᆞᆫ쟈ㅣ 잇스면 스ᄉᆞ로 붕ᄃᆡ(綳帶)를 베
프러 써 간호ᄒᆞ되 다만 여러번 패ᄒᆞ야

군(軍)셰(勢)가 날노 쇠ᄒᆞᄂᆞᆫ지라 마리타ㅣ 또
이 ᄯᅢ에 아ᄃᆞᆯ을 나흐니 일홈이 나(拿)ᄌᆞ(玆)라
강(襁)보(褓)에 ᄡᆞ셔 품에 품고 다시 젼(戰)마(馬)를
ᄐᆞ니 적병이 와셔 엄습ᄒᆞᄂᆞᆫ지라 마리타
ㅣ 어린 ᄋᆞ희를 ᄭᅳ을고 수풀 ᄉᆞ이에
도망ᄒᆞ야 바람과 비에셔 치움을 참고
몃번 쥬(晝)야(夜)를 지나 바야흐로 란을 버서
낫더라

統 거ᄂᆞ릴통 領 거ᄂᆞ릴령 戰 싸홈젼 繃 묵글붕 帶 ᄯᅴ대 看 볼간 玆 이ᄌᆞ
襁 포ᄃᆡ기강 褓 ᄌᆞ보보

뎨삼십일과 샹동

그 후에 의태리국이 법국에 압(壓)제(制)를 밧
아 ᄇᆡᆨ셩이 살수 업서 인심이 흉(洶)々(洶)ᄒᆞ야
서로 니러날서 마리타ㅣ 그 남편을 도
아 의태리 군(軍)ᄃᆡ(隊)를 거ᄂᆞ리고 본(本)국(國)으로
도라오나 ᄂᆡ(內)란(亂)이 진뎡치 못ᄒᆞ고 외(外)환(患)이

또 오ᄂᆞᆫ지라 법국과 오국(奧國) 군ᄉᆞ가 또 국경(國境)에 드러오니 마리타ㅣ 쳔리에 싸화 곤난(困難)ᄒᆞᆷ을 다 긔록지 못ᄒᆞᆯ너라 필경 중과(衆寡)가 ᄃᆡ뎍지 못ᄒᆞ야 가리파는 간신이 면ᄒᆞ고 열심(熱心)과 장지(壯志)가 잇고 공명(功名)이 셰상에 진동ᄒᆞ던 녀장부(女丈夫)는 맛ᄎᆞᆷ 엄엄(奄奄)히 죽으니 나이 겨오 이십륙셰라 당시 가리파의 일긔(日記)를 보면 ᄀᆞᆯᄋᆞᄃᆡ 내가 이 셰에 경우(境遇)가 엇더ᄒᆞᆷ은 아지못ᄒᆞ고 오직 마리타의 용밍과 굿셈이 ᄃᆡ뎍을 죽여 셩공치 못ᄒᆞ고 젹막(寂寞)ᄒᆞᆫ 물가에 무덤이 슬프다ᄒᆞ엿더라 가리파가 후에 의태리 국권을 회복ᄒᆞ야 중흥(中興)호걸이 되니라

壓 눌를 압　制 졔어 졔　洶 흉흉 흉　隊 무리 ᄃᆡ　患 근심 환　奧 깁흘 오　難 어려올 난

衆 무리 즁　奄 문득 엄　遇 맛날 우　寂 고요 젹　寞 고요 막

데삼십이과 로이미세ᄋᆞ(路易美世兒)

로이미세ᄋᆞ는 법국 사ᄅᆞᆷ이라 얼골이 더
러워 ᄇᆞ라보매 야차(夜叉) ᄀᆞᆺᄒᆞ되 셩픔이 후
ᄒᆞ야 ᄒᆞᆼ샹 그 밥을 ᄂᆞᆫ화 새와 즘ᄉᆡᆼ을
먹여 은연(隱然)이 믈건을 가젹이 ᄒᆞᆯ ᄆᆞᄋᆞᆷ이
잇서 어려서브터 동모 ᄋᆞ희가 새를 잡
은거슬 보면 불샹이 넉여 됴흔 작란거
리를 주고 밧고아 노하 보내되 만일
듯지 아니ᄒᆞ면 억지로 ᄲᅢ아사 ᄀᆞᆯᄋᆞ되

정의(正義)로 ᄎᆡᆨ망ᄒᆞ야 듯지 아니ᄒᆞ면 부득불
포력(暴力)을 쓰지 아니ᄒᆞᆯ수 업다ᄒᆞ더라 그
세 무졍부당(無政府黨)의 슈령(首領)이 되엿스니 미세아
의 조부(祖父) 히(奚)는 본리 평등졍치(平等政治)를 슝ᄇᆡ(崇拜)ᄒᆞ
야 날노 녯날 혁명시ᄃᆡ(革命時代)의 일을 말ᄒᆞᄂᆞᆫ
고로 미세ᄋᆞ가 깁히 그 교화를 밧앗더
니 후에 그 조부가 죽으매 미세ᄋᆡ
촌 글방에 스승이 되여 ᄉᆡᆼ계(生計)를 경영ᄒᆞ

더니 맛참 아라ᄉᆞ(俄羅斯)가 토이기(土耳其) ᄒᆡ협(海峽)을 ᄲᅢ앗ᄂᆞᆫ지라 법국이 영국을 련합(聯合)ᄒᆞ야 막다가 아국으로 더브러 크게 싸화 법병이 대패ᄒᆞ니라

叉 두가지 차 奚 엇지 ᄒᆡ 拜 절 ᄇᆡ 俄 앗가 아 耳 귀 이 其 그 기 峽 산협 협
聯 련ᄒᆞᆯ 련 合 합ᄒᆞᆯ 합

뎨삼십삼과 샹동

미셰ᄉᆞ가 분홈을 견듸지 못ᄒᆞ야 ᄉᆞ방(四方)으로 ᄃᆞᆫ니며 국민의게 고ᄒᆞ야왈 쳡은 약ᄒᆞᆫ 녀ᄌᆞ라도 감히 스ᄉᆞ로 그 머리를 앗기지 못ᄒᆞ거든 졔군(諸君)은 당당ᄒᆞᆫ 남ᄌᆞ라 안져보고 구원치 아니ᄒᆞᄂᆞ뇨ᄒᆞ고 스ᄉᆞ로 병복(兵服)을 입고 총을 메며 칼을 ᄎᆞ고 맛ᄎᆞᆷ내 아인을 막아 셔를 그어주고 화친(和親)ᄒᆞ니라 국니(國內)가 또 어즈러워 군민(君民)이 서로 싸호거ᄂᆞᆯ 미셰ᄉᆞㅣ 몸소 즁위(重圍)에 ᄲᅢ

처 그 어머니를 구ᄒᆞ더니 홀연히 정부
에 잡힌바ㅣ 되여 수년을 옥에 가쳣다
가 사(赦)를 맛나 풀니매 드듸여 그 종국(宗國)
을 ᄯᅥ나 영국에 놀아 스ᄉᆞ로 그 언론(言論)
을 펴셔 칙을 지으니 ᄯᅢ에 나히 칠십
이로되 오히려 그 당(黨)에 큰 소임을 맛
더니 탁연(卓然)이 후세에 일홈ᄒᆞ야 의태리
보로고(步路姑)와 아라ᄉᆞ의 소비아(蘇菲亞)로 더브러 ᄀᆞᆺ

치 젼ᄒᆞ야 썩지 아니ᄒᆞ더라

圍 에울위 卓 놉흘탁 菲 나물비 亞 버금아

뎨삼십ᄉᆞ과 여안(如安)

여안은 법국 촌간(村間)에셔 농ᄉᆞᄒᆞ는 사ᄅᆞᆷ의
ᄯᆞᆯ이라 법국에 대란(大亂)이 니러나니 대개
법왕의 ᄯᆞᆯ을 영왕(英王)의게 싀집 보냄을 인
ᄒᆞ야 영왕이 드듸여 혼인ᄒᆞᆫ 연고로 법
국의 대권을 잡고 이에 군ᄉᆞ를 들어

법경(法京)에 드러와 쟝춧 왕의 위(位)를 핍박코
져홈이러라 이 ᄯᅢ 법왕이 죽고 아ᄃᆞᆯ ᄌᆞ(玆)
야로(耶路)가 군ᄉᆞ를 니르켜 영국을 향거ᄒᆞᆯᄉᆡ
여러번 ᄊᆞ화 여러번 쾌ᄒᆞ매 외로온 셩(城)
에 구원이 ᄭᅳᆫ허지고 장ᄉᆞ가 도망ᄒᆞ야
ᄉᆞ(死)샹(傷)이 루(累)루(累)ᄒᆞᆯᄉᆡ 이 ᄯᅢ에 여안이 ᄡᅡ흔
치마와 미인 머리로 그 말을 드르니
본릭 텬(天)셩(性)이 총명ᄒᆞ고 ᄯᅱ여나셔 능히

나라를 ᄉᆞ랑ᄒᆞᄂᆞᆫ 대(大)의(義)를 알고 ᄒᆞᆼ샹 스
ᄉᆞ로 넙더 말ᄒᆞ야 나라 구원ᄒᆞ기를 원
ᄒᆞ더라

耶 어조ᄉᆞ야 累 여러루

뎨삼십오과 샹동

당(當)시(時)에 인심이 어리셕고 더러우며 풍쇽
이 귀신을 숭샹ᄒᆞ야 과(科)학(學)을 발(發)명(明)치 못
ᄒᆞ고 호미히 밋ᄂᆞᆫ ᄆᆞᄋᆞᆷ은 ᄭᅳᆫ허지지 아

너ᄒᆞ엿ᄂᆞᆫ지라 여안이 ᄉᆡᆼ각ᄒᆞᄃᆡ 이팔청츈(二八靑春)의 어린 계집 ᄋᆞ희로 몸을 밧쳐 나라일을 ᄒᆞ고져ᄒᆞ나 엇지 인심을 미지며 위망(威望)을 거두어 ᄒᆞᆫ 세샹을 고동(鼓動)ᄒᆞ야 쇠잔ᄒᆞ고 병든 인민(人民)을 니르켜 젼쟝(戰場)에 나가게ᄒᆞᆯ고ᄒᆞ며 날과 밤으로 ᄉᆡᆼ각ᄒᆞ야 ᄒᆞᆫ계교를 엇엇스니 신도(神道)의 말을 비러 황당ᄒᆞ고 미묘(迷妙)ᄒᆞᆫ 말노 그 ᄇᆡᆨ셩을 어리셕

게ᄒᆞ야 그 일을 ᄒᆡᆼᄒᆞ려ᄒᆞ니 그 춍명과 민쳡ᄒᆞᆷ이 밋칠쟈ㅣ 업더라 일일은 취ᄒᆞᆫ듯 어리셕은드시 말ᄒᆞᄃᆡ 텬ᄉᆞ(天使)가 나로ᄒᆞ여곰 나라 구원ᄒᆞᆷ을 맛겻다ᄒᆞ니 법국ᄇᆡᆨ셩의 지혜가 얏고 더러워 과연 동ᄒᆞ야 원근(遠近)에 젼파(傳播)ᄒᆞ니라

皷 고북　塲 마당 쟝　妙 묘ᄒᆞᆯ 묘

뎨삼십륙과 샹동

왕ᄌᆞ(王子)ㅣ 듯고 ᄉᆞ신을 보내여 멀니 맛ᄂᆞᆫ
지라 여안이 남ᄌᆞ 복장으로 몰을 ᄐᆞ고
여ᄉᆞᆺ 사ᄅᆞᆷ으로 호위ᄒᆞ야 젹병 가온ᄃᆡ
충돌(衝突)ᄒᆞ니 엄연(儼然)이 신인(神人) ᄀᆞᆺᄒᆞ여 감히 힐문(詰問)
ᄒᆞᄂᆞᆫ쟈ㅣ 업ᄂᆞᆫ지라 드듸여 왕ᄌᆞ를 달니
여 군ᄉᆞ를 조련ᄒᆞ야 죽도록 싸호자ᄒᆞ고
ᄉᆞᄉᆞ로 삼군(三軍)을 거ᄂᆞ리니 ᄇᆡᆨ셩의 긔운이
이상히 고동되여 ᄒᆞᆫ번 싸와 이긔니 영

국의 십만 대군이 바람을 좃차 다라나ᄂᆞᆫ
지라 여안이 ᄯᅩ 도라와 왕ᄌᆞ를 도아
위(位)에 나아가게ᄒᆞ고 손으로 긔(旗)를 잡아
대츅(大祝)ᄒᆞᄂᆞᆫ 젼례를 드니 ᄉᆞ민(士民)이 감복ᄒᆞ야
만세를 부르고 나라 위엄이 크게 ᄯᅥᆯ쳐
여러번 젼진(戰陣)에 림(臨)ᄒᆞ매 영인이 다 항복
ᄒᆞᄂᆞᆫ지라 영쟝(英將)이 크게 근심ᄒᆞ야 서로
화친ᄒᆞ고 법국이 엇어 즁흥ᄒᆞ니 다 여

안ᄒᆞᆫ 사ᄅᆞᆷ의 열심이러라

衝 츙 突 돌 儼 엄 詰 힐 旗 긔 祝 츅

뎨삼십칠과 샹동

영인이 여러번 패ᄒᆞ매 ᄒᆞᆫ(恨)이 ᄲᅧ에 사모차 계교를 베프러 력ᄉᆞ(力士)로 ᄒᆞ야곰 여안을 잡아 옥에 가도고 ᄇᆡᆨ단(百端)으로 엄히 무르되 그 거즛 신술(神術)을 쟈탁ᄒᆞ야 우민(愚民)을 현혹(眩惑)홈으로 죄를 더ᄒᆞ야 ᄉᆞ디(死地)에 나

르게 ᄒᆞ니 여안이 ᄀᆞᆯᄋᆞᄃᆡ 군ᄉᆞ로 써 나라를 구원ᄒᆞ야 싸홈을 직촉ᄒᆞ고 리간(離間)을 힝홈은 우리 국민의 칙임이라 ᄒᆞᆫᄃᆡ 영인이 감히 죄주지 못ᄒᆞ고 서로 ᄭᅬᄒᆞ야 남복(男服)을 사서 신복(紳服)과 ᄀᆞᆺ치 문드러 그 압헤 베프니 여안이 지난일을 ᄉᆡᆼ각ᄒᆞ매 처음 왕ᄌᆞ를 뵐ᄯᅢ에 내가 이옷을 닙음이 엇지 그리 웅장ᄒᆞ던고ᄒᆞ고 그릇 그

계교에 ᄲᆡ져 그 옷을 닙고 그림ᄌᆞ를 도라보며 불샹ᄒᆞ야 노래ᄒᆞ고 츔추더니 영인이 그 곗헤셔 엿보다가 드듸여 좌左도道로 사ᄅᆞᆷ을 혹ᄒᆞᆫ다ᄒᆞ고 로盧아鴉에 보내여 화火형刑을 써셔 처결ᄒᆞ니 여안이 임의 죽으매 법국 젼국이 다토아 ᄌᆞ資본本을 내여 화華려麗ᄒᆞ고 굉宏장壯ᄒᆞᆫ 긔紀렴念비碑를 세우고 국민의 슝崇비拜홈이 부모 ᄀᆞᆺ치ᄒᆞ야 이 ᄯᆡᄭᆞ지 쇠ᄒᆞ지 아니ᄒᆞ더라

端 단엿 術 술셔 愚 어리셕을 우 眩 어지러울 현 離 ᄯᅥ날 리 鴉 가마귀 아 宏 클 굉

뎨삼십팔과 라羅란蘭부夫인人

부인이 파리셩에 환環도刀 쟝匠식色ᄒᆞᄂᆞᆫ 집에 나셔 텬天셩性이 령伶민敏ᄒᆞ야 난지 ᄉᆞ년만에 글 닑기를 죠하ᄒᆞ더니 수년에 학學업業이 크게 나아가고 겸ᄒᆞ야 륙六예藝를 통ᄒᆞ며 ᄯᅩ 능히 큰 션비의 학學셜說을 연研구究ᄒᆞ야 탁卓연然이

ᄒᆞᆫ 불신교가(不信敎家)를 일우매 지긔(志氣)가 격앙(激昂)ᄒᆞ야
두루 귀족(貴族)의 집에 뵈올ᄉᆡ 귀인의 거만
ᄒᆞᆷ과 하민(下民)의 ᄂᆞᆺ고 더러옴과 일졀(一切) 인심
과 도덕(道德)의 리치가 업고 의(義) 업ᄂᆞᆫ 거동(擧動)을
보고 더옥 강개(慷慨)ᄒᆞ야 희랍(希臘)과 라마(羅馬)의 셰
샹 구원ᄒᆞᆫ 영웅으로 써 ᄌᆞ쳐(自處)ᄒᆞ니 그
ᄯᅢ에 명ᄉᆞ(名士)들이 보기를 토개(土芥) ᄀᆞᆺ치 ᄒᆞ나
그러나 ᄯᅳᆺ을 부탁ᄒᆞᆷ이 더옥 놉흘ᄉᆞ록

셰샹에 드러가기ᄂᆞᆫ 더옥 어려오며 ᄯᅩ
한미(寒微)ᄒᆞᆫ 쳐디로 혼인을 의론ᄒᆞᄂᆞᆫ 쟈ᄂᆞᆫ
아비의 동모 쟝인(匠人)이 아니면 곳 소잡
고 쟝ᄉᆞᄒᆞᄂᆞᆫ 무리라 부인이 일톄(一體) 거졀
ᄒᆞ고 비록 부모의 명이라도 못ᄎᆞᆷ내 듯
지 아니ᄒᆞ더니 그 어머니 죽으매 강개
ᄒᆞᆷ이 더옥 심ᄒᆞ더라

環 고리 환　刀 칼 도　匠 쟝인 쟝　說 말ᄉᆞᆷ 셜　研 연구ᄒᆞᆯ 연　究 궁구ᄒᆞᆯ 구　激 격동ᄒᆞᆯ 격

昂 들 앙　擧 들 거　希 ᄇᆞ랄 희　臘 랍평 랍　微 적을 미

데삼십구과 샹동

부인이 계집 친구의 쇼개를 엇어 라란
시를 보니 라란시는 샹등(上等)의 신ᄉᆞ(紳士)라 젼(全)
국(國)의 졔조(制造)ᄒᆞᄂᆞᆫ 감ᄉᆞ(監事)의 즁임을 당ᄒᆞ되
말솜이 질박ᄒᆞ고 어눌ᄒᆞ야 슌슌(恂恂)ᄒᆞᆫ 션비
ᄀᆞᆺ더라 피ᄎᆞ(彼此)에 ᄉᆞ모ᄒᆞ야 라란시의 명예(名譽)
를 ᄡᅥ려 거절ᄒᆞ고져ᄒᆞ나 능히 간예(干預)치

못ᄒᆞ고 그 후 반년(半年)만에 결혼식(結婚式)을 거힝
ᄒᆞ야 라란부인이 되니라 그런고로 법국
이 ᄌᆞ유(自由)로 결혼ᄒᆞᆫ 쟈를 칭송ᄒᆞᄂᆞᆫ 쟈ᄂᆞᆫ
반ᄃᆞ시 굴ᄋᆞ되 라란부인이라ᄒᆞ더라 그
ᄯᅢ 법국의 혁명당이 비로소 셩ᄒᆞ야 졍(政)
당(黨)이 각디방(各地方)에 니러나 격렬(激烈)ᄒᆞᆷ을 쥬장ᄒᆞ
야 국도(國都)를 경복(傾覆)코져ᄒᆞᄂᆞᆫ 쟈도 잇고 평(平)
화(和)ᄒᆞᆷ을 쥬장ᄒᆞ야 헌법(憲法) 의론으로 ᄡᅥ 왕(王)

실(室)을 보젼ᄒᆞ려는 쟈도 잇는ᄃᆡ 라란시는
귀족으로 써 평화당을 쥬장ᄒᆞ매 부인이
좌우로 련락(連絡)ᄒᆞ더니 젼당(全黨)이 드러가 졍권(政權)
을 잡으매 공문보고(公文報告)와 연셜초고(演說草稿)가 만히
부인의 손에셔 나오더라

紳 큰ᄯᅴ 신　製 지을 제　造 지을 조　恂 공슌 슌　彼 뎌 피　譽 기릴 예　半 반 반
式 법 식　由 말미암을 유　傾 기울 경　覆 업칠 부　憲 법 헌　連 니을 련　絡 니을 락
演 느릴 연

뎨ᄉᆞ십과 샹동

그후에 민당(民黨)의 변(變)이 니러나 셩셰(聲勢) 흉흉
ᄒᆞ야 드듸여 왕실을 폐ᄒᆞ고 법왕을 형
벌노 심판(審判)ᄒᆞ며 귀족과 왕족의 평화를
쥬장ᄒᆞᆫ쟈는 다 죽여 살닌쟈ㅣ 업스매
부인이 죵용이 결박을 밧아 죽기를 기
다리더니 민당의 공화졍원(共和政院)의 의결노 부
인을 ᄉᆞ형(死刑)에 처ᄒᆞ니 나이 이십구세라

형벌에 림(臨)ᄒᆞ야 옥리(獄吏)ᄃᆞ려 닐너왈 오ᄂᆞᆯ 공등(公等)이 나를 단두ᄃᆡ(斷頭臺)에 보내나 다른날에 공등을 단두ᄃᆡ에 보낼쟈ㅣ 멀지 아니ᄒᆞ엿다 ᄒᆞ더라 처음에 라란시 민당의 변을듯고 도망ᄒᆞ매 부인이 그 겁냄을 웃더니 이에 니르러 부인의 죽음을 듯고 슬퍼 스ᄉᆞ로 죽으니 라란부인이 죽은후에 그 일노(一奴) 일비(一婢)가 장ᄉᆞᄒᆞ야 그 무덤

에 긔록ᄒᆞ고 울며 민당 정원에 드러가 통쾌(痛快)히 ᄭᅮ짓고 죽기를 구ᄒᆞᆫᄃᆡ 관리(官吏)가 그 비ᄌᆞᆫ 나히 어림으로 ᄡᅥ 믯쳣다ᄒᆞ야 ᄇᆡ려고 그 노ᄌᆞᆫ 버혓스니 슬프다 ᄯᅩᄒᆞᆫ 족히 젼ᄒᆞᆯ만ᄒᆞ도다

聲 소ᄅᆡ 셩　審 ᄉᆞᆯ필 심　議 의론 의　斷 ᄭᅳᆫ흘 단　頭 머리 두　臺 집 ᄃᆡ　快 쾌ᄒᆞᆯ 쾌

뎨ᄉᆞ십일과 루지(縷志)

루지는 영국 론돈(倫敦) 사ᄅᆞᆷ이라 나셔 부모

가 ᄉᆞ랑ᄒᆞ야 교육에 쥬의(注意)ᄒᆞ더니 밋 자
라매 ᄌᆞ부(自負)ᄒᆞᆷ이 다만 놉흔지라 일ᄉᆞ은
동군(同郡)에 신ᄉᆞ(紳士) 합ᄌᆞ사(哈玆梭)의 지은 글과 시가(詩歌)를
보고 크게 됴화ᄒᆞ며 또 루지의 지은바
는 닉히 합ᄌᆞ사의 깁히 ᄉᆞ랑ᄒᆞ고 슝비(崇拜)
ᄒᆞᄂᆞᆫ바러라 드듸여 쇼개ᄒᆞ야 서로 보매
맛츰 그 원과 ᄀᆞᆺ치 결혼ᄒᆞᄂᆞᆫ 의식(儀式)을
거힝ᄒᆞ야 서로 공경ᄒᆞ고 서로 ᄉᆞ랑ᄒᆞ매

구쥬(歐洲)에 뎨일 ᄋᆡ졍(愛情)이 잇ᄂᆞᆫ 쟈로 닐ᄏᆞᆺ더
라 ᄯᅢ에 영국 민당이 크게 셩ᄒᆞ야 그
왕을 ᄉᆞ형에 처ᄒᆞ고 공화졍부(共和政府)를 세우매
루지의 부부(夫婦)가 그 ᄉᆞ이에 쥬션(周旋)ᄒᆞ고 길
거(拮据)ᄒᆞ야 ᄒᆞᆫ가지로 륙군대쟝(陸軍大將)이 되니라

縷 루실　倫 륜인륜　敦 돈도타울　注 주물대일　負 부질　梭 사북　旋 선두를

拮 길길거홀　据 거길거홀　陸 륙뭇

뎨ᄉᆞ십이과 샹동

미긔(未幾)에 왕실이 두번 니러나매 합ᄌᆞ사를 잡아 옥에 ᄂᆞ려 옥즁에셔 병드러 죽으니 루지가 변호(辯護)ᄒᆞ되 엇지 못ᄒᆞ야 그 아ᄃᆞᆯ의게 명을 ᄭᅵ치고 스ᄉᆞ로 죽어 그 지아비를 좃치니라 합ᄌᆞ사가 일을 긔록ᄒᆞᆫ 칙(冊)이 잇스니 ᄀᆞᆯᄋᆞᄃᆡ 나와 루지의 이졍은 스ᄉᆞ로 써ᄒᆞ되 인간(人間)에 부부로는 밋는쟈ㅣ 업는지라 내 두려워ᄒᆞ건ᄃᆡ 력(歷)

ᄉᆞ라도 능히 긔록지 못ᄒᆞ며 쇼셜(小說)이라도 능히 젼ᄒᆞ지 못ᄒᆞ며 쳘학가(哲學家)라도 능히 연구(硏究)치 못ᄒᆞ며 연셜가(演說家)라도 능히 펴셔 ᄇᆡ프지 못ᄒᆞᆫ다ᄒᆞ니 슬프다 부부가 일죠에 나라 일을 위ᄒᆞ야 ᄉᆡᆼᄉᆞ(生死)를 ᄉᆞ양치 아니ᄒᆞ니 대개 졍(情)과 의(義)가 츌류(出類)ᄒᆞᆫ 연고라ᄒᆞ더라

幾 거의 긔　辯 말ᄉᆞᆷ 변　哲 ᄇᆞᆰ을 쳘

뎨ᄉᆞ십삼과 부란지ᄉᆞ(扶蘭志斯)

부란지ᄉᆞ는 미국(美國) 사ᄅᆞᆷ이라 부모가 교육
일을 맛하 부란이 능히 말ᄒᆞ매 곳 대(大)
학교(學校)에 보내여 몬져 문학(文學)을 비호고 다
시 농학(農學)을 연구ᄒᆞ며 ᄯᅩ 두어학교를 올
마 철학(哲學)과 물리(物理) 등의 여러 학과(學科)를 다
통ᄒᆞ니 미양 ᄒᆞᆫ 학교에 나갈 ᄉᆡ에 부
모가 집을 옴겨 갓가히 나가더라 학업(學業)

이 처음 일울 ᄌᆞ음에 부형이 다 죽고
오직 모녀 두 사ᄅᆞᆷ이 학교에 교원(敎員)으로
셔 세상에 분쥬ᄒᆞ더니 후에 벼슬을 ᄇᆞ
리고 구쥬(歐洲)에 놀다가 이듬ᄒᆡ에 도라와
부인회(婦人會)를 창셜(創設)ᄒᆞ고 다시 녀ᄌᆞ 대학교를
세우고져 ᄒᆞ미 분쥬이 경영ᄒᆞ야 ᄌᆞ본금(資本金)
삼만방(三萬磅)을 모하 집을 짓고 ᄀᆡ교례식(開校禮式)을 거
ᄒᆡᆼᄒᆞ엿더니 여러 사ᄅᆞᆷ이 부란을 쳔거ᄒᆞ

야 교장(校長)을 삼아 삼년을 지나매 더옥 확(擴)
장(張)ᄒᆞ엿더라

磅(돌써려 질방) 開(열 기) 擴(넓힐 확)

뎨ᄉᆞ십ᄉᆞ과. 상동

맛ᄎᆞᆷ 시중(市中)이 실화(失火)ᄒᆞ야 삼일(三日)을 연쇼(延燒)ᄒᆞ매
삼년고심(三年苦心)이 믄득 회진(灰燼)ᄉᆞᆫ이라 ᄌᆞ본을 허
비홈이 임의 만코 또 다시 세우지 못
ᄒᆞ매 여러 사ᄅᆞᆷ의 ᄯᅳᆺ이 고로지 못ᄒᆞ야

각각 교육의 일을 삼아 흣허져 다른
학교에 거ᄒᆞ더니 부인교풍회(婦人矯風會)를 창설ᄒᆞ야
ᄌᆞ비(慈悲)ᄒᆞᄂᆞᆫ ᄆᆞᄋᆞᆷ으로 구제(救濟)ᄒᆞᄂᆞᆫ 일을 힝ᄒᆞ
야 혹 옥(獄)으로 나온 사ᄅᆞᆷ을 보호ᄒᆞ며
혹 가난ᄒᆞᆫ 빅셩과 다만 젼도(傳道)ᄒᆞᄂᆞᆫ 쟈의
고싱ᄒᆞᄂᆞᆫ 졍황(情況)을 살펴 비록 ᄯᅳᆯ에 잇ᄂᆞᆫ
비ᄌᆞ(婢子)라도 반ᄃᆞ시 구원ᄒᆞ더니 교풍회가
젼국(全國)에 퍼매 부란을 쳔거ᄒᆞ야 회쟝을

삼거놀 드듸여 가뎡금령(家庭禁令)을 세 됴목(條目)으로 지으니 일은 술을 금홈이오 일은 담빅를 금홈이오 일은 능히 몸소 졍당(政黨)에 바치는쟈는 소리로 구원홈이라 젼국 부인이 이법을 봉힝(奉行)ᄒᆞ야 각각 그 가뎡을 기혁(改革)ᄒᆞ니 미국 풍쇽이 십년이 못되여 크게 어질더라

延 버틀 연　燒 불살을 소　灰 저 회　燼 불탈 진　虛 빌 허　費 허비 비　矯 바를 교

慈 ᄌᆞ당 ᄌᆞ　悲 슬플 비　況 ᄒᆞ믈며 황　條 가지 됴

뎨ᄉᆞ십오과 샹동

부란이 교풍회의 방법(方法)을 가져 신문(新聞)을 문드러 펴니 젼구(全球)가 놀나 복종ᄒᆞ더라 조곰 잇다가 회의 일이 더옥 확쟝ᄒᆞ야 미국 교풍회로 말미암아 만국부인교풍동(萬國夫人矯風同) 밍회(盟會)가 되여 구쥬(歐洲)를 련(連)ᄒᆞ고 부회원(副會員)을 보내여 오쥬(奧洲)와 포와(布哇)와 일본(日本)과 인도(印度)등(等)

여러 나라를 달니고 또 창기(娼妓)의 고싱홈
을 보고 빅십ᄌᆞ긔(白十字旗)를 세워 그 셔러
짐을 구원ᄒᆞ니 일본의 구세군(救世軍)과 젹십ᄌᆞ(赤十字)
사(社)등이 다 부란의 뒤를 ᄯᆞᆯ옴이러라 부
란이 일즉이 사ᄅᆞᆷ을 즁국(中國)에 보내엿더니
즁국은 녜로 좃차 이러ᄒᆞᆫ 말을 듯지
못ᄒᆞ야 능히 ᄭᆡ닷지 못ᄒᆞᄂᆞᆫ고로 젼디구(全地救)
의 풍속과 인심이 다 부인의 손에 올

마스되 아쥬(亞洲)의 대륙(大陸)은 오히려 침침(沉沉)ᄒᆞᆫ
밤과 ᄀᆞᆺᄒᆞ니 부인들의 어리셕고 어두옴
으로 말미암음이 아니리오ᄒᆞ더라

球 구 구슬 副 부 버금 奧 오 깁흘 哇 와 토홀 赤 젹 붉을 社 사 회사사、마을사 亞 아 버금

뎨ᄉᆞ십륙과 샹동

미긔(米幾)에 동편 구라파(歐羅巴)에셔 싸홈이 홀연히
니러나매 교풍회가 이ᄀᆞᆺ치 그 ᄯᆡ에 니
르러 피란ᄒᆞᄂᆞᆫ 인민을 구원ᄒᆞᆯ시 부란이

시종(始終)을 경영ᄒᆞ야 교풍회의 쥬의(主義)를 펴기
로 만국(萬國) 님군의게 청원셔(請願書)를 밧치니 그
글 가온ᄃᆡ 세계(世界) 각국(各國)의 문ᄌᆞ(文字)를 눈호아
각각 부인이 일홈 쓴쟈ㅣ 칠빅여인이러
라 나히 오십팔세에 뉴약(紐約)에셔 죽으니
병이 드럿슬 ᄯᆡ에 ᄂᆡ외(內外) 션비와 보ᄂᆞᆫ쟈
ㅣ 문이 져즈 ᄀᆞᆺᄒᆞ여 의ᄉᆞ(醫士)가 나가기
어려오며 편지와 뎐보(電報)가 ᄒᆞ로 쳑(尺)에 지

나니 가히 성젼에 경황을 알너라 장ᄉᆞ
ᄒᆞᄂᆞᆫ 날에 교풍회가 장ᄉᆞ 의식(儀式)을 거힝ᄒᆞᆯ
서 경관(警官)이 오빅인이오 회장(會葬)ᄒᆞᄂᆞᆫ쟈ㅣ 수
만인이며 군악(軍樂)이 슈십라에 들니니 대개
미국이 장례(葬禮)들 뎡ᄒᆞᆫ 후로 이러홈은 견(見)
치 못ᄒᆞ엿더라

界 디경 계 紐 ᄆᆡᆺ질 뉴 約 언약 약 醫 의원 의 師 스승 ᄉᆞ 電 번ᄀᆡ 뎐 尺 자 쳑
見 볼 견

뎨ᄉᆞ십칠과 류이셜(流易說)

벽국 나파륜(拿破崙)이 ᄇᆡᆨ년 젼에 왼 구라파를 유린(蹂躪)ᄒᆞᆯᄉᆡ 보법(普法)의 싸홈이 ᄀᆞ장 큰지라 ᄯᆡ에 보왕(普王)이 처음 위에 나아가매 왕후(王后) 류이셜(流易說)이 쥬쟝ᄒᆞ야 동으로 아라ᄉᆞ 황뎨 아력산대(亞歷山大)로 더브러 ᄆᆡᆼ세ᄒᆞ야 수년을 싸화 보병(普兵)이 크게 패ᄒᆞ니 경도(京都) ᄇᆡᆨ림(栢林)이 ᄯᅩᄒᆞᆫ ᄲᆡ앗긴 바ㅣ 되매 왕과 후가 다 피란ᄒᆞ야 다른 ᄃᆡ로 가셔 쟝ᄎᆞᆺ 법국에 항복ᄒᆞ야 싸홈 쉬기를 청ᄒᆞᆯᄉᆡ 후가 불가히 너기여 두번 싸화 두번 패ᄒᆞ미 엇지ᄒᆞᆯ수가 업서 아라ᄉᆞ에 고급ᄒᆞ니 아황이 보법 두나라를 모도 화친을 부칠ᄉᆡ 후가 삼촌셜(三寸舌)노 말을 ᄂᆞ리고 변론(辯論)을 잘ᄒᆞ야 보국의 강토를 다 회복ᄒᆞ엿더라

崙 뫼ᄲᅮ리 륜　蹂 ᄇᆞᆲ을 유　躪 ᄇᆞᆲ을 린　普 너를 보　栢 잣 ᄇᆡᆨ　疆 디경 강

뎨ᄉᆞ십팔과 샹동

이ᄯᅢ 싸홈은 비록 그쳣스나 ᄇᆡᆨ셩은 됴(凋)잔(殘)ᄒᆞ고 패ᄒᆞ매 젼국의 민(民)긔(氣)가 격(激)앙(昂)ᄒᆞ야 모도 비밀이 회(會)샤(社)를 ᄆᆡ자 나라 원슈를 갑기로 ᄆᆡᆼ셰ᄒᆞ야 일시에 그림작란거리와 샹등 시(詩)가(歌)를 모도 보인의 류(流)리(離)ᄒᆞᄂᆞᆫ 고ᄉᆡᆼ을 말ᄒᆞ니 부(婦)유(孺)라도 감동ᄒᆞ야 처(處)처(處)에셔 발(發)ᄒᆞ고져ᄒᆞ나 보왕이 졍부에 리롭지 아니ᄒᆞᆯ가 두려워ᄒᆞ야 쟝ᄎᆞᆺ 금ᄒᆞ고져ᄒᆞ나 후가 불가히 넉이고 힘을 다ᄒᆞ야 찬(贊)셩(成)ᄒᆞ며 ᄯᅩ 금(金)익(額)을 도아주며 그 종(種)종(種) 권리를 허낙ᄒᆞ야 날과 밤으로 오직 보국의 흥(興)복(復)홈만 ᄇᆞ라며 ᄒᆞᆼ샹 ᄀᆞᆯᄋᆞ되 이 일이 즁(重)대(大)ᄒᆞ니 와(臥)신(薪)샹(嘗)담(膽)ᄒᆞ야 ᄒᆞᆫ업ᄂᆞᆫ 고ᄉᆡᆼ을 지날거시오 목(目)젼(前)에 능히 효(效)력(力)을 긔약ᄒᆞᆯ바가 아니니 오직 젼국 신(臣)민(民)은

빅림의 붓그러옴만 니져버리지 아니ᄒᆞᆯ거
시라ᄒᆞ야 군ᄉᆞ를 조련ᄒᆞ고 쟝슈를 ᄀᆞᄅᆞ
치더니 오년만에 죽ᄂᆞᆫ지라 후가 죽은
후에 보민(普民)이 다시 흥ᄒᆞ야 모든 적은
나라를 련합(聯合)ᄒᆞ야 덕국(德國)이라 닐ᄏᆞᆺ고 륙군(陸軍)
과 히군(海軍)이 세계에 뎨일이 되엿더라 지
금 덕국 황뎨는 곳 왕후 류이셜의 손
ᄌᆞ라 그런고로 후는 비록 죽엇스나 ᄀᆞᆨ

국 즁흥의 업(業)이 다 후의 일운바니라

凋 ᄉᆡ러질 됴　殘 쇠잔 잔　孺 어릴 유　贊 도을 찬　額 니마 익　種 심을 죵　臥 누을 와

薪 섭 신　嘗 맛볼 상　效 효험 효、본밧을 효

뎨ᄉᆞ십구과 비다(批茶)

빅년젼에 미쥬(美洲)에셔 흑노(黑奴)를 매매(賣買)ᄒᆞ야 부
리매 사라셔는 우마(牛馬)가 되고 죽어셔는
장ᄉᆞ지낼 곳이 업ᄂᆞᆫ지라 ᄀᆞᆺ치 인류(人類)가
되여 홀노 잔혹(殘酷)을 밧ᄂᆞᆫ거시 크게 공리(公理)

에 합ᄒᆞ시 아니ᄒᆞ나 빅여년니로 미쥬의
ᄌᆞ션가(慈善家)와 대정치가(大政治家)와 대쳘학가(大哲學家)가 범빅(凡百)이
다 유여(有餘)ᄒᆞ되 발명ᄒᆞᄂᆞᆫ쟈ㅣ 업더니 녀ᄉᆞ(女士)
비다가 맛춤 이 ᄯᅢ에 나서 삼촌지셜(三寸之舌)과
칠촌지필(七寸之筆)노 신령ᄒᆞᆫ ᄆᆞ음과 민쳡ᄒᆞᆫ 판이
드듸여 쳔고(千古)에 업서지지 아니ᄒᆞᆯ 의론을
세워 수만명 흑노의 구세쥬(救世主)가 되여 미
쥬의 뎨일(第一) 녀셩(女聖)으로 닐ᄏᆞ러 이졔 니르

도록 쇠ᄒᆞ지 아니ᄒᆞ더라

茶(다 차) 凡(범 무릇) 筆(필 붓)

뎨오십과 샹동

비다가 형이 잇서 일즉이 ᄒᆞᆫ 학교를
세웟더니 녀ᄉᆞ가 나히 이십오세에 이
학교에 졸업(卒業)ᄒᆞ고 대학교에 드러가셔 인ᄃᆞ
ᄌᆞ학(慈學)을 연구ᄒᆞ기 됴화ᄒᆞ야 개연(慨然)이 세샹
을 슬퍼ᄒᆞ며 사ᄅᆞᆷ을 불샹히 녁이ᄂᆞᆫ 셩

각이 잇서 홀노 거ᄒᆞ야 깁히 ᄉᆡᆼ각ᄒᆞ매 혹노는 인간에 극히 고ᄉᆡᆼᄒᆞᄂᆞᆫ쟈라 반ᄃᆞ시 구원홈이 잇슬지라ᄒᆞ고 ᄯᅩ ᄉᆡᆼ각ᄒᆞ니 묘연(渺然)ᄒᆞᆫ 몸이 엇지 능히 빅여년 셩현(聖賢)과 호걸(豪傑)의 경영치 못ᄒᆞ던 ᄊᆞ힌 습관(習慣)을 ᄒᆞᆫ 몸으로 맛흐리오ᄒᆞ며 ᄀᆞ만히 인ᄌᆡ(人材)를 풍진(風塵) 가온ᄃᆡ 물ᄉᆡᆨ(物色)ᄒᆞᆯ시 쥬년(周年)이 지나도록 엇지 못ᄒᆞᆯ러라

渺 아득ᄒᆞᆯ 묘 慣 닉을 관 材 ᄌᆡ목 ᄌᆡ 塵 틔ᄭᅳᆯ 진

뎨오십일과 샹동

맛참 학교 교ᄉᆞ(教師) 가로음(嘉魯音)이 날과 밤으로 세상 구원ᄒᆞᆯ 일을 강도(講道)ᄒᆞᆯ시 녀ᄉᆞ ᄉᆡᆼ각ᄒᆞᄃᆡ 이 사ᄅᆞᆷ이 곳 나의 동(同)지라ᄒᆞ고 몸으로 써 허낙ᄒᆞ야 혼인ᄒᆞᄂᆞᆫ 져녁에 그 지아비의게 닐ᄋᆞᄃᆡ 내가 혹노의 고ᄉᆡᆼ홈을 민망이 넉인지 오리여 글을 지

여 구원ᄒᆞ고져ᄒᆞ나 학력(學力)이 족ᄒᆞ지 못ᄒᆞᆷ
이 가셕(可惜)ᄒᆞ야 그ᄃᆡ여 도음을 구ᄒᆞ고져ᄒᆞ
야 이로 써 식집 왓노라ᄒᆞᆫᄃᆡ 그 자아
비 가히(可) 녁여 가산(家產)을 팔고 ᄒᆞᆯ노 깁흔
산 가온ᄃᆡ 거ᄒᆞ야 ᄎᆡᆨ(冊) ᄒᆞᆫ권을 지여 세(世)
계(界)에 공리를 발명ᄒᆞ야 부귀(富貴)와 빈쳔(貧賤)이
업시 다 평등(平等)인죡 결단코 인류를 우마(牛馬)
와 ᄀᆞᆺ치 ᄒᆞᆯ 리치가 업다ᄒᆞ야 ᄎᆡᆨ을 발힝

ᄒᆞᆫ매 미인(美人)이 비로소 흑노를 부림이 인(人)
리(理)에 합ᄒᆞ지 아니ᄒᆞᆷ을 황연(恍然)이 ᄭᆡᄃᆞ라셔
열겹 운무(雲霧)를 헷치고 다시 하ᄂᆞᆯ을 본듯
ᄒᆞ야 그 ᄎᆡᆨ을 일홈ᄒᆞᄃᆡ 오월화(五月花)라ᄒᆞ야
모든 대학가(大學家)에셔 슝ᄇᆡ(崇拜)ᄒᆞ고 쳔고에 ᄊᆡᆨ지
아니ᄒᆞᆫ 글노 닐ᄏᆞ러 아홉 나라히 번(繙)
역(譯)ᄒᆞ야 ᄇᆡᆨ여만부(百餘萬部)에 니르며 구미(歐美) 대극장(大劇場)
에셔 연희(演戲)ᄒᆞ더니 일년이 못되여 흑노를

못ᄎᆞᆷ내 금(禁)ᄒᆞ니 수빅만(數百萬) 우마(牛馬)를 ᄒᆞᆫ 손으로 써 고히(苦海) 가온ᄃᆡ셔 건져 내여 다시 안류에 도라오게ᄒᆞᆷ은 다 비다의 공이니라

音 소릐 음　足 족ᄒᆞᆯ 족, 발 족　惜 앗길 셕　賤 쳔ᄒᆞᆯ 쳔　恍 ᄭᅵᄃᆞ를 황　霧 안개 무　花 ᄭᅩᆺ 화

繙 번역 번　譯 번역 역　劇 극ᄒᆞᆯ 극

데오십이과 남뎡격이(南丁格爾)

남뎡격이는 의태리(意太利) 사ᄅᆞᆷ이라 나셔 인ᄌᆞ(仁慈)ᄒᆞᆫ 셩픔(性品)이 잇더니 그 아비 국회의원(國會議員)이

되여 집이 넉넉ᄒᆞ되 남뎡이 홀노 각고(刻苦)ᄒᆞ야 의식(衣食)을 준절(準節)히ᄒᆞ고 가난ᄒᆞᆫ 빅셩을 보조(補助)ᄒᆞ더라 일즉 법국과 덕국 련방(聯方)에 놀셔 져ᄌᆞ 가온ᄃᆡ 병원(病院)과 빈원(貧員)과 고ᄋᆞ원(孤兒院)에 사ᄅᆞᆷ이 만흠을 보고 쥬졔(賙濟)ᄒᆞᆯ 일을 ᄉᆡᆼ각ᄒᆞ되 이러ᄒᆞᆫ 일은 금젼(金錢)을 주어셔 몸의 칙임(責任)을 다ᄒᆞᆫ다 닐을거시 아니라 반ᄃᆞ시 몸소 그일을ᄒᆞ야 실졔(實際)에 구원ᄒᆞᆫ

여야 유익홈이 잇다ᄒᆞ고 드듸여 일이만(日耳曼)의 간호부(看護婦) 학교에 몸을 던져 이년만에 졸업(卒業)ᄒᆞ엿더라 그 ᄯᆡ 륜돈(倫敦) 간호부 학교의 경비(經費)가 군졸(窘絀)ᄒᆞ야 능히 보지 못ᄒᆞᄂᆞᆫ지라 남뎡이 가산의 반을 더러 도아주고 몸이 교ᄉᆞ가 되여 학교를 확장홈은 다 남뎡 ᄒᆞᆫ 사ᄅᆞᆷ의 힘이니라

爾 너 이　補 기울 보　助 도울 조　邦 나라 방　賙 쥬급ᄒᆞᆯ 쥬　錢 돈 젼　際 ᄌᆞ음 제

曼 길 만　經 글 경　窘 군색ᄒᆞᆯ 군　絀 군졸ᄒᆞᆯ 졸

뎨오십삼과 샹동

토이기(土耳其)는 구쥬에 병든 나라이니 북으로 아라ᄉᆞ를 리웃ᄒᆞ엿더니 그 쇠ᄒᆞ고 곤비ᄒᆞᆷ을 ᄐᆞ셔 쟝ᄎᆞᆺ 그 ᄒᆡ협(海峽)을 ᄲᆡ아슬시 영법(英法) 두나라가 ᄉᆡᆼ각ᄒᆞ되 아국이 토국(土國)을 이긔면 ᄌᆞ긔 나라의 리롭지 안타ᄒᆞ야 토이기를 구원ᄒᆞᆯᄆᆡ 고금에 업ᄂᆞᆫ ᄒᆞᆫ 젼

쟝으 여니 이ᄯᅢ 영국이 군ᄉᆞ를 창졸에 발ᄒᆞ야 반이나 어러 죽고 그 이듬히에 려역(癘疫)을 맛나 인마(人馬)가 죽ᄂᆞᆫ쟈ㅣ 날노 만터라

癘(사오나올 려) 疫(역병)

뎨오십ᄉᆞ과 샹동

영국이 그 악보(惡報)를 듯고 휼병금(恤兵金)을 모도아 의식과 의약(醫藥)과 다른 긴요ᄒᆞᆫ 물픔을

ᄀᆞ초아 곳 젼디(戰地)에 보내려ᄒᆞ나 모도 병드러 상(床)에 누엇ᄂᆞᆫ지라 녀ᄌᆞ를 보내여 간호에 종ᄉᆞᄒᆞ지 아니ᄒᆞ면 루루(累累)ᄒᆞᆫ 샹병(傷兵)을 엇지 보젼ᄒᆞ리오 ᄉᆡᆼ각ᄒᆞ되 이는 내가 텬직(天職)을 다ᄒᆞᄂᆞᆫ 졀묘(絶妙)ᄒᆞᆫ 긔관(機關)이라ᄒᆞ야 그 동지(同志)를 모아 바다를 지나 젼장에 다다르니 먼 길에 신고ᄒᆞ야도 조곰도 쉬지 아니ᄒᆞ더라

床 평상 상

뎨오십오과 샹동

남뎡이 간호에 죵ᄉᆞᄒᆞ야 약을 먹이며
샹ᄒᆞᆫ 곳을 씨스며 ᄯᅩ 옷을 ᄭᅰ여미며
침구(寢具)를 씨스며 혹 병쟈(病者)의 집 편지도
ᄃᆡ신ᄒᆞ야 써셔 주니 병ᄉᆞ(兵士)들이 감격ᄒᆞ야
친ᄒᆞ기를 ᄉᆞ랑ᄒᆞᄂᆞᆫ 어머니 ᄀᆞᆺ치 녁이더
라 처음에ᄂᆞᆫ 샹ᄒᆞᆫ쟈 ᄇᆡᆨ인즁에 륙십인이

죽더니 후에ᄂᆞᆫ 죽ᄂᆞᆫ 수가 감ᄒᆞ야 ᄇᆡᆨ에
ᄒᆞᆫ나히 죽을 ᄯᆞᄅᆞᆷ이러라 일년을 지나
세 나라 싸홈이 못치매 영국 션비와
계집이 남뎡의 특별ᄒᆞᆫ 공을 감ᄉᆞ(感謝)ᄒᆞ야
개션(凱旋)ᄒᆞᄂᆞᆫ 날에 셩대(盛大)ᄒᆞᆫ 환영회(歡迎會)를 열으니
라

寢 잘 침　感 감ᄒᆞᆯ 감　謝 샤례 사　凱 승전ᄒᆞᆯ 개　歡 즐길 환　迎 마줄 영

뎨오십륙과 샹동

남뎡이 개연이 ᄀᆞᆯᄋᆞᄃᆡ 동포(同胞)를 구제홈이
내 일신(一身)이 국가에 ᄃᆡ(對)ᄒᆞ야 응당 다홀
의무거늘 부로(父老)의 환영을 밧으니 ᄯᅩ 내
ᄆᆞ음이 엇지 편안ᄒᆞ리오ᄒᆞ고 표연(飄然)이 법
국의 우션(郵船)을 ᄐᆞ고 고향에 도라오니 영
국 졍부가 슈금(酬金) 이십오만방을 주고 토
국 졍부가 ᄯᅩ 완쳔(腕釧) ᄒᆞᆫ개(個)를 보내니 갑시
이십만금이라 곳 ᄌᆞ본으로 간호부 학교

를 륜돈(倫敦)에 건츅ᄒᆞ야 지금ᄭᆞ지 놉히 륜
돈 번화장(繁華場)에 소슨거슨 곳 이 돈으로
지은바러라

胞 ᄐᆡ 포　飄 나붓길 표　郵 역마올 우　酬 갑흘 슈　腕 팔ᄯᅮᆨ 완　釧 팔고리 쳔

녀ᄌᆞ독본하종

隆熙二年四月一日印刷
仝　仝　五日發行

一秩二冊
定價金六十錢

不許複製

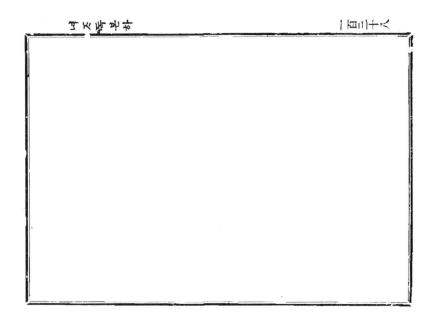

編輯者　張志淵
發行者　金相萬
發行所　中署布屏下 廣學書舖
印刷所　北署觀峴 徽文館

초등여학독본

(初等女學讀本)

저、못ᄒᆞᆯ지니라

第二十九課

敬順은爲婦之道오事夫之本이라敬待如賓則恩愛不衰ᄒᆞ고順服如君則情意相孚ᄒᆞ야家或食貧이라도糟糠을不厭ᄒᆞ며身雖勞悴ᄂᆞ井臼ᄅᆞᆯ不辭ᄒᆞᄂᆞ니是故로夫婦好合이如鼓瑟琴이니라

공경과、유순ᄒᆞᆫ것은、부녀된、도리오、남편섬기ᄂᆞᆫ、근본이라、손님처럼、경대ᄒᆞᆫ즉、은ᄋᆡ가、불쇠ᄒᆞ고、인군처럼、순복ᄒᆞᆫ즉、정의가、상부ᄒᆞ야、집이、혹、간난ᄒᆞ여도、지겁이ᄅᆞᆯ、시려、ᄒᆞ지아니ᄒᆞ며、몸이、비록、로췌ᄒᆞ여도、정구지역을、ᄉᆞ양치、안ᄂᆞ니、이런고로、부부호합이、금슬과、갓타니라

第三十課

夫婦之好ㅣ終身不離ᄒᆞᄂᆞ房室周旋에易生狎侮ㅣ니狎侮ㅣ既生이면語言이過矣오語言既過면放恣必作이오放恣既作이면侮夫之心이生矣니此由不敬이니라

부부에、조흔것이、종신토록、ᄯᅥ나지、아니ᄒᆞᄂᆞ、한방에서쥬선ᄒᆞᆯ때、너무、친압ᄒᆞ고、설만ᄒᆞ니、친압과、설만이、싱기면、언어의、허물이、

初等女學讀本

序言

教育은智育과體育으로爲用ᄒ고德育으로爲基ᄒᄂ니凡教育을事ᄒᄂ者ㅣ皆以此로模範을作爲ᄒ되女學의德育이爲尤要ᄒ니何則고我國女子ᄂ教育이素無ᄒ야自立홀ᄎᆞᆯ을不知ᄒ고所學이다만縫衣炊飯ᄒ야供人之具를事ᄒ고塗脂抹粉ᄒ야悅己之容을作홈에不過ᄒ니所謂德이烏乎在오往往이能文ᄒᄂ女子ㅣ不乏ᄒ건만은惟以吟風詠月之詞와託興寄情之言으로佳人才女의名만博得ᄒ고觀者로ᄒ야곰心志가放蕩케ᄒ

니無益ᄒᆞᆯ뿐이아니라適足以風化를傷ᄒᆞᄂᆞᆫ
故로乃曰女子無才ㅣ便是德이라ᄒᆞ야遂使
女子로幽閉ᄒᆞ야二千萬民族에半數ᄂᆞᆫ無用ᄒᆞᆫ
之人을作ᄒᆞ니嗚呼라現今에風氣가大開ᄒᆞ
고女權이釋放ᄒᆞ미女學이男學보담急ᄒᆞ니
入學之初에修身을宜先教之ᄒᆞ야德育으로
爲基ᄒᆞ고他日學成에智育과體育이相輔以
行ᄒᆞ면女子界進化가將與男子로同權矣리
니不佞이所以로女誡와內則과家訓에女子
의日用常行之道를採取ᄒᆞ야女學讀本을編
成ᄒᆞ니每課所言이皆切實可行이오古人에

言行만呆叙ᄒᆞᆷ이아니라固陋를不揣ᄒᆞ고女
校의一助를窃望ᄒᆞ노라
隆熙二年二月上澣　著者識

初等女學第一年一學期讀本

目次

初等女學第一年第一學期讀本

李源兢　著
邊瑩中　校

明倫章

第一課

人道의有五倫ᄒᆞ니父子有親ᄒᆞ며君臣有義ᄒᆞ며夫婦有別ᄒᆞ며長幼有序ᄒᆞ며朋友有信이是謂五倫이라蓋人倫이始于夫婦ᄒᆞ니太初에上帝ㅣ造一男一女ᄒᆞ시고祝之曰生育이衆多ᄒᆞ야昌盛於地ᄒᆞ라ᄒᆞ시니라

ᄉᆞ람、도、에、다섯、런륜이、잇스니、부ᄌᆞ는、친이、
잇스며、군신은、의가、잇스며、부부는、분별이、
잇스며、쟝유는、차례가、잇스며、붕우는、신이、
잇스니、이를、오륜이라、일음이라、ᄃᆡ개、런륜
이、부부에、비로셧스니、ᄐᆡ쵸의、하나님ᄭᅴ셔、
일남、일녀를、민드시고、비러、갈ᄋᆞᄉᆞᄃᆡ、싱육
이、만코、만아、ᄯᅡ의셔、챵셩ᄒᆞ라、ᄒᆞ시니라

第二課

君義臣忠ᄒᆞ며父慈子孝ᄒᆞ며夫和婦順ᄒᆞ며
兄友弟恭ᄒᆞ며朋友ᄂᆞᆫ輔仁ᄒᆞᄂᆞ니五倫者ᄂᆞᆫ
天賦之良性이오人有之懿德이라人而不知
有五常이면其道禽獸ㅣ不遠矣리라
인군은、오르시고、신하는、츙셩ᄒᆞ며、아비는、
ᄉᆞ랑ᄒᆞ고、아달은、효도ᄒᆞ며、지아비는、화ᄒᆞ
고、지어미는、순ᄒᆞ며、형은、우이ᄒᆞ고、아우는、
공손ᄒᆞ며、벗은、어진거스로、돕ᄂᆞ니、오륜은、
하나님이、쥬신、어진、셩품이오、ᄉᆞ람의、잇는、
아람다온、덕이라、ᄉᆞ람이、오륜을、모르면、셔
와、김싱에、가기가、머지、아니리라

第三課

陰陽이殊性ᄒᆞ고男女ㅣ異行ᄒᆞ니男子ᄂᆞᆫ陽
剛爲德ᄒᆞ고女子ᄂᆞᆫ陰柔爲用이라然이나生

民之初에人權은男女同等ᄒᆞ야原有自由ᄒᆞ
고知能은男女同具ᄒᆞ야各有所長이어ᄂᆞᆯ重
男而不重女ᄒᆞ니不亦蔽乎아

음양이,셩품이,다르고,남녀가,ᄒᆡᆼᄒᆞᆷ이,다르
니,남ᄌᆞᄂᆞᆫ,양의,굿센거스로,덕을ᄉᆞᆷ고,녀ᄌᆞ
ᄂᆞᆫ,음의부드러운,거스로,쓰임을,ᄉᆞᆷ으나,그
러나,ᄇᆡᆨ셩을,ᄂᆡ든,초에,ᄉᆞ람의,권리ᄂᆞᆫ,남녀
가,동등ᄒᆞ야,본ᄃᆡ,ᄌᆞ유가,잇고,지능은,남녀
가,동구ᄒᆞ야,각각,소쟝이,잇거ᄂᆞᆯ,남ᄌᆞ만,듕
히녁이고,녀ᄌᆞᄂᆞᆫ,듕히,아니녁이니,또한,편
폐치,아니냐

立教章

第四課

禮에.曰男女六歲의敎以數目方名ᄒᆞ며七歲
에男女不同食ᄒᆞ며不同席ᄒᆞ고八歲에女就
姆敎ᄒᆞ야訓以禮讓ᄒᆞ며十五而笄ᄒᆞ고二十
而嫁ᄒᆞᄂᆞ니未嫁之前에須學女範ᄒᆞ라幼而
學之ᄂᆞᆫ長而行之니라

례긔에,갈오ᄃᆡ,남녀ㅣ,여셧살의,슈와,방위,
일홈을,가르치고,일곱ᄉᆞᆯ에,남녀ㅣ,갓치,먹
지아니며,ᄌᆞ리를,갓치,아니ᄒᆞ고,여ᄃᆞᆲᄉᆞᆯ에,
녀ᄌᆞᄂᆞᆫ,례양으로,가르치며,열,다셧,실에。비

녀를맛고、스무살에、시집、가ᄂᆞ니。시집、가기
젼에、모롬이、녀범을、비올지라、어려셔、비오
ᄂᆞᆫ、거슨、쟝셩ᄒᆞ야、힝ᄒᆞ라ᄂᆞᆫ、거시니라

第五課

凡爲女子者ㅣ先學立身이니立身之法은惟
貞與烈이라貞則志一ᄒᆞ고烈則行全ᄒᆞᄂᆞ니
古來女士의貞操烈行이載在靑史ᄒᆞ니是則
是傚ᄒᆞ야勉而行之ᄒᆞ라

무릇、녀ᄌᆞ된ᄌᆞㅣ、몬져、닙신을、비올지니、닙
신ᄒᆞᄂᆞᆫ、법은、다만정렬、ᄲᅮᆫ이라、정ᄒᆞᆫ즉、ᄯᅳᆺ지、
한결갓고、렬ᄒᆞᆫ즉、힝실이、온젼ᄒᆞᄂᆞ니、녯젹、

녀ᄌᆞ의정ᄒᆞᆫ、지됴와、렬ᄒᆞᆫ、힝실이、ᄉᆞ긔에、잇
스니、법、밧고、본、밧아、힘써、힝ᄒᆞ라

第六課

國之本은在民ᄒᆞ고家之本은在女ᄒᆞᄂᆞ니女子
不學이면家無賢妻ᄒᆞ고家無賢妻면亦無賢
母ᄒᆞ야家庭敎育을無所於受ᄒᆞ리니是以女
學이急於男學이니라

나라、근본은、빅셩에、잇고、집、근본은、녀ᄌᆞ의
게、잇스니、녀ᄌᆞ가、비오지、아니면、집에、어진、
안히가、업고、어진、안히가、업시면、ᄯᅩᄒᆞᆫ、어진、
어머가、업셔、가정교육을、밧을데가、업스리

니、이럼으로녀ᄌ의、학문이、남ᄌ의、학문보
담、곱ᄒᆞ니라

第七課

女年漸長에行將適人이니失今不學이면歲
不我予ㅣ니라不受姆訓ᄒᆞ며不學婦禮ᄒᆞ고
嫁入他門ᄒᆞ야損失體貌ᄒᆞ며不達事理면受
侮己身ᄒᆞ고貽辱父母ᄒᆞᄂᆞ니嗟嗟女子ᄂᆞᆫ何
莫學夫오

녀ᄌ의、나히、졈졈、ᄌ라미、쟝ᄎ、시집、갈이니、
지금、아니ᄇᆡ오면、세월이、날을、쥬지、안ᄂᆞ니、
모훈을밧지、안으며、부례를、ᄇᆡ오지、안코、남
의、집에、드러가、체모를、일으며、ᄉᆞ리를、통달
치、못ᄒᆞ면、몸이、업슈이、녁임을、밧고、부모의
게、욕을、ᄭᅵ치리니、ᄎᆞ흡다、녀ᄌ들은、엇지、ᄇᆡ
오지、아니ᄒᆞᄂᆞ뇨

女行章

第八課

女子大節이厥有四行ᄒᆞ니一曰女德이오二
曰女言이오三曰女容이오四曰女功이라心
之所施曰德이니不可不順이오口之所宣曰
言이니不可不愼이오貌之所飾曰容이니不
可不莊이오身之所務曰功이니不可不勤이

니라

녀ᄌᆞ의、힝실이、넷시、잇스니、일왈、녀덕이오、이왈、녀언이오、솜왈、녀용이오、ᄉᆞ왈、녀공이라。마음의、베푸ᄂᆞᆫ、거시、덕이니、불가불、슌ᄒᆞᆯ거시오、닙의、베푸ᄂᆞᆫ거시、말이니、불가불、ᄉᆞᆷ갈、거시오、모양의、ᄭᅮ미ᄂᆞᆫ、거시、얼골이니、불가불、씩씩ᄒᆞᆯ거시오、몸의、힘쓰ᄂᆞᆫ、거시、공이니、불가불、부지런ᄒᆞᆯ、것시니라

第九課

才慧聰明이非女德이니才勝則德薄이오利口辯辭ㅣ非女言이니多言則多失이오顏色美麗ㅣ非女容이니甚美者ᄂᆞᆫ必有甚惡이오技術精巧ㅣ非女功이니一針雙龍이未免窮相이니라

지조와、재혜가、총명ᄒᆞᆫ거시、녀덕이、아니니、지조가、승ᄒᆞᆫ즉、덕이、엷고、닙이、지고、말、잘ᄒᆞᄂᆞᆫ거시、녀언이、아니니、말이、만은즉、실슈가、만코、안석이、아름답고、고은、거시、녀용이、아니니、심히、아름다온ᄌᆞᄂᆞᆫ、심히、악ᄒᆞᆫ거시、잇고、슈지가、정교ᄒᆞᆫ거시、녀공이、아니니、바늘、하ᄂᆞ로、쌍룡을、슈、노아도、궁상을、면치、못ᄒᆞᄂᆞ니라

第十課

幽閒貞靜은性之德也오孝敬柔順은行之德也니禮節을恪守ᄒᆞ야規模ㅣ整齊ᄒᆞ며處身을克恭ᄒᆞ야行止有度ㅣ是謂女德이니有德者ᄂᆞᆫ有福ᄒᆞ야一生이平康ᄒᆞᄂᆞ니라

몱고,한가ᄒᆞ고,곱고,고요ᄒᆞᆫ거ᄉᆞᆫ,셩품에,덕이오,효도ᄒᆞ고,공경ᄒᆞ고,부드럽고,슌ᄒᆞᆫ거ᄉᆞᆫ,힝실에,덕이니,례절을,각근이,직혀,규모가,정제ᄒᆞ고,처신을,극히공손ᄒᆞ야,힝ᄒᆞ고,긋치ᄂᆞᆫ,거시,법도,잇ᄂᆞᆫ거시녀ᄌᆞ덕이니,덕이잇ᄂᆞᆫ,ᄌᆞᄂᆞᆫ,복이잇셔,일ᄉᆡᆼ이,평강ᄒᆞᄂᆞ니라

第十一課

擇言而發에不道惡言ᄒᆞ며緘口內修ᄒᆞ야非禮勿言ᄒᆞ고言必中節이是謂女言이니故로曰言者ᄂᆞᆫ心之聲也라善人心은積善而著於善ᄒᆞ고惡人心은積惡而著於惡ᄒᆞᄂᆞ니라

말을,갈여ᄒᆞ되,악ᄒᆞᆫ,말은,ᄒᆞ지,아니ᄒᆞ며,닙을,봉ᄒᆞ고,안으로,닥가,례가,아니어든,말을안코,말을,ᄒᆞ면,반드시,졀조에,맛ᄂᆞᆫ거시,녀언이니,그런고로,갈아ᄃᆡ,말은,마음에,소리라,착ᄒᆞᆫ,ᄉᆞ람의,마음은,착ᄒᆞᆫ,거시,싸이여,착ᄒᆞᆫ거시,낫타ᄂᆞ고,악ᄒᆞᆫ,ᄉᆞ람의,마음은,악ᄒᆞᆫ

거시、쓰이여、악ᄒᆞᆫ거시、낫타나ᄂᆞ니라

第十二課

沐浴以時ᄒᆞ야身無垢汚ᄒᆞ며澣濯以時ᄒᆞ야衣常鮮潔ᄒᆞ고不施脂粉에容光粹然이是謂女容이니是故로女不矜色이오其容在德이라無鹽이雖陋ᄂᆞ言用於齊ᄒᆞ야國以大治ᄒᆞ니라

목욕을、ᄯᆡ로、ᄒᆞ야、몸에、ᄯᆡ가、업고、ᄲᆞᆯ내를、ᄯᆡ로、ᄒᆞ야、옷시、항상、ᄭᆡᆺ긋ᄒᆞ고、조촐ᄒᆞ며、분을、아니、발ᄂᆞ도、얼골이、ᄭᆡᆺ긋ᄒᆞᆫ거시、이녀용이니、이런고로、녀ᄌᆞᄂᆞᆫ、ᄉᆡᆨ을、자랑치、안코、그얼골이、덕에、잇ᄂᆞᆫ지라、무염이、비록、더러우ᄂᆞ、말이、졔ᄉᆞ、ᄂᆞ라에、쓰여、ᄂᆞ라이、크게、다ᄉᆞ리니라

第十三課

精五飯ᄒᆞ며冪酒漿ᄒᆞ며縫衣裳ᄒᆞ야但有閨門之修ᄒᆞ고而無梱外之志ㅣ是謂女功이니凡女子在家에廣學女事ᄒᆞ야箕箒井臼之役을無所不能이라야異日出嫁ᄒᆞ야可以治產이니라

다섯、가지、밥을、정히、ᄒᆞ며、술과、쟝을、더푸며、의상을、지봉ᄒᆞ야、다만、도장안만、닥고、문밧、

뜻이、업ᄂᆞᆫ거시、녀공이니、무릇、녀ᄌᆞㅣ、본、집
에、잇슬적의、넓피、일올、비와、키질、비질、물、깃
기、졀구질、ᄡᆞ지라도、다、룽히、ᄒᆞ여야、시집、가
셔、살림을、잘ᄒᆞ리라

專心章

第十四課

女子所貴ᄂᆞᆫ專一其心ᄒᆞ며端正其貌ᄒᆞ야耳
不竊聽ᄒᆞ며目不偷視ᄒᆞ며出無冶容ᄒᆞ며入
無廢飾ᄒᆞ며勿聚會女伴ᄒᆞ야諠浪笑語ᄒᆞ며
勿閑行鄰里ᄒᆞ야妄談是非ᄒᆞ라

녀ᄌᆞ의、귀ᄒᆞᆫ、바ᄂᆞᆫ、그、마음을、젼일이、ᄒᆞ며、그、
모양을、단정이、ᄒᆞ야귀ᄂᆞᆫ、엿、듯지、말며、눈은、
엿、보지、말며、나들이에、모양을、내지、말며、드
러와、장식을、폐치말며、동무를、모다、갈락질
과、웃고、떠드지말며、이웃、동네로、다니며、시
비를、망녕도이、말、ᄒᆞ지말나

第十五課

行莫回頭ᄒᆞ며語莫掀脣ᄒᆞ며坐莫動膝ᄒᆞ며
立莫搖裙ᄒᆞ라此ᄂᆞᆫ女子之賤相이오喜莫大
笑ᄒᆞ며怒莫高聲ᄒᆞ라此ᄂᆞᆫ女子之輕相이니
小心謹愼ᄒᆞ야切勿有此ᄒᆞ라

단일제、머리를、두루지、말며、말ᄒᆞᆯ제、닙쓸을、

드리、너지말며、안져셔、무릅을、움즉이지、말
며、셔셔、치마를、만지지、말며、깃버도、크게、웃
지말며、셩이、나도、놉히、쇼리를、말나、이、여러
가지는、다녀ᄌᆞ의、천상이오、경상이니、됴심
ᄒᆞ여、여긔、범치、말지어다

第十六課

男子ᄂᆞᆫ居外ᄒᆞ며女子ᄂᆞᆫ居內ᄒᆞ니男女異群
이오內外各處라女子無故에不出外庭ᄒᆞ며
有客臨門에勿窺門隙ᄒᆞ고遇有外出커든低
頭顧步ᄒᆞ야毋失其儀ᄒᆞ고夜行秉燭이니無
燭則止ᄒᆞᄂᆞ니라

남ᄌᆞ는、밧게、거ᄒᆞ며、녀ᄌᆞ는、안에、거ᄒᆞ나、남
녀ㅣ、무리가、다르고、내외、각처ᄒᆞᄂᆞᆫ지라、녀
ᄌᆞㅣ、일업시、외정의、나가지、아니며、손이、잇
스면、문、틈으로、엿、보지말고、만일、밧게、나갈、
일이、잇거든、고ᄀᆡ를、숙이고、거름만、도라、보
아、의용을、일치말며、밤나드리에는、촉불을、
잡ᄂᆞ니、촉불이、업시면、그만、두ᄂᆞ니라

第十七課

心猶首面ᄒᆞ니首不飾則亂ᄒᆞ고面不洗則醜
라心不修則惡은曷不自思오對鏡拭面에思
潔其心ᄒᆞ며傅粉에思和其心ᄒᆞ며澤髮에思

潤其心ᄒᆞ며梳髮에思理其心ᄒᆞ며立髻에思
正其心ᄒᆞ며攝鬢에思整其心ᄒᆞ라

마암이、머리와、낫과、갓흐니、머리는、쇽미지、
아니면、어질업고、낫슨、씻지、아니면、더려운
지라、마암을、닥지、아니면、악ᄒᆞᆫ、줄은、엇지、싱
각지、못ᄒᆞᄂᆞ뇨、거울을、ᄃᆡᄒᆞ야、낫、씨슬제、그、
마음。ᄭᆡᆺ긋ᄒᆞ기를、싱각ᄒᆞ며、분、발을제、그、마
음。화ᄒᆞ기를、싱각ᄒᆞ며、머리에、기름、발을제、
그、마음、윤택ᄒᆞ기를、생각ᄒᆞ며、머리、빗슬제、
그、마음、다ᄉᆞ리기를、생각ᄒᆞ며、ᄯᅡᆫ、머리、세울
제、그、마음、바르기를、생각ᄒᆞ며、술죽、ᄭᅩᆸ을제、

그、마음、졍대ᄒᆞ기를、생각ᄒᆞ라

第十八課

三時澡浴이非修身이오五采盛服이非修身
이라梱德謹言ᄒᆞ며修容勤功이是爲修身이
니四行에闕一ᄒᆞ면女行不備라欲備女行이
면宜修其身이오欲修其身인딘宜專其心이
니라

숨시로、목욕ᄒᆞ는거시、슈신이、아니오、오ᄎᆡ
로、셩복、ᄒᆞ는거시、슈신이、아니라、덕을、힘쓰
며、말을、숨가며、얼골을、닥그며、녀공을、부지
런니、ᄒᆞ는것이、슈신이니、ᄉᆞ힝에、ᄒᆞ나이、궐

ᄒᆞ면、녀힝이、가 초지、못ᄒᆞᆯ지라、녀힝을、가 초
고ᄌᆞ、ᄒᆞ거든、맛당이、슈신、ᄒᆞᆯ거시오、슈 신코
ᄌᆞ、ᄒᆞ면、맛당이、젼심、ᄒᆞᆯ지니라

事父母章

第十九課

孝敬父母ᄂᆞᆫ男女無間ᄒᆞ니女子在家에事父母호ᄃᆡ雞鳴盥櫛ᄒᆞ고敬問寢安ᄒᆞ며疾痛苛癢에敬抑搔之ᄒᆞ며戶庭出入에敬扶持之ᄒᆞ며奉水進盥ᄒᆞ고盥卒授巾ᄒᆞ며

부모를、효경、ᄒᆞ기ᄂᆞᆫ、남녀가、간격이、업ᄉᆞ니、녀ᄌᆞㅣ、집에、잇셔、부모를、셤기되、ᄃᆞᆰ이、울거

든、세슈ᄒᆞ고、머리、빗고、부모、침소에、가셔、문안ᄒᆞ며、압흔데와、가려운데를、쥬물으고、글거、드리며、호졍출립、ᄒᆞᆯ졔、붓들어、들이며、ᄃᆡ야의、물을、밧드러、세슈를、나오고、세슈、다、ᄒᆞ신、후에、슈건을、드리며

第二十課

問何食飮ᄒᆞ야飯饘酒醴와毛羹菽水를敬進所欲ᄒᆞ며斂衾褥ᄒᆞ며掃室堂ᄒᆞ고父母ㅣ將坐어시든奉席請何向ᄒᆞ며將臥어시든奉衽請何趾ᄒᆞ고父母의枕几杖屨를置有常處ᄒᆞ야不移ᄒᆞᄂᆞ니라

무엇을、잡슈시며、마시깃ᄂᆞ、물어、밥과、미음과、술과、단술과、잡탕과、슈슈를、소욕듸로、나와、드리며、이불과、뇨를、깃키며、방과、말우를쓸며、부모ㅣ안지랴、ᄒᆞ시거든、방셕을、밧들고、어듸로、향ᄒᆞ기를、청ᄒᆞ며、누으랴、ᄒᆞ시거든、자리ᄯᅡᆷ을밧들고、어듸로、발、ᄲᅥᆺ기를、청ᄒᆞ며、부모의、벼ᄀᆡ와、안셕과、집행이와、신을、두는、곳시、잇셔、옴기지、안ᄂᆞ니라

第二十一課

飮食은養口體ᄒᆞ고承順은養親志니食而不敬이면徒食非養이오事而不順이면徒養非孝라飮食은供甘旨ᄒᆞ고應對는順指使ᄒᆞ라奉侍父母는女勝於男ᄒᆞ니라

음식은、구톄를、길으고、승순은、뜻슬、기르ᄂᆞ니、먹이고、공경치、아니면、흔갓、먹이기만、ᄒᆞ고、길으는、거시、아니오、셤기고、승순치、아니면흔갓、길으기만ᄒᆞ고、효도ᄒᆞ는、거시아니라、음식은、달고、맛는、거스로、이바지ᄒᆞ며、응듸는、가라치고、시기는듸로、승순ᄒᆞ라、부모를、밧들어、뫼시기는、ᄯᆞᆯ이、아달보담、나흐니라

第二十二課

身爲獨女ᄒᆞ야終鮮兄弟면父母所依ㅣ惟我
一女ㅣ니尤當竭力ᄒᆞ야以事父母니라古有
至老不嫁ᄒᆞ고以養父母者ᄒᆞ니不必效此로
ᄃᆡ在家爲女之日은少ᄒᆞ고出嫁爲婦之年은
多ᄒᆞ니라

몸이、외、ᄯᆞᆯ이、되야、다른、형뎨가、업스면、부모
의、의지、ᄒᆞ시ᄂᆞᆫ바ᄂᆞᆫ、오직、ᄯᆞᆯ、한아、ᄲᅮᆫ이니、더
욱、맛당이、힘을、다、ᄒᆞ야、부모를、셤길지라、녯
적의、늙도록、시집、아니가고、부모를、길은ᄌᆞ
ㅣ、잇스니、반다시、이를、본、밧을、거시、아니로
ᄃᆡ、집에、잇서、ᄯᆞᆯ、노릇ᄒᆞᆯ、날은、적고、출가ᄒᆞ야、
며느리、노릇ᄒᆞᆯ、히는、만으니라

第二十三課

父母ㅣ有愼아어시든不離牀側ᄒᆞ야夜不解
衣ᄒᆞ며睡不交睫ᄒᆞ고湯藥을手煎ᄒᆞ며冷熱
을唇嘗ᄒᆞ야溫語勸進ᄒᆞ며深更密室에切禱
上帝ᄒᆞ야冀復安康ᄒᆞ라至誠은感神이니라」

부모ㅣ、병환이、게시거든、ᄌᆞ리、겻을、ᄯᅥ나지
말고、밤에、옷슬벗지、아니ᄒᆞ며、눈을감고、졸지
아니ᄒᆞ고、탕약을、손슈、다려、ᄎᆞ고、더운것을
닙으로、맛보아、ᄌᆞᆸ슈시기를、권ᄒᆞ며、깁흔、밤、
골방에셔、ᄒᆞ나님ᄭᅴ、간절히、긔도ᄒᆞ야、회복

ᄒᆞ시기를、바라라、지극ᄒᆞᆫ졍셩은、ᄒᆞᆫ나님이、
감동、ᄒᆞ시ᄂᆞ니라

第二十四課

父母ㅣ有責이어시든愼勿勃怒ᄒᆞ고低首敬聽ᄒᆞ며亦勿慌忙ᄒᆞ야轉致誤事ᄒᆞ고自問自心ᄒᆞ되如何無過며如何免責ᄒᆞ야悔改己罪ᄒᆞ며仰慰母心ᄒᆞ라

부모ㅣ、ᄭᅮ지럼、ᄒᆞ시거든、부ᄃᆡ、발ᄭᅳᆫ、셩、내지、말고、머리를、슉기고、공경이、들으며、또ᄒᆞᆫ、황망ᄒᆞ야、일을、져질지、말ᄂᆞ、니、마음을、스스로、물어보되、엇지ᄒᆞ면、허물이、업시며、엇지ᄒᆞ면ᄭᅮ지럼을、아니ᄒᆞ시게ᄒᆞᆯ고、ᄒᆞ야、제죄를、회개ᄒᆞ고、어머님、마음을、안위ᄒᆞ라

第二十五課

父母ㅣ惡之어시든懼而不怨ᄒᆞ며父母ㅣ愛之어시든喜而不忘ᄒᆞ라父母所命을敬遵毋違ᄒᆞ고勿爲覆逆ᄒᆞ야自作聰明ᄒᆞ라或有未解면從容問母ᄒᆞ야聽其方便ᄒᆞ라

부모ㅣ、미워、ᄒᆞ시거든、두려워、ᄒᆞ고、원망을、아니며、부모ㅣ、ᄉᆞ랑、ᄒᆞ시거든、깃버ᄒᆞ고、잇지、말ᄂᆞ、부모의、명령을、슌종ᄒᆞ야、어긔지말며종명ᄒᆞᆫ체、ᄒᆞ고、복역、ᄒᆞ지말ᄂᆞ、혹、아지、못

ᄒᆞᆯ일이、잇거든、죵용이、어머님게、물어、방편
을、들으라

第二十六課

貴養之女ᄂᆞᆫ驕慾成性ᄒᆞ야父母之言을不肯
聽從ᄒᆞ며偶有責言이면泣而反唇ᄒᆞ고每當
歲時에貪取衣資ᄒᆞ야以充嫁具ᄒᆞ며私殖貨
財ᄒᆞ야不顧父母ᄒᆞᄂᆞ니如此之女ᄂᆞᆫ愼勿效
之ᄒᆞ라

귀히、길은、ᄯᆞᆯ은、고만과、음셕이、셩품을、일우
어、부모의、말ᄉᆞᆷ을、듯지、아니ᄒᆞ며、우연이、ᄭᅮ
지람이、잇스면、울며、말ᄃᆡ답ᄒᆞ고、매양、세시
를、당ᄒᆞ면、옷、감을、탐ᄒᆞ야、시집、옷만、장만ᄒᆞ
고、ᄉᆞ지를、식리ᄒᆞ야、부모를、도라보지、아니
ᄒᆞᄂᆞ니、이갓흔、녀ᄌᆞᄂᆞᆫ、부듸、본、밧지、말지어
다

事夫章

第二十七課

夫惟一婦오婦惟一夫ᄂᆞᆫ上帝所命이시니女
子從夫ᄂᆞᆫ一身之主라義同君臣ᄒᆞ고服喪三
年ᄒᆞ니親比父子오父母를共事ᄒᆞ니情若兄
弟오異姓이相合ᄒᆞ니誼兼朋友라是故로人
之五倫이備于夫婦ᄒᆞᄂᆞ니라

지아비는、다만、지어미、ᄒᆞᆫ아이오、지어미는、다만、지아비、ᄒᆞᆫ아인거슨、하나님의、명ᄒᆞ신、바이니、녀ᄌᆞ의、남편、좃는거슨、녀、몸애、쥬인이라、의가、군신과、갓고、삼년상을、닙으니、친흠이、부ᄌᆞ의、비ᄒᆞ고、부모를、갓치、섬기니、졍이、형뎨와、갓고、이셩이、셔로、합、ᄒᆞ엿스니、의가、붕우를、겸ᄒᆞᆫ지라、그런고로、사람의、오륜이、부부에、갓초앗ᄂᆞ니라

第二十八課

女子于歸에 母ㅣ臨門送之曰必敬必戒ᄒᆞ야毋違丈夫ᄒᆞ며善事舅姑ᄒᆞ라ᄒᆞ시니婦當服夫오 夫亦愛妻如己라 婦不得自主其身ᄒᆞ고惟夫主之ᄒᆞ니 婦不可離夫오 夫亦不可離婦니라

녀ᄌᆞㅣ 신힝ᄒᆞ야、올졔、어마니가、문에셔、보니며、갈ᄋᆞᄉᆞ되、반드시、공경ᄒᆞ고、반드시、경계ᄒᆞ야、쟝부를、어긔지、말며、구고를、잘、섬기라、ᄒᆞ셧스니、안히가、맛당히、남편을、복종、ᄒᆞᆯ거시오、남편도 맛당히、안히、ᄉᆞ랑ᄒᆞ기를、몸과、갓치、ᄒᆞᆯ지라、안히가、그、몸을、ᄌᆞ쥬치、못ᄒᆞ고、오직、남편이、쥬장ᄒᆞ니、안히가、가히、남편을、떼지、못ᄒᆞᆯ거시오、남편이、가이、안히를、떼

지、못홀지니라

第二十九課

敬順은爲婦之道오事夫之本이라敬待如賓則恩愛不衰ᄒᆞ고順服如君則情意相孚ᄒᆞ야家或食貧이라도糟糠을不厭ᄒᆞ며身雖勞悴ᄂᆞ井臼를不辭ᄒᆞᄂᆞ니是故로夫婦好合이如鼓瑟琴이니라

공경과、유순ᄒᆞᆫ것은、부녀된、도리오、남편、섬기ᄂᆞᆫ、근본이라、손님처럼、경디ᄒᆞᆫ즉、은이가、불쇠ᄒᆞ고、인군처럼、순복ᄒᆞᆫ즉、정의가、샹부ᄒᆞ야、집이、혹、간난ᄒᆞ여도、지겸이를、시려、ᄒᆞ지아니며、몸이、비록、로췌ᄒᆞ여도、정구지역을、ᄉᆞ양치、안ᄂᆞ니、이런고로、부부호합이、금슬과、갓타니라

第三十課

夫婦之好ㅣ終身不離ᄒᆞᄂᆞ房室周旋에易生狎侮ㅣ니狎侮ㅣ既生이면語言이過矣오語言既過면放恣必作이오放恣既作이면侮夫之心이生矣니此由不敬이니라

부부에、조흔것이、종신토록、써ᄂᆞ지、아니ᄒᆞᄂᆞ、한방에셔쥬션ᄒᆞ매、너무、친압ᄒᆞ고、설만ᄒᆞ니、친압과、설만이、싱기면、언어의、허물이、

잇고、어언의、허물이、쇠ᄒᆞ면、방자ᄒᆞ고、방쟈
ᄒᆞ면、남편、업슈히、녁이ᄂᆞᆫ、마음이、생기ᄂᆞ니、
이ᄂᆞᆫ、不敬ᄒᆞᆫ데셔、말매암ᄂᆞ니라

第三十一課

夫不能作業ᄒᆞ며婦不克持家ᄒᆞ야柴米無儲
어ᄂᆞ衣服無着이면空然生嗔ᄒᆞ야打兒罵女
에語輒使夫ᄒᆞ야使夫忿怒ᄒᆞᄂᆞ니此由不順
이니라

남편이、룽히、실업을、못ᄒᆞ고、안히가、룽히、숄
림을、못숄어、나무와、ᄊᆞᆯ이、써러지고、의복이、
닙을것이、업스면、공연이、셩을너여、아달을、
치며、ᄯᆞᆯ을ᄭᅮ짓져、말겻치、남편을、침노ᄒᆞ면、
남편이、또ᄒᆞᆫ、분이、나고、셩이、나게ᄒᆞ니、이ᄂᆞᆫ、
불순ᄒᆞᆫ데셔、말매암ᄂᆞ니라

第三十二課

侮夫不已면呵責必至오忿怒不止면毆罵必
至니呵責旣宣이면何義之有며毆罵旣行이
면何恩之有리오不敬不順이終乃不和ᄒᆞ야
不孝父母ᄒᆞ며獲罪上帝니라

남편、업슈이녁이기를、마지아니면、ᄭᅮ짓고、
책망이、반드시、일을、거시오、분과、로홈이、곳
치지、아니면、쥬여박고、욕ᄒᆞᄂᆞᆫ거시、반드시、

일으리니、삭짓고、책망ᄒᆞ면、무슨、의가、잇스며、쥬여박고、욕ᄒᆞ면、무슨、은혜가、잇스리오、불경과、불순이、맛ᄎᆞᆷ니、불화ᄒᆞ야、부모의게、불효ᄒᆞ고、하나님ᄭᅴ、죄를、엇ᄂᆞ니라

第三十三課

是故로夫婦之言은謹於微細ᄒᆞ며夫婦之禮ᄂᆞᆫ愼於終始니夫有所言이면靡有不從호ᄃᆡ如行非禮면殷殷諫止ᄒᆞ야勿使吾夫로陷於罪惡ᄒᆞ라聖經에曰婦焉不救夫며夫焉不救婦오ᄒᆞ니夫婦相救ᄂᆞᆫ夫婦之義니라

어런고로、부부의말은미세ᄒᆞᆫ데、삼가고、부부의、례ᄂᆞᆫ、종시를、삼갈지니、남편이、말이、잇거든、좃지아님이、업스되、만일、비례를、힝ᄒᆞ거든、은은이、간ᄒᆞ야、나의、남편으로、ᄒᆞ야곰、죄악에、ᄲᆞ지지、말게ᄒᆞ라、셩경에、갈오ᄉᆞᄃᆡ、안해가、엇지、남편을、아니、구원ᄒᆞ며、남편이、엇지안해를、아니、구원ᄒᆞ리오、ᄒᆞ얏스니、부부상구ᄂᆞᆫ、부부에、의니라

第三十四課

夫ㅣ若發怒어든倍加小心ᄒᆞ야婉容柔色으로低頭供事ᄒᆞ며慇懃勸餐ᄒᆞ야願止其怒ᄒᆞ라止怒之方은莫如無辨이니라諱家潑婦ᄂᆞᆫ

每自尋端ᄒᆞ야與夫爭鬪ᄒᆞ니如此之婦ᄂᆞᆫ可以爲戒이라

남편이、만일、셩을、ᄂᆡ거든、비ᄂᆞᆫ、조심ᄒᆞ야、슌ᄒᆞᆫ、얼골에、부드러운、빗스로、머리를、슉이고、슌종ᄒᆞ며、온근이、밥을、권ᄒᆞ면셔、그만、지로ᄒᆞ기를、원ᄒᆞ라、로를、그치기ᄂᆞᆫ、발명、업ᄂᆞᆫ、것시、묘방이니라、뉘집、난봉의、계집은、매양、ᄉᆞ단을、고심ᄒᆞ야、셔방과、싸오ᄂᆞ니、이런、계집은、가이、경계ᄒᆞᆯ진져

第三十五課

夫ㅣ若有病이면晝夜勞焦ᄒᆞ야問議醫藥ᄒᆞ며禱求神明ᄒᆞ야夫病이稍愈어든飮食衣服을益加謹愼ᄒᆞ야調理安全을小心勿怠ᄒᆞ라誰家愚婦ᄂᆞᆫ任夫臥病ᄒᆞ고全不經心ᄒᆞ도다

남편이、만일、병이、잇시면、쥬야로、초조ᄒᆞ야、의약을、문의ᄒᆞ며、신명에、긔도ᄒᆞ야、병이、조곰、낫거든、음식과、의복을、더욱근신ᄒᆞ야、조리안젼ᄒᆞᆯ동안에、조심ᄒᆞ야、게을게말나、뉘집、못ᄂᆞᆫ、계집은、셔방의、병을、버려두고、젼연이、관심치、안ᄂᆞᆫ도다.

第三十六課

夫ㅣ若遠征ᄒᆞ야久客未還이면兼治外事ᄒᆞ

야整頓家務ᄒᆞ며近出城鎭에日暮不歸어든停燈溫飯ᄒᆞ고等候叩門ᄒᆞ라誰家懶婦ᄂᆞᆫ夫出未返에吹燈先眠ᄒᆞ야不啓其門ᄒᆞ며不問夫飯이로다

남편이,만일,멀리,가셔,오릭,도라오지,아니면,밧것,일을,겸치ᄒᆞ야,집안을,졍돈ᄒᆞ며,갓가이,출입ᄒᆞ야,날이,져무러도,도라오지,안커든,등ᄲᅳᆯ을,도두고,밥을,쌋듯시,뭇어노코,문,소리를,기다리라,뉘집,게으른,지어미ᄂᆞᆫ,셔방이,니가,도라오지,안닌데,등ᄲᅳᆯ을,ᄭᅳ고,몬져,ᄌᆞᄂᆞᆫ또다

第三十七課

懶婦之性은只顧耽睡ᄒᆞ야黃昏閉戶에日高不起ᄒᆞ야每遭夫謫ᄒᆞ며亦被姑嗔ᄒᆞ야慵起無力ᄒᆞ고梳洗靡遑이라黽勉入廚ᄒᆞ니手脚이慌忙ᄒᆞ야炊飯失時ᄒᆞ고烹飪昧方이로다

게을은,지어미에,셩품은,다만,ᄌᆞᆷ만,탐ᄒᆞ야,황혼에,문을,닷고,ᄒᆡ가,놉도록,이러누지,아니매,남편이,남으라고,시어미가,ᄭᅮ지지니,ᄌᆞᆷ을,ᄭᅢ여,무력ᄒᆞ고,소세ᄒᆞᆯ,겨를이,업ᄂᆞᆫ지라,간신이,부억에,드러가니,슈각이,황망,ᄒᆞ야,밥짓ᄂᆞᆫ,기ᄉᆞᆫ,실시ᄒᆞ고,찬슈도,정치못ᄒᆞ

니라

第三十八課

嗟哉賢婦ᄂᆞᆫ每日早起ᄒᆞ야盥面櫛髮에薄施淡粧ᄒᆞ고入廚洗鼎ᄒᆞ며揀柴吹火ᄒᆞ야爲飯爲羹에克潔克精ᄒᆞ고一日三飱을不失其時ᄒᆞ며不辭其勞ᄒᆞ고習以爲常이로다

ᄎᆞ흡다、현철ᄒᆞᆫ、부인은、매일、일즉이러나셔、낫、씻고、머리、빗고、담장을、잠간ᄒᆞ고、부억에、드러가、솟슬、씻스며、나무를、집어、불을、불며、밥을、짓고、국을、ᄭᅳ리미、극히、졍ᄒᆞ고、극히、ᄭᆡ끗ᄒᆞ며、ᄒᆞ루、세ᄭᅵ를、실시치、안코、슈고를、ᄉᆞ양치아니ᄒᆞᄂᆞᆫ도다

第三十九課

女子有行이遠父母兄弟니一入夫家에莫頻親行ᄒᆞ라說辛道苦ᄒᆞ야貽憂父母ᄒᆞ며率來送往에致勞兄弟니라治產之婦ᄂᆞᆫ況難離家오家貧萬事ㅣ惟賴賢妻니라

녀ᄌᆞ、유힝이、부모와、형뎨를、물리ᄒᆞᄂᆞ니、ᄒᆞᆫ번、부가에、드러가미、근친길을、ᄌᆞ조、말나、미우니、쓰니、이야기ᄒᆞ야、부모ᄭᅴ、이우ᄒᆞ고、다려오고、보너ᄂᆞᆫ데、형뎨의게、슈고를、깃지ᄂᆞ니라、술림ᄒᆞᄂᆞᆫ、부인은、ᄒᆞ물며、써날슈、업고、

간난ᄒᆞᆫ집、만ᄉᆞᄂᆞᆫ、오직、현처를、생각ᄒᆞᄂᆞᆫ니
라

第四十課

女子之心은常多依賴ᄒᆞ야夫或不貴어ᄂᆞ家或不富면詈其媒妁ᄒᆞ며怨其父母ᄒᆞ야曰奚爲嫁余오ᄒᆞᄂᆞ니嗟今之世ᄂᆞᆫ男女同權이라女子有學이면可以爾矣오可以仕矣니何須靠夫리오

녀ᄌᆞ의、마음은、의뢰가、만아、남편이、귀ᄒᆞ지、못ᄒᆞ거ᄂᆞ、시집이、견듸지、못ᄒᆞ면、중ᄆᆡ를、ᄭᅮ지지며、부모를、원망ᄒᆞ여왈、엇지ᄒᆞ여、날을 시집、보냇소、ᄒᆞᄂᆞ니、이제、세상은、남녀동권이라、녀ᄌᆞ라도、학문만、잇스면、가히、장ᄉᆞ도ᄒᆞ고、가히、벼슬도、ᄒᆞᆯ거이니、엇지、남편만、의뢰ᄒᆞ리오

事舅姑章

第四十一課

女子從夫에事舅姑를如事父母니舅姑之所의朝夕問安ᄒᆞ며舅姑所諭之言을少勿拒逆ᄒᆞ며舅姑所使之事를奉行勿滯ᄒᆞ야樂其心ᄒᆞ며順其志ᄒᆞ고每事를必問ᄒᆞ야唯命是從이니라

녀ᄌᆞㅣ、납편을、좃ᄎᆞ며、구고、섬기기를、부모와、갓치、ᄒᆞᆯ지니、구고의게、조석、문안ᄒᆞ며、구고의、일으는、말ᄉᆞᆷ을、조곰도、거역지、말며、구고의、시기는、일을、곳、ᄒᆞ야、지체ᄒᆞ지、말고、그、마음을、질겁게、ᄒᆞ며、그、뜻을、순이ᄒᆞ야、미ᄉᆞ를、반드시、물어、구고의、뜻ᄃᆡ로、좃ᄂᆞ니라

第四十二課

事舅姑有法ᄒᆞ니每事를必曲從ᄒᆞ라姑ㅣ以非爲是라도知其非而從其是ᄒᆞ며姑ㅣ以曲爲直이라도知其曲而從其直ᄒᆞ야是非曲直을勿與姑爭이면可得姑心이니라

구고、섬기는、법이、잇스니、미ᄉᆞ를、반드시、뜻을、굽혀、곡종ᄒᆞ라、시어머니가、그른거을、가지고、올타、ᄒᆞ거든、그른걸、알고도、올타는거슬、좃치며、굽은거을、가지고、곳다、ᄒᆞ거든、굽은걸、알고도、곳다는、거을、좃치라、시비곡직을、시어머니와、더부러、닷토지、아니면、시어머니、마음을、가히어들지니라

第四十三課

姑ㅣ若愛婦면舅自愛婦오舅姑ㅣ愛婦면夫自愛妻ㅣ니欲得夫愛면舅姑之愛를務得이오舅姑之愛를欲得이면舅姑之意를曲從ᄒᆞ라

舅姑ㅣ不愛면夫愛難保ㅣ니라

시어머니가、며ᄂᆞ리를、ᄉᆞ랑ᄒᆞ면、시아버지는、절노、며ᄂᆞ리를、ᄉᆞ랑ᄒᆞ고、구고가、ᄉᆞ랑ᄒᆞ면、남편은、절노、안히를、ᄉᆞ랑ᄒᆞᄂᆞ니、남편의、ᄉᆞ랑을、엇고ᄌᆞ、ᄒᆞ면、구고의、ᄉᆞ랑을、아모조록、엇들거시오、구고의、ᄉᆞ랑을、엇고ᄌᆞ、ᄒᆞ면、구고의、뜻을、부ᄃᆡ、곡종ᄒᆞ라、구고가、ᄉᆞ랑치、아니면、남편의、ᄉᆞ랑을、보젼ᄒᆞ기、어려우니라

第四十四課

女憲에曰順從舅姑를若影隨形ᄒᆞ며如響應聲ᄒᆞ면焉有不得이며焉有不賞이리오ᄒᆞ니

舅姑所愛를婦亦愛之ᄒᆞ며舅姑所好를婦亦好之면可爲孝婦니라

녀헌에、갈오ᄃᆡ、구고、순종ᄒᆞ기를、그림ᄌᆞ가、형상을、ᄯᆞ르는것、갓고、운향이、음셩을、응ᄒᆞ드시、ᄒᆞ면、엇지、상득지、아니며、엇지、칭찬치、아니리요、ᄒᆞ니、구고의、ᄉᆞ랑ᄒᆞᄂᆞᆫ、바를、며ᄂᆞ리도、ᄉᆞ랑ᄒᆞ며、구고의、죠아ᄒᆞᄂᆞᆫ、바를、며ᄂᆞ리도、조아ᄒᆞ면、가히、효부가、되리라

第四十五課

爲人冢婦ᄒᆞ면婦職이尤重ᄒᆞ니衣服은以備輕煖ᄒᆞ며食飮은以供嗜好ᄒᆞ되悉經婦手ᄒᆞ

고勿誘他人ᄒᆞ며又掌內政ᄒᆞᄂᆞ니日用粮饌을務要撙節ᄒᆞ고叔妹妯娌와宗族賓客을善視善待ᄒᆞ라

남의、맛、며ᄂᆞ리가、되면、며ᄂᆞ리、직분이、더욱、중ᄒᆞᄂᆞ니、구고의、의복은、가뷔얍고、더운、것으로、예비ᄒᆞ며、음식은、질기고、조아、ᄒᆞᄂᆞᆫ、거스로、이바지、ᄒᆞ되、다、ᄂᆡ손으로、ᄒᆞ고、타인의게、미루지、말며、ᄂᆡ정을、맛타스ᄂᆞ니、일용냥찬을、아무조록、존절ᄒᆞ고、시동싱、신누의、동세들과、종족과、빈ᄀᆡᆨ을、잘、그늘으며、잘、ᄃᆡ졉ᄒᆞ라

第四十六課

敬主中饋ᄂᆞᆫ婦之所司니盤床器皿을務要潔淨ᄒᆞ며飯飧羹菹를務要馨香ᄒᆞ라飯宜軟蒸이오肉宜亂擣니大抵老人은易飢易飽라午餐夜膳을勿失其時어다

중궤를、공경ᄒᆞ야、쥬장、ᄒᆞᄂᆞᆫ것이、며ᄂᆞ리、맛흔바이니、반상과、긔명을、아모조록、결정이、ᄒᆞ며、밥과、국과、김치를、아모조록、얌전이、ᄒᆞ라、밥은、맛당히、무루게、지을지오、고기ᄂᆞᆫ、맛망히、나른히、다질지니、늙은、구고ᄂᆞᆫ、비가、쉬、곱푸고、비가、쉬、부르ᄂᆞ니、오찬과、야션을、써를、일치、말지어다

第四十七課

世之爲姑者ㅣ類多虐婦ᄒᆞ야言言事事에吹毛覓疵ᄒᆞᄂᆞ니遇姑如此면長以事之오爲婦之道에惟有忍耐ᄒᆞ니愈虐愈恭ᄒᆞ야至誠事之ᄒᆞ라今日之婦ㅣ後日之姑니以此爲鑒ᄒᆞ야懲前毖後어다

세상에 시어미된ᄌᆞㅣ 만히 며ᄂᆞ리를 학ᄃᆡᄒᆞ야 언언ᄉᆞᄉᆞ에 털을 불고 흠을 찻ᄂᆞ니 이런 시어미를 맛ᄂᆞ면 엇지 셤길이오 며ᄂᆞ리 된 도리에 오직 참고 견ᄃᆡᆯ 뿐이니 학ᄃᆡᄒᆞᆯ슈록 더욱 공순ᄒᆞ야 지셩으로 셤기라 오ᄂᆞᆯ 며ᄂᆞ리가 후일 시어미니 일로 거울을 삼아 앞을 증계ᄒᆞ고 뒤를 삼갈지어다

第四十八課

無禮之婦ᄂᆞᆫ放恣無憚ᄒᆞ야舅姑之前에道是說非ᄒᆞ며舅姑命令을頑不聽從ᄒᆞ며舅姑飢寒을全然不保ᄒᆞ고惟夫是戀ᄒᆞ야是食是衣ᄒᆞᄂᆞ니라

버릇업ᄂᆞᆫ 며ᄂᆞ리ᄂᆞᆫ 방ᄌᆞᄒᆞ고 ᄭᅵ림이 업셔 구고의 압헤 오ᄅᆞ니 그ᄅᆞ니 지거리며 구고의 명령을 드ᄅᆞᆫ톄도 아니ᄒᆞ며 구고의 긔한을 젼연히 알은톄 아니ᄒᆞ고 다만 셔방만 ᄉᆞ

랑ᄒᆞ야、먹이고、닙히ᄂᆞ니、이갓흔며ᄂᆞ리ᄂᆞᆫ、
가히、경계ᄒᆞᆯ진져

和叔妹章

第四十九課

叔妹幼少ᄒᆞ야常在親側ᄒᆞ니體敵分尊이오
恩疎義親이라睚眦之嫌과語言之過를一一
往愬ᄒᆞ야隱善揚惡ᄒᆞ니諺曰三歲兒言을勿
踰耳聽이라舅姑在堂에安得不信이리오
어린、시동싱과、시누의가、항샹、어버이겻헤、
잇스니、체제ᄂᆞᆫ、디젹ᄒᆞ고、명분은、놉흐며、은
혜ᄂᆞᆫ、셩글고、분의ᄂᆞᆫ、친ᄒᆞᆫ지라、눈、흙인、혐의
와、어언의、허믈을、낫낫이、하소ᄭᅧ려、착ᄒᆞᆫ것
은、숨기고、악ᄒᆞᆫ것은、드러ᄂᆡ니、샹말에、갈오
ᄃᆡ、세살、먹은、아희、말도、귀、넘어、듯지、말나、ᄒᆞ
엿스니、우에、계신、구고ᄶᅴ셔、엇지、아니、밋으
시리오

第五十課

叔妹譽嫂ᄒᆞ면舅姑愛婦ᄒᆞ고舅姑愛婦ᄒᆞ면
其夫愛妻ᄒᆞᄂᆞ니由此觀之컨ᄃᆡ兄嫂의臧否
毁譽ᄂᆞᆫ專在叔妹ᄒᆞ고叔妹의毁譽是非ᄂᆞᆫ專
在兄嫂ᄒᆞ니大抵叔妹之心은不可失也니라
시동싱과、시누의가、형슈를、기리면、구고가、

며ᄂᆞ리를、ᄉᆞ랑ᄒᆞ고、구고ᄭᅴ셔、며ᄂᆞ리를、ᄉᆞ
랑ᄒᆞ면、납편이、안히를、ᄉᆞ랑ᄒᆞᄂᆞ니、일노、말
미암아、불진딘、형슈의、착ᄒᆞ고、착지、아닌것
과、훼담ᄒᆞ고、기리ᄂᆞᆫ、것은、젼혀、시동싱과、시
누의게、잇고、시동싱、시누의에、흠담ᄒᆞ고、기
리ᄂᆞᆫ、것과、올코、그른것은、젼혀、형슈의게、잇
ᄉᆞ니、대저、시동싱과、시누의、마음을、일치、못
ᄒᆞᆯ것이니라

第五十一課

敬待媤叔ᄒᆞ야毋失禮貌ᄒᆞ며友愛媤妹ᄒᆞ야
情若同己ᄒᆞ라惟謙與順이得其歡心이니叔
妹既和면人無間言ᄒᆞ야姑婦之間에其樂融
融ᄒᆞ리니事姑事夫者ᄂᆞᆫ善事叔妹ᅵ니뎌
시동싱、을、경디ᄒᆞ야、례모를、일치、말고、시누
의를、우이ᄒᆞ야、정이、동긔、갓흘지라、겸손、ᄒᆞ
고、공슌ᄒᆞᆫ것이、그질거운、마음을、엇ᄂᆞ니、시
동싱과、시누의를、임의、화ᄒᆞ면、ᄉᆞ람의、간언
이、업셔、고부、ᄉᆞ이에、그、질거움이、륭륭ᄒᆞ리
니、구고와、남편을、셤기ᄂᆞᆫ、자ᄂᆞᆫ、몬져、시동싱
과、시누의를、잘、셤길진뎌

初等女學第一年第一學期讀本終

隆熙二年三月五日 印刷

隆熙二年三月十日 發行

定價金叄拾錢

著述 李源兢

校閱兼發行人 邊瑩中

印刷所 普文社

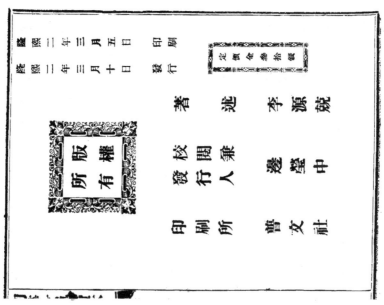

版權所有

녀자소학수신서

네와、ᄌᆞ미를사랑ᄒᆞ며、하인을잘보호ᄒᆞᆯ지니、한、집안이、화목ᄒᆞ여살면、그、집안에만、복이될ᄲᅮᆫ、안이라、나라에、큰、복이、되리니、그런고로、녯、글에、닐럿스되한、집이、어질면、한、나라가흥ᄒᆞᆫ다ᄒᆞ엿ᄂᆞ니라

뎨ᄉᆞ십일과 참ᄂᆞᆫ것

사람이、무ᄉᆞᆷᄉᆞ업을、일우고져ᄒᆞᆯ진ᄃᆡ、곤ᄒᆞ고、어려온일을、맛나ᄂᆞ니、그러ᄒᆞ드ᄅᆡ도、그、ᄯᅳᆺ을、굽히지、말고참고、참아야、그、ᄉᆞ업을、일우ᄂᆞ니、녜ᄉᆞ적사람이、닐ᄋᆞᄃᆡ、간난ᄒᆞᆫ것은사람을、옥이되게ᄒᆞᄂᆞᆫ、풀이라ᄒᆞ니라、참ᄂᆞᆫ、힘은、큰、일을、일우ᄂᆞᆫᄃᆡ만、요긴ᄒᆞᆯᄲᅮᆫ안이라、날마다、힝동ᄒᆞᄂᆞᆫᄃᆡ도、ᄯᅩᄒᆞᆫ요긴ᄒᆞ니、무릇우리학도ᄂᆞᆫ、참ᄂᆞᆫ、버릇을、가져、장ᄅᆡ에、큰、ᄉᆞ업을、일우기로、마ᄋᆞᆷ을、쓸지니라

뎨ᄉᆞ십이과 ᄭᆡᄭᅳᆺᄒᆞ게ᄒᆞᆯ것

병이、업어、몸이、강건ᄒᆞ랴면、ᄭᆡᄭᅳᆺᄒᆞ게ᄒᆞᄂᆞᆫ것이、뎨一일이라、집안과、쓰ᄂᆞᆫ、그릇이、한아라도、ᄭᆡᄭᅳᆺ지안이ᄒᆞ더ᄅᆡ도、족히안커든、몸은、더욱ᄭᆡᄭᅳᆺ지안이ᄒᆞ여서ᄂᆞᆫ、그거、ᄐᆡ가、되ᄂᆞ니、날마다、셰슈ᄒᆞᄂᆞᆫ것은、의례이

녀ᄌᆞ쇼학슈신셔

녀ᄌᆞ소학슈신셔

뎨일과 얌전

대뎌 녀ᄌᆞ(女子)의、힝ᄒᆞᄂᆞᆫ것과、안ᄂᆞᆫ것과、눕ᄂᆞᆫ것과、일어나ᄂᆞᆫ것은、남ᄌᆞ(男子)와、다름이、만으나、맛당이、얌전ᄒᆞ고 씩씩ᄒᆞ며、단뎡(端正)ᄒᆞ게ᄒᆞ되、머리를、자조、빗으며、웃옷과、알에、치마를、보병일ᄉᆞ록、ᄭᆡ긋이ᄒᆞ고、믹ᄉᆞ를、허슈이말고、서기와、안기를、기울게말며、거만ᄒᆞᆫ、모(貌)양(樣)을、들어내지말며、크게、웃지말며、크게、소리질으지、말고、셩품(性品)대로、공연(空然)이、심술내며、셩내지、말고、

녀ᄌᆞ소학슈신셔 일

음식먹을、ᄯᆡ에、이리、저리 옴겨、다니지、말고、존절히ᄒᆞ며、무슴일이든지、처음과 리종이、여일(如一)ᄒᆞ게、ᄒᆞ며、말솜、한마듸라도、헛되이、말고、압뒤를、재어、말과、힝ᄒᆞᄂᆞᆫ것이、서로합당(合當)ᄒᆞ게ᄒᆞ고、불을조심(操心)ᄒᆞ여、켜고、쓰ᄂᆞᆫ、시간을、직히며、문을、신칙ᄒᆞ여、닷고、여ᄂᆞᆫ、규모(規模)를、살펴、의외(意外)의、저앙과、경망、ᄒᆞ다ᄂᆞᆫ、칙망을、업게ᄒᆞ라

뎨이과 존절

이세상(世上)물정(物情)대로、피로은것과、즐거은것을、살필지니

쌀、한、낫과、물、한、방울이、비록、적으나、맛당이、앗겨쓰고、자고、ᄭᆡᄂᆞᆫ것을、뎡ᄒᆞᆫ、시간대로、ᄒᆞ라、자고、먹ᄂᆞᆫ것이、그ᄯᆡ를、어이면、일에、해(害)가、만을ᄲᅮᆫ더러、위싱(衛生)에도、해(害)가되ᄂᆞ니라、술과、담배ᄂᆞᆫ、맛도、보지말라、술과담배를、즐기면、위싱에、해로을ᄲᅮᆫ더러、형용(形容)이、츄ᄒᆞ여지며、골이、상(傷)ᄒᆞ고、어지러으며、졍신(精神)이、덜리며、일에、해(害)가、적지、안이ᄒᆞ니라、골픠나、투젼이나、쟝기나바독이나、무슴、놀음이든지、배호지말라、남ᄌᆞ(男子)도、부지럽거든、하믈며、녀ᄌᆞ(女子)리오、니야기ᄎᆡᆨ은、올은、글이

ᄒᆞᆫ이라 그 즁에 음탕된 일과 거즛 말이 만히 잇고 음란ᄒᆞᆫ 것과 방탕ᄒᆞᆫ 말이 잇ᄉᆞ니 ᄂᆡ지도 말고 듯지도 말고 보지도 말라 아름답지 아닌 ᄒᆡᆼ실은 본밧기가 쉬으니라

뎨삼과 악ᄒᆞᆫ 동모

ᄌᆞᆷ이로은 일이 잇거든 피ᄒᆞ며 음탕된 말과 부ᄌᆞ렵ᄉᆞᆫ 의론을 듯지 말며 어질지 못ᄒᆞ고 황잡ᄒᆞᆫ 아ᄒᆡ가 잇거든 동모를 짓지 말고 죠은 이웃을 ᄐᆡᆨᄒᆞ야 서로 ᄉᆞ괴고 란잡ᄒᆞᆫ 일을 삼가 피ᄒᆞ라 빗흠에 닐럿시되 유익ᄒᆞ게 ᄒᆞᄂᆞᆫ 벗이 셋이오 해롭게 ᄒᆞᄂᆞᆫ 벗이 셋이라 ᄒᆞ엿ᄉᆞ니 유익케 ᄒᆞᄂᆞᆫ 쟈가 적고 해롭게 ᄒᆞᄂᆞᆫ 쟈가 만으니 삼가ᄒᆞ야 동모를 ᄐᆡᆨᄒᆞ라

뎨ᄉᆞ과 녀ᄌᆞ의 ᄇᆡ홀 것

녀ᄌᆞ의 ᄇᆡ홀 것은 방젹과 침션이니 각ᄉᆡᆨ 실로 만드ᄂᆞᆫ 것과 의복 말ᄅᆞ기와 슈놋키와 셰ᄉᆞ매기와 깁ᄂᆞᆫ 것을 얌전이 ᄒᆞ며 남에게 칭찬을 밧고 치소를 면ᄒᆞ라 녀ᄌᆞ가 뎡ᄒᆞᆫ 규모가 업으면 ᄇᆞ지나 절검ᄒᆞ고 게을리 ᄉᆡᆼ남에 서어ᄒᆞ여지ᄂᆞ니 그런고로 음식 만드ᄂᆞᆫ 거와 조졍

ᄒᆞ기와 셜너ᄒᆞ기와 잔ᄉᆞ 담는 모든 일은 번잡ᄒᆞ나 부ᄒᆞ나 귀ᄒᆞᆫ이나 쳔ᄒᆞᆫ이나 무론ᄒᆞ고 ᄆᆞᆺ당이 ᄒᆡᆼᄒᆞᆯ 직분이라 비록 사나희 종과 계집 종이 잇서 셔로 도아주나 범백ᄉᆞ를 모도 살펴ᄒᆞ며 손님을 졉ᄃᆡᄒᆞ고 친쳑에게 화목ᄒᆞ는 례졀에 어그러짐이 업게 ᄒᆞ라

뎨오과 ᄇᆡ홀것(련쇽)

음식을 삶고 지지고 굽고 복으며 ᄶᅵ고 고이는 것이 각각 다르니 불가불 다섯가지 맛이 적당ᄒᆞ도록 ᄒᆞᆷ서 ᄒᆞ라 보고 ᄒᆡᆼᄒᆞ는 경험이 업으면 단맛과 쓴맛과 ᄶᆞᆫ맛

과 신맛과 매운맛이 합당치 못ᄒᆞ며 남의 조롱ᄒᆞ는 것과 웃음을 면치 못ᄒᆞᄂᆞ니 ᄆᆞᆺ당이 보고 배호고 친히 만드러 보라 어려서 음식을 만드러 보지 못ᄒᆞ면 커서도 못 만드ᄂᆞ니 괴롭고 귀치안타고 범연이 넘기면 어른이 되어도 신ᄒᆞᆫ 조은 음식을 만드지 못ᄒᆞᄂᆞ니 부모나 시부모의 식셩을 엇더케 이바지ᄒᆞ리오 그런즉 음식 솜씨는 불가불 조아야 ᄒᆞᆯ 것이라

뎨륙과 씻고 닥는 과

날마다 쓰는 그릇은 솟과 남비와 사발과 대졉등 모

든 쳐고 큰 그릇을 모도 졍결(精潔)이 씻는 것이 가장 요긴(要緊)
ᄒᆞ고 방과 부억과 마루와 뜰을 쇄쇄로 치우고 쓸며
입던 의복(衣服)을 여긔져긔 버려 놋고 졍치 말고 안ᄂᆞᆫ 교
의(交椅)와 탁ᄌᆞ(卓子)와 책과 벼루집과 공부(工夫)ᄒᆞᄂᆞᆫ 제구(諸具)에 몬지
를 자조 썰고 틈이 잇ᄂᆞᆫ 대로 글을 보고 닑고 배호며
산슐(算術)을 배호고 글시를 닉히라 씻고 쓸고 닥는 것이
무엇이던지 졍결(精潔)케 ᄒᆞᄂᆞᆫ 근본이니라

뎨칠과 의복

귀(貴)ᄒᆞ던지 부(富)ᄒᆞ던지 의복(衣服)을 넘어 사치(奢侈)ᄒᆞ게 ᄒᆞ지 마라

의복(衣服)이 화려(華麗)ᄒᆞ면 ᄌᆞ연 교만(驕慢)ᄒᆞᆫ 마음이 나셔 남을 업
수이 넉이기 쉬오니 이러케 되면 나도 용렬ᄒᆞᆫ 사람
이 될 ᄲᅮᆫ더러 남의 손가락질을 면치 못ᄒᆞ고 ᄯᅩᄒᆞᆫ 의
복(服)에 돈을 만이 들여 허비ᄒᆞ고 옷을 사면 어ᄂᆞᆫ셤을 열어
보라 ᄂᆞ니 무엇이 유익(有益)ᄒᆞ리오 어ᄂᆞᆫ 셔양(西洋) 부인ᄒᆞᆫ 분이
조은 비단 의복(衣服)에 금강셕(金剛石)과 진쥬(眞珠)로 단장ᄒᆞ여 엿고
다니매 셰샹(世上) 사람이 칭찬(稱讚)ᄒᆞᄂᆞᆫ 이 혹 만치 아니ᄒᆞᄂᆞᆫ 고로 그 친
구ᄒᆞᆫ 분을 찻아가셔 비ᄒᆞ가ᄒᆞᆯ 소ᄅᆡ에 그 부인이 ᄌᆞ
긔 옷 입은 것을 칭찬ᄒᆞ기 ᄒᆞ엿더니 하 로 답도 업ᄂᆞᆫ

지라、피ᄒᆞ야、녀ᄃᆡ물어、갈ᄋᆞᄃᆡ세샹(世上)、사람이、다、나의의(衣)
복(服)을、보고、죳다、안이ᄒᆞ는자、업는ᄃᆡ、죵뇨、그ᄃᆡ는、아
모、칭찬(稱讚)이、업으니、나의、의복(衣服)、보담、더큰、보ᄇᆡ가、잇
ᄂᆞ뇨、ᄒᆞ니、그、쥬인(主人)、부인(夫人)이、ᄃᆡ답(對答)ᄒᆞ되、과연(果然)、그리ᄒᆞ로
라ᄒᆞ고、공부(工夫)ᄒᆞ는아ᄃᆞᆯ한아와、ᄯᆞᆯ형뎨(兄弟)를、불러내여압
에세우고、말ᄒᆞ기를、이것이다、나의、보ᄇᆡ라、ᄒᆞ니、그、
손님、된부인(夫人)이、무료이、가더라、ᄒᆞ니、뎌옥、학도에게
는 조흔 의복이、부질업ᄂᆞ니라

뎨팔과 본분

간난(艱難)ᄒᆞ고、군색(窘塞)ᄒᆞ다고、한탄(恨歎)ᄒᆞ며、슬허ᄒᆞ지말고、참고
참아、본분(本分)을、직히고、부쟈、사람을、맛나면、아쳠(阿諂)ᄒᆞ고、
아당ᄒᆞ지、다라、이것은、부질업시、몸만、쳔(賤)히거고、비(鄙)
루(陋)ᄒᆞᆫ、사람이、되ᄂᆞ니、간난ᄒᆞ나、부쟈나、사람ᄃᆡ졉(待接)ᄒᆞ기
를、편벽(偏僻)되이말고、부모(父母)의사랑ᄒᆞ심을、밋고、형뎨(兄弟)간에
이간(離間)불이지말고、형(兄)이나동싱(同生)이나올아비를、참소ᄒᆞ
지마라、부모(父母)에게、효도ᄒᆞ고、형뎨(兄弟)를사랑ᄒᆞ고、ᄌᆞ미에
게우이(友愛)ᄒᆞ고、친척에게、화목(和睦)ᄒᆞ고、어룬을、공경(恭敬)ᄒᆞ며、알
에사람을、용납ᄒᆞ라、능히이ᄀᆞᆺ히ᄒᆞ면、녀즁군ᄌᆞ(女中君子)가、의(疑)

심령(心靈)케 되ᄂᆞ니 그런즉 ᄋᆞᄒᆡ(兒孩)ᄯᅢ 붓허 어진 부녀(婦女)ᄅᆞᆯ 본받으라

뎨구과 어진 부인(婦人)들

반혜비ᄂᆞᆫ 녀ᄌᆞ로되 그 올아비 반고를 ᄃᆡ신(代身)ᄒᆞ여 한나라 ᄉᆞ긔(史記)를 긔록(記錄)ᄒᆞ엿고 쥬씨의 셔ᄅᆞᆫ은 경셔(經書)와 ᄉᆞ긔(史記)를 능통(能通)ᄒᆞᆫ지라 그 소문(所聞)이 죠뎡(朝廷)에 들리매 ᄒᆞᆨᄉᆞ(學士) 벼슬을 식혓고 위나라 뎡후ᄂᆞᆫ 아홉 살에 능히 ᄒᆞᆨ문을 조흔 줄 알고 배호기를 부지런이 ᄒᆞ고 ᄌᆡ의 리치 알아ᄒᆞ며 경셔(經書)와 ᄉᆞ긔(史記)를 보아 효(孝)ᄒᆞ고 인(仁)ᄒᆞ고 겸(謙)ᄒᆞ고 ᄉᆡᆼ(省)ᄒᆞᄂᆞᆫ 지

을 알고 조아(曹娥)ᄂᆞᆫ 산ᄒᆞᆫ 계집 ᄋᆞᄒᆡ(兒孩)로 그 부친(父親)이 물에 ᄲᅡ져 시톄(屍體)가 물에 가라안졋거ᄂᆞᆯ 강을 ᄯᆞ라 단니며 울고 여러 날을 슬허ᄒᆞ다가 물에 들어가 그 시톄(屍體)ᄅᆞᆯ ᄎᆞᆺ앗으며 목난은 가쟝 긔이ᄒᆞ니 본ᄅᆡ 녀ᄌᆞ(女子)로 거즛 남ᄌᆞ(男子)가 되여 그 아비를 ᄃᆡ신(代身)ᄒᆞ여 열두ᄒᆡ를 수자리 살되 사ᄅᆞᆷ이 다 아지 못ᄒᆞ엿으며 뎨영은 슌우의 ᄯᆞᆯ이라 슌우의 죄를 범ᄒᆞ여 형벌을 밧을ᄉᆡ 뎨영이 샹소(上疏)ᄒᆞ여 아비의 졍샹(情狀)을 변명(卞明)ᄒᆞ니 남군이 불샹히 녀기샤 형벌(刑罰)을 감ᄒᆞ여 주엇으니 엇던 녀ᄌᆞ(女子)든지 이ᄀᆞᆺ히 아름다온

일을힝(行)ᄒᆞᆫ것으면, 시졀가기에, 나ᄅᆞ어도, 바ᄅᆞᆯ디업ᄂᆞᆫ
조은녀ᄌᆞ가되리라

뎨십과 례졀

어진부인(婦人)을, 위ᄒᆞ여, 특별(特別)히, 그례졀(禮節)을, 다시, 별로이,
들으라, 미양친부모(親父母)에게, 힝ᄒᆞ던도리(道理)로, 시부모(媤父母)를셤
기며, 불슌ᄒᆞ지말며, 거ᄉᆞ리지말라, 시부모(媤父母)가, 부르시
거든, 공슌(恭順)히공경(恭敬)ᄒᆞ며, 디답(對答)ᄒᆞ며, 밥을, 음식(飮食)이, 잇거
든, 몬저, 들여공경ᄒᆞ고, 일이잇을ᄯᆡ에ᄂᆞᆫ, 그음셩(音聲)을
삼가며, 괴로음이잇드래도, 셩내지말고, 얼골, 빗을

화평(和平)히, ᄒᆞ며 말을, 공슌(恭順)히ᄒᆞ며, 부드러운과안과, 참
ᄂᆞᆫ마음으로, 그밧ᄒᆞᆫ일을, 참아지내며, 근심과, 자셩과
우환(憂患)이, 잇거든, 슈고를잇기지말고, 약(藥)과, 미음(米飮)을, 셩심(誠心)
으로, 만들어, ᄯᆡ를ᄯᆞᆯ아, 구완ᄒᆞ며, ᄌᆞ긔(自己)도, 산ᄒᆞᆫ, 쟝ᄅᆡ(將來)
에, 남의시어머니될것을, ᄉᆡᆼ각(生覺)ᄒᆞ여, 아모조록잘ᄒᆞ라

뎨십일과 안ᄒᆡ의직분

남편을, 셤기되거ᄉᆞ리지안키를, 심써ᄒᆞ여, 간난(艱難)ᄒᆞ여
도, 서로, 지ᄒᆡ며, 부(富)ᄒᆞ여도, 서로셜을지어다, 남편이
어질면부녀(婦女)에게, ᄒᆞ날이니, 모양(貌樣)이, 비록, 능(能)ᄒᆞᆯ지라

도 홈이 둥지 말고 사나희가 어리석고 어두은 일이
잇거든 힘ᄡᅥ 경계치 말고 반드시 권(勸)ᄒᆞ여 화(和)ᄒᆞ고 ᄭᆡ
ᄃᆞ어 ᄃᆞᆺ기를 바라며 그른 것은 징계(懲戒)ᄒᆞ고 올은 것은 도
아서 ᄒᆞᆼ샹(恒常) 남편을 의지ᄒᆞ라 일시라도 부녀(婦女)의 도리(道理)
를 직ᄒᆞ고 부녀(婦女)의 ᄒᆞᆯ일을 삼가지 아니ᄒᆞ며 서로 ᄂᆞᆫ올
ᄒᆞᆯ거면 다름이 업서지지 아니ᄒᆞ고 필경(畢竟) 집안이 망ᄒᆞ
ᄂᆞ니라 ᄒᆞᄂᆞ니 남의 명령(命令)으로 음양(陰陽)을 난호며 남녀(男女)가
되어 배필(配匹)이 된 후에는 서로 불화(不和)ᄒᆞ면 ᄒᆞᄂᆞ님에게 죄(罪)
를 범(犯)홈이니라

뎨십이과 삼강(三綱)과 오륜(五倫)

세가지 벼리와 다섯가지 륜긔(倫氣)가 잇으니 만일 조
은 뜻으로 지ᄒᆞ여야 ᄒᆞᆯ본에 잇ᄂᆞᆫ 영원(永遠)ᄒᆞᆫ 복(福)과 록(祿)
을 흠씬계 누릴지니 대뎌(大抵) 남군은 신하(臣下)의 벼리가 되
고 아비는 ᄌᆞ식(子息)의 벼리가 되며 남편은 안ᄒᆡ의 벼리
가 되ᄂᆞ니 남군과 신하(臣下)와 아비와 ᄌᆞ식(子息)과 남편과 안
ᄒᆡ가 서로 마음이 합(合)ᄒᆞ여야 만가지 일이 다 일우고
또한 다섯가지 륜긔(倫氣)는 남군과 신하(臣下)는 의(義)가 잇으며
아비와 ᄌᆞ식(子息)은 친(親)홈이 잇으며 제아비는 제어미는

분별(分別)이 잇스며 어른과 어린이는 ᄎᆞ례(次例)가 잇스며 벗
과 벗은 밋븜이 잇서야 ᄒᆞᄂᆞ니 이 잣이 몸을 닥고 집을
가즉이 ᄒᆞᄂᆞᆫ 근본(根本)이니라

뎨십삼과 화평(和平)

알에사람과 웃사람을 화목(和睦)ᄒᆞ게 ᄒᆞ며 모든 식구와
싀형(媤兄)을 ᄉᆞ랑ᄒᆞ고 싀숙(媤叔)을 공경(恭敬)ᄒᆞ고 싀부모(媤父母)를 ᄌᆞᆯ 셤
기ᄒᆞ며 동서ᄭᅵ 화ᄒᆞ며 미ᄉᆞ(些事)를 공번되이 결단(決斷)ᄒᆞ고 능
히 겸손(謙遜)ᄒᆞ면 쳔한이 마ᄋᆞᆷ이 ᄀᆞᆺ어져 다 졍졔(整齊)ᄒᆞ고 쵸
로ᄒᆞ며 난화 다툼을 면(免)ᄒᆞ고 문호(門戶)가 길(吉)ᄒᆞ며 식구(食口)가

번셩(蕃盛)ᄒᆞ리라 한방과 사랑(舍廊)과 대쳥(大廳)을 슈리(修理)ᄒᆞ고 대
쇼(大小) 하인(下人)을 다 깃부게 대졉(待接)ᄒᆞ라 졀일을 다ᄉᆞ리는 바
른 도에 속ᄒᆞᆯ 수 업ᄂᆞ니 불평(不平)ᄒᆞᆫ 일이 잇으면 뭇 사람
이 단하ᄂᆞ니라 모든 친쳑(親戚)을 례(禮)로 대졉(待接)ᄒᆞ고 웃사람
과 알에사람과 놉고 낫은이를 분별(分別)ᄒᆞ며 남이 ᄀᆞᆯ은
것을 녀 그른 일로 ᄎᆡᆨ망ᄒᆞ라 ᄒᆞᆺ말ᄒᆞ 일럿이되 조
은 일도 업ᄂᆞᆫ 것만 ᄀᆞᆺ지 못ᄒᆞ다 ᄒᆞ엿ᄉᆞ니 실엄히 화평(和平)
ᄒᆞᆷ을 주장ᄒᆞᆷ이 가장 귀(貴)ᄒᆞᆫ 일이니라

뎨십ᄉᆞ과 신부(新婦)

신부(新婦)가、며ᄂᆞ리노릇ᄒᆞᆯ새에、억울(抑鬱)ᄒᆞ고、분(忿)ᄒᆞᆫ、일이、만
이잇ᄂᆞ니、몬저참고、견듸면、후에、큰복이、되ᄂᆞ니라、
혹존고(尊姑)와、동셔들이、공연ᄒᆞᆫ、말로、나를 척잡을지라
도、그、ᄒᆞᆫ단을、잡아、서로、악(惡)으로、ᄃᆡ뎍(對敵)지말라、저사람
을、해(害)ᄒᆞ는것이곳ᄌᆞ긔(自己)를、해(害)ᄒᆞ는것이니、무ᄉᆞᆷ일이든
지、급(急)히ᄒᆞ지마라、마ᄋᆞᆷ에、불평(不平)ᄒᆞᆫ것은ᄌᆞ연(自然)、발명(發明)ᄒᆞ
는、날이、잇ᄂᆞ니라、능(能)히、덕(德)을세우면、반ᄃᆞ시、복(福)이되
리라 가ᄅᆞ칠말이허다(許多)ᄒᆞ나、그즁긴요(緊要)ᄒᆞᆫ말로간단(簡單)이、
가ᄅᆞ치라、무릇녀ᄌᆞ(女子)들은、맛당이ᄉᆞᄉᆞ로삼가서、말을

만히ᄒᆞ지말며、셩픔을、젼혀슌ᄒᆞ고、공손이만、ᄒᆞᆯ지
어다、대ᄀᆡ녀ᄌᆞ의힝위는、젼에임의셜명ᄒᆞ엿거니와
어진부인(婦人)의、말을、이알에다시말ᄒᆞ노라

뎨십오과　어진안히

녯적에、샹림(常林)이란사람은、글을닑은여가에、ᄆᆡ양밧에
가서김맬새、그안히가、졈심(点心)을갓다가ᄃᆡ졉(待接)ᄒᆞ되、졈잔
은손님처럼、공경(恭敬)ᄒᆞ고、ᄆᆡᆼ광(孟光)은、양홍(羊弘)의、안히가、되어
능(能)히공경(恭敬)ᄒᆞ고、잘위되ᄒᆞ여、ᄆᆡ양(每樣)음식(飮食)을、이바지ᄒᆞᆯᄭᆡ
에、또ᄒᆞᆫ례모(禮模)가잇어、밥상을눈섭에가즉이ᄒᆞ여、들어

가져다 주고 왕쟝이는 거울에 옷이 ᄒᆞᆸ어 소의매셔
울멉고 ᄒᆞᆼ상 눈물을 흘리니 그 안해가 권면ᄒᆞ여 분
격ᄒᆞᆫ 줄을 알게ᄒᆞᆷ으로 벼슬이 쟝조에 니르게ᄒᆞ엿
으니 이는 그 안해의 권면ᄒᆞ는 것을 깁히 ᄉᆡᆼ각ᄒᆞ며
조은 마음을 일으켜 학문과 ᄉᆞ업을 ᄇᆞᆯ심이로 ᄒᆞᆫ 연고
로 필경에 영화롭게 되엿으니 이것이 엇지 그 안해
의 힘이 아니리오 어진 안해가 되고 져ᄒᆞ면 이러
ᄒᆞᆫ 어진 부인을 본밧을 것이라 우리 학도된 녀ᄌᆞ는 더
욱이 쟝ᄅᆡ 조은 부인 되기를 힘쓸지어다

뎨십륙과 어진안해 (련쇽)

포션의 안해는 부쟈집에셔 ᄉᆡᆼ쟝ᄒᆞ여 금은과 보패
와 옥ᄇᆡᆨ을 ᄡᅧ고 빗난 옷을 닙다가 포션의 집으로 싀
집가매 의복을 고쳐 ᄶᆞ른 베옷을 닙고 부녀의 직분
을 극진히 ᄒᆞ고 포션의 안해는 존고를 잘 봉양ᄒᆞ며
효도를 극진이 ᄒᆞᆷ으로 소문이 셔울ᄭᆞ지 들녀셔 송
후라 님군이 알고 그 집에 졍문을 셰워 녀ᄌᆞ의 조죵이
라 칭ᄒᆞ고 그 남편을 영화롭게 ᄒᆞ며 양인져의 안해
라씨는 그 남편과 함ᄭᅴ 영귀ᄒᆞ되 ᄒᆞᆫ결ᄀᆞᆺ이 부조리ᄒᆞ

여、치운겨울에도 ᄒᆞᆼ상일즉이일어나、쥭(粥)을쑤어노비(奴婢)를먹엿으니、빅셩(百姓)의、부녀(婦女)도、이러ᄒᆞᆫ거니와、님군의、후비(后妃)도또ᄒᆞᆫ이러ᄒᆞᆫ、어진、이가、잇으니、엇지본밧지않어려오

뎨십칠과　어진안히 (련쇽)

쥬(周)나라후비(后妃)는、투긔(妬忌)치안이홈으로、ᄉᆞ방(四方)이화(和)ᄒᆞ고텬하(天下)가크게다ᄉᆞ리매、글ᄒᆞ는사람이、관져(關雎)라ᄒᆞ는、글을지어덕화(德化)를、찬숑(讚頌)ᄒᆞ고。종ᄉᆞ(螽斯)를읇허ᄌᆞ손(子孫)에、비(比)ᄒᆞ엿으며、공쥬(公主)들은、현슉(賢淑)ᄒᆞ여、제후(諸侯)에게、싀집가서、극

히、겸손(謙遜)ᄒᆞ고、귀(貴)홈으로、싀집에서、교만(驕慢)치、안이ᄒᆞ고、다만、부인(婦人)의、도리(道理)를、닥을뿐、이요、졔(齊)나라무렴은용모(容貌)가극히、츄ᄒᆞᆫ。녀ᄌᆞ(女子)라。그부모(父母)의。명을、좃아、길겻에서、나물을캘새、맛춤、님군이。거동(擧動)ᄒᆞ시되、도모지돌아보지안이ᄒᆞ거늘、불러들여、그연고(然故)를、무른ᄃᆡ、그제야、비로소、말ᄒᆞ는지라、왕(王)이그、어진줄을、알고후비(后妃)를삼으니、왕(王)을도아、그나라를잘다ᄉᆞ렷고、당(唐)나라황후(皇后)쟝손시는、츙직(忠直)ᄒᆞᆫ신하(臣下)를、치하(致賀)ᄒᆞ여、친(親)히옷을쌀며、굵은필육으로、치마를ᄒᆞ엿으니、저님군의。후(后)

비로소 이곳에 ᄒᆞ엿거든 ᄆᆡ혼ᄒᆞᆫ 사ᄅᆞᆷ이 한 녀
지를 밧지 아니ᄒᆞ리오

뎨십팔과 (어리석은부인)

어리석은 녀ᄌᆞ를 ᄉᆡᆼ각ᄒᆞ노니 녀ᄌᆞ들은 귀를 기우
려들으라 녯시졀에 지어미는 그 남편을 ᄯᅡ라 각각
살다가 남편이 구우러고 한ᄒᆞᆷ을 못이겨 늣ᄒᆞᆫ 잘
곳이 업서 마ᄎᆞᆷ내 곤궁ᄒᆞ엿고 쥬매신의 안해는 남
편이 간난ᄒᆞᆷ을 원망ᄒᆞ며 다시 시집갓다가 ᄯᅩ합ᄒᆞᆷ이
지못ᄒᆞ여 살지못ᄒᆞ엿나니 그 본남편이 영귀ᄒᆞ매 돌
아오거늘 다시 살기를 쳥ᄒᆞ되 허락지아니ᄒᆞ엿으니
엎지른물을 다시 담지못ᄒᆞᄂᆞᆫ지라 한을품고죽엇으
며 소진의 형수는 불량ᄒᆞ여 소진의 곤궁이 도라옴을
보고 박ᄃᆡᄒᆞ엿나니 그후에 죠나라에 나가 영귀ᄒᆞ
여 도라오매 그 형수가 공경ᄒᆞ여 영졉ᄒᆞ거늘 그 연
고를 무른대 돈이 만ᄒᆞ셔 두렵다ᄒᆞ엿으니 가장부
그러운일이오 쇼인의마음이로다 후세에 이러ᄒᆞᆫ 녀
ᄌᆞ들은 죄밧는자만으니 엇지부그럽지아니ᄒᆞ리오 사
람사람이 마ᄋᆞᆷ에 깁히 경계ᄒᆞᆯ지어다

뎨십구과 어리셕은부인 (련쇽)

한고조(漢高祖)는、미쳔(微賤)홀새에그형수(兄嫂)가、국을쓰리다가、고조(高祖)의오는것을、보고、솟을긁어국업는모양(貌樣)을、보이는지라고조(高祖)가、알고、돌아보지안이ᄒᆞ엿다가、황뎨(皇帝)가되어그、친쳑(親戚)으로、왕(王)을、봉(封)홀새、그젼일를、싱각(生覺)ᄒᆞ고、그、형수(兄嫂)를、한ᄒᆞ여、그아ᄃᆞᆯ로、알깅후(국쓰리는벼슬)를봉(封)ᄒᆞ여、이것으로、그、형수(兄嫂)를、붓그럽게ᄒᆞ엿고、하(夏)나라걸(桀)의왕후(王后)말희(妹姬)와、샹(商)나라주(紂)의왕후(王后)달긔(妲己)는、츙신(忠臣)을죽이고、하ᄂᆞᆯ리치를거ᄉᆞ려、나라를、망(亡)ᄒᆞ엿고、쥬(周)나라、유왕은、포ᄉᆞ(褒姒)에게、혹(惑)ᄒᆞ여졔후(諸侯)를、희롱(戱弄)홈으로、큰、일을、그르트렷고、진(秦)나라헌공(獻公)은、려비(呂姬)의말을듯고、젼아ᄃᆞᆯ을、죽여、나라를문어트렷으니、이는、다、불량(不良)ᄒᆞᆫ녀ᄌᆞ(女子)의악(惡)ᄒᆞᆫ내음새가、만년(萬年)이나젼(傳)ᄒᆞᆫ、일이라、나라에、이러ᄒᆞᆫ、일과、집에이러ᄒᆞᆫ、일로、거울을삼으면、폐단(弊端)이업으리라

뎨이십과 어진어머니

녀ᄌᆞ(女子)에게교훈(敎訓)홀것을、다시、말ᄒᆞ노니 바른、도로、배화、녀즁군ᄌᆞ(女中君子)가、되고、불량(不良)ᄒᆞ고、불정(不正)ᄒᆞ여유취만년(遺臭萬年)ᄒᆞ

지마라、녜적에、어진、어머니들은、티즁(胎中)에서、붓어、ᄌᆞ(子)
녀(女)를가ᄅᆞ치되ᄌᆞ긔(自己)의보고듯고、안고、서고、먹는것을、
삼가ᄒᆞᆷ으로、ᄌᆞ식(子息)이、나서쟝셩(長成)ᄒᆞ여、셩현(聖賢)이、안이면、
군ᄌᆞ(君子)가、되고、그、어머니의、일홈을、텬하(天下)가공경(恭敬)ᄒᆞ엿
ᄂᆞ니、올은것으로、ᄌᆞ녀(子女)를가ᄅᆞ쳐、례(禮)와、의(義)를、밝히고
처음과、나죵을、알게ᄒᆞ라、밍ᄌᆞ(孟子)의、어미니는、이웃이
착ᄒᆞ지못ᄒᆞ여、세번이나、이샤ᄒᆞ면서、이웃을턱(擇)ᄒᆞ고、
아ᄃᆞᆯ이배호지안이ᄒᆞᆫ매、뵈틀에서、뵈、날을、ᄭᅳᆫ어가면
서、그아ᄃᆞᆯ의공부(工夫)가늘어、감이、업음을、경계(警戒)ᄒᆞ여、필(畢)

경셩현(竟聖賢)이되어、공ᄌᆞ(孔子)와ᄀᆞᆺ은이가、되고、로(魯)나라、문빅(文伯)
은、벼ᄉᆞᆯ이、대부(大夫)로되、그、어머니경강은、한갈ᄀᆞᆺ이부즈
런ᄒᆞ여、항상(恒常)뒤、동산(東山)、초당(草堂)에서、질삼ᄒᆞ며、잠시(暫時)도한(閑)
가(暇)ᄒᆞ고、쉬기를즐겨ᄒᆞ지、안커늘、아ᄃᆞᆯ이、민망히녁여
ᄊᆔ치기를간(諫)ᄒᆞᆫ듸、그、어머니가、깃부게、녁이지、안코
아ᄃᆞᆯ문빅(文伯)에게、슈고롭고、평안(平安)ᄒᆞᆫ리치를、낫낫이셜명(說明)
ᄒᆞ여、알아듯게ᄒᆞ엿ᄂᆞ니라

데이십일과　어진어머니(련쇽)

도간(陶侃)의어머니는、그、집이、극히、간난(艱難)ᄒᆞᆫ지라、머리、털

을、베어、팔아、손님을、디졉(待接)ᄒᆞᆫ고로、그、일홈이、고을과 감영(監營)에、들리고、셔울ᄭᆞ지밋어와서、그아ᄃᆞᆯ로、유명(有名)ᄒᆞ게ᄒᆞ고、도간(陶侃)이、슈령(守令)이、되어、그、골을싱션(生鮮)으로、봉친(奉親)ᄒᆞᆫ듸、그、어머니가、깃버ᄒᆞ지、안코、빅셩(百姓)의、피가、하ᄂᆞᆯ리치(理致)를、상(傷)ᄒᆞᆯ가、두렵다ᄒᆞ여、일ᄋᆞ듸、치소(菜蔬)가、고기보다、낫다ᄒᆞ엿고、츈불의(雋不疑)는、직판관(直判官)이되어、옥(獄)을、공평(公平)히다ᄉᆞ리지、못ᄒᆞ거는、그、어머니가、로(怒)ᄒᆞ여、불의(不疑)로ᄒᆞ여곰、악ᄒᆞ지못ᄒᆞ게ᄒᆞ엿음으로、그、ᄌᆞ손(子孫)이、만이복(福)을밧앗고、류중졍은、어려서배ᄒᆞᆫ기ᄅᆞᆯ、조아ᄒᆞ매、그

어머니가、깃버ᄒᆞ고、공부(工夫)ᄒᆞ다가、즁간(中間)에폐(廢)ᄒᆞᆯ가、념려(念慮)ᄒᆞ여、웅담환(熊膽丸)이라ᄒᆞ는、환약(丸藥)을、먹여、부즈런케ᄒᆞ여、필경(畢竟)유명(有名)ᄒᆞᆫ선비가、되고、나라에、기동과、들보ᄀᆞᆺ은、신하가、되게ᄒᆞ엿ᄂᆞ니라

뎨이십이과　어진어머니 (련쇽)

진요부는、활과살을조아ᄒᆞ여、비록활잘쏘는사람이、되엇으나、그、어머니가、츙셩(忠誠)과、효도(孝道)ᄒᆞ는도리(道理)로、인도(引導)ᄒᆞ여、나라를돕게、ᄒᆞᆷ으로、후(後)에、크게귀(貴)이되엇고、구양슌(歐陽洵)의、어머니는、글시、쓸、제구(諸具)를、사서、줄、형세(形勢)가

못되야 잘ᄃᆡ를 취(取)ᄒᆞ며 새새로 새에 그어서 글도 짓
고 글시도 쓰게ᄒᆞ며 부즈런이 그 아ᄃᆞᆯ을 공부(工夫)식혀
일흠이 빗나게ᄒᆞ엿스니 이ᄀᆞᆺ치 지금(至今)ᄭᆞ지 전(傳)ᄒᆞᄂᆞᆫ 모
든 어진 어머니들의 아ᄅᆞᆷ다온 일흠을 쳥년녀ᄌᆞ학(靑年女子學)
ᄉᆡᆼ(生)에게 권면(勸勉)ᄒᆞ노니 마음에 긔렴(紀念)ᄒᆞ고 간(肝)과 ᄌᆞᆼᄌᆞ에
삭여 이후(以後)에 모도 어진 어머니 되기를 원(願)ᄒᆞ노라

뎨이십삼과 시어머니

ᄂᆞᆷ은 부인(婦人)들에게 다시 말ᄒᆞ노니 너희 시어머니 되기
가 매우 쉽고 어려우니 며ᄂᆞ리를 취(取)ᄒᆞᆷ은 아ᄃᆞᆯ을

위(爲)ᄒᆞᆷ이어ᄂᆞᆯ 몬저 지극히 사랑ᄒᆞ면 후에 반ᄃᆞ시 셤
기기가 쉬우니 그ᄅᆞᆺ ᄒᆞᆷ이 잇거든 맛당이 너그럽게
용서(容恕)ᄒᆞ라 분투에 ᄆᆞᆯ은 ᄅᆡ도 운말이라 ᄒᆞᆯ수 잇스나
스스로 ᄭᆡᄃᆞᆯ아 그 마음을 ᄂᆞ우ᄎᆞ지 ᄒᆞ라 ᄂᆞᆷ은이
의 ᄎᆞᆫ 말은 ᄌᆞᆷ이가 다 조와ᄒᆞ지 안이ᄒᆞᄂᆞ니라 셤
계 잇ᄂᆞᆫ 어려움을 ᄉᆡᆼ각(生覺)ᄒᆞ지 말고 ᄌᆞᆺ게 잇ᄂᆞᆫ 어려서
은 며ᄂᆞ리를 ᄉᆡᆼ각(生覺)ᄒᆞ라 효ᄌᆞ(孝子)를 구ᄒᆞ랴 ᄒᆞ여도 ᄆᆞᆺ사
ᄅᆞᆷ이 못되리니 효부(孝婦)ᄂᆞᆫ 더욱 어려우니라 며ᄂᆞ리와 어
질고 어려서 음은 ᄌᆞ식(子息)이 스스로 할지이니 ᄌᆞ긔ᄉᆡᆼ(自己生)

각으로해알이지말고、늙은이와、졂은、이가함게즐기기를、일삼으라、싀어머니노릇ᄒᆞ랴면、어리석고、귀먹은체ᄒᆞᄂᆞ니。며ᄂᆞ리잇ᄂᆞᆫ것이、깃분일이라、큰、일이든지、적은、일이든지、눈익혀、 보지말고、귀넘겨들으라빈ᄒᆞ나부ᄒᆞ나、어지나、어리석으나、도모지며ᄂᆞ리요、ᄌᆞ식이나、부귀를、싱각ᄒᆞ면、악인의마ᄋᆞᆷ이요、며ᄂᆞ리의、효도를、바랄진ᄃᆡ、ᄌᆞ긔몸을살필지니、맛당이마ᄋᆞᆷ을、발리ᄒᆞ라、하ᄂᆞᆯ도가、증거ᄒᆞ여、우뢰소리와、번개불로、갑으시ᄂᆞ니라

뎨이십ᄉᆞ과　하인부리ᄂᆞᆫ법

하인도또한、사람이라、무ᄉᆞᆷ일을、식히든지、맛기고、거쳐범절에、ᄃᆡ웁게、입히고、배불리、먹이며、힘에、겨운、일을、식히고、ᄉᆞ주、짓지、말것이요、ᄉᆞ주짓지안이ᄒᆞᆯ것을、ᄉᆞ짓지말라、사람의미련ᄒᆞ고、표독홈이、여러、가지라、혹은하인을、익석히、부려、치워도、입히지、안코、주려도、먹이지、안이ᄒᆞ여、날마다、편치、못ᄒᆞ고、밤에、쉬지、못ᄒᆞ게ᄒᆞ다가、조금뜻과、ᄀᆞᆺ지못ᄒᆞᆫ일이잇으면일히와、호랑이ᄀᆞᆺ이、한독ᄒᆞ여、몽둥이로、ᄯᅢ리고、ᄎᆞᆼ

곳으로、쎠르고、갈고뎜이고、불로지지는것굿이ᄒᆞ여、압뒤를、도라보지안타가、실슈ᄒᆞ여、후죽이고、후회(後悔)ᄒᆞᄂᆞ니라、하ᄂᆞᆯ리치가、도로돌아、옴은、ᄌᆞ연(自然)ᄒᆞᆫ、도리、네로、붓어지금(至今)ᄭᆞ지다 보응(報應)이、잇ᄂᆞ니、그럼으로、하인(下人)을、부리되、ᄌᆞ식(子息)과、굿이명령(命令)ᄒᆞ며、슌(順)ᄒᆞ게인도(引導)ᄒᆞ여、쥬인(主人)이나、하인(下人)사이에、ᄒᆞᆼ상화평(恒常和平)ᄒᆞ기를、쥬쟝(主張)ᄒᆞ며、하인(下人)을、부리되、마음으로、복종(服從)케ᄒᆞ는것이뎨일(第一)귀(貴)ᄒᆞ니라

뎨이십오과 죄에형벌

며ᄂᆞ리는、그、남편의、악(惡)ᄒᆞᆫ 것을、도아닭을삶아먹고、싀어머니에게는、쌔만주엇더니、하ᄂᆞᆯ이열리고、우뢰소리와、번개불이、크게、나서、큰、바외를문어트려、그、몸을、ᄶᆡ려、ᄉᆞ지가、ᄶᅥ어지고、두골(頭骨)이、ᄭᆡ여져、구렁을메고、시톄(屍體)도、업어젓으며、연위씨는、세동서가、다어질지못ᄒᆞ고、붓그러음이업게、악ᄒᆞᆫ、말로、그、남편에게、거즛、말ᄒᆞ여、싀모(媤母)의반찬(飯饌)을、감ᄒᆞ고싀모(媤母)죽기를바라더니、하로는、홀연이번개와、우뢰소리가、그들의불효(不孝)홈을、칙망ᄒᆞ엿으며、량씨의며ᄂᆞ리라

씨는, 죵을ᄯᅢ려, 골이상에솟아지게ᄒᆞ더니, 하ᄂᆞᆯ이, 또
ᄒᆞᆫ이것이, 리씨에게, 갑으사, 골이헤여져고치지, 못ᄒᆞ
고, 죽엇으며, 왕가의지어미는, 호랑이것이악ᄒᆞ여, 죵
의눈에, 약을너어ᄲᅢ어, 보지, 못ᄒᆞ게ᄒᆞ더니, 그, 후에
ᄌᆞ긔는, 병으로, 두, 눈이, 멀어, 십년을, 주리고, 얼며, 고
ᄉᆡᆼᄒᆞ엿으니, 엇지두렵지안이리오

뎨이십륙과 죄에형벌 (련쇽)

대뎌죄악은, 분명이보응이잇ᄂᆞ니, 여러가지로, 공부
ᄒᆞᄂᆞᆫ, 학ᄉᆡᆼ에게, 경계ᄒᆞ노라, 션ᄒᆞᆫ고악ᄒᆞᆫ, 부녀에게,

젼ᄒᆞᄂᆞᆫ, 힝실ᄀᆡ, 다, 후세사람에게, 거울이, 되엇으니
이칙에, 말대로, 본밧을것은본밧고, 증계ᄒᆞᆯ것은증계
ᄒᆞ면, 덕이날로새로아지리라, 녀ᄌᆞ들은, 젼심으로배
화, 죄악을범ᄒᆞ지말고, 이세샹에서, 어진녀ᄌᆞ가, 되
고, 일홈을만만세에, 젼ᄒᆞ라, 녀ᄌᆞ는, 나라ᄇᆡᆨ셩의, 어
머니될쟈니, 어머니될쟈이, 무식ᄒᆞ고, 학문이업으면,
그나라ᄇᆡᆨ셩이, 엇더ᄒᆞᆫᄇᆡᆨ셩이되리오, 실상으로, ᄉᆡᆼ각
ᄒᆞ면, 녀ᄌᆞ의직칙이, 남ᄌᆞ의칙임보다, 몃ᄇᆡ가더ᄒᆞ니
쳥년녀ᄌᆞ학ᄉᆡᆼ들아, 마음을ᄭᆡ긋이ᄒᆞ고, 몸을, 단졍이

가져 후일에 국민을 낫코 기르고 가르치는 죠은어머니가 되소서 그리ᄒᆞ면 졔게 복이 잇고 졔게 복이 잇으면 나라에 큰 ᄒᆡᆼ복이 되리로다

뎨이십칠과 본밧을일

녯적 조즁봉션ᄉᆡᆼ이 다ᄉᆞᆺ살에 동리 ᄋᆞᄒᆡ들과 글방에 가셔 공부ᄒᆞᆯ ᄯᆡ 엇던 벼슬 놉은 사람ᄒᆞ나가 ᄒᆞ인을 만이 다리고 글방압흐로 지나가며 벽제소리가 요란ᄒᆞ니 글방 ᄋᆞᄒᆡ들이 다토아 나아가 구경ᄒᆞ되 조즁봉은 홀로 안져 글만 닑으니 그 지나가던 사람이 괴히 녁여 그 연고를 물으니 션ᄉᆡᆼ이 ᄃᆡ답ᄒᆞ되 나는 우리 아바지의 명령대로 글만 공부ᄒᆞᆯ ᄲᅮᆫ이오 다른것은 나의 알 바가 아니라 ᄒᆞ니 그 사람이 칭찬ᄒᆞ고 일으되 이 ᄋᆞᄒᆡ가 후일에 큰 그릇을 일우리라 ᄒᆞ얏으니 우리 공부ᄒᆞ는 학ᄉᆡᆼ들은 공부ᄒᆞᆯ ᄯᆡ에 잡된 마ᄋᆞᆷ을 두지 말고 공부에만 잠심ᄒᆞᆯ것이라

뎨이십팔과 본밧을일 (련쇽)

리츙무공이 어렷을 ᄯᆡ에 병조판서가 공이 톡톡지 안이ᄒᆞᆫ 사람이 됨을 알고 ᄌᆞ긔 ᄉᆞ위 되기를 청ᄒᆞ니

공이디답ᄒᆞ되、대쟝부셰샹에쳐ᄒᆞ여、큰、ᄉᆞ업을、일우
는것이、셧ᄉᆞ셧ᄒᆞᆫ、일이어늘、엇지、셰도ᄒᆞ는、집에、의지
ᄒᆞ여、불샹ᄒᆞ게、살거를、구ᄒᆞ리오、ᄒᆞ고、듯지、안이ᄒᆞ
엿으니、싀집、가고、쟝가、가면、가루에、매어、큰、ᄉᆞ업은
과연、일우기가、어려으리라、고상ᄒᆞᆫ싱각이、잇고또ᄒᆞᆫ
텬하를위ᄒᆞ는쟈는、집、일을、돌아보지못ᄒᆞᆫ다、ᄒᆞ는、
말이、녜로붓어잇ᄂᆞ니라

뎨이십구과 교ᄉᆞ공경

학도가、학교에잇어、교ᄉᆞ의、명령을、잘복죵ᄒᆞᆯ지니、

싱각ᄒᆞ여보라、우리부모가、나를낫고기르사、공부를
식히지안이ᄒᆞ면、즘싱에갓갑다ᄒᆞ여、나를학교에보
내사、교사를셔ᄂᆞ아、학문을、배호게ᄒᆞ시매、교사가、괴
로음을、싱각지、안이ᄒᆞ고、나를사랑ᄒᆞ며、나를가ᄅᆞ
쳐、착ᄒᆞᆫ、사람、되기를、바라시니、그념려ᄒᆞ고、싱각ᄒᆞ
심이、부모와무엇이다르리오、공부ᄒᆞᆫ후ᄂᆞ 은얼홈을
배고、부모를깃부게홈이、다교사가잘가ᄅᆞ친연고니、
학교에서、공부를맛치고、나아가서、무ᄉᆞᆷ일을ᄒᆞ든지、
잠시나、교사의은공을、잇으리오、그런고로、님군과、

ᄉᆞ승과 아비는 ᄒᆞᆫ갈ᄀᆞᆺ이 셤기라 ᄒᆞ엿ᄂᆞ니라

뎨삼십과 교사공경(恭敬)(련쇽)

ᄋᆞᄒᆡᆺ을 위ᄒᆞ여 가ᄅᆞ치ᄂᆞᆫ 교사(教師)나 커서 가ᄅᆞ치ᄂᆞᆫ 교사(教師)가 조곰 다ᄅᆞ나 ᄋᆞᄒᆡᆺ을 위ᄒᆞ여 가ᄅᆞ치ᄂᆞᆫ 교사(教師)가 안이면 엇더케 지혜(智慧)를 열어 준 션ᄉᆡᆼ(先生)에게 나아가게 ᄒᆞ리오 ᄋᆞᄒᆡᆺ을 위ᄒᆞ여 가ᄅᆞ치ᄂᆞᆫ 교ᄉᆞ(教師)의 슈고가 더욱 크니 몸이 ᄆᆞᆺ도록 공경(恭敬)ᄒᆞᆯ 것이어ᄂᆞᆯ 사ᄅᆞᆷ이 흑 커서ᄂᆞᆫ ᄋᆞᄒᆡᆺ울ᄯᆡ 교사(教師)를 ᄉᆡᆼ각(生覺)지 안이ᄒᆞ고 당쟝 가ᄅᆞ치ᄂᆞᆫ 교사(教師)만 잇ᄂᆞᆫ 쥴로 아니 이것은 그 근본(根本)을 잇어ᄇᆞ림이라

비록 공부(工夫)를 잘ᄒᆞ엿슨들 엇지 조은 학ᄉᆡᆼ(學生)이라 칭ᄒᆞ리오 우리 학ᄉᆡᆼ(學生)들은 학문(學問)이 나아갈ᄉᆞ록 ᄋᆞᄒᆡᆺ을 위ᄒᆞ여 가ᄅᆞ치던 교사(教師)의 슈고로옴을 ᄉᆡᆼ각(生覺)ᄒᆞ며 존경(尊敬)ᄒᆞᄂᆞᆫ 마ᄋᆞᆷ을 잠시(暫時)라도 잇어ᄇᆞ리지 안이ᄒᆞᆷ이 올으니라

뎨삼십일과 시간

사ᄅᆞᆷ이 어려서 공부(工夫)ᄒᆞᆯ ᄯᆡ에 가쟝 앗길 것은 시간(時間)이니 사ᄅᆞᆷ의 명(命)은 한뎡(限定)이 잇고 학문(學問)은 한(限)이 업ᄂᆞᆫ 것이라 이 자ᄅᆞᆫ 셰월(歲月)을 가지고 한(限)업ᄂᆞᆫ 학문(學問)을 배호고져 ᄒᆞᆯ진ᄃᆡ 시간(時間)을 쓸ᄃᆡ업시 허비(虛費)치말고 ᄌᆞ름이 잇거든

공부(工夫)ᄒᆞ는ᄃᆡ채우라、돈은、허비(虛費)ᄒᆞ더래도、다시벌거니와、시간(時間)은한번허비(虛費)ᄒᆞ면、다시엇지、못ᄒᆞᄂᆞ니、시간(時間)과ᄀᆞᆺ이귀(貴)ᄒᆞ고、즁(重)ᄒᆞᆫ것이어ᄃᆡ잇으리오、시간(時間)이공부(工夫)ᄒᆞ는ᄃᆡ、귀(貴)ᄒᆞ고、즁(重)ᄒᆞᆷ이、이ᄀᆞᆺ으니、우리는、다른사람을ᄃᆡ(對)ᄒᆞ여도、시간(時間)을、허랑(虛浪)이、허비(虛費)치말라고、권(勸)ᄒᆞᆯ것이어ᄂᆞᆯ、엇던사람은、공연(空然)이、남을찻아、다니면서、쓸ᄃᆡ업ᄂᆞᆫ、말로、시간(時間)을、보내니、이것은、제시간(時間)만、허비(虛費)ᄒᆞᆯᄲᅮᆫ아니라、남의시간(時間)도、허비(虛費)ᄒᆞᄂᆞ니、이런사람은、시간도(時間盜)적(賊)놈이라、ᄒᆞᆷ이、올으니라

뎨삼십이과 운동(運動)

운동(運動)이라、ᄒᆞ는것은、몸을놀리는것이니、사람이、만일가만이안엇거나、누엇거나ᄒᆞ면、마음과、몸이、쾌활(快豁)치못ᄒᆞ며、입맛이업어지고、피가쇠(衰)ᄒᆞ고、긔운(氣運)이업어、쉬죽ᄂᆞ니、 졍신(精神)을만이씃고、 시간(時間)을앗기는사람은특별(特別)이운동(運動)을、계을리안이ᄒᆞᄂᆞ니、운동(運動)에허비(虛費)ᄒᆞ는시간(時間)을、잠간보면、유익(有益)ᄒᆞᆷ이、업을ᄯᅳᆺᄒᆞ나、공부(工夫)ᄒᆞ는학도(學徒)에게요긴(要緊)ᄒᆞᆷ은、모군군(募軍軍)이죵일(終日)토록일ᄒᆞ다가、쉬는것과ᄀᆞᆺ으니라、그런즉、운동(運動)에본ᄯᅳᆺ은、사람의힘줄과、ᄲᅧ

ᄅᆞᆫ 활동ᄒᆞ고 긔운을 기르게ᄒᆞᆷ이니 그러나 과이ᄒᆞ
여 몸을 곤케ᄒᆞᆷ은 결단코 가ᄒᆞ지아니ᄒᆞ니라

뎨삼십삼과 어른공경

아버지와 어머니와 형과누이를 공경ᄒᆞᄂᆞᆫ 마음을
미루어 남의부형도 공경ᄒᆞ여 셤길지어다 어른을ᄃᆡ
ᄒᆞ거든 몬져 졀ᄒᆞ고 몸을 단졍히ᄒᆞ며 ᄃᆡ답을 졍셩스
럽이ᄒᆞ며 음식을 몬져먹지 말며 길을몬져 가지 말
며 말을 가ᄇᆡ얍게 말지어다 나보다 나가우면 수ᄒᆞ공
경ᄒᆞ여 셤길지라 로인을 후ᄃᆡᄒᆞ여 안보ᄒᆞ며 ᄂᆞᆷ과 안

졍ᄒᆞᆫ 모양이 ᄇᆡ이더라도 웃고흉보지 말고 가이
엽이 녁일지니라

뎨삼십ᄉᆞ과 학교

학교라ᄒᆞᄂᆞᆫ것은 사ᄅᆞᆷ의 ᄌᆡ조를 기르ᄂᆞᆫ 곳이니 나
라가 셩ᄒᆞ고 쇠ᄒᆞᄂᆞᆫ것이 학교가 일어나고 폐ᄒᆞᄂᆞᆫ
ᄃᆡ 달렷ᄉᆞ니 그런고로 녯적에ᄂᆞᆫ 집에 숙(塾)이 잇고
마을에 샹(庠)이 잇고 골에 셔(序)가 잇고 나라에 학
(學)이 잇셧스니 지금은 유치원과 소학교와 즁학교
와 대학교와 ᄉᆞ범학교가 잇ᄉᆞ 온나라 ᄇᆡᆨ셩이 다 교

육(育)을、밧은연후(然後)에야、그、몸을、세우며、집을、보젼(保全)ᄒᆞ며
나라를부(富)ᄒᆞ고、강(强)ᄒᆞ게ᄒᆞᆯ지라、그럼으로、문명(文明)ᄒᆞᆫ나라
는、비록조곰아ᄒᆞᆫ、동닉(洞內)라도、학교(學校)가잇어、어린ᄋᆞᄒᆡ
들을、가ᄅᆞ처、마음을기르며、님군에게、츙셩(忠誠)ᄒᆞ며、나
라를、사랑ᄒᆞᄂᆞᆫ、졍신(精神)을、발달(發達)케ᄒᆞᄂᆞ니라

뎨삼십오과　친구사괴ᄂᆞᆫ것

친구(親舊)를사괴ᄂᆞᆫ것은、밋븜으로도(道)를삼ᄂᆞ니、그런고(故)로
부득(不得)이ᄒᆞᆫ、연고(緣故)가업으면、친구(親舊)를끈ᄂᆞᆫ것이、가(可)ᄒᆞ지
안이ᄒᆞ고、착ᄒᆞᆫ일로、권(勸)ᄒᆞ여、그가발달(發達)ᄒᆞ여나아가ᄂᆞᆫ

것을、조케녁일지라、친구(親舊)는、대단(大端)이、소즁(所重)ᄒᆞ니깃
분、일이잇을새에、벗이、오면、그、깃붐이、더、깃부고、슬
픈、일이、잇을、새에、벗이오면、그슬픔이、덜리ᄂᆞ니、그
런즉、벗을가리여사괴ᄂᆞᆫ것이、엇지、유익(有益)지、안이리
오

뎨삼십륙과　약죠(約條)

약죠(約條)라ᄒᆞᄂᆞᆫ것은、사람마다、반ᄃᆞᆺ이、직힐것이라、조곰
도가볍게、녁이지、말것이니、무ᄉᆞᆷ、일이든지、가(可)치안
임으로、ᄉᆡᆼ각(生覺)ᄒᆞ든지、ᄒᆡᆼ(行)ᄒᆞ기가、어려옴으로、ᄉᆡᆼ각(生覺)ᄒᆞᄂᆞᆫ

일은 당초(當初)에 약조(約條)ᄒᆞ지 말것이오 약조(約條)ᄒᆞᆫ것을 파(破)ᄒᆞ기가 가(可)치아니ᄒᆞ나 그 약조(約條)ᄒᆞᆫ것이 법(法)에 범(犯)ᄒᆞ거나 도덕상(道德上)에 어그러지면 ᄒᆡᆼ(行)ᄒᆞ지 아니ᄒᆞᄂᆞᆫ것이 가(可)ᄒᆞ고 ᄯᅩ 정당(正當)ᄒᆞᆫ약조(約條)라도 ᄉᆡᆼ각(生覺)지아니ᄒᆞᆫ 변(變)이 일어나서 어긔ᄂᆞᆫ것은 부득(不得)이ᄒᆞᆫ 일이니라 조문졍공(趙文貞公)과 셩혼쥬가 서로 맛낫다가 그 다음 해 팔월십오일(八月十五日)에 가야산(伽倻山) ᄒᆡ인사(海印寺)(절)로 맛나기로 약조(約條)ᄒᆞ더니 약조(約條)ᄒᆞᆫ ᄯᆡ를 당(當)ᄒᆞ매 큰비가 ᄂᆞᆯ마다 오ᄂᆞᆫ지라 조공(趙公)이 비를 무릅쓰고 절문에 니르니 셩혼쥬가 발셔와서 우구(雨具)를 벗더라ᄒᆞ

니 세샹사ᄅᆞᆷ들은 심샹(尋常)ᄒᆞᆫ 약조(約條)도 이러케 지킬지니라

뎨삼십칠과 말ᄒᆞᄂᆞᆫ것

말ᄒᆞᆯ때를 당(當)ᄒᆞ여는 그ᄯᅢ일과 그ᄯᅢ형편(形便)을 살펴 조심(操心)ᄒᆞ여 말ᄒᆞᆯ것이오 가(可)코불가(不可)ᄒᆞᆫ것을 살피지 아니ᄒᆞ고 망셰지거리나 ᄒᆞᄂᆞᆫ것은 ᄂᆞᆺ은사ᄅᆞᆷ의일이오 ᄂᆞᆷ이 말은 믓지 아니ᄒᆞ고 졔 말만ᄒᆞ지 말며 젹은 일에 흉(凶)ᄒᆞᆫ 말과 부졀ᄒᆞᆷ이 과ᄒᆞᄂᆞᆫ 말은 엿ᄃᆞᆺᄒᆞ지 말것이라 로쟈ᄒᆞᆷ이 ᄂᆞᆯᄋᆞ며 ᄂᆞᆷ의 ᄒᆞᆫ지 ᄒᆞᆷ수이 ᄂᆞᆯ이ᄂᆞᆫ

녀ᄌᆞ소학슈신셔 오륙

말을ᄒᆞᆯ지라도 내가 욕심ᄒᆞ며 대답ᄒᆞ면 업수이 녁이ᄂᆞᆫ자 공손ᄒᆞᆯ것이요 남이 내게 박절ᄒᆞᆫ 말을ᄒᆞᆯ지라도 나ᄂᆞᆫ 대졉ᄒᆞ며 말ᄒᆞ면 도로혀 후ᄒᆞ게 ᄒᆞᆯ것이요 남이 내게 포악ᄒᆞᆫ 말을ᄒᆞᆯ지라도 나ᄂᆞᆫ 참아 말을 삼가ᄒᆞᆫ즉 피졍은 면ᄒᆞᆯ지니라

뎨삼십팔과 게으른것

게르ᄂᆞᆫ것은 사람의 셩픔을 독ᄒᆞᆫ약으로 만며 여러가지 악ᄒᆞᆫ것을 비저내ᄂᆞᆫ것이니 녯말에 닐ᄋᆞᄃᆡ 쇼인은 한가ᄒᆞ야 잇서 죠치안이ᄒᆞᆫ 일을 ᄒᆞᆫ다 ᄒᆞ니 사람이

녀ᄌᆞ소학슈신셔 오칠

일이 업고 공연이 시간을 허비ᄒᆞ면 보ᄂᆞᆫ대 셰저 셩품이 어진 사람이라도 졈졈게을러저 용렬ᄒᆞᆫ뜻과 불량ᄒᆞᆫ 생각이 그름을 타서 마음을 이긔ᄂᆞ니 그런고로 사람이 조은 ᄉᆞ업을 흥샹ᄒᆞᄂᆞᆫ자ᄂᆞᆫ 그 마음이 졍ᄒᆞ고 부졍ᄒᆞᆫ뜻이 일어나지 안이ᄒᆞᄂᆞ니라 그런고로 사람이 백년을 살지라도 게르게 지나면 오래 살앗다 ᄒᆞᆯ수가 업고 단 이십을 못살아 셜지라도 긔이ᄒᆞᆫ ᄉᆞ업이 멸ᄒᆞ지 안이ᄒᆞᆫ즉 그 사람의 명이 쟈르다 ᄒᆞᆯ수가 업ᄂᆞ니라 그런즉 부즈런ᄒᆞᆫ것이 엇지 일만가지

엽헤 근본이 안이되리오

뎨삼십구과 즐거온것

사ᄅᆞᆷ이 락은 조하ᄒᆞ고 고로온 것은 실혀ᄒᆞᄂᆞᆫ것은 셧셧ᄒᆞᆫ졍이라 그러나 즐거온것도 유익ᄒᆞᆫ것과 해로은것이 만으니 즐거온것이 과ᄒᆞ며 지나면 해가 되ᄂᆞ니 녯적 사ᄅᆞᆷ이 말ᄒᆞ기를 락이 극진ᄒᆞ면 슬흠이 ᄉᆡᆼ긴다 ᄒᆞ엿ᄂᆞ니라 셰상에 마시고 먹ᄂᆞᆫ것과 노리ᄒᆞ고 편안ᄒᆞᆫ것만 락으로 알고 학문과 조은 ᄉᆞ업ᄒᆞᄂᆞᆫ 쟈이 락으로 아지 못ᄒᆞᄂᆞᆫ 쟈 잇이니 이러ᄒᆞᆫ 사ᄅᆞᆷ은

락헤 참뜻을 ᄭᆡ닷지 못ᄒᆞᄂᆞᆫ 쟈라 잠간 즐거옴과 평ᄉᆡᆼ 즐거옴이 엇던가 이 ᄎᆞᆷ 즐거옴이뇨 그러고로 ᄆᆡᆼᄌᆞ ᄀᆞᆯᄋᆞ샤ᄃᆡ 텬하에 영웅스러은 ᄌᆡ조를 엇어 공부를 가르침이 큰 락이라 ᄒᆞ셧ᄂᆞ니라

뎨ᄉᆞ십과 가졍

일졍ᄒᆞᆫ 사ᄅᆞᆷ이 각각 그 직업에 힘을 다ᄒᆞ여 그 몸을 귀즁히ᄒᆞ면 그 집안이 ᄌᆞ연 화합ᄒᆞ리니 그 즐거옴이 엇더ᄒᆞ리오 집에 잇어ᄂᆞᆫ 조상과 부모와 조부모에게 공경ᄒᆞ며 명을 어긔지 말며 그 부모의 얼을 보이며 형

뎨와、ᄌᆞ미(姉妹)를사랑ᄒᆞ며、하인(下人)을잘보호(保護)ᄒᆞᆯ지니、한、집안이、화목(和睦)ᄒᆞ여살면、그、집안에만、복(福)이될ᄲᅮᆫ、안이라、나라에、큰、복(福)이、되리니、그런고로、녯、글에、닐럿스되한、집이、어질면、한、나라가흥(興)ᄒᆞᆫ다ᄒᆞ엿ᄂᆞ니라

뎨ᄉᆞ십일과　참ᄂᆞᆫ것

사람이、무ᄉᆞᆷᄉᆞ업(事業)을、일우고져ᄒᆞᆯ진ᄃᆡ、곤(困)ᄒᆞ고、어려운일을、맛나ᄂᆞ니、그러ᄒᆞᆫ드ᄅᆡ도、그、ᄯᅳᆺ을、굽히지、말고참고、참아야、그、ᄉᆞ업(事業)을、일우ᄂᆞ니、녯、적사람이、닐ᄋᆞᄃᆡ、간난(艱難)ᄒᆞᆫ것은사람을、옥(玉)이되게ᄒᆞᄂᆞᆫ、틀이라ᄒᆞ니라、참ᄂᆞᆫ、힘은、큰、일을、일우ᄂᆞᆫ듸만、요긴(要緊)ᄒᆞᆯᄲᅮᆫ안이라、날마다、ᄒᆡᆼ동(行動)ᄒᆞᄂᆞᆫ듸도、ᄯᅩᄒᆞᆫ요긴(要緊)ᄒᆞ니、무릇우리학도(學徒)ᄂᆞᆫ、참ᄂᆞᆫ、버릇을、가져、쟝ᄅᆡ(將來)에、큰、ᄉᆞ업(事業)을、일우기로、마ᄋᆞᆷ을、쓸지니라

뎨ᄉᆞ십이과　ᄭᆡᄭᅳᆺᄒᆞ게ᄒᆞᆯ것

병(病)이、업어、몸이、강건(强健)ᄒᆞ랴면、ᄭᆡᄭᅳᆺᄒᆞ게ᄒᆞᄂᆞᆫ것이、뎨(第)一일이라、집안과、쓰ᄂᆞᆫ、그릇이、한아라도、ᄭᆡᄭᅳᆺ지안이ᄒᆞ더래도、죳히안커든、몸은、더욱ᄭᆡᄭᅳᆺ지안이ᄒᆞ여서ᄂᆞᆫ、그게、해(害)가、되ᄂᆞ니、날마다、셰슈ᄒᆞᄂᆞᆫ것은、의례이

ᄒᆞ려니와 자조 목욕(沐浴)ᄒᆞ며 의복(衣服)을 자조 ᄲᆞᆯ아 닙으며 ᄊᆞ는 것과 자는 것을 자조 쓸게ᄒᆞ며 일졀히 더러온 것이 잇거든 곳 썻슬지니 이러케 ᄒᆞ면 어려셔 붓허 습(習)관(慣)이 되야 어른이 되ᄂᆡ라도 ᄭᅢᆺᄒᆞ기를 힘씀이라 라ᄒᆞᆯ니라 ᄂᆞᆷ은 선ᄇᆡ를 간(間)ᄉᆡᆨ(色)보니 의(衣)복(服)예 ᄒᆞ가ᄀᆞ히 다니고 잣게 몬지가 ᄉᆡ야케 켸켸로 ᄡᅡᆺ엿셔도 ᄒᆞᄂᆞᆫ 말이 나ᄂᆞᆫ 선ᄇᆡ니 ᄭᅢᆺᄭᅳᆺᄒᆞᆫ 자ᄉᆞᆫ 나이 ᄎᆔᄒᆞ나이ᄂᆞᆫ 바가 안이라 ᄒᆞ니 이 ᄌᆞᆺ이 무ᄉᆞᆷ 글 ᄆᆞ음은 선ᄇᆡ라 ᄒᆞ리오

뎨ᄉᆞ 쟝쳠과 손님ᄃᆡ(對)졉(接)

쥬(主)인(人)이 손님을 ᄃᆡ(對)ᄒᆞᆯ졔히 맛당이 ᄉᆞᆷ가고 겸(謙)손(遜)ᄒᆞ며 화(和)ᄒᆞ고 즐거온 빗으로 보일지며 뭇고 ᄃᆡ(對)답(答)ᄒᆞᄂᆞᆫ 말을 ᄇᆞᆯᄀᆞᆨ이 ᄒᆞ야 손님의 마음을 깃부게 ᄒᆞ며 맛날 ᄯᅢ나 작(作)별(別)ᄒᆞᆯ ᄯᅢ ᄭᆞ지 ᄒᆞᆫ갈ᄀᆞᆺ치 ᄒᆞᆯ지니라 귀(貴)ᄒᆞᆫ 손님이나 하(下)등(等) 손님이라도 손님되기ᄂᆞᆫ 일(一)반(般)이니 남녀분(分)등이 잇게 ᄃᆡ(待)졉(接)말지어요 어른이던지 ᄋᆞᆼ도던지 실(失)수(數)ᄒᆞᄂᆞᆫ 일이 잇슬지라도 귀ᄒᆡ 말ᄒᆞ고 손가락으로 가ᄅᆞ치지 말지니라 젊은 녀(女)ᄌᆞ(子)와 남(男)ᄌᆞ(子)가 부(不)득(得)이 ᄒᆞᆫ 일이 잇셔 마조 안져 말ᄒᆞᆯ지라도 오래 ᄒᆞ지 말고 졍(正)당(當)

ᄒᆞᆫ말로 간단이ᄒᆞ고 ᄒᆡ여져서 아모리 친절ᄒᆞᆫ 주긱의 사이라도 남녀유별을 각별이 직힐지니라

뎨ᄉᆞ십ᄉᆞ과 편지

편지라ᄒᆞᄂᆞᆫ것은 바로 맛나 말ᄒᆞ지 못ᄒᆞ고 피차에 멀리잇셔 그 졍을 통ᄒᆞᄂᆞᆫ것이니 그말을 간략히ᄒᆞ여 알아보기 쉽게ᄒᆞᆯ것이라 우리나라 풍쇽은 말과 문ᄌᆞ가 셔로 달나셔 엇던이ᄂᆞᆫ 그 실샹ᄒᆞᆯ 말은 ᄒᆞᆫ두가지된ᄃᆡ 공연이 글ᄌᆞ펴ᄒᆞ노라고 알아보기어렵도록 만드니 이것은 그 실샹은 버리고 쓸ᄃᆡ업이 번거이

ᄒᆞ며 편지ᄒᆞᄂᆞᆫ 사ᄅᆞᆷ이나 밧아보ᄂᆞᆫ 사ᄅᆞᆷ의 시간만 허비ᄒᆞᄂᆞᆫ것이니 뎡녕코 ᄒᆞᆯ말만ᄒᆞ고 글ᄌᆞ펴만ᄇᆞᆯ것이 안이오 ᄯᅩᄒᆞᆫ 번 말ᄒᆡ 남의 편지ᄂᆞᆫ 보고져ᄒᆞ지 말나ᄒᆞ엿ᄉᆞ니 비밀ᄒᆞᆫ 셔간은 비록 친밀ᄒᆞᆫ 사이라도 권단이 ᄯᅦ여보지 말라 남의 편지를 ᄯᅦ여보ᄂᆞᆫ것은 법에 엄금ᄒᆞᄂᆞᆫ바니라

뎨ᄉᆞ십오과 편지 (련쇽)

편지에 초셔를쓸지라도 글ᄌᆞ모양을바르게ᄒᆞ고 밧ᄂᆞᆫ밧ᄃᆞᆯᄒᆞ게 말것이오 초셔를 쓰지못ᄒᆞ거든 구챠이

써서 남을 헐아 보지 못ᄒᆞ게 말라 편지 밧아 보는 사
람이 그릇알아 보면 그 일을 그르치기 쉬우니 봉모
간이라도 ᄉᆡᆼ한 공경(恭敬)ᄒᆞᄂᆞᆫ 뜻을 표(表)ᄒᆞᆯ 것이어든 ᄒᆞ믈
며 어른에게 ᄒᆞᄂᆞᆫ 편지는 더욱 졍셩(精誠)ᄒᆞ게 ᄒᆞᆯ지니라
우리 나라에서는 남ᄌᆞ(男子)의 편지 ᄉᆞ연과 녀ᄌᆞ(女子)의 편지
가 조곰 달라서 녀ᄌᆞ(女子)의 편지는 헐아 보기가 좀 어려
으니 아조 녀ᄌᆞ(女子)들은 편지 쓰는 데 매우 삼갈지니라

뎨ᄉᆞ십륙과 용셔(容恕)

사람이 셰샹(世上)에 나서 허믈업는 자 업ᄂᆞ니 미ᄒᆡᆼ(?)남을 책

망ᄒᆞ기는 쉽고 ᄌᆞ긔(自己) 허믈은 깨닷는 이가 드므니 그
런즉 남의 잘못ᄒᆞᄂᆞᆫ 것을 볼 때에 먼저 ᄌᆞ긔(自己)의 몸을 살
피 볼지라 셔양셩인(西洋聖人)의 말ᄉᆞᆷ에 ᄀᆞᄅᆞᄉᆡ되 ᄌᆞ긔(自己) 눈의 들보
잇ᄂᆞᆫ 것은 보지 못ᄒᆞ고 남의 눈의 티ᄭᅳᆯ 잇ᄂᆞᆫ 것은 잘
본다 ᄒᆞ엿으니 과연(果然) 셰샹(世上)에는 사람이 허믈업는
자 드므리 업ᄂᆞ니 허믈 잇ᄂᆞᆫ 데로 그 사람을 버리면
사귈 ᄌᆞ 를 ᄒᆡ 친고(親故)를 사ᄃᆡ라도 친구(親舊)를 사귀랴면 용셔(容恕)
ᄒᆞ미 귀(貴)ᄒᆞ니라

뎨ᄉᆞ십칠과 뎌약

공부(工夫)라 ᄒᆞᄂᆞᆫ것은 학교(學校)에 가서만 공부(工夫)ᄒᆞᄂᆞᆫ것이 안이라 집에서도 공부(工夫)ᄒᆞᄂᆞᆫ것이 젹지안이ᄒᆞ니 첫재 부모(父母)의 말ᄉᆞᆷ 잘 복종(服從)ᄒᆞᄂᆞᆫ것도 공부(工夫)요 밧헤서 배호ᄂᆞᆫ 것을 집에 와서 행(行)ᄒᆞᄂᆞᆫ것이 큰 공부(工夫)가 되ᄂᆞ니 비유컨ᄃᆡ 미쟝이가 ᄃᆞᆯ담을 쌋ᄂᆞᆫᄃᆡ 한사람은 밧헤 잇고 한사람은 안헤 잇서 안밧헤서 서로 ᄃᆞᆯ을 놋코 삭기로 어려어야 그 담이 되ᄂᆞᆫ것ᄀᆞᆺ이 밧헤서ᄂᆞᆫ 교ᄉᆞ(敎師)에게 배호고 집에서ᄂᆞᆫ 부모(父母)의 교훈(敎訓)을 밧지 안이ᄒᆞ면 십년(十年)을 배화도 셩공(成功)ᄒᆞ기가 어려우니 그런고로 뮝ᄌᆞ(孟子)의 어머니가 세번을 이ᄉᆞ(移舍)ᄒᆞ면서 그 아ᄃᆞᆯ 뮝ᄌᆞ(孟子)를 가ᄅᆞ쳐 셩인(聖人)이 되게ᄒᆞ시니라

데ᄉᆞ십칠과 공부

학문(學問)이라 ᄒᆞᄂᆞᆫ것은 배호고 뭇ᄂᆞᆫ것이니 글을 닑음은 션비 엽으로만 ᄒᆞᆯ것이 안이라 글 가온ᄃᆡ 리치를 밝히 분별(分別)ᄒᆞ며 글을 닑지 안이ᄒᆞᆯ ᄯᅢ라도 눈으로 보ᄂᆞᆫ 것은 무삼 물건(物件)이든지 그 리치(理致)를 ᄌᆞ셰(仔細)히 궁구(窮究)ᄒᆞ여 보고 의심(疑心)이 잇거든 부형(父兄)에게나 교ᄉᆞ(敎師)에게나 어른에게나 물을지니 농ᄉᆞ(農事)ᄒᆞᄂᆞᆫ것은 농부(農夫)에게 물으며 쟝ᄉᆞ

ᄒᆞᄂᆞᆫ 일은 상고(商賈)에게 맛기며 긔계(機械)ᄂᆞᆫ 장공(匠工)에게 맛겨
보ᄂᆞᆫ 것도 나의 공부(工夫)니 그런ᄒᆞᆫ즉 아ᄂᆞᆫ 것이 가장 ᄒᆡ
가 듯ᄎᆞ면 그 사ᄅᆞᆷ은 공부(工夫)를 만히 ᄒᆞᆫ 사ᄅᆞᆷ이라 ᄒᆞᄂᆞ니
라

뎨ᄉᆞ십구과 학문(學問)

텬하(天下)에 엇기 어려운 것이 학문(學問)이니 마음에 주쟝이 잇
ᄂᆞᆫ 쟈라야 학문(學問)을 엇ᄂᆞ니 비유(比喩)컨ᄃᆡ 물은 지극(至極)히 물
으고 돌은 지극(至極)히 단단ᄒᆞ여도 물 방울이 돌우에 밤
과 낫으로 ᄯᅥᆯ어지면 필경(畢竟)에ᄂᆞᆫ 구멍이 ᄉᆡᆼ기ᄂᆞ니 이

와 ᄀᆞᆺ치 마음이 단단ᄒᆞᆫ 사ᄅᆞᆷ은 날로 배호고 해로 배
화 쉬지 아니ᄒᆞ면 학문(學問)을 엇고야 마ᄂᆞ니 만일 누구든
지 오ᄂᆞᆯ 배호고 래일 쉬며 ᄒᆞ고 금년(今年)에 배호고 래년(來年)에
버리면 어ᄂᆞ 겨를에 학문(學問)을 엇으리오 그런고로 녜
젼 박학ᄉᆞ(博學士)들은 여러 십년(十年) 배은 공부(工夫)가 잇ᄂᆞᆫ 고로 오ᄂᆞᆯ
ᄭᆞ지도 학ᄉᆞ(學士)라 칭송(稱誦)ᄒᆞᄂᆞ니라

뎨오십과 마음

사ᄅᆞᆷ의 마음은 물과 ᄀᆞᆺᄒᆞ여 동(東)으로 인도(引導)ᄒᆞ면 동(東)으로 흘
러 가고 서(西)으로 인도(引導)ᄒᆞ면 서(西)로 흘러 가ᄂᆞ니 이런고

로、이세상(世上)에、방탕(放蕩)ᄒᆞᆫ、남ᄌᆞ(男子)와、방탕(放蕩)ᄒᆞᆫ、녀ᄌᆞ(女子)가、만이、정(正)직(直)ᄒᆞᆫ군ᄌᆞ(君子)의、비평(批評)을면(免)치못ᄒᆞᄂᆞ니라、이것은、사람마다、제마ᄋᆞᆷ을제가、쟉뎡(作定)치、못ᄒᆞ고、ᄌᆞ긔(自己)마ᄋᆞᆷ의、ᄒᆞ고저ᄒᆞᄂᆞᆫ바대로、ᄒᆞᄂᆞᆫ연고라、김유신(金庾信)은、신라문무왕(新羅文武王)때사람이라、어렷을때에、그、어미니가、날로엄ᄒᆞ게가ᄅᆞ치고、방탕(放蕩)ᄒᆞ게놀기를、허락(許諾)지、안이ᄒᆞ더니、하로는、우연(偶然)이、창녀(娼女)의、집에、가서논지라、그어머니가、치망ᄒᆞ여일ᄋᆞ되、나의、나가늙으매、밤낫으로내가셩취(成就)ᄒᆞ기를、바라거늘、이제、네가、더러은집에서、노나냐、

ᄒᆞ고、울기를、마지、안이ᄒᆞ거놀、유신(庾信)이、마ᄋᆞᆷ에、작뎡(作定)ᄒᆞ여、어머니압에서、다시는창녀(娼女)의집、압이라도、지나기、안켓다、ᄌᆞ복(自服)ᄒᆞ더니、하로는、술이、취(醉)ᄒᆞ여、집으로、돌아올새、말이、그릇창녀(娼女)의、집압길에이른지라、김유신(金庾信)이、깨닷고、탓던말의허리를、칼로、베고、말안(鞍)장(粧)은버리고、집에돌아왓다、ᄒᆞ니、그마ᄋᆞᆷ이、엇더ᄒᆞ뇨

뎨오십일과　겸손(謙遜)

겸손(謙遜)이라ᄒᆞᄂᆞᆫ것은、ᄌᆞ긔(自己)가、디위(地位)가놉고、학문(學問)이잇드

해도 ᄌᆞ랑치 말며 남이 부족ᄒᆞᆫ 일이 잇ᄂᆡ해도 업수이녁이지 말지어라 ᄌᆞ긔가 더더ᄒᆞ면 ᄌᆞ랑치 안이여도 ᄌᆞ연 그 ᄒᆡᆼ실에 나타나ᄂᆞ니 세상사람은 보면 ᄌᆞ긔가 무ᄉᆞᆷ 일이든지 좀 잘ᄒᆞ엿스면 그것을 익셔 일홈을 드러내고져 ᄒᆞ며 교만ᄒᆞᆫ 마ᄋᆞᆷ이 가득ᄒᆞ여 다른사람을 업수이 녁이며 부모업시 찰아ᄂᆞᆫ ᄌᆞ식이라 ᄒᆞᄂᆞᆫ 일홈을 면치못ᄒᆞᄂᆞ니라 김문졍공안국이 아ᄃᆞᆯ을 가르치되 겸손ᄒᆞᆷ과 공슌ᄒᆞᆷ은 군ᄌᆞ의 셩ᄒᆞᆫ 덕이니 몸이 맛도록 지ᄒᆞ라 ᄒᆞ고 내가 평ᄉᆡᆼ에 교만ᄒᆞᆫ 마ᄋᆞᆷ을 다른사람에게 뵈엿스며 남의 허믈을 말ᄒᆞᆷ을 ᄂᆡ가 보앗ᄂᆞ냐 나ᄂᆞᆫ 죽을지언졍 ᄌᆞ손의 교만ᄒᆞᆫ 마ᄋᆞᆷ이 잇고 겸손ᄒᆞᆫ 마ᄋᆞᆷ이 업다 ᄒᆞᄂᆞᆫ 말은 듯기를 원ᄒᆞ지 안이ᄒᆞ노라 ᄒᆞ엿ᄂᆞ니라

뎨오십이과 나라

사람은 집에 매이고 집은 나라에 매엿이니 그런고로 나라가 업슨즉 집이 업고 집이 업스면 몸이 의지ᄒᆞᆯ바가 업ᄂᆞ니라 유태국 사람이 쟝ᄉᆞ를 잘ᄒᆞ여 사람사람이 부ᄒᆞ되 그 나라가 망ᄒᆞᆫ고로 아라사국에 간ᄌᆞ

아라사사람이、죽이며、법국(法國)에간즉、법국(法國)사람이、욕(辱)ᄒᆞ
여、넓고넓은、텬디(天地)에、돌아갈、곳이、업으니、심(甚)ᄒᆞ도다
나라망(亡)ᄒᆞᆫ、빅셩(百姓)의신세(身勢)여、파란국(波蘭國)과、인도국(印度國)은、나라가
망(亡)ᄒᆞ매、억쳔만빅셩(億千萬百姓)이、종이、되어、평싱(平生)에、락(樂)을、누리
는쟈、업도다、그런고로、몸을、사랑ᄒᆞ는쟈는、그、집을
사랑ᄒᆞ고、집을사랑ᄒᆞ는쟈는、그、나라를、반ᄃᆞ시이사랑
ᄒᆞᆯ지니라、나라를、사랑ᄒᆞᆫ다ᄒᆞᆷ은、사람마다、각기、그、
당(當)ᄒᆞᆫ、직분(職分)을힘써ᄒᆞ면、그、나라는、ᄌᆞ연부강(自然富强)ᄒᆞᆫ、나라
가되ᄂᆞ니라

뎨오십삼과 녀ᄌᆞ슈신총론(女子修身總論)

사람이、이세샹(世上)에나매、맛당이、ᄒᆡᆼ(行)ᄒᆞᆯ본무(本務)는、도와덕(道德)이
라、그러나、도덕(道德)을닥는공부(工夫)가、업으면、도와덕(道德)을、엇
어ᄒᆡᆼ(行)ᄒᆞ기가、어려온고로、인륜(人倫)에、ᄭᆡ돌아、ᄒᆡᆼ(行)ᄒᆞ는것
을、궁구(窮究)ᄒᆞ고、싱각(生覺)ᄒᆞ여、그방법(方法)을、긔록(記錄)ᄒᆞ여、녀ᄌᆞ학(女子學)
교(校)에、교과서(敎課書)가、뎔가ᄒᆞ노니、조은녀ᄌᆞ(女子)가、되랴ᄒᆞ여도
이칙(冊)을、공부(工夫)ᄒᆞᆯ것이요、남의조은、어머니와、조은싀모(媤母)
와、조은며ᄂᆞ리와、조은동서와、조은올케와、조은ᄌᆞ
녀가、되랴ᄒᆞ여도、이칙(冊)을、공부(工夫)ᄒᆞᆯ것이라、그러나、이

것이、엇지、본인의、의견을、망녕되이、잡아、저슐ᄒᆞᆫ것이라ᄒᆞ리오、녯적에、어진녀ᄌᆞ와、어진남ᄌᆞ의、금ᄀᆞᆺ은、말과、향긔로은、ᄒᆡᆼ실을、들어긔록ᄒᆞᆯᄲᅮᆫ이로라

대뎌、일이라、ᄒᆞᄂᆞᆫ것은、몬저、ᄒᆡᆼᄒᆞᆯ것도잇고、나죵에、ᄒᆡᆼᄒᆞᆯ것도、잇으나、몬저마음을、바르게ᄒᆞ고、몸을、닥아야、쳔만가지ᄒᆡᆼᄒᆞᄂᆞᆫ、일에、단단ᄒᆞᆫ긔초가、될지라、그런고로、오륜에ᄃᆡᄒᆞᆫ도리를、간략히、써녀ᄌᆞ로ᄒᆞ여곰、못된것은、버리고、조은것은、취ᄒᆞᄂᆞᆫ、한도음이、되기를、깁이바라노라

녀ᄌᆞ소학슈신셔죵

隆熙三年二月　日印刷
隆熙三年二月　日發行

定價金二十五錢

板權所有

著述者　盧炳喜
校閱　梨花學堂長　富羅伊
進明女學校學監　余袂禮黃
養源女學校長　尹高羅
發行者　盧益亨
印刷所　(校洞卄九統加一戶)　右文館
發行所　京城南大門內尙洞　博文書館

중등 수신교과서

(中等 修身教科書)

卷1·2·3·4

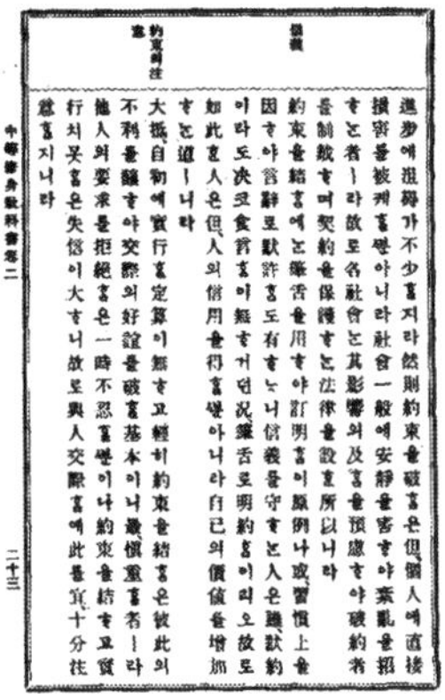
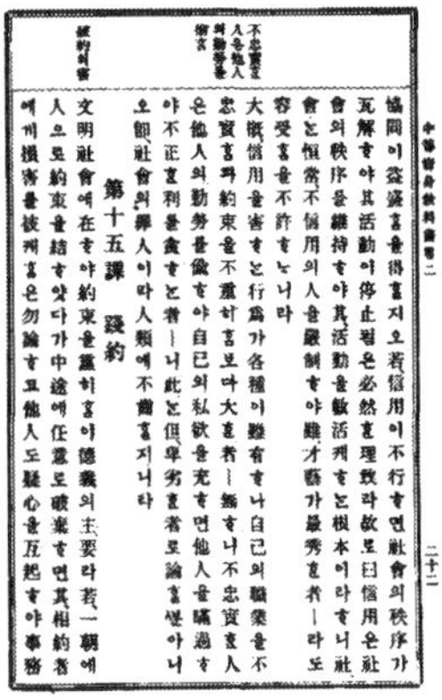

學部檢定

徽文義塾編輯部編纂

中等修身教科書

尹用求題籤

序

學者、學爲人之方耳、學之途、雖萬殊、無離乎道德、而能作用者、故必先自己身、修鍊其心性、涵養其道德、以做百藝之根本、立萬事之標準然後、方爲體用完備之學、不然、雖其技藝甚精妙、智術極高明、如無源之水不根之木、乏滋潤之功而少成材之用矣、惡足以保維生存、裨助社會之公益、亦何望其愛國効忠之實哉、是知道德、爲智體兩育之元素、而修身、爲德育之基本也、然、凡修身之書、具存乎六經語孟、讀此足矣、捨是而又別求編輯、何也、蓋其篇帙浩穰、旨義散漫、不累歲專工、莫得其方向而尋其端緖矣、以有限之程課、費無窮之歲月、非幼學之所能堪也、以故、近世諸國、各就其國之性質習慣、自編敎科書類、以敎授之、俾適其程度焉、余自設本塾、邀國內有識紳士、俾專任編摩之役、首先從事於修身之科、其目次採東西洋開明列邦之例、其文字主以我國文而參之漢文、其旨意、取先聖先哲之嘉言徽讜、務要簡精明白、使幼學之士、易於曉解、便於習讀、近自養心立志言語動作、以洎家庭朋友、社會國家、靡不循序漸進、勉就工夫、實修身之要符、做人之模型也、學者、誠能注力於此、以修鍊涵養、則異日必爲完全成德之器、其需用乎世者、豈可槩量乎哉

光武十年八月　日荷汀閔泳徽識

中等修身敎科書

卷一目次

第一　學生의注意

中等修身教科書卷一目次終

中等修身敎科書

卷二目次

第一 處世의注意

中等 修身敎科書卷二目次終

中等教育을受ᄒᆞᆷ에幸福及責任

中等修身教科書卷一

第一 學生의注意

第一課 本分

大凡學生이初等教育의門에出ᄒᆞ야中等教育의門에入홈은實地學問을踐行ᄒᆞᄂᆞᆫ階梯라此階梯에陞ᄒᆞ야前進ᄒᆞᆯ階梯를望ᄒᆞ면決코淺近에不止ᄒᆞ야其重大ᄒᆞᆫ責任이一身에擔負홈을豫量ᄒᆞᆯ지니後日中流以上의社會에立ᄒᆞ야人民된義務를盡코져ᄒᆞᆯ진ᄃᆡ智를益硏ᄒᆞ며德을益修ᄒᆞ야國家에有用의人物이되기를必期ᄒᆞᆯ지니라

此脩業時代를當ᄒᆞᆫ學生은本分을守홈이第一先務ㅣ니學校에在ᄒᆞ야校則을謹守ᄒᆞ며教訓을恪遵ᄒᆞ며品行을端正히ᄒᆞ며學問을篤勵ᄒᆞ야一般青年에게模範을作ᄒᆞ면此ᄂᆞᆫ本分을能守ᄒᆞᄂᆞᆫ學生이라謂ᄒᆞᆯ지니라

第二課 學校

規則의注意

學校ᄂᆞᆫ一個人의家와如ᄒᆞ야敎師와學生은即父兄과子弟로同ᄒᆞᆫ지라然ᄒᆞ나一家에ᄂᆞᆫ但家風만守ᄒᆞ고通常文字로表示ᄒᆞᆫ規則은不要ᄒᆞ되一校에ᄂᆞᆫ多數人을集合ᄒᆞᆫ所인故로敎訓과校則等의注意ᄒᆞᄂᆞᆫ文字가有ᄒᆞ니라

此等文字ᄂᆞᆫ學生敎育上에切要ᄒᆞᆷ이實로學校의生命機關이라謂ᄒᆞᆯ지라若學生이學校의規律을紊亂히ᄒᆞ야校況을頽廢케ᄒᆞ면雖校舍ᄂᆞᆫ儼然이立ᄒᆞᆯ지라도其實은空殼을未免ᄒᆞ리니豈學生의相戒遵守ᄒᆞᆯ바ㅣ아니리오

學校의名譽及財産

學生은必自家의名譽財産을重히思ᄒᆞᄂᆞᆫ同一의精神으로써學校의名譽財産을保有ᄒᆞᆯ지니若放逸暴慢ᄒᆞ야學生의體面을瀆ᄒᆞ야他人의凌侮를招ᄒᆞ며學校에累辱을貽ᄒᆞ며器具를破ᄒᆞ며庭園을汚ᄒᆞ며或同學友에게不快ᄒᆞᆫ感情을生케ᄒᆞ면此ᄂᆞᆫ皆愛校의誠이乏ᄒᆞᆫ者ㅣ니學生의資格이無ᄒᆞ다謂ᄒᆞᆯ지니라

第三課 敬師

師의恩

敎師가學生을敎育ᄒᆞᆷ에當ᄒᆞ야日夜로心身을勞ᄒᆞ야學生으로ᄒᆞ야곰善良ᄒᆞᆫ人物이되기를希望ᄒᆞᄂᆞ니學生이其知識을發達ᄒᆞ며道德을涵養ᄒᆞ야人의人되ᄂᆞᆫ價値를增進ᄒᆞᆷ은實로敎師의賜ᄒᆞᆷ이니其恩惠의深重ᄒᆞᆷ을何로써報荅ᄒᆞᆯ고學生은師의敎訓을順從ᄒᆞ야恒常尊敬ᄒᆞᄂᆞᆫ心을不失ᄒᆞᆷ이可ᄒᆞ니라

服從及報恩

師의敎訓을受ᄒᆞᆷ에當ᄒᆞ야ᄂᆞᆫ學生이必虛己ᄒᆞ야其言을從ᄒᆞ되懶怠의心을勿生ᄒᆞ고疑難處가有ᄒᆞ거던到底히講問ᄒᆞ야事理를了解ᄒᆞᆷ이可ᄒᆞ고淺薄ᄒᆞᆫ思想으로師의志를徑自反抗ᄒᆞᆷ은決코不可ᄒᆞ니라學生이雖一朝에學校에셔受業을畢ᄒᆞ고他地位學藝에進ᄒᆞᆯ지라도舊師의恩을益益勿忘ᄒᆞ야有時候問ᄒᆞ며且學業이大成ᄒᆞᆯᄉᆞ록師의恩功을報酬ᄒᆞ기로用心ᄒᆞᆷ이可ᄒᆞ니如斯ᄒᆞ면弟子의職을修ᄒᆞᄂᆞᆫ者ㅣ라謂ᄒᆞᆯ지니라

第四課　立志

立志의必要

志者는心의向ᄒᆞ는바를謂ᄒᆞᆷ이니學業을修ᄒᆞ는者는立志로써第一을삼을지라若立志가不固ᄒᆞ면其所行이一定케不能ᄒᆞ야恒常些細ᄒᆞᆫ外物에牽動ᄒᆞ는바ㅣ되는故로道를學ᄒᆞ며事를成ᄒᆞ야後世에不朽ᄒᆞᆯ芳名을遺ᄒᆞ는人은幼時로브터其志가確固치아닌者ㅣ無ᄒᆞ니라

立志의道

志를立ᄒᆞᆷ은他人의强ᄒᆞᆯ바ㅣ아니오必須自己의感奮ᄒᆞ는바로從ᄒᆞ느니然ᄒᆞ나志가弱ᄒᆞᆫ者는雖一度感奮ᄒᆞᆷ이有ᄒᆞ더라도忽然外物에게精神을奪ᄒᆞ야挫折ᄒᆞᆷ을未免ᄒᆞ는故로終身勞苦ᄒᆞ나畢竟은毫末도成功ᄒᆞᆷ이無ᄒᆞ느니然ᄒᆞ나人은立志가非難이오堅忍不拔ᄒᆞ는精神으로써行ᄒᆞᆷ이難ᄒᆞ니學에有志ᄒᆞᆫ者는此를宜銘心ᄒᆞᆯ지니라

立志에愼重의必要

志를立ᄒᆞ고도能히遂치못ᄒᆞᆷ은立志의方向을誤ᄒᆞᆷ이라一時感情에制ᄒᆞᆫ바ㅣ되야輕率히自己의向ᄒᆞᆯ바를定ᄒᆞᆷ은最不可ᄒᆞ니一時感情으로써定ᄒᆞᆫ바는他日에又他感情으로써破ᄒᆞᆷ이될지라故로一生에方向을定ᄒᆞ는重大事件은宜父兄과師友에게質ᄒᆞ야其意見을求ᄒᆞ며他人의經驗을鑑ᄒᆞ야公平ᄒᆞᆫ考據를取ᄒᆞᆯ지니若不然ᄒᆞ면後日에至ᄒᆞ야噬臍ᄒᆞ야도不及ᄒᆞ리라

第五課　修學

素養의必要

凡世上事를但其結果로만見ᄒᆞᆯ진ᄃᆡ自然히起ᄒᆞ야偶然히成ᄒᆞᆫ否로思ᄒᆞᆷ직ᄒᆞ나必其原因의所由來를考ᄒᆞ면草木의開花結實ᄒᆞᆷ도日光雨露의恩과種植培養의功으로써成ᄒᆞ거든況立身興家ᄒᆞ야國家有用의器를成코져ᄒᆞᆯ진ᄃᆡ其素養이豈無ᄒᆞ리오故로人은必研智修德ᄒᆞ야後日에大成을期ᄒᆞᆷ이可ᄒᆞ니라

保始全終의道

人의性質은雖不同ᄒᆞ나學을修ᄒᆞ야知를致ᄒᆞ면賢者와智者됨을必得ᄒᆞ느니假令勝人ᄒᆞᆫ才藝가有ᄒᆞᆯ지라도其才만自恃

ᄒᆞ고勉勵치아니ᄒᆞ면其終은平凡ᄒᆞᆫ人보다劣ᄒᆞᆯ것이오魯鈍ᄒᆞᆫ輩라도勵精務學ᄒᆞ기를不止ᄒᆞ면成業ᄒᆞᄂᆞᆫ日이必有ᄒᆞᆯ지라故로修學의要ᄂᆞᆫ順序를遂ᄒᆞ야講究를久勤히ᄒᆞᆷ에在ᄒᆞ니凡學生은終始의念을學에專ᄒᆞ야進進不已ᄒᆞ면厥德의成就ᄒᆞᆷ을豈可量ᄒᆞ리오

第六課 專心

一生의成敗ᄂᆞᆫ在一日

人이斯世에在ᄒᆞ야日日로其行ᄒᆞᆯ事가甚多ᄒᆞᆫᄃᆡ睡眠과食飮等의時間을除ᄒᆞ면其餘景이無幾ᄒᆞ거ᄂᆞᆯ其間에學業을修ᄒᆞ며身體를鍊ᄒᆞ야他日에成業을欲期ᄒᆞᆯ진ᄃᆡ日日이猶不足ᄒᆞᆷ을感ᄒᆞᆯ지어ᄂᆞᆯ若今日의事를明日에推ᄒᆞ며明日의事를又明日에讓ᄒᆞ야時日을遷延ᄒᆞ면歲月이我로不與ᄒᆞᄂᆞ니奚暇에事業을成ᄒᆞᆷ이有ᄒᆞ리오故로平生의成敗ᄂᆞᆫ一日에在ᄒᆞ다ᄒᆞᆯ지로다然則一日의事를一日에行ᄒᆞᆯ진ᄃᆡ忘히他事ᄂᆞᆫ勿思ᄒᆞ고但所定ᄒᆞᆫ事로一心服膺ᄒᆞ되假令敎場에在ᄒᆞᆫ즉敎課에熱心

計劃及專心

ᄒᆞ고運動場에在ᄒᆞᆫ즉運動에專心ᄒᆞ야劃然히區別ᄒᆞᆫ時間을遷延ᄒᆞᆷ이無ᄒᆞᆯ지니若此를放過ᄒᆞ야一刻이라도虛擲ᄒᆞ면但學業에成就를無望ᄒᆞᆯ뿐아니라身體와精神이共不健全ᄒᆞᆫ域에陷ᄒᆞ리니故로心을專一히ᄒᆞᆷ은就業收功ᄒᆞᄂᆞᆫ樞機라謂ᄒᆞᆯ지라此少年時代의工夫를豈一日인ᄃᆞᆯ忽諸ᄒᆞ리오夏禹ᄂᆞᆫ聖人이로ᄃᆡ尙寸陰을是惜ᄒᆞ얏스니吾人은當分陰을勿放ᄒᆞᆯ지어라

第七課 勇氣

大勇小勇의別

勇은智仁勇三德의一이니人의一日도不可缺ᄒᆞᆯ者ㅣ라然ᄒᆞ나勇도大勇小勇의別이有ᄒᆞ니大勇은義理의正에出ᄒᆞᆷ인故로克己制私ᄒᆞ야大事를臨ᄒᆞᆷ에危險을不懼ᄒᆞ며困難을遇ᄒᆞ야도本領을勿失ᄒᆞ야確固不拔의精神으로ᄡᅥ其志를貫徹ᄒᆞᄂᆞ니此ᄂᆞᆫ君子의勇이오小勇은血氣의怒를使ᄒᆞᆷ인故로撫劍疾視ᄒᆞ야曰彼焉敢히我를當ᄒᆞ리오ᄒᆞ야些少의憤을忍치못

ᄒᆞ고其氣를暴動ᄒᆞ야前後를不顧ᄒᆞ고危險을徒冒ᄒᆞᄂᆞ니此ᄂᆞᆫ匹夫의勇이라然則學生은宜、堅確不拔의志로勇往直前의氣를養ᄒᆞ야雖、非常ᄒᆞᆫ危險을當ᄒᆞᆯ境遇라도決코其志를撓奪치勿ᄒᆞ고遠大의功을圖就ᄒᆞᆷ이眞勇이라謂ᄒᆞᆯ지오血氣의勇은裁制ᄒᆞᆷ이可ᄒᆞᆯ지니라

第八課 健康

健康은萬事의基本

人이健康ᄒᆞᆫ身體를有ᄒᆞᆷ은但、自己의幸福일ᄲᅮᆫ아니라實로萬事의基本이되ᄂᆞ니若、身體가虛弱ᄒᆞ야恒常、病床에呻吟ᄒᆞ고醫藥을不離ᄒᆞ면雖、如何ᄒᆞᆫ事業을成就ᄒᆞᆯ大志가有ᄒᆞᆯ지라도辛苦를徒增ᄒᆞᆷ에不過ᄒᆞᄂᆞ니라

健康을不注意ᄒᆞᄂᆞᆫ害

人이平日健康ᄒᆞᆯ時에ᄂᆞᆫ健康의幸福을深知키不能ᄒᆞ다가一朝에此、健康을失ᄒᆞᆫ、然後에야其身分上에損害됨을乃知ᄒᆞᄂᆞ니然則我等의每日學問을修得ᄒᆞᆷ도健康의賜ᄒᆞᆷ이오事業에服務ᄒᆞᆷ도亦健康의賜ᄒᆞᆷ이라若、攝養에注意치못ᄒᆞ야健康을

妨害ᄒᆞ면能히立身興家ᄒᆞ야國家에有用의人物을作ᄒᆞ기不得ᄒᆞ고或夭折ᄒᆞ거ᄂᆞ或不完全ᄒᆞᆫ廢人이되면此ᄂᆞᆫ但、自己의幸福을暴棄ᄒᆞᆫ人일ᄲᅮᆫ아니라實로不忠不孝의徒ㅣ라謂ᄒᆞᆯ지니라

第九課 飮食의攝養

飮食의注意

飮食은身體를維持ᄒᆞᄂᆞᆫ要素나或、過度ᄒᆞ면卽、身體를害ᄒᆞᄂᆞ니世上에饑餓를因ᄒᆞ야死亡ᄒᆞᄂᆞᆫ人도不無ᄒᆞ거니와暴飮暴食을因ᄒᆞ야身命을自喪ᄒᆞᄂᆞᆫ者도亦多ᄒᆞ니豈、飮食에注意치아니리오夫飮食物은身體의消耗를補益ᄒᆞᄂᆞᆫ者ㅣ라故로其物質의滋養이多ᄒᆞᆫ者를可타ᄒᆞᆯ지나其分量에至ᄒᆞ야ᄂᆞᆫ適中ᄒᆞᆷ을要ᄒᆞᄂᆞ니此、分量은過ᄒᆞᆷ보다寧、不足에止ᄒᆞᆷ이可ᄒᆞᆯ지라若、濃厚ᄒᆞᆫ食物을饞慾에任ᄒᆞ거나且一定ᄒᆞᆫ時外에間食을要ᄒᆞᆷ은甚히衛生에有害ᄒᆞ니라

飮食物의

人의腸胃ᄂᆞᆫ一回食料를消化ᄒᆞᆷ이約、四時間을要ᄒᆞᄂᆞ니若、先

分量

次食料의消化가及時치못ᄒᆞ야後次食料를又加ᄒᆞ면腸胃ᄂᆞᆫ其程度의機能을失ᄒᆞ야畢竟은疾病을致ᄒᆞᆷ이有ᄒᆞᆯ지니然則飮食에規律이無ᄒᆞ면身體의健康을失ᄒᆞᆯ뿐아니라且業務習慣에非常ᄒᆞᆫ害됨을難免ᄒᆞᆯ지니라

第十課　運動

運動의必要

身體의健康을維持ᄒᆞᆷ은飮食을中度케ᄒᆞᆷ이第一必要ᄒᆞ거니와且適宜ᄒᆞᆫ運動으로써身體各部를發達케ᄒᆞᆷ도十分尤要ᄒᆞ니라

體操와遊技

學校에當ᄒᆞᆫ諸種體操ᄂᆞᆫ筋肉과骨格의關係를研究ᄒᆞ야規定ᄒᆞᆫ者인故로身體發達上에最有功ᄒᆞ고其他各種의遊技도且健康에有益ᄒᆞ니恒常適度ᄒᆞᆫ遊技와運動으로써精神을爽快케ᄒᆞ며氣力을旺盛케ᄒᆞᆯ지니라

運動에對ᄒᆞ야靑年의注意ᄒᆞᆯ事ᄂᆞᆫ第一規則을不違ᄒᆞᆯ지니每日一定ᄒᆞᆫ時間을守ᄒᆞ야行ᄒᆞᆷ이必要ᄒᆞ니라

運動의過不及의害

平生에坐食不動ᄒᆞᆫ者ᄂᆞᆫ身體에非常ᄒᆞᆫ害를養ᄒᆞᆯ지오又或時時로急激過度ᄒᆞᆫ運動을行ᄒᆞᆷ도畢竟은危險에陷ᄒᆞᆯ지니可히深戒ᄒᆞᆯ바어니와其次ᄂᆞᆫ又長時間의運動을耽ᄒᆞ야心身을疲困케ᄒᆞᆷ도亦健康을保全ᄒᆞᆷ에其害가反有ᄒᆞ니라

運動의種類가各殊ᄒᆞ야其人人의嗜好ᄒᆞᆷ이一定키不能ᄒᆞ나第一은多數人의協力ᄒᆞᄂᆞᆫ遊戲가特趣味와裨益이多ᄒᆞ니라

運動場에셔注意ᄒᆞᆯ事

運動場은學生의元氣를養ᄒᆞᄂᆞᆫ處이라雖遊戲間이라도長幼가相助ᄒᆞ야他人의便益을勿害ᄒᆞ며禮讓을必守ᄒᆞᆯ지니然則校室에셔所學ᄒᆞᆫ善美의敎訓을運動場에셔可見ᄒᆞᆯ지니라

第十一課　休息及睡眠

休息의適當

人의身體와精神은間斷이無케使用ᄒᆞᆷ이不能ᄒᆞᆯ지라修學과運動等의疲勞가有ᄒᆞᆯ時에ᄂᆞᆫ必適當ᄒᆞᆫ休息을要ᄒᆞᆯ지나但休息의慾이安逸의思想을惹出ᄒᆞ야已의疲勞를恢復ᄒᆞᆫ後에도業務를厭ᄒᆞᄂᆞᆫ念이易生ᄒᆞᄂᆞ니故로時間을一定ᄒᆞ야毫分도

違越치勿홈이可ᄒᆞ니라

睡眠의定時

夜에睡眠은人의一大休息이니一日의疲勞를恢復홈에天然的必要라多數青年은八時間의穩睡를常要홀지나世人이或、多煩홈을因ᄒᆞ야休息의時間을吝ᄒᆞ며睡眠의時間을促ᄒᆞᄂᆞᆫ者도有ᄒᆞ나此ᄂᆞᆫ但、腦를傷害홀ᄲᅮᆫ이오事務에ᄂᆞᆫ毫末도利益이無ᄒᆞ니라

休息及睡眠의適度

然則人이此世에在ᄒᆞ야事務에奔走홀ᄉᆞ록尤、時間의規則을定ᄒᆞ야休息과睡眠을適度케ᄒᆞ고新銳氣로써業務의習慣을養홀지니豈暫時事爲의有益홈을耽ᄒᆞ야他日身體의妨害됨을不顧홀리오

第十二課　清潔

清潔의注意

飮食과同히直接으로吾人健康에影響을及케ᄒᆞᄂᆞᆫ者ᄂᆞᆫ身體、衣服、住居等의狀態니此를不潔홀時ᄂᆞᆫ往往、各種病毒이萠芽ᄒᆞ야使人으로不測ᄒᆞᆫ災에罹홀ᄲᅮᆫ아니라漸次、蔓延ᄒᆞ야他人

에게傳染홀慮가常多ᄒᆞ니라

身體及衣服住居

身體ᄂᆞᆫ時時沐浴ᄒᆞ야皮膚의表面을清潔히ᄒᆞ야排泄機能을勿妨ᄒᆞ며頭髮과爪甲을剪除ᄒᆞ며口腔을滌洗홈에注意홀지오衣服은大概、清潔홈을要홀지나特其襯衣에至ᄒᆞ야ᄂᆞᆫ恆常、新着홈이最可ᄒᆞ고住居ᄂᆞᆫ時時로內外를灑掃ᄒᆞ며寢具ᄂᆞᆫ日光에曝灑ᄒᆞ야新鮮ᄒᆞᆫ空氣를受ᄒᆞ되光線의過不足이無케홀지니總히清潔은衛生의根本이라身體를爽新케ᄒᆞ며精神을快活케ᄒᆞ고且清潔ᄒᆞᄂᆞᆫ習慣이秩序와勤勉等의工夫로더부러並行ᄒᆞ야人의暫時도怠忽치못홀者ㅣ니라

水와空氣와日光의必要

清潔이라稱홈은外面의姸醜홈을云ᄒᆞ거나一身의奢侈홈을謂홈이아니오但、不潔을去홈이니水와空氣와日光으로可得홀者ㅣ라若、美衣를着ᄒᆞ거나香料를用홈은衛生上에毫末도利益이無ᄒᆞ고學生의資格만反墜홀지니此를區別ᄒᆞ야故誤홈이無홀지어다

第十三課 鍛鍊

身體保護의適度

身體의健康을維持홈은攝養의法을守ᄒᆞ야衛生의道를善히홈이可ᄒᆞ나身體ᄂᆞᆫ原來外界變化의抵抵力을持ᄒᆞᆫ者ㅣ라若、身體를保護홈이其度에過ᄒᆞ야此、抵抗力을終失ᄒᆞ면反、脆弱에陷홀지니彼、暖室中에셔生長ᄒᆞᆫ草木은其、室外에셔長養치못홈과同一ᄒᆞᆫ理致라然則人은必、身體를鍛鍊ᄒᆞ야其抵抗力

鍛鍊의急激ᄒᆞᆫ害

의養홈을注意홀지나身體의鍛鍊은一朝一夕에急激히著有홀效力을不得홀者인즉爲先、容易ᄒᆞᆫ事를從ᄒᆞ야漸次로進行홀지니라

抵抗力은身體에無限히發達ᄒᆞᄂᆞᆫ者ㅣ아니오其強壯을從ᄒᆞ야生ᄒᆞᄂᆞᆫ者ㅣ니平時攝養의法을守홈이第一이오健康에無害ᄒᆞᆫ適度를計ᄒᆞ야鍛鍊의方法을探홈이其次ㅣ니라

筋骨腸胃皮膚

身體鍛鍊中에最、必要ᄒᆞᆫ者ᄂᆞᆫ運動이니運動은筋骨과腸胃를強健케ᄒᆞ며皮膚를堅全케ᄒᆞ야寒暑의抵抗ᄒᆞᄂᆞᆫ力을能養ᄒᆞᄂᆞ니惟、皮膚가薄弱ᄒᆞᆫ者ᄂᆞᆫ疾病에罹ᄒᆞ기易ᄒᆞᆫ故로冷水沐浴과冷水磨擦의方法으로써健全케홀지니라

第十四課 進取

進取의氣像

凡、學問과技藝를修홈은流水를溯行ᄒᆞᄂᆞᆫ舟와如ᄒᆞ야暫時懈怠ᄒᆞᆫ心으로搖櫓를捨ᄒᆞ면其退步홈을立見홀지라故로修學ᄒᆞᄂᆞᆫ人은恒常、志를高遠에置ᄒᆞ고前進不止ᄒᆞᄂᆞᆫ精神을養ᄒᆞ야其目的ᄒᆞᆫ바로向進홀지니若、此氣像을失ᄒᆞ면些少ᄒᆞᆫ困難에도其志를挫折ᄒᆞ야大成을期圖키不能ᄒᆞ고但、小得ᄒᆞᆫ事이有ᄒᆞ면此를自足타ᄒᆞᄂᆞ니然則慢心과懶惰ᄂᆞᆫ事를未成ᄒᆞᄂᆞᆫ強敵이라謂홀지니라

眞實의進取

進取라홈은徒然히前道에急進홈을謂홈이아니라假令、百里의路를行ᄒᆞ라면一步로브터進홈과如히大成의功을達코져ᄒᆞᄂᆞᆫ者ᄂᆞᆫ今日에一事를記ᄒᆞ고明日에一事를學ᄒᆞ야懶倦ᄒᆞᆫ志를永久히忘却ᄒᆞᄂᆞᆫ故로其成業의未速홈은勿憂ᄒᆞ고百折

不屈ᄒᆞ며百挫不撓ᄒᆞ야畢竟은初志에達ᄒᆞᄂᆞ니此를眞實ᄒᆞᆫ進取라謂ᄒᆯ지니라

第十五課 用心

自重의必要

人이生ᄒᆞᆷ의天賦의良能이固有ᄒᆞᆷ으로萬物中에最靈ᄒᆞᆫ者ㅣ라名稱ᄒᆞ나然ᄒᆞ나天賦의良能도自初로養修치아니ᄒᆞ면畢竟은其能力을失ᄒᆞ야其價値가禽獸에違ᄒᆞᆷ이不遠ᄒᆞᆫ지라故로修學養德ᄒᆞ야其價値를欲保ᄒᆯ진ᄃᆡ自己平生을自重ᄒᆞᄂᆞᆫ心이無치못ᄒᆯ지니人의一生은一瞬一刻의集合ᄒᆞᆫ者ㅣ라今日에送ᄒᆞᆫ日은平生을終ᄒᆞ야도不歸ᄒᆞ고昨日에過失은今日에至ᄒᆞ야追悔ᄒᆞ야도不及ᄒᆞᄂᆞ니然則平生用心을一瞬一刻이라도蹤忽치勿ᄒᆞ고克己專功으로過失을必愼ᄒᆯ지라此ᄂᆞᆫ自人人의注意ᄒᆯ바ㅣ나特其靑年時에此心을存養치못ᄒᆞ면自然惡習에易染ᄒᆞ야一生을誤了ᄒᆞᄂᆞᆫ故로凡事가始初를不愼ᄒᆞ면終末이未全ᄒᆞᄂᆞ니라

프링클닌氏의用心

美國프링클닌氏ᄂᆞᆫ微賤에起ᄒᆞ야大名을揚ᄒᆞᆫ人이라幼時로브터克己의精神이强ᄒᆞ고修德硏智의功이篤ᄒᆞ야一日도怠惰ᄒᆞᆷ이無ᄒᆞ더니其死에臨ᄒᆞ야言曰我가此世에還生ᄒᆞ더라도他道에踐ᄒᆞᆷ을不希라ᄒᆞ얏스니人이死에臨ᄒᆞ야ᄂᆞᆫ恒常悔恨의情을不堪ᄒᆞ거ᄂᆞᆯ프링클닌氏ᄂᆞᆫ平生의心을死後ᄭᆞ지用코져ᄒᆞ니實로稀罕ᄒᆞᆫ人이라謂ᄒᆯ지로다

第十六課 快活

快活及幽鬱

心이和平ᄒᆞᆫ人은事를臨ᄒᆞ야躕躇ᄒᆞᆷ이無ᄒᆞᆷ으로其所爲가肯綮에中ᄒᆞ야功을能收ᄒᆞ고心이幽鬱ᄒᆞᆫ人은事를臨ᄒᆞ야危懼를懷ᄒᆞᆷ으로其所爲가顚眄에止ᄒᆞ야業을鮮成ᄒᆞᄂᆞ니和平과幽鬱은或、姿性을隨ᄒᆞ야不同ᄒᆞᆷ이有ᄒᆞ나大抵、身體를健護ᄒᆞ야自信의念이厚ᄒᆞ고果斷의精神이多ᄒᆞᆫ者ᄂᆞᆫ事業이日進ᄒᆞ야心이恒常、快活ᄒᆯ지오若、躁急의性이過ᄒᆞ고忍耐의力이乏ᄒᆞᆫ者ᄂᆞᆫ事業이日退ᄒᆞ야幽鬱에益陷ᄒᆞ리니人은必、攝養에注

意ᄒᆞ야身體의健康을自謀ᄒᆞ며本分을安守ᄒᆞ야事業의效果를永收홀지라然ᄒᆞ나快活과浮薄은決코混同키不可ᄒᆞ니浮薄ᄒᆞᆫ人은自已의職務를盡ᄒᆞ야將來의結果를不企ᄒᆞ고但、目前의快樂으로써滿足라ᄒᆞᄂᆞ니此ᄂᆞᆫ後日에至ᄒᆞ야悔及홈을難免홀지로다

快活과浮薄의異点

第十七課 娛樂

娛樂의必要

長時間을同一ᄒᆞᆫ事에服務ᄒᆞ면自然倦怠의心이生ᄒᆞ야事務를執ᄒᆞ기不能홀ᄲᅮᆫ아니라若、强行에至ᄒᆞ면精神의萎靡를致ᄒᆞᄂᆞ니必、時間을豫定ᄒᆞ야事務를交換ᄒᆞ고有時로快活ᄒᆞᆫ遊戲를行ᄒᆞ야疲勞ᄒᆞᆫ精神을休養홀지라然ᄒᆞ나且、娛樂을耽ᄒᆞ야時間을空費ᄒᆞ면事務를廢홈이倦怠에不止ᄒᆞᆫ즉吾人은勤勉과娛樂의程度를適當히定ᄒᆞ야一方에偏倚치아니홈을努力홀지니라

娛樂을宜

大抵、樂을供ᄒᆞᄂᆞᆫ者ᄂᆞᆫ其數가不一ᄒᆞ야或、高尙ᄒᆞᆫ者도有ᄒᆞ며

選擇

或、賤卑ᄒᆞᆫ者도有ᄒᆞ니其賤卑ᄒᆞᆫ者ᄂᆞᆫ人의品性을害ᄒᆞ야懦弱의惡習을生케ᄒᆞ며社會에害毒을流케홀慮가不無ᄒᆞᆫ즉此를最、注意홀바ㅣ오其高尙ᄒᆞᆫ者ᄂᆞᆫ人의嗜好를適當케ᄒᆞ며健康을裨益케ᄒᆞ야其娛樂의效가社會에及케홀지니豈、快活ᄒᆞᆫ者ㅣ아니리오然홈으로或、天然의風景을愛ᄒᆞ며淸高의音樂을喜홈은最、人의品性에適當ᄒᆞᆫ者ㅣ오且、勝敗를爭ᄒᆞᄂᆞᆫ遊戲도不可홈은不是로ᄃᆡ或、耽念에惑ᄒᆞ야賤卑에陷ᄒᆞ기易ᄒᆞ니此에當ᄒᆞ야ᄂᆞᆫ特、注意홈이可ᄒᆞ니라

第十八課 言語

言語의修鍊

言語ᄂᆞᆫ已의意思를人에게傳ᄒᆞᄂᆞᆫ樞機라其語調와話柄의態度로由ᄒᆞ야人物의一端을表示ᄒᆞᄂᆞᆫ者인故로人은恒常、此를修鍊ᄒᆞ야應對홀際에談話의要領을務得ᄒᆞ되發音을明晰히ᄒᆞ고語調를簡端히ᄒᆞ며且、狀態의眞率을著見ᄒᆞ야聽者로ᄒᆞ야곰深히感動의心을起케홈이必要홀지오若、聲音이促雜ᄒᆞ

言語의必愼

고語調가溢晦ᄒᆞ면雖其言論에相當ᄒᆞᆫ理由가有ᄒᆞ야도畢竟은聽者로ᄒᆞ야곰其頭緖를未曉ᄒᆞᆯ지니其意見을貫徹ᄒᆞᆷ에困難이豈無ᄒᆞ리오然ᄒᆞ나言語ᄂᆞᆫ一文具에不過ᄒᆞᆫ즉必須其品行을高尙히ᄒᆞ며事理를分明히ᄒᆞ야自信의心을養ᄒᆞᆯ지라若其言論이棄本騶末ᄒᆞ야實相이無ᄒᆞ면雖懸河의雄辯이如何히巧敏ᄒᆞᆯ지라도畢竟은交際上에價値가無ᄒᆞᆫ바를發表ᄒᆞ야人의凌侮를招ᄒᆞᆯ지니此ᄂᆞᆫ寧寡默의止ᄒᆞᆷ만不如ᄒᆞ니라

且言語ᄂᆞᆫ口에셔一出ᄒᆞ면更收키不能ᄒᆞ니人은必話柄을擇ᄒᆞ야應接의禮를守ᄒᆞ되妄히無用의言을弄ᄒᆞ야不測의禍를勿招ᄒᆞᆯ지어다古語에云ᄒᆞ되言出如箭ᄒᆞ야一入人耳ᄒᆞ면有力難拔이라ᄒᆞ니라

第十九課 言語(續)

談話ᄒᆞᆯ際에平生審愼ᄒᆞᆯ者ᄂᆞᆫ虛妄의言이니大小事를勿論ᄒᆞ고虛言을發ᄒᆞᄂᆞᆫ人은自信의道를失ᄒᆞᆫ者ㅣ라故로已의價格

三愆의宜戒

을墜ᄒᆞ며人의信用을失ᄒᆞᆯ지오且人言을輕信ᄒᆞ야事의實否를不究ᄒᆞ고卽時人에게傳播ᄒᆞ면其結果ᄂᆞᆫ虛妄에歸ᄒᆞᆯ지며且他人의秘密을發ᄒᆞ며或過失을彰ᄒᆞ며又或自已의美事를誇說ᄒᆞᆷ은賤卑를自表ᄒᆞᄂᆞᆫ者ㅣ라聽者에게毫末도利益이無ᄒᆞ고徒自已의品行을損傷ᄒᆞᆷ에止ᄒᆞᄂᆞ니라

且他人으로接語ᄒᆞᆷ에三愆의戒가有ᄒᆞ니人의言이未終ᄒᆞ야셔可否를不察ᄒᆞ고突然忘議ᄒᆞ야誤失을指摘ᄒᆞ거나或言辭의末을鈞ᄒᆞ야空然詰問ᄒᆞ거나或自已의言을聽케ᄒᆞ기爲ᄒᆞ야獨自辯論ᄒᆞ고他人의口를勿開케ᄒᆞᄂᆞᆫ等事ㅣ니此ᄂᆞᆫ人의感情을觸ᄒᆞ야不快的思想을懷케ᄒᆞᄂᆞᆫ非禮의行實이오且滑稽를演ᄒᆞ야他人의喜笑를買코져ᄒᆞᆷ은最賤卑ᄒᆞᆫ事이라足히可言ᄒᆞᆯ바ㅣ無ᄒᆞ니必與人接語ᄒᆞᆯ時에其人言의終末을俟ᄒᆞ야意見을開陳ᄒᆞᆷ이可ᄒᆞ니라

第二十課 動作

動止를愼重ᄒᆞᆫ方法

動作도亦,言語와同히人의品行을外樣에表示ᄒᆞᄂᆞᆫ者ㅣ니不常에坐作進退를愼ᄒᆞ야端正ᄒᆞᆫ態度와莊重ᄒᆞᆫ威儀를持ᄒᆞᆯ지라君,處身이粗•野ᄒᆞ거나或,輕踈ᄒᆞ야禮節에違ᄒᆞ며容式을失ᄒᆞ면人에게輕侮를受ᄒᆞ며憎惡를取ᄒᆞ야世上에容立키難ᄒᆞ니라

凡,人이事를當ᄒᆞ거던先히沉靜ᄒᆞᆫ心界로事理를熟思ᄒᆞ고人을對ᄒᆞ거던雍容ᄒᆞᆫ氣色으로親切ᄒᆞᆫ意思를表ᄒᆞ면其行事ᄒᆞᆷ에狼狽가無ᄒᆞᆯ뿐더러且過失을招ᄒᆞᆷ이少ᄒᆞ리라

虛飾僞善의賤卑

凡,動作은精神으로從ᄒᆞ야發表ᄒᆞᄂᆞᆫ形인故로精神을養ᄒᆞ야誠意에發ᄒᆞᄂᆞᆫ者ᄂᆞᆫ能히節度에中ᄒᆞ고儀式에合ᄒᆞᆯ지오精神을自勵치아니ᄒᆞ고外形만徒飾ᄒᆞ야人의贊賞을要코져ᄒᆞᄂᆞᆫ者ᄂᆞᆫ反,虛飾僞善의人을作ᄒᆞᆯ지라故로人은恒常動作에注意ᄒᆞ야其未及ᄒᆞᆫ바가有ᄒᆞᆯ時ᄂᆞᆫ內省ᄒᆞ야其本을正케ᄒᆞᆯ지니然ᄒᆞᆫ故로君子ᄂᆞᆫ其不聞에恐懼ᄒᆞ며其不覩에戒愼ᄒᆞ야禮가아니면動치아니ᄒᆞᆫ다ᄒᆞ니라

第二十一課　容儀

衣冠의必正

古箴에曰其衣冠을正ᄒᆞ며其瞻視를尊ᄒᆞ라ᄒᆞ니人이其言語와動作을愼ᄒᆞᆯ지나其身邊에着ᄒᆞᄂᆞᆫ衣冠도適中ᄒᆞᆷ이可ᄒᆞ니或,流俗을逐ᄒᆞ야奢侈가過度ᄒᆞᆷ은不可ᄒᆞ거니와世人이謂ᄒᆞ기를衣冠에注意ᄒᆞᆷ은邊幅을修ᄒᆞᄂᆞᆫ者ㅣ라ᄒᆞ야或,故意로弊衣破冠을着ᄒᆞᄂᆞᆫ者도有ᄒᆞ니此ᄂᆞᆫ過儉이非禮라ᄒᆞᆯ지라豈,有識者의排斥을得免ᄒᆞ리오

服裝은身分을表示

衣冠은元來寒暑를防護ᄒᆞᆯ뿐아니라其人의身分을表示ᄒᆞᄂᆞᆫ者인故로人은恒常,其地位를應ᄒᆞ야服裝을適當케ᄒᆞ되特,學生에至ᄒᆞ야ᄂᆞᆫ其學校의規定을守ᄒᆞ야質素淸潔ᄒᆞᆫ者를用ᄒᆞ고態度를謹嚴히ᄒᆞ야學生의品格을勿墜케ᄒᆞᆷ이最可ᄒᆞ니라

服裝의精神及影響

衣冠을正히ᄒᆞ고態度를謹히ᄒᆞᆷ은精神修養上에其影響을及ᄒᆞᆷ이言語動作과同ᄒᆞᆫ者ㅣ니人은其容儀를整히ᄒᆞ고態度를

肅히ᄒ면志操도自然介潔ᄒ야邪念을除却ᄒᆯ지라故로詩에云ᄒ되抑抑ᄒᆫ威儀여維德의隅라ᄒ니라

第二 朋友에對ᄒᄂᆞᆫ注意

第二十二課 朋友

交友의必擇

朋友ᄂᆞᆫ五倫의一이라信으로써相交ᄒ며仁으로써相輔ᄒ며德으로써相鄰ᄒ며文으로써相會ᄒᄂᆞ니故로居ᄒᆷ에其所親을視ᄒ다ᄒᆷ이此를謂ᄒᆷ이라人이平素에益友를交ᄒ면良善ᄒᆫ人을成ᄒ고損友를交ᄒ면卑劣ᄒᆫ人에歸ᄒᆯ지니此而間에擇定ᄒ야益者를從學ᄒ고損者를責善ᄒ야友道의實益을注意ᄒᆯ지니라

學友의相交

同學의友ᄂᆞᆫ年紀도同ᄒ고目的도同ᄒᆫ人으로一學校內에서一教師를從事ᄒᄂᆞᆫ者ㅣ라故로胸을披露ᄒ고心界를相許ᄒ며手를提携ᄒ고學業을相勵ᄒ야學校나教師에게未得ᄒᆫ効益을同學友에게得ᄒᆷ이有ᄒᆯ지오且人이其學業을了ᄒ면世界에立ᄒ야恒常他人과事業을共히ᄒᆯ지니若交際를不善히ᄒ야協力이一致가無ᄒ면事의成就ᄒᆷ을豈得ᄒ리오故로學生이學校에在ᄒ야互相히敬長愛幼ᄒ며獎善遠惡ᄒ며苦痛을相救ᄒ며遊戲를同樂ᄒ야切磋琢磨의功을積ᄒᆷ은後日社會에立ᄒᆯ鍊習이라可謂ᄒᆯ지니라

競爭心의不德

同學의友ᄂᆞᆫ如似히有助ᄒᆫ者인즉其所長을見ᄒ면相尊ᄒ며其所短을見ᄒ면相輔ᄒᆷ이可ᄒ나或些少ᄒᆫ競爭心을因ᄒ야他의短處를喜ᄒ고長處를嫉ᄒ며或甚ᄒᆫ者ᄂᆞᆫ排擠ᄒᆷ을無憚ᄒᄂᆞ니此ᄂᆞᆫ至劣ᄒᆫ品行이오至險ᄒᆫ心術이라然ᄒᆫ즉人은宜奮勵淬勉ᄒ야何事던지他人에게卑劣ᄒᆷ이無ᄒ도록期ᄒᆯ지니此ᄂᆞᆫ人의價値를不失ᄒᄂᆞᆫ者ㅣ라學에有志ᄒᆫ者ᄂᆞᆫ此理를必辨ᄒᆯ지어다

第二十三課 信義

交道의信

信義ᄂᆞᆫ交人의最切要ᄒᆫ元符라故로與人相友ᄒᆷ에其謀를必

義

約束에勿輕

忠히ᄒᆞ며然諾을必重히ᄒᆞ야本分에根出ᄒᆞᆫ誠意로써交道의標準을立ᄒᆞᆷ은大丈夫의事이라固當人人이勉行ᄒᆞᆯ바ㅣ어니와若、約言이有ᄒᆞ고도不踐ᄒᆞ며過失을知ᄒᆞ고도不規ᄒᆞ며困難을見ᄒᆞ고도不救ᄒᆞ며自己의利益만事事ᄒᆞ고他人의損害ᄂᆞᆫ不顧ᄒᆞ면豈、交道에比立ᄒᆞ기를得ᄒᆞ리오且、阿諛便佞의巧舌로人의甘心을欲買ᄒᆞᄂᆞᆫ者ᄂᆞᆫ交際上에最、賤卑ᄒᆞᆫ人이라謂ᄒᆞᆯ지니라

然ᄒᆞ나信義로써交際ᄒᆞ야人에게結約ᄒᆞᆷ을當ᄒᆞ야ᄂᆞᆫ已의地位를思ᄒᆞ며他의力量을度ᄒᆞ야萬全의定算으로踐言ᄒᆞᆷ을必愼ᄒᆞᆯ지니若、輕率히許約ᄒᆞ얏다가我의力量이未及ᄒᆞ던지或、他에게見欺ᄒᆞᆯ時ᄂᆞᆫ後悔ᄒᆞ야도無及ᄒᆞ리라

人이能히約言을踐ᄒᆞ며信誓를守ᄒᆞᆷ은但、交際上에正當ᄒᆞᆯ뿐아니라此에德行을可見ᄒᆞᆯ지오且、惡ᄒᆞᆫ者의巧誘를斷然히排斥ᄒᆞ야友로ᄒᆞ야곰其過失을飜然히改悟케ᄒᆞᆷ도亦、道德의行

信義의効力

이니此ᄂᆞᆫ雖、敵國의人이라도其、信義를必服ᄒᆞᆯ지라記에云、信은甲冑오義ᄂᆞᆫ干櫓라ᄒᆞᆷ이豈、此를謂ᄒᆞᆷ이아니리오

第二十四課　協同

同學의協力

人의品性과才能은當初브터善良ᄒᆞᆫ者라도必、自己의工夫를修養ᄒᆞ고他人에協同을賴助치아니ᄒᆞ면完全ᄒᆞᆫ人을難成ᄒᆞᆯ지라蓋、同學의友ᄂᆞᆫ目的이相同ᄒᆞ며心情이相通ᄒᆞ며其長을互進ᄒᆞ며其短을胥補ᄒᆞᆯ뿐아니라學業上에對ᄒᆞ야도自己의未解ᄒᆞᆷ을就質ᄒᆞ며他人의有疑ᄒᆞᆷ을相辨ᄒᆞᆷ으로學이日로博ᄒᆞ며業이日로廣ᄒᆞ야其進步의著效를可期ᄒᆞᆯ지오特、性品에關ᄒᆞ야ᄂᆞᆫ同友의助力이尤大ᄒᆞ니人의性癖의缺點은自覺키甚難ᄒᆞᆫ者오設或、覺得ᄒᆞᆫ者ㅣ有ᄒᆞᆯ지라도自改키亦難ᄒᆞ거ᄂᆞᆯ若、傍에誠意로써勸勉ᄒᆞᄂᆞᆫ親友가有ᄒᆞ야我를皷舞ᄒᆞ며我를戒責ᄒᆞ면畢竟은其缺點을棄ᄒᆞ고善域에臻ᄒᆞᄂᆞ니라

且、小ᄒᆞᆫ즉憂愁를共苦ᄒᆞ고慶福을同樂ᄒᆞ며大ᄒᆞᆫ즉危亂에共

協同의自立

赴ᄒᆞ고死生을同誓ᄒᆞᄂᆞᆫ友가有ᄒᆞᄂᆞ니此ᄂᆞᆫ協同의力을養ᄒᆞ야信義의元素를成ᄒᆞᆫ者ㅣ라故로家에在ᄒᆞ야ᄂᆞᆫ志槩를高尙히ᄒᆞ고社會에立ᄒᆞ야ᄂᆞᆫ團體를結合ᄒᆞ면百般事業을經營ᄒᆞᆷ에最必要ᄒᆞ니라

然ᄒᆞ나協同이라ᄒᆞᆷ은烏合의徒와如히附從ᄒᆞ거나黨同ᄒᆞᄂᆞᆫ者ㅣ아니오其自立의精神으로써信義를踐行ᄒᆞᄂᆞᆫ者를謂ᄒᆞᆷ이니人은當然히智襟을廣히ᄒᆞ야嫌惡를能容ᄒᆞ며且本領을謹守ᄒᆞ야邪惡을能抗ᄒᆞ면是를眞信義의協同이라謂ᄒᆞᄂᆞ니라

第二十五課 禮讓

全交의道ᄂᆞᆫ禮讓에在ᄒᆞᆷ

信義를尊重ᄒᆞ며協力을一致ᄒᆞᆷ은朋友를交ᄒᆞᄂᆞᆫ道ㅣ니若禮讓으로써此에不加ᄒᆞ면交를完全ᄒᆞ기不能ᄒᆞᆯ지라大抵何人이던지結交가日淺ᄒᆞᆫ時ᄂᆞᆫ互相己心을抑制ᄒᆞ야言語와動作을必愼ᄒᆞ다가交誼가旣深ᄒᆞᆷ을從ᄒᆞ야ᄂᆞᆫ謹愼의態度를漸失ᄒᆞ야自意를恣行ᄒᆞ며非禮를莫省ᄒᆞᆷ으로終乃에ᄂᆞᆫ感情을觸ᄒᆞ야目을反ᄒᆞ고相惡ᄒᆞᆷ에至ᄒᆞᄂᆞ니故로交契가漸深ᄒᆞᆯᄉᆞ록禮讓을益重히ᄒᆞ야久而敬之ᄒᆞᆷ을注意ᄒᆞᆯ지니라

禮讓의根本은精神에在ᄒᆞᆷ

禮讓은外樣으로見ᄒᆞ면言語動作에著現ᄒᆞᆫ者ㅣ나其實을究ᄒᆞ면己의誠心恭敬을表ᄒᆞ야他의便益幸福을計ᄒᆞ며且使人으로不快의念을勿懷케ᄒᆞᄂᆞᆫ精神에基本ᄒᆞᆷ이라若內修의精神이無ᄒᆞ고但外樣만粧撰ᄒᆞ면虛僞의徒와阿諛의人을作ᄒᆞ야有志者의指彈을難免ᄒᆞᆯ지니人은恒常他의所長을見ᄒᆞ거던禮讓으로써尊敬ᄒᆞ며他의所短을見ᄒᆞ거던誠心으로써誘導ᄒᆞ야百年의友로더브러一朝의誼를勿失ᄒᆞ면其交를永久히不渝ᄒᆞᆯ지니라

第三 家庭에注意

第二十六課 家庭

家庭의關

家庭은人間에自然ᄒᆞᆫ愛情으로써結合ᄒᆞᆫ團體ㅣ니父母兄弟

係

姊妹는尤特別ᄒᆞᆫ關係가有ᄒᆞᆫ骨肉의至親이라世上에樂事가無窮ᄒᆞᆯ지라도家庭에過ᄒᆞᆯ者ㅣ無ᄒᆞ니라

人이社會에出ᄒᆞ야各種業務에服事ᄒᆞᆷ익終日勞苦ᄒᆞ다가日暮歸家ᄒᆞ야家族의慰를受ᄒᆞ면頓히勞苦를忘ᄒᆞ고英氣를恢復ᄒᆞᆯ지오且遐鄕에離ᄒᆞᆫ者ㅣ學業에服務ᄒᆞ야閱月勤苦ᄒᆞ다가父母兄弟의問信을見ᄒᆞ면可히勤苦를忘ᄒᆞ고悅樂을得ᄒᆞᆯ지니라

家庭의和樂

彼性質이執拗ᄒᆞ야惡을行ᄒᆞ며罪를犯ᄒᆞ는人을見ᄒᆞ라全히幼時에父母를失ᄒᆞ야溫和ᄒᆞᆫ家庭의恩光을涵浴치못ᄒᆞᆫ者거나或家庭이紊亂ᄒᆞ야父父子子의團欒과家庭見聞의敎訓을不知ᄒᆞ는者ㅣ니라

平和

然ᄒᆞᆫ故로家庭의最必要ᄒᆞᆫ者는平和ㅣ니和는一家의春이라其根本은何에在ᄒᆞᆫ고家族이各其職分을守ᄒᆞ야互相愛護ᄒᆞ며互相扶助ᄒᆞ야上下秩序로ᄒᆞ야곰井然不紊케ᄒᆞᆷ에在ᄒᆞ니라

愛情及恭敬

何人이던지親子兄弟의愛情을不持ᄒᆞᆫ者ㅣ豈有ᄒᆞ리오마는若恭敬의心을欠缺ᄒᆞ야溺愛偏蔽의弊가有ᄒᆞ거나或各自我意를恣行ᄒᆞ야感情의衝突을生ᄒᆞ면畢竟은非常ᄒᆞᆫ失和에陷ᄒᆞᆷ을難免ᄒᆞᆯ지오且一家는老小男女의集合ᄒᆞᆫ處이라故로互相히其能力을從ᄒᆞ야一家의事業을分擔ᄒᆞ며互相히其協同을成ᄒᆞ야一家의幸福을增進케ᄒᆞᆯ지라故로家가和ᄒᆞ면萬事가成ᄒᆞᆫ다ᄒᆞ니라

家族이團을成ᄒᆞ야居生ᄒᆞᆷ에는禮讓의風을必尙ᄒᆞᆯ지니自已의快樂을後에ᄒᆞ고傍人의幸福을先에ᄒᆞ면自己의快樂은不求ᄒᆞ야도自至ᄒᆞᆯ지라一家의和樂이豈此로從由치아니ᄒᆞ리오

第二十七課　孝道

父母의恩

人이世間에生ᄒᆞ야頭角이稍長ᄒᆞᆯᄉᆞ록父母의劬勞ᄒᆞ신恩을必思ᄒᆞᆯ지라父母가我를鞠養ᄒᆞ며我를撫育ᄒᆞᆯ時에旨美ᄒᆞᆫ食

으로我의飢를療케ᄒᆞ며乾燥ᄒᆞᆫ席으로我의睡를穩케ᄒᆞ고寒暑를適度케ᄒᆞ며疾病을惟憂ᄒᆞ야艱苦를備嘗ᄒᆞ고一日도放心치못ᄒᆞ다가及其成長ᄒᆞ야ᄂᆞᆫ賢師를選ᄒᆞ야敎訓을受케ᄒᆞ며益友를擇ᄒᆞ야交遊를結케ᄒᆞ고其成業ᄒᆞᆫ後라도恒常當身의衰老ᄒᆞᆷ을忘ᄒᆞ고兒子를爲ᄒᆞ야前程을善導ᄒᆞᄂᆞ니我等이今日에有ᄒᆞᆫ此身體髮膚와衣食生活이皆父母의賜ᄒᆞ신바ㅣ라人子가되야如何ᄒᆞᆫ業을成ᄒᆞ던지此鴻恩의萬一을圖報ᄒᆞᆷ이可ᄒᆞ니라

孝行의要旨

父母에게孝ᄒᆞᄂᆞᆫ道가甚廣ᄒᆞ나惟養志로써爲主ᄒᆞᄂᆞ니故로其膝下에在ᄒᆞ야ᄂᆞᆫ誠意를竭ᄒᆞ야敬愛를致ᄒᆞ고敎誨를守ᄒᆞ며命令을從ᄒᆞ며容貌를愉히ᄒᆞ며言語를和히ᄒᆞ야恒常父母의心을怡悅케ᄒᆞᆷ이可ᄒᆞ나然ᄒᆞᄂᆞ修學習業ᄒᆞ야立身興家코져ᄒᆞᆯ진ᄃᆡ不得已父母의膝下를辭ᄒᆞ고遠遊ᄒᆞᆷ을不免ᄒᆞᆯ지니此時를當ᄒᆞ야ᄂᆞᆫ父母에게晨昏으로安慰ᄒᆞ던定省을闕ᄒᆞ고父母로ᄒᆞ야곰反히倚閭ᄒᆞᄂᆞᆫ憂를貽ᄒᆞᆯ지라故로父母의繼學케ᄒᆞᄂᆞᆫ志를恒念ᄒᆞ야勵精修業ᄒᆞ고時便을隨ᄒᆞ야父母의安否를數問ᄒᆞ며休暇를乘ᄒᆞ야歸覲을必行ᄒᆞᆯ지니此ᄂᆞᆫ修學中에在ᄒᆞᆫ孝道ㅣ니라

第二十八課 友愛

兄弟姊妹의親

兄弟ᄂᆞᆫ同父母에게生ᄒᆞ야同家庭에셔長ᄒᆞᆫ者인故로其親愛ᄒᆞᆷ이父母의次ㅣ라盖父母가子女를愛ᄒᆞᆷ은甲乙이無ᄒᆞᄂᆞ니兄弟姊妹가長幼의序를正ᄒᆞ고親愛의誼를篤히ᄒᆞ야一家에和氣를充滿케ᄒᆞᆷ은父母의最喜ᄒᆞᄂᆞᆫ者ㅣ니志를養ᄒᆞᆷ이此에過ᄒᆞᆫ者ㅣ豈有ᄒᆞ리오

兄弟相愛ᄂᆞᆫ孝親의道

且人生은命이有ᄒᆞ니父母의長久히生存ᄒᆞᆷ을難期ᄒᆞᆯ지라其死後를當ᄒᆞ면天地間에兄弟姊妹와如히親愛ᄒᆞᆫ者ㅣ更無ᄒᆞᄂᆞ니長者ᄂᆞᆫ少者를慈ᄒᆞ고少者ᄂᆞᆫ長者를敬ᄒᆞ야互相히友愛의情을盡ᄒᆞᆯ지나若其道를反ᄒᆞ야互相히目을睨ᄒᆞ며互相히

增에閱ᄒᆞ면家庭의不幸ᄒᆞᆷ이此에加大ᄒᆞᆫ者ㅣ豈有ᄒᆞ리오然ᄒᆞᆷ으로兄弟된者ᄂᆞᆫ已往에父母의膝下에서愛育을同被ᄒᆞ고遊戱를同樂ᄒᆞ던情愛를常憶ᄒᆞ야終生토록其幸福을相扶ᄒᆞᆯ지니라

勸勉과諫戒

骨肉의親에傷恩ᄒᆞᆷ을見ᄒᆞ건ᄃᆡ每其親押에慣習ᄒᆞ야禮를失ᄒᆞ며或、小利에拘執ᄒᆞ야情을害ᄒᆞᄂᆞ니禮를相失ᄒᆞᆷ은不快의念을懷케ᄒᆞᆷ이오利를獨專ᄒᆞᆷ은競爭의心을生케ᄒᆞᆷ이라然ᄒᆞ나財寶ᄂᆞᆫ一失ᄒᆞ야도更得ᄒᆞ기容易ᄒᆞ거니와骨肉은一離ᄒᆞ면更求키甚難ᄒᆞᄂᆞ니易得ᄒᆞᆯ財寶를爲ᄒᆞ야難求ᄒᆞᆯ骨肉을失ᄒᆞᆷ은輕重을不知ᄒᆞᆷ이甚ᄒᆞᆫ者ㅣ라世에或、不幸히不友의兄이有ᄒᆞ며不悌의弟가有ᄒᆞᆯ지라도是ᄂᆞᆫ暫時父母의遺體를不思ᄒᆞᄂᆞᆫ者니宜、相勸相勉ᄒᆞ며互諫互戒ᄒᆞ야當者로ᄒᆞ야곰悔悟의心을復케ᄒᆞ며父母의名으로ᄒᆞ야곰汚辱을勿及케ᄒᆞᆯ지니라

第二十九課　祖先及家系

祖先을尊ᄒᆞᆷ은我國의美風

祖先을尊ᄒᆞ며家系를重히ᄒᆞᆷ은我國의傳來ᄒᆞᄂᆞᆫ一美風이니子孫된者의當然히勉勵ᄒᆞᆯ者ㅣ라蓋、我國의民은或、箕子의後孫이며或、新羅의貴胄이며或、高麗以來로勳忠의世胄ㅣ며或、開國ᄒᆞ던初에
皇業을扶翼ᄒᆞᆫ功勞가有ᄒᆞ거나或、
列聖朝의危難을平定ᄒᆞᆫ忠烈이有ᄒᆞ거나或、
皇室을保護ᄒᆞᆫ著蹟이有ᄒᆞ거나或、名世大儒의文化를闡發ᄒᆞᆫ人의苗裔라然則國君을爲ᄒᆞ야忠愛를欲盡ᄒᆞᆷ은卽、祖先을尊敬ᄒᆞᄂᆞᆫ思想으로善繼善述ᄒᆞᄂᆞᆫ責任이有ᄒᆞᆫ所以니라我國은開國以來로國運이隆昌ᄒᆞ야聖子神孫의
皇統이綿連ᄒᆞ샤能히內國의威를自立ᄒᆞ고文明의化를克啓ᄒᆞ얏스니此ᄂᆞᆫ皆、我等祖先이忠君愛國의精神으로左右輔弼의勞勤에由ᄒᆞᆷ이라我等이幸히此祖先의子孫으로此國土에生ᄒᆞ얏슨즉可히祖先의功業을追慕ᄒᆞ며祖先의名譽를繼承

칠아니ᄒᆞ리오

第三十課 祖先及家系(續)

家系의承襲

一家ᄂᆞᆫ始祖가一次創興ᄒᆞ면其系統이千萬世에至ᄒᆞ기ᄭᆞ지永遠히傳ᄒᆞᄂᆞ니此를云ᄒᆞ되家系ㅣ라吾等各人은此家系를承繼ᄒᆞ야後代에傳襲케ᄒᆞᆯ진ᄃᆡ祖先과子孫에對ᄒᆞᆫ責任이豈不重타云ᄒᆞ리오若其道를戾ᄒᆞ고其行을悖ᄒᆞ야人된義務를欠缺ᄒᆞᆷ은家系에汚點을遺ᄒᆞᄂᆞᆫ者ㅣ니此ᄂᆞᆫ上으로祖先에對ᄒᆞ야不孝의罪를得ᄒᆞ고下으로子孫에對ᄒᆞ야垂裕의謨를失ᄒᆞᄂᆞᆫ者ㅣ라故로詩에云호ᄃᆡ爾祖를毋念가厥德을聿修어다ᄒᆞ니라

祖先의遺物

然則祖先으로브터傳ᄒᆞᄂᆞᆫ敎訓의册子나或緊重ᄒᆞᆫ物品을善히保管ᄒᆞ야子孫에게世傳ᄒᆞᆯ지니此ᄂᆞᆫ各人이其家에對ᄒᆞᄂᆞᆫ要務ㅣ라ᄒᆞᆯ지라雖然이나世에ᄂᆞᆫ非常ᄒᆞᆫ災變이有ᄒᆞ고財寶ᄂᆞᆫ有時로損失ᄒᆞᆷ이有ᄒᆞᄂᆞ니若一身의私慾을爲ᄒᆞ야此를猥擲ᄒᆞ거나或自己가注意에忽ᄒᆞ야此를失敗ᄒᆞᆫ者ㅣ아니면其咎責을加ᄒᆞᆷ이不可ᄒᆞ니라

世德의陳述

惟祖先의精神과一家의名譽ᄂᆞᆫ極盡히發揚ᄒᆞ야後世에傳ᄒᆞᆯ지니故로人이世德을陳ᄒᆞ며家風을述ᄒᆞᆷ은皆承先啓後의重責을不負ᄒᆞᆷ이라況我國의民은固有에風氣가有ᄒᆞ야勿替引之ᄒᆞᄂᆞᆫ習慣을成ᄒᆞᆷ이리오

中等修身敎科書卷一終

第一 處世의注意

第一課 業務

社會와各職業의關係

凡社會에各種職業이有ᄒᆞᆫ은人의身體에耳目口鼻等諸官이有ᄒᆞᆷ과如ᄒᆞ야其各部分에整備ᄒᆞᆷ을必要ᄒᆞᄂᆞ니太古蒙昧時代에在ᄒᆞ야ᄂᆞᆫ各種職業의分科가無ᄒᆞᆷ으로各人이自耕自織ᄒᆞ야他人과協力生活을營爲치아니ᄒᆞ더니世가漸漸開明ᄒᆞᆷ에從ᄒᆞ야各種職業의社會가起ᄒᆞᆷ의個人間에關係가益益親密ᄒᆞ야互扶相助ᄒᆞ며有無相通ᄒᆞ야各其生產物의交換으로써生活을計ᄒᆞᄂᆞᆫ故로今日에至ᄒᆞ야ᄂᆞᆫ人이社會를離ᄒᆞ면生存키不能ᄒᆞᆫ지라然則一個人의利害休戚은一社會의盛衰에關ᄒᆞᆷ이라云ᄒᆞᆯ지니라

職業의選

大抵如何ᄒᆞᆫ職業의種類를勿論ᄒᆞ고其正當ᄒᆞᆫ者로成ᄒᆞᆫ境遇

擇

에ᄂᆞᆫ其人의價格이毫末도低落될바ㅣ無ᄒᆞ거ᄂᆞᆯ我國은舊日習俗을尙袪치못ᄒᆞ야或職業의高下로써人의身分價格이尊卑의別이有ᄒᆞᆫ줄로思ᄒᆞ니此ᄂᆞᆫ孤陋ᄒᆞᆫ習慣이라職業種類를從ᄒᆞ야社會의大小差等은有ᄒᆞ려니와其人格에尊卑의別이豈有ᄒᆞ리오且人은才에長短이有ᄒᆞ고業에優劣이有ᄒᆞ니宜其適當ᄒᆞᆫ바에從ᄒᆞ야職業을選擇ᄒᆞᆯ지라然ᄒᆞ나自己의長短과優劣은容易히得知키難ᄒᆞ니當公平ᄒᆞᆫ思想을先執ᄒᆞ고且父兄先輩의意見을問ᄒᆞ야折衷ᄒᆞ되若一時의希望으로平生의方向을遽定ᄒᆞ면後悔를莫及ᄒᆞᆯ지니라

第二課 創業

職業의目的

職業의必要ᄂᆞᆫ社會의公益을擴ᄒᆞ면國家의繁榮을圖ᄒᆞ며兼ᄒᆞ야自己의私利를求ᄒᆞᆷ에在ᄒᆞ나然ᄒᆞ나若私利만計ᄒᆞ고社會의公益을不思ᄒᆞ면此ᄂᆞᆫ鄙夫의事이라雖其業이一時興旺ᄒᆞᆷ은或有ᄒᆞᆯ지라도決코眞箇事業이라云키難ᄒᆞ니라

社會의利益

公衆의利益을思ᄒᆞᆯ진ᄃᆡ社會의進步를推度ᄒᆞ며世界의事情을周察ᄒᆞ야舊習을改除ᄒᆞ고永遠의功을計ᄒᆞᆯ지니若一身의安逸만顧ᄒᆞ고公益의新事業을不起ᄒᆞ면此ᄂᆞᆫ私利를營爲ᄒᆞᆷ에不過ᄒᆞᆫ者ㅣ니如此ᄒᆞᆫ人民으로成ᄒᆞᆫ社會ᄂᆞᆫ決코其進步改良의希望이無ᄒᆞ고未久에衰亡ᄒᆞᆷ을不免ᄒᆞᆯ지니라

業을經營ᄒᆞᆷ에深思의必要

大抵新事業을起ᄒᆞ야其成果를收ᄒᆞᆷ은一朝一夕에能得ᄒᆞᆯ바ㅣ아니오且經紀ᄒᆞ던初에深思遠慮가無ᄒᆞ면中途에跌蹉ᄒᆞᆷ이明瞭ᄒᆞᆯ지라故로如此ᄒᆞᆫ事業을計圖ᄒᆞᆷ에ᄂᆞᆫ技術에通熟ᄒᆞᆷ보다寧他人에經驗을考察ᄒᆞᆷ이必要ᄒᆞᄂᆞ니若自力을不度ᄒᆞ고大業을妄營ᄒᆞᆷ은網을不結ᄒᆞ고魚를欲得ᄒᆞᆷ과如ᄒᆞᆫ지라豈

自力의修養

目的에達ᄒᆞᆫ기를望ᄒᆞ리오故로身을自修ᄒᆞᆷ은即事를成ᄒᆞᄂᆞᆫ基礎라基礎를確定ᄒᆞᆫ後에堅忍不拔의精神을益修ᄒᆞ면何事를不成ᄒᆞ리오

第三課 整理

本始를確定ᄒᆞᆫ後末終에及ᄒᆞᆷ

大凡何事던지本末과始終이有ᄒᆞ니本始를確定ᄒᆞ야大綱을先擧ᄒᆞ고漸次微細의點에入ᄒᆞ야其末終에乃及ᄒᆞᆷ은事를成ᄒᆞᄂᆞᆫ要訣이라若大綱을未備ᄒᆞ고細目을欲張ᄒᆞ면譬컨ᄃᆡ礎를不定ᄒᆞ고家를建ᄒᆞᆷ과如히其半途의役에不及ᄒᆞ야改建ᄒᆞᆷ을要ᄒᆞᆯ지니今日에成ᄒᆞᆫ바를明日에至ᄒᆞ야改ᄒᆞ고明日에築ᄒᆞᆫ바를又明日에至ᄒᆞ야毁ᄒᆞ면其成就ᄒᆞᆷ을何日에可得ᄒᆞ리오

業務의整頓

凡其業務의進步를計ᄒᆞᆷ은基礎의確固ᄒᆞᆷ이必要ᄒᆞ나然ᄒᆞ나必目下의情況을細察ᄒᆞ야營爲ᄒᆞᆫ바를明辨ᄒᆞ고業務를整頓ᄒᆞ야亂雜이無케ᄒᆞᆯ지니能히事業을整頓ᄒᆞ며先後를明辨ᄒᆞᆫ然後에行ᄒᆞ며着着히其事業이日進ᄒᆞ야成功ᄒᆞᆷ을見ᄒᆞᆯ지니라

僥倖을希望치勿ᄒᆞᆷ

自古로事業의成就ᄒᆞᆫ者를見ᄒᆞ면或偶然僥倖에得ᄒᆞᆷ으로思想키易ᄒᆞ나是ᄂᆞᆫ千百中一二에不過ᄒᆞᆯ지라此等人은必事業의準備를旣有ᄒᆞᆷ으로其機會의利用을得ᄒᆞᄂᆞ니若準備가無ᄒᆞ고但萬一의機會를倖望ᄒᆞ야一擧에成功코져ᄒᆞᆷ은決코不可ᄒᆞ니準備가無ᄒᆞᆫ者ᄂᆞᆫ雖一時機會를得ᄒᆞᆫ다ᄒᆞᆯ뎐其利用ᄒᆞᆷ을敢望ᄒᆞ리오然ᄒᆞᆫ즉必始終本末을察ᄒᆞ야業務를整理ᄒᆞ고着實ᄒᆞᆫ道에前進ᄒᆞᆷ이可ᄒᆞᆯ지니라

第四課 持續

永遠의成功

凡何事던지偶然僥倖으로成就ᄒᆞᆷ이無ᄒᆞᆷ은更言ᄒᆞ기를不待ᄒᆞ려니와今에一事를興ᄒᆞ고一業을創ᄒᆞᄂᆞᆫ者가其目的을達코져ᄒᆞᆯ진ᄃᆡ必忍耐持久의精神으로써其事務를繼續ᄒᆞ야永遠의成功을期ᄒᆞᆯ지니譬ᄒᆞ건ᄃᆡ農夫가穀物을栽培ᄒᆞᆷ과如히春에田地를耕ᄒᆞ며肥料를施ᄒᆞ며種子를播ᄒᆞ고其苗가生ᄒᆞᆷ에及ᄒᆞ야ᄂᆞᆫ風雨炎熱을冒ᄒᆞ고勞苦培養ᄒᆞᆫ然後에야秋의收穫ᄒᆞᆷ을可期ᄒᆞ려니와若中途에此를放棄ᄒᆞ면曩日의勤勞ᄂᆞᆫ空地에歸ᄒᆞ야所穫이終無ᄒᆞᆯ지라農夫의業도猶然ᄒᆞ거던況

仙事業을營爲홈이리오

持續에ᄂᆞᆫ勇을要홈

持續의精神은必勇氣를大要ᄒᆞᄂᆞ니蓋事業은雖其經畫運算이有ᄒᆞ나或社會變遷에依ᄒᆞ야時로困難에陷ᄒᆞ야其成果를收得키不能홀境遇도當ᄒᆞ며特世人의未經驗ᄒᆞᆫ新事業에至ᄒᆞ야ᄂᆞᆫ十分艱阻가多홀지니此時를當ᄒᆞ야若忍耐의力으로初志를貫徹ᄒᆞᄂᆞᆫ勇이無ᄒᆞ면九仞의功이一簣의虧를致홀지라故로事業을創始홈에當ᄒᆞ야ᄂᆞᆫ周到ᄒᆞᆫ注意와遠見으로써此를定ᄒᆞ고既定ᄒᆞᆫ後에ᄂᆞᆫ斃ᄒᆞᆫ後에已홀決心으로써此를持續ᄒᆞ되若自己가此功을得成치못ᄒᆞ면後人을俟ᄒᆞ야其志를成홀줄로生覺홀지니此ᄂᆞᆫ眞事業에盡忠ᄒᆞᄂᆞᆫ眞精神이라謂홀지라如斯ᄒᆞ면雖極難ᄒᆞᆫ事業이라도不成홀憂가無홀것이오設或自己가此를能히竣功치못홀지라도毫末도遺恨홀바ㅣ無ᄒᆞ니라

己의成功치못ᄒᆞᆷ은後人을俟ᄒᆞᆷ

第五課 深慮

深慮에注意

凡志ᄂᆞᆫ必貫徹홈을要ᄒᆞ고業은必始終을持續홀지니若不然ᄒᆞ면雖幾多ᄒᆞᆫ辛苦를費홀지라도畢竟은水泡에空歸ᄒᆞ야自己의利도無ᄒᆞ고世上의益도無홀지라故로或業務가自己에適當치못ᄒᆞ거나或成功키難ᄒᆞᆫ事를成코져ᄒᆞ면平生을此에從事홀지라도反히自初로從事치아니홈만不如ᄒᆞ니然ᄒᆞᆫ즉其業務가自己에適當홀ᄂᆞᆫ지或成功에障礙가有홀ᄂᆞᆫ지或此事를成ᄒᆞ면世에公益이될ᄂᆞᆫ지此에對ᄒᆞ야方法과形便을詳細히思慮홀지니此를謂호ᄃᆡ深慮ㅣ라若一時의熱情에從ᄒᆞ야前途를不慮ᄒᆞ고輕率히事를創起ᄒᆞ면此ᄂᆞᆫ失敗를自取홈이라故로人이遠慮가無ᄒᆞ면必近憂가有ᄒᆞ다ᄒᆞ니라

事에餘裕를必存

事를措處홈에當ᄒᆞ야ᄂᆞᆫ必若干의餘裕를存ᄒᆞ야遂行홈을必得홀範圍內에定홈이可ᄒᆞ니若遂行키不能홀事를企圖ᄒᆞ면是ᄂᆞᆫ自初에豫算치아님으로無異ᄒᆞᆫ지라故로吾人은公平ᄒᆞᆫ思想으로써事情을商量ᄒᆞ야自己의力量으로遂行홀바를定

홈이最要ᄒᆞ니라

豫算에注意

然ᄒᆞ나適當ᄒᆞᆫ豫筭을立홈은實로容易ᄒᆞᆫ事가아닌즉雖日로營爲ᄒᆞᄂᆞᆫ些細ᄒᆞᆫ事이라도必先에豫慮ᄒᆞ고次에決行ᄒᆞᄂᆞᆫ習慣을養홀지라故로美國人프랭클린氏ᄂᆞᆫ每朝에机를向ᄒᆞ야一日에行홀만ᄒᆞᆫ事를思ᄒᆞ야遂行ᄒᆞ니此ᄂᆞᆫ踐實成功의道라終生의方針을先定ᄒᆞ고實行ᄒᆞ가爲ᄒᆞ야一年一月에豫筭을立ᄒᆞ고更히日로所爲ᄒᆞᄂᆞᆫ事를不怠히ᄒᆞ면終末은偉大ᄒᆞᆫ事業을成홀지니라

深慮의習慣을養成

凡靑年은平生의目的을輕率히定키難ᄒᆞᄂᆞ니學校의課程은卽在學問에豫筭이라故로其細部分에就ᄒᆞ야日日로修行ᄒᆞᄂᆞᆫ習慣을養成홀지니學校ᄂᆞᆫ但學을講홀ᄲᅮᆫ아니라其善良ᄒᆞᆫ習慣과高尙ᄒᆞᆫ品性을養ᄒᆞᄂᆞᆫ所이라홀지니라

第六課 決斷

勇敢의必要

凡事業을成홈에ᄂᆞᆫ決斷을要ᄒᆞᄂᆞᆫ事가多ᄒᆞᄂᆞ니假令深謀遠慮와知識伎倆이具備ᄒᆞ더라도勇敢ᄒᆞᆫ決斷이無ᄒᆞ고躕躇逡巡ᄒᆞ야時機를失ᄒᆞ면熟筭良策도全히畵餠을作ᄒᆞ야平生에一事業도成功치못홀지니人의決斷은事의前進ᄒᆞᄂᆞᆫ基礎라一朝決心으로萬里를能進ᄒᆞᄂᆞ니라

然ᄒᆞ나人이若決斷ᄒᆞ고도能行치못홀진ᄃᆡ寧不適當ᄒᆞᆫ決斷을行홈만不如ᄒᆞ니不適當ᄒᆞᆫ決斷은雖進路를誤ᄒᆞ고迂遲을取홀지라도或目的에達홈이有ᄒᆞ되自初로決斷ᄒᆞ고도行홈을不能ᄒᆞᆫ者ᄂᆞᆫ毫末도前進홈을期치못홀지니試論컨ᄃᆡ人이道를行홀ᄉᆡ岐路를遇ᄒᆞ야右便이可홀지左便이可홀지直時決定키難ᄒᆞ나自己의方向으로既往의經驗을依ᄒᆞ야其一을選取ᄒᆞ면或偶中을得ᄒᆞ려니와若決斷力이乏홈으로其間에서彷徨ᄒᆞ야一步도前往치못ᄒᆞ면茫然ᄒᆞᆫ前途를何時에得進ᄒᆞ리오

決斷과無

然ᄒᆞ나決斷이라홈은無謀ᄒᆞᆫ決心을云홈이아니오熟慮를經

謀의區別

決斷의習慣은熟慮에在홈

호後에適當혼決心으로成홈을云홈이라故로決斷은容易히홈에不在호고必其習慣의成홈을要호느니決斷의習慣이成호면熟慮가容易호야雖錯綜혼事를當호더라도一見에其理否를洞見호는智能이生홀지라然홈으로其深慮만有호고決斷이乏혼者는怯懦의夫오決斷만有호고深謀가無혼者는暴虎馮河의勇이니皆成事홈에不能호니라

第七課 綢密

綢密혼精神은修練에生홈

每事가必秩序를立혼後에는綢密혼注意로써毫末도遺漏가無홈을要호느니人의大事를狠狽홈은恒常些細혼事를慢忽히홈에因홈이라故로古人이云호되千里의堤가螻蟻의穴로써漏호고百尋의屋이突隙의烟으로써焚혼다호니些細혼事를不謹홈은其害가立現치아니홈으로人이每輕視호나其微漸이積홀時는必不意의災가生호느니然則平素에事를慢忽홈이豈將來에大業을壞호는媒孽이아니리오

事業은偶然이成호지아니홈

蓋綢密혼精神은平素의習慣을養得홈에由홈이니若平素에粗放호던性質로大事를臨호면雖綢密코져호나豈可得호리오故로事의大小를勿論호고其履行홈에綢密혼習慣을養홈은成功의秘訣이라云홀지니라

世人이前代英雄의事蹟을見호고其果敢猛進호는精神을稱호야曰小事는不顧라호나此는謬見을執혼言이라英雄이大業을成홀時에或小事를棄홈도有호나此는不得已홈에出혼一時權道오其平素에在호야는恒常綢密혼注意로써輕視홈이無호느니不然호면豈英雄의事業을成호얏스리오

且事業은譬컨되細流가合호야大川을成홈과如히細事를積호야大業을成홀지라特社會進步로써其狀態가複雜호야人人의思想이緻密혼時代에當호야는粗大혼者가劣敗혼者의地位에不立홈이鮮有호니라

第八課 勤勉

何人이던지此社會에生活ᄒᆞᄂᆞᆫ者ᄂᆞᆫ必、他人의勤勞로生ᄒᆞᄂᆞᆫ生産物을消費ᄒᆞ며社會保護下에立ᄒᆞ야其、恩澤을被ᄒᆞᄂᆞ니此를報酬ᄒᆞᆷ은他에不在ᄒᆞ고自己의職業을勉勵ᄒᆞ야他人의利益을助成ᄒᆞᆷ에在ᄒᆞᆫ지라然ᄒᆞᆷ으로雖、生活의缺乏이無ᄒᆞ야人生의快樂을享受ᄒᆞᄂᆞᆫ者라도社會의一員된本分을能盡ᄒᆞ거던況、自己의缺乏이多ᄒᆞᆫ人이其生活을維持코져ᄒᆞᆯ진ᄃᆡ職業에從事치아니ᄒᆞᆷ은決코不可ᄒᆞᆫ지라然ᄒᆞ나人이或、怠惰無能ᄒᆞ야他人의勤勞를依賴ᄒᆞ고時日을虛送ᄒᆞᆷ은自己의名譽만墜失ᄒᆞᆯᄲᅮᆫ아니라社會의成立을不得케ᄒᆞᆷ이니此로推觀ᄒᆞ면社會의勤勞ᄂᆞᆫ人의生活을計ᄒᆞᄂᆞᆫ本分이오他의美德을生ᄒᆞᄂᆞᆫ基因이라云ᄒᆞᆯ지니라

(社會에報酬ᄒᆞᄂᆞᆫ道)
(職業의從事)
(勤勉ᄒᆞᆫ後에美德이生ᄒᆞᆷ)

蓋、勤勉의習慣은人의價値를增ᄒᆞ며希望을大케ᄒᆞ며自信力을與ᄒᆞ며自己의力을因ᄒᆞ야立ᄒᆞᄂᆞᆫ獨立心과自己의責任을重히ᄒᆞᄂᆞᆫ精神을養成ᄒᆞᄂᆞᆫ者ㅣ라故로其事業도自然成功의

(勤勉은快樂의基本)

美果를收ᄒᆞ고生活의快樂을享ᄒᆞᆯ지어늘此에反ᄒᆞ야不勉强ᄒᆞᄂᆞᆫ者ᄂᆞᆫ人生의生活이勤勞의功으로由ᄒᆞᆷ을不知ᄒᆞ고妄히萬一의僥倖을希ᄒᆞ야投機的精神으로無謀ᄒᆞᆫ事를做ᄒᆞᄂᆞᆫ故로其所望을未遂ᄒᆞ고社會의下層에沈淪ᄒᆞ야反、他人을怨嗟ᄒᆞ며羡望ᄒᆞ며虛僞ᄒᆞᆫ惡習을生ᄒᆞᆯ지니此ᄂᆞᆫ自然ᄒᆞᆫ結果라天은原來偏頗ᄒᆞᆷ이無ᄒᆞ샤勉强ᄒᆞᄂᆞᆫ者의報酬를奪ᄒᆞ야不勉强ᄒᆞᄂᆞᆫ者에게與치아니ᄒᆞᄂᆞ니夫、物을得코져ᄒᆞ면必、其價를給ᄒᆞᆫ後에得ᄒᆞᆷ과如히成功과幸福은實로吾人의勤勞로ᄡᅥ是를購得ᄒᆞᆷ이라云ᄒᆞᆯ지니라

(幸福은勤勞로得ᄒᆞᆷ)

第九課　秩序

吾人의業務에從事ᄒᆞᆷ이勤勉에必要ᄒᆞᆷ은前課에已述ᄒᆞ얏거니와大抵勤勉ᄒᆞᆫ人이其成功의賜를得ᄒᆞ야幸福을享有ᄒᆞᆷ은當然ᄒᆞᆫ報酬라然ᄒᆞ나其勤勞의效果를成ᄒᆞᆷ에ᄂᆞᆫ秩序를重히녀이ᄂᆞᆫ習慣을養ᄒᆞᆷ이最要ᄒᆞ니社會가今日과如히發達치못

(秩序의必要)

ᄒᆞᆫ時代에在ᄒᆞ야ᄂᆞᆫ些少ᄒᆞᆫ勤勞에도生活을營ᄒᆞ야可得ᄒᆞ더니와日後開明ᄒᆞᆫ社會에在ᄒᆞ야ᄂᆞᆫ多大ᄒᆞᆫ勤勞를用ᄒᆞ야有效ᄒᆞᆫ方法을不講ᄒᆞ면世에立ᄒᆞ야人後에落ᄒᆞᆷ을不免ᄒᆞᆯ지라故로勤勞의效果를收코져ᄒᆞᆯ진ᄃᆡ必、日常生活의規律을先定ᄒᆞᆷ이必要ᄒᆞ니蓋、日常生活의規律이一定ᄒᆞ면業務도自然整頓ᄒᆞ야其進步됨이著彰ᄒᆞ리라 (規律)

勤勉의人은自然規律를守ᄒᆞᄂᆞᆫ習慣이生ᄒᆞᆷ으로每事에失敗가無ᄒᆞᆯ지나或、業務에對ᄒᆞᆫ一時愉快로由ᄒᆞ야不規律ᄒᆞᆫ生活에陷ᄒᆞ기易ᄒᆞᄂᆞ니此等不規律의勤勉은雖、一時業務에小得이有ᄒᆞᆯ지라도其結果ᄂᆞᆫ身體의健康을害ᄒᆞ며事業의發達을妨ᄒᆞᄂᆞᆫ故로永遠의成功을企圖ᄒᆞᄂᆞᆫ者ᄂᆞᆫ必、勤勞、休息、睡眠、飮食等에一定ᄒᆞᆫ規則을設ᄒᆞ야嚴守ᄒᆞᄂᆞᆫ習慣을養ᄒᆞ고其他、日常使用ᄒᆞᄂᆞᆫ物品의整頓과居室의精潔도暫時放過ᄒᆞᆷ이無ᄒᆞᄂᆞ니如此ᄒᆞ면但、時間과勞力의徒費를省ᄒᆞᆯᄲᅮᆫ아니라畢竟은 (不規律의害)

偉大ᄒᆞᆫ影響을來케ᄒᆞᄂᆞ니라

蓋、不規律ᄒᆞᆫ習慣은惰怠의原因이라吾人의精神上의及ᄒᆞᄂᆞᆫ影響이更大ᄒᆞᆫ故로諸般惡習이此惰怠로從生ᄒᆞ야其結果ᄂᆞᆫ世의信用을失ᄒᆞ야全히無用의人物에終ᄒᆞᄂᆞ니라 (不規律은惰怠의原因)

第十課 持久

凡、事業은微細ᄒᆞᆫ積漸의結果로成ᄒᆞᆷ이塵土를集ᄒᆞ야太山을成ᄒᆞᆷ과恰如ᄒᆞᆫ지라然ᄒᆞᆷ으로時機의僥倖이나業務의速成을勿希ᄒᆞ고須、永遠ᄒᆞᆫ進步의確實ᄒᆞᆷ을期ᄒᆞᆯ지니然ᄒᆞᆫ즉目前의欲望을制ᄒᆞ야平生의欲望을換ᄒᆞ며一日의事業을撙節히ᄒᆞ야一年의事業을多大케ᄒᆞᆯ지라假令、一日一里를行ᄒᆞ야도一年을不息ᄒᆞ면三百六十五里를達ᄒᆞ되一日十里를行ᄒᆞ야도中途에淹留ᄒᆞ면反、日日一里를行ᄒᆞᄂᆞᆫ者보다不及ᄒᆞᆯ지니人의事業은一年이나一月에止ᄒᆞᆷ이不可ᄒᆞ고必、終生토록從事ᄒᆞ기를不止ᄒᆞ되進步에遲遲ᄒᆞᆷ을勿憂ᄒᆞ고寧、間斷이無ᄒᆞᆷ을 (事業의進步)

希望ᄒᆞᆯ지니彼、競走의巧ᄒᆞᆫ者를見ᄒᆞ라自體의速力을量ᄒᆞ야人에게先立ᄒᆞᆷ을不思ᄒᆞ고終始同一에速으로써走ᄒᆞᄂᆞᆫ故로決勝點에至ᄒᆞ야ᄂᆞᆫ先에忘進ᄒᆞ던者를壓倒ᄒᆞᄂᆞ니些少ᄒᆞᆫ競技도猶然ᄒᆞ거던況、平生의競爭이리오

進步의持久

青年銳氣의時를當ᄒᆞ야ᄂᆞᆫ皆、一意進步의速成을希ᄒᆞ나人이能히此銳氣를制禦ᄒᆞ야持久의心이不有ᄒᆞ면成敗를自分ᄒᆞᆯ지니恒常、此에注意ᄒᆞᆷ이可ᄒᆞ니라

我國人은大槪、懈怠ᄒᆞᆫ習慣으로心志가不固ᄒᆞ야恒常、持久의勇이乏ᄒᆞᆫ點이多ᄒᆞ니若、此를矯正치아니ᄒᆞ면畢竟은競爭世界에立ᄒᆞ야劣敗者를不免ᄒᆞᆯ지니라

第十一課 節儉

業務의目的

人이業務에從事ᄒᆞᄂᆞᆫ目的은決코一身의利益만爲ᄒᆞᆷ이아니라共同의力으로公衆의利益을進케ᄒᆞ야社會의幸福을希圖ᄒᆞᆷ이오且、一身의幸福도社會의繁榮으로由ᄒᆞ야得ᄒᆞᆯ지니若、

財를蓄ᄒᆞᄂᆞᆫ必要

財寶를多有ᄒᆞᆫ者가但、一身의私慾을滿足ᄒᆞ기爲ᄒᆞ야虛浪히消費ᄒᆞ면是ᄂᆞᆫ用財의道를失ᄒᆞ야其結果가社會ᄭᆞ지害毒을流ᄒᆞ고延ᄒᆞ야自己의不幸을招ᄒᆞᆯ지며特、財産이餘裕치못ᄒᆞᆫ者가奢侈를耽ᄒᆞ야財産을濫費ᄒᆞ면此ᄂᆞᆫ自滅을取ᄒᆞᆷ이니是以로貧富를勿論ᄒᆞ고私慾을制禦ᄒᆞ며用度를節約ᄒᆞ야餘剩의蓄積으로有益ᄒᆞᆫ事業의施用ᄒᆞᆷ을力務ᄒᆞᆯ지오且、社會에셔不虞의事件이多ᄒᆞ야或、事業의跌蹉ᄒᆞᆷ을興復코져ᄒᆞ거나或、疾病其他事故를因ᄒᆞ야財用의必要ᄒᆞᆷ이有ᄒᆞ거나或、親戚朋友等의不幸ᄒᆞᆫ遭遇를救濟ᄒᆞᆯ必要가有ᄒᆞ거나如此ᄒᆞᆫ境遇를當ᄒᆞ야若、平素의準備가無ᄒᆞ면非常ᄒᆞᆫ困難에陷ᄒᆞ야興復ᄒᆞᆷ을莫得ᄒᆞᆯ지니故로蓄財의必要ᄂᆞᆫ但、自己만爲ᄒᆞᆷ에不止ᄒᆞᆷ을先知ᄒᆞᆯ지니라

節儉과吝嗇의別

盖、人情이奢侈에趨ᄒᆞ기ᄂᆞᆫ易ᄒᆞ고節儉을守ᄒᆞ기ᄂᆞᆫ難ᄒᆞ니奢侈의增進ᄒᆞᆷ이流水에棹를下ᄒᆞᆷ과如히不識不知의間의自然

推移홈으로恒常注意를怠히ᄒᆞ면能히抵抗키不得홀지라雖然이나節儉이라云ᄒᆞᄂᆞᆫ者ᄂᆞᆫ徒히財産에吝嗇ᄒᆞ야蓄積만爲主홈이아니라大抵吝嗇ᄒᆞᆫ者ᄂᆞᆫ聚홈만知ᄒᆞ고散홈은不知ᄒᆞ되節儉ᄒᆞᆫ者ᄂᆞᆫ適當히散ᄒᆞ기爲ᄒᆞ야蓄財ᄒᆞᆫ者ㅣ니兩者의間에其趣가逈異ᄒᆞ거ᄂᆞᆯ世人이往往此區別을不辨ᄒᆞ야或節儉코저ᄒᆞ다가吝嗇에陷ᄒᆞ며或吝嗇을賤卑타ᄒᆞ야奢侈에反流홈이多ᄒᆞ니此ᄂᆞᆫ宜히人人의共戒홀事이니라

第十二課 協力

文明과野蠻의別이協力多寡에在홈

文明社會가野蠻社會와異ᄒᆞᆫ바ᄂᆞᆫ專혀各人協力의多寡에在ᄒᆞ니野蠻의時代에ᄂᆞᆫ各人이皆孤立의狀態로僅一族間에서만共同의生活을營ᄒᆞ다가文明時代에進ᄒᆞ야ᄂᆞᆫ各人의所執ᄒᆞᆫ職業이漸次其種類를增加홈으로各專門業에從事ᄒᆞ야互相扶助ᄒᆞ야生活을營ᄒᆞᄂᆞᆫ지라故로今日社會에在ᄒᆞ야ᄂᆞᆫ一職業에從事ᄒᆞᄂᆞᆫ者가皆間接으로社會의全體에關係되야暗暗

中에協同의生活을計홈은社會經濟上에自然ᄒᆞᆫ事이니라

協同의精神

社會文明이益進홈으로從ᄒᆞ야各種職業이分立ᄒᆞ고一職業內에도又種種分業이發達됨이各人의勞力을利用ᄒᆞ야日로無益의勞働을減ᄒᆞ고有益의生産을增ᄒᆞᄂᆞ니此時社會의業을執ᄒᆞᄂᆞᆫ者ᄂᆞᆫ直接으로他人과協力홈이最必要ᄒᆞᆫ즉如斯히直接間接으로他人과協力홈이多ᄒᆞᆫ時ᄂᆞᆫ人이社會를離ᄒᆞ야生活ᄒᆞ기不能홀지니然則今日以後의人은一層協同의精神을養ᄒᆞ야社會一般의利益을計홀지라然ᄒᆞ나協同이라謂홈은自己의獨立心을棄ᄒᆞ고他人에게依賴홈이아니라社會의人人마다各其職分을盡ᄒᆞ야互相扶助홈으로써社會의繁榮을致ᄒᆞ며個人의幸福을進케홀지오若互相히依賴ᄒᆞ야其職

獨立의協同

分의盡홈을怠히ᄒᆞ면決코正直의協同이라不謂홀지니正直協同은各人의獨立을俟ᄒᆞ야始建홈을得ᄒᆞᄂᆞᆫ者ㅣ니라

第十三課 自立

自立의精神

人은他人의力을勿顧ᄒᆞ며僥倖의得을勿希ᄒᆞ고但高尙ᄒᆞᆫ精神으로自己의正當ᄒᆞᆫ道를敢行ᄒᆞ면此를自立精神이라謂ᄒᆞᄂᆞ니此精神이無ᄒᆞᆫ者ᄂᆞᆫ或一時困難을不堪ᄒᆞ야其所信을棄ᄒᆞ며或目前의利害에惑ᄒᆞ야其節을枉ᄒᆞᆷ으로其本領을竟失墜ᄒᆞ야有識人의嗤笑를招ᄒᆞ고甚ᄒᆞᆫ則世에容立ᄒᆞᆷ을不得ᄒᆞ리니此等人은雖得意揚揚ᄒᆞᆯ지라도其本領을失ᄒᆞᆫ者ㅣ라何를恃ᄒᆞ야立ᄒᆞ리오

自立心을養ᄒᆞᄂᆞᆫ道

夫自立의精神은人의天性强弱에在ᄒᆞ나修養의道를能盡ᄒᆞ면弱者라도助長케ᄒᆞ고修養의道를失ᄒᆞ면其天性에精神이富强ᄒᆞᆫ者라도其力을反失ᄒᆞ야或頑强에陷ᄒᆞᄂᆞ니自立의精神을養ᄒᆞᄂᆞᆫ道ᄂᆞᆫ自己의本分을盡ᄒᆞ며困難을耐ᄒᆞᆷ에在ᄒᆞ나人이平素無事ᄒᆞᆫ日에在ᄒᆞ야口로言ᄒᆞ기ᄂᆞᆫ容易ᄒᆞ되其局을當ᄒᆞ야實行ᄒᆞ기ᄂᆞᆫ不易ᄒᆞᄂᆞ니是ᄂᆞᆫ但知ᄒᆞᆷ에不止ᄒᆞ고日常實行ᄒᆞᆷ을勉勵ᄒᆞᆯ지라雖然이나或事情의複雜으로利害의關係가不少ᄒᆞᆫ境遇에ᄂᆞᆫ過失이無ᄒᆞᆫ者ㅣ恒少ᄒᆞᄂᆞ니此時를當ᄒᆞ야ᄂᆞᆫ虛心平氣로事情의眞相을透見ᄒᆞ야自己의所行을定ᄒᆞ되此를實行ᄒᆞᆷ에ᄂᆞᆫ如何ᄒᆞᆫ苦楚던지勇進의氣를必奮ᄒᆞᆯ지니라

國家의獨立은人民의自立으로由ᄒᆞᆷ

大抵國家의獨立도亦人民의自立精神으로由ᄒᆞ야集成ᄒᆞᆫ者ㅣ라個人이各其他人의依賴ᄒᆞᆫ思想을痛除ᄒᆞ고獨立不羈의精神을養成ᄒᆞ야困難을雖値ᄒᆞ더라도百折不撓의勇이有ᄒᆞ면其國家로ᄒᆞ야곰自立力이鞏固ᄒᆞ야方興未艾의業이勃勃ᄒᆞᆯ지라凡我靑年은此를鑑ᄒᆞ야個個히依賴心과僥倖望을痛祛ᄒᆞ고自立的精神을培養ᄒᆞ야我四千年古國의獨立基礎를鞏固케ᄒᆞᆯ지니라

第十四課 忠實

社會의信用

文明社會에在ᄒᆞ야最貴重ᄒᆞᆫ者ᄂᆞᆫ各人의互相信用이라此信用이有ᄒᆞᆫ然後에社會上百般事業이圓滑히行ᄒᆞ야各個人의

協同이 益盛ᄒᆞᆷ을 得ᄒᆞᆯ지오 若 信用이 不行ᄒᆞ면 社會의 秩序가 瓦解ᄒᆞ야 其 活動이 停止됨은 必然ᄒᆞᆫ 理致라 故로 曰 信用은 社會의 秩序를 維持ᄒᆞ야 其 活動을 敏活케 ᄒᆞᄂᆞᆫ 根本이라 ᄒᆞᄂᆞ니 社會ᄂᆞᆫ 恒常 不信用의 人을 嚴制ᄒᆞ야 雖 才藝가 最秀ᄒᆞᆫ 者ㅣ라도 容受ᄒᆞᆷ을 不許ᄒᆞᄂᆞ니라

不忠實ᄒᆞᆫ 人은 他人의 勤勞를 偸ᄒᆞᆷ

大槪 信用을 害ᄒᆞᄂᆞᆫ 行爲가 各種이 雖有ᄒᆞ나 自己의 職業을 不忠實ᄒᆞᆷ과 約束을 不重히 ᄒᆞᆷ보다 大ᄒᆞᆫ 者ㅣ 無ᄒᆞ니 不忠實ᄒᆞᆫ 人은 他人의 勤勞를 偸ᄒᆞ야 自己의 私欲을 充ᄒᆞ면 他人을 瞞過ᄒᆞ야 不正ᄒᆞᆫ 利를 貪ᄒᆞᄂᆞᆫ 者ㅣ니 此ᄂᆞᆫ 但 卑劣ᄒᆞᆫ 者로 論ᄒᆞᆯ 뿐 아니오 卽 社會의 罪人이라 人類에 不齒ᄒᆞᆯ지니라

第十五課 踐約

破約의 害

文明社會에 在ᄒᆞ야 約束을 重히 ᄒᆞᆷ이 德義의 主要라 若 一朝에 人으로 約束을 結ᄒᆞ얏다가 中途에 任意로 破棄ᄒᆞ면 其 相約者에게 損害를 被케 ᄒᆞᆷ은 勿論ᄒᆞ고 他人도 疑心을 互起ᄒᆞ야 事務 進步에 沮碍가 不少ᄒᆞᆯ지라 然則 約束을 破ᄒᆞᆷ은 但 個人에 直接 損害를 被케 ᄒᆞᆯ 뿐 아니라 社會一般에 安靜을 害ᄒᆞ야 紊亂을 招ᄒᆞᄂᆞᆫ 者ㅣ라 故로 各 社會ᄂᆞᆫ 其 影響의 及ᄒᆞᆷ을 預慮ᄒᆞ야 破約者를 制裁ᄒᆞ며 契約을 保護ᄒᆞᄂᆞᆫ 法律을 設ᄒᆞᆫ 所以니라

信義

約束을 結ᄒᆞᆷ에ᄂᆞᆫ 筆舌을 用ᄒᆞ야 訂明ᄒᆞᆷ이 原例나 或 習慣上을 因ᄒᆞ야 言辭로 默許ᄒᆞᆷ도 有ᄒᆞᄂᆞ니 信義를 守ᄒᆞᄂᆞᆫ 人은 雖 默約이라도 決코 食言ᄒᆞᆷ이 無ᄒᆞ거던 況 筆舌로 明約ᄒᆞᆷ이리오 故로 如此ᄒᆞᆫ 人은 但 人의 信用을 得ᄒᆞᆯ 뿐 아니라 自己의 價値를 增加ᄒᆞᄂᆞᆫ 道ㅣ니라

約束의 注意

大抵 自初에 實行ᄒᆞᆯ 定算이 無ᄒᆞ고 輕히 約束을 結ᄒᆞᆷ은 彼此의 不利를 釀ᄒᆞ야 交際의 好誼를 破ᄒᆞᄂᆞᆫ 基本이니 最 愼重ᄒᆞᆯ 者ㅣ라 他人의 要求를 拒絶ᄒᆞᆷ은 一時 不忍ᄒᆞᆯ 뿐이나 約束을 結ᄒᆞ고 實行치 못ᄒᆞᆷ은 失信이 大ᄒᆞ니 故로 與人交際ᄒᆞᆷ에 此를 宜 十分 注意ᄒᆞᆯ지니라

第十六課 禮法

交道ᄂᆞᆫ禮를盡ᄒᆞᆷ

世에處ᄒᆞ야友를交ᄒᆞᄂᆞᆫ道ᄂᆞᆫ信으로ᄡᅥ本을삼을지니禮義로ᄡᅥ輔翼치아니ᄒᆞ면交友의道가完全치不能ᄒᆞᆯ지라大抵朋友의間에交誼가疏遠ᄒᆞᆯ時ᄂᆞᆫ互相謙讓ᄒᆞᆷ이有ᄒᆞ되其親密이益加ᄒᆞᆯ時ᄂᆞᆫ禮를盡ᄒᆞᄂᆞᆫ心이漸薄ᄒᆞᆷ으로或我意를恣行ᄒᆞ야人의感情을相觸ᄒᆞ며其終에ᄂᆞᆫ反目으로相對ᄒᆞᄂᆞᆫ者가多ᄒᆞ니라

禮讓

禮ᄂᆞᆫ但朋友ᄲᅮᆫ아니라一般他人에對ᄒᆞ야도謹守勿失ᄒᆞᆯ者ㅣ니自己의便利만思ᄒᆞ고他人의不利를不思ᄒᆞᆷ은總히非禮라謂ᄒᆞᆯ지라槪論컨ᄃᆡ汽船汽車를乘ᄒᆞ야ᄂᆞᆫ老人幼子의穩便을計ᄒᆞ며或路上에서逢人ᄒᆞ거던途를讓ᄒᆞ며或多數人이群集ᄒᆞᆫ處에서人의妨害되ᄂᆞᆫ事를愼ᄒᆞ며其他年高ᄒᆞᆫ人을敬ᄒᆞ고位卑ᄒᆞᆫ人을不侮ᄒᆞᆷ이皆禮義라故로社會의秩序가整然ᄒᆞᆷ은禮義로ᄡᅥ交際를圓滑케ᄒᆞᆷ에由ᄒᆞᆷ이니라

禮法은社會의秩序

且社會의安寧秩序를保護ᄒᆞ기爲ᄒᆞ야法律을設ᄒᆞᆷ이有ᄒᆞ니然ᄒᆞ나法은但惡人을懲戒ᄒᆞᆷ으로爲主ᄒᆞᆫ者인즉若法律만依賴ᄒᆞ고禮法을不重히ᄒᆞ면社會ᄂᆞᆫ不完全ᄒᆞᆷ을未免ᄒᆞᆯ지라故로禮法의完備與否로社會의文野를卜ᄒᆞ며事業의發達을期ᄒᆞᆯ지라然ᄒᆞ나世人이往往小節을不拘ᄒᆞ야禮法을輕視ᄒᆞᄂᆞᆫ者ㅣ有ᄒᆞ니此ᄂᆞᆫ虛禮를卑히녁이ᄂᆞᆫ起見에出ᄒᆞᆷ이라其弊가傲慢에陷ᄒᆞ야必自己의榮譽를損ᄒᆞ고他人의輕侮를受ᄒᆞ며社會의秩序를紊亂케ᄒᆞᆷ에至ᄒᆞᆯ지오且虛禮를尙ᄒᆞᄂᆞᆫ人은內心에ᄂᆞᆫ敬人ᄒᆞᆯ思가無ᄒᆞ고表面으로ᄂᆞᆫ形式을飾ᄒᆞᄂᆞ니此ᄂᆞᆫ自己의品性을傷ᄒᆞᆯᄲᅮᆫ인즉實心으로他人을敬ᄒᆞ며社會에服從ᄒᆞᆷ이卽眞禮儀라ᄒᆞᄂᆞ니라

虛禮ᄂᆞᆫ自己의品性을傷ᄒᆞᆷ

第十七課 公共心

公衆의團體를最重

人은自己의職業을勵ᄒᆞ고他人의權利를尊重히ᄒᆞᄂᆞᆫ同時에自己의屬ᄒᆞᆫ公衆團體를最重히ᄒᆞ야其利益幸福을共計ᄒᆞᆯ지

(ᄒᆞᆷ)

라故로文明社會에在ᄒᆞ야團體의助力이無ᄒᆞ면生存ᄒᆞ기不能ᄒᆞ고各自의職業도亦、社會上協同動作의一이라其職業을當ᄒᆞ야自己의利益만謀ᄒᆞ고公衆의繁榮을不思ᄒᆞᆷ이不可ᄒᆞ니라

(公衆의財産을保護)

府郡都市面村의組合ᄒᆞᆫ學校等이自己의屬ᄒᆞᆫ團體에對ᄒᆞ야其損害됨을必愼ᄒᆞᆯ지니此、財産은公共의所有라衆人福利의關係가大ᄒᆞᆫ者인즉自己의所有物보다尤、一層注意ᄒᆞ야保護ᄒᆞᆷ이可ᄒᆞ니若、共公의物을損傷ᄒᆞ고恬然不恥ᄒᆞᄂᆞᆫ者ᄂᆞᆫ足히與言ᄒᆞᆯ바ㅣ無ᄒᆞᆯ지니라

(團體의名譽를重ᄒᆞᆷ)

且、何樣團體를勿論ᄒᆞ고其團體에屬ᄒᆞᆫ者ᄂᆞᆫ必、其團體名譽에毁損이無케ᄒᆞᆷ을務ᄒᆞᆯ지니若、團體中에一人이라도惡行이有ᄒᆞ면團體全部의信用을失ᄒᆞ야其衰頹ᄒᆞᆷ을招ᄒᆞᆯ지오特、學校의名譽를墜落ᄒᆞᆷ은幾個의學生이規律을不守ᄒᆞ고體面을汚瀆ᄒᆞᆷ에由ᄒᆞᆷ이니라

(共公의機關運用)

公共의機關運用을掌ᄒᆞᆫ者ᄂᆞᆫ嚴重히其職務를執行ᄒᆞ되過失或、怠慢의習으로公衆의損害를勿致ᄒᆞᆯ지며且、公衆은機關運用者의職務所重ᄒᆞᆷ을察ᄒᆞ야是를妨害치아니ᄒᆞ도록努力ᄒᆞᆯ지니라

(衛生의染病과火災를豫防)

且、衛生에關ᄒᆞ야ᄂᆞᆫ傳染病의豫防을注意ᄒᆞ고財産에關ᄒᆞ야ᄂᆞᆫ火災의團束을嚴重히ᄒᆞᆯ지니此ᄂᆞᆫ自己의安全을爲ᄒᆞᆯᄲᅮᆫ아니라各個人이社會에對ᄒᆞ야當然ᄒᆞᆫ義務ㅣ니라

個人은恒常、自己의行動이公衆에影響됨을思ᄒᆞ야獨利를不專ᄒᆞ며私慾을莫恣ᄒᆞ야自己의利益幸福을求ᄒᆞᄂᆞᆫ念을推ᄒᆞ야他人에게及ᄒᆞᆷ을注意ᄒᆞᆯ지니然則公衆에對ᄒᆞᄂᆞᆫ道가自然明白ᄒᆞᆷ을得ᄒᆞᆯ지니라

第二　國家의對ᄒᆞᄂᆞᆫ注意

第十八課　國體

(國體ᄂᆞᆫ國)

國體라ᄒᆞᆷ은其國의根本된國家의體裁를謂ᄒᆞᆷ이라何國이던

의根本

지各其特殊ᄒᆞᆫ國體가有ᄒᆞ니其建國의由來風土와人民의性質等이是라此ᄂᆞᆫ各與國에最重要ᄒᆞᆫ者ㅣ니라

我國의獨立

我國은四千餘年前에神聖ᄒᆞ신檀君이降ᄒᆞ사邦國의體制를定ᄒᆞ고國號를朝鮮이라稱ᄒᆞ얏더니一千餘年을經ᄒᆞᆷ이殷太師箕子가東來ᄒᆞ사平壤에定都ᄒᆞ고八條의敎를設ᄒᆞ며仁賢의化를敷ᄒᆞ야衣冠文物과禮樂法度가燦然히備ᄒᆞ야東方禮義의國이라稱ᄒᆞ고又九百餘年을經ᄒᆞ야箕氏의後王이南遷ᄒᆞ야三韓의一이되고新羅高句麗百濟三國이斷起ᄒᆞ야疆土를分裂ᄒᆞ야政治의制度가複雜無常ᄒᆞ더니又九百餘年을經ᄒᆞ야高麗王氏가興ᄒᆞ야文學을尙ᄒᆞ고武備를講ᄒᆞ나但佛敎를崇ᄒᆞᆷ으로國體에汚損을致ᄒᆞ니라我
太祖高皇帝께서大亂을平定ᄒᆞ시고疆土를恢拓ᄒᆞ시며一統의鴻業을創ᄒᆞ사萬世의宗社를建ᄒᆞ시고獨立의精神으로法度를制定ᄒᆞ사高麗의陋習을一掃ᄒᆞ고箕聖의文化를丕闡ᄒᆞ시니聖子神孫이 皇統을繼承ᄒᆞ사 祖宗의典章을恭守ᄒᆞ신의上下의分이劃然不紊ᄒᆞ야秩序가整頓ᄒᆞ며敎化가文明ᄒᆞ야國運의隆昌ᄒᆞᆷ이我東方有國以來에實未有ᄒᆞ니라
國體의善美ᄒᆞᆷ이如此ᄒᆞᆷ은皆 祖宗의神聖으로文化를大闡ᄒᆞ신에由ᄒᆞᆷ이라我 先王이此土에君臨ᄒᆞ샤臣民의繁榮ᄒᆞᆫ幸福을爲ᄒᆞ야孜孜求治ᄒᆞ시ᄂᆞᆫ念이恒常 宸襟을勞케ᄒᆞ신이我國民의祖先도 皇室을愛戴ᄒᆞᆷ이國民의大宗家와如히思ᄒᆞ야先王의典章을遵守ᄒᆞ며 祖宗의政化를輔弼ᄒᆞ야忠節을殫ᄒᆞ며事業을勵ᄒᆞᆷ으로其勳功이百世에輝赫ᄒᆞ며惠澤이八域에流霑ᄒᆞ야宗社로ᄒᆞ야곰泰山磐石에奠케ᄒᆞ얏스니此ᄂᆞᆫ我國歷史에徵ᄒᆞ야昭著ᄒᆞᆷ이니라

我國民의覺悟

今我國民은皆 祖宗의遺黎오先民의後孫이라祖先의功業을宜銘心不忘홀지니我國의固有ᄒᆞᆫ風敎를體ᄒᆞ야 皇室을尊崇ᄒᆞ고宗社를敬奉ᄒᆞ며且開國以來로 列聖의培養ᄒᆞ신

德澤은涵泳ᄒᆞ며先民의勤勞ᄒᆞᆫ精神을發揮ᄒᆞ야傳來良好ᄒᆞᆫ
遺風을振起ᄒᆞ고今日文明ᄒᆞᆫ新法을採用ᄒᆞ야國利民福을增
進케ᄒᆞ면邦運의隆昌ᄒᆞᆷ이豈世界列强에讓ᄒᆞ리오

第十九課 忠君

忠君은我國民의所有

我大韓이 太祖開國以來로 皇室系統이二十有九世를傳
ᄒᆞ야今 大皇帝陛下에至ᄒᆞ시니五百十有餘年이라惟我
祖宗이至仁至慈ᄒᆞ신聖德으로人民을慈愛ᄒᆞ심이赤子와如
ᄒᆞ신지라我等祖先이皆 祖宗의深仁厚澤에沐浴ᄒᆞ야國
民의繁榮을享ᄒᆞᆷ으로今日此身에至ᄒᆞ얏ᄂᆞ즉此身의有ᄒᆞᆷ은
即 祖宗의賜ᄒᆞ신이라我等祖先이 祖宗에게報ᄒᆞ시던
誠을我等이效則ᄒᆞ야
大皇帝陛下에報ᄒᆞᆷ이實로臣民의分義니라
且 皇室은國民의大宗家라一國生命의休戚이係ᄒᆞ얏ᄂᆞ즉
國民이其宗家를尊奉ᄒᆞᆷ이各其自家를保重히ᄒᆞᆷ과如케ᄒᆞᆷ은

自然ᄒᆞᆫ敬慕에出ᄒᆞᆷ이니豈但主權이有ᄒᆞᆫ君主로만仰戴ᄒᆞᆯ而
已리오然ᄒᆞᆫ즉國民과皇室의其親密ᄒᆞᆫ關係가萬世에亘ᄒᆞ야
도不變ᄒᆞᆯ者인故로國民된者ᄂᆞᆫ必皇室을尊崇ᄒᆞ며其國體를
擁護ᄒᆞᆷ이實國民의責任이니라

尊崇

忠君은人民의義務

世人이云ᄒᆞ기를君에게忠ᄒᆞᆷ은政府에在ᄒᆞᆫ官吏의責任이라
ᄒᆞ나此ᄂᆞᆫ不思의甚ᄒᆞᆫ者ㅣ라人이此國에生ᄒᆞᆷ의各其國君에
게忠ᄒᆞᆷ은即人民의義務ㅣ라豈政府와人民의分이有ᄒᆞ리오
昔에漢室의陵夷ᄂᆞᆫ宗國의危ᄒᆞᆷ을是憂ᄒᆞ얏ᄉᆞ며且田夫에獻
芹과野人의炙背ᄂᆞᆫ各其國君에게懷忠ᄒᆞᆷ이니此ᄂᆞᆫ皆人民의
隷役에出ᄒᆞᆷ이라故로千古에忠君ᄒᆞᄂᆞᆫ者ㅣ此로써標準을作
ᄒᆞ야人人이恒言ᄒᆞᄂᆞᆫ바ㅣ니嗚呼라忠君의誠을此에可徵ᄒᆞᆯ
지니라

靑年의覺悟

凡我靑年은姑今立世치못ᄒᆞᆫ者ㅣ라直接으로國家를爲ᄒᆞ야
君恩을報答ᄒᆞ기不能ᄒᆞ나後日國家에有用의人物을作ᄒᆞ야

我國의憲法

奉公의大義를盡코자홀진ᄃᆡ能修身力學ᄒᆞ야團結或奮發의力을務養ᄒᆞᆷ이眞個忠君의道ㅣ니若口로만忠愛의實을藉ᄒᆞ고身으로ᄂᆞᆫ當行의事를不務ᄒᆞ면是ᄂᆞᆫ不忠이니라홀지니라

第二十課 遵法

國家에對ᄒᆞ야國民의分에盡홀道ᄂᆞᆫ一二에不止ᄒᆞ나法令을遵守ᄒᆞᆷ이卽主要라然ᄒᆞ나 祖宗의良法美規를固當遵奉ᄒᆞᆯ지나時代의變遷과文野의程度로써法制의變改홀必要가有ᄒᆞ거ᄂᆞᆯ若舊章만膠守ᄒᆞ고時機를不鑑ᄒᆞ야妄히新法을非毁ᄒᆞᄂᆞᆫ流ᄂᆞᆫ頑固의陋習을未脫ᄒᆞᆫ者ㅣ라謂홀지니라

往在開國五百四年에我
太皇帝陛下ᄭᅴ옵서時機의變ᄒᆞᆷ을鑑ᄒᆞ시고中興의運을啓ᄒᆞ샤由來의舊弊를改革ᄒᆞ시고更張의新法을頒布ᄒᆞ신지十餘年에尙今維新의化가全國에未敷ᄒᆞᆷ은其法制의不善ᄒᆞᆷ이아니라政府에셔實行치못ᄒᆞᆫ責이不無ᄒᆞ나人民도亦舊習에狃

法律及命令

ᄒᆞ야新法을反抗ᄒᆞᆷ이太甚ᄒᆞᆷ으로今日의狀態에陷ᄒᆞᆷ이니凡我國民은豈省悟ᄒᆞᆯ바ㅣ아니리오

夫法律命令은大小를勿論ᄒᆞ고國家의秩序를維持ᄒᆞ며國民의安寧을計圖ᄒᆞ야人民의生命財産을保護ᄒᆞ기爲ᄒᆞ야發布ᄒᆞᆷ이니國民된者ᄂᆞᆫ宜此에服從ᄒᆞ고違反ᄒᆞᆷ이無홀지나但法律에服從ᄒᆞᄂᆞᆫ道ᄂᆞᆫ表面으로써法令에不違ᄒᆞᆷ을足ᄒᆞ다謂치못홀지오能히國家의規定ᄒᆞᆫ바法律의精神을詳察ᄒᆞ야是에貫徹ᄒᆞᆷ을謀홀지니若法令의未備ᄒᆞᆷ을乘ᄒᆞ야巧히罪惡을故犯ᄒᆞ거나恬히羞耻를不知ᄒᆞᄂᆞᆫ者ᄂᆞᆫ國民의資格을失ᄒᆞᆫ者ㅣ라豈人數에共齒ᄒᆞ리오

第二十一課 亂時에注意

亂時에ᄂᆞᆫ忠義에注意

人이泰平ᄒᆞᆫ日에在ᄒᆞ야ᄂᆞᆫ修身ᄒᆞ고齊家ᄒᆞ며各自業務에從事ᄒᆞ야國家의隆盛을計홀지나有事의時를當ᄒᆞ야ᄂᆞᆫ擧國이一致ᄒᆞ야祖先으로브터國民의傳來ᄒᆞᄂᆞᆫ義勇의精神을振起

ᄒᆞ고開闢初로브터相傳ᄒᆞᄂᆞᆫ祖國의疆土를保護ᄒᆞ야國難을排除ᄒᆞ야國權을保守ᄒᆞᆯ지니此ᄂᆞᆫ祖先의志를繼ᄒᆞ고子孫의龜鑑을作케ᄒᆞᆷ이니라

我國家와 皇室과臣民은均同一體ᄒᆞᆫ지라我等의祖先이四千年以來로此邦家를維持ᄒᆞᆷ으로今日에至ᄒᆞ야此祖先의氣血로此國土에生ᄒᆞ얏ᄉᆞ니誰가盡忠報國의精神을益勵치아니리오

兵役에服從ᄒᆞᄂᆞᆫ義務

然則、其精神을發揮ᄒᆞ야國難에赴ᄒᆞᆯ時ᄂᆞᆫ必、愼重ᄒᆞᆫ態度를要ᄒᆞᆯ지오漫히慷慨悲憤ᄒᆞ야輕氣妄動에出ᄒᆞᆷ은不可ᄒᆞᆫ지라大抵、國民은皆、兵役에服從ᄒᆞᄂᆞᆫ義務가有ᄒᆞᆫ則日後我國이國民皆兵의制를取ᄒᆞᆯ지라도當時、軍隊에屬ᄒᆞᆫ者만必、專門의敎育을受ᄒᆞ야直接으로戰場에驅馳ᄒᆞᆷ을得ᄒᆞᆯ지니軍籍에在ᄒᆞᆫ者ᄂᆞᆫ其身을鴻毛의輕에比ᄒᆞ며義를泰山의重에擬ᄒᆞ야武器를荷ᄒᆞ고國威를宣揚ᄒᆞᆯ지오一般人民은其義分의應ᄒᆞ야軍資를助給ᄒᆞ며或、出征者의家屬을救恤ᄒᆞ야軍人으로ᄒᆞ야금後顧의憂가無케ᄒᆞᆯ지니此ᄂᆞᆫ擧國이國難에赴ᄒᆞ야義勇으로報公ᄒᆞᄂᆞᆫ道ㅣ니라

第三 修德에關ᄒᆞᆫ注意

第二十二課 修養

修養의效力

吾人이世에立ᄒᆞ야人의本分을修ᄒᆞᆷ은自己의立身ᄒᆞᄂᆞᆫ道라小ᄒᆞᆫ즉一身一家의繁榮을得ᄒᆞ고大ᄒᆞᆫ즉國家社會의公益을致ᄒᆞ야一世에有用의人物을作ᄒᆞ고他人에게尊敬을受ᄒᆞᄂᆞᆫ地位를得ᄒᆞ리라

道德은實行ᄒᆞᆷ에必要

大凡、人에立身의道ᄂᆞᆫ道德에專在ᄒᆞᆷ으로道德을不修ᄒᆞ면智識이有ᄒᆞ야도能히實行ᄒᆞ기不得ᄒᆞᄂᆞ니故로各種學問과技術을皆、道德으로써根本을作ᄒᆞ야先히其根本을修養ᄒᆞᆫ然後에業務에施ᄒᆞ야活用ᄒᆞᆷ을得ᄒᆞᆯ지라然ᄒᆞ나道德의修養ᄒᆞᆷ은實際精神에在ᄒᆞ고外形을假飾ᄒᆞ야虛譽를要ᄒᆞᆷ에不在ᄒᆞ니

學者ᄂᆞᆫ宜精神의修養홈으로自己의工夫를做홀지니라

修德은微始를愼謹홈에在홈

人은雖小善이라도毋忽ᄒᆞ며雖小惡이라도勿行홀지니恒常自己의良心을鑑ᄒᆞ야私心을去ᄒᆞ고公明正大의精神을持守ᄒᆞ야其微를必愼ᄒᆞ며其始를必謹홀지라若小事를經히ᄒᆞᄂᆞᆫ習性은大惡을釀成홈에至ᄒᆞ고不德을一行ᄒᆞ면又再行ᄒᆞ기容易ᄒᆞ니微始를愼謹ᄒᆞ야善을力行ᄒᆞ고惡을遠排ᄒᆞ면其初ᄂᆞᆫ雖困難ᄒᆞ나勉勵修行ᄒᆞ야必習慣을成홀지니古語에云ᄒᆞ기를習慣은第二天性이라홈이此를謂홈이니라

第二十三課　自重

自重은修德에第一工夫

人은皆自重의精神을先養홀지니自重은自己의價値를保有ᄒᆞ야自侮自棄에不底홈을謂홈이니卽修德의第一工夫라若己를自輕ᄒᆞ면何事던지做成키不能홈은姑舍ᄒᆞ고畢竟은不義不德에陷ᄒᆞ야世人의擯斥홈을難免ᄒᆞ리라

人生의價値

自輕치아니ᄒᆞᄂᆞᆫ人은人生의價値를知ᄒᆞᄂᆞᆫ者ㅣ라是故로人은必高尙ᄒᆞᆫ精神으로써修學積德ᄒᆞᄂᆞᆫ素質을삼을지니此素質은人生의價値를自增홈으로古來聖賢이라英傑이라稱ᄒᆞ야不朽의名을百世에流ᄒᆞᄂᆞᆫ者도決코吾人과特異홈이有ᄒᆞ거나企望不及의事를行홈은아니오但自己의學을修ᄒᆞ며德을積홈으로써業을成就而已니譬컨ᄃᆡ聖賢과英傑은玉을雕琢ᄒᆞ야光明華美홈과如ᄒᆞ고吾人은未磨ᄒᆞᆫ玉과如ᄒᆞ야其殊異ᄒᆞᆫ點은磨琢與否에在홀ᄲᅮᆫ이오決코白玉과瓦礫의區別이有홈은아니라然則吾等은聖賢과英傑의尊ᄒᆞᆫ所以를知ᄒᆞ야自己를尊重케홈을努力홀지니라

自重의精神

然ᄒᆞ나自己를尊重케ᄒᆞᆫ다홈은徒大言壯語로自快히홈을謂홈이아니라自重ᄒᆞᄂᆞᆫ人은必遠大를期望ᄒᆞᄂᆞᆫ故로自己의不完全ᄒᆞᆫ學力으로써滿足티아니ᄒᆞ고日夜로自修ᄒᆞ야聖賢의域의達홈을孜孜不怠홈으로業이日進ᄒᆞ고德이日修ᄒᆞ리니와若此에反ᄒᆞ야己를自輕ᄒᆞᄂᆞᆫ人은自己의不完全홈으로써

滿足라ᄒᆞ야秋毫도進步의希望이無ᄒᆞᆷ으로써學이日荒ᄒᆞ며行이日敗ᄒᆞᄂᆞ니故로自重의精神은德業을大成ᄒᆞᄂᆞᆫ基本이라謂ᄒᆞᆯ지니라

第二十四課 恭儉

驕傲ᄂᆞᆫ無知ᄒᆞᆷ에生ᄒᆞᆷ

學을修ᄒᆞ고德을行ᄒᆞᆷ에當ᄒᆞ야最戒ᄒᆞᆯ者ᄂᆞᆫ驕傲의心이니若驕傲의心이生ᄒᆞ며學業의進과德行의修ᄒᆞᆷ을難望ᄒᆞᆯ지오徒世人의笑를買ᄒᆞ며侮를速ᄒᆞᆯ뿐이라此驕傲의心은淺識을自滿히ᄒᆞᆷ에生ᄒᆞ고淺識를自滿히ᄒᆞᄂᆞᆫ心은自己를不知ᄒᆞᆷ에起ᄒᆞᆷ이니人은宜自己의地位와自己의實價를思ᄒᆞ야目的을遠大에期ᄒᆞ고精神을高尙에注ᄒᆞ야進修不已ᄒᆞᆷ이可ᄒᆞ니라

驕傲의狀態

驕傲의中에도最賤卑ᄒᆞᆫ者ᄂᆞᆫ自己의財産과門地等을誇ᄒᆞᆷ이오特醜惡ᄒᆞᆫ者ᄂᆞᆫ年少子弟가其父兄의功績을恃ᄒᆞ야人에게驕ᄒᆞᆷ이오又或自己의學業과品行等을誇ᄒᆞᆷ이니此ᄂᆞᆫ已를自知치못ᄒᆞᆫ所致라至愚ᄒᆞᆫ人을爲免ᄒᆞ리오

蓋人이斯世에生ᄒᆞ야可修ᄒᆞᆯ學과可踐ᄒᆞᆯ道가無限ᄒᆞ거ᄂᆞᆯ其淺薄ᄒᆞᆫ智識과未成ᄒᆞᆫ德行으로써自心에滿足라ᄒᆞ면大成ᄒᆞᆯ日이豈有ᄒᆞ리오故로能自己의不足ᄒᆞᆷ을自省ᄒᆞ야孜孜히學問을進修ᄒᆞᄂᆞᆫ者ᄂᆞᆫ必遠大의業을成就ᄒᆞᆯ지니라

恭儉과自任

恭儉ᄒᆞᆫ人은深히學問을蘊蓄ᄒᆞ고自顯ᄒᆞᆷ을不求ᄒᆞᄂᆞᆫ故로能히人에게謙讓ᄒᆞᄂᆞᆫ德이有ᄒᆞ나其自任의務에臨ᄒᆞ야ᄂᆞᆫ力을盡ᄒᆞ야人에게不讓ᄒᆞᆷ으로人의敬服ᄒᆞᄂᆞᆫ바ㅣ되ᄂᆞ니此ᄂᆞᆫ無他라學問의力이謙讓의德을養ᄒᆞ야自任의道를知ᄒᆞᆷ이라若自任의道를不知ᄒᆞᄂᆞᆫ者ᄂᆞᆫ自己의當然ᄒᆞᆫ義務를人에게讓ᄒᆞ고人後에退立ᄒᆞᆷ을不恥ᄒᆞᄂᆞ니如此ᄒᆞᆫ卑劣의徒ᄂᆞᆫ世에無益ᄒᆞ고時에無補ᄒᆞᆯ지라豈大丈夫의最賤ᄒᆞᆫ者ㅣ아니리오

第二十五課 自省

自己의品性을知ᄒᆞᆷ

人이自己의品性을高尙히ᄒᆞ야德業을進步發達코져ᄒᆞᆯ진ᄃᆡ恒常自己의性質長短을自辨ᄒᆞ며且學業의優劣을自度ᄒᆞ면

에要홈

能히增進矯正홈을得홀지라故로古人이自省으로써修德의第一工夫라ᄒᆞᄂᆞ니此ᄂᆞᆫ但今日修德上에必要될ᄲᅮᆫ아니라後日立身就業에當ᄒᆞ야最有效ᄒᆞᄂᆞ니라

自省의易難

外界의物情을知홈은耳目口鼻의助를得ᄒᆞ야甚難홈이無ᄒᆞ거니와自己內竅의善惡長短을知홈은一朝一夕에得홀바ㅣ아닌즉人은恒常內心을自省ᄒᆞ야公平히判斷홈으로써習慣을養成ᄒᆞᆫ後에可得홀지라然ᄒᆞ나內心을自省홈이言ᄒᆞ기ᄂᆞᆫ易ᄒᆞ되行ᄒᆞ기ᄂᆞᆫ難ᄒᆞ니公平히判斷홈은特修鍊을要홀지니라

自省ᄒᆞ야判斷홈

一日에業을畢ᄒᆞ고將寢床에就홀際가最自省에適當ᄒᆞᆫ時라故로從容히坐ᄒᆞ야徐徐히思ᄒᆞ되今日에我가果然差耻될言行이無ᄒᆞᆫ가或人에對ᄒᆞ야惡意를懷홈이無ᄒᆞᆫ가或怠惰ᄒᆞ야自己業務에缺欠이無ᄒᆞᆫ가此等의事를嚴密히判斷ᄒᆞ야其欠點이有ᄒᆞ거던必反省홀지니若日日如是ᄒᆞ야勉行不止ᄒᆞ면德業이日進ᄒᆞ야完全홈을可得홀지니라

第二十六課　克己

善을行홈에困難

何人이던지善道의履行을希望치아니ᄒᆞᆯ者ㅣ無ᄒᆞ나自然히過를犯ᄒᆞ며不善을行ᄒᆞ야轉轉히善을行홈에困難을感ᄒᆞᆫ所以니蓋各種外物의誘惑이有ᄒᆞ야人의弱點을襲ᄒᆞ야其意思를侵奪홈으로其情慾이激發ᄒᆞ야一時惡行에陷홈을不覺ᄒᆞᄂᆞ니라

慾을制限

誘惑은其種類가頗多ᄒᆞ야人에게侵逼홈이一樣에不止ᄒᆞ되其最著ᄒᆞᆫ者ᄂᆞᆫ體慾이니體慾은元來身體의生理的活動에伴ᄒᆞ야必有ᄒᆞᆫ者이나其本質을究ᄒᆞ면善惡의差別이有ᄒᆞ니知吾人이餓ᄒᆞᆫ則食을思ᄒᆞ며渴ᄒᆞᆫ則飮을思ᄒᆞ며疲勞ᄒᆞᆫ則休息을思ᄒᆞ고且耳目의所樂을欲홈은皆當然ᄒᆞᆫ事이라故로此等의慾을適當히用ᄒᆞ면生活上有用의勞動이될지나若此慾의發ᄒᆞᄂᆞᆫ바를放縱ᄒᆞ야制限이無ᄒᆞ면身體를害ᄒᆞ고事業을放ᄒᆞ며身亡家敗에至홈이必然홀지니라

體慾

體慾은身體의發育이旺盛ᄒᆞᆫ靑年時代에在ᄒᆞ야最强ᄒᆞᆫ者ㅣ니特、抑制의力을用ᄒᆞᆷ이可ᄒᆞᆯ지라若、一時의快樂을貪ᄒᆞ야終生의悔恨을遺ᄒᆞᆷ은智者의不取ᄒᆞᆯ바ㅣ니라

性慾의抑制

且、最恐ᄒᆞᆯ바ᄂᆞᆫ誘惑의性慾이니人의身體ᄂᆞᆫ一定ᄒᆞᆫ時期에至ᄒᆞ면其機官의遷動으로精神에變化를生ᄒᆞᆯ지라此時ᄂᆞᆫ人生의最、危險ᄒᆞᆫ時機니有爲ᄒᆞᆫ靑年이此性慾의制抑ᄒᆞᆷ을不知ᄒᆞ면畢竟은其身體의健康을害ᄒᆞ고精神의活動을鈍히ᄒᆞ며或生命을短縮ᄒᆞ거나羸弱의人을不免ᄒᆞᆯ지니靑年學生은此誘惑에勿陷ᄒᆞᆷ을戒愼ᄒᆞᆯ지니라

第二十七課　克己(續)

慾望의適用

人이幼年時에ᄂᆞᆫ飮食의慾과耳目의慾과如ᄒᆞᆫ體慾이有ᄒᆞᆯ뿐이나稍、成長ᄒᆞ면各種의慾望이生ᄒᆞᄂᆞ니即、固有의慾과名譽의慾과權力을希望ᄒᆞᄂᆞᆫ慾等이是라此等慾望도人의自然히有ᄒᆞᆫ바인즉善惡의名을附ᄒᆞᆷ이不可ᄒᆞ나然ᄒᆞ나此亦、體慾과同ᄒᆞ야適用치못ᄒᆞ면恐ᄒᆞᆫ건ᄃᆡ其結果ᄂᆞᆫ不義不德의人을做ᄒᆞᆯ지니라

慾望의過度ᄒᆞᆫ弊害

財産、名譽、權勢等을得ᄒᆞ야幸福을享코져ᄒᆞᆷ은人情의常이라此를爲ᄒᆞ야已를利ᄒᆞ고世를益ᄒᆞᄂᆞᆫ思想을起ᄒᆞᄂᆞᆫ者ㅣ有ᄒᆞ나財産의慾이其度에過ᄒᆞ면吝嗇、貪婪의鄙事를行ᄒᆞ고名譽의慾이其道를不得ᄒᆞ며傲慢、嫉妬、怨咨等의惡習을行ᄒᆞ고甚ᄒᆞ면自己의名을成就ᄒᆞ기爲ᄒᆞ야人을不測에陷ᄒᆞ며權勢의慾이極ᄒᆞ면人을坑塹에擠ᄒᆞ며必、弱ᄒᆞᆫ者를虐待ᄒᆞ야陰險殘忍ᄒᆞᆫ事를行ᄒᆞᄂᆞ니此ᄂᆞᆫ學生을爲ᄒᆞ야深戒ᄒᆞᆯ바ㅣ로다

空想에妄走

特、世에經驗이無ᄒᆞᆫ年少銳氣의時代ᄂᆞᆫ或、空想에妄走ᄒᆞ기易ᄒᆞᆷ으로此等慾望의誘惑에陷ᄒᆞ야目下急務되ᄂᆞᆫ勉學修德을怠히ᄒᆞ다가成年ᄒᆞᆫ後에噬臍의悔가有ᄒᆞᆫ덜何及ᄒᆞ리오彼、兒時에神童이라稱ᄒᆞ던者가中年에至ᄒᆞ야ᄂᆞᆫ凡庸의兒童을不及ᄒᆞᆫ者ㅣ多ᄒᆞᆷ은此로由ᄒᆞᆷ이아닌가

制慾의道

此等의慾望을適當히抑制ᄒᆞᄂᆞᆫ道ᄂᆞᆫ無他라能、智識을研究ᄒᆞ야事理에明晰ᄒᆞ고恒常、堅忍不拔의精神을勵홈이可ᄒᆞᆯ지니라

第二十八課　克己(續)

誘惑의豫防

諸種의誘惑은皆、自己의弱點을乘ᄒᆞ야侵來ᄒᆞᄂᆞᆫ敵이니人은宜、自己의精神을堅固히ᄒᆞ야敵의乘隙홈을豫防홈에注意ᄒᆞᆯ지니라

制慾의注意

世人이或、慾望及體慾으로因ᄒᆞ야邪惡의誘에陷ᄒᆞ거나或、勢力의逼홈으로써吾人의操守를枉ᄒᆞ거나或、淺薄ᄒᆞᆫ謬見을流布ᄒᆞ야正義의士을放害케ᄒᆞᄂᆞᆫ者ㅣ有ᄒᆞ니若、吾人이注意에忽ᄒᆞ야此를順從ᄒᆞ던지怯懦에慣ᄒᆞ야此를抵抗키不能ᄒᆞ면畢竟은人의奴隷됨을不免ᄒᆞᆯ지니라

自信의必要

人이勢力으로써我에게惡行을強홀時와衆人이相集ᄒᆞ야悖戾로써我에게迫害를加홀時ᄂᆞᆫ必、古昔義人烈士의萬難을排ᄒᆞ고節義를全히ᄒᆞ던事를思ᄒᆞ야自信의道를厚케ᄒᆞᆫ然後에事를誤홈이無ᄒᆞᆯ지니라

抵抗力

蓋、人이迫害의強大홈으로從ᄒᆞ야毅然히其抵抗力이增加ᄒᆞᄂᆞ니此等境遇에在ᄒᆞ야ᄂᆞᆫ其誘惑의始에셔是를峻拒홈이可ᄒᆞ고且、迫害와如ᄒᆞᆫ悖戾ᄂᆞᆫ惟、非常ᄒᆞᆫ境界에來ᄒᆞᄂᆞᆫ것인故로吾人이是를抵抗홈이不難ᄒᆞ거니와最可恐可愼ᄒᆞᆯ者ᄂᆞᆫ名利와愛情等이니此ᄂᆞᆫ人의所好를依ᄒᆞ야誘惑에陷ᄒᆞ거나淺薄ᄒᆞᆫ理由에依ᄒᆞ야自然中에良心을鈍케ᄒᆞᄂᆞᆫ者ㅣ니此等의害ᄂᆞᆫ來홈이急激지아니ᄒᆞ고且誘홈이非常ᄒᆞᆫ悖戾가아님으로惑ᄒᆞ기容易ᄒᆞᆫ지라人이一次其惑을愛ᄒᆞ면病毒이身體에深中ᄒᆞ야生命을害ᄒᆞ며其終은精神을腐敗ᄒᆞ야賤卑ᄒᆞᆫ人物을作ᄒᆞᆯ지니라

第二十九課　改過

思慮의必

凡、事를臨ᄒᆞ야宜、深思熟慮를先히ᄒᆞᆫ後에必、處理의正當홈을

自期홀지니吾의智를通明히ᄒᆞ며吾의志를高尙히ᄒᆞ며意想을强硬히ᄒᆞ며思慮를周密히ᄒᆞ야正理에合ᄒᆞᆫ然後에必實行을勵홀지니라

(改過爲貴) 然ᄒᆞ나人은各自性癖이有ᄒᆞ고誤解가有ᄒᆞ야全히無過키難ᄒᆞ거던況經驗이無ᄒᆞᆫ人은尤誤홈이多홀지라故로曰過ᄂᆞᆫ譽의始라ᄒᆞ니能히過를知ᄒᆞ고速히改ᄒᆞ야再過치아니홈을勉ᄒᆞ면是ᄂᆞᆫ無過로同ᄒᆞᆫ지라孔ㅣ子曰誰가無過ᄒᆞ리오마ᄂᆞᆫ改홈이爲貴ᄒᆞ다ᄒᆞ시니라

(諱過의失) 過를恥홈은人情의常이라此心을因ᄒᆞ야改過홈을得ᄒᆞ나然ᄒᆞ나恒常自過ᄂᆞᆫ莫知홈으로每父師의敎誨와朋友의責善을從ᄒᆞ야覺悟改遷홈이有ᄒᆞᄂᆞ니過失은本來故意로行ᄒᆞᆫ者가아닌故로其責이輕ᄒᆞ거ᄂᆞᆯ人이或一朝에其過失을知홀지라도自過를隱諱코져ᄒᆞ야虛僞의事를行홈은反道德上의罪人을不免홀지니過를知ᄒᆞ고도改치아니ᄒᆞ면其過가益大홀ᄲᅮᆫ더러性質을漸漸迷頑케ᄒᆞ야正道에就ᄒᆞ기不能홀지라故로古人이云過를知ᄒᆞ고改치아니ᄒᆞᄂᆞᆫ者ᄂᆞᆫ實狀의過失이된다ᄒᆞ니라

(過의不改로爲恥) 己의善을聞ᄒᆞ기喜ᄒᆞ고己의過를聞ᄒᆞ기厭홈은小人의常情이오過를聞ᄒᆞ고改ᄒᆞ기不吝홈은君子의大度라故로君子의德은日로進ᄒᆞ고小人의行은時로變ᄒᆞᄂᆞ니人은恒常過를不知홀가恐ᄒᆞ다가過를知홈에ᄂᆞᆫ改치못홈을恥ᄒᆞ면德의進홈이日로新ᄒᆞ리라

第三十課　遷善

(行善의勉勵) 人은過를不作ᄒᆞ며惡을不行홈으로써滿足ᄒᆞ다勿謂ᄒᆞ고自己의品性을高尙히ᄒᆞ야行善홈을益勉홀지니自己의品性을高尙코져홀진ᄃᆡ宜聖賢의敎를服從ᄒᆞ야其人物을模範ᄒᆞ고其行事를效則ᄒᆞ며且良友의交홈을擇ᄒᆞ야互相切磋琢磨의功을積ᄒᆞ야吾人의心志를養ᄒᆞᄂᆞ니其志操를淸高히ᄒᆞ며其

志操의高尙

精神을雄大히홈을宜勉홀지오損友를近호야不完全호文學을習讀호며卑猥호記事를閱覽홈은最、戒愼홀者ㅣ니라

人이其志操를高尙히호야行善을力호되雖、小善이라도決코勿怠호면其習中이自然怡悅호야其樂을不覺홀지라或曰善의大호者라야人의利를圖호며世의益을助호다호나然호나必其、結果의大小로써其價値를定홀바아니라假令如何호行實이던지其誠心으로브터出홈이아니면眞善이라謂키難홈지니凡我青年은姑且、世에不立호者ㅣ라直接으로公事의關係는無호나其家族朋友間이던지又、學生社會에對홀善行은決코不少호故로其境遇에應호야竭力誠心으로써是를勉行

行善의習慣

홀지니如此不已호면自然行善의習慣을養成호야他日에有用의人物됨을得홀지니라

誠心爲善

人은善을行호고誇치勿홀지어다此는名譽만爲홈이오誠心에出홈은아니라誰ㅣ眞善이라謂호리오且、後日中等以上社會에立호야國民의中堅과國家의元氣로責任을自擔홀者가區區호行善으로滿足타호기不敢호니大히修養호고深히蘊蓄호야其重任의全擔홈을自期홈이可호니라

中等修身教科書卷二終

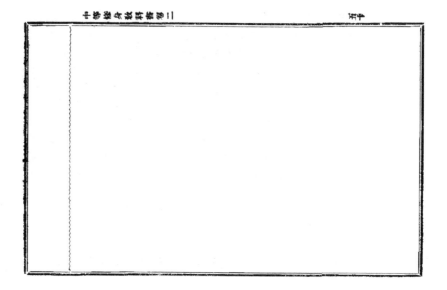

學部檢定

徽文義塾編輯部編纂

中等修身敎科書

尹用求題籤

中等 修身敎科書

卷三目次

第三 他人의對훈道

中等修身教科書卷三目次終

中等修身教科書

卷四目次

中等修身教科書卷四目次終

修身教科書卷三

第一 自己에對ᄒᆞᆫ道

第一課 自己

自己의本務

自己는吾身을謂홈이니蓋人은原來一個生物이라然ᄒᆞ나一方으로見ᄒᆞ면家族의一員이오又國家의臣民이니家族이無ᄒᆞ고一個人으로此世에生存을享ᄒᆞᄂᆞᆫ者ㅣ無ᄒᆞᆫ지며社會를離ᄒᆞ며國家에不屬ᄒᆞ고能生活홈을得ᄒᆞᆫ者ㅣ亦無ᄒᆞᆫ지라故로人은當爲ᄒᆞᆯ本務外에又家族과社會와國家의一員으로當行ᄒᆞᆯ本務가有ᄒᆞ고更一步를進ᄒᆞ야思ᄒᆞ면自己의前에祖先이有ᄒᆞ고自己의後에子孫이有ᄒᆞᆫ즉自己가社會에對ᄒᆞ야行ᄒᆞᄂᆞᆫ事業과功績을永久히繼續ᄒᆞᆯ責任이有ᄒᆞᆫ지라然ᄒᆞᆫ즉此一身은但一個生物로天地間에寄存ᄒᆞᆯ뿐아니라實狀國家를爲ᄒᆞ야存ᄒᆞ며社會를爲ᄒᆞ야存ᄒᆞ며祖先을爲ᄒᆞ야存ᄒᆞᄂᆞᆫ者

過去現在將來에對ᄒᆞᆫ責任

ㅣ라ᄒᆞ야도不可타謂치못ᄒᆞᆯ지니故로吾人은過去現在將來에對ᄒᆞ야重大ᄒᆞᆫ責任을負ᄒᆞ야其關係되ᄂᆞᆫ바ㅣ廣且大ᄒᆞ다ᄒᆞᆯ지니라

自己의發達은他本務를盡ᄒᆞᄂᆞᆫ道에在ᄒᆞᆷ

吾人은但一個生物로思ᄒᆞᆯ지라도其生命을保續ᄒᆞᆷ에身體와精神을發達케ᄒᆞᆷ이可ᄒᆞ거던又況家族과社會와國家等에對ᄒᆞᆫ本務를皆自己의身體精神의發達ᄒᆞᆷ을因ᄒᆞ야遂行ᄒᆞᄂᆞᆫ것인즉其重大ᄒᆞᆷ이何如ᄒᆞ뇨故로所謂自己에對ᄒᆞᆫ本務라ᄒᆞᄂᆞᆫ것도畢竟은皆家族과國家와社會에對ᄒᆞᆫ本務라謂ᄒᆞᆯ지니라

自己에對ᄒᆞᆫ本務와他人에對ᄒᆞᆫ本務의關係

且諸種의德行이互相聯絡ᄒᆞ야密接ᄒᆞᆫ關係가有ᄒᆞᆫ者인故로分明히此를區別ᄒᆞ기甚難ᄒᆞ나但設明의便宜를計ᄒᆞ야直接으로自己의關ᄒᆞᆫ것을自己에對ᄒᆞᆫ本務라稱ᄒᆞᆯ쁜이니라

第一 身體에對ᄒᆞᆫ本務

第二課 自營

自營의本務

自己의缺乏을充滿히ᄒᆞ야生命을保續ᄒᆞ며獨立의生活을營ᄒᆞᆷ은人의當然ᄒᆞᆫ職務니此自營의本務라蓋自己의生命을保續코져ᄒᆞᆯ진되生活上必要ᄒᆞᆫ飮食衣服住所等을得ᄒᆞ기爲ᄒᆞ야自己로ᄒᆞ야곰勞苦ᄒᆞᆷ이無키難ᄒᆞᆫ즉其當ᄒᆞᆫ바職業에從事ᄒᆞ야所得ᄒᆞᆫ利益으로安全ᄒᆞᆫ生活을經營ᄒᆞᆯ지니故로勤苦ᄂᆞᆫ自己生命에對ᄒᆞ야最要의本務니라但老幼와廢疾等의特別ᄒᆞᆫ事情이有ᄒᆞ야自己를自養키不能ᄒᆞᆫ者ᄂᆞᆫ他人의保護를依ᄒᆞ야生活ᄒᆞ지아니치못ᄒᆞᆯ지니라

自立及勤勉은自己에對ᄒᆞᆫ最要의本務

上古蒙昧ᄒᆞᆫ時代에ᄂᆞᆫ人의需用이少ᄒᆞ며人口도稀疎ᄒᆞ야僅少ᄒᆞᆫ勤勞를依ᄒᆞᆯ지라도生命의維持ᄒᆞᆷ을得ᄒᆞ얏거니와人口가增加ᄒᆞ며社會가進步된今日에至ᄒᆞ야ᄂᆞᆫ不少ᄒᆞᆫ勞力을依치아니ᄒᆞ면生活을不得ᄒᆞᆯ지니라蓋野蠻時代에在ᄒᆞ야果實을採收ᄒᆞᆷ에도猶自己의勞力을要ᄒᆞ거든況社會競爭이益益激烈ᄒᆞᆫ今日에在ᄒᆞ야ᄂᆞᆫ生活을爲ᄒᆞ야勞力이多ᄒᆞᆷ은當然ᄒᆞᆫ事이라然ᄒᆞ나文明社會에在ᄒᆞ야ᄂᆞᆫ人人이其生産物을交換

ᄒᆞ야生活을經營ᄒᆞᄂᆞᆫ故로何等勞働을不見ᄒᆞ고貨幣로써物品을購求ᄒᆞ니此ᄂᆞᆫ實、自己가過去에勞力의結果로써他人의勞力의結果와交換ᄒᆞᄂᆞᆫ것이라故로勤勞를厭ᄒᆞᄂᆞᆫ者ᄂᆞᆫ生活의方을希望키不可ᄒᆞ니라

第三課　自營(前)

自營은人類의名譽

自營의本務를完全히ᄒᆞ며自己勤勞를因ᄒᆞ야自己를養ᄒᆞᄂᆞᆫ것은人의當然ᄒᆞᆫ重大本務일ᄲᅮᆫ아니라實、人類의名譽니健康ᄒᆞᆫ身體를有ᄒᆞ고또他人을依賴ᄒᆞ야生活ᄒᆞᄂᆞᆫ者ᄂᆞᆫ自己의精神이無ᄒᆞᆫ者오社會上에立ᄒᆞᆯ資格이無ᄒᆞᆫ者ㅣ라ᄒᆞᆯ지며且、不正當ᄒᆞᆫ職業으로生活ᄒᆞᄂᆞᆫ者ᄂᆞᆫ他人의勞力을竊取ᄒᆞᆷ과同ᄒᆞ니故로納賂謀事及投機等의行爲로華美ᄒᆞᆫ生活을營ᄒᆞᄂᆞᆫ者와正當ᄒᆞᆫ職業을執ᄒᆞ야質素ᄒᆞᆫ生活을營ᄒᆞᄂᆞᆫ者로霄壤의別이懸殊ᄒᆞ니然ᄒᆞᆫ즉其、正當ᄒᆞᆫ職業에從事ᄒᆞᆷ도亦、自營에關ᄒᆞᆫ一、重要의本務라ᄒᆞᆯ지니라

正當ᄒᆞᆫ職業

勤儉貯蓄

自營의目的을欲達ᄒᆞᆯ진ᄃᆡ正當ᄒᆞᆫ職業을選擇ᄒᆞ야勤勉히從事ᄒᆞ고收入과支出을計ᄒᆞ야節儉을必守ᄒᆞᆯ지라若其、費用이所得에超過ᄒᆞ면常、不足의感이有ᄒᆞᆯ지니此、不足을避ᄒᆞ고不時所用을準備ᄒᆞ야將來生活을安全케ᄒᆞᆯ진ᄃᆡ相當ᄒᆞᆫ貯蓄을有ᄒᆞᆷ도亦一、本務니라若、所得을隨ᄒᆞ야費用이無節ᄒᆞ고蓄積이無ᄒᆞ면他日에他人의恩惠를依賴ᄒᆞ야生活ᄒᆞᄂᆞᆫ悲境에陷ᄒᆞᆷ을不免ᄒᆞᆯ지라故로勤勉과節儉과貯蓄等은自營의本務를完全히ᄒᆞᆷ에最、必要ᄒᆞᆷ인즉此에何者던지缺一ᄒᆞᆷ이不可ᄒᆞ고

貯蓄에關ᄒᆞᆫ注意

更、一步를進ᄒᆞ야思ᄒᆞ라貯蓄은節儉의結果로自然히生ᄒᆞᄂᆞᆫ者ㅣ니或、蓄財ᄒᆞ기만目的으로ᄒᆞ면吝嗇에陷ᄒᆞ야反、不德의缺点을致ᄒᆞᆯ지니此를又戒愼ᄒᆞᆯ지니라

第四課　自護

自護의本務

生活에必要ᄒᆞᆫ材料를供給ᄒᆞ야自已生命을保續ᄒᆞᆯ本務가旣有ᄒᆞᆯ진ᄃᆡ無理히自己生命에危害를欲加ᄒᆞᄂᆞᆫ者를防禦ᄒᆞ고

自己生命의安全을計ᄒᆞᆯ지니此生物의本能이오自護의本務인즉如此不得已ᄒᆞᆫ境遇를當ᄒᆞ야ᄂᆞᆫ非常ᄒᆞᆫ手段으로써此를欲脫ᄒᆞᆷ이可ᄒᆞᆯ지오若怠慢懶惰ᄒᆞ야自己를保護키不能ᄒᆞᆫ者ᄂᆞᆫ但自己身에不幸을招ᄒᆞᆯᄲᅮᆫ아니라他人에게ᄭᆞ지損害를延及ᄒᆞ리니自己와直接關係가有ᄒᆞᆫ家族은不言可知어니와一般社會에도亦其影響을不免ᄒᆞᆯ지라假令一身의不幸은自己에怠慢懶惰의結果로써甘心ᄒᆞᆯ지나自己不德에因ᄒᆞ야他人에게累及ᄒᆞᄂᆞᆫ罪ᄂᆞᆫ決코不許ᄒᆞᆯ지니라

怠慢懶惰의罪

自己生命을保護ᄒᆞᆷ은自己의本務어니와此와同一ᄒᆞᆫ理由에因ᄒᆞ야自己財產을保護ᄒᆞᆷ도亦正當ᄒᆞᆫ줄로認ᄒᆞᆯ지니蓋財產은自己勞力에因ᄒᆞ야蓄積ᄒᆞᆫ者인즉自己生命及財產을保護ᄒᆞᆷ은人의當然ᄒᆞᆫ本務나更一層重大ᄒᆞᆫ本務를當ᄒᆞᆯ境遇에ᄂᆞᆫ此를犧牲과如히見치아님이不可ᄒᆞ니譬컨ᄃᆡ國家를保護코져ᄒᆞᆷ에ᄂᆞᆫ身命을抛棄ᄒᆞᆯ것이며人類의幸福을增進코자ᄒᆞᆷ에

財產保護의必要

一層重大ᄒᆞᆫ本務

生命財產

ᄂᆞᆫ區區ᄒᆞᆫ財產을不惜ᄒᆞᆷ과如ᄒᆞᆫ者라且生命及財產을保護ᄒᆞᄂᆞᆫ權利ᄂᆞᆫ一点不正ᄒᆞᆷ이無ᄒᆞᆫ時에得行ᄒᆞᆯ지오他人에게危害를欲加ᄒᆞᄂᆞᆫ惡意가有ᄒᆞᆫ者ᄂᆞᆫ其權利를自失ᄒᆞᆫ者ㅣ라謂ᄒᆞᆯ지니라

을保護ᄒᆞᄂᆞᆫ權利

第五課 健康에關ᄒᆞᆫ本務

健康은生命을保護ᄒᆞᄂᆞᆫ本務라若注意를不加ᄒᆞ야自己의身體를毁傷ᄒᆞ던지或損觸을受ᄒᆞ야疾病이生ᄒᆞᄂᆞᆫ等事ᄂᆞᆫ皆不孝不德의人이라蓋身體의健康ᄒᆞᆷ은精神을健全케ᄒᆞᄂᆞᆫ根本이오精神을健全케ᄒᆞᆷ은人生의本分이오幸福이라無限ᄒᆞᆫ價値가有ᄒᆞᆯᄲᅮᆫ더러健康은但一身의幸福에不止ᄒᆞ고延ᄒᆞ야社會國家의幸福을增進ᄒᆞᆷ에必要ᄒᆞᆫ故로健康을計圖ᄒᆞᆷ은人生의當務라ᄒᆞᆯ지니라

身體健康은精神을健全ᄒᆞᄂᆞᆫ基本

身體의毁傷이不孝

健康은一身의幸福

人은健康ᄒᆞᆫ身體로써生活ᄒᆞᄂᆞᆫ者도有ᄒᆞ고又不幸ᄒᆞ야羸弱ᄒᆞᆫ體質로生存ᄒᆞᄂᆞᆫ者도有ᄒᆞ나羸弱者를健康者에比ᄒᆞ면其

不幸ᄒᆞᆷ이何如ᄒᆞ뇨故로人은自己精神의動作에依ᄒᆞ며外界에應ᄒᆞ야適當ᄒᆞᆫ方法으로天然의不足ᄒᆞᆷ을補ᄒᆞᆯ지니此에注意ᄒᆞ야身體ᄅᆞᆯ保護ᄒᆞ면健康ᄅᆞᆯ得保ᄒᆞ며天壽ᄅᆞᆯ得全ᄒᆞᆯ지오又、強壯ᄒᆞᆫ者라도其慾을恣ᄒᆞ야放肆ᄒᆞᆫ生活ᄅᆞᆯ營ᄒᆞ면身體ᄅᆞᆯ害ᄒᆞᆷ에至ᄒᆞᆯ지라故로人은其身體의強弱을不關ᄒᆞ고常、健康을保全ᄒᆞᆷ에注意ᄒᆞᆯ지니라 (恣慾의害生)

第六課 健康에關ᄒᆞᆫ本務(續)

健康을保全ᄒᆞᄂᆞᆫ道ᄂᆞᆫ適當히身體ᄅᆞᆯ保護ᄒᆞᆷ에在ᄒᆞ니飮食의慾을節ᄒᆞ며淸潔을守ᄒᆞ며慾望을制限ᄒᆞ야體力의消耗ᄅᆞᆯ防禦ᄒᆞᄂᆞᆫ等이其主要되ᄂᆞᆫ者ㅣ라蓋、飮食其他의體慾은生理上必要ᄒᆞᆫ者ㅣ나其慾을放恣히ᄒᆞ면必身體의機能을害ᄒᆞ야疾病을釀ᄒᆞᄂᆞ니若不潔ᄒᆞᆫ衣服、住居等이身體에有害ᄒᆞᆷ은再論을不俟ᄒᆞ려니와或、一時의慾望을縱ᄒᆞ며業務의興味ᄅᆞᆯ耽ᄒᆞ야身體ᄅᆞᆯ過度히使用ᄒᆞᆷ도亦、健康의妨害가됨으로少壯ᄒᆞᆫ時 (身体의保護) (節制) (過度ᄒᆞᆫ事)

에過激ᄒᆞᆫ使役에從事ᄒᆞᆫ人이衰老가必早ᄒᆞᆷ은吾人의屢屢目擊ᄒᆞᆫ바ㅣ니라 (役이衰老의必早)

吾人은身體ᄅᆞᆯ保護ᄒᆞ고衛生을謹守ᄒᆞᆯ同時에身體의鍛鍊ᄒᆞᆯ事ᄅᆞᆯ不勉ᄒᆞᆷ이不可ᄒᆞ니夫、身體ᄅᆞᆯ保護ᄒᆞᆷ도其度에過ᄒᆞ면反其抵抗力을失ᄒᆞ야或、疾病에罹ᄒᆞ기容易ᄒᆞ고且、吾人이爲人의職을履行ᄒᆞᆷ에當ᄒᆞ야ᄂᆞᆫ有時로自己의身體ᄅᆞᆯ顧키未遑ᄒᆞᆫ境遇도有ᄒᆞᆫ지라故로平素健康에勿害ᄒᆞᆯ만ᄒᆞᆫ程度ᄅᆞᆯ計ᄒᆞ야鍛鍊의功을積ᄒᆞ고外界變化에抵抗ᄒᆞᄂᆞᆫ力을養ᄒᆞᆯ지니라 (鍛鍊의必要)

第七課 精神에對ᄒᆞᆫ本務

世間에人으로生ᄒᆞ야天職을修ᄒᆞᆷ은決코身體強壯에만依ᄒᆞᆯᄲᅮᆫ아니라身體의強壯은精神의健全을爲ᄒᆞ야要ᄒᆞᄂᆞᆫ바ㅣ니雖、身體의強壯ᄒᆞᆷ이凡常에超越ᄒᆞ더라도若、高尙ᄒᆞᆫ精神이此에寄着ᄒᆞᆷ이無ᄒᆞ면是ᄂᆞᆫ一個動物될ᄲᅮᆫ이오人이라尊重히녀이기不可ᄒᆞ니蓋、人이動物과異ᄒᆞᆫ所以ᄂᆞᆫ精神의發達이彼等 (精神) (人과動物)

知、情、意志의區別

에遠過ᄒᆞᆫ所以니라

自己의價値를尊重

吾人이精神의動作ᄒᆞᆷ에ᄂᆞᆫ知와情과意志가有ᄒᆞ니知를啓發ᄒᆞ며情을高尙히ᄒᆞ며意志를强固케ᄒᆞᆷ은自己의價値를尊重히ᄒᆞ며爲人의品格을完備히ᄒᆞᄂᆞᆫ所以니此ᄂᆞᆫ自己에對ᄒᆞ야當然ᄒᆞᆫ本務니라

知

知에就ᄒᆞ야論ᄒᆞ건ᄃᆡ吾人이知를啓ᄒᆞ랴ᄒᆞᄂᆞᆫ目的이有二ᄒᆞ니一은智識의範圍를廣히ᄒᆞ야人의固有ᄒᆞᆫ知識을滿足케ᄒᆞᄂᆞᆫ事이오一은知識을應用ᄒᆞ야社會諸般의改良을企圖ᄒᆞᄂᆞᆫ事라此를換言ᄒᆞ면一邊은理論的深思的으로學問上에直理를探究ᄒᆞ며一邊은實際的活動的으로自己及他人을爲ᄒᆞ야有益ᄒᆞᆫ營爲를成ᄒᆞ도록知케ᄒᆞᆷ이니라

情

次、情의雅正은亦、人類의最要ᄒᆞᆫ者ㅣ니人이動物的慾情以外에超出ᄒᆞ야道德上에情操를養ᄒᆞ야高尙ᄒᆞᆫ生活을營ᄒᆞᆷ은皆、此에依ᄒᆞ야起ᄒᆞᄂᆞ니라

意志

且、意志의高等ᄒᆞᆫ活動은亦、人類의特有ᄒᆞᆫ性質인故로總、道德上에現象은意志에從ᄒᆞ야行動ᄒᆞᆷ을可見ᄒᆞᆯ지니라動物은全然히外界의狀態에支配ᄒᆞ야活動ᄒᆞᄂᆞᆫ者어니와人은自己의意思를遂行ᄒᆞ며外界의狀態를支配ᄒᆞᄂᆞᆫ力이有ᄒᆞᆫ者ㅣ라此로從ᄒᆞ야責任及本務等이生ᄒᆞᄂᆞ니以上所述ᄒᆞᆫ知、情、意ᄂᆞᆫ皆、精神活動의作用인故로此를發達ᄒᆞ야益益히其作用을擴大ᄒᆞᆷ은人된者의本務니라

知、情、意의比例

然ᄒᆞ나其混合의比例에至ᄒᆞ야ᄂᆞᆫ人人이相同키不能ᄒᆞ야或、知에偏ᄒᆞ며或、情에傾ᄒᆞ니此、比例로ᄒᆞ야곰適當히ᄒᆞ야圓滿ᄒᆞᆫ人物이됨은亦、精神에對ᄒᆞᆫ本務라ᄒᆞᄂᆞ니라

第八課 知에對ᄒᆞᆫ本務(其一)

明知

智識을廣ᄒᆞᄂᆞᆫ本務

吾人이知識의範圍를廣코저ᄒᆞᆷ은知의慾望을滿足케ᄒᆞᆷ이나實際應用에直接의關係ᄂᆞᆫ鮮有ᄒᆞᆫ故로往往、迂遠ᄒᆞᆫ事라排斥

專門家의必要

各人이其智識을廣ᄒᆞᄂᆞᆫ範圍

ᄒᆞᄂᆞᆫ者ㅣ不無ᄒᆞ되此ᄂᆞᆫ一部分의智識만有ᄒᆞᆫ者ㅣ其全體의統一을不解ᄒᆞ고小知에自滿ᄒᆞ야驕傲에陷ᄒᆞᆷ으로非難을每招ᄒᆞᆷ이라然ᄒᆞ나人類의智識이漸漸複雜ᄒᆞ고精密ᄒᆞᆫ今日에在ᄒᆞ야ᄂᆞᆫ一人의能力으로萬般의智識을精通키不能ᄒᆞᆫ즉各自專門硏究에從事ᄒᆞ야其範圍內에서深遠ᄒᆞᆫ眞理를講究ᄒᆞᆯ지니專門家의硏究ᄒᆞᆫ結果ᄂᆞᆫ決코人類의幸福을增進ᄒᆞᄂᆞᆫ事ㅣ不少ᄒᆞ니라

專門家가智識을探究ᄒᆞᆷ에從事ᄒᆞᆷ은農商工等이各其職業에從事ᄒᆞᆷ과無異ᄒᆞ나若一人을向ᄒᆞ야曰汝ᄂᆞᆫ農이足ᄒᆞ며汝ᄂᆞᆫ工이足ᄒᆞ며汝ᄂᆞᆫ商이足ᄒᆞ다云ᄒᆞ면誰가其偏蔽ᄒᆞᆷ을不笑ᄒᆞ리오故로人은何樣範圍ᄭᆞ지던지智識을廣ᄒᆞᄂᆞᆫ本務가有ᄒᆞ다ᄂᆞᆫ問題를生ᄒᆞᆯ지라然ᄒᆞ나其智識의程度ᄂᆞᆫ社會의狀態에隨ᄒᆞ야事情을明白히ᄒᆞ며且自己의從事ᄒᆞᄂᆞᆫ職業上에關ᄒᆞ야普通의理論을硏究ᄒᆞ며他人의職業에關係됨을知ᄒᆞᄂᆞᆫ等事

後慮의必要

ᄂᆞᆫ皆當然히務ᄒᆞᆯ바ㅣ니是ᄂᆞᆫ又知의慾望을滿足히ᄒᆞᆯᄲᅮᆫ아니라處世上에最必要ᄒᆞᆫ事가될지니라

第九課 知에對ᄒᆞᆫ本務(其一)

後慮

人이凡他動物과異ᄒᆞᆫ바ᄂᆞᆫ目前의苦樂利害에만依ᄒᆞ야行動ᄒᆞᆷ이無ᄒᆞ고將來의結果如何를慮ᄒᆞᆫ後에動作ᄒᆞᆷ이니蓋後來結果를慮ᄒᆞᆷ은過去의經驗을記憶ᄒᆞ고現在의事情을參酌ᄒᆞ야將來에生ᄒᆞᆯ만ᄒᆞᆫ變化를推測ᄒᆞᄂᆞᆫ者ㅣ니其知力의發達ᄒᆞᆫ者ㅣ아니면誰ㅣ能히ᄒᆞ리오故로人類社會가駸駸進步ᄒᆞ야烝烝不已ᄒᆞᄂᆞᆫ所以ᄂᆞᆫ此後慮에基因ᄒᆞᄂᆞᆫ事ㅣ頗多ᄒᆞ니라

後慮의必要됨은自己或他人을爲ᄒᆞ야何事를可營ᄒᆞ던지預慮ᄒᆞᆷ에在ᄒᆞ니若現在의苦樂利害만見ᄒᆞ고徑先히行爲를決定ᄒᆞᆯ時ᄂᆞᆫ後日에損失을來케ᄒᆞᄂᆞᆫ事ㅣ不無ᄒᆞᆯ지니라元來人의行爲ᄂᆞᆫ現在或將來의利益快樂만標準ᄒᆞ야決定치못ᄒᆞᆯ者

道德上의後慮

ㅣ오不可不道德上의行爲에就ᄒᆞ야選擇ᄒᆞᆯ者ㅣ多ᄒᆞ니吾人은後慮의習慣을養成ᄒᆞ야選擇取舍ᄒᆞᄂᆞᆫ本務를作ᄒᆞᆯ지니라

情慾의制限

然ᄒᆞ나或、一時의情慾이將來의利益과衝突ᄒᆞᄂᆞᆫ境遇에ᄂᆞᆫ情慾을制ᄒᆞᄂᆞᆫ克己의工을斷行ᄒᆞᆯ지오其他、現在의小利가將來의大利와相反ᄒᆞᆯ時와及、目前의苦痛이後日의利益과相伴ᄒᆞᆯ時ᄂᆞᆫ現在의利害를棄ᄒᆞ고將來의利害를顧ᄒᆞᆷ이至當ᄒᆞᆯ지라故로先見의明이無ᄒᆞ면如此ᄒᆞᆫ境遇에際ᄒᆞ야選擇의誤ᄒᆞᆷ을不免ᄒᆞᄂᆞ니라

第十課 判斷

判斷과後慮의別

判斷은實行的知識과相似ᄒᆞᆫ者ㅣ나後慮와如히將來利害를莫見ᄒᆞᆷ으로事實의眞相을知코져ᄒᆞᄂᆞᆫ專行의動作이라大抵、公平精細ᄒᆞᆫ判斷은容易可得치못ᄒᆞᆯ바ㅣ나冷靜沉着ᄒᆞᆫ頭腦를有ᄒᆞᆫ者ᄂᆞᆫ此를能得ᄒᆞᆯ지니然ᄒᆞᆫ즉人이凡事에對ᄒᆞ야判斷

判斷의誤過

을不要ᄒᆞᆯ者ㅣ豈有ᄒᆞ리오마ᄂᆞᆫ但、正當公平ᄒᆞᆷ을失ᄒᆞ야誤過가無ᄒᆞᆫ者ㅣ常少ᄒᆞ니라

判斷의誤를來ᄒᆞᄂᆞᆫ原因

人의判斷을誤ᄒᆞᄂᆞᆫ原因은各種이有ᄒᆞ나今、道德上의判斷에就ᄒᆞ야思ᄒᆞ건ᄃᆡ皆、內省의不足ᄒᆞᆷ으로브터起ᄒᆞᄂᆞᆫ事라蓋、自己의欲爲ᄒᆞᄂᆞᆫ事와旣爲ᄒᆞᆫ事에就ᄒᆞ야ᄂᆞᆫ淺薄ᄒᆞᆫ理由를附ᄒᆞ야何事던지正當ᄒᆞ다思惟ᄒᆞ며或、他人의言을不省ᄒᆞ고自己意見에不合ᄒᆞᆫ者ᄂᆞᆫ盡誤謬라ᄒᆞ며或、愛憎의念으로써道理의正否를蹂躪ᄒᆞ며或、他人에對ᄒᆞᄂᆞᆫ好惡의念에從ᄒᆞ야其人의言行을批評ᄒᆞ며

自我의念이熾ᄒᆞᆷ으로써生ᄒᆞᄂᆞᆫ誤

或、自我의念이頗强ᄒᆞᆷ으로恒常、他人의意見을反對ᄒᆞ야破壞ᄒᆞᆷ을好ᄒᆞ며或、事理의辨別을不論ᄒᆞ고其缺点을求ᄒᆞ야大體의關係가無ᄒᆞᆫ片言隻句의末을執ᄒᆞ야爭論ᄒᆞᄂᆞᆫ者ㅣ有ᄒᆞ며

阿附他人

又或、此에反ᄒᆞ야何事던지他人의意見에苟合ᄒᆞᆷ을勉ᄒᆞᄂᆞᆫ者ㅣ有ᄒᆞ니是等은皆、公平ᄒᆞᆫ判斷을害ᄒᆞᄂᆞᆫ者인故로最、卑鄙ᄒᆞᆫ行爲라謂ᄒᆞᄂᆞ니往往、學識이有ᄒᆞ다稱ᄒᆞᄂᆞᆫ人도尙如斯ᄒᆞᆫ陋行이種種히見ᄒᆞᄂᆞ니라

第十一課 情에對ᄒᆞᆫ本務

智識을廣히ᄒᆞ며判斷을公平히ᄒᆞᄂᆞᆫ習慣을養成ᄒᆞᆷ은道德上에頗要用이라ᄒᆞ나只此로ᄡᅥ有德ᄒᆞᆫ者ㅣ됨에滿足타云키不可ᄒᆞ니盖國家ᄅᆞᆯ爲ᄒᆞ야身命을抛ᄒᆞ며或人道ᄅᆞᆯ爲ᄒᆞ야自己의利益을犧牲에供ᄒᆞᆷ과如ᄒᆞᆫ非凡의德行에至ᄒᆞ야ᄂᆞᆫ人의心中에鬱勃ᄒᆞᆫ情操가作用에依ᄒᆞ거나此ᄅᆞᆯ激起ᄒᆞᆯ만ᄒᆞᆫ感情이無ᄒᆞ면能起ᄒᆞᆯ者ㅣ鮮ᄒᆞᄂᆞ니故로其感情은或高尙ᄒᆞᆫ者ㅣ有ᄒᆞ며或卑劣ᄒᆞᆫ者ㅣ有ᄒᆞ야其外觀에ᄂᆞᆫ毫髮도差異가無ᄒᆞᆫ行爲라도此ᄅᆞᆯ緣起ᄒᆞᆫ感情의如何ᄅᆞᆯ精密히思考ᄒᆞᆯ時ᄂᆞᆫ其間에顯著ᄒᆞᆫ逕庭이存ᄒᆞᆷ을發見ᄒᆞᆯ지니故로諸種德行中에高尙ᄒᆞᆫ情操의存否ᄂᆞᆫ實狀其行爲의價値ᄅᆞᆯ高下ᄒᆞᆯᄲᅮᆫ아니라自己의完全ᄒᆞᆫ幸福이될지오或身分의名譽ᄅᆞᆯ博ᄒᆞ기爲ᄒᆞ야他人에親切ᄒᆞᆫ貌樣을强裝ᄒᆞ며或慈善의虛名을得ᄒᆞ기爲ᄒᆞ야貧人에게無緣히施與ᄒᆞᄂᆞᆫ類ᄂᆞᆫ皆矯情에出ᄒᆞᆷ이라有德者의眼으

非凡ᄒᆞᆫ德行은情操의作用과感情의激起에在ᄒᆞᆷ

矯情虛飾

로見ᄒᆞ면寧鄙陋ᄒᆞᆫ不德이라謂ᄒᆞᆷ도可ᄒᆞᆯ지니라

然ᄒᆞ나感情의濃篤ᄒᆞᆷ과冷淡ᄒᆞᆷ은人의天稟ᄒᆞᆫ氣質에依ᄒᆞᄂᆞᆫ者ㅣ니知力과如히容易히發達ᄒᆞ야得ᄒᆞᆯ者ㅣ아니오且感情은卑賤에流ᄒᆞ기易ᄒᆞ고高尙에赴ᄒᆞ기難ᄒᆞᆫ者ㅣ라故로周到ᄒᆞᆫ注意와强固ᄒᆞᆫ立志로ᄡᅥ長日月에修練을不經ᄒᆞ면增進키不能ᄒᆞᄂᆞ니感情의修養은但困難에止ᄒᆞᆯᄲᅮᆫ아니라若其方向을誤ᄒᆞ면其弊害가極端에走ᄒᆞ야人으로ᄒᆞ야곰狂暴키易ᄒᆞ야畢竟道理에違背ᄒᆞᆷ을致ᄒᆞᆯ지니라

然ᄒᆞᆷ으로智識을廣케ᄒᆞ야感情의方向을定ᄒᆞᆷ은高尙ᄒᆞᆫ情操ᄅᆞᆯ修養ᄒᆞᄂᆞᆫ者ㅣ니盖知와情은是精神의活動이라故로知가無ᄒᆞ고情만勝ᄒᆞᆫ者ᄂᆞᆫ譬컨ᄃᆡ舵가無ᄒᆞ고行船ᄒᆞᆷ과如ᄒᆞ며情이無ᄒᆞ고知만勝ᄒᆞᆫ者ᄂᆞᆫ譬ᄒᆞ건ᄃᆡ舵가雖有ᄒᆞ나行駛키不能ᄒᆞᆫ船과如ᄒᆞ니라

知情의調和

第十二課 意志에對ᄒᆞᆫ本務

意志의活動 吾人의道德上最重要ᄒᆞᆫ者ᄂᆞᆫ意志의活動이라蓋人이善을遵直히知ᄒᆞ고도能히實行치못ᄒᆞ면雖該博ᄒᆞᆫ知識과知悉ᄒᆞᆫ熱情이有ᄒᆞᆫ덜用處가焉有ᄒᆞ리오故로此知를支配ᄒᆞ야實行을못케ᄒᆞᆷ은皆意志의力이라然ᄒᆞ나或嗜慾을不制ᄒᆞ며或卑賤ᄒᆞᆫ慾情을不抑ᄒᆞ야高尙ᄒᆞᆫ所爲를未行ᄒᆞᆷ은譬ᄒᆞ건ᄃᆡ飢渴을慾ᄒᆞᆷ時에體慾을充코져ᄒᆞ야飮食을不適케ᄒᆞᆷ과如ᄒᆞᆫ者ㅣ라其體慾을制ᄒᆞ야飮食을愼ᄒᆞᆷ은即健康에對ᄒᆞᆫ本務ㅣ니此로

意志修養의必要 推思ᄒᆞ면如何ᄒᆞᆫ本務던지皆意志의關係가有ᄒᆞᆫ故로意志의修養은即道德上에最必要ㅣ니라

克己의勇 意志가道德에對ᄒᆞᆫ作用은卑劣ᄒᆞᆫ動機를抑壓ᄒᆞ고本務의命令을實行ᄒᆞᆷ에在ᄒᆞᄂᆞ니此實行을當ᄒᆞ야私慾을制ᄒᆞᆷ은克己의勇으로써善을自信ᄒᆞᆷ이오若正當ᄒᆞᆫ判斷을行ᄒᆞᆷ에ᄂᆞᆫ或危難迫害를遭遇ᄒᆞᄂᆞᆫ事ㅣ不無ᄒᆞᆯ지니此時를當ᄒᆞ야ᄂᆞᆫ其所信

剛勇 을貫徹ᄒᆞ야毅然히抵抗ᄒᆞᆷ이亦一段剛勇이라然ᄒᆞ나意志의强固ᄒᆞᆷ은頑固及血氣의勇과大異ᄒᆞ니頑固ᄒᆞᆫ人은決心을固守ᄒᆞᄂᆞᆫ勇이有ᄒᆞᆫ듯ᄒᆞ나其謬誤됨을改ᄒᆞ기不好ᄒᆞ고血氣의勇은一時情慾의起ᄒᆞᆷ을不制ᄒᆞ야狼狽를每致ᄒᆞᄂᆞ니是ᄂᆞᆫ決코眞理의勇이無ᄒᆞᆫ者ㅣ니라

知情의調和 且知가不明ᄒᆞ고但意志만强固ᄒᆞᆫ人은往往謬誤ᄒᆞᆫ判斷을正으로認ᄒᆞ고固守ᄒᆞ기를不已ᄒᆞ야頑固ᄒᆞᆫ人과同一에歸ᄒᆞᄂᆞ니故로意志의習練이知識의發達과伴進치아니ᄒᆞ면或頑迷固陋ᄒᆞᆷ에反陷ᄒᆞᄂᆞ니라

第十三課 人格에對ᄒᆞᆫ本務

自我의念 人이他動物보다特異ᄒᆞᆫ精神作用과重要ᄒᆞᆫ差別이有ᄒᆞᆷ은即自我의念이라此自我의念을有ᄒᆞᆷ으로能히精神의活動을統一ᄒᆞᄂᆞ니라

大抵人類라도其幼弱ᄒᆞᆯ時ᄂᆞᆫ但本能과情慾에만依ᄒᆞ고自意의能識으로動作ᄒᆞᆷ이無ᄒᆞ야其狀이他動物과毫末도無異ᄒᆞ

다가漸次成長ᄒᆞ야精神이發達ᄒᆞ며知、情、意志의動作이現ᄒᆞᆷ에及ᄒᆞ야ᄂᆞᆫ其知、情、意가皆、己의知、情、意로識ᄒᆞ고能히自己의思想과自己의行爲를生ᄒᆞᆯ지니此、精神의狀態를表ᄒᆞ야人格의價値를有ᄒᆞᆷ이니라

人格

然ᄒᆞᆫ則人格은始初브터完全ᄒᆞᆫ者ㅣ아니니其精神이不統一ᄒᆞ야思想과行動에矛盾ᄒᆞᆷ이有ᄒᆞ면豈、完全ᄒᆞᆫ人格이有ᄒᆞ다云ᄒᆞ리오況、人格이全無ᄒᆞᆫ者ᄂᆞᆫ白痴와瘋狂이라故로吾人이此等人에게對ᄒᆞ야人格의責任을不負ᄒᆞ며自由의權利를不認ᄒᆞᆷ은實、此에由ᄒᆞᆷ이오且、少年이獨立의行爲를不能ᄒᆞ고必、父兄과師長의命을從ᄒᆞᆷ은其人格이姑且、完全치못ᄒᆞᆷ이니라

人格에不完全者

第十四課 人格에對ᄒᆞᆫ本務(續)

精神과年紀

夫、人이健全ᄒᆞᆫ精神을有ᄒᆞ며相當ᄒᆞᆫ年紀에達ᄒᆞᆫ者ᄂᆞᆫ其意識을統一ᄒᆞ야終始一貫의行動을得ᄒᆞᆯ지라若、理由가無히前後矛盾의行動이有ᄒᆞᆫ境遇면豈、世人의非難을得免ᄒᆞ리오然ᄒᆞᆷ으로人은當、意識의統一을注力ᄒᆞ야自我의確立ᄒᆞᆫ事를務ᄒᆞᆯ지니라

自我의確立

自我의確立이라ᄒᆞᆷ은自己의品性을高尙히ᄒᆞ야過去、現在、將來에亘토록境遇의如何를不關ᄒᆞ고自己의本領을確守ᄒᆞᆷ을謂ᄒᆞᆷ이라故로利害에勿撓ᄒᆞ며困難에勿摧ᄒᆞ고自己의當行ᄒᆞᆯ道를盡ᄒᆞᆯ而已니自古로義士烈婦가殺身ᄒᆞᆷ을不顧ᄒᆞ고其節을能全ᄒᆞᆷ이豈、此에著顯ᄒᆞᆫ者ㅣ아니리오

本領의確守

或、諸種誘惑에動ᄒᆞ야罪惡을犯ᄒᆞ거나或、感情에率ᄒᆞ야輕擧妄動ᄒᆞ거나或、目前의苦樂을爲ᄒᆞ야永遠의目的을棄ᄒᆞ고一生의自誤를致ᄒᆞᆷ은皆、人格의統一을失ᄒᆞᆫ者ㅣ라然ᄒᆞᆫ則此、人格을完全코져ᄒᆞᆯ진ᄃᆡ宜、德性을涵養ᄒᆞ야人의當行ᄒᆞᆯ道를實踐ᄒᆞᆷ에在ᄒᆞ니此를云ᄒᆞ되自我를實行이라自我를實行ᄒᆞᄂᆞᆫ事ᄂᆞᆫ誠、容易치못ᄒᆞ나過를改ᄒᆞ며善을積ᄒᆞ야孜孜不怠ᄒᆞ면漸次完全ᄒᆞᆫ域에趍ᄒᆞ야人의價値를發揮ᄒᆞᆷ에至ᄒᆞᆯ지니라

人格의完全ᄒᆞᆫ道

第二 他人의對ᄒᆞᆫ道

第十五課 他人의生命에對ᄒᆞᆫ本務

人이世間에生ᄒᆞᆷ의金銀財寶를貴重타謂ᄒᆞᆯ지나其、最尊重ᄒᆞᆫ者ᄂᆞᆫ生命이니何者오金銀財寶ᄂᆞᆫ一散ᄒᆞ야도復聚ᄒᆞᆷ을可得ᄒᆞ려니와生命은一擲ᄒᆞ면復得키不能ᄒᆞᆫ所以라然ᄒᆞ나如斯히所重ᄒᆞᆫ生命도不顧ᄒᆞᆯ境遇가必有ᄒᆞᄂᆞ니卽、吾人의正義라正義를爲ᄒᆞᆷ에ᄂᆞᆫ不得不、生命을抛棄ᄒᆞᆯ지니如、忠臣義士가國難을臨ᄒᆞ야宗社를扶ᄒᆞᆷ이던지生靈을保ᄒᆞᆷ이던지君主의辱됨을報코져ᄒᆞᆷ이던지國士가戰塲에赴ᄒᆞ야國耻를雪코져ᄒᆞᆷ이던지或、知己의友를爲ᄒᆞ야患難에臨ᄒᆞᆷ이던지同胞의生命을救護ᄒᆞ야其幸福을計ᄒᆞᆷ이是라故로聖人이有言ᄒᆞ샤ᄃᆡ君子ᄂᆞᆫ殺身成仁이라ᄒᆞ시니라若、何等理由가無히生命을抛棄ᄒᆞᆷ은決코不可ᄒᆞ니人人은皆、生命을尊重히ᄒᆞ야其幸福을享受ᄒᆞᆷ이自己에對ᄒᆞᆫ一大本務니라

生命은人의最重ᄒᆞᆫ者

生命보다正義가爲重

殺身成仁

人은如斯히貴重ᄒᆞᆫ生命을各自、保全ᄒᆞᆯ道에務盡ᄒᆞᆯ지나然ᄒᆞ나若、社會一般의人이皆自己一人의生命만保全ᄒᆞ기爲ᄒᆞ야他人의生命을危害ᄒᆞᄂᆞᆫ事ᄂᆞᆫ決코不許ᄒᆞᆯ지니此等의人은他人에幸福根源을奪掠ᄒᆞᄂᆞᆫ者라云ᄒᆞᆯ지니라

第十六課 他人의生命에對ᄒᆞᆫ本務(續)

夫、人의財產을損害ᄒᆞ며名譽를壞損ᄒᆞᆷ은賠償或、報雪ᄒᆞᆷ을得ᄒᆞᆯ지나惟、生命을傷害ᄒᆞᆷ에至ᄒᆞ야ᄂᆞᆫ決코容貸ᄒᆞ기不得ᄒᆞᆯ지니故로何時代何社會를勿論ᄒᆞ고殺人ᄒᆞᆫ者를必、最重ᄒᆞᆫ罪惡으로數ᄒᆞᄂᆞ니라然ᄒᆞ나殺人에도謀殺、故殺、過失殺等에諸種이有ᄒᆞ야法律上에其裁制ᄒᆞᆷ이各異ᄒᆞ니謀殺은自初로他人을圖殺ᄒᆞ야其目的을遂ᄒᆞᆫ者인故로其罪가最重ᄒᆞ고故殺은自初로生命을欲殺ᄒᆞ라ᄂᆞᆫ惡意가아니오一時忿怒을因ᄒᆞ야前後를不顧ᄒᆞᆷ에出ᄒᆞᆷ인故로其罪가謀殺에比ᄒᆞ면稍輕ᄒᆞ고過失에基因ᄒᆞ야殺人ᄒᆞᆫ者ᄂᆞᆫ雖自初에正當ᄒᆞᆫ者ᄂᆞᆫ아이나亦、

正當防禦

殺人의罪로論ᄒᆞᆷ은不可ᄒᆞᆫ則其懈怠不注意로브터生ᄒᆞᆷ이던지或不得已ᄒᆞᆫ境遇로브터起ᄒᆞᆷ이던지但罪의輕重을隨ᄒᆞ야勘處ᄒᆞ려니와此에反ᄒᆞ야殺人에正當으로認ᄒᆞᆯ者ㅣ有ᄒᆞ니此ᄂᆞᆫ惟正當ᄒᆞᆫ防禦의境遇에在ᄒᆞᆯᄲᅮᆫ이라蓋正當防禦를要ᄒᆞᆯ境遇ᄂᆞᆫ若他人으로因ᄒᆞ야生命의危害를加ᄒᆞ랴ᄒᆞᆯ時에我가彼를不斃ᄒᆞ면自己의生命을難全ᄒᆞᆯ진즉不得不自己의權利를保護ᄒᆞ기爲ᄒᆞ야自己의對ᄒᆞᆫ本務를遂行ᄒᆞᆯ지오且他人을爲ᄒᆞ야正當防禦를行ᄒᆞᄂᆞᆫ時도亦此와同ᄒᆞ니라

第十七課　他人의自由에對ᄒᆞᆫ本務

自由ᄂᆞᆫ人의自然히固有ᄒᆞᆫ權利라故로身體를使用ᄒᆞ며思想을發表ᄒᆞ야己의欲爲ᄒᆞᄂᆞᆫ바에從ᄒᆞ야宗教를信仰ᄒᆞ며己의適當ᄒᆞᆫ바에從ᄒᆞ야職業을選擇ᄒᆞᄂᆞᆫ等을云ᄒᆞᆷ이라然ᄒᆞ나自由라ᄒᆞᆷ은決코任意의義가아니니假令自己의手足을動ᄒᆞᆷ은自己의權利나或他人에게妨害를加ᄒᆞᆷ이던지自己의言論을發表ᄒᆞᆷ은自己의所好나或公安을害ᄒᆞ며他人에게不快을與ᄒᆞᄂᆞᆫ類ᄂᆞᆫ眞自由라云ᄒᆞ기不可ᄒᆞ니人은當他人의行動을勿害ᄒᆞᄂᆞᆫ範圍內에서行動及言論과宗教信仰及職業選擇을自由ᄒᆞᆯ지오他人의自由ᄂᆞᆫ一毫도侵害치못ᄒᆞᆯ지니라

自由를失ᄒᆞᆫ人은人의價値가無ᄒᆞᆷ

正當의自由를有ᄒᆞᆷ은人의人된所以니若此를失ᄒᆞᆯ時ᄂᆞᆫ人의價値가無ᄒᆞᆫ者라大抵人의奴隷됨者ᄂᆞᆫ物品과如히賣買에供ᄒᆞ야毫末도自由의權이無ᄒᆞᆷ으로他國의束縛을被ᄒᆞᆫ國民을

奴隷ᄂᆞᆫ自由權이無ᄒᆞᆷ

奴隷라云ᄒᆞᄂᆞ니라

他人의自由를侵害ᄒᆞᆷ은不正의行爲

社會의進步ᄒᆞᆷ을從ᄒᆞ야個人의自由가漸漸發達되나然ᄒᆞ나今日에在ᄒᆞ야도尙勢力의範圍로他人의自由를抑壓ᄒᆞᄂᆞᆫ不正의行爲가有ᄒᆞ야往往無理의迫害를被ᄒᆞᄂᆞᆫ者ㅣ多ᄒᆞ니此를豈正義의所爲라云ᄒᆞ리오

自己의利害만專力ᄒᆞ고他人

蓋不正의行爲를敢行ᄒᆞᆷ은自己의利害만專力ᄒᆞ고他人의境遇를不思ᄒᆞᆷ이라若自己를他人의境遇에置ᄒᆞ고公平無私히

思ᄒᆞᆯ진ᄃᆡ他人의自由를侵害ᄒᆞᆷ이決코不正ᄒᆞᆫ줄을自知ᄒᆞᆯ지니라

不思의 境遇ᄂᆞᆫ

第十八課　他人의名譽에對ᄒᆞᆫ本務

名譽ᄂᆞᆫ人의生命과財產보다最貴最重ᄒᆞᆫ者라自古로名譽를全코져ᄒᆞ야金銀珠玉보다第一되ᄂᆞᆫ生命을抛棄ᄒᆞᄂᆞᆫ者ㅣ不少ᄒᆞ니何故오生命財產은永久히所有ᄒᆞᆷ을不得ᄒᆞ되名譽ᄂᆞᆫ平生을共享ᄒᆞ다가死後ᄭᅡ지留傳ᄒᆞᄂᆞᆫ者ㅣ라故로古人이云ᄒᆞ되名譽ᄂᆞᆫ不死라ᄒᆞ니라然ᄒᆞ나世人이往往虛名을貪ᄒᆞ던지或名譽를得ᄒᆞ기爲ᄒᆞ야百方苦慮ᄒᆞᄂᆞᆫ者ㅣ不無ᄒᆞᄂᆞ니此ᄂᆞᆫ皆名譽가何物인지不知ᄒᆞ고眞正의名譽와虛僞의名聞을混雜ᄒᆞᆷ에基因ᄒᆞᆷ이라蓋眞正의名譽ᄂᆞᆫ智德의卓越ᄒᆞᆷ을伴ᄒᆞ야社會上自然ᄒᆞᆫ報酬에生ᄒᆞᆷ이니若此를目的ᄒᆞ야求ᄒᆞᆯ者ᄂᆞᆫ決코不可ᄒᆞ니라

名譽ᄂᆞᆫ不死

眞正名譽와 虛僞名譽의 判別

夫名譽ᄂᆞᆫ旣吾人의目的ᄒᆞ야求ᄒᆞᆯ者ㅣ아니오惟一神聖ᄒᆞᆫ所有物인즉名譽를享受ᄒᆞᆷ은其所有者의幸福이라他人이此를侵害코져ᄒᆞᆷ은不問코不正ᄒᆞᆫ事이니라

名譽ᄂᆞᆫ所有者의幸福

第十九課　他人의名譽에對ᄒᆞᆫ本務(續)

蓋他人의名譽를傷害ᄒᆞᄂᆞᆫ行爲ᄂᆞᆫ誹謗及讒譏라此ᄂᆞᆫ往往其無智ᄒᆞᆷ에起ᄒᆞ거나或卑劣ᄒᆞᆫ動機에生ᄒᆞᄂᆞ니何者오無智ᄒᆞᆫ者ᄂᆞᆫ他人의心情及行爲等에關ᄒᆞ야十分智識이無ᄒᆞᆷ으로但一非를見ᄒᆞ던지或他人의言을妄信ᄒᆞ야其事實을精査치아니ᄒᆞ고卽惡名을誣加ᄒᆞᄂᆞᆫ者니其輕妄의罪와毁損의失을免逭키不能ᄒᆞᆯ지니라

無智ᄒᆞᆫ結果ᄂᆞᆫ他人을毁損ᄒᆞᆷ

大抵他人의缺點을表白ᄒᆞ거나或他人의陰非를摘發ᄒᆞᆷ은不德의非이어ᄂᆞᆯ人이或言ᄒᆞ야曰此公發치아니ᄒᆞ면公益을害ᄒᆞ고他人에게損害를與ᄒᆞᆫ다ᄒᆞᄂᆞ니此ᄂᆞᆫ特別境遇에在ᄒᆞᆷ이라若通常에在ᄒᆞ야ᄂᆞᆫ此를隱匿ᄒᆞᆷ이德義라ᄒᆞᄂᆞ니라

人을誹謗ᄒᆞᄂᆞᆫ者의動機를思ᄒᆞ면嫉妬及怨恨의心이거나或

浅薄ᄒᆞᆫ好奇心에基因ᄒᆞᆷ이多ᄒᆞ니此ᄂᆞᆫ道德上에決코賞讚ᄒᆞ기不可ᄒᆞ고且、人의罪惡을公佈ᄒᆞᆯ時에ᄂᆞᆫ自然間에聞者의良心을鈍케ᄒᆞ며社會의道德을卑케ᄒᆞᄂᆞᆫ事ㅣ不尠ᄒᆞᆫ故로誹謗ᄒᆞᄂᆞᆫ者ᄂᆞᆫ社會進步에妨害ᄒᆞᄂᆞᆫ罪를不免ᄒᆞᆯ지오特、讒誣ᄂᆞᆫ事實을僞造ᄒᆞ야人에게惡名을負케ᄒᆞᄂᆞᆫ者ㅣ니卽社會를欺ᄒᆞ며他人의名譽를毁損ᄒᆞᆫ二重에罪를犯ᄒᆞᆫ者ㅣ라此ᄂᆞᆫ道德上에決코容恕ᄒᆞᆷ이不可ᄒᆞ니라

第二十課　他人의財産에對ᄒᆞᆫ本務

財産起原

人은自己의生活을安全히ᄒᆞ기爲ᄒᆞ야勞力의結果를蓄積ᄒᆞᄂᆞᆫ本務가有ᄒᆞᄂᆞ니此、蓄積ᄒᆞᆫ勞力은卽、財産이라故로財産의神聖ᄒᆞᆷ은生命이나名譽나自由等에不讓ᄒᆞᄂᆞ니라元來、財産은皆、自己의勞働ᄒᆞᆫ結果ᄲᅮᆫ아니라或、先占에依ᄒᆞ야生ᄒᆞ며或、讓與에依ᄒᆞ야得ᄒᆞᆫ等이오又、金錢寶玉等과如ᄒᆞᆫ有形의財産도有ᄒᆞ고或、諸種特權과如ᄒᆞᆫ無形의財産도有ᄒᆞ니、財産의起

及種類

原及種類ᄂᆞᆫ如此ᄒᆞᆫ各種이雖有ᄒᆞ나其所有에至ᄒᆞ야ᄂᆞᆫ可動치못ᄒᆞᆯ權利가有ᄒᆞ니라

大槩、所有란者ᄂᆞᆫ其物件의內에自己를設定ᄒᆞᄂᆞᆫ事인즉財産을侵害ᄒᆞᆷ은卽、其所有者를傷ᄒᆞᆷ과同ᄒᆞ니此ᄂᆞᆫ强盜、竊盜、詐僞取財等이是라法律에嚴禁ᄒᆞᄂᆞᆫ바어니와且、財産權의不安ᄒᆞᆷ은社會의恐慌될結果를生ᄒᆞᄂᆞᆫ故로社會의秩序를順히ᄒᆞ기爲ᄒᆞ야此를保護ᄒᆞᆷ이最要ᄒᆞ니라

他人의承諾을不得ᄒᆞ고恣意로其人의財産을使用ᄒᆞ던지或他人의所有物을借ᄒᆞ고返還치아니ᄒᆞᄂᆞᆫ等事ᄂᆞᆫ法律에有關ᄒᆞ거니와且、雇主者가被雇者에게相當ᄒᆞᆫ報酬를不給ᄒᆞ거나或減給ᄒᆞᆷ은勞働의結果로當然히受ᄒᆞᆯ財産을奪ᄒᆞᄂᆞᆫ者니雖兩者의合意에出ᄒᆞᆫ者라도其不正義ᄒᆞᆷ을不免ᄒᆞᆯ지오又、此와同히被雇者로셔十分의勞働을不爲ᄒᆞ고但、賃金만貪取ᄒᆞᆷ은亦、不正義의人이니라

善雇主의財産을侵害ᄒᆞᆷ은此ᄲᅮᆫ아니라約束을蹂躙ᄒᆞᄂᆞᆫ者도其罪一層非輕ᄒᆯ지오其他商賈와顧客에在ᄒᆞ야도商人이貨物의不良을隱蔽ᄒᆞ고高價로買ᄒᆞ던지或顧客의必要를見ᄒᆞ고恣意로物價를引上ᄒᆞ던지且顧客이商人의窮境을乘ᄒᆞ야僅少의價로써高貴의物品을購得ᄒᆞ랴던지或物品을購ᄒᆞ고其價를不給ᄒᆞᆷ은皆不正義의事라謂ᄒᆯ지니라

第二十一課　他人의人格에對ᄒᆞᆫ本務

吾人은但他人의名譽를毁損ᄒᆞᆷ이不可ᄒᆯᄲᅮᆫ아니라亦他人의人格을尊敬치아니ᄒᆞᆷ이不可ᄒᆞ니自己를自重ᄒᆞᄂᆞᆫ心으로他人을尊敬ᄒᆞ되恒常禮義로써待遇ᄒᆞᆷ은當然ᄒᆞᆫ務오公平ᄒᆞᆫ義라人의自由獨立을重히ᄒᆞ며思想信仰을尊히ᄒᆯ진ᄃᆡ偏私心이有ᄒᆞ고야豈能得ᄒᆞ리오且人이每他人의境遇를理會치아니ᄒᆞᆷ으로往往他人을輕侮ᄒᆞ야互相嫌惡ᄒᆞᆷ에至ᄒᆞᄂᆞ니若公平無私의心으로써其人의心情을諒察ᄒᆯ진ᄃᆡ豈如此히輕蔑ᄒᆞᄂᆞᆫ思想이起ᄒᆞ리오故로通常境遇에對ᄒᆞ야ᄂᆞᆫ但相當ᄒᆞᆫ敬禮로써行ᄒᆞᆷ이可ᄒᆞ다ᄒᆯ지니라

人을尊敬ᄒᆞᆷ은但自己보다高貴ᄒᆞᆫ地位에在ᄒᆞᆫ者ᄲᅮᆫ아니라雖貧賤ᄒᆞᆫ悲境에立ᄒᆞᆫ者에게도亦行ᄒᆯ지니高貴ᄒᆞᆫ者를尊敬ᄒᆞᆷ은元來吾人의不難ᄒᆞᆫ者라故로不德者도能行ᄒᆞ거니와其劣等者에게尊敬을與ᄒᆞᆷ은有德者라야能行ᄒᆞᄂᆞ니然ᄒᆞᆫ즉人은門地나財産에依치勿ᄒᆞ고人格과地位를區別ᄒᆞ야深히自省ᄒᆯ지어다不然이면驕慢不遜의人을未免ᄒᆯ지니라

第二十二課　他人의人格에對ᄒᆞᆫ本務(續)

他人의意見을重히ᄒᆯ事

夫他人의意見을重히ᄒᆞᆷ은實此의精神에基ᄒᆞᆫ者ㅣ라假令人이自己와反對意見을發表ᄒᆞᆷ이有ᄒᆯ지라도自己ᄂᆞᆫ此를輕侮ᄒᆞ야無知蒙昧의語로써批評을加ᄒᆞᆷ이決코不可ᄒᆞ니何故오人에意見을尊敬ᄒᆞᆷ과自己의意見을確守ᄒᆞᆷ은各異ᄒᆞᆫ問題라豈他人의意見은輕侮ᄒᆞ고自己의意見만忠實히云ᄒᆞ리오故

議論을因ᄒᆞ야其人格에及지못ᄒᆞᆷ

로通常境遇에在ᄒᆞ야ᄂᆞᆫ雖他人의思想이謬誤가有ᄒᆞᆯ지라도其人이固執ᄒᆞᄂᆞᆫ理由에對ᄒᆞ야ᄂᆞᆫ此를善良ᄒᆞᆷ으로信ᄒᆞᆷ이可ᄒᆞᄂᆞ니若其意見으로ᄡᅥ重大ᄒᆞᆫ惡果를生ᄒᆞ거나或自己에對ᄒᆞ야議論을上下ᄒᆞᆯ境遇가아니면他人의意見을攻擊ᄒᆞᆷ이決코不可ᄒᆞ고且論爭ᄒᆞᄂᆞᆫ境遇에在ᄒᆞ더라도議論에反對ᄒᆞᆷ을因ᄒᆞ야其人의私事에及ᄒᆞ던지或其人格에侮辱을加ᄒᆞᆷ은最賤陋ᄒᆞᆫ人이라謂ᄒᆞᆯ지니라

他人을尊敬ᄒᆞᆷ은自己를高尙케ᄒᆞᄂᆞᆫ道라

自尊의念이強ᄒᆞᆫ者ᄂᆞᆫ往往他人을尊敬ᄒᆞᄂᆞᆫ念에欠缺이多ᄒᆞᄂᆞ니若自尊ᄒᆞᄂᆞᆫ念을推ᄒᆞ야他人에게及치아니ᄒᆞ면豈公平無私의人이되기를得ᄒᆞ리오故로他人을尊敬ᄒᆞ야其自由獨立을重히ᄒᆞᆷ은自己의身分을高尙히ᄒᆞᄂᆞᆫ道라社會人人이許尊敬을交換ᄒᆞ면前進의步를確然可期ᄒᆞᆯ지니라

第二十三課 他人의感情에對ᄒᆞᆫ本務

精神에對ᄒᆞᆫ苦痛

吾人은他人의身體에對ᄒᆞ야苦痛을與ᄒᆞᆷ보다其精神에對ᄒᆞ야苦痛을加ᄒᆞᆷ이尤不可ᄒᆞ니他人의身体에毀傷을與ᄒᆞ면或法律上의制裁를蒙ᄒᆞᄂᆞᆫ罪ㅣ有ᄒᆞ려니와精神의苦痛을加ᄒᆞᆷ에ᄂᆞᆫ何等制裁가無ᄒᆞᆫ지라然ᄒᆞᆫ즉精神에加ᄒᆞᆫ苦痛은身体의毀傷보다最難堪ᄒᆞᆯ者이니故로道德上의制裁ᄂᆞᆫ當然히此에及ᄒᆞᆷ이可ᄒᆞ다ᄒᆞᄂᆞ니라

感情을害ᄒᆞᄂᆞᆫ苦痛輕侮及嘲弄

精神外에最甚ᄒᆞᆫ苦痛을與ᄒᆞᄂᆞᆫ者ᄂᆞᆫ感情을害ᄒᆞᆷ이라然ᄒᆞ나他人의感情을害ᄒᆞᄂᆞᆫ行爲中에最慎ᄒᆞᆯ者ᄂᆞᆫ輕侮及嘲弄이라輕侮ᄂᆞᆫ前述ᄒᆞᆷ과如히人에對ᄒᆞ야尊敬을缺ᄒᆞᄂᆞᆫ動作이니此ᄂᆞᆫ但傲慢으로由ᄒᆞ야起ᄒᆞᄂᆞᆫ者오嘲弄에至ᄒᆞ야ᄂᆞᆫ特히他人을苦케ᄒᆞᄂᆞᆫ惡習인故로其過가一層更重ᄒᆞ니라

傲慢으로由ᄒᆞ야自尊의念이強ᄒᆞᆫ人은自己가他人보다勝ᄒᆞᆫ바를表白ᄒᆞ기爲ᄒᆞ야自然他人에게輕侮ᄒᆞᄂᆞᆫ言行을作ᄒᆞ다가甚ᄒᆞᆷ에至ᄒᆞ야ᄂᆞᆫ此를嘲弄ᄒᆞ며嬉笑ᄒᆞᄂᆞ니此ᄂᆞᆫ不正ᄒᆞᆫ行爲라他人의缺點을發ᄒᆞ야自己의所長을表示ᄒᆞᆯ줄노思惟ᄒᆞᆫ

諷刺

뎌豈、一人의缺點이自己의完全을表홀理가有ᄒᆞ며且、假令彼我의比較的으로自己의優勝을表示ᄒᆞ야所得이有코져ᄒᆞ나同類를苦케ᄒᆞ고自己만獨樂홈은人의不許홀바ㅣ니夫、自己의娛樂을爲ᄒᆞ야凡他動物을苦케ᄒᆞ더라도是는不德이라謂ᄒᆞ려던況同等의人類를對ᄒᆞ야不堪홀苦惱를與ᄒᆞ는動作이리오

第二十四課 他人의感情에對ᄒᆞᆫ本務(續)

大抵、輕侮와嘲弄은何人이던지不德으로排斥ᄒᆞ는者어니와且、輕侮嘲弄과同히一般他人의感情을害ᄒᆞ는者를世人이每寬假ᄒᆞ기易ᄒᆞᆫ一種惡德이有ᄒᆞ니諷刺가是라卽、緜中에針을裏홈과如ᄒᆞᆫ言語로써其對手者의心을刺ᄒᆞ야苦痛을與ᄒᆞ는니蓋、寬假ᄒᆞ는所以는其諷刺의眞目的이外面에不在ᄒᆞ고內包에深藏ᄒᆞᆫ隱密意味에在ᄒᆞ야外面으로는毫末도呵責홀現跡이無홈이라然ᄒᆞ나其隱密ᄒᆞᆫ惡意를對手者가了解치못홀

時에는諷刺者의目的을未達ᄒᆞ얏다云홀지로다大抵、諷刺의惡行은直接의侮辱보다猶甚ᄒᆞᆫ者라云홀지니라

行動에關ᄒᆞᆫ感情

且他人의感情을害ᄒᆞ는者는但、言語에만在홀뿐아니라行動態度에도亦在ᄒᆞᄂᆞ니人이偶然히禮容을失홈에도他人의不快ᄒᆞᆫ感情을生케ᄒᆞ거던況傲慢不遜ᄒᆞᆫ行動으로他人의感情을害ᄒᆞ는事에야言語의輕侮와何異ᄒᆞ리오故로凡人은他人에對ᄒᆞ야言語를發ᄒᆞ던지或、動作홈에當ᄒᆞ야其人의感情에及홀影響을先思ᄒᆞ고此에觸害치아니홀事를注意홀지어다

交際上의禮儀를重히ᄒᆞ는理由

吾人이交際上에禮儀를重히ᄒᆞ는理由도亦、此에實在ᄒᆞ니蓋交際上의禮儀를不謹홀時는往往不知中에他人에게無禮를加ᄒᆞ야其人의感情을損ᄒᆞ고交際上의圓滑을缺케ᄒᆞ는事ㅣ不尠홀지니라

第二十五課 正直

吾人이社會에立ᄒᆞ야何許職業으로生活을營ᄒᆞ던지互相協

信用

同ᄒᆞ며互相信依ᄒᆞ야已ᄂᆞᆫ他人을勿欺ᄒᆞ고他人은已를勿欺ᄒᆞ야彼此에安全을得ᄒᆞᆯ지라若、一朝에社會信用이不行ᄒᆞ면必、互相疑猜ᄒᆞ야各其、自己의安全을圖謀ᄒᆞ기爲ᄒᆞ야各種方法을講究ᄒᆞᆯ지니然ᄒᆞᆫ즉社會活動에澁滯를來케ᄒᆞ고猜疑嫉妬의根因을釀成ᄒᆞ야該社會가瓦解의害를難免ᄒᆞᆯ지라蓋、信用이社會에必要됨은吾人의共知ᄒᆞᄂᆞᆫ바ㅣ라雖、盜賊等의社會라도信用이無ᄒᆞᆷ은不可ᄒᆞ니라

虛妄의言은他人의期望을失ᄒᆞᆯᄲᅮᆫ아니라反、損害를加ᄒᆞᄂᆞᆫ者ㅣ니人道의難恕ᄒᆞᆯ罪惡이明白ᄒᆞᆫ지라然ᄒᆞᆷ으로他人에게直接損害를加치아니ᄒᆞᄂᆞᆫ虛言도決코道德上에不許ᄒᆞᄂᆞ니라

大抵、虛言은自信을失ᄒᆞ며自重의念을弱케ᄒᆞ야諸種罪惡에犯ᄒᆞ기易ᄒᆞᆫ者이어ᄂᆞᆯ或이言ᄒᆞ되些細ᄒᆞᆫ事에虛言은關係가無ᄒᆞ다ᄒᆞᄂᆞ니一度虛言을吐ᄒᆞ면此를掩ᄒᆞ기爲ᄒᆞ야更、二度虛言을做出ᄒᆞᄂᆞᆫ故로虛言의原因을見ᄒᆞ건ᄃᆡ罪惡을多犯ᄒᆞ고此를掩코져ᄒᆞ거나或、道德上㤼懦에依ᄒᆞᆫ者라此ᄂᆞᆫ最、卑陋ᄒᆞᆫ行이라云ᄒᆞᆯ지니라

且、虛妄은但、言語에만在ᄒᆞᆯᄲᅮᆫ아니라事의必要ᄒᆞᆫ時에事實을緘默ᄒᆞ던지或、外樣을假飾ᄒᆞᆷ도亦、言語의虛妄과毫末無異ᄒᆞᄂᆞ니然ᄒᆞᆫ즉自己의不利益ᄒᆞᆯ境遇에在ᄒᆞ더라도斷然히其事實을直言ᄒᆞᆷ은他人의對ᄒᆞᄂᆞᆫ重要本務오勇敢行爲라此皆、正直에서出ᄒᆞᆫ行動이니人이此理를能辨ᄒᆞ면社會의進步를可期ᄒᆞᆯ지니라

勇敢도亦正直에서出

第二十六課 約束及契約

約束及契約

文明社會에在ᄒᆞ야約束을重히ᄒᆞᆫ다ᄒᆞᆷ은前卷에旣述ᄒᆞ얏거니와且、特別注意ᄒᆞᆯ者ᄂᆞᆫ踐約이라吾人이此世에立ᄒᆞ야共同生活ᄒᆞᆷ의約束과契約의二種이有ᄒᆞ니此兩者ᄂᆞᆫ他人과將來何等事業을營爲ᄒᆞ던지豫約이有ᄒᆞᆯ지라故로約束이란者ᄂᆞᆫ他人을爲ᄒᆞ야勤勞ᄒᆞ던지或、物品을贈與ᄒᆞᆷ에當ᄒᆞ야其志向

破約과欺瞞의二罪

을他人에게告知ᄒᆞ면他人은此에對ᄒᆞᆫ期望을生ᄒᆞᄂᆞᆫ者ㅣ라若何許理由가無히約束을違背ᄒᆞᆷ은他人에게期望을失케ᄒᆞ며損害를加케ᄒᆞᆯ지니其不正不義ᄒᆞᆷ이當何如ᄒᆞ리오假令約束ᄒᆞᆫ後에事情의變化를因ᄒᆞ야實行키不得ᄒᆞᆯ時ᄂᆞᆫ其履行을强迫ᄒᆞ기不能ᄒᆞ나若當初에實行ᄒᆞᆯ意志가無ᄒᆞ고姑息或假借로塗抹ᄒᆞᄂᆞᆫ者ᄂᆞᆫ破約과欺瞞을兼ᄒᆞᆫ者니其罪가尤重ᄒᆞᆫ지라故로重大事件은勿論ᄒᆞ고雖些細ᄒᆞᆫ事라도他人과約束ᄒᆞᆷ에當ᄒᆞ야ᄂᆞᆫ必深思熟慮ᄒᆞᆷ이可ᄒᆞ니라

契約은約束의交換ᄒᆞᆷ을依ᄒᆞ야成立ᄒᆞᄂᆞᆫ者니賣買或結婚이是라此亦正當ᄒᆞᆫ理由가無ᄒᆞ면破毁ᄒᆞᆷ이不可ᄒᆞ나然ᄒᆞ나契約이約束과異ᄒᆞᆫ바ᄂᆞᆫ彼邊의契約者가若其契約을履行치아니ᄒᆞᆯ時ᄂᆞᆫ此邊의契約者ᄂᆞᆫ此를履行ᄒᆞᆯ責任이無ᄒᆞᆫ즉此로因ᄒᆞ야生ᄒᆞᆫ損害의賠償을必要求ᄒᆞᆯ지니라蓋契約及約束의性質은履行ᄒᆞᆷ이必要ᄒᆞ니吾人은十分注意ᄒᆞᆯ지어다

第二十七課　愛情

消極의本務ᄂᆞᆫ對等權利를有ᄒᆞᆫ者에게互行ᄒᆞᆷ

積極의本務ᄂᆞᆫ愛情에基ᄒᆞᆷ

愛情의種類

前段에述ᄒᆞᆫ消極의本務ᄂᆞᆫ對等의權利를有ᄒᆞᆫ人이互相遂行ᄒᆞᆯ者ㅣ라一言蔽之ᄒᆞ면人은他人의正當히受ᄒᆞᆯ者를奪ᄒᆞ거나他人에게損害를加ᄒᆞᆷ이不可ᄒᆞ다ᄒᆞᆷ에在ᄒᆞ니此等本務ᄂᆞᆫ社會의安寧秩序를維持ᄒᆞᆷ에可缺치못ᄒᆞᆯ者나尙且他人에對ᄒᆞᆫ本務의全部를盡ᄒᆞᆫ者ㅣ라고ᄂᆞᆫ云키不可ᄒᆞ고唯他人의幸福을增進케ᄒᆞᆯ希望은卽他人에對ᄒᆞᆫ積極의本務니愛情의基ᄒᆞᆫ者ㅣ라此愛情은各種境遇에應ᄒᆞ야其形이不一ᄒᆞ야或親愛가되며或同情이되며或慈善이되ᄂᆞ니此ᄂᆞᆫ他人에對ᄒᆞᆫ唯一高尙ᄒᆞᆫ德義니라

親愛라ᄒᆞᆷ은特殊ᄒᆞᆫ關係를有ᄒᆞᆫ人人間에自然存在ᄒᆞᆫ溫藹的感情이라此ᄂᆞᆫ凡他動物도猶然ᄒᆞ거든況人類리오故로家族과朋友等은此愛情에依ᄒᆞ야結合ᄒᆞᆫ者ㅣ니此愛情이無ᄒᆞ면其特殊ᄒᆞᆫ關係를永續키不能ᄒᆞ야人類의澌滅ᄒᆞᆷ을不免ᄒᆞᆯ지

愛情은社會의根本

라吾人이生홈의父母의愛에依ᄒᆞ야鞠養ᄒᆞ다가長成ᄒᆞ야ᄂᆞᆫ師友의愛에依ᄒᆞ야智能을啓發ᄒᆞᄂᆞ니然則愛ᄂᆞᆫ人間社會의根本이된다ᄒᆞ야도未猶不可ᄒᆞ나然ᄒᆞ나人類의愛情은決코

愛情의範圍가潤大

父子、兄弟、夫婦、朋友間에만止치아니ᄒᆞ고其、範圍가潤大히國家社會에及ᄒᆞ야一同人類를包括ᄒᆞᆫ者ㅣ니夫、己의子를愛ᄒᆞ며己에게恩德을施ᄒᆞᄂᆞᆫ者를愛홈은動物에劣等ᄒᆞᆫ犬馬라도能知ᄒᆞ거니와人類의愛ᄂᆞᆫ此와異ᄒᆞ야私利의念을去ᄒᆞ고他人의善을計ᄒᆞ야共히善行을生케ᄒᆞ며惡德을除케ᄒᆞ야人類로ᄒᆞ야곰平和幸福의域에進케ᄒᆞᄂᆞᆫ者인즉人은皆、愛情을修養홈이可ᄒᆞ니라

第二十八課　同情

同情은即同意와如홈

同情도亦愛情의一種이니他人과感情을共히홈을云홈이라他人의悲慘ᄒᆞᆫ境遇를見ᄒᆞ면其苦를思ᄒᆞ며他人의幸福을見ᄒᆞ면其喜를悅홈은人의自然히有ᄒᆞᆫ高尙의情操라夫、人生이難避홀悲境을遭遇홀時ᄂᆞᆫ黃金으로도此를慰藉기不能ᄒᆞ며權力과智慧로도此를忘却기不得홀지니此時에當ᄒᆞ야其悲를和ᄒᆞ며其愁를慰홈을得ᄒᆞᄂᆞᆫ者ᄂᆞᆫ他人의同情이오且幸福도若、衆人의猜忌怨嫉中에立ᄒᆞ면快樂의感이頗少홀지니衷心으로써其幸福을悅賀ᄒᆞᄂᆞᆫ者ㅣ有ᄒᆞ여야其喜를得全홀지

同情은平和幸福의源泉

라故로同情은悲者를慰ᄒᆞ며喜者를賀ᄒᆞ야社會의幸福을成케ᄒᆞᄂᆞᆫ源泉이라ᄒᆞᄂᆞ니라

同情은文明社會의本務

夫、他人에게同情을與ᄒᆞᄂᆞᆫ者ᄂᆞᆫ他人의境遇와自己의境遇를同一히視ᄒᆞ야自我의狹隘ᄒᆞᆫ範圍를脫ᄒᆞ고社會의人을廣히包括홀지니四海同胞에對ᄒᆞ야廣行與否ᄂᆞᆫ社會의文野에在ᄒᆞ거니와社會의進步를改良홈은此、同情을依ᄒᆞ야得ᄒᆞᄂᆞᆫ者ㅣ라然ᄒᆞ나同情의念도亦、愛情과同히容易히發達키不能ᄒᆞᆫ者ㅣ니라且自己의幸福을希홈은人生의固有ᄒᆞᆫ性質이라同

自我의念

情과相容치못홀者ᄂᆞᆫ아니로ᄃᆡ往往相反홈에至ᄒᆞᄂᆞ니盖、自

我의念이固ᄒᆞᆫ者ᄂᆞᆫ他人의感情을容ᄒᆞᄂᆞᆫ餘地가無ᄒᆞ고他人의苦樂을度外로視ᄒᆞ며甚ᄒᆞᆷ에至ᄒᆞ면傲慢嫉妬等惡德에易陷ᄒᆞᄂᆞᆫ故로人은同情에到ᄒᆞᄂᆞᆫ第一步브터自我의念을制限ᄒᆞ며公平의思를深勉ᄒᆞ야人의憂를憂ᄒᆞ며人의樂을樂ᄒᆞ야高尙ᄒᆞᆫ同情에到達ᄒᆞᆷ을期待ᄒᆞᆯ지니라 (我와同情의衝突) (同情修養의方法)

第二十九課 仁惠

人이世間에在ᄒᆞ야他人의不幸을除ᄒᆞ며其幸福을增進케ᄒᆞᆷ을摠稱仁惠라ᄒᆞᄂᆞ니即愛情同情等의必然ᄒᆞᆫ結果로써生ᄒᆞᄂᆞᆫ者라若人의苦痛을悲ᄒᆞᆯ진ᄃᆡ其除去ᄒᆞᆷ을必勉ᄒᆞᆯ지니假令迷路ᄒᆞᆫ者를指導ᄒᆞ며疲困ᄒᆞᆫ者를休息케ᄒᆞᆷ이雖吾人의日常交際間에細少ᄒᆞᆫ事나亦實行을努ᄒᆞᆯ지니라 (仁惠의必勉)

仁惠中에最善ᄒᆞᆫ者ᄂᆞᆫ慈善이라慈善은生活의困難ᄒᆞᆫ者를護助ᄒᆞᄂᆞᆫ德行이니富有者의必行ᄒᆞᆯ者ㅣ라廣히社會를見ᄒᆞᆫ건ᄃᆡ老幼鰥寡나癈疾罹病等의其情境이眞可憐ᄒᆞᆫ者ㅣ不少ᄒᆞ니此等의徒ᄂᆞᆫ不可不他人의恩惠에依ᄒᆞ야生活을得全ᄒᆞᆯ者라此에對ᄒᆞ야生活上必需의物品을與ᄒᆞᆷ은元來吾人의本務라謂ᄒᆞᆯ지니라然ᄒᆞ나貧困에陷ᄒᆞᆫ者中에도自己의過失或惰怠로由ᄒᆞ야不幸을招ᄒᆞᆫ者ㅣ不無ᄒᆞ니此輩ᄂᆞᆫ前者에比ᄒᆞ면憐憫을受ᄒᆞᆯ資格이無ᄒᆞᆫ者라ᄒᆞᆯ지라도人된者ㅣ豈忍히此苦痛을坐視ᄒᆞ리오此等自招者에對ᄒᆞ야도其缺乏을充ᄒᆞ며苦痛을免케ᄒᆞᆷ은實吾人이同胞에對ᄒᆞᆫ本務니라 (慈善)

然ᄒᆞ나一時哀憐의情에從ᄒᆞ야慈善을濫用ᄒᆞᆷ은不可ᄒᆞ니假令此等의徒에게金錢을施與ᄒᆞᆷ은益益히其怠惰를助長ᄒᆞᆷ에不過ᄒᆞᆯ지라故로慈善은其受ᄒᆞᄂᆞᆫ人으로ᄒᆞ야곰他人에게依賴ᄒᆞᄂᆞᆫ精神을勿生케ᄒᆞᆷ이必要ᄒᆞ고且此를施與ᄒᆞᆷ에當ᄒᆞ야ᄂᆞᆫ爲先必要되ᄂᆞᆫ者와有用되ᄂᆞᆫ者에게만施與ᄒᆞᆯ지니必要된者라ᄒᆞᆷ은此가無ᄒᆞ면生活을維持키不能ᄒᆞᆫ者를云ᄒᆞᆷ이오有用된者라ᄒᆞᆷ은此를用ᄒᆞ야生活의道를得ᄒᆞᆯ者를云ᄒᆞᆷ이니라 (慈善의目的은但施救에不在)

且飢寒者에對ᄒᆞ야衣食을不與ᄒᆞᆷ은不可ᄒᆞ나然ᄒᆞ나一時其飢寒을救ᄒᆞᆷ으로써慈善의目的을達ᄒᆞ얏다ᄒᆞᆷ이不可ᄒᆞ고必職業을與ᄒᆞ며器具를貸ᄒᆞ야自働自營ᄒᆞ야衣食을得케ᄒᆞᄂᆞᆫ方法을授ᄒᆞᆯ지니如此ᄒᆞᆫ後에慈善의目的에適ᄒᆞᆫ者라方謂ᄒᆞᆯ지니라

第三十課 義俠

非常ᄒᆞᆫ事柄

捨生取義

義俠이라ᄒᆞᆷ은同胞의生命을救護ᄒᆞ며其幸福을計圖ᄒᆞ기爲ᄒᆞ야極力盡瘁ᄒᆞ며或不顧身命ᄒᆞᆷ을云ᄒᆞᆷ이니元來身命을賭ᄒᆞ고他人을救ᄒᆞᆷ은非常의事柄이오日常遭遇ᄒᆞᄂᆞᆫ者ㅣ아니라然이나吾人이必要되ᄂᆞᆫ境遇에當ᄒᆞ야ᄂᆞᆫ此를履行치아니ᄒᆞᆷ이不可ᄒᆞ니如國難을爲ᄒᆞ야戰場에臨ᄒᆞᆯ時ᄂᆞᆫ其身命을不顧ᄒᆞ고忠義를奮勵ᄒᆞᆷ은一般國民의本務이니와此外에도非常ᄒᆞᆫ事變을遭遇ᄒᆞᆫ時에正義를爲ᄒᆞ야直接으로身命을犧牲에供ᄒᆞᄂᆞᆫ事ㅣ不無ᄒᆞᄂᆞ니若如斯ᄒᆞᆫ境遇를値ᄒᆞ야自己一身의安危만思ᄒᆞ고他人의危急을不救ᄒᆞᆷ은不義의行爲니라平常無事日에在ᄒᆞ야ᄂᆞᆫ自己의生命을重히ᄒᆞ며身躰를尊히ᄒᆞᆷ이自己에對ᄒᆞᆫ本務어니와他人이危急에際ᄒᆞ야ᄂᆞᆫ一身의顧慮를棄ᄒᆞ고神速ᄒᆞᆫ決斷과果敢ᄒᆞᆫ勇氣를奮ᄒᆞ야其生命의救助ᄒᆞᆷ을要ᄒᆞᆯ지니是ᄂᆞᆫ一段義俠의心情이니라亦高尙ᄒᆞᆫ道德이라謂ᄒᆞᆯ지니라

義俠도亦道德에셔生ᄒᆞᆷ

公衆의幸福을計圖ᄒᆞᆷ이尤難ᄒᆞᆷ

雖然이나如此非常ᄒᆞᆫ境遇를値ᄒᆞ야一身의安危를不顧ᄒᆞ고他人의急難에赴ᄒᆞᆷ은寧容易ᄒᆞ다謂ᄒᆞᆯ지나平常無事日에在ᄒᆞ야公衆의幸福을計ᄒᆞ며他人의危急을濟ᄒᆞᆷ은實尤難ᄒᆞ니元來公衆의幸福을計ᄒᆞᆷ에當ᄒᆞ야自己의幸福과個人의利益이相容치아니ᄒᆞᄂᆞ니如斯ᄒᆞᆫ時에當ᄒᆞ야ᄂᆞᆫ人이執迷에陷ᄒᆞ기易ᄒᆞᆯ지라故로此執迷를斷ᄒᆞ야一身의利益을拋棄ᄒᆞ고公衆의幸福을計圖ᄒᆞᆷ은義俠의丈夫가아니면能行ᄒᆞᆷ을豈得ᄒᆞ리오是以로人은非常ᄒᆞᆫ境遇ᄂᆞᆫ勿論ᄒᆞ고日常의生活에在ᄒᆞ

義俠的精神의必要

더라도恒常、義俠的精神을養ᄒᆞ야必要되는境遇에應ᄒᆞ야此、德義를完全히ᄒᆞᆷ은必務ᄒᆞᆯ지니라

中等修身敎科書卷三終

中等修身教科書卷四

第一 家族의道義

第一課 家族

家族은最親密ᄒᆞᆫ團體

家族에對ᄒᆞᆫ關係ᄂᆞᆫ前卷에旣述ᄒᆞ얏거니와家族의全體에對ᄒᆞᆫ本務를玆에更述ᄒᆞ노니蓋、一家ᄂᆞᆫ人間의自然ᄒᆞᆫ愛情에基因ᄒᆞ야骨肉의關係가有ᄒᆞᆫ人으로結合ᄒᆞᆫ者ㅣ니最、親密ᄒᆞᆫ團體라國家와社會가此로由ᄒᆞ야基礎될者인故로一家의繁榮은一國隆昌의基礎오一家의紊亂은一國衰亡의原因이며且、一家ᄂᆞᆫ一國의小模型이라此를代表ᄒᆞᄂᆞᆫ家長이有ᄒᆞ야家內를統轄ᄒᆞ며祖先以來로傳承ᄒᆞᄂᆞᆫ家系、歷史、財產等을保有ᄒᆞ고又、家長下에ᄂᆞᆫ主婦、子女兄弟、姊妹가有ᄒᆞ야其間에各種本務가生ᄒᆞᄂᆞ니家族에對ᄒᆞᆫ本務를盡心擴張ᄒᆞᆷ은卽、國家社會에對ᄒᆞᆫ本務라然則人의家長을事ᄒᆞᄂᆞᆫ道가國君을事ᄒᆞᄂᆞᆫ道

家族의本務를盡ᄒᆞᆷ은卽國家

에對ᄒᆞᆫ本務

와豈殊ᄒᆞ리오原來忠孝ᄂᆞᆫ異致가無ᄒᆞᄂᆞ니故로古人이忠臣을孝子의門에求ᄒᆞᆫ다ᄒᆞ며且兄弟姉妹에對ᄒᆞᄂᆞᆫ道로公衆에對ᄒᆞᆷ이可ᄒᆞ니라

夫一家의秩序를重히ᄒᆞ며繁榮을圖ᄒᆞᄂᆞᆫ道ᄂᆞᆫ可히移ᄒᆞ야國家社會에行ᄒᆞᆯ지라故로家庭의道德을修ᄒᆞᆷ은社會의道德을學ᄒᆞᄂᆞᆫ準備니一人의幸福은卽一家의幸福이오一家의休戚은卽社會의休戚이라然則家內의人이同心協力ᄒᆞ야一家의安寧과繁榮을圖ᄒᆞᆷ은卽國家社會를爲ᄒᆞ야隆昌을圖謀ᄒᆞᆷ이니此ᄂᆞᆫ社會道德上에最貴重히ᄒᆞᆯ바ㅣ니라

第二課　家系

子孫의義務

家系ᄂᆞᆫ千百代로브터祖先의系統을傳來ᄒᆞᆷ이니人人이其家系를尊重히ᄒᆞ며立身揚名ᄒᆞ야祖先에有光ᄒᆞᆷ은子孫된責任이오且祖先의世傳ᄒᆞᄂᆞᆫ物品을善히保護ᄒᆞ며其家風을遵守ᄒᆞ고家聲을發揚ᄒᆞᆷ은皆子孫의義務라此ᄂᆞᆫ前卷에略論ᄒᆞ얏合으로更히贅言을不須ᄒᆞ거니와祖先을敬慕ᄒᆞ며家系를尊重ᄒᆞ고家族의制度를確立ᄒᆞ야雖遠族袒免의兄弟叔侄이라도一家와如히敦睦ᄒᆞᆷ은我國의由來ᄒᆞᄂᆞᆫ美風이라此習慣은新羅高麗時代로브터存在ᄒᆞᆫ바ㅣ니實로我國體와密接의關係가有ᄒᆞ니라

祖先의緖業을克繼ᄒᆞᆷ은後孫의責任을自擔ᄒᆞᆷ이라

我國의家族制度ᄂᆞᆫ古初에辰韓六部로브터新羅時代에至ᄒᆞ야其俗이盛行ᄒᆞ야各其團體를成ᄒᆞ고其祖先의家系를重히ᄒᆞᆷ으로至今數千餘年에其風俗이流傳ᄒᆞ야各地方에占據ᄒᆞᆫ千百姓의家族이其系統을不失ᄒᆞ고世業을保守ᄒᆞ야一家族이屢百戶或千餘戶로各其一團體를組成ᄒᆞᆷ은實로世界에無比ᄒᆞᆫ者ㅣ라然則祖先에緖業을克繼ᄒᆞᆷ은卽後孫에責任을自擔ᄒᆞᆷ이라子弟에敎育과産業에興殖이豈此精神에셔從生ᄒᆞᆷ이아니리오此一事ᄂᆞᆫ我國家族制度에對ᄒᆞ야一特色이라謂ᄒᆞᆯ지라然ᄒᆞ나今日에至ᄒᆞ야我國家를世界列國에對ᄒᆞ면亦

一、家族이니惟我青年은家族을保護ᄒᆞ며家系를尊重ᄒᆞ야써家聲을不墜코져ᄒᆞᆯ진ᄃᆡ必、心을團合ᄒᆞ야我大家族된國家를保護ᄒᆞ며　皇室의祖宗系統을尊重히ᄒᆞ야祖國의名譽를不辱케ᄒᆞᄂᆞᆫ責任을自擔ᄒᆞᆷ이可ᄒᆞᆯ지니라

第三課　家計

一家에生計가不立ᄒᆞ면家族을不保

家族團聚의第一必要ᄒᆞᆷ은生計라若、一家에生計가不立ᄒᆞᆯ時ᄂᆞᆫ家族을保維치못ᄒᆞ야必、分散ᄒᆞᄂᆞᆫ慘境에至ᄒᆞ거나或、一家의憂慮를釀出ᄒᆞᆷ은往往目擊ᄒᆞᄂᆞᆫ바ㅣ라故로家庭을作成ᄒᆞᆷ에當ᄒᆞ야ᄂᆞᆫ必、家計를整理ᄒᆞ고家族生活에安全方法을講究ᄒᆞᆯ지니財産이裕足ᄒᆞᆷ은家族을維持ᄒᆞᄂᆞᆫᄃᆡ第一必要라謂ᄒᆞᆯ지니라

大抵、家族을維持ᄒᆞᆷ에當ᄒᆞ야財産이第一必要ᄒᆞ다ᄒᆞᆷ은目前에鉅大ᄒᆞᆫ金額을要ᄒᆞᆷ이아니라但、家族養育에適宜ᄒᆞᆫ財産을準備ᄒᆞᆷ에在ᄒᆞ니假令、祖先遺業이缺乏ᄒᆞ던지現存의收入이

不有ᄒᆞ야如何히準備ᄒᆞᆯ道理가無ᄒᆞ거던此를宜十分勤儉ᄒᆞ며十分勞苦ᄒᆞ야我의責任을必擔ᄒᆞᆯ지라蓋、兄弟와子女을敎育ᄒᆞ야自立의道를與ᄒᆞ며父母를奉養ᄒᆞ야一家의體面을維持ᄒᆞᆷ이皆、家産의餘裕를要ᄒᆞᄂᆞ니然ᄒᆞᆷ으로一家의內에各自協力ᄒᆞ고勤儉節用ᄒᆞ야家産의增殖을謀ᄒᆞ고家族의養育을計ᄒᆞᆷ은家長의任務라然ᄒᆞ나若、家族된者가其家長을合心協力ᄒᆞ야補佐치아니ᄒᆞ면到底히其目的을達키不能ᄒᆞᆯ지니라

家産을增殖ᄒᆞ며家族을養育ᄒᆞᆷ은家長의任務

第四課　家長의責任

家長은一家內에最重ᄒᆞᆫ責任이有ᄒᆞᆫ者ㅣ라內로ᄂᆞᆫ一家를統轄ᄒᆞ고外로ᄂᆞᆫ一家를代表ᄒᆞᄂᆞᆫ故로能히家政을修齊ᄒᆞ야家族을保養ᄒᆞ며祖先을承襲ᄒᆞ야遺業을傳守ᄒᆞ며子女를敎育ᄒᆞ야前程을善導ᄒᆞᆷ에極注意ᄒᆞᆯ지니라

故로家長된者ᄂᆞᆫ其身을修ᄒᆞ며其行을正히ᄒᆞ야一家의模範을作ᄒᆞᆯ지니一家의秩序ᄂᆞᆫ家長을因ᄒᆞ야保維ᄒᆞᄂᆞᆫ者라故로

父母는子女의直接關係

其品行의良否가家庭上에莫大ᄒᆞᆫ影響을及케ᄒᆞ며家庭의善惡이社會上에亦莫大ᄒᆞᆫ影響을及케ᄒᆞᄂᆞ니況且一家의子女는皆父母膝下에生長ᄒᆞ야最初敎育을受ᄒᆞᄂᆞᆫ者ㅣ라父母의品行이子女의精神感覺에直接關係가甚大ᄒᆞᆫ故로不善ᄒᆞᆫ家庭에生長ᄒᆞᆫ兒童은矯正치못ᄒᆞᆯ弊習에染ᄒᆞ야但其身分上에만不幸을釀出ᄒᆞᆯ뿐아니라終乃家聲을墮壞ᄒᆞ며社會를紊亂케ᄒᆞᄂᆞᆫ者ㅣ種種頻多ᄒᆞ니라

兒童은先人의言으로써爲主

大抵幼稚의兒童은定見과主意가無ᄒᆞ고惟聞見을摹效ᄒᆞᆯ뿐이라一動一靜을皆其父母尊長에視ᄒᆞ야模範을作ᄒᆞᄂᆞ니不知不覺中에其感化薰陶ᄒᆞᆷ이他日數十年學校의셔敎育을受ᄒᆞᆷ보다尤深ᄒᆞᆯ지오且兒童은先人의言으로써爲主ᄒᆞ야腦髓에一徹ᄒᆞ면終身難拔ᄒᆞᆯ지라故로家長된者ᄂᆞᆫ其行動과言語를十分注意ᄒᆞ야家庭을御ᄒᆞᆷ에必戒飭愼重ᄒᆞᆷ이可ᄒᆞ니라

第五課 愛親

人이動物보다貴타ᄒᆞᆷ은人倫이有ᄒᆞᆷ이니彼六畜의類ᄂᆞᆫ其乳養ᄒᆞᆯ時에母子의恩愛만有ᄒᆞ다가及其成長ᄒᆞᆫ後ᄂᆞᆫ母子의恩愛도亦忘却ᄒᆞ되人類ᄂᆞᆫ不然ᄒᆞ야父母와子女間에長久ᄒᆞᆫ愛情이有ᄒᆞᄂᆞ니此ᄂᆞᆫ人道의自然ᄒᆞᆫ基因이라然ᄒᆞ나親이子에게對ᄒᆞᄂᆞᆫ慈愛ᄂᆞᆫ子가其親을愛慕ᄒᆞᆷ보다每稍勝ᄒᆞᆷ으로自己의安樂은不思ᄒᆞ고子女의安樂을是圖ᄒᆞ며自己의勞苦ᄂᆞᆫ不念ᄒᆞ고子女의幸福을是望ᄒᆞᄂᆞ니故로人의子女된者ᄂᆞᆫ其父母의心을必體ᄒᆞ야愛慕의情을終生勿忘ᄒᆞᆯ지어다孟子ㅣ有言ᄒᆞ사ᄃᆡ大舜은終身慕라ᄒᆞ시니라

然ᄒᆞᆷ으로人子가되야其親의鴻大無量ᄒᆞᆫ恩을心中에銘ᄒᆞ고其萬一을報코져ᄒᆞᆯ진ᄃᆡ必誠心으로써愛敬을致ᄒᆞ야其心身을安寧케ᄒᆞᆯ지니夫愛ᄂᆞᆫ父子間에自然히存在ᄒᆞᆫ情이라然ᄒᆞ나親이愛子ᄒᆞᄂᆞᆫ情은終生不變ᄒᆞ되子의愛親ᄒᆞᄂᆞᆫ情은成長ᄒᆞᆷ을從ᄒᆞ야踈ᄒᆞ기易ᄒᆞᄂᆞ니何者오幼稚時에父母膝下에在

ᄒᆞ야ᄂᆞᆫ其親을愛慕ᄒᆞᆷ이深密ᄒᆞ다가妻子를有ᄒᆞ며獨立의生活을經營ᄒᆞᆷ에至ᄒᆞ야ᄂᆞᆫ其親을思ᄒᆞᆷ에薄少ᄒᆞᆫ傾向이不無ᄒᆞ니人子ᄂᆞᆫ愛親ᄒᆞᆷ을誠心에根ᄒᆞ야孺慕의情을常保ᄒᆞᆷ이可ᄒᆞᆯ지니라

第六課　愛親(續)

人子가되야其親을愛ᄒᆞᆷ에ᄂᆞᆫ其肉體를養ᄒᆞ야衣食居處에便利케ᄒᆞᆷ으로써極盡타謂치못ᄒᆞᆯ지오必其志를養ᄒᆞ야父母의身心을安寧케ᄒᆞᆷ이卽愛親의道니孟子의謂ᄒᆞ신바曾子ᄂᆞᆫ曾晳의志를養ᄒᆞ얏다ᄒᆞ심이是라若食은日로三牲을供ᄒᆞ며衣ᄂᆞᆫ華美에極ᄒᆞᆯ지라도其志를拂逆ᄒᆞ며其心을憂慮케ᄒᆞ야居常에不樂의感이有ᄒᆞᆯ진ᄃᆡ豈愛親의道라謂ᄒᆞ리오

然ᄒᆞᆷ으로孝子의事親ᄒᆞᆷ은非但其愛情을不失ᄒᆞᆯᄲᅮᆫ아니라恒常恭敬의念을持ᄒᆞ야其威嚴을尊重히ᄒᆞ며其恩愛를思念ᄒᆞᆷ이孝行의要旨오且德行을修ᄒᆞ며學術을務ᄒᆞ야國家에事業을成ᄒᆞ며世界에名譽를揚ᄒᆞ고立身興家ᄒᆞ야祖先에有光ᄒᆞ며父母에獻榮ᄒᆞᆷ은卽父母가其子에對ᄒᆞ야寤寐希望ᄒᆞᄂᆞᆫ熱心인즉人子된者ㅣ此父母의希望ᄒᆞᄂᆞᆫ熱心을仰副코저ᄒᆞᆯ진ᄃᆡ必立身興家의業을能就ᄒᆞᆯ지니父母의身心을安樂케ᄒᆞᆷ이此外에加大ᄒᆞᆫ者ㅣ豈有ᄒᆞ리오此ㅣ父母의志를養ᄒᆞᄂᆞᆫ本務라人이孝道를能盡ᄒᆞᄂᆞᆫ者ᄂᆞᆫ國家社會에對ᄒᆞ야도忠愛와信義를能盡ᄒᆞᄂᆞ니前聖이言ᄒᆞ기를孝ᄂᆞᆫ百行의源이오萬善의基라ᄒᆞ니此를謂ᄒᆞᆷ이니라

第二　公衆及所屬團體에對ᄒᆞᆫ道

第七課　團體

哲人이有言호ᄃᆡ人은社會的動物이라ᄒᆞ니盖人을其身體의構造로브터見ᄒᆞ던지精神上의必要로브터思ᄒᆞ던지同類와相離ᄒᆞ야生活ᄒᆞᆷ을不得ᄒᆞᆯ지라若人이苦樂을共히ᄒᆞᆯ家族도無ᄒᆞ며言語를交ᄒᆞᆯ朋友도無ᄒᆞ면生活에安樂ᄒᆞ기豈能ᄒᆞ리

오然홈으로生活을保全ᄒᆞ며精神에滿足히홈에ᄂᆞᆫ必團體의集合을要ᄒᆞᄂᆞ니此를卽社會라謂ᄒᆞᄂᆞ니

團體를相離치못ᄒᆞᆯ關係

吾人은各團體와相離치못ᄒᆞᆯ關係가有홈은贅論을不待ᄒᆞ거니와其間에自然親疎의別이不無ᄒᆞ니一家族、一村里、一鄕、一郡、一國이라ᄒᆞᄂᆞᆫ類를泛稱ᄒᆞᆫ團體에比ᄒᆞ면一層親密ᄒᆞ다云ᄒᆞᆯ지나此等團體中에家族及國家ᄂᆞᆫ特殊ᄒᆞᆫ關係가有ᄒᆞᆫ故로此를特別히論述ᄒᆞᆯ것고人類라稱ᄒᆞᄂᆞᆫ團體ᄂᆞᆫ所謂所屬團體

所屬團體

을包括ᄒᆞᆫ一大結合인故로此亦別論을俟ᄒᆞ거니와此外에吾人의任意로結合ᄒᆞᆫ團體가有ᄒᆞ니槪論컨ᄃᆡ其職業이同一ᄒᆞᆫ者間에形成ᄒᆞᆫ宗派、政黨、學會의類와或身分階級이同一ᄒᆞᆫ者가結合ᄒᆞᆫ俱樂部의類와其他共同의目的으로써結合提携ᄒᆞᆫ者ㅣ니一一枚擧키未遑ᄒᆞ니라

通常社會의團體

第論컨ᄃᆡ通常社會라稱ᄒᆞᄂᆞᆫ團體ᄂᆞᆫ人人이其住居ᄒᆞᄂᆞᆫ地의接近홈을因ᄒᆞ야共同의利害로써其結合을鞏固케ᄒᆞᄂᆞᆫ者ㅣ

單히團體

오單히團體라稱홈은何樣共同의目的과性質이有홈을因ᄒᆞ야利害를同一ᄒᆞ라고結合ᄒᆞᆫ者ㅣ니何等團體를勿問ᄒᆞ고其

成員과同一의命運

成員과同一의命運이有ᄒᆞ야團體의繁榮은卽成員의繁榮이오團體의衰亡은卽成員의不幸이라故로人은必所屬團體의安寧을圖謀ᄒᆞ며繁榮을希望홈이乃團體에對ᄒᆞᆫ本務라ᄒᆞᆯ지니라

第八課 團體(續)

大抵一個人의利害休戚은實노其所屬團體의盛衰에關係되ᄂᆞᆫ者ㅣ라故로人人이各其所屬團體의繁榮을圖ᄒᆞ면此로由ᄒᆞ야其幸福을可以增進ᄒᆞᆯ런마ᄂᆞᆫ人은恒常各種의慾望이有ᄒᆞᆫ故로一方에ᄂᆞᆫ團体를結合ᄒᆞᄂᆞᆫ傾向이有ᄒᆞ더라도又一方에ᄂᆞᆫ此와分離코져ᄒᆞᄂᆞᆫ傾向이不無ᄒᆞᆯ지니人의慾望에最要된者를擧ᄒᆞᆫ건ᄃᆡ財產、名譽及權力等이是라此等慾望은社會及國家를爲ᄒᆞ야有用의行動을作홈도不無ᄒᆞ나若此를制限

慾望은團體의危險을加ᄒᆞᆷ

ᄒᆞᆷ이無ᄒᆞᆫ죡團体에危險을加ᄒᆞᄂᆞᆫ事ㅣ亦不尠ᄒᆞ니蓋人人이此等慾望의驅使ᄒᆞᆫ바ㅣ되야互相凌駕ᄒᆞ면些細ᄒᆞᆫ利害에衝突ᄒᆞ야團體를破壞ᄒᆞᆷ이多ᄒᆞᆯ지라故로先見의明이無ᄒᆞᆫ者ᄂᆞᆫ此患에罹ᄒᆞᆷ이必容易ᄒᆞᆯ지니라

孤立ᄒᆞᆫ者ᄂᆞᆫ大業을難成ᄒᆞᆷ

人은團體를脫出ᄒᆞᆷ이不可ᄒᆞᆷ

人이世에孤立ᄒᆞ면其力이甚弱ᄒᆞ야大業을成키難ᄒᆞ려니와且同一ᄒᆞᆫ目的을爲ᄒᆞ야行動ᄒᆞᆷ이有ᄒᆞᆫ더라도若協同의精神이乏ᄒᆞ면其方針에異点이有ᄒᆞ야互相衝突ᄒᆞ야不利ᄒᆞᆷ을反招ᄒᆞᆯ지니吾人은團體에對ᄒᆞ야重大ᄒᆞᆫ事情이無ᄒᆞ거던其團體를脫出ᄒᆞᆷ이不可ᄒᆞ니라

公共心이無ᄒᆞᆫ者ᄂᆞᆫ自己의責任을放棄ᄒᆞ고團體의利害를不顧ᄒᆞᆷ

且公共心이無ᄒᆞᆫ者ᄂᆞᆫ或自己의責任을放棄ᄒᆞ고團體의利害를不顧ᄒᆞᄂᆞ니若團體의成員이各其責任을謀避ᄒᆞ면團體ᄂᆞᆫ到底히其安全을保有키不能ᄒᆞᆯ지라然ᄒᆞᆷ으로團體를制裁ᄒᆞᄂᆞᆫ方法이有ᄒᆞ야直接或間接으로無責任者에게懲戒를要加ᄒᆞᄂᆞ니其團體員된者ᄂᆞᆫ自己의責任을重히ᄒᆞᆯᄲᅮᆫ아니라此制

團體의制裁

裁에一層注意ᄒᆞ야嚴截히遵行ᄒᆞᆯ지니라

第九課　秩序

團体의成立은秩序가爲重ᄒᆞᆷ

前述ᄒᆞᆷ과如히社會ᄂᆞᆫ各種團體가有ᄒᆞ야世의文明과人의幸福이此로由ᄒᆞ야增進ᄒᆞ거니와此團體의成立을確實히發達ᄒᆞᆷ에最必要ᄒᆞᆫ者ᄂᆞᆫ秩序를重히ᄒᆞᆷ이是라團體ᄂᆞᆫ一定ᄒᆞᆫ規則과由來ᄒᆞᄂᆞᆫ習慣이有ᄒᆞᆫ故로事를行ᄒᆞᆷ에秩序가不整ᄒᆞ면團體ᄂᆞᆫ十分活動키不能ᄒᆞ야一般幸福의減却ᄒᆞᆷ을不免ᄒᆞᆯ지니라

規則과習慣은衣服과如ᄒᆞ야改良ᄒᆞᆷ을要ᄒᆞᆷ

蓋規則習慣은人의衣服과如ᄒᆞ야身體가成長ᄒᆞᆯ사록衣服도亦改良ᄒᆞᆷ을要ᄒᆞᄂᆞ니團體도亦發達ᄒᆞᆷ에從ᄒᆞ야其規則習慣을改良ᄒᆞᆯ必要가生ᄒᆞᆯ지라然ᄒᆞ나此를變更ᄒᆞᆷ에當ᄒᆞ야自然ᄒᆞᆫ時機와方法을不要ᄒᆞ고各其徑易變更ᄒᆞ면團體ᄂᆞᆫ到底히其成立을難保ᄒᆞᆯ지오且規則은相當ᄒᆞᆫ手段을經ᄒᆞ면改正ᄒᆞᆷ을可得ᄒᆞᆯ지라도習慣은一朝一夕에變改치못ᄒᆞᆯ지니라

習慣은長歲月의傳來ᄒᆞᆫ性

蓋習慣은長久ᄒᆞᆫ歲月間에傳來ᄒᆞᆫ性인故로一朝에打破ᄒᆞ면弊害를反生ᄒᆞᆯ지니此를改革코져ᄒᆞ거던先히自己의意見을發表ᄒᆞ야經驗이有ᄒᆞᆫ人의同意를廣求ᄒᆞᆫ後에徐徐히改良ᄒᆞᆷ을計劃ᄒᆞᆷ이可ᄒᆞ니人은恒常注意ᄒᆞ야團體의良習慣을養成ᄒᆞ며弊習慣을務去ᄒᆞ야一般幸福을圖ᄒᆞᆯ지나其必要치아니ᄒᆞᆫ境遇에ᄂᆞᆫ古來美風을維持ᄒᆞᆷ도亦責任者의勿忘ᄒᆞᆯ바ㅣ니假令多少不便의点이有ᄒᆞ더라도適當ᄒᆞᆫ方法으로改正ᄒᆞ기前에ᄂᆞᆫ此를善守ᄒᆞᆷ이可ᄒᆞ니라

第十課 安寧

團体의安寧은各種設備를要ᄒᆞᆷ

團体와個人의關係가密接ᄒᆞ야團体의安寧은個人幸福의根本이됨으로尤極團体를爲ᄒᆞ야盡力ᄒᆞᆯ지라團体의安寧을計劃코져ᄒᆞᆷ에ᄂᆞᆫ各種設備를要ᄒᆞᄂᆞ니蓋特別機關을設ᄒᆞᆷ과役員을置ᄒᆞᆷ과規則의勵行을促ᄒᆞᆷ과或公安에妨害ᄒᆞᄂᆞᆫ者를拒ᄒᆞᆷ과或天災地變等不虞의事變을因ᄒᆞ야生ᄒᆞᄂᆞᆫ損害에補充을準備ᄒᆞᆷ과或團體의共同을敏活히運動ᄒᆞᄂᆞᆫ等事가是라然ᄒᆞ나如斯ᄒᆞᆫ設備를要ᄒᆞᆷ에ᄂᆞᆫ團體의各個人이互相協力ᄒᆞ야公職을分擔ᄒᆞ며或金額을醵出ᄒᆞ야其費用을補ᄒᆞᆷ에在ᄒᆞᆫ故로此公職을分擔ᄒᆞᄂᆞᆫ人은團體의利害幸福을思ᄒᆞ고自己一身의利害ᄂᆞᆫ念頭에不留ᄒᆞᆷ이可ᄒᆞ니若自己의利益을爲ᄒᆞ야公職을濫用ᄒᆞ거나或團體를憑藉ᄒᆞ고私利를經營ᄒᆞᄂᆞᆫ人은其罪가決코不少ᄒᆞ니라

團体에對ᄒᆞᆫ選擧權

且選擧權이有ᄒᆞᆫ者가自己의權利를放棄ᄒᆞ거나或他人의勸誘及强迫等을因ᄒᆞ야其意志를枉ᄒᆞ거나或不能者를擧ᄒᆞ며奸黠徒를薦ᄒᆞ야團体를不幸케ᄒᆞᄂᆞᆫ事ᄂᆞᆫ團体에對ᄒᆞ야不忠實ᄒᆞᆫ罪를不免ᄒᆞᆯ지오且金額의醵出을或貧富의程度로因ᄒᆞᄂᆞᆫ境遇에往往卑劣ᄒᆞᆫ行爲가不無ᄒᆞ니是ᄂᆞᆫ團體에對ᄒᆞ야自已의本分을怠惰히ᄒᆞᆯ뿐아니라自欺欺人ᄒᆞᄂᆞᆫ罪惡을負ᄒᆞᆷ이니豈懲憐치아니ᄒᆞ리오

第十一課 安寧(續)

團體의種類

團体는無形의物

夫、團體의安寧을害ᄒᆞ는行爲의種類를擧ᄒᆞ면團體의名譽에關ᄒᆞᆫ事、其信用에關ᄒᆞᆫ事、及直接으로危害를加ᄒᆞ는事等이是라團體는元來、無形의物이라個人으로더부러雖異ᄒᆞ나其、責任을負ᄒᆞ며名譽가有ᄒᆞ며信用을受ᄒᆞ는点에對ᄒᆞ야는個人과差殊홈이無ᄒᆞᄂᆞ니現今、吾人이某社會의責任이라某學校의名譽라某社會의信用이라홈과如히旣、團體에도責任、名譽及信用이有ᄒᆞ니此의有홈을因ᄒᆞ야利益을得ᄒᆞ며此의失홈을因ᄒᆞ야損害를生홈이明白ᄒᆞᆫ지라吾人은團體의責任、名譽、信用을爲ᄒᆞ야盡力치아니홈이不可ᄒᆞ니라

團體의名譽와信用을毁損홈은一個人이自己의名譽、信用을失ᄒᆞ는行爲로브터生ᄒᆞᄂᆞ니在昔、一個人이皆、孤獨的生活을營홀時代에는一個人의不德은一個人의名譽信用을失홈에止ᄒᆞ고他人에게損害를及ᄒᆞ는事、가少ᄒᆞ더니現今에는不然

一個人의不德은所屬團體ᄭᆞ지世人의排斥을當홈

ᄒᆞ야社會의進步를從ᄒᆞ야自己의範圍가漸次擴張홈으로若、一人이不德ᄒᆞᆫ者ㅣ有ᄒᆞ면世人이但、其人만排斥홀ᄲᅮᆫ아니라必、其、所屬團體ᄭᆞ지排斥홀지니然ᄒᆞᆫ즉一個人의不德은二重의罪惡을犯ᄒᆞᆫ者라其、團體及他成員에對ᄒᆞ야損害를及케ᄒᆞ니一身의名譽와信用은決코輕視치못홀바ㅣ니라

第十二課 繁榮

正義公道는繁榮의根幹이라

吾人은團體의秩序를不紊ᄒᆞ며安寧을不害ᄒᆞ고漸次、團體의幸福을增進케ᄒᆞ며繁榮을圖謀홀지니此는但、團體에對ᄒᆞᆫ本務가될ᄲᅮᆫ아니라亦、自己에對ᄒᆞᆫ一種本務라홈이可ᄒᆞ니繁榮이라홈은金錢의多홈과貨物의豐富홈을謂홈이아니오團體의生命은正義公道로ᄡᅥ信用을篤實히ᄒᆞ야經濟의裕足홈을期ᄒᆞ는故로正義公道는繁榮의根幹이라ᄒᆞᄂᆞ니라

盖、團體의分子된各個人이皆、自己職業에忠實ᄒᆞ면自然、其結果로團體의繁榮을可期홀지라故로各個人이自己及他人의

게對ᄒᆞᄂᆞᆫ本務를不怠ᄒᆞ면是ᄂᆞᆫ間接으로團體의公益을來케ᄒᆞᄂᆞᆫ道라雖然이나必團體의利益을思ᄒᆞᆯ境遇에ᄂᆞᆫ自己의私利益에對ᄒᆞ야ᄂᆞᆫ犧牲으로ᄒᆞᆯ지라도此公衆에對ᄒᆞ야ᄂᆞᆫ永遠利益을計圖ᄒᆞᆷ이可ᄒᆞᆯ지니라

團體의幸福을來케ᄒᆞᄂᆞᆫ道ᄂᆞᆫ各種이有ᄒᆞ나其主要者를擧ᄒᆞ면團體를爲ᄒᆞ야有益ᄒᆞᆫ事業을興ᄒᆞᆷ에在ᄒᆞ니譬컨ᄃᆡ國에益ᄒᆞᆫ事業을興ᄒᆞ며學校를剏設ᄒᆞ야有用의人物을養成ᄒᆞ야ᄡᅥ國家將來의繁盛을計ᄒᆞᄂᆞᆫ類라然ᄒᆞ나財産이有ᄒᆞᆫ者라도或其技能이無ᄒᆞ던지技能이有ᄒᆞᆫ者라도或其財産이無ᄒᆞᄂᆞ니故로財産이有ᄒᆞᆫ者ᄂᆞᆫ其資金을吝ᄒᆞ야事業의興ᄒᆞᆷ을躊躇치勿ᄒᆞ며又技能이有ᄒᆞᆫ者ᄂᆞᆫ其技能을硏究ᄒᆞ야後進을誘掖ᄒᆞᆷ에吝惜치勿ᄒᆞᆯ지니如此히各各自己의從處를從ᄒᆞ야共同으로團體의公益을圖謀ᄒᆞ면他日에其團體의繁榮을來케ᄒᆞᆯ뿐아니라自己의榮譽幸福도亦無窮ᄒᆞᆯ지니라

第十三課 公職

公職의對ᄒᆞᆫ資格은嚴正이라

自己의利害와親戚朋友를爲ᄒᆞ야用私ᄒᆞᆷ은公職의汚瀆

公職에權力의實行

公職이라ᄒᆞᄂᆞᆫ者ᄂᆞᆫ團體를代表ᄒᆞᄂᆞᆫ人이거나團體의事務를處理ᄒᆞᄂᆞᆫ人을謂ᄒᆞᆷ이라此等公職에居ᄒᆞᆫ人은皆其團體를代表ᄒᆞ야何等事業을可爲ᄒᆞᆯ權力이有ᄒᆞᆫ者ㅣ니其當爲ᄒᆞᆯ事務를實行키不得ᄒᆞᆯ時ᄂᆞᆫ其責任을逃避ᄒᆞ기不能ᄒᆞᆯ지라故로公職을帶ᄒᆞᆫ者의最必要ᄒᆞᆫ資格은嚴正이라事情에因ᄒᆞ야其志를不撓ᄒᆞ며利害에當ᄒᆞ야其所信을不變ᄒᆞ고專心一意로團體를爲ᄒᆞ야謀ᄒᆞᄂᆞᆫ人을公職에忠實ᄒᆞᆫ者라云ᄒᆞᄂᆞ니若自己의利害를思ᄒᆞ거나或親戚朋友等을爲ᄒᆞ야用私ᄒᆞᆷ은公職을汚瀆ᄒᆞᄂᆞᆫ者ㅣ니其責이決코不輕ᄒᆞ니라公職에居ᄒᆞᆫ人의權力은其人의任意가아니오必他人을假ᄒᆞ야實行ᄒᆞᄂᆞᆫ者인故로一邊으로見ᄒᆞ면團體의管轄者가되나又一邊으로見ᄒᆞ면他成員과如히公權執行者에게管轄者가되ᄂᆞ니此界限이不明ᄒᆞ면往往公權을濫用ᄒᆞ야團體의汚損을必招ᄒᆞᆯ지니라

執行者所定ᄒᆞᆫ範圍內에서其命令을服從홈

且、團體의各人은公職에居ᄒᆞᆫ者의權能을重히ᄒᆞ야其執行을妨害치안토록注意홀지니何者오各個人이既其、權能을承認ᄒᆞ야此、執行을委任ᄒᆞᆫ者인즉所定範圍內에對ᄒᆞ야ᄂᆞᆫ其、命令에服從홈을極히惕念홀지오且、一私人의感情에因ᄒᆞ야公職에居ᄒᆞᆫ者를反抗或嫌惡홈은其、社會의幼稚홈을發表ᄒᆞᄂᆞᆫ者ㅣ라可謂홀지니라

第十四課　團體員의各種本務

分擔ᄒᆞᆫ範圍內에서怠忽ᄒᆞᆷ은不道德이라謂홈

夫、團體의成員으로各種職業에從事ᄒᆞᄂᆞᆫ者ㅣ各其、分擔ᄒᆞᆫ範圍內에서怠忽히ᄒᆞᆷ은社會全體에對ᄒᆞ야不道德ᄒᆞᆫ者ㅣ라謂홀지라若、人이社會를對ᄒᆞ야一一反對홈은決코不可ᄒᆞ거니와故意로肯從홈도亦責任을不重히ᄒᆞᄂᆞᆫ罪가有ᄒᆞᆫ者ㅣ니然ᄒᆞᆫ즉社會一般의人이道德上缺点이有홀진되此를矯正ᄒᆞ야正當ᄒᆞᆫ方向으로引導홈이可ᄒᆞ니라

地位와階級에應ᄒᆞ야分限을守홈

且、自己의地位階級에應ᄒᆞ야分限을守ᄒᆞ며或、自己의知識에應ᄒᆞ야過大ᄒᆞᆫ事를不望홈도亦、當行의本務라然ᄒᆞ나自巳의分數를安守ᄒᆞᆫ다홈은因循姑息을謂홈이아니라自己의才力資力을十分伸暢ᄒᆞ야公衆의利益을計ᄒᆞ며自己의幸福을增進케홀事를勉勵홈이니若實力을不揣ᄒᆞ고空名虛榮의事를營ᄒᆞᄂᆞᆫ者ᄂᆞᆫ決코社會의秩序를紊亂케ᄒᆞᄂᆞᆫ者ㅣ라故로團体의各成員은努力ᄒᆞ야智能을鍊磨ᄒᆞ며德義를安守ᄒᆞ고自己의實力을養成ᄒᆞ야團體에對ᄒᆞᆫ一切本務를完全케홀事를圖謀홀지니라

空名虛榮ᄋᆞᆫ社會의秩序를紊亂홈

第三　國家에對ᄒᆞᄂᆞᆫ道

第十五課　國家

國家도亦人類團體

國家도亦、人類의團體라然ᄒᆞ나唯社會라稱ᄒᆞᄂᆞᆫ團體와殊異ᄒᆞᆫ点은其區域의一定홈과其組織의鞏固홈과且、特殊ᄒᆞᆫ機關이具備홈에在ᄒᆞ니大抵社會의團體ᄂᆞᆫ廣言ᄒᆞ면人類全體를包括ᄒᆞ고近言ᄒᆞ면一族一家에止ᄒᆞ나國家라ᄒᆞᄂᆞᆫ團體ᄂᆞᆫ一

國家ᄂᆞᆫ國

土人民主權者及政府로成ᄒᆞᆫ者

定ᄒᆞᆫ國土와住接ᄒᆞᆫ人民과又此ᄅᆞᆯ管轄ᄒᆞᄂᆞᆫ主權者及政府가有ᄒᆞ야始成立ᄒᆞᆫ者ㅣ니假令人民이有ᄒᆞ더라도或所有ᄒᆞᆫ國土ᄅᆞᆯ失ᄒᆞ면國家라謂키不可ᄒᆞ며且國土와人民이有ᄒᆞ더라도若此ᄅᆞᆯ管轄ᄒᆞᄂᆞᆫ主權者와政府가無ᄒᆞ던지管轄者와政府가有ᄒᆞ더라도自主의權이無ᄒᆞ야他人의主權에服從ᄒᆞᄂᆞᆫ者ᄂᆞᆫ是ᄅᆞᆯ單社會라稱ᄒᆞᆯ지오決코國家라謂키不能ᄒᆞ니라國家라稱ᄒᆞᄂᆞᆫ團体ᄂᆞᆫ右와如히各種이具備ᄒᆞᆫ然後에始成立ᄒᆞᄂᆞ니通常社會에比ᄒᆞ면其結合이一層鞏固ᄒᆞᆫ者ㅣ라故로人類에必要ᄒᆞᆫ共同生活을增進케ᄒᆞᆷ도一般社會에比ᄒᆞ면尤明白ᄒᆞ나然ᄒᆞ나此ᄅᆞᆯ强制ᄒᆞᄂᆞᆫ者ㅣ無ᄒᆞᆫ時ᄂᆞᆫ往往小團体에分裂ᄒᆞᄂᆞᆫ傾向이生ᄒᆞᄂᆞᆫ故로法律로써人民을統一ᄒᆞ야其範圍內에서團体的生活을作케ᄒᆞ야人類의幸福을增進ᄒᆞ며安寧을計圖ᄒᆞᆷ이必要ᄒᆞ니라

第十六課 國家(續)

夫國家ᄂᆞᆫ一定ᄒᆞᆫ邦土로其境界ᄅᆞᆯ作ᄒᆞ며法律로써其結合을維支ᄒᆞ고社會ᄂᆞᆫ唯道義와習慣에因ᄒᆞ야管轄을受ᄒᆞᄂᆞᆫ者ㅣ라然ᄒᆞ나此兩種의團体ᄂᆞᆫ元來人類의必要로브터起ᄒᆞᆫ者인故로缺一키不可ᄒᆞᆫ즉吾人은一邊으로ᄂᆞᆫ社會에成員이되고又一邊으로ᄂᆞᆫ國家의臣民이된然後에人의生活을完得ᄒᆞᄂᆞ니或人은國家의利益과人類의幸福을俱圖ᄒᆞ랴면互相衝突ᄒᆞᆯ줄노思想ᄒᆞ나此ᄂᆞᆫ決코不然ᄒᆞ니吾人이一家의成員으로一家의安寧幸福을計ᄒᆞᆯ지라도通常境遇에對ᄒᆞ야ᄂᆞᆫ毫末도國家의利害와衝突ᄒᆞᆷ이無ᄒᆞᆯ지오又一國의繁榮을計ᄒᆞ야도一家ᄅᆞᆯ衰亾케ᄒᆞᄂᆞᆫ事ᄂᆞᆫ決코無ᄒᆞᆯ지니此兩者ᄂᆞᆫ其目的을同一히ᄒᆞᄂᆞᆫ故니라

然ᄒᆞᆷ으로吾人은廣히正義ᄅᆞᆯ行ᄒᆞ야國家의繁榮을計ᄒᆞᆷ은人類社會의幸福을增進케ᄒᆞᄂᆞᆫ所以라豈兩者間에調和치못ᄒᆞᆯ理가有ᄒᆞ리오마ᄂᆞᆫ現今에ᄂᆞᆫ人類社會라稱ᄒᆞᄂᆞᆫ觀念과國家

人種同一과國語風

라稱ᄒᆞᄂᆞᆫ觀念이自我念에比ᄒᆞ면姑且、薄弱ᄒᆞᆷ으로人類社會의幸福을增進코져ᄒᆞᄂᆞᆫ希望과國家繁榮을計圖ᄒᆞᄂᆞᆫ思想이不足ᄒᆞᆫ지라故로吾人은國家와社會에對ᄒᆞᆫ觀念을先히ᄒᆞ야吾人의本務로써負擔ᄒᆞᆷ이可ᄒᆞ니兩者를相互共進ᄒᆞᆷ에盡力ᄒᆞᆯ지오決코分離ᄒᆞᆷ은不可ᄒᆞ니라

第十七課 國民

前章에國家라稱ᄒᆞᄂᆞᆫ團體ᄂᆞᆫ通常社會와區別이特殊ᄒᆞᆷ을辨明ᄒᆞ얏거니와更히國家結合의形體를鞏固케ᄒᆞ며共同生活의程度를發展ᄒᆞᄂᆞᆫ最、重要ᄒᆞᆫ者ㅣ有ᄒᆞ니卽、國民된者의應有ᄒᆞᆫ資格을謂ᄒᆞᆷ이라

夫、國民의資格에關ᄒᆞ야ᄂᆞᆫ特、法律上에定ᄒᆞᆫ바ㅣ有ᄒᆞ나然ᄒᆞ나時代及國體에對ᄒᆞ야不同ᄒᆞᆫ者ᄂᆞᆫ姑且間에辨論키不可ᄒᆞ고惟、一般普通으로써論ᄒᆞᆯ진ᄃᆡ第一、人種을同一히ᄒᆞᆯ事와第二、國語風俗의一致ᄒᆞᆷ과第三、共同의歷史를有ᄒᆞᄂᆞᆫ等이是라

俗一致와歷史를有ᄒᆞᆷ이國家의成立

第一、人種을同一히ᄒᆞᆷ은國家成立上에最、必要ᄒᆞᆫ者니若、異種人의集合으로써成ᄒᆞᆫ時ᄂᆞᆫ雖其、性格은具備ᄒᆞᆯ지라도自然感情의不調和가生ᄒᆞ야一致의運動을欠缺ᄒᆞ며國家의統一를妨害ᄒᆞ야活動의機關을窒碍케ᄒᆞᄂᆞᆫ事ㅣ不無ᄒᆞᆯ지니라我國은在昔에民族의混雜ᄒᆞᆷ이極繁ᄒᆞᆷ으로三韓과三國時代에ᄂᆞᆫ國土와民族의分裂ᄒᆞᆷ이殊甚ᄒᆞ더니國朝以來로始、邦禁이截嚴ᄒᆞ야種族의混雜ᄒᆞᆫ弊가無ᄒᆞᆷ으로統一을致ᄒᆞ얏스나猶南北의間은不調和ᄒᆞᆫ者ㅣ不尠ᄒᆞ거던況、現今의時代로써觀ᄒᆞᆯ진ᄃᆡ將來、異人種의混合雜居ᄒᆞᆷ을未免ᄒᆞᆯ지니此、境遇에在ᄒᆞ야ᄂᆞᆫ國民의大多數ᄂᆞᆫ恒常、同一의人種에屬ᄒᆞ야他、混入ᄒᆞᄂᆞᆫ異人種을同化케ᄒᆞᆷ이卽、國民의本務라謂ᄒᆞᆯ지니라

第十八課 國民(續)

言語ᄂᆞᆫ思

第一人種을同一히ᄒᆞᆯ事ᄂᆞᆫ前章에已述ᄒᆞ얏거니와其次ᄂᆞᆫ言語風俗이니大抵、言語ᄂᆞᆫ思想을發表ᄒᆞᄂᆞᆫ機關이라然ᄒᆞᆷ으로

想을發展ᄒᆞᄂᆞᆫ機關

思想은言語에因ᄒᆞ야管轄되ᄂᆞᆫ事ㅣ多ᄒᆞᆫ즉國民의言語ᄂᆞᆫ國家獨立에對ᄒᆞ야其關係가非輕ᄒᆞᆫ지라近日我國人을試見ᄒᆞ건ᄃᆡ其外國言語를學習ᄒᆞᄂᆞᆫ人은性質習慣ᄭᆞ지其國에濡染ᄒᆞ야往往自國의精神을失ᄒᆞ고外國의服從ᄒᆞᆷ을自甘ᄒᆞᄂᆞᆫ者ㅣ多ᄒᆞ거던況他國의語와他國의習慣이入來ᄒᆞᆫ今日에在ᄒᆞ야ᄂᆞᆫ我國의固有ᄒᆞᆫ言語를發達ᄒᆞ기에極注意ᄒᆞᆯ지며且風俗習慣도國民統一上에偉大ᄒᆞᆫ關係가有ᄒᆞᆫ즉須國民一般의風俗習慣을一致케ᄒᆞᆷ을奬勵ᄒᆞ야共通의感情을不弱케ᄒᆞᆯ事을勉勵ᄒᆞᆯ지니라

愛國心을感發ᄒᆞᆷ은自國의歷史가第一

其次ᄂᆞᆫ共同의歷史니此ᄂᆞᆫ國民의精神을貫徹ᄒᆞᆷ에最有力ᄒᆞᆫ者ㅣ라若國民이其精神을歷史와相離ᄒᆞ면同一ᄒᆞᆫ感情을有ᄒᆞ기不能ᄒᆞᆫ故로普通敎育上에愛國心을感發케ᄒᆞᆷ은自國의歷史가第一要素라盖以上三件을統論컨ᄃᆡ此種資格이不備ᄒᆞ면假令外形上으로ᄂᆞᆫ同一의政府下에立ᄒᆞ야一個의國家를合成ᄒᆞ얏슬지라도其結合力이薄弱ᄒᆞ야鞏固ᄒᆞᆫ國家됨을不得ᄒᆞᆯ지오且愛國心이란者ᄂᆞᆫ前述ᄒᆞᆫ資格이有ᄒᆞᆫ者에게始有ᄒᆞᆫ感情이라若此感情이無ᄒᆞ면國家ᄂᆞᆫ即衰亡을不免ᄒᆞ리니國民된者ᄂᆞᆫ團結力을務圖ᄒᆞ야能國史를明白히ᄒᆞ며國語를發達케ᄒᆞ며風俗習慣을淳良케ᄒᆞᆷ에注意ᄒᆞᆷ이最必要ᄒᆞ니라

第十九課　愛國

愛國의心은其生長ᄒᆞᆫ地에셔進ᄒᆞᆷ

夫愛國의心은其感情이雖複雜ᄒᆞ나其特著ᄒᆞᆫ者ᄂᆞᆫ故鄕을愛ᄒᆞᄂᆞᆫ心이라何人이던지皆自己의生長ᄒᆞᆫ地와幼年時에嬉戲ᄒᆞ던鄕土에對ᄒᆞ야特種愛情이有ᄒᆞᆷ으로終生토록不忘ᄒᆞᄂᆞ니此ᄂᆞᆫ即國家를愛ᄒᆞᄂᆞᆫ念의萌芽라大抵一鄕의愛가進ᄒᆞ야一郡을愛ᄒᆞ며一郡의愛가進ᄒᆞ야一道를愛ᄒᆞ며一道의愛가進ᄒᆞ야一國을愛ᄒᆞᄂᆞᆫ精神이生ᄒᆞᄂᆞ니故로愛鄕의念과愛國의念이其性質에對ᄒᆞ야ᄂᆞᆫ雖異ᄒᆞᆫ듯ᄒᆞ나惟人智의程度가進

愛國의自他區別이有ᄒᆞᆷ

步될을從ᄒᆞ야自己의關係되ᄂᆞᆫ範圍도隨以廣大ᄒᆞᆷ으로愛國의思想에至ᄒᆞᄂᆞ니라

此愛國의心을更一步를進ᄒᆞ면人類를愛ᄒᆞᄂᆞᆫ精神에도及ᄒᆞ나然ᄒᆞ나人類를愛ᄒᆞᄂᆞᆫ感情은愛國의精神과其趨向이大異ᄒᆞ니人類를愛ᄒᆞᄂᆞᆫ感情에ᄂᆞᆫ自他의區別이無ᄒᆞ되愛國의心은自國과他國의區別을確認ᄒᆞ야自國의活動을進ᄒᆞ야他國보다優勝ᄒᆞᆷ에處케ᄒᆞᄂᆞᆫ者니如斯히愛國心의範圍를自國內에限ᄒᆞᄂᆞᆫ者ᄂᆞᆫ共同의運命을有ᄒᆞᆫ同胞即同國人에對ᄒᆞᄂᆞᆫ愛情과過去에對ᄒᆞᆫ共同의歷史와同一의主權者及政府와國語의同一ᄒᆞᆫ國家觀念에서萌生ᄒᆞᄂᆞᆫ諸要素로써成ᄒᆞᄂᆞᆫ者라

故로吾人은愛國의精神을養ᄒᆞ되但一個愛情에만止치勿ᄒᆞ고益益發揮ᄒᆞ야內으로國民의團結을鞏固케ᄒᆞ고外으로國家의繁榮을增進케ᄒᆞᆷ을務ᄒᆞᆯ지니若國家가衰敗ᄒᆞ면吾人은其生活을安全키不能ᄒᆞ며獨立의國民됨을不得ᄒᆞᆯ지라然ᄒᆞᆷ

自國의觀念이有ᄒᆞᄂᆞᆫ人은他國에服從치아니ᄒᆞᆷ

으로自國의觀念이有ᄒᆞᆫ者ᄂᆞᆫ雖他國의神聖大哲이라도決코此主權에服從ᄒᆞᆷ을不欲ᄒᆞᄂᆞ니若褊狹의思想으로他國을仇視ᄒᆞᆷ은不可ᄒᆞ니라

第二十課　納稅義務

納稅ᄂᆞᆫ國家의機關을運轉ᄒᆞᄂᆞᆫ者

夫國家의機關을運轉ᄒᆞ야其活動을完全케ᄒᆞᆷ에ᄂᆞᆫ必巨大ᄒᆞᆫ費用을要ᄒᆞᄂᆞ니如立法ᄒᆞ기爲ᄒᆞ야議員을召集ᄒᆞ며政治를行ᄒᆞ기爲ᄒᆞ야行政官을置ᄒᆞ며且陸海의軍人을養ᄒᆞ고武器船艦을造ᄒᆞ야써國家의防禦와國權의伸暢을計ᄒᆞᄂᆞᆫ等事가總皆不少ᄒᆞᆫ資金을要ᄒᆞᆯ지라現에我大韓은財政이艱絀ᄒᆞ야海軍의設備와器械船艦의製造와其他一般事業의經營을着手치못ᄒᆞ얏스나大抵金額은國民의納稅에不由ᄒᆞ면他에求得ᄒᆞᆯ道ㅣ無ᄒᆞ니然則國이라名稱ᄒᆞ고人民의租稅를不要ᄒᆞᄂᆞᆫ者ㅣ豈有ᄒᆞ리오故로此를國民이負擔ᄒᆞᆷ은道理에當然이라然ᄒᆞ나世에或納稅로써國家保護에對ᄒᆞᆫ報酬와如히思惟

國家費用을國民이負擔ᄒᆞᆷ은道理에當

然

ᄒᆞᄂᆞ니此ᄂᆞᆫ適當ᄒᆞᆫ見解라謂치못ᄒᆞᆯ지라假令父子兄弟가相集ᄒᆞ야一家를成ᄒᆞᆫ境遇에ᄂᆞᆫ必其、相當ᄒᆞᆫ金을互出ᄒᆞ야一家를維持ᄒᆞᆷ이可ᄒᆞ니是를家庭에對ᄒᆞᆫ報酬라云ᄒᆞᆷ이豈、可ᄒᆞ리오

雖然이나國은一家와相異ᄒᆞ야其範圍가廣ᄒᆞ고住民이夥多ᄒᆞᆷ으로不得不其費額을預定ᄒᆞ야徵收ᄒᆞᆯ지니此ᄂᆞᆫ國民의本務라宜、財產의多寡와職業의種類를因ᄒᆞ야法律에定ᄒᆞᆫ바를從ᄒᆞ야相當ᄒᆞᆫ稅金을政府에納ᄒᆞᆷ이可ᄒᆞ거니와若、財產을隱匿ᄒᆞ거나收入을欺蔽ᄒᆞ야納稅을圖避코져ᄒᆞᄂᆞᆫ者ᄂᆞᆫ皆、國民의義務를不知ᄒᆞᄂᆞᆫ者라謂ᄒᆞᆯ지니라

第二十一課　兵役義務

三大權外에兵馬權

國民된者ㅣ其組織을維持ᄒᆞ며安寧을保有코자ᄒᆞᆯ진ᄃᆡ立法、司法、行政、三大權外에兵馬權을不有ᄒᆞᆷ이不可ᄒᆞ니夫立法、司法、行政의三大作用은國家統治權(卽主權)의動作이라國民全

을不有ᄒᆞᆷ이不可ᄒᆞᆷ

軆를支配(管轄)ᄒᆞᄂᆞᆫ者어니와若或、國家에變亂이生ᄒᆞ거나他國과衝突이起ᄒᆞᆯ時ᄂᆞᆫ不得不兵馬로此를防禦치아님이不可ᄒᆞᆫ즉國民은兵役의必服ᄒᆞᆯ義務가有ᄒᆞᆷ이니라

國民은兵役에必服ᄒᆞᆯ義가有ᄒᆞᆷ

我國도元來國民兵의制를施行ᄒᆞ샤有事時에ᄂᆞᆫ兵役에服ᄒᆞ고無事時에ᄂᆞᆫ歸農케ᄒᆞ더니昇平이日久ᄒᆞᆷ의此制를廢ᄒᆞ고傭兵의隊를設置ᄒᆞ얏다가年前에徵兵의制를頒佈ᄒᆞ샤一般國民이皆、兵役에服從ᄒᆞᆯ是期를當ᄒᆞ얏스니此、所謂國民兵役이是라然ᄒᆞᆫ則兵士된者ᄂᆞᆫ其責任을重히ᄒᆞ며名譽를尙ᄒᆞ야戰時를當ᄒᆞ거던不可不、國家를爲ᄒᆞ야礮彈을冒ᄒᆞ고命을犧牲에供ᄒᆞᆯ지라도決코國威를宣揚ᄒᆞ며國權을伸暢치아니ᄒᆞᆷ이不可ᄒᆞ니라

兵役에服從ᄒᆞᆯ時期를當ᄒᆞᆷ

第二十二課　敎育의本務

敎育은國家繁榮의

吾人은國家에將來의繁榮을爲ᄒᆞ야公益을興ᄒᆞ며世務를開ᄒᆞᆯ必要가有ᄒᆞ고且、國家의不幸을防止ᄒᆞ기爲ᄒᆞ야廣히宇內

根本

의大勢를鑒ᄒᆞ며古今의興廢를究ᄒᆞ야高明正確ᄒᆞᆫ意見을不有ᄒᆞᆷ이不可ᄒᆞ니此等本務를遂行ᄒᆞᄂᆞᆫ根本은即、敎育이是라夫、敎育은人의天賦ᄒᆞᆫ才能을硏ᄒᆞ야人性의發達을計圖ᄒᆞᄂᆞᆫ者인즉國民으로ᄒᆞ야곰其、本分을盡ᄒᆞ야國家繁榮의基를啓코저ᄒᆞᆯ진ᄃᆡ敎育을捨ᄒᆞ고何에求ᄒᆞ며且、各個人이高尙ᄒᆞᆫ見識과正當ᄒᆞᆫ意見을有코저ᄒᆞᆯ진ᄃᆡ亦、敎育을捨ᄒᆞ고何에得ᄒᆞ리오然則國民된者ᄂᆞᆫ皆、自己니又其、子弟를不可不敎育ᄒᆞᆯ지니父兄이其子弟를敎育ᄒᆞ야國民된資格에不恥ᄒᆞᆫ生活의道를與ᄒᆞᆷ은自然ᄒᆞᆫ常情으로一般人의希望ᄒᆞᄂᆞᆫ바라然則此를强制ᄒᆞᆯ必要가無ᄒᆞᆯ듯ᄒᆞ나國家全體上으로보ᄃᆡ見ᄒᆞ면但、父兄에게만放任ᄒᆞᆷ이猶不可ᄒᆞᆫ故로國家ᄂᆞᆫ初等의普通敎育으로ᄡᅥ國民의義務敎育이라謂ᄒᆞ야一般人民으로ᄒᆞ야곰勵行

國民의義務敎育

케ᄒᆞᄂᆞ니元來、高等敎育의普及은國家繁榮을爲ᄒᆞ야務望ᄒᆞᄂᆞᆫ바이나人은貴賤貧富의差別이有ᄒᆞᆷ으로何人이던지皆、中

義務敎育은人民의服從ᄒᆞᆯ바

等以上의敎育을其子弟에게授ᄒᆞᆷ이甚、難得ᄒᆞᆯ事라然ᄒᆞᆷ으로國家ᄂᆞᆫ此事情에由ᄒᆞ야義務敎育의年限을定ᄒᆞᆫ所以니人의父兄된者ᄂᆞᆫ此、義務에服從ᄒᆞ야其子弟를敎育ᄒᆞᆷ이是、國民된者의本務라謂ᄒᆞᆯ지니라

第二十三課 敎育의本務(續)

夫、自己가自己를敎育ᄒᆞ고又子弟에게敎育을施ᄒᆞᆷ은國民된本務라然ᄒᆞ나若、此敎育을受ᄒᆞᆫ人이其發達된智識과、才能을應用ᄒᆞ야國家의公益을計ᄒᆞᆷ이無ᄒᆞ면敎育은何等의效用을

公益을興ᄒᆞ야國家有用事業을務圖ᄒᆞᆷ

不得ᄒᆞᆯ지라故로吾人은公益을興ᄒᆞ야國家有用의事業을務圖ᄒᆞᆯ지니或、國產을改良ᄒᆞ며工業을發達ᄒᆞ야國家의富源을增殖케ᄒᆞ며或、敎育에從事ᄒᆞ야善良ᄒᆞᆫ國民을養成ᄒᆞ며或、官職에就ᄒᆞ야國家의善政을致ᄒᆞᆷ이可ᄒᆞ니라

尙有精注

以上에述ᄒᆞᆫ바ᄂᆞᆫ國民된者의通常努力ᄒᆞᆯ本務라一端精神으로ᄡᅥ此를貫徹ᄒᆞ면國民의本分을能盡ᄒᆞ얏다謂ᄒᆞᆯ지니尙、吾

意

人은特히注意홀本務가有ᄒᆞ니卽國家의不利홈을防止ᄒᆞ고各其罪惡에不抵홈을戒愼홈이是라若國家던지人民이던지其趨向을誤ᄒᆞ야或正義를失ᄒᆞᄂᆞᆫ事가不無ᄒᆞ며或一時私慾에蔽ᄒᆞ며他人의誘惑에陷ᄒᆞ야外國을依賴ᄒᆞ고同胞를自戕ᄒᆞᄂᆞᆫ事等이有ᄒᆞᄂᆞ니國民된者ᄂᆞᆫ決코不奪不撓의勇氣로써此를爭諫或抵抗ᄒᆞ야其危勢에挽回홈을要홀지라故로此等의本務를遂行홈도亦高明ᄒᆞᆫ智識과正大ᄒᆞᆫ意志가無ᄒᆞ면不能ᄒᆞ니此ㅣ自己의敎育과子弟의敎育을不可不盡力홀本務니라

第二十四課　國際의道義

古者交通이不便홀時代ᄂᆞᆫ人類의交際가自然一國內에만限ᄒᆞ고他國과交際가未廣홈으로써個人間의道德은早히發達되얏스나國際間의道德은近世와如히十分發達치못홀뿐더러且其時ᄂᆞᆫ何國을勿論ᄒᆞ고皆自國만自尊ᄒᆞ고他國은輕侮

人情의相通

交際의道로代表者를派遣홈

地球上人民은皆同胞로思惟홈이可홈

ᄒᆞ야外國人은夷狄이라稱ᄒᆞ야蔑視ᄒᆞᄂᆞᆫ弊가有ᄒᆞ더니世의文明이進步됨을從ᄒᆞ야交通의道가開홈이或其國體風俗言語文字等은不同홈이有ᄒᆞ나人情의相通홈은同ᄒᆞ야各他國을親愛홈이可ᄒᆞᆫ줄노認ᄒᆞ고互相對等의國體로써交際홈에至ᄒᆞ니라

現今에ᄂᆞᆫ列國이皆和親ᄒᆞ야互히條約을交換ᄒᆞ며代表者ᄅᆞᆯ派遣ᄒᆞ야交際의道를盡ᄒᆞ며通商을互勵ᄒᆞ야物産을交換ᄒᆞ며學術技藝等百般의事를各其所長으로相傳ᄒᆞ야自國의幸福을增進홈에至홈으로列國間의交際가逐日親密ᄒᆞ야地球上人民은皆同胞로思惟ᄒᆞ야互相提携ᄒᆞᄂᆞᆫ氣運에際會ᄒᆞᆫ지라然ᄒᆞ나又一邊으로ᄂᆞᆫ他國의事情을知悉홈에從ᄒᆞ야國家的觀念의發達을催促홈으로列國이各各國權의伸張과國富의增進을圖ᄒᆞ야其繁榮을競爭홈은蓋必然의勢라是以로列國間의道德은相互의契約에依ᄒᆞ야平和를保守ᄒᆞ나然ᄒᆞ나

國權의擁護

一期利害의衝突이起ᄒᆞ면不可不干戈로써相見ᄒᆞᆯ지라故로平常無事의日에ᄂᆞᆫ禮讓을互重ᄒᆞ야平和로交際ᄒᆞ거니와若有事의時를値ᄒᆞ면必武力에訴ᄒᆞ야國權을擁護ᄒᆞᆷ이可ᄒᆞ니此ᄂᆞᆫ又今日競爭時代에在ᄒᆞ야自然의趨勢라然則武備를解ᄒᆞᆷ은到底免키難ᄒᆞᆯ지니라

第二十五課　國際의道義(續)

各國이相交ᄒᆞ야條約을互換ᄒᆞᄂᆞᆫ今日에在ᄒᆞ야ᄂᆞᆫ外人을輕蔑ᄒᆞ거나他國을敵視ᄒᆞᆷ이不可ᄒᆞᆷ은旣前述ᄒᆞᆷ과如ᄒᆞ거니와日我國도三十餘年前브터各國과通商貿易의規條를定ᄒᆞ고日淸及歐美列邦에公使를派遣ᄒᆞ야互相의交際를便利케ᄒᆞ며和親을講ᄒᆞᆫ지라

公使ᄂᆞᆫ自國을代表ᄒᆞᆫ者

大抵公使라ᄒᆞᆷ은自國을代表ᄒᆞᆫ者라親히主權者의命을受ᄒᆞ고外國에赴ᄒᆞ야其國의主權者에게國書를奉呈ᄒᆞ고公使館을設置ᄒᆞ야各項交涉의任을專主ᄒᆞ고又自國의居留民이多ᄒᆞᆫ地ᄂᆞᆫ必領事館을置ᄒᆞ고領事를派遣ᄒᆞ야써自國民을管理ᄒᆞ야其權利를保護ᄒᆞ며居留民을代表ᄒᆞ야外國當事者와交涉케ᄒᆞ며且其地의狀況을視察ᄒᆞ야自國政府에報告케ᄒᆞ고又條約國의人民은旅行規則을依ᄒᆞ야各國의內地에旅行ᄒᆞ거나所定ᄒᆞᆫ地에住ᄒᆞ야業務에從事ᄒᆞ기를得ᄒᆞᄂᆞ니라

領事ᄂᆞᆫ他國에在ᄒᆞᆫ我居留民을保護ᄒᆞᄂᆞᆫ者

公使에게無禮를加ᄒᆞᆷ은其國家를侮辱ᄒᆞᆷ으로同ᄒᆞᆷ

夫公使ᄂᆞᆫ特其派遣ᄒᆞᆫ國家를代表ᄒᆞᄂᆞᆫ者ㅣ라此에對ᄒᆞ야無禮를加ᄒᆞ면則其國家를侮辱ᄒᆞᆷ과同一ᄒᆞᆷ으로外國公使를尊敬ᄒᆞᆷ은國際公法의規定ᄒᆞᆫ바ㅣ니假令兩國의交誼가破ᄒᆞ야干戈로相交ᄒᆞᆷ에至ᄒᆞ야도公使의退去를妨害치못ᄒᆞ며又交戰國의臣民이라도殺戮을妄加치못ᄒᆞᄂᆞ니故로國家라名稱ᄒᆞ고公使를派遣ᄒᆞᆷ이無ᄒᆞ면獨立됨을不得ᄒᆞᆯ지니라

外國의臣民에對ᄒᆞ야禮義로써隔意가無케交際ᄒᆞᆷ은吾人의宜務ㅣ니와此를爲ᄒᆞ야自國의權利를抛棄ᄒᆞ거나或自國의長所를棄ᄒᆞ고外人을模倣ᄒᆞᄂᆞᆫ等事ᄂᆞᆫ決코不可ᄒᆞ니蓋彼의

長을取ᄒᆞ야我의短를補ᄒᆞᄂᆞᆫ것은國家의進步에雖、必要ᄒᆞ나然ᄒᆞ나徒、彼에게心醉ᄒᆞ야彼의嗜好에投合ᄒᆞᄂᆞᆫ行爲ᄂᆞᆫ最、卑劣ᄒᆞᆫ事라吾人은一邊으로外人의交際를盡ᄒᆞᆯ지나又、自國의特色을固守ᄒᆞ야其威嚴을不墜ᄒᆞᆯ가에不可不、注意ᄒᆞᆯ지니라

第二十六課 通商

商業交通의用力

現今은各國이皆經濟上利益을共圖ᄒᆞ야國産을發達ᄒᆞ며國富를增加ᄒᆞᆷ으로爲主ᄒᆞᄂᆞᆫ故로廣히世界列國과商業을交通ᄒᆞ야權利를保有ᄒᆞᆯ기에注意ᄒᆞᄂᆞ니若其、權力이外人의掌握에入ᄒᆞᆯ時ᄂᆞᆫ利益의大部를此에失ᄒᆞᆯ지라元來、商權을握ᄒᆞᆷ에ᄂᆞᆫ第一資本의豐富와商業의熟鍊을要ᄒᆞᄂᆞ니我國의物産을外人의手로由ᄒᆞ야外國에輸出ᄒᆞ고外國의貨物도又、外人의手를假ᄒᆞ야我國에輸入ᄒᆞᆯ진ᄃᆡ外國貿易의發達을豈、可望ᄒᆞ리오

通商上에

且、通商上에大、注意ᄒᆞᆯ者ᄂᆞᆫ即、輸出의種類니現今我國에셔輸

注意

出ᄒᆞᄂᆞᆫ物은米、豆、金、牛皮等農産鑛産物에不過ᄒᆞ고其他、重要ᄒᆞᆫ工業製造品은殆、絕無ᄒᆞᆫ故로日用의百物을外國品에專依ᄒᆞ야自國의資金이日로外國에流出ᄒᆞᆷ은此ㅣ國貧ᄒᆞᆫ源因이라吾輩ᄂᆞᆫ須、工業을奬勵ᄒᆞ고農業을益益發展ᄒᆞ야有用確實ᄒᆞᆫ天産人造의物品을多大産出ᄒᆞ야商業이世界에雄飛케ᄒᆞᆷ을盡力ᄒᆞᆯ지니若、近日狀態에放任ᄒᆞ면國家ᄂᆞᆫ決코振興ᄒᆞᆯ期望이未有ᄒᆞᆯ지로다

農業物과工業品을發展ᄒᆞᆷ은商業을振興ᄒᆞᆷ

農産物의發達과工業品의展進이無ᄒᆞ면商業은振興ᄒᆞᆷ을不得ᄒᆞᆯ지나此도學問을不講ᄒᆞ고ᄂᆞᆫ如何히增進ᄒᆞᆷ을不能ᄒᆞ리니故로國民된者ᄂᆞᆫ不可不、經濟學과實業學에注意ᄒᆞᆯ지라此ㅣ自己의一身一家에生活을保維ᄒᆞ야繁榮을圖ᄒᆞᆯ뿐아니라國家의實力을增殖ᄒᆞ며大權을挽回ᄒᆞᄂᆞᆫ基礎가될지니라

第二十七課 戰爭

現今各國이商業工藝等의發達로互相競爭ᄒᆞ야他邦을淩駕

ᄒᆞ거나若妄히他國을侵犯ᄒᆞ야其領土를占領ᄒᆞ거나財寶를掠奪ᄒᆞᄂᆞᆫ非義의行動은各國의不許ᄒᆞᄂᆞᆫ바ㅣ라然ᄒᆞ나互相의利害와平衡의權力으로由ᄒᆞ야姑今은萬國의平和를可望키難ᄒᆞᆫ즉各與國間에戰爭이無ᄒᆞ기不能ᄒᆞᆯ지라戰鬪에關ᄒᆞ 思은昔日과大異ᄒᆞ야戰鬪의際에殘酷ᄒᆞᆫ殺戮을不行ᄒᆞᆷ과捕虜를虐待치아니ᄒᆞᆷ과非戰鬪員에게損害를不加ᄒᆞᆷ과戰鬪員이라도武器를不帶ᄒᆞᆫ者及彼傷ᄒᆞᆫ者를善待ᄒᆞᄂᆞᆫ事와直接으로戰鬪物品의用을供ᄒᆞᄂᆞᆫ者外에拿捕를不行ᄒᆞᄂᆞᆫ等은開明列國이一般同意ᄒᆞᄂᆞᆫ바이오特萬國의赤十字社同盟은彼我의負傷者를同視ᄒᆞ야救護ᄒᆞ기를目的ᄒᆞᄂᆞᆫ者라故로赤十字旗下에立ᄒᆞᆫ衛生隊病院及赤十字章을附ᄒᆞᆫ者ᄂᆞᆫ戰鬪間에셔局外中立의地位를保存ᄒᆞᄂᆞ니是蓋戰爭은國家와國家가爭ᄒᆞᆷ이오個人의爭ᄒᆞᆷ은아닌즉無故히人民에게損害와苦痛을不被케ᄒᆞᄂᆞᆫ思想이世界에實行ᄒᆞᆷ이니라

(非義의行動은各國의不許)

大抵兩條約國間에紛議가生ᄒᆞᆫ時ᄂᆞᆫ先히公使或特使로써樽俎間에國際談辦을開ᄒᆞ야溫和ᄒᆞᆫ手段으로此를解決케ᄒᆞᆷ方針을採ᄒᆞᆷ이順序오或彼我의合意를因ᄒᆞ야各條約國中에一을選ᄒᆞ야兩者의理由를具ᄒᆞ야公平裁決케ᄒᆞᆷ을中裁裁判이라ᄒᆞᄂᆞ니若兩國이到底妥協키不能ᄒᆞᆫ時ᄂᆞᆫ勢必兵力에訴ᄒᆞ야其國權을擁護ᄒᆞᆯ지라到此ᄒᆞ야ᄂᆞᆫ彼我의公使ᄂᆞᆫ其公館에揭ᄒᆞᆫ自國의國旗를撤ᄒᆞ고其在任國을去ᄒᆞᆷ은此ㅣ兩國이交戰態度를表ᄒᆞᄂᆞᆫ意味오又交戰國의政府ᄂᆞᆫ戰端을開ᄒᆞᄂᆞᆫ理由를公佈ᄒᆞ야條約諸國에通知ᄒᆞᆷ이常例니其交戰國以外의國은不偏不黨의正義를表ᄒᆞᆷ으로局外中立을宣言ᄒᆞ야交戰國에通牒ᄒᆞ고且自國民에게公示ᄒᆞ며公法의定ᄒᆞᆫ바를從ᄒᆞ야戰鬪의用에供ᄒᆞᆯ物品(戰時禁制品)을交戰國에輸送ᄒᆞᆷ을禁止ᄒᆞᄂᆞ니是ᄂᆞᆫ列國交際上에互相規定ᄒᆞᆫ通則이니라

(國際談辦)
(中裁裁判)
(不偏不黨의正義로局外中立을宣言)

第五 人類에對ᄒᆞᆫ道

第二十八課 博愛

社會ᄂᆞᆫ人類를包括ᄒᆞᆷ

前度에所述ᄒᆞᆷ과如히吾人은家族의一員이오國家의臣民이오又、社會의成員、이라社會ᄂᆞᆫ總히人類를包括ᄒᆞᄂᆞ니故로人은家族으로써盡ᄒᆞᆯ道와國民으로써行ᄒᆞᆯ義務와所屬團体에對ᄒᆞ야行ᄒᆞᆯ事가有ᄒᆞᆯᄲᅮᆫ아니라廣히人類全體에對ᄒᆞ야도應行ᄒᆞᆯ本務가有ᄒᆞ니夫、家族、國家團體等은人의特殊ᄒᆞᆫ關係오特殊ᄒᆞᆫ關係ᄂᆞᆫ又、特殊ᄒᆞᆫ本務를生ᄒᆞᄂᆞᆫ故로此를缺ᄒᆞᆫ時ᄂᆞᆫ爲人의資格을失墜ᄒᆞᆫ者라云ᄒᆞᆯ지니라然ᄒᆞ나人은宇宙萬有의中에就ᄒᆞ야思ᄒᆞ면人類된同種族의一員인즉一般人類에對ᄒᆞᄂᆞᆫ道에一毫라도忽諸ᄒᆞᆷ이不可ᄒᆞ니라

人類에對ᄒᆞᄂᆞᆫ本務ᄂᆞᆫ博愛

人類에對ᄒᆞᄂᆞᆫ本務ᄂᆞᆫ博愛가是니博愛ᄂᆞᆫ人類全有의同情心에基ᄒᆞ야起ᄒᆞᄂᆞᆫ바인즉廣히人類全體의安寧과幸福을要進ᄒᆞᆯ지니라夫、人이自已의安全을希ᄒᆞ고不幸을惡ᄒᆞᆷ과同히他人의幸福을喜ᄒᆞ고他人의不幸을悲ᄒᆞᆷ은人類의發達進步된

博愛精神

所致니未開時代에在ᄒᆞ야ᄂᆞᆫ人類의同情이僅히一家族、一部落內에만限ᄒᆞ야共同生存도小範圍에僅止ᄒᆞ얏ᄉᆞ나文明이進ᄒᆞᆫ今日에在ᄒᆞ야ᄂᆞᆫ人類全體를同胞로視ᄒᆞᆷ에至ᄒᆞᆫ지라然ᄒᆞ나人類의增殖ᄒᆞᆷ을隨ᄒᆞ야生存競爭도亦、甚烈ᄒᆞᆷ으로時或干戈에訴ᄒᆞ야武力的戰爭이不無ᄒᆞ되其、戰爭도亦、古와大異ᄒᆞ야平和를爲主ᄒᆞ고親友를不害ᄒᆞᆷ은則博愛의精神이廣히人類間에行ᄒᆞᆷ이니라

故로吾人은一家에對ᄒᆞ야善良ᄒᆞᆫ家族이되고一國에對ᄒᆞ야忠良ᄒᆞᆫ臣民됨을期ᄒᆞᆷ과共히人類에對ᄒᆞ야ᄂᆞᆫ廣히博愛의主義를取ᄒᆞᆯ지니假令、學問技藝에從事ᄒᆞᄂᆞᆫ人은熱心으로其、業務를勵ᄒᆞ야有益ᄒᆞᆫ智識을發明進步케ᄒᆞᆷ은人類에裨益의甚多ᄒᆞᆯ지오又、商業을營爲ᄒᆞᄂᆞᆫ人도自已에利益만勿思ᄒᆞ고世界一般의便利幸福을目的ᄒᆞ야其業務의方針을定ᄒᆞᆯ지니吾人은各其、地位에應ᄒᆞ야人類를爲ᄒᆞ기에竭力盡心ᄒᆞᆷ이可ᄒᆞ

人은宇宙間萬有의一部

動物도亦

니라

第六 萬有에對ᄒᆞᄂᆞᆫ道

第二十九課 動物

人은宇宙間에在ᄒᆞ야萬有의一部가되ᄂᆞᆫ故로自己及他人에對ᄒᆞᆫ本務外에更萬有에對ᄒᆞᆫ人道를守ᄒᆞᆷ이可ᄒᆞ니萬有의中에人類와最近ᄒᆞᆫ者ᄂᆞᆫ動物이라動物은人類에比ᄒᆞ면劣等의地位에在ᄒᆞ고且人類와如히發達ᄒᆞᄂᆞᆫ精神이未有ᄒᆞᆫ故로一個의物件으로視ᄒᆞᆫ즉此에對ᄒᆞ야何如ᄒᆞᆫ本務가無ᄒᆞᆯ지라도現에文明社會에在ᄒᆞ야ᄂᆞᆫ動物保護의法律이有ᄒᆞ야此를苛酷케苦役ᄒᆞᆷ을不許ᄒᆞᄂᆞ니라

動物을虐待치못ᄒᆞᆫ다ᄂᆞᆫ理由ᄂᆞᆫ二가有ᄒᆞ니一은動物을苦케ᄒᆞᄂᆞᆫ時ᄂᆞᆫ自然히殘酷을忍ᄒᆞᄂᆞᆫ性質이養成ᄒᆞ야其結果ᄂᆞᆫ人類에對ᄒᆞ야도同樣에殘酷을加ᄒᆞᆯ念慮가有ᄒᆞᆷ이니此ᄂᆞᆫ自己의性情을害치아니ᄒᆞ기爲ᄒᆞᄂᆞᆫ見解에서起ᄒᆞᆷ이오二ᄂᆞᆫ動物

苦樂의感情이有ᄒᆞᆷ

도亦苦樂의感情이有ᄒᆞᆫ生類라木石의物과ᄂᆞᆫ大異ᄒᆞ야各生存을欲ᄒᆞᄂᆞᆫ情과死를厭ᄒᆞᄂᆞᆫ心이有ᄒᆞᆫ故로假令人의比ᄒᆞ면劣等物이라도其苦痛을感ᄒᆞ고死를恐ᄒᆞᆷ을見ᄒᆞ야ᄂᆞᆫ此를無端이毁傷ᄒᆞᆷ이不忍의情이라卽孟子所謂齊宣王이牛에觳觫若無罪히死地에就ᄒᆞᄂᆞᆫ것을不忍히녀김은仁心에出ᄒᆞᆷ이라ᄒᆞᆷ과同히動物의心을推ᄒᆞ야其苦痛에對ᄒᆞ야同情을表ᄒᆞᄂᆞᆫ것은眞仁愛의心에出ᄒᆞᆷ이니라

元來吾人은人類의幸福을增進ᄒᆞ기爲ᄒᆞ야宇宙萬物을使用ᄒᆞᄂᆞᆫ故로有用ᄒᆞᆫ事業을爲ᄒᆞ야動物을使役ᄒᆞ며學問의研究를爲ᄒᆞ야其生命을奪ᄒᆞ며或身體의營養을爲ᄒᆞ야其肉을食ᄒᆞᆯ지라도此를使役ᄒᆞᆷ에當ᄒᆞ야ᄂᆞᆫ其體力을考量ᄒᆞ야過重ᄒᆞᆫ勞働을强치ᄒᆞᆷ이無ᄒᆞ며其生命을奪ᄒᆞᆷ에當ᄒᆞ야ᄂᆞᆫ最其苦痛의少ᄒᆞᆫ方法을取ᄒᆞ되此를但吾人의必要ᄒᆞᆫ時에만行ᄒᆞᆯ지오決코殘酷에至ᄒᆞᆷ은不可ᄒᆞ고其他家畜家禽等飼養物에對ᄒᆞ

야도此를善히飼養ᄒᆞ며訓鍊ᄒᆞ야其性能을全케ᄒᆞᄂᆞᆫ것이皆、
吾人의德義라云ᄒᆞᆯ지니라

第三十課 天然物

宇宙間天然界의偉大ᄒᆞᆫ寶庫를藏ᄒᆞᆫ지라其、秘密을闡發ᄒᆞᄂᆞᆫ
管論은惟、人類의所有인故로萬象을硏究ᄒᆞ야其眞相을明케
ᄒᆞ고隱藏ᄒᆞᆫ秘寶를發見ᄒᆞ야此를人生에利用ᄒᆞ야써人類의
幸福을增進케ᄒᆞᆷ은人의當然ᄒᆞᆫ本務라謂ᄒᆞᆯ지니라
森羅萬象이整然히秩序가有ᄒᆞ며春夏秋冬日月星辰의來往
運轉이自然히一定의法則이有ᄒᆞᆷ을見ᄒᆞ면人도亦、自然히此
理法을發見ᄒᆞᄂᆞᆫ者ㅣ오又其、所與ᄒᆞᆫ利益幸福을獲得ᄒᆞ야人
生에利用을作ᄒᆞᆷ으로此를爲ᄒᆞ야種種의工夫를硏究ᄒᆞ고方
法을案出ᄒᆞ야其、結果ᄂᆞᆫ科學의進步와工藝의發達을促ᄒᆞ야
哲學、美術、宗敎가生ᄒᆞ얏스니是等은皆、吾人이宇宙를釋解ᄒᆞ
야其、所與의便益을利用ᄒᆞᆷ에起ᄒᆞᆷ이오宇宙萬象은人을俟ᄒᆞ

研究의結果ᄂᆞᆫ人生의幸福과人類의價値를增進ᄒᆞᆷ

天然界ᄂᆞᆫ人類의一大敎科書

야行ᄒᆞᄂᆞᆫ所以니라
天然界의硏究와及其、硏究의結果로써人生의幸福과人類의
價値를增進ᄒᆞᄂᆞ니是以로天然界의萬像을探ᄒᆞ야眞理를硏
究ᄒᆞᆷ은吾人이此로由ᄒᆞ야快樂을感ᄒᆞᆯ뿐아니라亦、人類가宇
宙의間에一部分됨을覺ᄒᆞ야自已의如何히處ᄒᆞᆯ바를知得ᄒᆞ
리니天然界ᄂᆞᆫ即、人類의一大敎科書라云ᄒᆞᆯ지라然ᄒᆞᆫ즉何人
이던지此를講究ᄒᆞᆷ에怠惰ᄒᆞ야自然의與ᄒᆞᄂᆞᆫ敎訓을不學ᄒᆞ
ᄂᆞᆫ者ᄂᆞᆫ自已가其所有의能力을棄ᄒᆞ야機會를虛送ᄒᆞ고禽獸
와同伍ᄒᆞᄂᆞᆫ者라謂ᄒᆞᆯ지니라
以上所述과如히天然界가人類에與ᄒᆞᄂᆞᆫ便益을利用ᄒᆞ야此
를永久히保護ᄒᆞᆷ은人類의幸福을增進ᄒᆞᄂᆞᆫ要務라然ᄒᆞ나天
然物과及天然力을濫費ᄒᆞ야其財源을枯渴케ᄒᆞ면人類의不
幸을招ᄒᆞᄂᆞᆫ源因인故로天然物을消費ᄒᆞᆯ時ᄂᆞᆫ必、此를補給ᄒᆞᆯ
道를講ᄒᆞᆷ이可ᄒᆞ니如、森林을濫伐ᄒᆞ야地力을盡케ᄒᆞᆷ은不德

의人이라人類의道德이進步될사록天然物이人力을俟ᄒᆞ야發達되ᄂᆞ니此所謂天地의化育을助ᄒᆞᆫ다ᄒᆞᆷ이니라

總論

吾人은大韓帝國의臣民이며又宇宙의人類라人의常行實踐ᄒᆞᆯ道德의大體와義務의本旨를論述ᄒᆞ야其終에至ᄒᆞ얏거니와此에一言을更述ᄒᆞ노니夫人類ᄂᆞᆫ高等의精神으로써行動ᄒᆞᄂᆞᆫ者라必自己及他人에對ᄒᆞ야其責任을不負ᄒᆞᆷ이不可ᄒᆞᆫ즉一擧手一投足에悉道德上의制裁를受ᄒᆞᆯ지라故로聖人이有言ᄒᆞ사ᄃᆡ道ᄂᆞᆫ須臾라도離ᄒᆞ기不可ᄒᆞ니可離면非道라ᄒᆞ샷스니道를離ᄒᆞ면人이人되기不得ᄒᆞᆯ지며中庸에曰性을率ᄒᆞᆷ을道라謂ᄒᆞ고道를修ᄒᆞᆷ을敎라謂ᄒᆞᆫ다ᄒᆞ니敎ᄂᆞᆫ卽道德의制裁라吾人은學業에從事ᄒᆞ야高等에技術이有ᄒᆞᆯ지라도若道德에虧損이有ᄒᆞᆫ時ᄂᆞᆫ無源의水와不根의木과如ᄒᆞ야功業을成就키難ᄒᆞ고終乃涸渴枯槀의歎을未免ᄒᆞᆯ지니吾人은何事業을營ᄒᆞ던지一生의不離ᄒᆞᆯ것은卽道德이是니라

我國의道德은惟忠孝로써基ᄒᆞ니親에孝ᄒᆞ고君에忠ᄒᆞ며百般의道德이此에由ᄒᆞ야行ᄒᆞᆯ지라是ᄂᆞᆫ吾人의祖先以來로遵守ᄒᆞᄂᆞᆫ바오萬古不易의眞理라是故로孝經에曰孝로써君을事ᄒᆞᆫ즉忠ᄒᆞ고順으로써長을事ᄒᆞᆫ則順이라ᄒᆞ고又曰夫孝ᄂᆞᆫ事親에始ᄒᆞ고事君에中ᄒᆞ고立身에終ᄒᆞᆫ다ᄒᆞ고大學에曰君子ᄂᆞᆫ家에不出ᄒᆞ고도國에成敎ᄒᆞ니孝ᄂᆞᆫ所以事君이오悌ᄂᆞᆫ所以事長이라ᄒᆞ니라孝ᄂᆞᆫ百行의源인故로事親에孝ᄒᆞᄂᆞᆫ者ᄂᆞᆫ事君에忠ᄒᆞᄂᆞ니라

雖然이나單히誠意만有ᄒᆞ야도道德에滿足타ᄒᆞ기難ᄒᆞ니孔子ᄂᆞᆫ東洋의大聖人이로ᄃᆡ七十에始心의所欲에從ᄒᆞ야矩에不逾라ᄒᆞ샷거던况吾人은修養이姑不足ᄒᆞᆫ者리오故로大學에曰其意를欲誠ᄒᆞᄂᆞᆫ者ᄂᆞᆫ致知에在ᄒᆞ고致知ᄂᆞᆫ格物에在ᄒᆞ다ᄒᆞ샷스니格物은事物에理를窮究ᄒᆞᆷ이오致知ᄂᆞᆫ吾人의知

識을推致ᄒᆞᆷ이라然ᄒᆞᆫ즉物理를究ᄒᆞ며知識을推ᄒᆞ야道德의本原을知得ᄒᆞᆫ後에誠意로써是를實行ᄒᆞᆷ을努力ᄒᆞᆯ지니라若知가無ᄒᆞ면誠意가雖篤ᄒᆞᆯ지라도何者를應行ᄒᆞᆯ지善惡의別을未分ᄒᆞᆯ지오若知ᄒᆞ고도誠意가無ᄒᆞ면知에만止ᄒᆞ고行ᄒᆞ기不得ᄒᆞᆯ지라故로道德은知行이相伴ᄒᆞ여야可ᄒᆞ니라此ᄂᆞᆫ朱子가知至行修를論ᄒᆞᆫ바오王陽明이知行合一을說ᄒᆞᆫ바오且西洋哲學家가道德上精神과實行의貴重ᄒᆞᆷ을論述不已ᄒᆞᆫ所以니라

夫道德을實踐ᄒᆞᆷ은天下에至難ᄒᆞᆫ者라然ᄒᆞ나又其平易明白ᄒᆞᆫ處로從見ᄒᆞ면三尺童子라도其當行의道를未解ᄒᆞᄂᆞᆫ者ㅣ無ᄒᆞ리니是故로論語에曰道에志ᄒᆞᆫ다ᄒᆞᆷ의朱子ㅣ써ᄒᆞ되道ᄂᆞᆫ人倫日用의間에當行ᄒᆞᆯ바이是오高遠難行의事가아니라ᄒᆞ시고孔子ㅣ有曰道ᄂᆞᆫ邇에在ᄒᆞ다ᄒᆞ시니則道德이라ᄒᆞᆷ은皆吾人의身心에在ᄒᆞ야此보다尤邇ᄒᆞᆫ者未有ᄒᆞ거ᄂᆞᆯ世人은

或道로써高遠難及의事와如히思惟ᄒᆞ고自暴自棄ᄒᆞ야物欲의奴隷가되야도毫末도不顧ᄒᆞ니豈不悲ᄒᆞ리오顏淵이曰舜何人也며予何人也오ᄒᆞ니此ᄂᆞᆫ堯舜이雖聖人이나人人마다學ᄒᆞᆷ을不已ᄒᆞ면可至ᄒᆞᆷ을云ᄒᆞᆷ이라聖人도豈別人이리오今日에一善을爲ᄒᆞ고明日에一善을行ᄒᆞ면我도卽聖賢에至ᄒᆞᆯ지니道에有志ᄒᆞᆫ者ᄂᆞᆫ須此理를辨ᄒᆞ야造次顚沛에도此를不忘ᄒᆞ면道德의君子를養成ᄒᆞᆯ지니念哉勉哉ᄒᆞᆯ지어다

中等修身敎科書卷四終

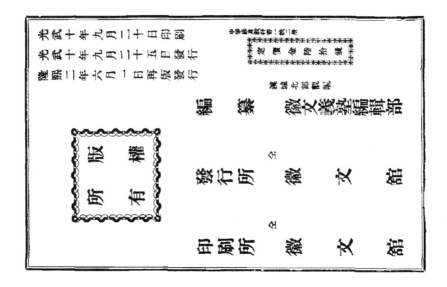

光武十年九月二十日印刷
光武十年九月二十五日發行
隆熙二年六月一日再版發行

中等修身敎科書 全三冊
定價金陸拾錢

漢城北部觀峴

編纂 徽文義塾編輯部

版權所有

發行所 仝 徽文館

印刷所 仝 徽文館

고등 소학수신서

(高等 小學修身書)

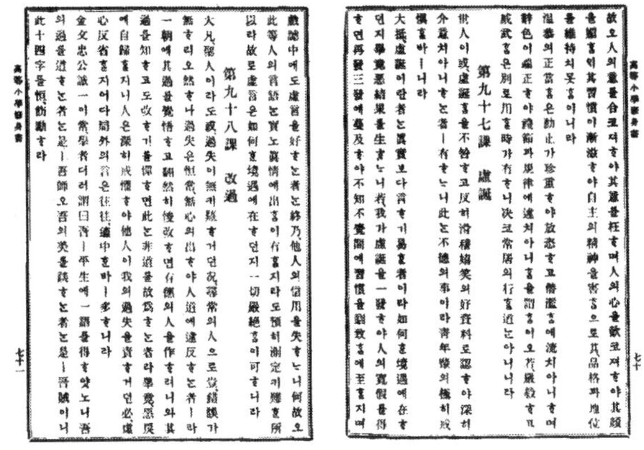

高等小學修身書

故로人의意를合코져ᄒᆞ야其意를枉ᄒᆞ며人의心을歡코져ᄒᆞ야其顔을媚ᄒᆞᆷ이其習慣이漸漲ᄒᆞ야自主의精神을害ᄒᆞᆷ으로其品格과地位를維持치못ᄒᆞᆷ이니라

溫恭의正當ᄒᆞᆷ은動止가珍重ᄒᆞ야放恣ᄒᆞ고僭濫ᄒᆞᆷ에流치아니ᄒᆞ며辭色이端正ᄒᆞ야禮節과規律에違치아니ᄒᆞᆷ을謂ᄒᆞᆷ이오其嚴毅ᄒᆞ고威武ᄒᆞᆷ은別로用ᄒᆞᆯ時가有ᄒᆞ니決코常居의行ᄒᆞᆯ道ᄂᆞᆫ아니니라

第九十七課　虛誕

世人이或虛誕ᄒᆞᆷ을不恤ᄒᆞ고反히滑稽嬉笑의好資料로認ᄒᆞ야深히介意치아니ᄒᆞᄂᆞᆫ者ㅣ有ᄒᆞᄂᆞ니此ᄂᆞᆫ不德의事이라青年輩의極히戒愼ᄒᆞᆯ바ㅣ니라

大抵虛誕이란者ᄂᆞᆫ眞實보다言ᄒᆞ기易ᄒᆞᆫ者이라如何ᄒᆞᆫ境遇에在ᄒᆞ던지畢竟惡結果를生ᄒᆞᄂᆞ니若我가虛誕을一發ᄒᆞ야人의寬假를得ᄒᆞ면再發三發에蔓及ᄒᆞ야不知不覺間에習慣을釀致ᄒᆞᆷ에至ᄒᆞᆯ지며

七十

戲謔中에도虛言을好ᄒᆞᄂᆞᆫ者ᄂᆞᆫ終乃他人의信用을失ᄒᆞᄂᆞ니何故오此等人의言語ᄂᆞᆫ實노眞情에出ᄒᆞᆷ이有ᄒᆞᆯ지라도預히測定키難ᄒᆞᆫ所以라故로虛言은如何ᄒᆞᆫ境遇에在ᄒᆞ던지一切嚴絶ᄒᆞᆷ이可ᄒᆞ니라

第九十八課　改過

大凡聖人이라도或過失이無키難ᄒᆞ거던況尋常의人으로豈錯誤가無ᄒᆞ리오然ᄒᆞ나過失은恒常無心의出ᄒᆞ야人道에違反ᄒᆞᄂᆞᆫ者ㅣ라一朝에其過를覺悟ᄒᆞ고翻然히悛改ᄒᆞ면有德의人을作ᄒᆞ리니와其過를知ᄒᆞ고도改ᄒᆞ기를憚ᄒᆞ면此ᄂᆞᆫ非道를故爲ᄒᆞᄂᆞᆫ者라畢竟惡戾에自歸ᄒᆞᆯ지니人은深히戒懼ᄒᆞ야他人이我의過失을責ᄒᆞ거던必虛心反省ᄒᆞᆯ지어다局外의言은往往搔中ᄒᆞᆫ바ㅣ多ᄒᆞ니라

金文忠公誠一이常學者ᄃᆞ려謂曰吾ㅣ平生에一語를得ᄒᆞ얏노니吾의過를道ᄒᆞᄂᆞᆫ者ᄂᆞᆫ是ㅣ吾師오吾의美를談ᄒᆞᄂᆞᆫ者ᄂᆞᆫ是ㅣ吾賊이니此十四字를愼飭勸ᄒᆞ라

高等小學修身書

七十一

徽文義塾編輯部編纂

高等小學修身書

徽文館發行

高等小學修身書目次

學校에對ᄒᆞᆫ本務

人에게對ᄒᆞᆫ注意

自己의對ᄒᆞᆫ注意

德性에對ᄒᆞᆫ注意

人格에對ᄒᆞᆫ本務

高等小學修身書目次終

高等小學修身書

第一課　太祖高皇帝

太祖ㅣ勇力이絶人ᄒᆞ시고神武ㅣ無敵ᄒᆞ샤咸州(今咸興)에셔鬪牛를見ᄒᆞ시고兩手로分ᄒᆞ샤鬪를解ᄒᆞ시며嘗、辛禑를從ᄒᆞ야獵ᄒᆞ실ᄉᆡ左右다려謂曰今日에我ㅣ獸를射ᄒᆞ되皆、其脊을中ᄒᆞ리라ᄒᆞ시고是日에鹿四十을射獲ᄒᆞ샤ᄃᆡ皆、脊을中ᄒᆞ시니人이其神홈을服ᄒᆞ더라

太祖ㅣ將이되심의號令이明信ᄒᆞ시고豁達寬仁ᄒᆞ샤投戈의隙에ᄂᆞᆫ必、名士를引致ᄒᆞ야經史를商確ᄒᆞ시고大學演義를樂觀ᄒᆞ시며慨然히世道를挽回ᄒᆞ실志가有ᄒᆞ신지라時에諸將이各其、私兵을占ᄒᆞ야號를牌記라ᄒᆞ고專히威를立코저홈으로麾下가多怨ᄒᆞ되 太祖ᄂᆞᆫ獨、赤心을推ᄒᆞ심으로皆、部下에屬ᄒᆞ기를願ᄒᆞ야一時物望이洽然ᄒᆞ며且、戰功을屢立ᄒᆞ심의朝野가依仰益重ᄒᆞ야大業을肇成ᄒᆞ시니라

第二課 太祖高皇帝(續)

太祖ㅣ嘗騎兵五千과步兵一萬을率ᄒᆞ시고鴨綠江을渡ᄒᆞ시니時에東寧府(在今遼東)同知李原景(一名은兀魯帖木兒)이 太祖의來征ᄒᆞ심을聞ᄒᆞ고兀剌山城(即東寧地)에移保ᄒᆞ야險을據ᄒᆞ고自固ᄒᆞ거ᄂᆞᆯ 太祖ㅣ也頓村(在渭原界)에至ᄒᆞ시니原景이甲을棄ᄒᆞ고來拜ᄒᆞ야曰吾의先도本高麗人이라願컨ᄃᆡ臣僕이되깃노라ᄒᆞ고三百餘戶를率ᄒᆞ고來降ᄒᆞᄃᆡ其酋高安慰ᄂᆞᆫ城을嬰ᄒᆞ고固守ᄒᆞ거ᄂᆞᆯ我師가城을圍ᄒᆞ고 太祖ㅣ片箭으로七十餘發을射ᄒᆞ야皆其面을中ᄒᆞ니城中이氣奪ᄒᆞᆫ지라安慰가城에縋ᄒᆞ야夜遁ᄒᆞᆷ의明日에其頭目이百姓을率ᄒᆞ고出降ᄒᆞ니諸山城이望風皆降ᄒᆞ야戶萬餘을得ᄒᆞᆫ지라獲ᄒᆞᆫ바牛二千餘頭와馬數百匹을其主에게悉還ᄒᆞ니北人이大悅ᄒᆞ야歸附ᄒᆞᄂᆞᆫ者ㅣ如市ᄒᆞ야東으로皇城坪(古女眞皇城)에至ᄒᆞᆷ과北으로東寧府에至ᄒᆞᆷ과西으로海에至ᄒᆞᆷ과南으로鴨綠에至ᄒᆞᆷ에皆一空ᄒᆞ더라

第三課 世宗大王

世宗大王의天性이好學ᄒᆞ샤每日四鼓에具衣ᄒᆞ시고平明에受朝ᄒᆞ시고其次에視事ᄒᆞ시고又其次에輪對ᄒᆞ시고又其次에經筵에御ᄒᆞ시고乃入內ᄒᆞ샤猶書史를覽ᄒᆞ샤懈ᄒᆞᆷ이少無ᄒᆞ시니政이擧ᄒᆞ고人이和ᄒᆞ야東北이率服ᄒᆞ며國內가晏然ᄒᆞ니時에東方堯舜이라稱ᄒᆞ더라且珍玩을不好ᄒᆞ샤命ᄒᆞ야上林苑의花卉와鵓鴿을悉散ᄒᆞ야民間에給ᄒᆞ시더니咸吉道都節制使河敬復이馴鹿을欲進ᄒᆞ거ᄂᆞᆯ上曰珍禽奇獸ᄂᆞᆫ古人의戒ᄒᆞᆫ바ㅣ니其勿進ᄒᆞ라ᄒᆞ시니라

第四課 世宗大王(續)

上이以爲諸國은各其文字를製ᄒᆞ야써國語를記ᄒᆞᄃᆡ獨我國이無ᄒᆞ다ᄒᆞ시고子母二十八字를御製ᄒᆞ시니名曰訓民正音이라禁中에設廳ᄒᆞ고申叔舟成三問等을命ᄒᆞ야撰ᄒᆞᆯᄉᆡ其字體ᄂᆞᆫ古篆梵字를倣ᄒᆞ고其音은五에分ᄒᆞ니曰牙舌脣齒喉라文字에能記치못ᄒᆞᆯ者ㅣ無ᄒᆞ

야雖婦人女子라도皆瞭然히曉得ᄒᆞᆯ지라今에各國文字로較看ᄒᆞ건
딕其簡易昭詳ᄒᆞᆷ이我國文에右ᄒᆞᆯ者ㅣ無ᄒᆞ니라

第五課 氣槪

李忠武公舜臣이兒時로브터豪宕不覊ᄒᆞ고挺挺히大氣岸이有ᄒᆞ야
群兒로더부러遊ᄒᆞᆯ식戰陣와狀을作ᄒᆞ고公을推ᄒᆞ야元帥를삼으니
陣法이井井可觀ᄒᆞᆯ너라諸兄을從ᄒᆞ야詩書를業ᄒᆞ나從事키를不肯
ᄒᆞ고筆을投ᄒᆞ야强弓을挽ᄒᆞ며駿馬를御ᄒᆞᆷ이儕流에出ᄒᆞ더니及虎
榜에標ᄒᆞ야新恩으로先隴에榮拜ᄒᆞᆯ식石人이顚倒ᄒᆞᆷ을見ᄒᆞ고下隸
를命ᄒᆞ야起ᄒᆞ라ᄒᆞ니能히動ᄒᆞᄂᆞᆫ者ㅣ無ᄒᆞᆫ지라公이能獨扛ᄒᆞ야竪
立ᄒᆞ니라

第六課 創智

李忠武公이智를創ᄒᆞ야戰船을作ᄒᆞ니其形이穹窿ᄒᆞ야龜와如ᄒᆞᆷ으
로名曰龜船이라船上에大板을覆ᄒᆞ고板中에十字細路를寘ᄒᆞ야써

人行을容케ᄒᆞ고其他에ᄂᆞᆫ錐刀를悉布ᄒᆞ야着足處가無케ᄒᆞ고前에
ᄂᆞᆫ龍頭오後에ᄂᆞᆫ龜尾니前後左右에銃穴이各六이有ᄒᆞ야大丸을放
케ᄒᆞ고賊을遇ᄒᆞᆫ즉編茅로上에覆ᄒᆞ야錐刀를掩ᄒᆞ얏다가賊이登船
코져ᄒᆞᆫ즉編茅를捲ᄒᆞ고來襲코져ᄒᆞᆫ즉一時의放銃ᄒᆞ야向ᄒᆞᄂᆞᆫ바에
無敵ᄒᆞᆫ지라壬辰의亂의水戰을每捷ᄒᆞᆷ이此를用ᄒᆞᆷ이니라

第七課 秉公

李忠武公이鉢浦萬戶로在ᄒᆞᆯ時에左水使成鎛이官庭의梧桐을斫取
코져ᄒᆞ거놀公이不從曰此ᄂᆞᆫ公家物이라栽ᄒᆞᆫ지有年이거놀私慾으
로써一朝에伐ᄒᆞᆷ이可ᄒᆞ냐水使가雖心怒ᄒᆞ나亦遂行치못ᄒᆞ고其後
殿最에公을貶下코져ᄒᆞ니都事趙憲이聞之曰李某의績이一道에冠
ᄒᆞ니寧列鎭은盡貶ᄒᆞᆯ지언졍李某ᄂᆞᆫ可貶치못ᄒᆞᆯ다ᄒᆞ야乃止ᄒᆞ니라
且兵曹郞徐益의所親이訓鍊院에在ᄒᆞ야益이越次薦報코져ᄒᆞ거놀
公이堅執ᄒᆞ야曰不可라ᄒᆞ니益이公을庭下에牌招ᄒᆞ야詰責ᄒᆞ거놀

公이辭色을不變ᄒᆞ고直辨無撓ᄒᆞᆫ되益이大怒ᄒᆞ야盛氣로臨ᄒᆞ되公이從容酬荅ᄒᆞ야少無沮氣ᄒᆞ니日暮에益이愧屈ᄒᆞ니라

第八課 忠義

郭忠翼公再祐ᄂᆞᆫ玄風人이라壬辰亂에諸道가連陷ᄒᆞ야列鎭主將과方伯守宰가皆深山에避ᄒᆞᆷ을聞ᄒᆞ고乃奮罵曰 擧朝一臣無를休養ᄒᆞᆫ지二百餘年이라一朝의急ᄒᆞᆷ이有ᄒᆞ거ᄂᆞᆯ皆自全의計를爲ᄒᆞ고君父의亂을不顧ᄒᆞ니今에若草野로써不起ᄒᆞ면一國三百州에一男子도無ᄒᆞ다ᄒᆞᆯ지라豈萬古의羞가아니리오於是에家財를盡散ᄒᆞ야士卒을募集ᄒᆞᆯ시所着ᄒᆞᆫ衣를解ᄒᆞ야戰士를衣ᄒᆞ니戰士가感泣ᄒᆞ야皆手下에同死ᄒᆞ기를願ᄒᆞᄂᆞᆫ故로賊의多寡를不問ᄒᆞ고直前無畏ᄒᆞ야一로써十을當치못ᄒᆞᆯ者ㅣ無ᄒᆞ더라

第九課 忠義(續)

金忠壯公千鎰이罷官ᄒᆞ야羅州에居ᄒᆞ더니壬辰亂에敵軍이京城을陷ᄒᆞᆷ의上이西狩ᄒᆞ심을聞ᄒᆞ고號痛ᄒᆞ다가旣而오奮然曰吾ㅣ徒哭ᄒᆞᆫ들何爲오今君父가播越ᄒᆞ시니吾ᄂᆞᆫ世臣이라鳥竄求活ᄒᆞᆷ이不可ᄒᆞᆫ즉吾ㅣ義를擧ᄒᆞ고難에赴ᄒᆞ야强弱이不敵ᄒᆞ면有死ᄒᆞᆯᄯᆞᄅᆞᆷ이니不死ᄒᆞ면써報國ᄒᆞᆷ이無ᄒᆞ다ᄒᆞ고乃衆을誓ᄒᆞ야討賊ᄒᆞᆯ시兵을進ᄒᆞ야江華에據ᄒᆞ고梁山璹으로ᄒᆞ야곰行在所에奏ᄒᆞᆫ되朝廷이倡義使를賜號ᄒᆞ시니自是로朝命이兩湖에始達ᄒᆞ니라及賊이棄城南走ᄒᆞ거ᄂᆞᆯ公이追ᄒᆞ야晉州를守ᄒᆞ얏다가賊이大至ᄒᆞ야矢窮力竭ᄒᆞᆷ의公이怡然曰起事ᄒᆞ던日에吾死ㅣ斷ᄒᆞ얏다ᄒᆞ고遂北向再拜ᄒᆞ고子象乾及梁山璹等으로江水에赴ᄒᆞ야死ᄒᆞ니라

第十課 大志

林忠愍公慶業이六歲時에群兒를率ᄒᆞ고石을累ᄒᆞ야營壘를삼으며草를揭ᄒᆞ야旗纛을삼아戰陣의狀을作ᄒᆞ며操鍊의規를立ᄒᆞᆷ의群兒가其約束을受ᄒᆞ야敢히違令치못ᄒᆞ더니其後에弓馬로써爲業ᄒᆞ야

大丈夫三字를口에不起ᄒᆞ고且讀書를好ᄒᆞ야常自嘆曰吾가天地의氣를稟ᄒᆞ야禽獸가되지아니ᄒᆞ고人이되얏스며婦人이되지아니ᄒᆞ고男子가되얏스니惜乎라此世에生ᄒᆞ야豈局束히一生을虛送ᄒᆞ리오丁卯虜變에朝廷이和를議ᄒᆞ야其兵을却ᄒᆞᆫ지라公이奮然曰朝廷이我의게精砲四萬을與ᄒᆞ면將彼虜를殲ᄒᆞ고劒을鴨水에洗ᄒᆞ리라ᄒᆞ니라

第十一課　謀略

郭忠翼公이戰時에必紅綃貼裏를着ᄒᆞ며堂上笠飾을具ᄒᆞ고自號를紅衣天降將軍이라ᄒᆞ야馳馬探陣ᄒᆞᆷ에往來가倐忽ᄒᆞ니賊이雖鐵丸을齊發ᄒᆞ나能中치못ᄒᆞᄂᆞᆫ지라公이或馬上에서擊鼓徐行ᄒᆞ야行陣의節度를作ᄒᆞ며或使人으로吹笛鳴笳ᄒᆞ야懼意가少無ᄒᆞᆷ을示ᄒᆞ며或山藪中에疑兵을多設ᄒᆞ야吹角鼓譟ᄒᆞ며或遠處에奇兵을伏ᄒᆞ야寂寂히無人ᄒᆞᆷ과如히ᄒᆞ얏다가賊이至ᄒᆞ면輒射殺ᄒᆞ니賊이謂ᄒᆞ되紅衣將軍이至라ᄒᆞ야敢近치못ᄒᆞ고所向에皆逃走ᄒᆞ더라

家庭의注意

第十二課　家庭

家內人이各其業務에盡力ᄒᆞ며各其身體를愼重히ᄒᆞ면一家가自然和合ᄒᆞ야其樂이大ᄒᆞ니라

家庭에在ᄒᆞ야ᄂᆞᆫ恒常父母와祖父母를恭敬ᄒᆞ야命을勿逆ᄒᆞ며其事業을幇助ᄒᆞ며兄弟姊妹와恭愛ᄒᆞ며婢僕을顧護ᄒᆞᆯ지니家內의人이和睦케生活ᄒᆞᆷ은但一家의幸福이될뿐아니라實國家幸福의基本이될지라故로傳에曰一家가仁ᄒᆞ면一國이興仁ᄒᆞᆫ다ᄒᆞ니라

一家의內에門戶가各立ᄒᆞ면家道가必隳ᄒᆞᆯ지니家長된者ᄂᆞᆫ不忍聞의言을出치勿ᄒᆞ며家衆된者ᄂᆞᆫ不敢言의說을作치勿ᄒᆞ면家道가正ᄒᆞ리라

第十三課　家族

親子兄弟姉妹가一家中에셔敎睦히生活ᄒᆞᆷ은莫大ᄒᆞᆫ幸福이라人人이勉勵ᄒᆞ야其無益의費用을省ᄒᆞ고正當ᄒᆞᆫ業務에從ᄒᆞ야一家의繁榮을必致케ᄒᆞᆯ지니라

家庭이和樂ᄒᆞ면雖蔬糲을食ᄒᆞ며布葛을衣ᄒᆞ더라도其歡喜ᄒᆞᆷ을不勝ᄒᆞᆯ시오家庭이不和ᄒᆞ면雖珍羞을食ᄒᆞ며綺羅를衣ᄒᆞ더라도其愁嘆ᄒᆞᆷ을不任ᄒᆞᆯ지니父兄된者ᄂᆞᆫ恒常慈愛로써撫育ᄒᆞ고子弟된者ᄂᆞᆫ孝恭으로써尊敬ᄒᆞ면家道가興ᄒᆞᆯ지니라

周文敏公世鵬이侄慥에게寄書曰土脉이和沃ᄒᆞ면生草가必茂ᄒᆞ고一家가和睦ᄒᆞ면生福이必盛ᄒᆞ리라ᄒᆞ니라

第十四課　孝行

人은皆父母의養育을受ᄒᆞ야成長ᄒᆞᆫ者ㅣ니其劬勞의恩을欲報ᄒᆞᆯ진ᄃᆡ平生의誠孝을盡ᄒᆞ야써父母를事ᄒᆞ야도萬一을報키難ᄒᆞ니라

然則人子된者ᄂᆞᆫ恒常誠을盡ᄒᆞ며行을愼ᄒᆞ야父母의命을順從ᄒᆞ며父母의志를善養ᄒᆞ며父母의名을顯揚케ᄒᆞ되如一毫驕吝의心과爭亂의事가有ᄒᆞ면必身을辱되게ᄒᆞ며親을危케ᄒᆞᆷ에至ᄒᆞᆯ지니孝ᄂᆞᆫ百行의源이라一行이라도有虧ᄒᆞ면純孝를得爲키難ᄒᆞ거던況辱身危親ᄒᆞᆷ이리오

李文成公珥曰人子가受生ᄒᆞᆷ이性命血肉이皆父母의所遺로氣脈이相通ᄒᆞ니此身이我의私物이아니라豈敢히其身을自有ᄒᆞ야써父母에게盡孝치아니리오

第十五課　孝行(續)

宋文正公時烈曰父母가我에게性命의全으로써遺ᄒᆞ셧스미性命의中에萬善이畢具ᄒᆞ얏스니一善이明치못ᄒᆞ야도孝가아니오一善이行치못ᄒᆞ야도孝가아니라必須人欲을盡去ᄒᆞ고天理를盡復ᄒᆞ야父母의遺體로ᄒᆞ야곰恒常淸明正大ᄒᆞᆫ域에立ᄒᆞ야雖父母가歿ᄒᆞ신後라도此心이未衰ᄒᆞ여야父子의倫이亦極盡ᄒᆞ다可謂ᄒᆞᆯ지니라

第十六課 和順(續)

夫婦ᄂᆞᆫ人倫의始오萬福의源이라雖至親至密ᄒᆞ나亦至正至謹ᄒᆞᆫ地니相待ᄒᆞ기를賓과又치ᄒᆞ야必失儀ᄒᆞᆷ이無ᄒᆞᆫ然後에自然和順ᄒᆞᆷ을致ᄒᆞ야家道가正齊ᄒᆞ고且子女에게他日模範을作ᄒᆞᆯ지니라

人이或巍然自大ᄒᆞ야曰丈夫ᄂᆞᆫ天이며君과猶ᄒᆞ다ᄒᆞ야狂躁暴悍ᄒᆞᆷ으로써婦人을全責ᄒᆞᄂᆞ니是로由ᄒᆞ야互相히反目ᄒᆞ며互相히咎怨ᄒᆞ야倫紀가墜ᄒᆞ며家道가廢ᄒᆞᄂᆞ니人의不祥ᄒᆞᆷ이此에甚ᄒᆞᆫ者ㅣ豈有ᄒᆞ리오

寒士의妻ᄅᆞᆯ古人이弱國의臣에比ᄒᆞ얏ᄂᆞ니人은必妻로ᄒᆞ야곰貧賤을同勞ᄒᆞ며富貴ᄅᆞᆯ共享ᄒᆞ야恩義ᄅᆞᆯ勿失ᄒᆞᆷ이家의幸福이니라

第十七課 和順(續)

李文成公珥曰今의學者가外로ᄂᆞᆫ雖矜持ᄒᆞ나內로ᄂᆞᆫ篤實ᄒᆞᆷ이鮮ᄒᆞ야夫婦의間에衽席上情慾에多縱ᄒᆞᆷ으로其威儀ᄅᆞᆯ失ᄒᆞᄂᆞ니如是ᄒᆞ

고其身을修ᄒᆞ며家ᄅᆞᆯ正코져ᄒᆞᆷ이亦甚難치아니리오必須夫ᄂᆞᆫ和ᄒᆞ야義로써制ᄒᆞ고妻ᄂᆞᆫ順ᄒᆞ야正으로써承ᄒᆞᆫ然後에家事ᄅᆞᆯ可治ᄒᆞᆯ지라若從前相狎ᄒᆞ다가一朝에遽然히相敬코져ᄒᆞ면其勢가難行ᄒᆞᆯ지니妻로더브러相戒ᄒᆞ야前習을必去ᄒᆞ고漸漸禮에入ᄒᆞ면妻가我의發言持身ᄒᆞᆷ이一出於正ᄒᆞᆷ을見ᄒᆞ고必相信順從ᄒᆞᆯ지니라

第十八課 友愛

兄弟姊妹ᄂᆞᆫ骨肉의親이라互相히友愛ᄒᆞ야一人이慶喜가有ᄒᆞ거던共喜ᄒᆞ며一人이憂慮가有ᄒᆞ거던共憂ᄒᆞ되兄姊ᄂᆞᆫ年齡이長ᄒᆞ고智識이優ᄒᆞᆫ즉恒常弟妹ᄅᆞᆯ爲ᄒᆞ야可히模範될事ᄅᆞᆯ行ᄒᆞᆯ지오弟妹ᄂᆞᆫ兄姊ᄅᆞᆯ爲ᄒᆞ야恒常愛敬의心을持ᄒᆞᆯ지라如此ᄒᆞ면父母의名譽와門闌의榮光을顯揚ᄒᆞᆯ지니라

曹文貞公植이其弟相으로더브러友愛가甚篤ᄒᆞ야嘗云兄弟ᄂᆞᆫ支體와如ᄒᆞ야可히分解치못ᄒᆞᆫ다ᄒᆞ고一垣內에同居ᄒᆞ야出入에異門이

無ᄒᆞ며合食共欸ᄒᆞ야心이相當ᄒᆞ야怡怡如也ᄒᆞ더라

第十九課 祖先

祖先을尊敬ᄒᆞᆷ은我國의相傳ᄒᆞᄂᆞᆫ古來美事라然ᄒᆞ나其最要ᄒᆞᆷ은祖先의名譽를無汚ᄒᆞᆷ에在ᄒᆞ니人은恒常行을愼善ᄒᆞ며業을勉勵ᄒᆞ야子孫으로ᄒᆞ야곰孝思를是則케ᄒᆞᆯ지니라

祖先의傳來ᄒᆞᄂᆞᆫ家產을守成ᄒᆞ며且新家產을創興ᄒᆞᆷ은祖先에對ᄒᆞᄂᆞᆫ義務니極히注意ᄒᆞᆯ지니若懶惰를因ᄒᆞ야遺業을傾破ᄒᆞ거나家聲을失墜ᄒᆞᄂᆞᆫ者ᄂᆞᆫ不孝의大ᄒᆞᆫ者니라

第二十課 祖先(續)

張文康公顯光曰吾의一身의百千萬代에祖先의遺傳ᄒᆞᆫ者인즉豈敢히吾身이吾의所有라ᄒᆞ리오吾身을輕히ᄒᆞᆷ은卽吾의祖先을輕히ᄒᆞᆷ이니一思慮에祖先의心을有違ᄒᆞᆯ가一云爲에祖先의德을有違ᄒᆞᆯ가一動作에祖先의道를有違ᄒᆞᆯ가恐ᄒᆞ야戰戰ᄒᆞ며兢兢ᄒᆞ야恒常深淵을臨ᄒᆞ며薄氷을履ᄒᆞᆷᄀᆞᆺ치ᄒᆞᆫ즉庶乎祖先의遺訓을不墜ᄒᆞᆯ지오祖先도亦子孫이有ᄒᆞ다可謂ᄒᆞᆯ지니라

第二十一課 親族

親族은同祖의孫이라派系의差遠差近ᄒᆞᆷ을勿論ᄒᆞ고必其幸福과繁榮을共計ᄒᆞᆯ지니貧ᄒᆞᆫ親族이라고賤待치勿ᄒᆞ며富ᄒᆞᆫ親族이라고依賴치勿ᄒᆞ고或一時困難이有ᄒᆞ거나災厄에罹ᄒᆞ거던協力相救ᄒᆞ며且名譽를互相保重ᄒᆞ고禮儀를互相正肅ᄒᆞ야一己의過失로써親族에게及累ᄒᆞᆷ을必愼ᄒᆞᆯ지니라

鄭承旨誠謹이尊淸節로써聞ᄒᆞ더니歉歲에在ᄒᆞ야將米斛으로써買舍ᄒᆞᆯ시諸族이呼飢ᄒᆞᆷ을聞ᄒᆞ고公曰買舍ᄂᆞᆫ子孫을爲ᄒᆞᆷ이라忍히諸族으로ᄒᆞ야곰飢死케ᄒᆞ리오ᄒᆞ고遂分賑ᄒᆞ니라

第二十二課 親族(續)

張文康公顯光族契識에曰其恩을篤ᄒᆞ야써其心을一케ᄒᆞ며其規를

定ᄒᆞ야써其事를齊히ᄒᆞ며時로講睦ᄒᆞ야써其和好의情을融케ᄒᆞ며事를同力ᄒᆞ야써其資助의義를通ᄒᆞ야富에所分이有ᄒᆞ고貧에所濟가有ᄒᆞ며慶에ᄂᆞᆫ其喜를同ᄒᆞ고憂에ᄂᆞᆫ其恤을同ᄒᆞᆯ지니此ㅣ家를保ᄒᆞ고族을宜케ᄒᆞᄂᆞᆫ深謀遠慮니라

第二十三課 主人과婢僕

主人은婢僕으로ᄒᆞ야곰其使役을苛酷히ᄒᆞ거나過失을苛責치勿ᄒᆞ고恒常善遇愛護ᄒᆞ야其職業에樂從ᄒᆞᆷ을要ᄒᆞᆯ지며且兒童으로ᄒᆞ야곰婢僕에게無理ᄒᆞᆫ言을妄肆케ᄒᆞᆷ이不可ᄒᆞ니라

婢僕은主人의名譽를尊重히ᄒᆞ야誹謗을絕口ᄒᆞ며主人의命令을順從ᄒᆞ야服務에盡力ᄒᆞᆯ지니如此ᄒᆞ면可히忠勤ᄒᆞᆫ婢僕이라ᄒᆞᆯ지니라

第二十四課 主人과婢僕(續)

李文成公珥曰婢僕이我의勞를代ᄒᆞ니當히恩을先에ᄒᆞ고威를後에ᄒᆞ여야乃其心을得ᄒᆞᆯ지라君에게民과主에게僕이其理가一이니君이

恤民치아니ᄒᆞᆫ즉民散ᄒᆞ고民散ᄒᆞᆫ즉國亡ᄒᆞ며主가恤僕치아니ᄒᆞᆫ즉僕散ᄒᆞ고僕散ᄒᆞᆫ즉家敗ᄒᆞᆷ은勢의必至ᄒᆞᆯ바ㅣ라人은婢僕에게必飢寒을軫念ᄒᆞ며衣食을資給ᄒᆞ야其所를得케ᄒᆞ고過惡이有ᄒᆞ거던須勤勤敎誨ᄒᆞ야自知改革케ᄒᆞᆯ지니라

學校에對ᄒᆞᆫ本務

第二十五課 學校

學校ᄂᆞᆫ人才를養成ᄒᆞᄂᆞᆫ機關이라國家의盛衰가學校의興廢에在ᄒᆞᄂᆞ니故로古에ᄂᆞᆫ家塾과黨庠과州序와國學이有ᄒᆞ고今에ᄂᆞᆫ幼稚園과小學校와中學校와大學校와師範學校等이有ᄒᆞ니全國人民이皆學校의敎育을受ᄒᆞᆫ然後에야能히其身을自立ᄒᆞ며其家를自保ᄒᆞ며社會를維持ᄒᆞ며國家를富强케ᄒᆞᆯ지라然ᄒᆞᆷ으로文明의國은雖閭巷村里라도皆學校을設立ᄒᆞ고幼蒙을敎育ᄒᆞ야公益의心을培養ᄒᆞ며忠君愛國의精神을發達케ᄒᆞᄂᆞ니라

第二十六課 學校(續)

安文成公裕는高麗忠烈王時人이라學校가日衰ᄒᆞᆷ을憂ᄒᆞ야兩府에建議ᄒᆞ되請컨ᄃᆡ百官으로ᄒᆞ야곰錢布를出ᄒᆞ야써學錢을贍케ᄒᆞ자ᄒᆞᆫᄃᆡ兩府가從ᄒᆞ야王께聞ᄒᆞ니王이內帑錢穀을出ᄒᆞ야助ᄒᆞᆯ시一武人이有ᄒᆞ야出錢ᄒᆞ기를不肯ᄒᆞ거ᄂᆞᆯ公이諸相ᄃᆞ려謂曰夫子의道가萬世의垂憲ᄒᆞ야臣은君에게忠ᄒᆞ고子ᄂᆞᆫ父에게孝ᄒᆞ고弟ᄂᆞᆫ兄에게恭ᄒᆞᆷ이是誰敎오ᄒᆞᆫᄃᆡ其武人이慚甚ᄒᆞ야卽錢을出ᄒᆞᆫ지라其餘財로써支那에送ᄒᆞ야先聖과七十二弟子의像을畵ᄒᆞ고幷祭器와樂器와六經과諸子史를求來ᄒᆞ니라

第二十七課 家庭敎育

凡學生이幼時에入學ᄒᆞᆷ이家庭의敎育이無ᄒᆞ면學業을成就키不能ᄒᆞᄂᆞ니譬ᄒᆞ건ᄃᆡ主人이墻工으로ᄒᆞ야곰石墻을築ᄒᆞᆯ시墻工은外에在ᄒᆞ고主人은內에在ᄒᆞ야外에서築ᄒᆞᄂᆞᆫ墻을內에서毁ᄒᆞ면其墻은十年을築ᄒᆞ야도完成키無望ᄒᆞᆯ지라此와如히敎師ᄂᆞᆫ學校에서勞苦를不憚ᄒᆞ고誠勤히敎育ᄒᆞ거ᄂᆞᆯ家에歸ᄒᆞᆫ즉父母가敎訓을不加ᄒᆞ고遊嬉를自任ᄒᆞ야終日의工夫가虛地로歸ᄒᆞ면其學은十年을敎ᄒᆞ야도完成키를無望ᄒᆞᆯ지라然ᄒᆞ나家庭의敎育은父보다母가勝ᄒᆞᄂᆞ니故로孟母ㅣ三遷의敎가有ᄒᆞ샤能히聖人이되시니라

第二十八課 家庭敎育(續)

金庾信은新羅文武王時人이라兒時에母가嚴訓을日加ᄒᆞ야交遊ᄒᆞᆷ을忘許치아니ᄒᆞ더니一日은偶然히娼女家에서宿ᄒᆞᆫ지라其母가面으로責ᄒᆞ야曰我ㅣ年老ᄒᆞᆷ의日夜로汝의進就成功ᄒᆞᆷ을望ᄒᆞ거ᄂᆞᆯ今에小兒輩로더부러淫房酒肆에遊戲ᄒᆞᄂᆞ냐ᄒᆞ고號泣ᄒᆞ기를不已ᄒᆞᆫᄃᆡ庾信이卽母前에서娼家의門에復過치아니ᄒᆞᆷ을誓ᄒᆞ얏더니一日은酒를被ᄒᆞᆷ의馬가舊路를遵ᄒᆞ야誤히娼家에至ᄒᆞᆫ지라公이悟ᄒᆞ고所乘ᄒᆞᆫ馬를斬ᄒᆞ야鞍을棄ᄒᆞ고歸ᄒᆞ니라

第二十九課 敬師

凡學生이學校에在ᄒᆞ야師의命을恪謹히順從ᄒᆞᆯ지니試思ᄒᆞ라父母가我를生養ᄒᆞ샤適居無敎ᄒᆞ면則禽獸에近ᄒᆞᆯ새我를學校에送ᄒᆞ샤師를從ᄒᆞ야學問을修케ᄒᆞ심의師가勞苦를不辭ᄒᆞ고我를愛護ᄒᆞ며我를敎育ᄒᆞ야善良ᄒᆞᆫ人이되기를期望ᄒᆞ시니其懽愷ᄒᆞᆫ勤念이父母와何異ᄒᆞ며且學業을修成ᄒᆞᆫ後에ᄂᆞᆫ一身의名譽를闡發ᄒᆞᆷ과父母의光榮을顯揚ᄒᆞᆷ이皆師의賜ᄒᆞᆷ이니雖學校를出ᄒᆞ야社會에入ᄒᆞᆫ덜豈尊敬의心을暫弛ᄒᆞ리오故로曰人이三에生ᄒᆞ야事ᄒᆞ기를如一히ᄒᆞᆯ디ᄒᆞ니三者ᄂᆞᆫ君師父니라

第三十課 敬師(續)

訓蒙의師가雖傳道의師로더브러有異ᄒᆞ나然ᄒᆞ나訓蒙의師가아니면何由로智慧를開導ᄒᆞ야傳道의師에게進學케ᄒᆞ리오且訓蒙의勞苦가傳道者로더브러殊絶ᄒᆞᆫ즉訓蒙의師ᄂᆞᆫ沒身토록尊敬ᄒᆞᆷ이可ᄒᆞᆯ지어ᄂᆞᆯ人이或頭角이嶄然ᄒᆞᆷ의全然히昔日의敎訓ᄒᆞ던師를不思ᄒᆞ고但今日에傳授ᄒᆞᄂᆞᆫ師만知ᄒᆞᄂᆞ니是ᄂᆞᆫ其本을忘ᄒᆞᆷ이라雖學業을成就ᄒᆞᆫ덜豈善良ᄒᆞᆫ學生이라稱ᄒᆞ리오凡我學生은學問이成就ᄒᆞᆯ사록益益히訓蒙의師에恩功을思ᄒᆞ야尊敬ᄒᆞᄂᆞᆫ心을暫時라도不捨ᄒᆞᆷ이可ᄒᆞ니라

第三十一課 遵師敎

貴山은新羅眞平王時人이라少時에箒項으로더브러同히其師에게受戒ᄒᆞ니一曰事君以忠이오二曰事親以孝오三曰交友以信이오四曰臨戰無退오五曰殺生有擇이라及百濟가來侵ᄒᆞᆷ의貴山과箒項이少監이되야拒ᄒᆞᆯ새羅兵이力困ᄒᆞ야引退ᄒᆞ거ᄂᆞᆯ貴山曰吾ㅣ嘗敎를師에게受ᄒᆞᆷ의臨戰無退ᄒᆞ라ᄒᆞ셧스니豈敢히敎를墜ᄒᆞ리오ᄒᆞ고箒項으로더브러力戰ᄒᆞ다가死ᄒᆞ니羅王이群臣을率ᄒᆞ고阿邦의野에서迎ᄒᆞ야並禮로써葬ᄒᆞ니라

第三十二課 學問

學問이란者는學ᄒᆞ고問ᄒᆞᆷ을謂ᄒᆞᆷ이니學問의法은凡讀書에口로만勿誦ᄒᆞ고必、書中의理를明辨ᄒᆞ며且、書를不讀ᄒᆞᆯ時라도目中에見ᄒᆞ는바人物、草、木、金、石等類의理를隨時詳察ᄒᆞᆯ지니此를謂호ᄃᆡ學이오心에疑處가有ᄒᆞ거던必、父兄과師長에게就問ᄒᆞ며農事는農人에게問ᄒᆞ며商事는商人에게問ᄒᆞ며工事는工人에게問ᄒᆞᆯ지니此를謂호ᄃᆡ問이라學ᄒᆞ고問ᄒᆞ야心에知ᄒᆞ는바ㅣ有ᄒᆞ거던猶、忘却ᄒᆞᆯ가恐ᄒᆞ야冊에記入ᄒᆞᆯ지니如此ᄒᆞ면胸中에事物의理가積多ᄒᆞ야可히學問家를成ᄒᆞᆯ지니라

第三十三課 學問(續)

天下에易得ᄒᆞᆯ學問이無ᄒᆞ야惟、恒心이有ᄒᆞᆫ者라야得ᄒᆞᆯ지라夫、水는至弱ᄒᆞ고石은至堅ᄒᆞ나一拳의石이라도泉水의滴이日夜不息ᄒᆞ면畢竟은成孔ᄒᆞᄂᆞ니惟、學도亦然ᄒᆞ야恒心이有ᄒᆞᆫ者ㅣ勞苦를不厭ᄒᆞ

고日積月累ᄒᆞ면必貫通ᄒᆞᆯ日이有ᄒᆞᆯ지라然ᄒᆞᆫ즉古今博學의士가皆數十年의勞苦를積ᄒᆞ야成ᄒᆞᆷ이오一日二日의功이아니니若、今日의所學을明日에厭ᄒᆞ고今年의所學을明年에棄ᄒᆞ면必、光陰을虛度ᄒᆞ고一藝도不成ᄒᆞᆯ지라年이已長ᄒᆞᆷ에及ᄒᆞ야追悔ᄒᆞᆫ들何爲오

第三十四課 學問(續)

姜文良公希孟曰玉을不琢ᄒᆞ면器를成치못ᄒᆞ고金을不鍊ᄒᆞ면劍을鑄치못ᄒᆞᄂᆞ니玉의用은器에在ᄒᆞᆫᄃᆡ琢ᄒᆞ기를必、沙石으로ᄡᅥᄒᆞ고金의用은劍에在ᄒᆞᆫᄃᆡ鍊ᄒᆞ기를必、爐炭으로ᄡᅥᄒᆞ니苟、沙石과爐炭의麁ᄒᆞᆷ을惡ᄒᆞ야居ᄒᆞ기를恥ᄒᆞ면玉은璞에藏ᄒᆞᆯ而已오金은鑛에秘ᄒᆞᆯ而已라豈、能히瑚璉을成ᄒᆞ며龍泉을鑄ᄒᆞ야ᄡᅥ世에奇寶가되리오

人에게對ᄒᆞᆫ注意

第三十五課 敬長

吾의父兄을事ᄒᆞ는心을推ᄒᆞ면必、人의父兄을敬事ᄒᆞᆯ지니尊長을對

ᄒᆞ거던卽禮數를先敍ᄒᆞ고儀容을端正히ᄒᆞ며應對를恪謹히ᄒᆞ며飮食에不先ᄒᆞ며行路에必後ᄒᆞ고且十年의長을見ᄒᆞ거던老兄이라稱ᄒᆞ고瓢拜揖홈이可ᄒᆞ니라

李文純公滉曰吾의親을尊홈과吾의長을敬홈으로브터其餘에推及ᄒᆞ야但其敬ᄒᆞᄂᆞᆫ禮가或其人을隨ᄒᆞ야差等은有ᄒᆞᆯ지니西銘同胞의義로써言ᄒᆞ면凡天下高年의人은皆吾一家의長이라豈吾兄을事ᄒᆞᄂᆞᆫ心을推ᄒᆞ야事치아니리오

第三十六課 朋友

朋友를結交홈은信義로써爲主ᄒᆞᄂᆞ니故로不得已ᄒᆞᆫ事가不有ᄒᆞ면遽然히背絕홈이不可ᄒᆞ고但責善을益加ᄒᆞ야其發達進步됨을共計ᄒᆞᆯ지니라

朋友ᄂᆞᆫ感動力이最大ᄒᆞᆫ者ㅣ라故로人이云ᄒᆞ되喜事가有ᄒᆞᆫ時에朋友가來問ᄒᆞ면其喜가倍增ᄒᆞ고悲事가有ᄒᆞᆫ時에朋友가來慰ᄒᆞ면其悲가半減ᄒᆞᆫ다ᄒᆞ니信ᄒᆞ다此言이여朋友를擇交홈이豈有益지아니ᄒᆞ리오

黃公宗海ᄂᆞᆫ懷德人이라人으로더브러交홈에忠敬ᄒᆞ야其不善이有ᄒᆞᆫ者면必言ᄒᆞ고言ᄒᆞ야도不改ᄒᆞ면自反ᄒᆞ야曰言을不信홈은吾의過라ᄒᆞ고誠意로써自勉ᄒᆞ더라

第三十七課 社會

人은家族의團體로브터一般人人의社會가有ᄒᆞ야各種便益을受ᄒᆞᄂᆞ니此社會에生活ᄒᆞᄂᆞᆫ者의第一注意ᄒᆞᆯ事ᄂᆞᆫ共同力이라此共同力은各其自己의幸福을傳爲홈뿐아니라實一般社會의繁榮을互助홈이니人이世上에生ᄒᆞ야社會에共同力을失ᄒᆞ고야豈人數에備充ᄒᆞ기를得ᄒᆞ리오

社會에各種職業이有홈은人의身體에耳目口鼻手足이有홈과如ᄒᆞ야其各部分이整備ᄒᆞᆫ然後에其完全ᄒᆞᆫ團體를成ᄒᆞᆯ지니人은恒常自

己의本分을先修ᄒᆞ고社會의共同을努力ᄒᆞᆷ이可ᄒᆞ니라

第三十八課　公益

公益이라ᄒᆞᆷ은何人이던지各其身에相當ᄒᆞᆫ力을出ᄒᆞ야社會에幸福되ᄂᆞᆫ事ᄅᆞᆯ謂ᄒᆞᆷ이니假令商民은善美ᄒᆞᆫ物品을賣ᄒᆞ되價ᄅᆞᆯ不貪ᄒᆞ며或販路ᄅᆞᆯ海外에廣開ᄒᆞ야國을增富케ᄒᆞ고職工은日用의器物을若製ᄒᆞ되減價ᄒᆞ야人의需用을廣應케ᄒᆞ며財產의餘裕가有ᄒᆞ고職業의繁忙ᄒᆞᆷ이無ᄒᆞᆫ人은教育과慈善의事에盡力ᄒᆞ며或名譽로其鄕里의利益을計ᄒᆞ고學者ᄂᆞᆫ有益의書籍을著述ᄒᆞ야學問의進步로世의改良을圖ᄒᆞᄂᆞᆫ者ㅣ是라此等人은其本分을盡ᄒᆞᆫ結果로直接或間接에皆公益이되ᄂᆞ니若自己의事만爲ᄒᆞ고公益의事ᄅᆞᆯ盡力치아니ᄒᆞ면豈社會의見容ᄒᆞᆷ을得ᄒᆞ리오然則人은當自己의職業을勉勵ᄒᆞ야直接의利益을生케ᄒᆞᆫ後에更一層勉勵을加ᄒᆞ야其結果ᄅᆞᆯ他人에게廣施ᄒᆞ면乃公益이될지니라

第三十九課　公益(續)

公益의事業이甚多ᄒᆞ니若己의力을不量ᄒᆞ고不慣의業을着手ᄒᆞ얏다가失敗ᄅᆞᆯ當ᄒᆞᆷ은決코譽事가아니오但己의可爲而得ᄒᆞᆯ事에從ᄒᆞ야身과社會에有益ᄒᆞᆷ을用力計圖ᄒᆞᆯ지니라

且己ᄅᆞᆯ爲ᄒᆞᆷ에ᄂᆞᆫ直接의利益이無ᄒᆞᆫ事라도世에ᄂᆞᆫ大利益이되ᄂᆞᆫ者ㅣ有ᄒᆞᄂᆞ니如斯ᄒᆞᆫ事ᄂᆞᆫ雖身의利益은無ᄒᆞᆯ지라도己의力을因ᄒᆞ야可遂ᄒᆞᆯ者면或勞力或捐貲ᄒᆞ야其事ᄅᆞᆯ竣成ᄒᆞᆷ이可ᄒᆞᆯ지라假令險阻ᄅᆞᆯ平易히ᄒᆞ야新路ᄅᆞᆯ開ᄒᆞ며大川을修築ᄒᆞ야架橋ᄅᆞᆯ設ᄒᆞ며學校ᄅᆞᆯ建築ᄒᆞ며貧民을救助ᄒᆞ며畊作의法을改良ᄒᆞ며池ᄅᆞᆯ掘ᄒᆞ야灌漑에利澤을供ᄒᆞ며溝을通ᄒᆞ야舟楫에便宜ᄅᆞᆯ備ᄒᆞᆷ과如ᄒᆞᆫ等事니라

第四十課　他人의自由

社會의安寧秩序ᄅᆞᆯ保有ᄒᆞᆷ에ᄂᆞᆫ何人이던지行動의自由ᄅᆞᆯ持ᄒᆞ얏스나吾我ᄂᆞᆫ決코他人의行動을沮妨ᄒᆞᆷ이不可ᄒᆞ고且社會에安寧秩序ᄅᆞᆯ

保有ᄒᆞᆷ에ᄂᆞᆫ何人이던지思想의自由를持ᄒᆞ얏슨즉雖其、思想이我와異ᄒᆞᆯ지라도決코他人의思想을沮妨ᄒᆞᆷ이不可ᄒᆞ고我等도亦、社會에安寧秩序를保有ᄒᆞᆷ에ᄂᆞᆫ信敎의自由를持ᄒᆞ얏슨즉他人은決코我의信仰을沮妨ᄒᆞᆷ이不可ᄒᆞ니라

然ᄒᆞ나自由ᄂᆞᆫ決코自意를任ᄒᆞᆷ이아니오他人에權利를妨害ᄒᆞᆷ이無ᄒᆞᆫ範圍內에在ᄒᆞ니此를謂ᄒᆞᄃᆡ正當ᄒᆞᆫ自由라云ᄒᆞᆯ지니라

第四十一課　他人의名譽

他人의名譽를重히ᄒᆞᆷ은即、自己의名譽를重히ᄒᆞᆷ이어ᄂᆞᆯ人이或、嫉妬心과黨派心과些少ᄒᆞᆫ嫌疑心에發ᄒᆞ야他人의名譽를損傷케ᄒᆞᄂᆞᆫ者ㅣ不少ᄒᆞᄂᆞ니人은恒常、此에注意ᄒᆞ야若個의心을抑遏ᄒᆞᆷ이可ᄒᆞ니라且、他人을誹謗ᄒᆞ며過失을訐嗾ᄒᆞ야世上에信用을失케ᄒᆞ거나或、事實을捏誣ᄒᆞ며聲望을毁斥ᄒᆞᄂᆞᆫ等事ᄂᆞᆫ亦、最鄙者의行爲니此를戒愼ᄒᆞᆷ이亦可ᄒᆞ니라

夫、我의權利가固重ᄒᆞ되人의權利도亦非輕ᄒᆞ니自重ᄒᆞ고重人ᄒᆞᆷ은人의天然的權利라若、一己의名譽를自重ᄒᆞ고他人의名譽을輕蔑ᄒᆞ면此ᄂᆞᆫ同類의共生ᄒᆞᄂᆞᆫ義를不知ᄒᆞᄂᆞᆫ者라然ᄒᆞᆫ즉人生의名譽如何를不知ᄒᆞᄂᆞᆫ者ᄂᆞᆫ足히文明의眞面目을與語치못ᄒᆞᆯ지니라

第四十二課　他人의身體

他人의身體生命을不重히ᄒᆞ야戕害를加코져ᄒᆞᆷ은但、社會의安寧秩序를破壞ᄒᆞᆯ뿐아니라衡目의杖은人皆有之ᄒᆞ니其毒害를反受키易ᄒᆞᆯ지니라

人이我에게殺害를加코져ᄒᆞᆫ境遇에ᄂᆞᆫ防衛ᄒᆞ기爲ᄒᆞ야不得已抵敵ᄒᆞᆯ지나然ᄒᆞ나人에게暴行을受ᄒᆞᆫ時ᄂᆞᆫ其相當ᄒᆞᆫ手段을盡ᄒᆞ야法律의制裁를請ᄒᆞᆯ지오蠢然히腕力을恃ᄒᆞ야是非曲直을自決ᄒᆞᆷ은不可ᄒᆞ니라

且、卑賤ᄒᆞᆫ人이小失이有ᄒᆞ면此를曉諭ᄒᆞ야其過를自服케ᄒᆞᆷ이可ᄒᆞ

거ᄂᆞᆫ 或豪强을 自恃ᄒᆞ고 歐打를 恣行ᄒᆞ야 一時의 忿으로ᄡᅥ 終身의 玷을 致ᄒᆞᄂᆞ니 人은 豈銘心치 아니리오

第四十三課 他人의 財產

他人의 財產은 極히 所重ᄒᆞᆫ 者라 雖些少의 物이라도 敢히 侵犯ᄒᆞᆷ이 不可ᄒᆞ거던 況欺騙脅迫의 手段으로 人의 所有物을 占奪ᄒᆞ리오 故로 他人의 財產을 重히 ᄒᆞᆷ은 卽我의 財產을 重히 ᄒᆞᄂᆞᆫ 本因이니라

且他人의 承諾을 得지 못ᄒᆞ고 任意로 其財產을 使用ᄒᆞ던지 或他人의 所有物을 借ᄒᆞ고 愆期不返ᄒᆞᆷ은 卽不道德의 事이라 社會上에 信을 失ᄒᆞ야 其安全生活ᄒᆞᆷ을 不得ᄒᆞᆯ지니라

財產侵害의 最恐ᄒᆞᆯ 者ᄂᆞᆫ 强竊盜와 詐僞等이니 此ᄂᆞᆫ 社會의 財產秩序를 保護ᄒᆞ기 爲ᄒᆞ야 法律의 嚴禁ᄒᆞᄂᆞᆫ 바ㅣ니라

第四十四課 愛人

凡世上의 人은 皆我의 同類인즉 獨히 師友만 是愛ᄒᆞᆯ 뿐아니라 雖不相識ᄒᆞᄂᆞᆫ 路人이라도 亦可愛ᄒᆞᆯ지니 貧寒에 難堪ᄒᆞᆫ 者를 見ᄒᆞ거던 必量力ᄒᆞ야 助ᄒᆞ며 勞役에 奔汲ᄒᆞᆫ 者를 見ᄒᆞ거던 必悶迫ᄒᆞ야 隱ᄒᆞ며 不倚ᄒᆞᆫ 者를 見ᄒᆞ거던 必善言으로ᄡᅥ 導ᄒᆞ고 雖外國의 人을 遇ᄒᆞᆯ지라도 亦嘗敬愛ᄒᆞ여야 敎化가 有ᄒᆞᆫ 民이라 可謂ᄒᆞᆯ지라 孟子ㅣ曰 人을 愛ᄒᆞᄂᆞᆫ 者ᄂᆞᆫ 人이 恒常愛ᄒᆞᆫ다 ᄒᆞ시니 此ᄂᆞᆫ 自然의 理니라

第四十五課 慈善

人이 世上에 生ᄒᆞᆷ이 天疾로 身體가 不完全ᄒᆞᆫ 者도 有ᄒᆞ거니와 或天災時變과 疾病衰憊과 鰥寡孤獨의 困窮으로 死亡丐乞에 陷ᄒᆞᆫ 者ㅣ 有ᄒᆞ니 此等에 對ᄒᆞ야 慈善을 施ᄒᆞᆷ은 人된 者의 必務니라

我國도 慈善의 事가 行ᄒᆞᆷ으로 古에ᄂᆞᆫ 惠民署와 活人署가 有ᄒᆞ고 近에ᄂᆞᆫ 濟衆院과 惠民院과 廣濟院이 有ᄒᆞ고 今에ᄂᆞᆫ 孤兒院과 大韓醫院과 赤十字社가 次第로 起ᄒᆞ니 我等은 此를 滿足타 勿謂ᄒᆞ고 益益用力ᄒᆞ야 如斯ᄒᆞᆫ 事業의 發達ᄒᆞ기를 注意ᄒᆞᆯ지니라

李文康公之諡이毛山守에게贅ᄒᆞᆯ싀守醮ᄒᆞ던翌日에出而暮還ᄒᆞ거ᄂᆞᆫ家人이其新袍가亡ᄒᆞᆷ을見ᄒᆞ고問ᄒᆞᆫ되日私濟橋를過ᄒᆞ다가丐兒가凍病ᄒᆞᆷ을見ᄒᆞ고割而分之ᄒᆞ야三兒를衣ᄒᆞ얏다ᄒᆞ니라

第四十六課　公衆

公衆으로共히社會中에生活ᄒᆞᄂᆞᆫ以上에ᄂᆞᆫ互相愛護ᄒᆞ야他人에게損害되ᄂᆞᆫ事를行치勿ᄒᆞᆯ지니若、寺院과公園等地에樹木을折ᄒᆞ거나馬車通行ᄒᆞᄂᆞᆫ路에妨害物을置ᄒᆞᆷ은通常으로戒愼ᄒᆞᆯ바어니와公衆衛生을重히ᄒᆞᆷ에對ᄒᆞ야飮料水에汚物及塵芥를投ᄒᆞ거나道路에腐敗物을棄ᄒᆞ야傳染病에豫防及消毒을解弛케ᄒᆞᆷ은決코不可ᄒᆞ고且衆人集會處에셔他人을押斥ᄒᆞ거나滊車滊船中에셔擧動을駭妄히ᄒᆞᆷ은亦、公衆에게無禮ᄒᆞᆫ行을使ᄒᆞᄂᆞᆫ者이니必、深愼ᄒᆞᆯ지니라

自已의對ᄒᆞᆫ注意

第四十七課　身體

身體가健康ᄒᆞ면何事던지困難이少ᄒᆞ고身體가不健康ᄒᆞ면何事던지容易치못ᄒᆞᄂᆞ니故로人의務를盡ᄒᆞᆷ에ᄂᆞᆫ身體를健康케ᄒᆞᆷ이最緊切ᄒᆞ니라

身體가健康치못ᄒᆞ면其心이亦、健康키不能ᄒᆞᆫ故로身體의健康을注意ᄒᆞᆷ은心을爲ᄒᆞᆷ에亦緊ᄒᆞ니라

身體의强壯與否ᄂᆞᆫ其人의天稟을因ᄒᆞᆷ이多ᄒᆞ나然ᄒᆞ나不强壯ᄒᆞᆫ人도攝養에注意ᄒᆞ면健康을能保ᄒᆞ고强壯ᄒᆞᆫ人도攝養에不注意ᄒᆞ면反、健康을害ᄒᆞ야虛弱ᄒᆞᆫ人을不免ᄒᆞ리라

第四十八課　身體(續)

身體ᄂᆞᆫ食物을因ᄒᆞ야養ᄒᆞᄂᆞᆫ者인즉必、滋養이有ᄒᆞᆫ食物을選擇ᄒᆞᆯ지오暴飮暴食은大害、가有ᄒᆞᆯ지니深愼ᄒᆞᆷ이可ᄒᆞ니라

身體를健康케ᄒᆞᆷ은飮食을愼ᄒᆞᄂᆞᆫ外에運動이尤要ᄒᆞ니腕을多使ᄒᆞ면其腕이發達ᄒᆞ고脚을多使ᄒᆞ면其脚이發達ᄒᆞᄂᆞᆫ故로身體가十分

充健ᄒᆞᆫ지니空氣가新鮮ᄒᆞ고光線을洽受ᄒᆞᄂᆞᆫ處에셔運動ᄒᆞᆷ이最好ᄒᆞ니라

蓋體操ᄂᆞᆫ身體各部를一樣으로發達케ᄒᆞᆷ으로其效가甚大ᄒᆞ나過度ᄒᆞᆷ은不可ᄒᆞ고且皮膚를强壯히ᄒᆞ며身體를淸潔히ᄒᆞᆷ이亦要ᄒᆞ니라

第四十九課 淨潔

衛生의道ᄂᆞᆫ淨潔이第一이라凡房屋器具가一이라도不淨潔ᄒᆞᆷ이不可ᄒᆞ되身體가尤要ᄒᆞᆫ故로梳櫛을必勤ᄒᆞ며洗濯을必數ᄒᆞ며衣服을必常易ᄒᆞ며冠履를必常刷ᄒᆞ며手面에有汚ᄒᆞ거던卽盥洗ᄒᆞᆯ지니此를自幼로習慣치아니ᄒᆞ면長ᄒᆞᆷ의懶惰가成性ᄒᆞ야改ᄒᆞ기難ᄒᆞᆯ지라嘗讀書의士를見ᄒᆞᆫ즉衣袴에虱이生ᄒᆞ고冠履에塵이積ᄒᆞ되終日伏案ᄒᆞ야整理ᄒᆞᆷ을不知ᄒᆞ고甚ᄒᆞᆫ者ᄂᆞᆫ蓬頭跣足으로涕唾가滿地ᄒᆞ야人이皆遠避ᄒᆞ거ᄂᆞᆯ彼曰我ᄂᆞᆫ學問이勝人ᄒᆞ니淨潔은不足貴라ᄒᆞᄂᆞ니吁라是何言인고

第五十課 節飮食

盧文懿公守愼曰飮食을節히ᄒᆞ되食에精ᄒᆞᆷ을不厭ᄒᆞ고飮에溫ᄒᆞᆷ을不厭ᄒᆞ며先飢ᄒᆞᆫ後에食ᄒᆞ되食을太飽히ᄒᆞᆷ이不可ᄒᆞ고先渴ᄒᆞᆫ後에飮ᄒᆞ되飮을太多히ᄒᆞᆷ이不可ᄒᆞ며食은節而小ᄒᆞᆷ을要ᄒᆞ고頻而多ᄒᆞᆷ을不欲ᄒᆞ며食은可히急치못ᄒᆞᆯ지니當細히咨ᄒᆞ고緩히嚼ᄒᆞ며膏粱五味라도可히過食치못ᄒᆞᆯ지니肉이食氣를勝치勿케ᄒᆞ며食은生冷堅硬焦燥粘滑의物을忌ᄒᆞ며申後의飯을食치勿ᄒᆞ고卯時의酒를飮치勿ᄒᆞ며酒ᄂᆞᆫ可히過치못ᄒᆞ고茶ᄂᆞᆫ반ᄃᆞ시暖치못ᄒᆞᆯ지니라

第五十一課 儉約

人이儉約을自守ᄒᆞᆷ은一身一家의幸福을能享ᄒᆞᆯᄲᅮᆫ아니라公衆社會의利益을增長케ᄒᆞᄂᆞ니何者오儉約ᄒᆞᆫ者ᄂᆞᆫ自奉이撙節ᄒᆞᆫ故로恒常有餘ᄒᆞ야能히人에게施ᄒᆞ고奢侈ᄒᆞᆫ者ᄂᆞᆫ自奉이過厚ᄒᆞᆫ故로恒常不足ᄒᆞ야反히人에게咨ᄒᆞᄂᆞ니라.

柳公鼎機가 語嘗治家홈이 華를 去ᄒᆞ고 實에 就홈으로 爲本ᄒᆞ야 麻을 織ᄒᆞ고 桑을 栽ᄒᆞ며 茄子 一畦와 葡萄 一架를 種ᄒᆞ야 時로 賣ᄒᆞ며 家人 十口가 其壯弱을 隨ᄒᆞ야 所業이 皆有홈으로 各其資生에 足ᄒᆞ니 家事가 井井有度ᄒᆞ야 雖貧饑ᄒᆞ나 終年不飢ᄒᆞ더라

第五十二課　度量

人으로더부러 交홈에ᄂᆞᆫ 必度量을 濶達히 홀지니 雖己를 對ᄒᆞ야 無禮ᄒᆞᆫ 言行을 加ᄒᆞᄂᆞᆫ 者ㅣ 有홀지라도 妄히 怒ᄒᆞ야 抵抗홈이 不可ᄒᆞ니라

美國華盛頓이 一日은 一將校와 談論ᄒᆞᆯ새 其將校가 怒ᄒᆞ야 華盛頓을 投倒ᄒᆞᆫ디 華盛頓이 心中에 介嫌치아니ᄒᆞ고 翌日에 其將校에게 往ᄒᆞ야 改히 親交홈을 納ᄒᆞ니 自此로 切親ᄒᆞᆫ 友가 되니라

河公嵩은 晋州人이라 兒時에 同學兒가 一忿爭을 因ᄒᆞ야 公의 曆을 奪ᄒᆞ야 割拔ᄒᆞ게ᄂᆞᆯ 公이 愠色이 少無ᄒᆞ고 人이 問ᄒᆞᆫ今 曰 此事가 初無ᄒᆞ다ᄒᆞ더라

第五十三課　正直

正直은 人의 繩墨이라 自己를 爲홈이던지 社會를 爲홈이던지 正直이 아니면 行身키 不能ᄒᆞᄂᆞ니 若人의 虛言을 聞ᄒᆞ고 他人을 鼓動ᄒᆞ야 笑料를 興ᄒᆞ거나 他人의 怒를 恐ᄒᆞ야 我의 過失을 隱ᄒᆞ거나 我의 才能을 獲ᄒᆞ기 爲ᄒᆞ야 事實을 誇ᄒᆞ거나 又目前의 利益을 爲ᄒᆞ야 無心의 事를 行ᄒᆞᄂᆞᆫ 者ᄂᆞᆫ 皆賤卑ᄒᆞᆫ 事이오 其外에 不公ᄒᆞᆫ 稱秤을 用홈과 粗惡ᄒᆞᆫ 物品을 故賣ᄒᆞᄂᆞᆫ 等은 甚不正直ᄒᆞᆫ 行實이니 深戒홀지니라

李相國景奭曰 士ᄂᆞᆫ 正直과 忠厚로ᄡᅥ 本을 삼ᄂᆞ니 正直ᄒᆞ고 忠厚치 아니ᄒᆞ면 刻ᄒᆞ고 忠厚ᄒᆞ고 正直치 아니ᄒᆞ면 懦ᄒᆞ니라

第五十四課　公平

公平이라 홈은 事를 當ᄒᆞ야 情實을 不拘ᄒᆞ며 勢力에 不係ᄒᆞ고 貧賤ᄒᆞᆫ 人이던지 富貴ᄒᆞᆫ 人이던지 差別이 無케 極히 平等에 處置홈을 云홈이니 事를 處置홈이 公平ᄒᆞᆫ 時ᄂᆞᆫ 人에게 信ᄒᆞ며 人에게 信ᄒᆞᆫ 時ᄂᆞᆫ 我의 才

能이用ᄒᆞ야立身起家ᄒᆞᄂᆞᆫ事를得ᄒᆞᆯ지오事를處置ᄒᆞ미公平치못ᄒᆞᆫ時ᄂᆞᆫ人에게不信ᄒᆞ며人에게不信ᄒᆞᆫ時ᄂᆞᆫ我의才能이不用ᄒᆞ야縱學問이有ᄒᆞ며職業에勤勉ᄒᆞᆯ지라도事를成ᄒᆞ며身을立ᄒᆞ며家를起ᄒᆞᄂᆞᆫ事ㅣ不能ᄒᆞᆯ지니라

第五十五課 公正

李文清公後白이爲吏判에公道를務崇ᄒᆞ고請托을不受ᄒᆞ야雖親舊라도若頻頻히往候ᄒᆞ면心에不喜히녀이더니一日은族人이有ᄒᆞ야往見ᄒᆞ고語가求官ᄒᆞᄂᆞᆫ意에及ᄒᆞ거ᄂᆞᆯ公이變色ᄒᆞ고一冊子를示ᄒᆞ야曰吾ㅣ子의名을錄ᄒᆞ야將擬官코져ᄒᆞ얏더니今에子ㅣ求ᄒᆞᆷ이有ᄒᆞ니求ᄒᆞ야得ᄒᆞᆷ은公道가아니로다惜乎라子ㅣ若言치아니ᄒᆞ얏스면可히ᄡᅥ得官ᄒᆞ얏스리라其人이慚退ᄒᆞ더라公이每一官을擬ᄒᆞᆯ식遍히其人의當否를問ᄒᆞ야若不合ᄒᆞᆫ人을誤除ᄒᆞ면輒終夜不寐ᄒᆞ야曰我ㅣ國事를誤ᄒᆞ얏다ᄒᆞ더라

第五十六課 清廉

清廉이라ᄒᆞᆷ은心이介潔ᄒᆞ야清水와如ᄒᆞ며行이正直ᄒᆞ야毫末도不違ᄒᆞᆷ을云ᄒᆞᆷ이니假令我心에虛僞ᄒᆞᆫ事로知ᄒᆞᆯ時ᄂᆞᆫ目前에雖如何ᄒᆞᆫ利益이有ᄒᆞᆯ지라도不爲ᄒᆞ며物을人에게受ᄒᆞ되苟其道가아니면我身이雖餓死ᄒᆞᆯ지라도不取ᄒᆞ며窮迫ᄒᆞᆫ情에牽ᄒᆞ야人의施與를勿乞ᄒᆞ며利慾의心을向ᄒᆞ야志의本主를不變ᄒᆞ며且人의物을借치勿ᄒᆞ되若既借ᄒᆞᆫ者ᄂᆞᆫ雖一錢의金이라도必返ᄒᆞ야平生에羞耻되ᄂᆞᆫ事를不行ᄒᆞᆷ이清潔ᄒᆞᆫ行實이니라

第五十七課 清廉(續)

崔碩은高麗順孝王時人이라昇平府에知ᄒᆞ야清廉으로ᄡᅥ稱ᄒᆞᆯ식府에故俗이邑倅가替還ᄒᆞ면必八馬를贈ᄒᆞ야良ᄒᆞᆫ者를擇케ᄒᆞᄂᆞᆫ지라碩이滿期ᄒᆞ야還ᄒᆞᆯ식邑人이例를依ᄒᆞ야八馬를進ᄒᆞ고擇ᄒᆞ라ᄒᆞᆫ듸碩이笑曰馬가能히京에至ᄒᆞᆷ이足ᄒᆞ니何必良馬를擇ᄒᆞ리오家에至

ᄒᆞ야其馬를還歸ᄒᆞ거ᄂᆞᆯ邑人이不受ᄒᆞᆫ딕頌曰吾ㅣ汝邑을守ᄒᆞᆯ時에
牝馬有가ᄒᆞ야駒를生ᄒᆞᆫ故로今에牽來ᄒᆞ얏스니是ᄂᆞᆫ貪이라ᄒᆞ고其
駒를并ᄒᆞ야還ᄒᆞ니自是로贈馬ᄒᆞᄂᆞᆫ弊가遂絶ᄒᆞᆫ지라邑人이德을頌
ᄒᆞ야立石ᄒᆞ고號를八馬碑라ᄒᆞ더라

第五十八課 謙遜

盖人의品性은言行을因ᄒᆞ야顯ᄒᆞᄂᆞᆫ者라故로一動靜과一云爲의謙
德을見ᄒᆞᄂᆞ니自己가長處ㅣ有ᄒᆞ다고誇치勿ᄒᆞ며他人이短處ㅣ有
ᄒᆞ다고侮치勿ᄒᆞᆯ지어다己의長處ᄂᆞᆫ誇치아니ᄒᆞ야도自然其行에顯
ᄒᆞᄂᆞ니라人이或徒히謙退ᄒᆞᆷ으로써謙德에適合ᄒᆞᆫ줄로思ᄒᆞᄂᆞᆫ者ㅣ
有ᄒᆞᄂᆞ니是ᄂᆞᆫ誤解ᄒᆞᆷ이라事爲를進ᄒᆞᆷ에當ᄒᆞ야躕躇ᄒᆞ며意見을述
ᄒᆞᆷ에當ᄒᆞ야默止ᄒᆞᆷ은實로卑屈에陷ᄒᆞᆫ者ㅣ니라
金文敬公安國이嘗子弟를敎ᄒᆞ야曰惟謙과다못恭은是君子의盛德
이니汝輩가當終身珮服ᄒᆞᆯ지어다我의平生에傲惰를加人ᄒᆞ며言人

過失ᄒᆞᆷ을敢難기見ᄒᆞ얏ᄂᆞ냐擧死언정子孫이是行이有ᄒᆞᆷ을聞키不
願ᄒᆞ노라

第五十九課 沉靜

凡人이事를臨ᄒᆞ야驚動치아니ᄒᆞ고靜着히事를處置ᄒᆞᆷ을沉靜이라
云ᄒᆞᄂᆞ니人이沉靜치못ᄒᆞ면事에損失이多ᄒᆞᆫ故로必平生에膽을善
鍊ᄒᆞ며氣를善養ᄒᆞ야雖不意의事를臨ᄒᆞ더라도驚懼ᄒᆞ며畏縮ᄒᆞᆷ이
無ᄒᆞᆷ에注意ᄒᆞᆯ지니라
鄭文忠公夢周ㅣ嘗海에航ᄒᆞ야支那及日本에使ᄒᆞᆯ시每風濤의危急
ᄒᆞᆷ을當ᄒᆞᆷ의意思가愈整ᄒᆞ고精神이愈淸ᄒᆞ야襟을歛ᄒᆞ고高히拱ᄒᆞ
기를室中에坐ᄒᆞ야周旋ᄒᆞᆷ과如ᄒᆞ더라

第六十課 溫和

溫和라ᄒᆞᆷ은言語를和平히ᄒᆞ며擧動을靜肅히ᄒᆞᆷ을云ᄒᆞᆷ이니溫和ᄒᆞᆫ
言語ᄂᆞᆫ人으로ᄒᆞ야곰信仰의心을發케ᄒᆞ고溫和ᄒᆞᆫ擧動은人으로ᄒᆞ

야곰愛敬의心이起케ᄒᆞᄂᆞ니縱衆人으로ᄒᆞ야곰特過ᄒᆞᆫ才能이有ᄒᆞᆯ지라도言語가喧嘵ᄒᆞ며擧動이荒雜ᄒᆞ면人이厭을生ᄒᆞ야愛敬과信仰의心이乏ᄒᆞᆯ지니人에게愛敬을受치못ᄒᆞ며人에게信仰을受치못ᄒᆞᆫ時ᄂᆞᆫ雖深奧ᄒᆞᆫ學問과高等ᄒᆞᆫ才能이有ᄒᆞᆯ지라도信用ᄒᆞᆯ事가無ᄒᆞᄂᆞ니學問과才能이有ᄒᆞ고도其用을得지못ᄒᆞᆷ으론學問과才能이無ᄒᆞᆷ으로何異ᄒᆞ리오然則凡我學生은恒常言語를和平히ᄒᆞ며擧動을靜肅히ᄒᆞ야衆人의愛敬과信仰을受ᄒᆞ기에注意ᄒᆞᆯ지어다

第六十一課 溫和(續)

金文敬公宏弼이居京時에嘗一雉를得ᄒᆞ야將大夫人所에送ᄒᆞ랴ᄒᆞᆯ서猫兒에게偸去ᄒᆞᆫ바ㅣ된지라公이盛怒ᄒᆞ야守者를責ᄒᆞ니趙文正公光祖ㅣ進曰奉親의誠이雖切ᄒᆞ나君子의辭氣ᄂᆞᆫ可히太過치못ᄒᆞᄂᆞᆫ이다ᄒᆞ거ᄂᆞᆯ公이起ᄒᆞ야趙文正의手를握ᄒᆞ고曰吾도方悔ᄒᆞ얏더니汝의言이又如此ᄒᆞ니吾ㅣ愧汗ᄒᆞᆷ을不覺ᄒᆞ깃도다汝ᄂᆞᆫ乃吾의師로다ᄒᆞ니趙文正의時年이十七이러라

第六十二課 勇氣

凡人이勇氣가無ᄒᆞ면正當ᄒᆞᆫ行爲를遂ᄒᆞ기不得ᄒᆞᆯ뿐아니라反히人된本務를失ᄒᆞᄂᆞ니故로勇氣가有ᄒᆞᆫ人은國家를爲ᄒᆞᆷ이던지世를爲ᄒᆞ며人을爲ᄒᆞᆷ에當ᄒᆞ야一身을獻ᄒᆞ야犧牲에供ᄒᆞᆷ을不辭ᄒᆞᄂᆞ니라大抵勇氣ᄂᆞᆫ困難에不屈ᄒᆞ고誘惑에不動ᄒᆞ며私慾을制ᄒᆞ고正道를守ᄒᆞ며過를知ᄒᆞ면能改ᄒᆞ고事를當ᄒᆞ면實行ᄒᆞᄂᆞ니此ᄂᆞᆫ皆平日에勇氣를養ᄒᆞ야百折不撓ᄒᆞᄂᆞᆫ精神에서由ᄒᆞᆷ이라然ᄒᆞ나勇도義氣와血氣의二勇이有ᄒᆞ니人은恒常詳愼ᄒᆞ야義氣를主ᄒᆞ고血氣를抑制ᄒᆞᆯ지니라

金文簡公淨曰世에大勇이有ᄒᆞᆫ者ᄂᆞᆫ毁ᄒᆞ야도不怒ᄒᆞ며犯ᄒᆞ야도不驚ᄒᆞ며辱ᄒᆞ야도不屑ᄒᆞᄂᆞ니此ᄂᆞᆫ行義ᄒᆞᆷ에勇ᄒᆞᆫ故로忿怒의事가懷에不入ᄒᆞ고徒히其恂恂如也ᄒᆞᆷ만見ᄒᆞᆷ이니라

第六十三課 知識

人의知識은立身ᄒᆞᄂᆞᆫ基礎라何事業을營爲ᄒᆞ던지皆知識을由ᄒᆞ야
成ᄒᆞᄂᆞ니然則此知識을琢磨ᄒᆞᆯ진뎌宜時勢ᄅᆞᆯ隨ᄒᆞ야其程度ᄅᆞᆯ益加
ᄒᆞᆯ지라然ᄒᆞ나知識의種類가極多ᄒᆞ야一人의心力으로其無限ᄒᆞᆫ理
致ᄅᆞᆯ透得코져ᄒᆞᆷ은可望키困難ᄒᆞᆫ즉必我의業務에必要ᄒᆞᆫ知識을先
得키爲ᄒᆞ야當務에有益ᄒᆞᆫ書物만講究ᄒᆞ되若無緣히時間을費ᄒᆞᆷ은
決코不可ᄒᆞ니라

少年의時ᄂᆞᆫ氣力이盛ᄒᆞ야記憶이甚多ᄒᆞᆫ즉知識을琢磨ᄒᆞ기最適當
ᄒᆞᆫ時期라此好時期ᄅᆞᆯ當ᄒᆞ야若怠惰로失ᄒᆞ면成長ᄒᆞᆫ後에雖追悔ᄒᆞ
나何及ᄒᆞ리오

德性에對ᄒᆞᆫ注意

第六十四課 自己

凡人은家族人에게對ᄒᆞᄂᆞᆫ務와社會人에게對ᄒᆞᄂᆞᆫ務로同히自己에
對ᄒᆞᄂᆞᆫ務가有ᄒᆞ고自己에對ᄒᆞᆫ務中에ᄂᆞᆫ身에對ᄒᆞᄂᆞᆫ務와心에對ᄒᆞ
ᄂᆞᆫ務가有ᄒᆞ니外物의誘惑ᄒᆞᆷ을抑制ᄒᆞ야身體의健康과精神의活動
을勿害ᄒᆞ도록注意ᄒᆞ야自己의身心을發達케ᄒᆞᆷ이可ᄒᆞ니若一時의
困難을不堪ᄒᆞ야自溺或自殺ᄒᆞᆷ은最惡ᄒᆞᆫ事이니라

趙文正公光祖曰己ᄅᆞᆯ持ᄒᆞᆷ은當嚴中에恭이有ᄒᆞ고恭中에嚴이行케
ᄒᆞᆯ지니此ㅣ謂ᄒᆞᆫ바禮樂은可히斯須도身에去치못ᄒᆞᆫ다ᄂᆞᆫ者ㅣ니라

第六十五課 立志

凡學業을修ᄒᆞᄂᆞᆫ者ᄂᆞᆫ立志로써第一을삼ᄂᆞ니人이若幼時로븟허其
志ᄅᆞᆯ確立치못ᄒᆞ면成長ᄒᆞᆷ에及ᄒᆞ야自然其心이外物에牽動ᄒᆞ야其
所行이一定키不能ᄒᆞᆫ故로無論何事業을經營ᄒᆞ던지中途의廢ᄒᆞᆷ을
不免ᄒᆞᆯ지니人은恒常志ᄅᆞᆯ確固ᄒᆞᆫ境에置ᄒᆞ고事ᄅᆞᆯ公平ᄒᆞᆫ地에行ᄒᆞᆷ
이可ᄒᆞ니라

金文忠公誠一이嘗門生을誨ᄒᆞ야曰人은立志가不誠ᄒᆞᆷ을患ᄒᆞᆯ지라

엇지才가不足ᄒᆞᆷ을患ᄒᆞ리오才가無ᄒᆞᆯ지라도君子儒가됨에不妨ᄒᆞᆯ지오才가有ᄒᆞᆯ지라도亦小人의歸ᄒᆞᆷ을不免ᄒᆞᆯ지니惟學ᄒᆞᄂᆞᆫ바에己를爲ᄒᆞ고人을爲ᄒᆞᆷ에在ᄒᆞ니라

第六十六課 立志(續)

志란者ᄂᆞᆫ氣의帥라他人의强ᄒᆞᆫ바ㅣ아니오必自己의感奮ᄒᆞᆷ을從ᄒᆞ야立ᄒᆞᄂᆞᆫ故로其志가强ᄒᆞᆫ者ᄂᆞᆫ堅固의精神과忍耐의力을修養ᄒᆞ야其指的ᄒᆞᆫ方向에抵達ᄒᆞ되其志가弱ᄒᆞᆫ者ᄂᆞᆫ雖一度感奮의心이有ᄒᆞᆯ지라도忽然外物에精力을奪ᄒᆞ야挫折ᄒᆞᆷ을不免ᄒᆞᆯ지니라

世에立志가不固ᄒᆞᆫ者를見ᄒᆞᆷ이每怠慢의習慣을因ᄒᆞ야其趨向ᄒᆞᄂᆞᆫ業務를遠大에自期치못ᄒᆞᆷ으로今日感情의定ᄒᆞᆫ바를他日感情에破ᄒᆞᄂᆞ니學에有志ᄒᆞᆫ者ᄂᆞᆫ宜此에鑑戒ᄒᆞᆯ지니라

第六十七課 立志(續)

李文成公珥曰學者가終身토록讀書ᄒᆞ야도能히成ᄒᆞᆷ이有치못ᄒᆞᆷ은只是志가不立ᄒᆞᆷ이라志의不立ᄒᆞᆷ이其病이三이有ᄒᆞ니一曰不信이니聖人의言으로써人을誘ᄒᆞ라고設ᄒᆞ얏다ᄒᆞ야只其文만玩ᄒᆞ고身으로써踐치아니ᄒᆞ며二曰不智니其姿質의不美ᄒᆞᆷ을自分ᄒᆞ고退托ᄒᆞᆷ에安ᄒᆞ야殊進ᄒᆞᆫ즉聖賢이되고退ᄒᆞᆫ즉愚와不肖가됨을不知ᄒᆞᆷ이오三曰不勇이니稍히聖賢의我를欺치아니심과氣質의可히變化ᄒᆞᆷ을知ᄒᆞ고도只常에括ᄒᆞ고故에滯ᄒᆞ야能히奮發치못ᄒᆞᆷ으로昨日의所爲를今日에革키難ᄒᆞ고今日의所爲를明日에改키憚ᄒᆞ야如是히因循ᄒᆞᆷ이寸을進ᄒᆞ얏다가尺을退ᄒᆞᄂᆞ니人이此三病이有ᄒᆞᆫ故로君子가世로出치아니ᄒᆞ고六籍이空言이되니可히歎ᄒᆞᆷ을勝ᄒᆞ리오

第六十八課 反省

人이雖知識이有餘ᄒᆞᆫ者라도自過ᄂᆞᆫ覺得키難ᄒᆞ거던況怠惰ᄒᆞᆫ者ㅣ私慾을因ᄒᆞ야不知不覺間罪戾에陷ᄒᆞᆷ이리오然則人은恒常自身을反省ᄒᆞ야行爲를愼ᄒᆞᆯ지며且人이我의過失을忠告ᄒᆞ거던聞而卽改

ᄒᆞᆷ이可ᄒᆞ니라

昔에曾子ᄂᆞᆫ日로其身을三省ᄒᆞ야曰人을爲ᄒᆞ야謀ᄒᆞᆷ에不忠ᄒᆞ얏ᄂᆞᆫ가朋友로더브러交ᄒᆞᆷ에不信ᄒᆞ얏ᄂᆞᆫ가傳ᄒᆞᆷ을不習ᄒᆞ얏ᄂᆞᆫ가ᄒᆞ니라

李文元公彥迪이嘗几案上에自戒辭를書ᄒᆞ야曰吾ㅣ日로吾身을三省ᄒᆞᄂᆞ니天을事ᄒᆞᆷ에未盡ᄒᆞᆷ이有ᄒᆞᆫ가君親을爲ᄒᆞᆷ에未誠ᄒᆞᆷ이有ᄒᆞᆫ가心을指ᄒᆞᆷ에未正ᄒᆞᆷ이有ᄒᆞᆫ가ᄒᆞ니라

第六十九課 自警

曹文貞公植이嘗金鈴을佩ᄒᆞ야號曰惺惺子라ᄒᆞ고時로撫ᄒᆞ야ᄡᅥ喚惺ᄒᆞ더니金東岡宇顒이初으로公에게拜ᄒᆞᆫᄃᆡ公이佩ᄒᆞᆫ바鈴을出ᄒᆞ야ᄡᅥ東岡을贈ᄒᆞ야曰此物을汝의衣帶間에置ᄒᆞ고凡動作ᄒᆞᆷ이有ᄒᆞ거든必規警ᄒᆞ고誚責ᄒᆞ야甚히敬畏ᄒᆞ되汝ᄂᆞᆫ其戒愼ᄒᆞ야此子에게得罪ᄒᆞᆷ이無ᄒᆞᆯ지어다東岡이問曰是ㅣ古人의佩玉ᄒᆞᄂᆞᆫ意가아니잇가曰固是矣나此意ᄂᆞᆫ甚切ᄒᆞ야玉을佩ᄒᆞᆷ에止치아니ᄒᆞᄂᆞ니라

第七十課 忍耐

蓋人이事業을遂코져ᄒᆞᆯ진ᄃᆡ多少困難의事를逢ᄒᆞᆷ이有ᄒᆞ리니人은其志를不挫ᄒᆞ고困難을忍耐ᄒᆞ야竟히其業을成ᄒᆞᆯ지어다古人이云ᄒᆞ기를艱難은人을玉으로化ᄒᆞᄂᆞᆫ者라ᄒᆞ니라

忍耐의力은大事業을營爲ᄒᆞᆷ에만必要ᄒᆞᆯ뿐아니라日常行動에도亦必要ᄒᆞ니凡我靑年은恒常忍耐의習慣을作ᄒᆞ야來頭의事業을成ᄒᆞ기로用心ᄒᆞᆯ지니라

李文純公滉曰古의士를觀ᄒᆞᆷ의其窮이愈甚ᄒᆞᆯ사록其志를益勵ᄒᆞ며其節이益奇ᄒᆞᄂᆞ니若ㅣ苦를因ᄒᆞ야遽히其所를變ᄒᆞ면可히士이라謂치못ᄒᆞᆯ지니라

第七十一課 言語

言語ᄂᆞᆫ思想을人에게交換ᄒᆞᄂᆞᆫ機關이라人이雖高尙ᄒᆞᆫ知識이有ᄒᆞᆯ지라도皆言語의力을依ᄒᆞ야發達ᄒᆞᄂᆞᆫ者인故로音聲은必分明瀏亮

ᄒᆞᆷ을取ᄒᆞᄂᆞ니若發音이低殘ᄒᆞ면人으로ᄒᆞ야곰誤解가恐有ᄒᆞᆯ지며
且高聲을妄動ᄒᆞ면人으로ᄒᆞ야곰衝激을恐致ᄒᆞᆯ지니라
李文純公滉曰人이應接ᄒᆞᆷ이有ᄒᆞᆫ時에最虛妄에失키易ᄒᆞᆫ者ᄂᆞᆫ言語
라故로聖人이人을信으로써敎ᄒᆞ사言語의則을삼으시니信은誠으
로더부러一理라故로誠을存ᄒᆞᆷ은當妄語치아니ᄒᆞᆷ으로붓허始ᄒᆞᄂᆞ
니라

第七十二課　言語(續)

言語를發ᄒᆞᆷ에當ᄒᆞ야ᄂᆞᆫ亦必時機와處所를詳審치아니ᄒᆞᆷ이不可ᄒᆞ
니若人의對話ᄒᆞᆯ時에妄히可否를不察ᄒᆞ고突然妄議ᄒᆞ거나自己의
言을聽케爲ᄒᆞ야獨自辯論ᄒᆞ며祝賀의席에在ᄒᆞ야不吉의語를發ᄒᆞ
거나葬儀의席에列ᄒᆞ야詼諧의談을發ᄒᆞᆷ은決코不可ᄒᆞ니라
金文敬公安國家訓에曰己의長을誇ᄒᆞ고人의短을談치勿ᄒᆞ며過惡
隱微의事를談치勿ᄒᆞ며淫褻醜雜의語를談치勿ᄒᆞ며傲慢侮人의言
을談치勿ᄒᆞ며反常凶悖의言을談치勿ᄒᆞ며譸張誕妄의言을發치勿
ᄒᆞ라ᄒᆞ니라

第七十三課　言語(續)

盧校理景任曰人이雖我를慢ᄒᆞᆯ지라도我가能히容ᄒᆞ야答ᄒᆞᆫ즉慢者
가恭ᄒᆞᆯ지오人이雖我를薄케ᄒᆞᆯ지라도我가能히容ᄒᆞ야待ᄒᆞᆫ즉薄者
가厚ᄒᆞᆯ지오人이雖我를怒ᄒᆞᆯ지라도我가能히容忍ᄒᆞ야言을愼ᄒᆞᆫ즉
人이必服ᄒᆞᆯ지니라
又曰假令人이過가有ᄒᆞᆯ지라도掩ᄒᆞ야揚치아니ᄒᆞᆷ이可ᄒᆞ거던況過
가無히排揑誣毁ᄒᆞᆷ이리오此ᄂᆞᆫ雖人面이나豺狼蛇蝎과何異ᄒᆞ리오
其排揑을被ᄒᆞᆫ者ᄂᆞᆫ足히損益될것이無ᄒᆞ되渠ᄂᆞᆫ已凶險에自陷ᄒᆞ얏
ᄉᆞ니噫라孰이得ᄒᆞ고孰이失ᄒᆞ얏ᄂᆞᆫ고

人格에對ᄒᆞᆫ本務

第七十四課　品位

人의品位ᄂᆞᆫ萬物의長이라其明靈ᄒᆞᆫ知覺이衆理를具ᄒᆞ야萬事에應ᄒᆞᄂᆞ니此萬事에對ᄒᆞ야其所行이正當치못ᄒᆞ면是ᄂᆞᆫ人道를違背ᄒᆞᆷ이니其品位를豈保ᄒᆞ리오

人은人의不知ᄒᆞᄂᆞᆫ處이라고行을失치勿ᄒᆞ며人을對ᄒᆞ얏다고行을飾치勿ᄒᆞ고惟良心을從ᄒᆞ야正當ᄒᆞᆫ事를行ᄒᆞᆯ지어다傳에曰隱에셔見ᄒᆞᆷ이업ᄉᆞ며微에셔顯ᄒᆞᆷ이업ᄉᆞ니君子ᄂᆞᆫ必其獨을愼ᄒᆞᆫ다ᄒᆞ시니라

假令人의褒譽를受ᄒᆞᆯ지라도自己가其實이無ᄒᆞ면足히名譽가되지못ᄒᆞᆯ지오人의毁謗을受ᄒᆞᆯ지라도自己의惡處가無ᄒᆞ면足히恥가되지아니ᄒᆞᆯ지니自心에欺ᄒᆞᆷ이無ᄒᆞ면仰ᄒᆞ야天에愧ᄒᆞᆷ이無ᄒᆞ고俯ᄒᆞ야人에게怍ᄒᆞ지아니ᄒᆞᄂᆞ니라

第七十五課　職業

凡人은職業에從事치아니ᄒᆞᆷ이不可ᄒᆞᆷ이其職業을擇ᄒᆞᆯ진ᄃᆡ先히自

己에能力과事情을度ᄒᆞ야行ᄒᆞ되一次職業의方向을定ᄒᆞᆫ後에ᄂᆞᆫ輕率히變改ᄒᆞᆷ이不可ᄒᆞ니라

職業에從事ᄒᆞᆷ에ᄂᆞᆫ須勤勉과忍耐를要ᄒᆞᄂᆞ니勤勉ᄒᆞ야業務를不怠히ᄒᆞ고忍耐ᄒᆞ야困難을不屈ᄒᆞ면何事業을經營ᄒᆞ야成就치못ᄒᆞ리오

職業은事物에注意ᄒᆞᆷ을須要ᄒᆞᄂᆞ니深히事物에注意ᄒᆞ면凡百의事가皆經驗을因ᄒᆞ야其事業의發達을助ᄒᆞᆯ지라故로自古事業을遂ᄒᆞᆫ者ㅣ皆注意의習慣으로써成ᄒᆞ니라

第七十六課　職業(續)

職業은一身의生活을謀ᄒᆞ며社會의公益을進케ᄒᆞᄂᆞᆫ根本이라人이世에生ᄒᆞᆷ의此責任이旣重ᄒᆞᆫ즉士農工商이各其業務에專心ᄒᆞ야其進步를可期ᄒᆞᆯ지나然ᄒᆞ나人은才의長短이有ᄒᆞ고業의優劣이有ᄒᆞ니其適當ᄒᆞᆫ바를從ᄒᆞ야服務ᄒᆞᆯ지오忘히自力에不及ᄒᆞᆫ事를行ᄒᆞᆷ은

不可ᄒᆞ니라

林公芸이嘗曰世人이謀生을不勤히ᄒᆞ야家業의零替ᄒᆞᆷ을致ᄒᆞᄂᆞ니此ᄂᆞᆫ徒히仰事俯育ᄒᆞᆷ에不克ᄒᆯ뿐아니라送終報本ᄒᆞᄂᆞᆫ禮ᄅᆞᆯ亦廢ᄒᆞ야擧치못ᄒᆞᆯ지니엇지其人道ᄅᆞᆯ能盡ᄒᆞ얏다謂ᄒᆞ리오

第七十七課 立身

孔子曰無信이면不立이라ᄒᆞ시니人이世에生ᄒᆞᆷ의能히往來交涉ᄒᆞᄂᆞᆫ事가無ᄒᆞ기不可ᄒᆞᆫ즉信은即往來交涉의大機關이라若信이不立ᄒᆞ면爾ᄂᆞᆫ詐ᄒᆞ고我ᄂᆞᆫ虞ᄒᆞ야彼此에信用ᄒᆞᆷ을不得ᄒᆞᆯ지니라

世의不信ᄒᆞᆫ人을見ᄒᆞ의賣買借貸等事에所立ᄒᆞᆫ條約을墨이未乾ᄒᆞ야已破ᄒᆞᄂᆞ니此ᄂᆞᆫ其立約ᄒᆞᆯ時에任意로擬寫ᄒᆞ야日後에能히其踐行ᄒᆞᆷ을不計ᄒᆞᆷ이라故로房屋을賣買ᄒᆞᆷ에三四年年結의約을已立ᄒᆞ고數年이不及ᄒᆞ야變改ᄒᆞ며金錢을借貸ᄒᆞᆷ에一年에淸償ᄒᆞᆷ을明言ᄒᆞ고四五年이過ᄒᆞ도록欠滯ᄒᆞ며面으로證ᄒᆞᄂᆞᆫ約에至ᄒᆞ야ᄂᆞᆫ言者ᄂᆞᆫ口頭에暫塗ᄒᆞ고聽者ᄂᆞᆫ耳邊에暫過ᄒᆞ되亦無傷ᄒᆞᆷ으로知ᄒᆞᄂᆞ니西人은雖宴飮과問候等事라도片刻을不失ᄒᆞ고如約히往ᄒᆞ야信을確立ᄒᆞᆷ으로重務ᄅᆞᆯ삼ᄂᆞ니凡我靑年은此險詐ᄒᆞᆫ世에處ᄒᆞ야往來交涉ᄒᆞᄂᆞᆫ事에極히不信ᄒᆞ기ᄅᆞᆯ注意ᄒᆞᆯ지어다

第七十八課 自立自營

人이世에立ᄒᆞ야生活을計ᄒᆞᆷ은皆事業의營爲로從ᄒᆞ야出ᄒᆞᄂᆞᆫ者이니必平常의勤勞로自立自營의習慣을成ᄒᆞ야心定ᄒᆞᆫ事業에目的을達ᄒᆞᆯ지오忘히他人을依賴ᄒᆞ야口腹을苟充ᄒᆞᆷ은最賤ᄒᆞᆫ人이라雖事業을遂成코져ᄒᆞ나豈可得ᄒᆞ리오

自立自營의精神을養ᄒᆞᄂᆞᆫ道ᄂᆞᆫ自己의本分을謹ᄒᆞ며困難을耐ᄒᆞᆷ에在ᄒᆞ니各人이其所執ᄒᆞᆫ職業을勤勉히從事ᄒᆞ야自力의發達로信地ᄅᆞᆯ能踏ᄒᆞ면自立自營의生活이其進步됨을可得ᄒᆞᆯ지니라

自立自營의精神은一身에만有益ᄒᆯ뿐아니라國家의獨立을扶植ᄒᆞᆷ

도亦此精神으로由ᄒᆞ야集成ᄒᆞᄂᆞ니若國民이自立自營을失ᄒᆞ면國家ᄂᆞᆫ其衰亾ᄒᆞᆷ을未免ᄒᆞᆯ지니라

第七十九課　高尙

人은學業을務ᄒᆞᆯ던지詩業을營ᄒᆞ던지其志ᄅᆞᆯ高尙ᄒᆞᆫ域에置ᄒᆞ고雖如何ᄒᆞᆫ困難을經ᄒᆞᆯ지라도百折不屈ᄒᆞᄂᆞᆫ精神을自養ᄒᆞᆫ然後에能히大業을成ᄒᆞᄂᆞ니若其志가鄙下ᄒᆞ야學業은我의才藝가不及ᄒᆞ니修得치못ᄒᆞᆯ者ㅣ라ᄒᆞ며事業은我에資力이不及ᄒᆞ니營爲치못ᄒᆞᆯ者ㅣ라ᄒᆞ야依賴의心으로他人의奴隷ᄅᆞᆯ甘作ᄒᆞᆷ은最下等賤卑ᄒᆞᆫ人이라平生을勞苦ᄒᆞᆫ덜何事ᄅᆞᆯ能成ᄒᆞ리오

鄭公藏陽이每其孫을詔ᄒᆞ야曰學을ᄒᆞᆷ의必聖人으로써期ᄒᆞᆯ지니若第一等을讓ᄒᆞ고第二等의事ᄅᆞᆯ做코져ᄒᆞᆷ은是自棄ᄒᆞᆷ이니라

又曰學者가當軒冕을泥視ᄒᆞ고富貴ᄅᆞᆯ銖視ᄒᆞᄂᆞᆫ志가有ᄒᆞᆫ後에始着脚ᄒᆞᆯ處가有ᄒᆞᆯ지오不然이면百事가低下ᄒᆞ야足히觀ᄒᆞᆯ者ㅣ無ᄒᆞ다ᄒᆞ니라

第八十課　約束

約束은人人의必守ᄒᆞᆯ者이라毫分도輕忽히ᄒᆞᆷ이不可ᄒᆞ니若不正ᄒᆞᆫ으로思ᄒᆞ던지實行키難ᄒᆞᆷ으로思ᄒᆞᄂᆞᆫ事ᄂᆞᆫ當初에約束치勿ᄒᆞᆷ이可ᄒᆞ니라

蓋一朝에約束ᄒᆞᆫ事ᄂᆞᆫ妄破키不可ᄒᆞ니但約束이法令或德義에背馳ᄒᆞᆷ이有ᄒᆞᆫ時ᄂᆞᆫ實行을勿踐ᄒᆞᆯ지오且正當ᄒᆞᆫ約束이라도不虞의事變을因ᄒᆞ야違背ᄒᆞᆷ은不得已ᄒᆞᆫ事이니라

曹文貞公植이俗離山에入ᄒᆞ야成東洲悌元을訪ᄒᆞ고明年八月十五日에伽倻山海印寺에會ᄒᆞ기로期ᄒᆞ얏더니期에及ᄒᆞᆷ의大雨가連日ᄒᆞᄂᆞᆫ지라曹文貞이雨ᄅᆞᆯ冒ᄒᆞ고行ᄒᆞ야寺門에及至ᄒᆞ니東洲가已到ᄒᆞ야簑衣ᄅᆞᆯ方脫ᄒᆞ니古人의信을守ᄒᆞᆷ이尋常ᄒᆞᆫ約束도如此ᄒᆞ더라

第八十一課　競爭

競爭은社會의自然的常態로人人의進步를促ᄒᆞᄂᆞᆫ者ㅣ라然ᄒᆞ나不正ᄒᆞᆫ手段으로他人을勝코져ᄒᆞᆷ은不可ᄒᆞ고惟正直ᄒᆞᆫ道를行ᄒᆞ야其志를不屈ᄒᆞᆫ後에勝利를期得ᄒᆞᆷ이可ᄒᆞ니라

人과競爭ᄒᆞᆷ에ᄂᆞᆫ僥倖이勝ᄒᆞᆷ을誇ᄒᆞ기不足ᄒᆞ며偶然이負ᄒᆞᆷ을耻ᄒᆞ기不足ᄒᆞ고惟自己의力을充分히盡ᄒᆞᆷ이可ᄒᆞ니古語에曰一勝一敗ᄂᆞᆫ兵家의常事라ᄒᆞ니라

競爭이라ᄒᆞᆷ은但一事에不止ᄒᆞ야個人이던지社會던지國家던지勿論ᄒᆞ고智識의競爭과事業의競爭等이其最大ᄒᆞᆫ者ㅣ오其他에雖些少ᄒᆞᆫ一製造物이라도必人보다優勝코져ᄒᆞᆷ이皆競爭의心에出ᄒᆞᆷ이니個人의競爭도尙如此ᄒᆞ거던況國際上土地와民族의競爭이리오然ᄒᆞ나我의强力을自恃ᄒᆞ고他人의利益을攫取ᄒᆞᆷ은蠻賊의行爲니라

第八十二課　謝恩

人에게受恩ᄒᆞᆫ者ᄂᆞᆫ其心中에銘刻ᄒᆞ야平生을鳴謝ᄒᆞᆯ것시어ᄂᆞᆯ或當時에ᄂᆞᆫ感謝의心이有ᄒᆞ다가歲月이即久ᄒᆞ면終乃忘却ᄒᆞᄂᆞ니此ᄂᆞᆫ人情에不近ᄒᆞ다謂ᄒᆞᆯ지니라

金錢物品을受惠ᄒᆞᆫ者ㅣ其相當ᄒᆞᆫ價值로써報ᄒᆞ고曰足ᄒᆞ다ᄒᆞ나此ᄂᆞᆫ物을報ᄒᆞᆷ이오恩을報ᄒᆞᆷ은아니라人이若恩을報코져ᄒᆞᆯ진ᄃᆡ其感謝의心을永久히持ᄒᆞᆯ지니라

人이或施ᄒᆞᆫ恩은思ᄒᆞ고受ᄒᆞᆫ恩은忘ᄒᆞᄂᆞᆫ者ㅣ有ᄒᆞᄂᆞ니此ᄂᆞᆫ已의德을誇ᄒᆞ고人의德을背ᄒᆞᄂᆞᆫ思想이라我가人에게施ᄒᆞᆷ은一時慈善의心에出ᄒᆞᆷ인즉緘口勿說ᄒᆞᆷ이可ᄒᆞ고人이我에게施ᄒᆞᆷ은雖彼亦慈善의心에出ᄒᆞᆷ이나我에在ᄒᆞᆫ道ᄂᆞᆫ其感謝ᄒᆞᆷ을平生不忘ᄒᆞᆷ이可ᄒᆞ니라

第八十三課　窮理

凡人이學問을修得ᄒᆞ야文明社會에入코져ᄒᆞᆯ진ᄃᆡ萬物의實理를硏究치아니ᄒᆞᆷ이不可ᄒᆞ니假令京城에셔釜山에往ᄒᆞ랴면必汽車를乘

ᄒᆞ거나或滊船에坐ᄒᆞ고書函을遠域에致ᄒᆞ랴면必郵便을因ᄒᆞ거나或事가急ᄒᆞᆫ즉電信을用ᄒᆞᆷ은人의共知ᄒᆞᄂᆞᆫ바이나然ᄒᆞ나滊車滊船의何由로能動ᄒᆞᆷ과郵便電信의何由로能達ᄒᆞᆷ을透得ᄒᆞ고져ᄒᆞᆷ은學理上에大히關係가有ᄒᆞᆫ者이오且如此ᄒᆞᆫ文明의新事物뿐아니라即眼前에一木一石의微라도亦眞理를各具치아니ᄒᆞᆫ者ㅣ無ᄒᆞ니能히其性質을講究ᄒᆞ고其效用을證明ᄒᆞ야人人으로ᄒᆞ야곰厚生의資를作ᄒᆞ면其人格이高等位를占據ᄒᆞᆯ지니라

第八十四課 窮理(續)

徐公敬德이兒時에家貧ᄒᆞ야田間에採蔬ᄒᆞᆯ새每日에必遲之ᄒᆞᄃᆡ蔬가筐에盈치못ᄒᆞ니父母가怪히너겨其故를問ᄒᆞᆫᄃᆡ對曰採蔬ᄒᆞᆯ時에鳥가有ᄒᆞ야飛ᄒᆞᄂᆞᆫᄃᆡ今日에地를去ᄒᆞ기一寸이오明日에地를去ᄒᆞ기二寸이오又明日에地를去ᄒᆞ기三寸이라漸次로上을向ᄒᆞ야飛ᄒᆞᆷ의此鳥를觀ᄒᆞ고其理를窮思ᄒᆞᄃᆡ能得지못ᄒᆞ야每히遲滯를致ᄒᆞ고蔬가盈筐치못ᄒᆞ얏나이다ᄒᆞ니蓋其鳥ᄂᆞᆫ俗名에從從이니春을當ᄒᆞ야地氣가上升ᄒᆞ면其氣의至ᄒᆞᄂᆞᆫ바를隨ᄒᆞ야漸次로飛ᄒᆞᆷ이라徐公의窮理ᄒᆞᄂᆞᆫ工이奇ᄒᆞ도다

第八十五課 爭先

凡人은學術이던지工藝던지必爭先의心이有ᄒᆞᆫ然後에能히事業을進就ᄒᆞ야日後社會에大利益을致ᄒᆞᄂᆞ니若遊惰無業ᄒᆞ야人을仰ᄒᆞ고生ᄒᆞᄂᆞᆫ者ᄂᆞᆫ利를分ᄒᆞᆷ은有ᄒᆞ되利를生ᄒᆞᆷ은無ᄒᆞ니即動物中의寄生蟲이라謂ᄒᆞᆯ지니라

蓋爭先의人은其用心의苦ᄒᆞᆷ이尋常人에百倍가되나然ᄒᆞ나其事業을成ᄒᆞᆷ에當ᄒᆞ야ᄂᆞᆫ衆人의所沾ᄒᆞᄂᆞᆫ利益이亦萬倍에及ᄒᆞᆯ지니豈社會의大功臣이아니리오我國은學術과工藝가荒蕪ᄒᆞ야文明의進步가遲遲ᄒᆞ니正히國民의踴躍爭先ᄒᆞᆯ時어ᄂᆞᆯ遊惰의痼習이舊見을拘執ᄒᆞ고風氣를追逐ᄒᆞ야能히爭先ᄒᆞᄂᆞᆫ者ㅣ絕鮮ᄒᆞ니可歎可泣ᄒᆞᆯ뎌

로다

第八十六課 學理

凡吾人이産業을增殖ᄒᆞ야生活의便益을謀ᄒᆞᆷ은皆學理의應用이라然ᄒᆞ나學理도亦世의文明을隨ᄒᆞ야進ᄒᆞᄂᆞ니第觀ᄒᆞ라驛郵의信이電線電話와何如ᄒᆞ며脚夫의力이滊船滊車와何如ᄒᆞᆫ고此ᄂᆞᆫ學理의應用이最大ᄒᆞᆫ者이어니와其他農業과商業과工業等百般의事를改良進步ᄒᆞᆷ이皆學理의應用이니世의文明을注意ᄒᆞᆯ진ᄃᆡ此學術을捨ᄒᆞ고何以ᄒᆞ리오

我國의人은學理에全昧ᄒᆞ야口로ᄂᆞᆫ作舟車ᄒᆞ야以濟不通이라斲木爲耒ᄒᆞ고揉木爲耜라誦ᄒᆞ되實地에ᄂᆞᆫ一事도硏究ᄒᆞᆷ이無ᄒᆞ야農商工諸業이蕪廢不修ᄒᆞ되其所願인즉曰神農黃帝를學ᄒᆞᆫ다ᄒᆞᄂᆞ니此ᄂᆞᆫ神農黃帝의罪人이니라

修養에對ᄒᆞᆫ本務

第八十七課 才智

才智ᄂᆞᆫ事를成ᄒᆞᄂᆞᆫ器械라故로才智가無ᄒᆞᆫ人은雖藝術이如何히巧敏ᄒᆞ며品行이如何히善良ᄒᆞᆯ지라도鋸鉋의器械가無ᄒᆞ면造家기不能ᄒᆞᆷ과如히藝術과品行이皆用ᄒᆞᆷ을得지못ᄒᆞ야己의幸福을能完ᄒᆞ며人의裨益을能爲치못ᄒᆞᆯ지니吾人은道德을修ᄒᆞ고藝術을習ᄒᆞ야共히才智를硏究ᄒᆞ기에注意ᄒᆞᆯ지니라

今에歐美諸國博學士의教育學原理의論述ᄒᆞᆷ을見ᄒᆞ건ᄃᆡ或은體育이第一이라或은德育이第一이라ᄒᆞ얏스니身體를康健케ᄒᆞᆷ과德義를尊尙ᄒᆞᆷ은人된者의最先務어니와體德도亦才智가아니면活用ᄒᆞᆷ을不得ᄒᆞᆯ지니故로曰才智ᄂᆞᆫ事를成ᄒᆞᄂᆞᆫ器械라ᄒᆞ노라

第八十八課 修德

人이禽獸와異ᄒᆞᆷ은德性을修養ᄒᆞᆫ바ㅣ有ᄒᆞᆷ이니一身의健康과智能이皆德性을實行ᄒᆞᆷ에須要되ᄂᆞᆫ者ㅣ라然ᄒᆞᆷ으로此德性을培ᄒᆞᆷ이無

ᄒᆞᆫ時ᄂᆞᆫ譬컨ᄃᆡ精兵이有ᄒᆞ되此를率ᄒᆞᆯ良將이無ᄒᆞᆷ과如ᄒᆞ야健康은只暴戾의根柢가되고智能은只奸惡의媒介가될지니라

德性의本領은自己本務를服從ᄒᆞᆷ에在ᄒᆞᄂᆞ니吾人의良心은本務의標準이라一事一物을總히良心의命令ᄒᆞᄂᆞᆫ바로服從케ᄒᆞ야其間에萌芽ᄒᆞᄂᆞᆫ私心私慾을能制ᄒᆞ면其行爲ᄂᆞᆫ應過失이無ᄒᆞ야有德ᄒᆞᆫ人이될지니라

第八十九課　修德(續)

德을修ᄒᆞᆷ은貴賤貧富와男、女、老、幼를不論ᄒᆞ고當行ᄒᆞᆯ者인즉人은必正直ᄒᆞᆫ思想을先定ᄒᆞ고常修德의工夫를積ᄒᆞ야誠實로써人에게推及ᄒᆞ면雖暴戾無道ᄒᆞᆫ人이라도能히己를害치못ᄒᆞᄂᆞ니故로西諺에曰正直은最良ᄒᆞᆫ方策이라ᄒᆞᆷ이卽此를謂ᄒᆞᆷ이니라

美國人富蘭士克이節制、沈默、秩序、決心、儉約、勤勉、誠實、正義、中和、淸潔、沈着、貞操、謙遜의十三德을定ᄒᆞ야修德의工夫를積ᄒᆞ얏ᄉᆞ니如此ᄒᆞᆫ人은可히吾輩의模範이될지니라

第九十課　時間

青年이學을修ᄒᆞᆷ에對ᄒᆞ야最着念ᄒᆞᆯ者ᄂᆞᆫ時間을惜ᄒᆞᆷ이니人生이生命은限이有ᄒᆞ고學問은限이無ᄒᆞᆫ者ㅣ라此短歲月間에限이無ᄒᆞᆫ學問을修得코저ᄒᆞᆯ진ᄃᆡ必無益ᄒᆞᆫ時間을消費치勿ᄒᆞ고餘暇가有ᄒᆞ거던此를學問에充ᄒᆞᆯ지라浪費ᄒᆞᆫ財貨ᄂᆞᆫ再得ᄒᆞᆷ이有ᄒᆞ려니와浪費ᄒᆞᆫ時間은一去ᄒᆞ면復還ᄒᆞᆯ期가頓無ᄒᆞᆯ지니學者에在ᄒᆞ야時間과如히貴重ᄒᆞᆫ者ㅣ豈有ᄒᆞ리오

時間이學問에貴重ᄒᆞᆷ이如許ᄒᆞ니吾人은他人에게對ᄒᆞ야도其時間의浪費치勿ᄒᆞᆷ을勤勉ᄒᆞᆯ지어ᄂᆞᆯ世人이或所幹事가有ᄒᆞ야他人을訪問ᄒᆞᆷ의其事를速辦치아니ᄒᆞ고閑談雜話로時間을移ᄒᆞᄂᆞᆫ者ㅣ有ᄒᆞ니此ᄂᆞᆫ時間의賊이라稱ᄒᆞᆷ이可ᄒᆞ니라

第九十一課　規律

人은家庭에서던지學校에서던지社會에서던지規律이無홈이不可ᄒᆞ니一定ᄒᆞᆫ時刻에食ᄒᆞ고一定ᄒᆞᆫ時刻에宿ᄒᆞ고一定ᄒᆞᆫ時刻에起ᄒᆞ며可히勤勞홀時間에勤勞ᄒᆞ고可히休憩홀時에休憩ᄒᆞ야恒常正當ᄒᆞᆫ事務로正當ᄒᆞᆫ生活을計홀지니라

規律은此에止홀ᄲᅮᆫ아니라日用物品을整頓ᄒᆞ야亂雜이無케홈도亦緊要ᄒᆞᆫ當務니衣服과器皿等을恒常定ᄒᆞᆫ處所에置ᄒᆞ고其順序를立홀지니如斯ᄒᆞ면此를搜索홀時에無益ᄒᆞᆫ時間과空然ᄒᆞᆫ勞力을消費홈이無ᄒᆞ니라

第九十二課　習慣

習慣은人의性格을化成ᄒᆞᄂᆞᆫ鎔解器라善을好ᄒᆞᆫ즉善ᄒᆞᆫ習慣을成ᄒᆞ고惡을好ᄒᆞᆫ즉惡ᄒᆞᆫ習慣을成ᄒᆞᄂᆞ니故로西人의言에曰習慣은第二天性이라ᄒᆞ니라大凡人의心은物을應ᄒᆞ야移ᄒᆞᄂᆞ니日常親接ᄒᆞᄂᆞᆫ바外物이不識不知間에其精神에浸入ᄒᆞ야許久積習ᄒᆞ면其先執ᄒᆞᆫ思想이堅牢不拔홈에至ᄒᆞ리니此ᄂᆞᆫ雖志氣가旣定ᄒᆞᆫ老成者라도誠然키易ᄒᆞ려던況志氣가未定ᄒᆞᆫ年少者에在홈이리오人은必平素에善良ᄒᆞᆫ習慣을養成ᄒᆞ야惡을避ᄒᆞ기를蛇蝎과如히ᄒᆞ고善에就ᄒᆞ기를芝蘭과如히ᄒᆞ면勞치아니ᄒᆞ고도自然道에允協홀지니謂ᄒᆞᆫ바習與成性이是라故로道德의根本은高遠에不在ᄒᆞ고日用常行ᄒᆞᄂᆞᆫ習慣에在ᄒᆞ니學者ᄂᆞᆫ必戒愼홀지어다

第九十三課　勤勞

勤勞ᄂᆞᆫ人된者의本分이라但生活上安全ᄒᆞᆫ幸福을享有홀ᄲᅮᆫ아니라自古로有益ᄒᆞᆫ事業을遂ᄒᆞ야立身興家ᄒᆞᆫ人을見ᄒᆞ건ᄃᆡ其勤勞를重히녀이지아니ᄒᆞᆫ者ㅣ無ᄒᆞ니라

米國富蘭土克은其謹勞를積ᄒᆞ야成功ᄒᆞᆫ人이라嘗曰怠惰ᄂᆞᆫ恰히鐵銹와如ᄒᆞ니久히使用치아니ᄒᆞᄂᆞᆫ鍵은銹를因ᄒᆞ야腐蝕ᄒᆞ되日常使用ᄒᆞᄂᆞᆫ鍵은自鍊自磨ᄒᆞ야光輝를放ᄒᆞᆫ다ᄒᆞ고又曰今日에得ᄒᆞᆯ지ᄒᆞ

ᄂᆞᆫ專ᄂᆞᆫ決고明日에延拖치勿ᄒᆞ라ᄒᆞ니此ᄂᆞᆫ皆可法ᄒᆞᆯ言이니라

第九十四課　懶惰

懶惰ᄂᆞᆫ人性을焰毒ᄒᆞ야衆惡을釀成ᄒᆞᄂᆞᆫ者ㅣ라古語에小人은閒居ᄒᆞ야爲不善이라ᄒᆞ니凡人이事爲가無ᄒᆞ고茫然히時間을消費ᄒᆞ면佚樂에沉ᄒᆞ야善良ᄒᆞᆫ性質의人도遊惰에漸流ᄒᆞ야劣情과邪念이亦隙을乘ᄒᆞ야此心을浸潤ᄒᆞᆷ에至ᄒᆞᄂᆞ니故로身을正當ᄒᆞᆫ事業에常委ᄒᆞᄂᆞᆫ人은其心이精一ᄒᆞᆷ으로劣情이闖起ᄒᆞᆷ을不得ᄒᆞ고邪念이從萌ᄒᆞᆷ을不得ᄒᆞ야勤勉正直의習性을不求ᄒᆞ야도自成ᄒᆞᆷ에至ᄒᆞᄂᆞ니라

大抵事業은人生의眞價라假令百歲를享保ᄒᆞᆯ지라도放逸遊惰ᄒᆞᄂᆞᆫ中에醉生夢死ᄒᆞᆯ진ᄃᆡ長壽라謂치못ᄒᆞᆯ지오弱冠에夭折ᄒᆞᆯ지라도生前의功業이身後에不滅ᄒᆞᆯ진ᄃᆡ敢히短命이라謂치못ᄒᆞᆯ지니勤勉이豈萬事의本이아니리오

第九十五課　快樂

快樂을好ᄒᆞ고勞苦를厭ᄒᆞᆷ은同然ᄒᆞᆫ人情이라然ᄒᆞ나快樂도有益ᄒᆞᆫ者와有害ᄒᆞᆫ者ㅣ多ᄒᆞ니有益ᄒᆞᆫ者ㅣ라도此를節制치아니ᄒᆞ야中度에過ᄒᆞ면反히害를招ᄒᆞᄂᆞ니人은快樂을當ᄒᆞ야其中度의不失ᄒᆞᆷ을務ᄒᆞᆯ지어다古人이言ᄒᆞ기를樂이極ᄒᆞ면哀가生ᄒᆞᆫ다ᄒᆞ니라

世에或飮食과遊戲等의快樂은知ᄒᆞ고文學과美術의快樂은不知ᄒᆞᄂᆞᆫ者ㅣ有ᄒᆞᄂᆞ니此等의人은樂의眞情을未覺ᄒᆞᆫ者이라一時의快ᄒᆞᆷ이平生의快ᄒᆞᆷ으로더부러孰勝ᄒᆞ리오故로孟子曰天下의英才를得ᄒᆞ야敎育ᄒᆞᆷ이一樂이라ᄒᆞ시니라

第九十六課　溫恭

人은名望이益高ᄒᆞ고官爵이愈貴ᄒᆞᆯ사록人에게對ᄒᆞ야愈益히溫恭ᄒᆞ여야必人의敬慕와稱讚을受ᄒᆞᄂᆞ니故로溫恭이란者ᄂᆞᆫ即地位와聲譽를永保ᄒᆞᄂᆞᆫ德業의基가되ᄂᆞ니라

然ᄒᆞ나人이或溫恭에自居ᄒᆞ기爲ᄒᆞ야卑屈에誤陷ᄒᆞ기易ᄒᆞᄂᆞ니何

故로人의意를合코저ᄒᆞ야其意를枉ᄒᆞ며人의心을歡코저ᄒᆞ야其顔을媚ᄒᆞᆷ의其習慣이漸滋ᄒᆞ야自主의精神을害ᄒᆞᆷ으로其品格과地位를維持치못ᄒᆞᆷ이니라

温恭의正當ᄒᆞᆷ은動止가珍重ᄒᆞ야放恣ᄒᆞ고僭濫ᄒᆞᆷ에流치아니ᄒᆞ며辭色이端正ᄒᆞ야禮節과規律에違치아니ᄒᆞᆷ을謂ᄒᆞᆷ이오若嚴毅ᄒᆞ고威武ᄒᆞᆷ은別로用ᄒᆞᆯ時가有ᄒᆞ니決코常居의行ᄒᆞᆯ道ᄂᆞᆫ아니니라

第九十七課　虛誕

世人이或虛誕ᄒᆞᆷ을不恥ᄒᆞ고反히滑稽嬉笑의好資料로認ᄒᆞ야深히介意치아니ᄒᆞᄂᆞᆫ者ㅣ有ᄒᆞᄂᆞ니此ᄂᆞᆫ不德의事이라靑年輩의極히戒愼ᄒᆞᆯ바ㅣ니라

大抵虛誕이란者ᄂᆞᆫ眞實보다言ᄒᆞ기易ᄒᆞᆫ者이라如何ᄒᆞᆫ境遇에在ᄒᆞ던지畢竟惡結果를生ᄒᆞᄂᆞ니若我가虛誕을一發ᄒᆞ야人의寬假를得ᄒᆞ면再發三發에蔓及ᄒᆞ야不知不覺間에習慣을馴致ᄒᆞᆷ에至ᄒᆞᆯ지며戲謔中에도虛言을好ᄒᆞᄂᆞᆫ者ᄂᆞᆫ終乃他人의信用을失ᄒᆞᄂᆞ니何故오此等人의言語ᄂᆞᆫ實上眞情에出ᄒᆞᆷ이有ᄒᆞᆯ지라도預히測定키難ᄒᆞᆫ所以라故로虛言은如何ᄒᆞᆫ境遇에在ᄒᆞ던지一切嚴絶ᄒᆞᆷ이可ᄒᆞ니라

第九十八課　改過

大凡聖人이라도或過失이無키難ᄒᆞ거던況尋常의人으로豈錯誤가無ᄒᆞ리오然ᄒᆞ나過失은恒常無心의出ᄒᆞ야人道에違反ᄒᆞᄂᆞᆫ者ㅣ라一朝에其過를覺悟ᄒᆞ고翻然히悛改ᄒᆞ면有德의人을作ᄒᆞ리니와其過를知ᄒᆞ고도改ᄒᆞ기를憚ᄒᆞ면此ᄂᆞᆫ非道를故爲ᄒᆞᄂᆞᆫ者라畢竟惡戾에自歸ᄒᆞᆯ지니人은深히戒懼ᄒᆞ야他人이我의過失을責ᄒᆞ거던必虛心反省ᄒᆞᆯ지어다局外의言은往往適中ᄒᆞᆫ바ㅣ多ᄒᆞ니라

金文忠公諴一이常學者더러謂曰吾ㅣ平生에一語를得ᄒᆞ얏노니吾의過를道ᄒᆞᄂᆞᆫ者ᄂᆞᆫ是ㅣ吾師오吾의美를談ᄒᆞᄂᆞᆫ者ᄂᆞᆫ是ㅣ吾賊이니此十四字를恒飭勵ᄒᆞ라

第九十九課 自制

自制라ᄒᆞᆷ은感情을抑制ᄒᆞ고慾望을禁遏ᄒᆞᆷ을謂ᄒᆞᆷ이라蓋感情과慾望은善制ᄒᆞᆫ즉高尙ᄒᆞᆫ志操와有益ᄒᆞᆫ事業이皆此로起原ᄒᆞ되不制ᄒᆞᆫ즉譬컨ᄃᆡ泛駕의馬와如히奔走의力이有ᄒᆞ야當行處를不知ᄒᆞᄂᆞᆫ故로騎手로ᄒᆞ야곰其奔逸ᄒᆞᆷ에放任ᄒᆞ고適當ᄒᆞᆫ制御를施ᄒᆞᆷ이無ᄒᆞ면或溝壑에轉ᄒᆞ며或川澤에陷ᄒᆞ야終히其身을自毁ᄒᆞᆷ에至ᄒᆞᆯ지라然ᄒᆞᆫ즉吾人은明確ᄒᆞᆫ性理와堅强ᄒᆞᆫ志氣에基因ᄒᆞᆫ自制의力으로ᄡᅥ恒常情慾의跋扈ᄒᆞᆷ을節制ᄒᆞ야中正의道를維持ᄒᆞᆷ이可ᄒᆞ니라

自制의主要되ᄂᆞᆫ者를擧ᄒᆞᆯ진ᄃᆡ大凡三이有ᄒᆞ니一曰肉慾이니飮食을適中ᄒᆞ야身體를健康케ᄒᆞᆷ이오二曰慾望이니名譽와財産과快樂을求ᄒᆞᄂᆞᆫ念이其程度에不過케ᄒᆞᆷ이오三曰忿怒니一時憤懣의情을忍耐ᄒᆞ야妄動의行을作지아니ᄒᆞᆷ이니라

第一百課 決斷과勇敢

吾人의惡德은決斷力과勇敢力이乏ᄒᆞᆷ에原因ᄒᆞᆫ者ㅣ多ᄒᆞ니假令其義務됨을認ᄒᆞ고도斷然히此를得行치못ᄒᆞ며正理됨을信ᄒᆞ고도斷然히此를履行치못ᄒᆞ며名利의誘惑ᄒᆞᆷ을一遇ᄒᆞ고도斷然히此를反省치못ᄒᆞ야畢竟其身을自誤ᄒᆞᆷ에至ᄒᆞᄂᆞ니此等은決斷의勇敢이乏ᄒᆞᆫ所以니라

人生은順境만有ᄒᆞᆷ이아니라時로或逆境에陷ᄒᆞ야不運의苦楚를備嘗ᄒᆞᆷ도有ᄒᆞᄂᆞ니此를當ᄒᆞ야勇敢이有ᄒᆞᆫ人이라야能히艱難을變ᄒᆞ야幸福을成ᄒᆞᆯ지오且勇敢은非常ᄒᆞᆫ事가有ᄒᆞᆯ時의顯出ᄒᆞᄂᆞᆫ者ㅣ아니오尋常生活에在ᄒᆞ야도常現ᄒᆞᄂᆞ니故로事業에純正ᄒᆞᆫ勇敢과誘惑에抵抗ᄒᆞᄂᆞᆫ勇敢과自身의本分을自從ᄒᆞᄂᆞᆫ勇敢等은吾人平生의必要ᄒᆞᆫ者ㅣ니라

第一百一課 疑問

孔子曰博學ᄒᆞ며審問ᄒᆞ며愼思ᄒᆞ며明辨ᄒᆞ라ᄒᆞ시니人이學問을硏

究ᄒᆞᆷ에疑難處가無치不能ᄒᆞᆫ즉此를師友에게問치아니ᄒᆞ고徒히讀ᄒᆞᆷ은卽盲者의誦經이라雖萬卷을讀過ᄒᆞᆫ덜絲毫의益이豈有ᄒᆞ리오故로若疑難處가有ᄒᆞ거던此를了解ᄒᆞ기前에ᄂᆞᆫ我心에確信치勿ᄒᆞ고必精思審問ᄒᆞ야其實理를胸中에會得ᄒᆞᆫ然後에可히眞正ᄒᆞᆫ智識을得ᄒᆞ앗다謂ᄒᆞ려니와但多讀ᄒᆞᆷ을專事ᄒᆞ고定見이無ᄒᆞᆫ者ᄂᆞᆫ一個活動字典에無過ᄒᆞᆯ지라然ᄒᆞ나疑難을空懷ᄒᆞ야他人의辨論을排斥ᄒᆞ고自意의悟解가無ᄒᆞᆫ者ᄂᆞᆫ亦學問이何等物인지不知ᄒᆞᄂᆞᆫ者ㅣ니疑問은學問의方法이오學問의目的이니라

第一百二課 禮儀

禮貌와儀容을自保ᄒᆞᆷ이我邦今日에在ᄒᆞ야特別히必要ᄒᆞᆫ者ㅣ라凡人이平素에敎育을受ᄒᆞᆫ者ㅣ雖多ᄒᆞ나適當ᄒᆞᆫ禮儀를修得ᄒᆞᆫ者ᄂᆞᆫ實小ᄒᆞᄂᆞ니故로踈狂放達로高常ᄒᆞ다稱ᄒᆞ며弊衣垢面으로儉約ᄒᆞ다稱ᄒᆞ며喜怒를形色의不顯ᄒᆞ고寡言危坐ᄒᆞ야正大ᄒᆞ다稱ᄒᆞ며或은言ᄒᆞ되大丈夫ᄂᆞᆫ當小節을不拘ᄒᆞᆯ지라豈區區ᄒᆞᆫ禮容을飾ᄒᆞ리오ᄒᆞ니此ᄂᆞᆫ粗率卑野의習慣이라人이事를應ᄒᆞ고物을接ᄒᆞᆷ에在ᄒᆞ야各其適當ᄒᆞᆫ容儀를保有ᄒᆞᆷ은卽他人을尊嚴히ᄒᆞ고自己를持重ᄒᆞᄂᆞᆫ道니라

鄭文穆公述曰學者ㅣ其身을自持ᄒᆞ기를當閨中處子와如히ᄒᆞ야一點이라도人에게受汚ᄒᆞᆷ이不可ᄒᆞ니라

第一百三課 寢睡

寢睡ᄂᆞᆫ亦身體健康을持保ᄒᆞᆷ으로其限度를大槪八時間을要ᄒᆞᄂᆞ니世俗의學生輩가恒常勉學의熱心으로往往睡의時間을減殺ᄒᆞ야甚ᄒᆞᆷ에至ᄒᆞ야ᄂᆞᆫ徹曉토록讀書ᄒᆞᄂᆞᆫ者ㅣ多ᄒᆞ니最深愼ᄒᆞᆯ바ㅣ라何者오寢睡를充分히못ᄒᆞ면身體가衰弱ᄒᆞ야終乃許多病根을釀成ᄒᆞᆯ지니如斯ᄒᆞᆫ身體로勉學에强從ᄒᆞ면其利害와得失이將何如ᄒᆞᆯ고然ᄒᆞᆷ으로精神이朦然不明ᄒᆞ야終日토록對案讀書ᄒᆞ나其所得ᄒᆞᆫ結果ᄂᆞᆫ

耽睡를穩藉히ᄒᆞᆫ者의半日工夫를不及ᄒᆞᆯ지니라然ᄒᆞ나寢睡가過度ᄒᆞᆷ도亦、心身을懦弱케ᄒᆞᄂᆞᆫ害가有ᄒᆞ니學者ᄂᆞᆫ折中ᄒᆞᆯ지어다

第一百四課　運動

運動은衛生上에欠闕치못ᄒᆞᆯ者ㅣ니運動은消化機能을專助ᄒᆞ며血液의循環을利導ᄒᆞ고且、心神을爽快케ᄒᆞᄂᆞᆫ效力이有ᄒᆞ니人이若、逸居坐臥ᄒᆞ야運動이小無ᄒᆞ면心身이不快ᄒᆞ고食慾이頓減ᄒᆞ며血色이自衰ᄒᆞ고元氣가潛銷ᄒᆞᆷ에自至ᄒᆞᄂᆞᆫ故로精神을恒勞ᄒᆞ고時間을恒惜ᄒᆞᄂᆞᆫ人은特히運動을不怠히ᄒᆞᆯ지니라運動의消費ᄒᆞᄂᆞᆫ時間은暫見ᄒᆞ면或、無益ᄒᆞᆷ과如ᄒᆞ나勉學ᄒᆞᄂᆞᆫ人에게必要ᄒᆞᆷ은勞働ᄒᆞᄂᆞᆫ人의休憩ᄒᆞᆷ과如ᄒᆞ니라

運動의本意ᄂᆞᆫ人의筋、骨을活動ᄒᆞ고元氣를長養케ᄒᆞᆷ에在ᄒᆞ나然ᄒᆞ나其限度를超過ᄒᆞ야身體를疲勞ᄒᆞᆷ은最、不可ᄒᆞ니라

第一百五課　戒酒

古人曰酒ᄂᆞᆫ性을伐ᄒᆞᄂᆞᆫ狂藥이라ᄒᆞ니人의深戒ᄒᆞᆯ者ᄂᆞᆫ嗜飮이라自古로亡身敗家ᄒᆞᆫ者를見ᄒᆞ건ᄃᆡ皆、觴政을濫行ᄒᆞᆷ에在ᄒᆞ니人의平生을誤了ᄒᆞᆷ이此에過ᄒᆞᆯ者ㅣ豈有ᄒᆞ리오

鄭文莊公經世ㅣ人을戒ᄒᆞᄂᆞᆫ書에曰酒ᄂᆞᆫ乃、人을殺ᄒᆞᄂᆞᆫ酖毒이라今에幸히病을因ᄒᆞ야酒를止ᄒᆞ얏다ᄒᆞ니此ᄂᆞᆫ精神을保養ᄒᆞ고壽考를安享ᄒᆞᆯ徵이로다須、麴蘖과杯樽等物을一切家中에不留ᄒᆞ기를釜甑을破ᄒᆞ고廬舍를燒ᄒᆞᆷ과如히勇決ᄒᆞᆯ지오不能이면駸駸然嗜欲에牽ᄒᆞᆫ바ㅣ되야口頭에一到ᄒᆞ면舊滋味를忍키不得ᄒᆞᆯ지니千萬、戒ᄒᆞᆯ지어다

國民에對ᄒᆞᆫ注意

第一百六課　國家에對ᄒᆞᆫ本務

國家란者ᄂᆞᆫ何를謂ᄒᆞᆷ인고一定ᄒᆞᆫ土地를占有ᄒᆞ고一定ᄒᆞᆫ獨立主權에服從ᄒᆞᄂᆞᆫ多數人民의團體를云ᄒᆞᆷ이라玆에一帶의土地가有ᄒᆞ니

其山河ᄂᆞᆫ漁獵에可ᄒᆞ고其原野ᄂᆞᆫ耕作에可ᄒᆞᆯ지라도此에住居ᄒᆞᄂᆞᆫ人民이無ᄒᆞ면足히써國家라稱키不可ᄒᆞ지며且玆에一羣의人民이有ᄒᆞ니人情風俗을同一히ᄒᆞ고利害休戚을共同히ᄒᆞᆯ지라도一定ᄒᆞᆫ土地에住居ᄒᆞᆷ이無ᄒᆞ면足히써國家라稱키不可ᄒᆞᆯ지며且一定ᄒᆞᆫ土地와一羣의人民이並有ᄒᆞᆯ지라도此를統御ᄒᆞᄂᆞᆫ바一定ᄒᆞᆫ主權이無ᄒᆞ면亦足히써國家라稱키不可ᄒᆞ니라

主權은國家의中心이오生命이며無上의威力이라人民은共同生存의目的을完全히ᄒᆞ기爲ᄒᆞ야其法律의行ᄒᆞᄂᆞᆫ바命令을服從ᄒᆞ야國家로ᄒᆞ야곰其意志를發動케ᄒᆞᆯ지니若此를抵抗ᄒᆞᄂᆞᆫ者ᄂᆞᆫ主權의神聖을侵害ᄒᆞ며國家의安寧을妨碍ᄒᆞᆷ이니라

第一百七課　皇室에對ᄒᆞᆫ本務

神聖文武ᄒᆞ오신我太祖高皇帝씌오서皇天의明命을受ᄒᆞ사磐泰의丕基를漢陽에奠ᄒᆞ시니無疆ᄒᆞᆫ寶祚가二十八世의皇統을相傳ᄒᆞ신지라凡吾帝國의臣民된者ᄂᆞᆫ歷代의深厚ᄒᆞ신聖謨와祖宗의宏遠ᄒᆞ신遺德을仰體ᄒᆞ야萬一의報答을自期ᄒᆞᆯ지니라

皇室을扶翼ᄒᆞᄂᆞᆫ道ᄂᆞᆫ國法을遵奉ᄒᆞ야公益을務圖ᄒᆞ며一朝에有事ᄒᆞᆫ時ᄂᆞᆫ義勇으로奉公ᄒᆞᆷ에在ᄒᆞ니此ᄂᆞᆫ吾人臣民의當然ᄒᆞᆫ本務라此目的을遂成ᄒᆞᄂᆞᆫ道ᄂᆞᆫ身을修ᄒᆞ고家를齊ᄒᆞ야安全ᄒᆞᆫ産業을計圖ᄒᆞ며忠勇ᄒᆞᆫ精神을養成ᄒᆞᆷ에在ᄒᆞ니若文弱ᄒᆞᆷ에流ᄒᆞ야尙武의氣像이乏ᄒᆞ고忠憤의精神이無ᄒᆞ면國家ᄂᆞᆫ委靡ᄒᆞᆷ에自抵ᄒᆞ고皇室은衰替ᄒᆞᆷ의自歸ᄒᆞ리니如此ᄒᆞ면君國에對ᄒᆞ야不忠不義의罪를免치못ᄒᆞᆯ지니라

第一百八課　國土

國土ᄂᆞᆫ吾人의祖先이玆에生長ᄒᆞ며玆에棲息ᄒᆞ야汗으로써此를肥ᄒᆞ며血로써此를護ᄒᆞ야其遺骨을世藏ᄒᆞᆫ바ㅣ오且百世에欽慕ᄒᆞᆯ美風善俗과千秋에景仰ᄒᆞᆯ忠臣義士의事蹟이歷史의終始를作ᄒᆞ야吾

人의思想感情風俗習慣을成하얏스니國土는實로歷史의墳墓ㅣ라稱함이可하니라況吾人은此土에生長하야萬古에秀麗한山川을日夕으로相對하니其親近한關係가此에서勝한者ㅣ孰有하리오故로愛國의心은實로這中에서得來하야國民의堅確한志氣와國家의隆盛한基礎를作成하는者ㅣ니라

況我大韓帝國은建國以來로一定한人民이一定國土에棲息한者ㅣ니各其素蓄한愛國心을涵養하야國民이世界萬國에卓冠하기를自期할지니라

第一百九課 愛國心

人民이其國에住居하야法律을服從하며兵役에就徵하며租稅를善納함은總히國民의本務니即國家를愛護하는精神及眞誠에出함이라若國法은如何히善美할지라此를尊奉하는臣民이其愛國의心이乏할時는決코贊賞할바ㅣ無하니라

大凡愛國心은國家歷史로브터起原하야國民腦髓에浸潤하는者ㅣ니我大韓帝國은建國以來로一定한國土를據하고皇室의寶籙은五百餘年을享有하얏스니人民은即皇室의子女오皇室은即國民의父母ㅣ라其愛慕扶翼하는眞誠으로國家의基礎를確定하야千秋萬代에白岳이若礪하고漢江이如帶토록永遠한幸福을樂享할지니라

第一百十課 愛國心(續)

皆自國의觀念은他國을對하야自生함과如히自國을愛하는心은外國을對하야始自覺하느니故로愛國의心이素富한國民이라도他國과交涉이無하면此를自覺할機能이少할지니라

我國歷史를見하건대宣祖壬辰의亂에李舜臣、郭再祐、趙憲、金千鎰、高敬命의仗義死節함을因하야隣國으로하야금國威를畏服케하얏스니此는皆愛國하는精神에出함이라其日星과如한秉義大節이豈一時其勳에止하리오其忠魂毅魄이實萬古에不死하야今日吾人腦髓

에個個히精靈을種鍼ᄒᆞᆫ바ㅣ니라
今에我國이列邦과交好를結約ᄒᆞᆫ지三十年間에對外思想이國民間에稍稍히勃興ᄒᆞ야世界에對峙ᄒᆞᆫ本國의位置를自覺ᄒᆞᆷ에至ᄒᆞ얏스니國民의愛國心이玆로從ᄒᆞ야一層發生ᄒᆞᆷ을可期ᄒᆞᆯ지니라

第一百十一課　愛國의實

今에人이衆에게自號ᄒᆞ야曰我ᄂᆞᆫ愛國이라我ᄂᆞᆫ愛國이라ᄒᆞ면此ᄂᆞᆫ無實ᄒᆞᆫ空言이라然ᄒᆞᆫᄌᆞᆨ何를愛國의實이라謂ᄒᆞᄂᆞ고念컨ᄃᆡ三千里疆域의廣ᄒᆞᆷ이有ᄒᆞᆫᄌᆞᆨ當、我의忠勇의氣를奮ᄒᆞ야太極의旗를全球에揚케ᄒᆞᆯ지며二千萬人民의衆ᄒᆞᆷ이有ᄒᆞᆫᄌᆞᆨ當、自立의道를求ᄒᆞ야戰勝萬國ᄒᆞᆯ利器를成ᄒᆞᆯ지며十三道土地의腴와物産의富가有ᄒᆞᆫᄌᆞᆨ當、我의心思와才力을竭ᄒᆞ야地에遺利가無ᄒᆞ고物에棄材가無케ᄒᆞᆯ지며四千餘年歷史의傳ᄒᆞᆷ이有ᄒᆞᆫᄌᆞᆨ我ᄂᆞᆫ當、進取의心을銳케ᄒᆞ야上上文明의國을成ᄒᆞᆯ지며父子、君臣、兄弟、長幼의倫理와我祖我宗의相傳習

川ᄒᆞᄂᆞᆫ文字ᄂᆞᆫ當、固有ᄒᆞᆫ美俗과固有ᄒᆞᆫ文獻을保守ᄒᆞᆯ지며此外에凡、國民의職分內의事를皆、毅然히自擔ᄒᆞᆷ이是、愛國의實이眞有ᄒᆞᆫ良民이니라

第一百十二課　國耻

凡、國民이되야國耻를雪코저ᄒᆞᆯ진ᄃᆡ其耻되ᄂᆞᆫ事를先知치아니ᄒᆞᆷ이不可ᄒᆞᆫᄌᆞᆨ請컨ᄃᆡ我靑年을爲ᄒᆞ야列告ᄒᆞ노라國의耻ᄂᆞᆫ戰伐에喪敗ᄒᆞᆷ보다國權을失ᄒᆞᆷ이尤大ᄒᆞᄂᆞ니今我大韓에鐵道의設은誰에게借與ᄒᆞ얏시며電郵의政은誰에게引繼ᄒᆞ얏스며鑛山의利ᄂᆞᆫ誰에게讓歸ᄒᆞ얏스며漁採의益은誰에게許ᄒᆞ얏스며東北森林은何人과協約ᄒᆞ얏스며各港租界ᄂᆞᆫ何人이主管ᄒᆞ얏스며且、外國에流寓ᄒᆞᆫ韓民은何人이保護ᄒᆞᄂᆞᆫ고個個人間에侮辱을當ᄒᆞᆷ도必、忿憤의心이有ᄒᆞ려던況、國與國間에如此ᄒᆞᆫ羞耻를當ᄒᆞᆷ이리오此耻를雪ᄒᆞᄂᆞᆫ道ᄂᆞᆫ他에在치아니ᄒᆞ고一般國民이自强의心을發ᄒᆞ야進進不已ᄒᆞᄂᆞᆫᄃᆡ在ᄒᆞ

니勉哉어다靑年이어

第一百十三課 國光

國光이라ᄒᆞᆷ은國이文明에進ᄒᆞ야其光이四表에放ᄒᆞᆷ을云ᄒᆞᆷ이라然ᄒᆞᆫ즉文明은何로由ᄒᆞ야致ᄒᆞᄂᆞ고此ᄂᆞᆫ國民이皆學問을硏修ᄒᆞ야化俗의功과開物의務가能히其國으로ᄒᆞ야곰上等位號를得케ᄒᆞᄂᆞᆫ故로其文明ᄒᆞᆫ光線이世界에耀燿ᄒᆞ야望ᄒᆞ기를日月의普照ᄒᆞᆷ과如히ᄒᆞ리니此ㅣ엇지國光이아니리오

今我大韓은國光이漸漸消微ᄒᆞ야長夜風雨에紅燭이將滅ᄒᆞ고滿天雲霧에白日이重掩ᄒᆞᆷ과如ᄒᆞᆫᄃᆡ黑洞洞中國民이暗을背ᄒᆞ고明을向ᄒᆞᄂᆞᆫ者ㅣ幾稀ᄒᆞ니國光이何로由ᄒᆞ야發生ᄒᆞ리오嗚呼라我靑年諸君은國光의元素오精神이라一人의一日工夫가一分의光을吐ᄒᆞ고十日工夫가十分의光을吐ᄒᆞ야一年二年의積累ᄒᆞᆫ功이十年을不過ᄒᆞ야可히全國의光을發揮ᄒᆞᆯ지니勉哉어다靑年이어

第一百十四課 國民의忠義

國에忠義의民이多ᄒᆞ면其國이强ᄒᆞᄂᆞ니國民된者ᄂᆞᆫ雖職守가無ᄒᆞᆯ지라도其土에서生ᄒᆞ고其土에서食ᄒᆞ면서其國으로ᄒᆞ야곰能히獨立치못ᄒᆞ면亦何面으로地球上에立ᄒᆞ리오故로旣히國民이되얏슨즉保國의責이自有ᄒᆞ니人民이當兵을執ᄒᆞ고武를習ᄒᆞ야敵을禦ᄒᆞ고患을除ᄒᆞᆯ計策을圖ᄒᆞᆯ지라若國讎를忘ᄒᆞ고異種人의奴隷를甘作ᄒᆞᄂᆞᆫ人은天下의不忠不義의民이니라

國民도如此ᄒᆞ거던况君의祿을食ᄒᆞ고君의託을受ᄒᆞᆫ臣으로疆土를保守ᄒᆞ다가敵國의侵侮를當ᄒᆞᆫ境遇에ᄂᆞᆫ義가當死를效ᄒᆞᆯ지어ᄂᆞᆯ其身軀를惜ᄒᆞ며妻子를保코져ᄒᆞ야難을避ᄒᆞ고奔ᄒᆞ며職을臨ᄒᆞ야退ᄒᆞᄂᆞᆫ者ᄂᆞᆫ人類에齒ᄒᆞ기狀코不可ᄒᆞ니라

金文敬公安國曰平時에ᄂᆞᆫ欺치勿ᄒᆞ고職을盡ᄒᆞ며危를臨ᄒᆞ거던死를效ᄒᆞ고貳心을勿有ᄒᆞ라ᄒᆞ니라

第一百十五課　團結

國家의盛大홈을致홈은其道가一이有ᄒᆞ니國民이其心을團結ᄒᆞ야個人의利益으로써國家의利益을早成ᄒᆞ며個人의榮福으로써國家의榮福을輝揚홈이是라大抵一國의强弱은專히民心結合에在ᄒᆞ니若民心이乖離ᄒᆞ면雖金城鐵艦이라도足히依恃홀바ㅣ無ᄒᆞ고民心이結合ᄒᆞ면雖百萬勁敵이라도足히畏懼홀바ㅣ無ᄒᆞ니라

民心을結合ᄒᆞᄂᆞᆫ道ᄂᆞᆫ民族의特性에基本ᄒᆞ고國體의要義를應ᄒᆞ야國民的道德을確立홈에在ᄒᆞ니孝悌忠信과共同愛國은我邦의道德標準인즉前者ᄂᆞᆫ各人의德行을修ᄒᆞ야國家의基礎를鞏固케ᄒᆞ고後者ᄂᆞᆫ國民의義勇心을培養ᄒᆞ야不虞의緩急을備禦ᄒᆞᄂᆞᆫ所以니라

第一百十六課　獨立

西人의言에曰獨立ᄒᆞᄂᆞᆫ者ᄂᆞᆫ能히自助ᄒᆞ고愛羣ᄒᆞᄂᆞᆫ者ᄂᆞᆫ能히助人ᄒᆞᆫ다ᄒᆞ니此二者ᄂᆞᆫ國民의美德이라人이世에生ᄒᆞ야固人의求助홈이無키不能ᄒᆞ나然ᄒᆞ나若他人에게依賴ᄒᆞᄂᆞᆫ心을習成ᄒᆞᆫ즉雖心思와才力이有홀지라도能히用치못홀ᄲᅮᆫ아니라久ᄒᆞᆫ즉心思와才力이益히頑鈍ᄒᆞ야手를束ᄒᆞ고待死홀ᄯᆞ름이니如是ᄒᆞᆫ즉民이衰ᄒᆞ고國이弱홈을未免홀지니라

今에我國의人은獨立의想이無ᄒᆞ다謂홀지라人다려問曰何로以ᄒᆞ야心을改良치안ᄂᆞᆫ고ᄒᆞ면曰風氣가未開ᄒᆞ얏다功令이未變ᄒᆞ얏다ᄒᆞ며何로以ᄒᆞ야學을力치안ᄂᆞᆫ고ᄒᆞ면曰年歲가已邁ᄒᆞ얏다才質이不及ᄒᆞ다ᄒᆞ니嗚呼라我의志氣를如此히振起치아니ᄒᆞ니國이何로由ᄒᆞ强ᄒᆞ리오凡我靑年은其此에極注意홀지어다

第一百十七課　獨立(續)

地球上에萬國이並立홈의一은强ᄒᆞ고一은弱ᄒᆞᆫ즉强ᄒᆞᆫ者가弱ᄒᆞᆫ者를必呑ᄒᆞ야써自肥ᄒᆞᄂᆞ니然ᄒᆞᆫ즉國이强치못ᄒᆞ고야豈能立ᄒᆞ기를望ᄒᆞ리오我國은檀箕以來로雖代로興ᄒᆞ고代로廢홈이有ᄒᆞ나皆我

國人이失ᄒᆞ고我國人이得ᄒᆞ야政敎와風俗이依然히無恙ᄒᆞ야尙獨立의道를失치아니ᄒᆞ얏거니와泰西의人國을亡케ᄒᆞᆷ은其異種의人을惡ᄒᆞᆷ이尤甚ᄒᆞᆫ故로其所屬의國인즉其國의語言과文字를禁習ᄒᆞ야其愛國의心을絶ᄒᆞ며賦稅로써困히ᄒᆞ야其謀生의路를絶ᄒᆞ며重兵으로써鎭ᄒᆞ고峻法으로써防ᄒᆞ야其自由의權을奪ᄒᆞ며高官과厚祿은主國의民이享ᄒᆞ고苛徭와賤役은屬國의民이受ᄒᆞᄂᆞ니波蘭에게俄와印度에게英이皆此道를用ᄒᆞᆷ이라嗚呼라我韓人民은此를鑑戒ᄒᆞ야獨立의精神을時日로養成ᄒᆞᆯ지어다

第一百十八課　戰爭

古昔에在ᄒᆞ야ᄂᆞᆫ人文이未開ᄒᆞ야國與國間에戰爭이一起ᄒᆞ면戰勝ᄒᆞᆫ者ᄂᆞᆫ敵國의子女를劫掠ᄒᆞ며財産을奪取ᄒᆞ며家屋을焚燒ᄒᆞ야其暴虐ᄒᆞᆫ行爲가極甚ᄒᆞ더니近世에在ᄒᆞ야ᄂᆞᆫ各國이道義를專尙ᄒᆞ야不得已ᄒᆞᆫ境遇가아니면兵器를不動ᄒᆞᆯᄲᅮᆫ아니라設令一朝에開戰을

宣告ᄒᆞᆯ지라도互相間에國際의德義를敎守ᄒᆞ야或도殘忍暴虐의事를行치아니ᄒᆞᆷ에注意ᄒᆞᆷ은卽人道公義의進步를表彰ᄒᆞᆷ이니라

且國與國의關係ᄂᆞᆫ局外에在ᄒᆞ야此를能히牽制ᄒᆞᆯ權利가無ᄒᆞᆷ으로必各國主權者의牽制를依ᄒᆞ야葛藤을裁決ᄒᆞ고平和를主唱ᄒᆞᄂᆞ니若各主權者의牽制를不待ᄒᆞ고妄히暴力으로써正義를蹂躪ᄒᆞᄂᆞᆫ者ᄂᆞᆫ其國이雖强大ᄒᆞᆯ지라決코國家의永遠ᄒᆞᆫ名譽를保有치못ᄒᆞᆯ지니라

第一百十九課　進取

國에進取의民이多ᄒᆞᆫ즉其國이强ᄒᆞᄂᆞ니今에人이皆白人種의强ᄒᆞᆷ은知ᄒᆞ거니와其强ᄒᆞᆫ所由來를知ᄒᆞᄂᆞᆫ가土地가闊ᄒᆞ얏스되尤히口岸을侵略ᄒᆞ고島嶼를窮搜ᄒᆞ며機器가精ᄒᆞ되滊力의不足ᄒᆞᆷ으로電力을用ᄒᆞ야其進取의無厭ᄒᆞᄂᆞᆫ心이遂民種으로ᄒᆞ야금勢力을全球에遍伸코져ᄒᆞᆷ이니豈偶然ᄒᆞ리오我國의民은好古의心이進取를阻

遐ᄒᆞ야樸陋로써質實ᄒᆞ다ᄒᆞ며恬退로써高尙ᄒᆞ다ᄒᆞ야日로遊惰의風에漸磨ᄒᆞ되猶、皇古를高談ᄒᆞ야曰世事가日非ᄒᆞ고古風이不復이라ᄒᆞᄂᆞ니嗚呼라文明의化가愈進愈上ᄒᆞᆷ이今이古보다勝ᄒᆞᆷ은自然의理라舊를捨ᄒᆞ고新을從ᄒᆞᆷ이可ᄒᆞ거ᄂᆞᆯ泥古ᄒᆞᆫ習慣으로前進을防遏ᄒᆞ니眞、文明의賊이로다吾黨少年은進取에勉勵ᄒᆞ라黃種의强ᄒᆞᆷ이豈、白種에讓ᄒᆞ리오

第百二十課 總論

人이斯世에生ᄒᆞᆷ의當行ᄒᆞᆯ本務가有ᄒᆞ니卽、道德이是라然ᄒᆞ나此를修養ᄒᆞᄂᆞᆫ工이無ᄒᆞ면得行케不能ᄒᆞᆷ으로感覺、悟解의方法을編述ᄒᆞ야써學者의敎科에備케ᄒᆞ노니此豈、我의意見을妄執ᄒᆞᆷ이리오惟、東西國先聖先賢의嘉言善行을採用ᄒᆞᆷ이니라

大凡、物은本末이有ᄒᆞ고事ᄂᆞᆫ始終이有ᄒᆞ니人의當行ᄒᆞᆯ方法도亦、先後의別이無키不可ᄒᆞᆫ지라故로道德의敎로써修身의初程을삼노라

忠孝ᄂᆞᆫ人倫의大者라我韓國敎의特著ᄒᆞᆫ綱領이어니와兄弟、夫婦、長幼、朋友에對ᄒᆞᄂᆞᆫ道理와社會、國家에對ᄒᆞᄂᆞᆫ義務도亦順序를從ᄒᆞ야此에畧具ᄒᆞ얏스니庶、學者로ᄒᆞ야곰養善去惡의一助가되기를望ᄒᆞ노라

高等小學修身書終

隆熙元年八月二十五日印刷
仝　　　三十一日發行
隆熙二年六月二十日再版發行

高等小學修身書
定價金二十五錢

版權所有

編纂　漢城北部觀峴　徽文義塾編輯部

發行所　仝　徽文館

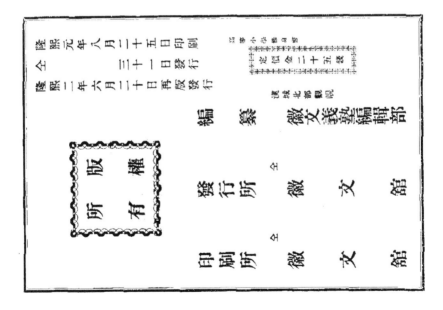

印刷所　仝　徽文館

윤리학교과서

(倫理學敎科書)

卷1·2·3·4

死者의名譽에對ᄒᆞᆫ本務

者ㅣ無ᄒᆞ니라又警官과檢事等ᄀᆞ치公職에在ᄒᆞᆫ者ᄂᆞᆫ他의惡事를摘發ᄒᆞᆷ으로써其職司上의本務를삼으나其職에不在ᄒᆞ야他人의惡事를暴露ᄒᆞᆫ은甚히可憎可惡ᄒᆞᆫ行爲라謂ᄒᆞᆯ지며名을公義에假借ᄒᆞ고言을公益에藉託ᄒᆞ야自己嫉妬의心情을漏洩ᄒᆞᄂᆞᆫ者ᄂᆞᆫ더욱可憎ᄒᆞᆫ者ㅣ라謂ᄒᆞᆯ지니라讒誣誹謗을行ᄒᆞᆷ이不可ᄒᆞᆷ은다만生者에對ᄒᆞᆫ本務가될ᄲᅮᆫ아니라또ᄒᆞᆫ死者에對ᄒᆞᆫ本務가되ᄂᆞ니라生者ᄂᆞᆫ誹謗에對ᄒᆞ야스ᄉᆞ로辯解ᄒᆞᄂᆞᆫ自由의權이有ᄒᆞ나死者ᄂᆞᆫ永久沈默ᄒᆞ야一身으로써後

讒謗의由來

他의心事를忖度이不可ᄒᆞᆷ

世評判에委付ᄒᆞᆯ지라故로死者에對ᄒᆞ야讒謗ᄒᆞᆷ은더욱卑劣의甚ᄒᆞᆫ者ㅣ니大丈夫의行ᄒᆞᆯ바ㅣ아니니라大抵讒誣와誹謗은吾人의嫉妬猜疑或은輕忽ᄒᆞᆫ判斷으로브터起ᄒᆞᆫ바ㅣ니畢竟自身을愼重치아니ᄒᆞᆷ에職由ᄒᆞᆷ이라吾人이萬一他의盛名을欽羨ᄒᆞᆯ진대스ᄉᆞ로奮勵ᄒᆞ야我도또ᄒᆞᆫ如斯히됨을自期ᄒᆞᆯ지어ᄂᆞᆯ自身은自暴ᄒᆞ고다만他人을嫉妬ᄒᆞ니愚昧ᄒᆞᆷ이此에서甚ᄒᆞᆫ者ㅣ無ᄒᆞ니라또妄悖히他人의心事를忖度ᄒᆞ며其是非를批評ᄒᆞᆯ時ᄂᆞᆫ吾人은動ᄒᆞ면문득猜疑에陷ᄒᆞᆯ지니吾人은

申海永 編述

倫理學敎科書 卷一 卷二

普成中學校發行

倫理學教科書卷一目次

修身ᄒᆞᄂᆞᆫ道

倫理學敎科書卷二目次

例言

一 本書ᄂᆞᆫ卷一卷二卷三卷四의四卷으로써編成홈이라

一 本書ᄅᆞᆯ四卷으로써編成홈은大凡中學校修業期限의四學年을標準홈이니學者의學力程度ᄅᆞᆯ應ᄒᆞ야排年敎授홈이可홈이라

一 本書ᄅᆞᆯ敎授ᄒᆞᄂᆞᆫ諸彥은本文外에大學中庸論語小學五倫行實等諸書中으로브터今日本邦倫理에適切ᄒᆞᆫ道德及嘉言善行을採取補講홈이可홈이라

一 本書ᄂᆞᆫ每一學年에一卷을敎授코져ᄒᆞᆷ인故로一學年의授業時數ᄅᆞᆯ大凡四十時間으로筭定ᄒᆞ고紙數ᄅᆞᆯ此에准ᄒᆞ야制限ᄒᆞᆷ이니敎授ᄒᆞᄂᆞᆫ諸彥은此意ᄅᆞᆯ另諒ᄒᆞᆷ이可ᄒᆞᆷ이라

倫理學敎科書卷一

申海永 編述

修身ᄒᆞᄂᆞᆫ道

第一章 總論

人이斯世에生ᄒᆞᆷ이當行ᄒᆞᆯ本務(本務ᄂᆞᆫ卽義務)가有ᄒᆞ니此ᄅᆞᆯ道德이라云ᄒᆞᄂᆞ니라然이나道德은偶然히船行心得ᄒᆞᆯ바ㅣ아니오반다시感覺悟解의方法을因ᄒᆞᆯ지니倫理學은곳此의方法을吾人의게敎諭ᄒᆞᄂᆞᆫ學이니라

大凡事ᄂᆞᆫ終始가有ᄒᆞ고物은本末이有ᄒᆞ니故로

自身을修홈은道德의初程이라

人의當行홀本務곳道德은二個의道理가無ᄒᆞ나
此를成就ᄒᆞᄂᆞᆫ方法에至ᄒᆞ야ᄂᆞᆫ先後의別이無치
못홀지라然則道德의教ᄂᆞᆫ何者로써爲先홈이可
ᄒᆞ뇨곳自身을修홈이是니라

忠과孝ᄂᆞᆫ人倫의大道ㅣ니곳我韓國教의本領이
라國民又ᄂᆞᆫ個人의德行을修得홈이實로此二者
에根基홈이니此ᄂᆞᆫ곳吾人이造次間에도怠惰히
ᄒᆞ지못홀바ㅣ니라兄弟ᄂᆞᆫ友愛로써相讓ᄒᆞ고夫
婦ᄂᆞᆫ和樂으로써相助ᄒᆞ고朋友ᄂᆞᆫ信義로써相交
홈이또ᄒᆞᆫ人의當行홀道理며또社會에對ᄒᆞ야ᄂᆞᆫ

其職業을隨ᄒᆞ야本務를完全히ᄒᆞ고他人의生命
及財產과名譽를尊重히ᄒᆞ야此를妨害치아니홈
을要홀지며餘力이有홀진대博愛의心으로公共
의福利를計畫홈이可ᄒᆞ니라ᄒᆞ믈며國家에對ᄒᆞ
야ᄂᆞᆫ國家의定ᄒᆞᆫ바法律을遵奉ᄒᆞ야敢히背戾치
아니홈은更言홀바ㅣ아니오一朝有事ᄒᆞᆫ時ᄂᆞᆫ公
義를爲ᄒᆞ야一身을捐홈이可ᄒᆞᆫ敵愾의氣를素養
홀지니라此ᄂᆞᆫ國民된吾人의當行홀本務ㅣ니倫
理學의講明ᄒᆞᄂᆞᆫ바ㅣ또ᄒᆞᆫ此에不外ᄒᆞ니라

其理由

然이나忠信孝悌와博愛義勇과其他公私一切의

本務에關ᄒᆞ야此를行得ᄒᆞᄂᆞᆫ基礎ᄂᆞᆫ總히自身에在ᄒᆞ니如何ᄒᆞᆫ美德과如何ᄒᆞᆫ高義라도다만此를知ᄒᆞᆯ섇이오躬行치아니ᄒᆞ면厥初로브터不知ᄒᆞᆷ만ᄀᆞᆺ지못ᄒᆞ니라然ᄒᆞᆷ으로此를行코져ᄒᆞᆷ에ᄂᆞᆫ自身에素養을豫備ᄒᆞᆷ이可ᄒᆞ니故로道德의敎ᄂᆞᆫ自身을修ᄒᆞᆷ으로ᄡᅥ爲先ᄒᆞᆫ所以니라

身을修ᄒᆞᆷ은百行의本이니自身을修치못ᄒᆞ면道德을實行ᄒᆞᆯ道理가無ᄒᆞᆫ지라大凡惡意를懷ᄒᆞᆫ者ᄂᆞᆫ善事를行得치못ᄒᆞ며私利를貪ᄒᆞᄂᆞᆫ者ᄂᆞᆫ公益을營爲치못ᄒᆞᄂᆞ니其心을自瞞ᄒᆞ고엇지他에對ᄒᆞ야誠實ᄒᆞᆫ者ㅣ有ᄒᆞ며其身을自重치아니ᄒᆞ고엇지他에對ᄒᆞ야敬愛ᄒᆞᄂᆞᆫ者ㅣ有ᄒᆞ리오故로道德을行ᄒᆞᆷ에當ᄒᆞ야ᄂᆞᆫ本來忠孝等을重히녁이ᄂᆞᆫ바ㅣ나倫理의敎ᄂᆞᆫ반다시自身을修ᄒᆞᆷ으로ᄡᅥ爲先ᄒᆞᄂᆞ니라

自身을修ᄒᆞᄂᆞᆫ道

身을修ᄒᆞᄂᆞᆫ道ᄂᆞᆫ一二에止치아니ᄒᆞ나然이나身体의健康을持保ᄒᆞᆷ이곳第一의先務ㅣ니身体가强壯치아니ᄒᆞ면如何ᄒᆞᆫ事業이던지遂成ᄒᆞ기不能ᄒᆞᆫ所以니라

然이나知能을啓發치아니ᄒᆞ며才器를鍊磨치아

니ᄒᆞ면비록身体가强壯ᄒᆞᆯ지라도ᄒᆞᆫ갓牛馬의使役을行ᄒᆞᆷ에無過ᄒᆞᆯ지니故로吾人은身体의康健을持保ᄒᆞᆷ과ᄒᆞᆷ세智力의鍊磨를不怠히ᄒᆞᆷ이可ᄒᆞ니라然이나비록學業이熟達ᄒᆞᆯ지라도此를率ᄒᆞᄂᆞᆫ德性이無ᄒᆞ면其學業은도로혀悖德非道의行爲를助長ᄒᆞᄂᆞᆫ要件이될ᄲᅮᆫ이니라故로身体의康健과智力의鍊達과德性의涵養은身을修ᄒᆞᄂᆞᆫ道에在ᄒᆞ야恒常並行不悖ᄒᆞ야須臾間이라도偏廢치못ᄒᆞᆯ바ㅣ니教育에닐은바体育智育德育이곳是니라

要ᄒᆞ건대吾人의當行ᄒᆞᆷ이可ᄒᆞᆫ道德上의本務ᄂᆞᆫ其種類가許多ᄒᆞ나其根基되ᄂᆞᆫ바ᄂᆞᆫ自身에不外ᄒᆞᄂᆞ니玆에自身의本務를先論ᄒᆞᆷ은반다시他에對ᄒᆞ야自身을自重ᄒᆞᆷ을爲ᄒᆞᆷ이아니오他에對ᄒᆞᄂᆞᆫ道德을完全케ᄒᆞᆷ을爲ᄒᆞᄂᆞᆫ準備됨을了知ᄒᆞᆷ이可ᄒᆞ니라

第二章 體育

体育

諸般道德은自身에基因ᄒᆞᆷ과ᄀᆞᆺ치自身을修ᄒᆞᄂᆞᆫ道ᄂᆞᆫ体育으로써根基를삼ᄂᆞ니라

德行과健康

忠과孝ᄂᆞᆫ人倫의大道ㅣ나身体가健全치아니ᄒᆞ

면엇지此의本務를行得ᄒᆞ리오大凡兵役은國家에對ᄒᆞ야臣民의第一義務어ᄂᆞᆯ身体가虛弱ᄒᆞ야服役에不堪ᄒᆞ면엇지其義務를履行ᄒᆞ며ᄒᆞ믈며一朝에大事가有ᄒᆞᆫ時ᄂᆞᆫ義勇의志로國難에赴ᄒᆞᆷ은臣民一般의大義어ᄂᆞᆯ萬一身体가健全치못ᄒᆞ야馳驅에不堪ᄒᆞ면엇지其義務를行得ᄒᆞ리오父母에對ᄒᆞ야셔도亦然ᄒᆞ니脆弱ᄒᆞᆫ人은비록心志를勞瘁ᄒᆞ야도孝養의道가能히如意치못ᄒᆞ야其結果가往往悖倫의徒와同一ᄒᆞᄂᆞ니ᄒᆞ믈며父母ᄂᆞᆫ其子의疾을憂ᄒᆞ야其志가傷ᄒᆞᆷ이리오

다만忠孝에在ᄒᆞ야然ᄒᆞᆯ뿐아니라凡百의行爲가一이라도身体의健全ᄒᆞᆷ을相須치아니ᄒᆞᆷ이無ᄒᆞᄂᆞ니故로德行을修ᄒᆞ며公義를養ᄒᆞ야人倫의本務를完全히ᄒᆞ고져ᄒᆞᆯ진대반다시身体의健康ᄒᆞᆷ을持保ᄒᆞᆷ이可ᄒᆞ니라

智育과健全

智育도ᄯᅩᄒᆞᆫ体育을相須ᄒᆞ야完全ᄒᆞᆷ을可期ᄒᆞᆯ지니健康ᄒᆞᆫ精神은健康ᄒᆞᆫ身体에止ᄒᆞᆫ다ᄒᆞᆷ이實로千古의格言이라人이眞實로天痴와癲狂이아니면學ᄒᆞ야知得치못ᄒᆞᆯ知識이無ᄒᆞ며習ᄒᆞ야通達치못ᄒᆞᆯ業務가無ᄒᆞᄂᆞ니其奏効의與否ᄂᆞᆫ体力의

能堪與否를因ᄒᆞᄂᆞᆫ바ㅣ多ᄒᆞᆫ지라世에非凡ᄒᆞᆫ天才를抱ᄒᆞ며有爲의器量을懷ᄒᆞ고도身体의孱弱ᄒᆞᆷ을因ᄒᆞ야凡庸의列에墜落ᄒᆞ야憂嘆ᄒᆞᄂᆞᆫ者ㅣ不少ᄒᆞ니吾人의크게鑑戒ᄒᆞᆯ바ㅣ라彼學生輩가英年에天札ᄒᆞ며半途에廢學ᄒᆞᄂᆞᆫ者ᄂᆞᆫ足히擧論ᄒᆞᆯ바ㅣ아니니라

吾人의一身은單히其人의所有ᄒᆞᆫ바ㅣ아니라

吾人의一身은다만自己의所有로思ᄒᆞᆷ이不可ᄒᆞ니萬一離羣絶俗ᄒᆞ야窮山荒野에獨居ᄒᆞᆯ志를懷ᄒᆞ면已어니와家族中에生育ᄒᆞ며社會間에存在ᄒᆞ며國家下에住居ᄒᆞᆫ以上은君에對ᄒᆞ야셔ᄂᆞᆫ臣民이되고父母에對ᄒᆞ야셔ᄂᆞᆫ子女가되며夫妻兄弟朋友師弟間에또ᄒᆞᆫ特殊ᄒᆞᆫ本務가各有ᄒᆞᆫ지라故로吾人은家族社會國家에對ᄒᆞ야반다시身体의健康ᄒᆞᆷ을完全히ᄒᆞᆯ義務가有ᄒᆞ니若夫自身의健康與否가他에關與ᄒᆞᆫ바ㅣ아님으로思ᄒᆞᄂᆞᆫ者ᄂᆞᆫ無道의甚ᄒᆞᆫ者ㅣ라謂ᄒᆞᆯ지니라

身体의健康ᄒᆞᆷ을維持ᄒᆞᆷ에必要ᄒᆞᆫ箇條

吾人의身体ᄂᆞᆫ幼穉ᄒᆞᆫ時에在ᄒᆞ야ᄂᆞᆫ父母의게一任ᄒᆞᆷ이可ᄒᆞᆫ바ㅣ나임의長大ᄒᆞ야十三四歲에至ᄒᆞᆫ時ᄂᆞᆫ他의關與를不俟ᄒᆞ고스ᄉᆞ로銘心ᄒᆞᆷ이可ᄒᆞ니今에其主要ᄒᆞᆫ事項을擧ᄒᆞᆯ진대第一飮食을

節食

節約히ᄒᆞᆯ事第二身体와衣服을精潔히ᄒᆞᆯ事第三運動을不怠히ᄒᆞᆯ事第四寢睡에限度가有ᄒᆞᆯ事第五精神을恒常淸快ᄒᆞ게ᄒᆞᆯ事等이니라

少壯ᄒᆞᆫ時ᄅᆞᆯ當ᄒᆞ야吾人의健康ᄒᆞᆷ을最害ᄒᆞᄂᆞᆫ바ᄂᆞᆫ飮食等을節約히아니ᄒᆞᆷ보다甚ᄒᆞᆫ者ㅣ無ᄒᆞ니本來發育의鼎盛ᄒᆞᆫ少壯時에在ᄒᆞ야ᄂᆞᆫ飮食을節制ᄒᆞᆷ이老年과ᄀᆞᆺ치嚴密ᄒᆞᆫ憂慮ᄅᆞᆯ不要ᄒᆞ나暴飮過食에至ᄒᆞᆷ은深愼ᄒᆞᆷ을宜加ᄒᆞᆯ바ㅣ라食慾이旣滿ᄒᆞᆫ後에美味ᄅᆞᆯ尙貪ᄒᆞᆷ은少年間에每見ᄒᆞᄂᆞᆫ바ㅣ니此ᄂᆞᆫ其人이有害ᄒᆞᆷ을能知ᄒᆞ면서美味에誘惑ᄒᆞᆫ바ㅣ되여節食치못ᄒᆞᆫ弊에自至ᄒᆞᄂᆞᆫ바ㅣ라此等의事로브터맛ᄎᆞᆷ내自己의慾望을節制치못ᄒᆞᄂᆞᆫ慣習을馴致ᄒᆞ면其害의所及이엇지身体의健康을戕害ᄒᆞᆷ에만止ᄒᆞᆯ뿐이리오微小ᄒᆞᆫ事와如ᄒᆞ나吾人의深戒ᄒᆞᆯ바ㅣ니라또少壯時에ᄂᆞᆫ菓子와果實等을間食ᄒᆞ야定時의食量을減損ᄒᆞᆷ이每多ᄒᆞᄂᆞ니此亦弊害의慣習이라醫師의言을據ᄒᆞᆯ진대成長後에胃病으로呻吟ᄒᆞᆷ은此等의原因으로鍾生ᄒᆞᆷ이每多ᄒᆞ다ᄒᆞ니라飮酒와吸烟은害多利少ᄒᆞᄂᆞ니特히飮酒ᄂᆞᆫ些少醺醉ᄒᆞᆫ즉忽地에心

神을攪亂ᄒᆞ야自制力을竟失케ᄒᆞᄂᆞᆫ故로찰하리自初로不飮홈만ᄀᆞᆺ지못ᄒᆞ니라吸烟ᄒᆞᆫ者ᄂᆞᆫ다만慣習上으로브터嗜好ᄒᆞᄂᆞᆫ바ㅣ라故로少壯時에ᄂᆞᆫ此等의慣習을嚴密히自絶홈이可ᄒᆞ니라烟草의毒害됨은一本의卷烟에含有ᄒᆞᆫ毒性으로써二十首의雀을能히殺害ᄒᆞᆫ다ᄒᆞᄂᆞᆫ博物者의一言으로써證明홈이足ᄒᆞ니라然이나近時에閭巷間幼稚輩가多數吸烟ᄒᆞ야滔滔成習홈은社會一般에對ᄒᆞ야實로痛惜ᄒᆞᆫ바ㅣ니라

一種의慣習은他의慣習으로써能히治祛홈을得ᄒᆞᄂᆞ니暴飮過食等은一種慣習에不外홈으로써其慾望을漸次節制홈을依ᄒᆞ야맛ᄎᆞᆷ내全体矯正홈을可得ᄒᆞᆯ지니라

清潔

清潔은衛生上에ᄀᆞ장銘心ᄒᆞᆯ바ㅣ라清潔의本源은各自의身体에在ᄒᆞ니身体가임의清潔ᄒᆞ면染汚의衣服을纏身홈에不忍ᄒᆞᆯ지며身体와衣服이홈ᄭᅴ清潔ᄒᆞ면家屋과庭園도ᄯᅩᄒᆞᆫ清潔ᄒᆞᆯ지니如許ᄒᆞᆫ人이羣居ᄒᆞ야村을成ᄒᆞ며面과市를成ᄒᆞ면다만個人의健康을裨益케ᄒᆞᆯᄲᅮᆫ아니라諸種傳染病의害毒을能免ᄒᆞᆯ지니라

衣服과身体의淸潔은다만肉体의健康을持保ᄒᆞᆷ에大切ᄒᆞᆯ뿐아니라其人의外觀을美麗케ᄒᆞ며또善良ᄒᆞᆫ慣習을長養ᄒᆞᆷ으로써精神上에裨益ᄒᆞᆷ이不少ᄒᆞ니라不潔ᄒᆞᆫ人은汚穢物을身에塗附ᄒᆞᆷ과又ᄒᆞᆷ으로他人의게對ᄒᆞ야禮儀를自失ᄒᆞᆫ者ㅣ나恒常淸潔ᄒᆞᆷ을不怠히ᄒᆞᄂᆞᆫ人은平素에秩序가有ᄒᆞᆫ勞動과精密ᄒᆞᆫ注意에馴習이됨으로써不識不知間에小心勤勉ᄒᆞ야凡事를做去ᄒᆞᄂᆞᆫ善良ᄒᆞᆫ慣習을成得ᄒᆞᄂᆞ니大凡外体로브터內心을矯制ᄒᆞᆷ은德性을養得ᄒᆞᄂᆞᆫ妙訣이니라

運動

運動은衛生上에欠闕치못ᄒᆞᆯ바ㅣ니運動은消化의機能을專助ᄒᆞ며血液의循環을利導ᄒᆞ고또心神을爽快케ᄒᆞᄂᆞᆫ効力이有ᄒᆞ니라人이萬一逸居坐臥ᄒᆞ야運動이少無ᄒᆞᆫ時ᄂᆞᆫ心身이不快ᄒᆞ며食慾이頓減ᄒᆞ고血色이並衰ᄒᆞ야元氣가또ᄒᆞᆫ潛銷ᄒᆞᆷ에自至ᄒᆞᄂᆞ니故로精神을恒勞ᄒᆞ고時間을恒惜ᄒᆞᄂᆞᆫ人은ᄀᆞ장運動을不怠히ᄒᆞᄂᆞ니라運動에消費ᄒᆞᄂᆞᆫ時間은暫見ᄒᆞ면或無益ᄒᆞᆷ과又ᄒᆞ나勉學ᄒᆞᄂᆞᆫ人의게必要ᄒᆞᆷ이勞動ᄒᆞᄂᆞᆫ人의休憩ᄒᆞᆷ과又ᄒᆞ니라

運動의本意ᄂᆞᆫ身体機能의活動홈을幇助ᄒᆞ고兼ᄒᆞ야勉學人의元氣를長養홈에在ᄒᆞᆫ지라故로其限度를超過ᄒᆞ야도로혀身体를疲勞케홈은不可ᄒᆞ니飮食에限度가有홈과ᄀᆞᆺ치運動에도ᄯᅩᄒᆞᆫ制限이有홈을恒常着念홈이可ᄒᆞ니라然이나靑年의學生이往往球戲와端艇等의過度競爭으로도로혀健全ᄒᆞᆫ身体를毁傷ᄒᆞ야難治의病祟를釀成홈은곳運動의本意를忘却홈이라謂ᄒᆞᆯ지니라

ᄒᆞ믈며運動은吾人의精神을爽快히홈에特大ᄒᆞᆫ功効가有ᄒᆞᄂᆞ니精神이鬱積ᄒᆞ야快快無樂ᄒᆞᆫ時ᄂᆞᆫ事物에接觸ᄒᆞᆯ時마다不快ᄒᆞᆫ心緖가自生ᄒᆞ야振作ᄒᆞᆯ道理가無ᄒᆞᄂᆞ니此時를際ᄒᆞ야何事를做得ᄒᆞ리오心地의活潑與否ᄂᆞᆫ多少間其人의性格을因ᄒᆞᄂᆞᆫ바ㅣ나其体機의調和를缺損홈이主要된原因이니此時를當ᄒᆞ야郊外에暫時散步홈은吾人의身神으로ᄒᆞ여곰特地에快活케ᄒᆞ며或은業務에樂就홈을興起홈도되ᄂᆞ니라ᄯᅩ休暇時를當ᄒᆞ야名山大川에跋涉周覽홈은精神을修養홈에偉大ᄒᆞᆫ効力이特有ᄒᆞᆫ바ㅣ니라

寢睡의限度

寢睡에限度가有홈은ᄯᅩᄒᆞᆫ身体의健康을持保홈

에欠闕치못홀바ㅣ니發育의鼎盛ᄒᆞᆫ少壯時에在ᄒᆞ야ᄂᆞᆫ尤然ᄒᆞᆫ바ㅣ니라世俗의學生輩가勉學에過度ᄒᆞᆫ熱心으로往往寢睡의時間을減殺ᄒᆞ야甚至於徹曉讀書ᄒᆞᄂᆞᆫ者ㅣ多ᄒᆞ니ᄀᆞ장深愼홀바ㅣ니라寢睡의充分치못홈으로身体가衰弱ᄒᆞ야맛ᄎᆞᆷ내許多의病根을釀成ᄒᆞᄂᆞᆫ者ㅣ世間에其例不少홀ᄲᅮᆫ아니라如斯ᄒᆞᆫ身体로勉學에强從ᄒᆞᄂᆞᆫ時ᄂᆞᆫ其利害得失이如何ᄒᆞ뇨홈은率爾히判定키難ᄒᆞ니라寢睡가不足ᄒᆞᆫ時ᄂᆞᆫ身体의一般機能이衰弱홈으로써精神이ᄯᅩᄒᆞᆫ瞢然不明ᄒᆞᄂᆞ니此로써

終日토록凭几兀兀ᄒᆞ나其得ᄒᆞᆫ바結果ᄂᆞᆫ寢睡를充分히ᄒᆞᆫ後의半日工夫에不及홀지니라然이나寢睡를過度히홈도ᄯᅩᄒᆞᆫ心身을惰弱케ᄒᆞᄂᆞᆫ害가有홈을記憶홈이可ᄒᆞ니라

精神을恒常爽快케홈도ᄯᅩᄒᆞᆫ身体의健康을保全홈에欠闕치못홀바ㅣ니라精神이沉鬱ᄒᆞᆫ時ᄂᆞᆫ珍餐이不甘ᄒᆞ며血色이萎凋ᄒᆞ야夜眠을不成ᄒᆞ야맛ᄎᆞᆷ내膏肓의疾을釀成ᄒᆞᄂᆞ니此ᄂᆞᆫ吾人의常見ᄒᆞᄂᆞᆫ바ㅣ니라人生이本來歡樂의事만有ᄒᆞᆫ바ㅣ아니나반다시精神을爽快히ᄒᆞ야小事의如意치

自殺의不可

못홈에煩悶홈을不要ᄒᆞ고恒常心氣의怡悅케홈을力行홀지니如斯히ᄒᆞᆫ後에비로소潤達有爲의性格을養得홀지니라

身体의健康을持保홈은家族社會와밋國家에對ᄒᆞᆫ吾人의義務가됨으로써私情과私忿을因ᄒᆞ야自殺ᄒᆞᄂᆞᆫ等事ᄂᆞᆫ罪惡의最大ᄒᆞᆫ바ㅣ됨은更言홀바ㅣ아니어ᄂᆞᆯ世俗의人이自殺로써一切의罪惡을消滅홈에足홈으로思ᄒᆞᄂᆞᆫ者ㅣ或有ᄒᆞ니此ᄂᆞᆫ곳哀憐의情으로써正義의理ᄅᆞᆯ沒ᄒᆞᄂᆞᆫ者ㅣ니라

然이나國家公共의利益을爲홈에ᄂᆞᆫ一身을犧牲

으로供ᄒᆞᄂᆞᆫ思想이無치못홀지니此ᄂᆞᆫ所謂志士仁人이身을殺ᄒᆞ야仁을成ᄒᆞᄂᆞᆫ바ㅣ니吾人이平生에身体健康을維持ᄒᆞᄂᆞᆫ本務가有홈은實로如斯ᄒᆞᆫ事情을遭遇ᄒᆞ야其本務ᄅᆞᆯ完全히ᄒᆞ고져홈에不外홈이니라萬一身이貧苦에見迫ᄒᆞ야生在홈이世에無益홈으로써찰하리死홈만ᄀᆞᆺ지못ᄒᆞ다思ᄒᆞᄂᆞᆫ者ㅣ有ᄒᆞ니其心事가甚히哀憐ᄒᆞᆫ바ㅣ無홈은아니나其弱志薄行은深咎치아니치못홀지라如斯ᄒᆞᆫ時ᄅᆞᆯ當ᄒᆞ야ᄂᆞᆫ百折不屈의志ᄅᆞᆯ堅守ᄒᆞ야困難을除排ᄒᆞ고幸運을挽回홈을務圖홀지

니精神이一到ᄒᆞ면何事를不成ᄒᆞ리오窮廬에蟄居ᄒᆞ야空自悲嘆ᄒᆞᆷ은有爲男子의不取ᄒᆞᄂᆞᆫ바ㅣ니라

第三章 朋友慣習과밋勤勉

人은模倣的動物

人은模倣的動物이라幼少ᄒᆞᆷ에在ᄒᆞ야家庭中에受養ᄒᆞᆯ時ᄂᆞᆫ父母를模倣ᄒᆞ고漸長ᄒᆞ야家庭外에出遊ᄒᆞᆯ時ᄂᆞᆫ朋友를模倣ᄒᆞᄂᆞ니家庭의教育은幼少者自身에干與ᄒᆞᆯ바ㅣ아니나朋友의選擇은吾人自身에當任ᄒᆞᆫ바ㅣ니라

朋友ᄂᆞᆫ吾人智德上에深切ᄒᆞᆫ感化力이有ᄒᆞᆫ바ㅣ니譬컨대水ᄂᆞᆫ器의方圓을隨ᄒᆞ야其形이有異ᄒᆞᆷ과ᄀᆞᆺ치人은友의善惡을隨ᄒᆞ야其行이相分ᄒᆞᄂᆞᆫ지라故로其交遊ᄒᆞᄂᆞᆫ바의朋友를因ᄒᆞ야其人을知ᄒᆞᆷ이可ᄒᆞ니白은朱와相混치아니ᄒᆞ며賢者ᄂᆞᆫ愚人과相交치아니ᄒᆞ고善良ᄒᆞᆫ人은邪惡ᄒᆞᆫ輩를友로아니ᄒᆞᆷ으로써ㅣ니라

人은羣居의動物이라朋友를求ᄒᆞᆷ은本來孤獨ᄒᆞᆷ을厭惡ᄒᆞᄂᆞᆫ常情으로出ᄒᆞᆫ바ㅣ나其感化力의關係가如許ᄒᆞᆷ을思ᄒᆞᆯ진대交遊를選擇ᄒᆞᆷ에特別히銘心ᄒᆞᆷ을要ᄒᆞᆯ지니라

益友와損友

大凡朋友에益友와損友의二種이有ᄒᆞ니我보다智德의優ᄒᆞᆫ者를益友라云ᄒᆞ고劣ᄒᆞᆫ者를損友라云ᄒᆞᄂᆞ니吾人은반다시益友를親近히ᄒᆞ고損友를疎遠히ᄒᆞᆯ지니라平素에智가秀ᄒᆞ고德이高ᄒᆞᆫ人은交ᄒᆞ면知치못ᄒᆞᆫ바를自覺ᄒᆞ며足지못ᄒᆞᆫ바를能補ᄒᆞ야欽仰ᄒᆞᄂᆞᆫ心으로我도ᄯᅩᄒᆞᆫ其人과ᄀᆞᆺᄒᆞᆷ을希望ᄒᆞᄂᆞ니故로不識不知中에我의德도漸進ᄒᆞᆷ이芝蘭의室에入ᄒᆞ야其香을薰染ᄒᆞᆷ과ᄀᆞᆺᄒᆞ니라然이나愚昧鄙野ᄒᆞᆫ人과親近ᄒᆞ면許久間에其惡臭를不感ᄒᆞᆷ이鮑魚의肆에入ᄒᆞᆷ과ᄀᆞᆺᄒᆞ야不識不知間에我도ᄯᅩᄒᆞᆫᄒᆞᆷ쎄墮落ᄒᆞᆷ에至ᄒᆞᄂᆞ니라ᄯᅩ敦厚忠信ᄒᆞ야我의意를忤逆ᄒᆞᆯ지라도能히我의過失을攻修ᄒᆞᄂᆞᆫ者ᄂᆞᆫ곳益友라謂ᄒᆞᆯ지며諂諛輕薄ᄒᆞ야我의意를阿迎ᄒᆞ야惡으로誘導ᄒᆞᄂᆞᆫ者ᄂᆞᆫ곳損友라謂ᄒᆞᆯ지라孔子도巧言令色이仁ᄒᆞᆫ者ㅣ鮮ᄒᆞ다云ᄒᆞ얏스니友를擇ᄒᆞᄂᆞᆫ者ㅣ深愼ᄒᆞᆷ이可ᄒᆞ니라

慣習

慣習은友를交ᄒᆞᆷ과ᄀᆞᆺ치人의性格을化成ᄒᆞᆷ에至大ᄒᆞᆫ關係가有ᄒᆞᆫ바ㅣ니라大凡人心은物을應ᄒᆞ야移ᄒᆞᄂᆞᆫ지라故로文墨을見ᄒᆞ면詩를思ᄒᆞ고繇

習成性

竹을見ᄒᆞ면聲音을思ᄒᆞᄂᆞ니ᄒᆞ믈며思想이아즉固定치아니ᄒᆞᆫ少壯時에在ᄒᆞᆷ이리오故로日常親接ᄒᆞᄂᆞᆫ바의外物은不識不知間에其精神에浸潤ᄒᆞ야許久積習ᄒᆞ면맛ᄎᆞᆷ내堅牢不拔ᄒᆞᆷ에至ᄒᆞᄂᆞ니所謂習與成性이곳是라故로吾人은맛당히慣習을戒愼ᄒᆞᆷ이其友ᄅᆞᆯ擇ᄒᆞᆷ과ᄀᆞᆺ치ᄒᆞᆯ지니라

大河ᄂᆞᆫ小流로브터其深을成ᄒᆞ며人性은慣習으로브터其癖(벽)을成ᄒᆞᄂᆞ니라米國의一囚徒가死刑에處ᄒᆞᆷ을當ᄒᆞ야其罪ᄅᆞᆯ懺(참)悔ᄒᆞ야曰我가極罪ᄅᆞᆯ犯ᄒᆞᆷ에至ᄒᆞᆷ은少時에在ᄒᆞ야每朝에寢床을離ᄒᆞᆷ에果斷이無ᄒᆞᆫ原因이라ᄒᆞ니寢床을離ᄒᆞᆷ에果斷의有無ᄂᆞᆫ一見ᄒᆞᆷ이甚히些細ᄒᆞᆫ事ㅣ라足히介意ᄒᆞᆯ바ㅣ아닌듯ᄒᆞ나此ᄅᆞᆯ因ᄒᆞ야漸次로沈染誘惑ᄒᆞ야能히正理에就치못ᄒᆞᆯ慣習을馴致ᄒᆞ면其害의及ᄒᆞᄂᆞᆫ바ㅣ맛ᄎᆞᆷ내此一囚徒에在ᄒᆞ야見ᄒᆞᆷ과ᄀᆞᆺᄒᆞᆫ지라日常의動止라도習ᄒᆞ야性을成ᄒᆞ면延ᄒᆞ야凡百行爲ᄅᆞᆯ左右ᄒᆞᆷ에至ᄒᆞᄂᆞ니깁히戒懼ᄒᆞᆯ바ㅣ니라此와相反ᄒᆞ야平素에善良ᄒᆞᆫ慣習을成ᄒᆞ면惡을避ᄒᆞᆷ을蛇蝎과ᄀᆞᆺ치ᄒᆞ고善에就ᄒᆞᆷ을芝蘭과ᄀᆞᆺ치ᄒᆞ야勞치아니코道에允協ᄒᆞᆷ을得ᄒᆞᄂᆞ

니道德의根據ᄂᆞᆫ반다시高遠ᄒᆞᆫ바에不在ᄒᆞ고實로日用常行에不出ᄒᆞᄂᆞ니라洒掃應對進退起居一事一物一動一靜이莫非道義의實地니正義勇敢勤勉忍耐等의重大ᄒᆞᆫ諸德도厥初를尋究ᄒᆞ면日用常行間慣習에基因ᄒᆞᄂᆞᆫ者ㅣ多ᄒᆞ니라

禮儀의必要

禮儀ᄂᆞᆫ다만交際의要具가될ᄲᅮᆫ아니라ᄯᅩᄒᆞᆫ善良ᄒᆞᆫ慣習을成ᄒᆞᆷ에在ᄒᆞ야不少ᄒᆞᆫ關係가有ᄒᆞᆫ者ㅣ니라心이能히体를正ᄒᆞᆷ과ᄀᆞᆺ치体도ᄯᅩᄒᆞᆫ能히心을制ᄒᆞᄂᆞ니故로平素에体容을嚴正히ᄒᆞ고顏色을整齊히ᄒᆞ며辭令을平順히ᄒᆞ면心도ᄯᅩᄒᆞᆫ邪念을自萌치아니ᄒᆞ며行도ᄯᅩᄒᆞᆫ篤敬ᄒᆞᆷ에自至ᄒᆞᄂᆞ니라禮아니면視치말며禮아니면聽치말며禮아니면言치말며禮아니면動치말나ᄒᆞᆷ은곳孔子가顏淵의仁을問ᄒᆞᆷ에答ᄒᆞᆫ言이니禮를據ᄒᆞ야心을責ᄒᆞᆷ이聖人의微意가至盡ᄒᆞ다謂ᄒᆞᆯ지니라世人이문득禮儀로ᄡᅥ虛式이라指斥ᄒᆞ고麁挙大談으로ᄡᅥ自足ᄒᆞ다ᄒᆞ나其心이ᄯᅩᄒᆞᆫ其形을隨ᄒᆞ야不識不知間에放逸疎慵ᄒᆞᆷ을不免ᄒᆞᄂᆞ니깁히戒懼ᄒᆞᆷ이可ᄒᆞ니라

勤行은最良ᄒᆞᆫ慣習

最良ᄒᆞᆫ一種慣習은勤行에在ᄒᆞ니勤行이란者ᄂᆞᆫ

恒常事務에從事ᄒᆞᆷ을謂ᄒᆞᆷ이니라勤行의種類ᄂᆞᆫ人人이相異ᄒᆞ나其位置와境遇를隨ᄒᆞ야適當ᄒᆞᆫ業務를選擇ᄒᆞ야日常에此에從事ᄒᆞᆷ은德性을涵養ᄒᆞᆷ에欠闕치못ᄒᆞᆯ事ㅣ니事務ᄂᆞᆫ人의게從順ᄒᆞᆷ을訓ᄒᆞᄂᆞᆫ바ㅣ며節制를訓ᄒᆞᄂᆞᆫ바ㅣ오또能히小心勤勉忍耐의諸德을馴致ᄒᆞᄂᆞᆫ바ㅣ니라

懶惰ᄂᆞᆫ衆惡의本

世에懶惰ᄒᆞᆷ과ᄀᆞᆺ치人性을鴆毒ᄒᆞᄂᆞᆫ者ㅣ無ᄒᆞ니懶惰ᄂᆞᆫ衆惡의本이니라勤學치아니ᄒᆞ고安佚을好ᄒᆞᄂᆞᆫ心은곳萬惡의源이니古語에云ᄒᆞ되小人은閑居ᄒᆞ야不善을ᄒᆞᆫ다ᄒᆞᆷ이此를謂ᄒᆞᆷ이니大抵

小人뿐아니라事爲가無ᄒᆞ고茫然히時間을消費ᄒᆞᆯ時ᄂᆞᆫ佚樂에沉ᄒᆞ야善良ᄒᆞᆫ性質의人이라도遊惰에漸流ᄒᆞ야劣情과邪念이또ᄒᆞᆫ隙을乘ᄒᆞ야其心을浸潤ᄒᆞᆷ에至ᄒᆞᄂᆞᆫ지라故로正當ᄒᆞᆫ事業에身을當委ᄒᆞᆯ時ᄂᆞᆫ心이精一ᄒᆞᆷ으로써劣情이起ᄒᆞᆷ을不得ᄒᆞ고邪念이萌ᄒᆞᆷ을不得ᄒᆞ야勤勉正直의習性을不求ᄒᆞ야도스ᄉᆞ로成就ᄒᆞᆷ에至ᄒᆞᄂᆞ니라

人生의眞價ᄂᆞᆫ

大凡勤行은人生의大事ㅣ니德義才學勳功名譽財産과其他人生의一切幸福은總히勤行을因ᄒᆞ지아니ᄒᆞᄂᆞᆫ者ㅣ無ᄒᆞ니라人生의眞價ᄂᆞᆫ其事業

其事業으로써測定홈이可홈

으로써測定홈이可ᄒᆞ고其年齡으로써測定홈이不可ᄒᆞ니假令百歲의齡을享保ᄒᆞᆯ지라도放逸遊惰ᄒᆞᄂᆞᆫ中에醉生夢死ᄒᆞᆯ진대足히長壽라謂ᄒᆞ지못ᄒᆞᆯ지며此와相反ᄒᆞ야設令弱冠에夭折ᄒᆞᆯ지라도生前의功業이身後에不滅ᄒᆞ면敢히短命이라謂ᄒᆞ지못ᄒᆞᆯ지니라勤勉은萬事의本이라果實도其皮ᄅᆞᆯ除去치아니ᄒᆞ면其實을食홈을不得ᄒᆞᄂᆞ니寸勞가無ᄒᆞ고엇지寸利ᄅᆞᆯ得ᄒᆞᆯ理가有ᄒᆞ리오古來로브터不世의天才라稱ᄒᆞᄂᆞᆫ者도十中의八九ᄂᆞᆫ苦心力學의結果가아님이업ᄂᆞ니世에事業

으로써其心身을自傷ᄒᆞᄂᆞᆫ者ㅣ有ᄒᆞ나放逸懶惰홈으로써其身을自誤ᄒᆞᄂᆞᆫ者에比ᄒᆞ면十에一에도不及ᄒᆞᄂᆞ니라

第四章　自制

自制

自制라홈은感情을抑制ᄒᆞ고慾望을禁遏홈을謂홈이니感情과慾望은반다시賤劣히넉일者ㅣ아닐ᄲᅮᆫ아니라高尙ᄒᆞᆫ志操와有益ᄒᆞᆫ事業은미양玆에起原ᄒᆞᄂᆞᆫ바ㅣ니라然이나情慾은譬컨대駿馬와ᄀᆞᆺ치善走ᄒᆞᄂᆞᆫ力이有ᄒᆞ나當行ᄒᆞᆯ處ᄅᆞᆯ不知ᄒᆞᄂᆞᆫ지라故로騎手로ᄒᆞ여곰其奔逸홈에放任ᄒᆞ고

適當ᄒᆞᆫ制御ᄅᆞᆯ施ᄒᆞᆷ이無ᄒᆞ면或은溝壑에轉ᄒᆞ고或은川澤에陷ᄒᆞ야맛ᄎᆞᆷ내其身을自喪ᄒᆞᆷ에至ᄒᆞᆯ지니故로吾人은明確ᄒᆞᆫ性理와堅强ᄒᆞᆫ志氣에基因ᄒᆞᆫ自制의力으로써恒常情慾의跋扈ᄒᆞᆷ을牽制ᄒᆞ야써中正의道ᄅᆞᆯ維持ᄒᆞᆷ이可ᄒᆞ니라

自制의主要된者ᄅᆞᆯ擧ᄒᆞᆯ진대大凡三種이有ᄒᆞ니体慾을節制ᄒᆞᆷ이其一이오慾望을節制ᄒᆞᆷ이其二오熱情을抑制ᄒᆞᆷ이其三이니라

體慾의節制

飢渴곳飮食의慾은適當ᄒᆞᆫ時期에在ᄒᆞ야適當ᄒᆞᆫ養分을收容ᄒᆞᆷ이可ᄒᆞᆷ으로써人体의健康과活氣

ᄅᆞᆯ保全ᄒᆞᆷ에ᄂᆞᆫ十分必要ᄒᆞ야可히欠闕치못ᄒᆞᆯ바ㅣ니라然이나醇香美味ᄅᆞᆯ耽ᄒᆞ야適度ᄅᆞᆯ超過ᄒᆞ대오히려飽滿ᄒᆞᆷ을不知ᄒᆞᄂᆞᆫ時ᄂᆞᆫ다만健康을損傷ᄒᆞ고生命을危害ᄒᆞᆯᄲᅮᆫ아니라智能을遲鈍케ᄒᆞ고德性을茸闒케ᄒᆞ야放逸奢侈의慣習을養成ᄒᆞᆷ에至ᄒᆞᄂᆞ니酒色의慾은더옥荒亂惑溺의患이有ᄒᆞᆫ者ㅣ라故로自制의力으로써미리此ᄅᆞᆯ適度ᄒᆞ게禁遏ᄒᆞᆷ이可ᄒᆞ니라萬一國民을盡擧ᄒᆞ야情慾의奴隷가될時ᄂᆞᆫ政体의改良과學藝의進步도ᄯᅩᄒᆞᆫ無奈何ᄒᆞᆫ境에陷ᄒᆞᆯ지니國家의前途ᄅᆞᆯ此에可

知ᄒᆞᆯ지라鴉片을嗜好ᄒᆞᆷ에溺ᄒᆞᆫ支那人ᄀᆞᆺᄒᆞᆫ者ᄂᆞᆫ實로其適例니라

慾望의 節制

慾望도ᄯᅩᄒᆞᆫ体慾과ᄀᆞᆺ치某程度ᄭᆞ지ᄂᆞᆫ人生에欠闕치못ᄒᆞᆯ者ㅣ니라人이萬一名譽ᄅᆞᆯ望ᄒᆞ고財産을欲ᄒᆞ며快樂을求ᄒᆞᄂᆞᆫ念이全無ᄒᆞ면其幸福의太半을失ᄒᆞᆷ이니다만吾人은平素에此ᄅᆞᆯ戒愼ᄒᆞ야其適度ᄅᆞᆯ超過ᄒᆞ야도로혀慾望의奴隷가되지아니ᄒᆞᆷ을期待ᄒᆞᆷ이可ᄒᆞ니라

名譽의 慾望

豹ᄂᆞᆫ死ᄒᆞᆷ애皮ᄅᆞᆯ留ᄒᆞ고人은死ᄒᆞᆷ애名을留ᄒᆞᄂᆞ니名譽ᄅᆞᆯ希望ᄒᆞᆷ은人生의美德이니라然이나偏

히名聞을追求ᄒᆞ고其他ᄅᆞᆯ不顧ᄒᆞᆯ時ᄂᆞᆫ他ᄅᆞᆯ擠排ᄒᆞ고惟我獨存의心을固守ᄒᆞ야或은傲慢不遜ᄒᆞ며或은自身을枉ᄒᆞ야他의意ᄅᆞᆯ苟迎코져ᄒᆞ야便佞卑屈ᄒᆞᆷ에至ᄒᆞᄂᆞ니其弊의及ᄒᆞᄂᆞᆫ바ㅣ決斷코一二에不止ᄒᆞᆯ지니라ᄉᆞᄉᆞ로尊大ᄒᆞ야人의게謙下치아니ᄒᆞ고아즉知치못ᄒᆞᄂᆞᆫ事ᄅᆞᆯ임의知ᄒᆞᆷ과ᄀᆞᆺ치ᄒᆞ며我의智ᄅᆞᆯ自用ᄒᆞ고人의게不問ᄒᆞ며傲然自昂ᄒᆞ야他ᄅᆞᆯ蔑視ᄒᆞᆯ진대此等의行習은一時俗眼을驚ᄒᆞ나決斷코虛名이不久ᄒᆞᆯᄲᅮᆫ아니라其智가日昏ᄒᆞ고其學이日退ᄒᆞ야맛ᄎᆞᆷ내其身을自

誤홈에至홀지니學識이眞個他보다特秀홀지라도此를誇張ᄒᆞ야父兄을凌ᄒᆞ며長上을侮ᄒᆞᄂᆞᆫ者ᄂᆞᆫ悖德의甚ᄒᆞᆫ者ㅣ니라萬一他의好評을取코져ᄒᆞ야我의良心을枉曲ᄒᆞ야人의게阿附雷同ᄒᆞ야其意를苟合ᄒᆞ며其蹟을追從홈은卑陋의甚홈이此에過홀者ㅣ無ᄒᆞ니此等은總히自制力의不足ᄒᆞᆫ所以니라

財産의慾望

財産은人生須要의第一要件이니小ᄒᆞᆫ者ᄂᆞᆫ一個人의獨立幸福으로브터大ᄒᆞᆫ者ᄂᆞᆫ國家의安寧富強에至ᄒᆞ기ᄭᆞ지總히財産을相須치아니ᄒᆞᄂᆞᆫ바ㅣ無ᄒᆞ니故로財産을做出ᄒᆞ야此를增殖(식)홈은人生의要務ㅣ니라然이나世人이往往財産을增殖ᄒᆞᄂᆞᆫ當初의目的을忘却ᄒᆞ야自他間에何等의福利를不與ᄒᆞ고다만財貨를蓄積홈을樂事로思ᄒᆞ야其利用홈에些少도着念치아니ᄒᆞᄂᆞᆫ者ㅣ有ᄒᆞ니此를吝嗇(인석)이라云ᄒᆞ며ᄯᅩ此와相反ᄒᆞ야無益不急ᄒᆞᆫ慾望을充得코져ᄒᆞ야金錢을浪費ᄒᆞᄂᆞᆫ者ㅣ有ᄒᆞ니此를奢侈라云ᄒᆞᄂᆞ니此二者ᄂᆞᆫ中正ᄒᆞᆫ道를共失ᄒᆞᄂᆞᆫ者ㅣ니라財貨가人生에貴重홈이되ᄂᆞᆫ所以ᄂᆞᆫ自他의幸福을增進홈에在ᄒᆞ거놀다만

吝嗇과奢侈

貪慾을專恣ᄒᆞ며蓄積을專事ᄒᆞ고自他에對ᄒᆞ야何等의功益을不與ᄒᆞᆯ진대비록鉅萬의富ᄅᆞᆯ致ᄒᆞᆯ지라도此ᄂᆞᆫ一個守錢奴에止ᄒᆞᆯᄲᅮᆫ이니赤貧者와何異ᄒᆞ리오ᄯᅩ吝嗇ᄒᆞᆫ者ᄂᆞᆫ利殖을專事ᄒᆞᆷ으로써其弊害의窮極ᄒᆞᆷ이他에對ᄒᆞ야當然ᄒᆞᆫ義務ᄅᆞᆯ不行ᄒᆞ며廉恥의心이無ᄒᆞ고愛憐의情이乏ᄒᆞ야親戚故舊의困難이라도此ᄅᆞᆯ不救ᄒᆞ고飢餓ᄒᆞᆫ者의게施惠ᄒᆞᆷ을不知ᄒᆞ며與ᄒᆞᆷ이可ᄒᆞᆫ者의게與치아니ᄒᆞ고取ᄒᆞᆷ이不可ᄒᆞᆫ者ᄅᆞᆯ貪ᄒᆞ야義理ᄅᆞᆯ昧沒ᄒᆞ고人情에背戾ᄒᆞᆷ이此에셔尤大ᄒᆞᆫ者ㅣ無ᄒᆞ니라

甚ᄒᆞᆫ者에至ᄒᆞ야ᄂᆞᆫ或은不正ᄒᆞᆫ物品을賣買ᄒᆞ고或은小額의金錢을貸與ᄒᆞ야重利ᄅᆞᆯ取ᄒᆞᄂᆞᆫ者ㅣ有ᄒᆞ니此等鄙夫의行爲ᄂᆞᆫ엇지人道로써責ᄒᆞᆷ에足ᄒᆞ리오奢侈도ᄯᅩᄒᆞᆫ크게戒懼ᄒᆞᆯ바ㅣ니入額을不計ᄒᆞ고用額을過濫히ᄒᆞ며所得보다消耗가反高ᄒᆞᆷ은亡身破家의本이니라財用의道ᄅᆞᆯ不知ᄒᆞ야맛ᄎᆞᆷ내貧困에陷ᄒᆞ면自身의獨立地位ᄅᆞᆯ不保ᄒᆞᆯᄲᅮᆫ아니라親을養ᄒᆞ고君을事ᄒᆞ며人의게施與ᄒᆞᄂᆞᆫ百行의事爲ᄅᆞᆯ行ᄒᆞ기不能ᄒᆞ야倫常의道가自乖ᄒᆞᆷ에至ᄒᆞᆯ지니라

奢侈ᄂᆞᆫ用홈에過ᄒᆞ고吝嗇은聚홈에過ᄒᆞ니홈ᄭᅴ慾望이過度ᄒᆞᆫ所以니라中正ᄒᆞᆫ道ᄂᆞᆫ此二者의中間에在ᄒᆞ니節儉이곳是니라

節儉

節儉이란者ᄂᆞᆫ分을應ᄒᆞ야自供홈을謂홈이니라

人은貴賤上下의差別을隨ᄒᆞ야其地位ᄅᆞᆯ維持ᄒᆞ고義務ᄅᆞᆯ完全히ᄒᆞᄂᆞᆫ바에在ᄒᆞ야셔도또ᄒᆞᆫ相異ᄒᆞᆫ바ㅣ無치못ᄒᆞᆯ지라故로萬人을通ᄒᆞ야一律로槪限홈은到底不能ᄒᆞᆯ바ㅣ나其要ᄂᆞᆫ다만我의地位와境遇ᄅᆞᆯ應ᄒᆞ야適當ᄒᆞᆫ生活을經營홈에在ᄒᆞᆯᄲᅮᆫ이니라日常의飮食은供俸홈에止ᄒᆞᆯᄲᅮᆫ이오豐美홈을勿要ᄒᆞ며衣冠은具備홈에止ᄒᆞᆯᄲᅮᆫ이오奢華홈을勿期ᄒᆞᆯ지라父祖의付與홈을愛ᄒᆞ야家業을勉勵ᄒᆞ고儉約을爲主ᄒᆞ야浪費홈이無ᄒᆞ면餘財가常存ᄒᆞ야써他의不幸을憐救ᄒᆞᆯ지니其樂이엇지大ᄒᆞ지아니ᄒᆞ리오人이儉約ᄒᆞ면私慾이少ᄒᆞ고私慾이少ᄒᆞ면物에役ᄒᆞᄂᆞᆫ바ㅣ되지아니ᄒᆞᄂᆞ니如斯ᄒᆞᆫ後에비로소精神을靜養ᄒᆞ야人道ᄅᆞᆯ得行ᄒᆞᆯ지니라

人이節儉ᄒᆞ면其家가能齊ᄒᆞ고國民이節儉ᄒᆞ면其國이能治ᄒᆞᄂᆞ니節儉ᄒᆞ야資產이豐裕ᄒᆞᆫ時ᄂᆞᆫ

快樂의慾望

民이其業을各安ᄒᆞ야君을敬ᄒᆞ고國을愛ᄒᆞᄂᆞᆫ心이自生홀지니라萬一奢侈의風習이國民間에流行ᄒᆞ야人人이貴重ᄒᆞᆫ資財ᄅᆞᆯ費ᄒᆞ야無益ᄒᆞᆫ情慾에充ᄒᆞ야써其心力을消耗ᄒᆞᆯ時ᄂᆞᆫ一國의元氣가또ᄒᆞᆫ沮喪ᄒᆞᆷ에至ᄒᆞᄂᆞ니라古來로브터列國의興亡은其人民의節儉勤勉ᄒᆞᆷ과奢侈放逸ᄒᆞᆷ을依ᄒᆞᆷ이多ᄒᆞ니羅馬帝國의末路ᄀᆞᆺᄒᆞᆫ者ㅣ其適例니라快樂의慾望도또ᄒᆞᆫ名譽財産의慾望과ᄀᆞᆺ치其適度에制限되지아니치못홀지니라大抵快樂을好ᄒᆞ고苦痛을惡ᄒᆞᆷ은人의天性이니人의行爲의大

部分은此天性에牽引이되여快樂을得코져ᄒᆞᆷ에不外ᄒᆞᆫ者ㅣ니라天性에本ᄒᆞᆫ者ᄂᆞᆫ徐徐히修鍊ᄒᆞᆷ이可ᄒᆞ고急遽히禁止ᄒᆞᆷ은不可ᄒᆞ니古代에一個心理學者가非常ᄒᆞᆫ難行勤苦로써一切의快樂을拒絕코져ᄒᆞᆫ者ㅣ有ᄒᆞ니此ᄂᆞᆫ다만性을戕ᄒᆞ고心을害ᄒᆞᆷ에止홀ᄲᅮᆫ이오道德에裨益ᄒᆞᆫ바ᄂᆞᆫ尠ᄒᆞ니라ᄒᆞ믈며快樂을適度히享受ᄒᆞᆷ은決斷코此輩의思惟ᄒᆞᆷ과ᄀᆞᆺ치劣情으로出ᄒᆞᆫ바ㅣ되지아니ᄒᆞᆯᄲᅮᆫ아니라精神을爽快히ᄒᆞ고活氣ᄅᆞᆯ維持ᄒᆞ며勤行을奬勵코져ᄒᆞᆷ에ᄂᆞᆫ도로혀必要ᄒᆞᆷ이됨이리오다

만適宜ᄒᆞᆫ度ᄅᆞᆯ超過ᄒᆞ며他의必要ᄒᆞᆫ勤行을放棄ᄒᆞ고此에沉荒ᄒᆞᆷ은깁히警戒ᄒᆞᆯ바ㅣ니라

快樂의適度라ᄒᆞᆷ은如何ᄒᆞᆫ程度ᄅᆞᆯ指ᄒᆞᆷ이뇨此ᄅᆞᆯ言ᄒᆞᆷ은易ᄒᆞ나行ᄒᆞᆷ은難ᄒᆞ니라然이나實際上標準됨에庶幾ᄒᆞᆫ者ᄂᆞᆫ恒常過度ᄒᆞᆷ에不至ᄒᆞ고乃止ᄒᆞᆷ에在ᄒᆞ니古人이云ᄒᆞᆫ대歡樂이極ᄒᆞᆷ애哀情이至ᄒᆞᆫ다ᄒᆞ니라世에不愉快ᄒᆞᆫ事가多ᄒᆞᆫ대慾望의過度ᄒᆞᆷ을因ᄒᆞ야生ᄒᆞᄂᆞᆫ者보다더욱不愉快ᄒᆞᆷ이無ᄒᆞ니如斯ᄒᆞᆫ境遇에在ᄒᆞ야ᄂᆞᆫ快樂은神氣ᄅᆞᆯ皷舞ᄒᆞ고勤行을奬勵ᄒᆞᆷ이可ᄒᆞᆫ當然ᄒᆞᆫ目的을達ᄒᆞ가不能ᄒᆞᆯ뿐아니라도로혀心身을懶惰케ᄒᆞ야各種의不德을引起ᄒᆞᄂᆞ니世에道ᄅᆞᆯ違ᄒᆞ고罪ᄅᆞᆯ犯ᄒᆞᄂᆞᆫ者ㅣ며양其初에快樂의節制ᄅᆞᆯ懈怠히ᄒᆞᆷ에根因ᄒᆞᆫ者ㅣ多ᄒᆞ니ᄆᆞ장銘念ᄒᆞᆯ바ㅣ니라

熱情의節制

熱情도ᄯᅩᄒᆞᆫ善히節制ᄒᆞᆷ이可ᄒᆞ니라大凡人은感情의動物이니一次一個事物에對ᄒᆞ야깁흔興味ᄅᆞᆯ感動ᄒᆞᆫ時ᄂᆞᆫ魂迷心奪ᄒᆞ야反省顧慮ᄒᆞᆯ餘地가無ᄒᆞ고一意로此에聽從ᄒᆞᆷ이되며甚至於自他에對ᄒᆞᆫ義務ᄅᆞᆯ抛擲ᄒᆞ고오히려其極點에到達치못ᄒᆞ면不已ᄒᆞᄂᆞᆫ者ㅣ有ᄒᆞ니此時ᄅᆞᆯ當ᄒᆞ야道理ᄅᆞᆯ

辨別ᄒᆞ고是非利害의存ᄒᆞᆫ바ᄅᆞᆯ明瞭히ᄒᆞ야써激烈ᄒᆞᆫ感情을制止ᄒᆞᄂᆞᆫ慣習을馴致ᄒᆞᆷ이아니면人은恒常罪過中에呻吟ᄒᆞᆷ을不免ᄒᆞᆯ지니라然이나熱情으로ᄒᆞ야곰道理下에制御ᄒᆞᆷ이되면곳適當ᄒᆞᆫ器械ᄅᆞᆯ依ᄒᆞ야運用되ᄂᆞᆫ蒸氣와同ᄒᆞᆯ지니其强大ᄒᆞᆫ勢力이何에向ᄒᆞ야利用되지아니ᄒᆞ리오

忿怒

熱情中에在ᄒᆞ야ᄀᆞ장顯著ᄒᆞᆫ者ᄂᆞᆫ忿怒ㅣ니라怒氣가胷滿ᄒᆞᆯ時ᄂᆞᆫ往往狂者와如ᄒᆞ야死도오히려不避ᄒᆞᄂᆞᆫ者ㅣ有ᄒᆞᄂᆞ니故로發怒ᄒᆞᆯ際에行ᄒᆞᆫ事ᄂᆞᆫ十中의八九ᄂᆞᆫ禍ᄅᆞᆯ其身에貽ᄒᆞ야終身悔恨ᄒᆞ

야도不及ᄒᆞᄂᆞᆫ者ㅣ有ᄒᆞ니라

忿怒ᄂᆞᆫ반다시恒常惡ᄒᆞᆫ者ᄂᆞᆫ아니니人의不正無禮ᄒᆞᆷ을受ᄒᆞ고冷然不顧ᄒᆞᆷ은正義ᄅᆞᆯ知ᄒᆞᄂᆞᆫ士의行치아니ᄒᆞᄂᆞᆫ바ㅣ니라吾人은怒ᄒᆞᆷ이可ᄒᆞᆫ時ᄂᆞᆫ怒치아니ᄒᆞᆷ이不可ᄒᆞ니恥ᄅᆞᆯ徒忍ᄒᆞ야他에屈從ᄒᆞᆷ은卑(비)怯(겁)의甚ᄒᆞᆫ者ㅣ니라然이나忿怒가其度을失ᄒᆞ면胷中에道理가無ᄒᆞ야親戚도顧念ᄒᆞᆯ餘地가無ᄒᆞ고故舊도容恕ᄒᆞᆯ暇隙이無ᄒᆞ며恩誼ᄅᆞᆯ斷ᄒᆞ고信義ᄅᆞᆯ棄ᄒᆞ야生平의禍敗로써一時의愉快ᄅᆞᆯ買ᄒᆞᄂᆞᆫ者ㅣ有ᄒᆞᄂᆞ니故로人은幼穉ᄒᆞᆫ時로브

忍耐

터忍耐의慣習을素養ᄒᆞᆯ지니라一朝에忿怒의情이起ᄒᆞᆯ지라도곳此를按拄ᄒᆞ야再三反省ᄒᆞ면거위過失이無ᄒᆞᆷ을得ᄒᆞᆯ지오또忿怒의情으로ᄒᆞ여곰抑制ᄒᆞᆷ이되면讒謗罵詈暴行等의過失도自免ᄒᆞᆷ을得ᄒᆞᆯ지니라

忍耐ᄂᆞᆫ交際上親和의要具ㅣ니라人心의異ᄒᆞᆷ은其面과如ᄒᆞ니人의言行이我에不合ᄒᆞᆷ으로써一一히此를忿怒ᄒᆞ면家에和睦ᄒᆞᆷ을不得ᄒᆞ고友에親密ᄒᆞᆷ을不得ᄒᆞ며社會의人은모다反目遂迎ᄒᆞᆷ에不外ᄒᆞᆯ지라恕ᄒᆞᆷ이可ᄒᆞᆫ者ᄂᆞᆫ此를恕ᄒᆞ고我가

호올노彼의善을取ᄒᆞᆯ지니此ᄂᆞᆫ總히忍耐의美德을依ᄒᆞᆷ이니라

傲慢과嫉妬

忿怒와ᄀᆞᆺ치또ᄒᆞᆫ深愼ᄒᆞᆷ이可ᄒᆞᆫ者ᄂᆞᆫ傲慢과嫉妬ㅣ니傲慢은己의優秀ᄒᆞᆷ을挾ᄒᆞ야他를凌侮ᄒᆞ고或은他를輕蔑히ᄒᆞ야己의威重을加ᄒᆞ고져ᄒᆞᄂᆞᆫ情이오嫉妬ᄂᆞᆫ他의優秀ᄒᆞᆷ을艶羨ᄒᆞᄂᆞᆫ極度에도로혀其才識名望을媢疾ᄒᆞᄂᆞᆫ情이니라大抵威重은人의眞價가外形에白顯ᄒᆞᄂᆞᆫ者오模倣擬似ᄂᆞᆫ能히一時를瞞過ᄒᆞᆷ이可ᄒᆞ나足히써久遠ᄒᆞᆷ을持保치못ᄒᆞ며또他를輕侮ᄒᆞᆷ은些少도我의品格을

高貴케ᄒᆞᄂᆞᆫ바ㅣ아니오他의幸福을忌媢ᄒᆞᆷ으로써其故를因ᄒᆞ야自己의幸福을增進ᄒᆞᆷ이可ᄒᆞᆫ者ㅣ아니니此等은다만無知蒙昧의擧動이될ᄲᅮᆫ아니라또ᄒᆞᆫ卑劣不德의最甚ᄒᆞᆫ者ㅣ니라

情慾을制御ᄒᆞᄂᆞᆫ方法

情慾을制御ᄒᆞᄂᆞᆫ方法은如何ᄒᆞ뇨情慾의物됨이至大至强ᄒᆞ니一次激昂ᄒᆞᆫ勢를乘ᄒᆞ야勃興ᄒᆞᆯ時ᄂᆞᆫ道理의力도能히此를抗拒치못ᄒᆞᄂᆞ니라故로利害得失을說道ᄒᆞ야此를禁遏ᄒᆞᆷ은理에當然ᄒᆞᆫ바ㅣ나事를臨ᄒᆞ면畢竟無益ᄒᆞᆫ바ㅣ되ᄂᆞ니情을制御ᄒᆞᆷ은다만情으로써ᄒᆞᆷ이可ᄒᆞ다ᄒᆞᆯ지니라

情을制ᄒᆞᆷ에ᄂᆞᆫ情으로써ᄒᆞᆷ이可ᄒᆞᆷ

彼政治家가內國의騷亂을鎭定코져ᄒᆞ야外國과交涉을起ᄒᆞᆷ과ᄀᆞ치情慾은他의情慾으로써此를抑制ᄒᆞᆷ이可ᄒᆞ니假令忿怒를不勝ᄒᆞᆯ時ᄂᆞᆫ幽靜ᄒᆞᆫ音樂을聽ᄒᆞ고不平ᄒᆞᆷ을不勝ᄒᆞᆯ時ᄂᆞᆫ曠闊ᄒᆞᆫ山川에遊ᄒᆞ면心胖意快ᄒᆞ야一時의熱情이眞個無益ᄒᆞᆷ을自悟ᄒᆞᆷ이有ᄒᆞ니라

情慾이頂點에達ᄒᆞᆯ時ᄂᆞᆫ其勢가자못可當치못ᄒᆞᆯ지나暫時間에衰退ᄒᆞᆷ이常例라故로熱情이勃興ᄒᆞᆯ際에其情慾을堅忍ᄒᆞ야ᄉᆞᄉᆞ로靜守ᄒᆞᄂᆞᆫ慣習을養得ᄒᆞᆷ은自制ᄒᆞᄂᆞᆫ道의ᄀᆞ장必要ᄒᆞᆫ事ㅣ니人

生의禍福이此一轉機의忍耐如何홈에係ᄒᆞᆫ者ㅣ多ᄒᆞ니라昔에急性人이有ᄒᆞ야發怒홀際에熱情에使ᄒᆞᆫ바ㅣ되여言을發ᄒᆞ며事를行코져홀時ᄂᆞᆫ미양其怒氣를堅忍ᄒᆞ고一로브터百에至ᄒᆞᄂᆞᆫ數를計算ᄒᆞ야써時를移ᄒᆞ야此를制御ᄒᆞ얏다云ᄒᆞ니足히써今日의良訓이될지로다

第五章　勇敢

勇敢

勇敢은人으로ᄒᆞ여곰困難을能堪케ᄒᆞᄂᆞᆫ바ㅣ니라人生의價値가有ᄒᆞᆫ事業은一도困難이無ᄒᆞᆫ者ㅣ無ᄒᆞ니人이萬一困難에對ᄒᆞ야屈撓치아니ᄒᆞ며挫折치아니ᄒᆞ고剛毅精一홈으로써其素志를貫徹ᄒᆞᄂᆞᆫ勇敢의氣가無ᄒᆞ면何事業이던지成就ᄒᆞ기不能홀지니라

道德的及智力的勇敢

玆에勇敢이라홈은体力의勇을謂홈이아니니萬一다만筋骨의力으로써此를取홀진대人은如何히强健홀지라도맛ᄎᆞᆷ내牛馬에不及홀지니라眞個尊尙홈이可ᄒᆞᆫ者ᄂᆞᆫ道德的과밋智力的勇敢이니本務를完全히ᄒᆞ고眞理를顯彰코져ᄒᆞ야如何ᄒᆞᆫ困難을遇홀지라도屈折치아니ᄒᆞ고맛ᄎᆞᆷ내初志를得遂홈은眞個尊尙홈이可ᄒᆞᆫ眞正ᄒᆞᆫ勇敢의

社會의進步ᄂᆞᆫ勇敢人의擔負ᄒᆞᆫ바ㅣ多ᄒᆞᆷ

氣니社會의幸福과進步ᄂᆞᆫ此種勇敢人의擔負ᄒᆞᆫ바ㅣ多ᄒᆞ니라

일즉歷史ᄅᆞᆯ考究ᄒᆞᆷ애何代에在ᄒᆞ던지社會의進步ᄂᆞᆫ恒常當路의反對와困難을排斥ᄒᆞᆫ結果로브터始ᄒᆞᄂᆞ니如斯ᄒᆞᆫ事業의中心이된者ᄂᆞᆫ權貴에對ᄒᆞ야自信ᄒᆞᄂᆞᆫ바ᄅᆞᆯ不變ᄒᆞᄂᆞᆫ道德家오嬖倖에對ᄒᆞ야其頭ᄅᆞᆯ不屈ᄒᆞᄂᆞᆫ愛國者오曲學阿世치아니ᄒᆞᄂᆞᆫ思想家오私慾을棄ᄒᆞ고公益에盡力ᄒᆞᄂᆞᆫ事業家ㅣ니並히剛毅不撓ᄒᆞ야善으로信ᄒᆞ고眞으로認ᄒᆞᆫ事ᄂᆞᆫ如何ᄒᆞᆫ困難을排斥ᄒᆞᆯ지라도此ᄅᆞᆯ成就치아니ᄒᆞ면已ᄒᆞ지아니ᄒᆞᄂᆞᆫ勇敢人이아닌者ㅣ無ᄒᆞ니라乙支文德은高句麗人이니時에隋兵이侵入ᄒᆞ야全國이其蹂躪ᄒᆞᆫ바ㅣ됨을見ᄒᆞ고挺身出戰ᄒᆞ야一百三十萬衆의隋兵을薩水下에鏖殺ᄒᆞ고國威ᄅᆞᆯ遼西에一振ᄒᆞ야隋寇로ᄒᆞ여곰敢히東土ᄅᆞᆯ再窺치못ᄒᆞ게ᄒᆞ고朴堤上은新羅人이니王子未斯欣이日本에被執ᄒᆞ야國家의侮辱됨을見ᄒᆞ고單身渡海ᄒᆞ야潛舟로써王子ᄅᆞᆯ送還ᄒᆞ고彼域에滯留ᄒᆞ얏더니日王이虐刑으로써臣僕됨을追求ᄒᆞ야맛ᄎᆞᆷ내身이燒殺ᄒᆞᆷ에至호대其

志를不屈ᄒᆞ고鷄林臣三字의聲이口에不絕ᄒᆞ야外敵으로ᄒᆞ여곰東國의忠良이如許홈을嘆慕케ᄒᆞ얏스니此二人의斷斷ᄒᆞᆫ貞忠과屹屹ᄒᆞᆫ剛勇은專히愛國ᄒᆞᄂᆞᆫ精神으로出ᄒᆞ야其身이有홈을不知ᄒᆞᆫ者ㅣ니라。邵(소)久羅斗蘇ᄂᆞᆫ希臘의哲人이니擧世가反抗ᄒᆞ야異端左道로써指目홈을不怖ᄒᆞ고仰藥致斃ᄒᆞ기ᄭᆞ지自信ᄒᆞᄂᆞᆫ바를不改ᄒᆞ야偉業을後世에垂ᄒᆞ며富婁老ᄂᆞᆫ伊太利의學者ㅣ니當時의僞學을痛駁(박)홈으로써身이燒殺홈에臨ᄒᆞ야泰然히法官의게言ᄒᆞ야曰汝等이我를死刑에宣

告홈은我가死刑을受홈보다恐怖ᄒᆞᆫ事ㅣ라ᄒᆞ고葛里禮五ᄂᆞᆫ伊太利의理學者ㅣ니地動의說을始唱홈으로僧侶輩의反抗壓制홈이되여獄中에投下호대其眞理로認ᄒᆞᆫ바를終始不枉ᄒᆞ야尙今ᄭᆞ지學者間에美談이되니라彼學者輩의偉業을做得홈은다만學問이深遠ᄒᆞ고識見이卓犖홈을因ᄒᆞᆯ뿐아니라畢竟善으로信ᄒᆞ고眞으로認ᄒᆞᆫ바를實行ᄒᆞ야闡明홈을爲홈에ᄂᆞᆫ死且不避ᄒᆞᄂᆞᆫ勇敢의氣가有ᄒᆞᆫ所以니如許히勇敢이有ᄒᆞᆫ人은威武도能히其志를屈치못ᄒᆞ며權勢도能히其志를奪

치못ᄒᆞ고富貴도能히其志를移치못ᄒᆞ야비록其身이否運으로死ᄒᆞᆯ지라도芳名이赫赫ᄒᆞ야千載下에尙傳ᄒᆞᄂᆞ니萬一以上의諸人으로ᄒᆞ여곰剛毅不屈의精神이素乏ᄒᆞ야一時의危險을除排치못ᄒᆞ얏스면今日에在ᄒᆞ야誰가其偉蹟을追慕ᄒᆞᄂᆞᆫ者ㅣ有ᄒᆞ리오

人은如何ᄒᆞᆫ困難을遇ᄒᆞᆯ지라도此를忍耐ᄒᆞᄂᆞᆫ勇敢의氣가無치못ᄒᆞᆯ지니라人生은順境만有ᄒᆞᆷ이아니오時或逆境에陷ᄒᆞ야否運의苦楚를備嘗ᄒᆞᆷ이有ᄒᆞᄂᆞ니勇敢이有ᄒᆞᆫ人이라야비로소此를堪

勇敢은日常生活에發顯ᄒᆞᆷ을得ᄒᆞᆷ

耐ᄒᆞ야能히艱難을變ᄒᆞ야幸福을成ᄒᆞᄂᆞ니라또勇敢은非常ᄒᆞᆫ事가有ᄒᆞᆫ際에만顯出ᄒᆞᄂᆞᆫ者ㅣ아니오日常生活에在ᄒᆞ야도常現ᄒᆞᄂᆞ니事業에純正ᄒᆞᆫ勇敢과誘惑에抵抗ᄒᆞᄂᆞᆫ勇敢과自身의本分을自安ᄒᆞᄂᆞᆫ勇敢等은吾人平生의必要ᄒᆞᆫ바ㅣ니라

決斷의勇敢

吾人의惡德은決斷力이乏ᄒᆞᆷ에原因ᄒᆞᆫ者ㅣ多ᄒᆞ니假令其本務됨을認ᄒᆞᆯ지라도斷然히此를行得치못ᄒᆞ며비록正理됨을信ᄒᆞᆯ지라도斷然히此를履行치못ᄒᆞ며名利의誘惑ᄒᆞᆷ을一遇ᄒᆞ면斷然히

此ᄅᆞᆯ認否치못ᄒᆞ야맛참내其身을自誤홈에至ᄒᆞᄂᆞ니此等은畢竟決斷의勇敢이乏ᄒᆞᆫ所以니라또驕奢의志로邊幅을修飾ᄒᆞ고倨傲의志로傍人을凌侮ᄒᆞ며學을自衒ᄒᆞ고德을僞行ᄒᆞᄂᆞᆫ者ᄂᆞᆫ畢竟本分을自安ᄒᆞᄂᆞᆫ勇敢의力이無홈을因ᄒᆞ야他人으로ᄒᆞ여곰自己의無ᄒᆞᆫ바ᄅᆞᆯ有홈과ᄀᆞᆺ치推想케홈을爲홈이니라

自己의本分을自安치못ᄒᆞᄂᆞᆫ勇敢

獨立의勇敢

勇敢中에ᄀᆞ장尊尙홈이可ᄒᆞᆫ者ᄂᆞᆫ獨立이니獨立이란者ᄂᆞᆫ自己의力으로써世에處ᄒᆞ야道ᄅᆞᆯ行ᄒᆞ고些少도他人을依賴치아니홈을謂홈이니라人은自己의足으로立홈이아니면不可홈과ᄀᆞᆺ치自己의心으로써思量ᄒᆞ고自己의意로써行ᄒᆞ며自己의資力으로써生活홈이可홈으로此ᄅᆞᆯ獨立ᄒᆞᆫ人이라云ᄒᆞᄂᆞ니獨立ᄒᆞᆫ人이라야비로소眞正ᄒᆞᆫ人이라稱ᄒᆞᄂᆞ니라獨立이라홈은離羣索居홈을謂홈이아니니人이集合ᄒᆞ야家族을成ᄒᆞ고社會國家ᄅᆞᆯ形成ᄒᆞ면其所屬團体의福利ᄅᆞᆯ增進홈을爲ᄒᆞ야互相扶持홈이可홈은自然ᄒᆞᆫ道理니라然이나一個人이되여行ᄒᆞᄂᆞᆫ云爲ᄂᆞᆫ終身토록不羈獨立홈을保全홈이可ᄒᆞ니라獨立이라홈은또猥

妄히我를自尊ᄒᆞ고他를擠排ᄒᆞᆷ을謂ᄒᆞᆷ이아니니是非正邪를勿論ᄒᆞ고반다시自意를貫徹코져ᄒᆞᄂᆞᆫ者ᄂᆞᆫ頑冥無稽輩의所爲가될ᄲᅮᆫ이니是非利害를勿論ᄒᆞ고他를盲從ᄒᆞᄂᆞᆫ者와其弊가均等ᄒᆞᆯ지라自己의良知와良心을反鑑ᄒᆞ야眞實로道理의存ᄒᆞᆫ바ᄂᆞᆫ匹夫ㅣ言이라도己를捨ᄒᆞ고此를從ᄒᆞᆷ에不嫌ᄒᆞ며萬一道理에相反되ᄂᆞᆫ者ᄂᆞᆫ貴顯의命이라도此를抗爭ᄒᆞᆷ에不憚ᄒᆞᆯ지니此를眞正ᄒᆞᆫ獨立이라云ᄒᆞᄂᆞ니라。

獨立의主要된者ㅣ三이有ᄒᆞ니一曰自活二曰自信三曰自決이니라

自活

生活은萬事의根本이라故로生活로ᄒᆞ여곰獨立치못ᄒᆞ면其人은何事던지獨立ᄒᆞᆷ이不能ᄒᆞᆯ지니라自己의眞正ᄒᆞᆫ能力을不依ᄒᆞ고或은他人의慈惠를蒙ᄒᆞ야生活ᄒᆞ며或은借財를依ᄒᆞ야衣食ᄒᆞᆯ時ᄂᆞᆫ其志氣도ᄯᅩᄒᆞᆫ卑屈ᄒᆞᆷ을不免ᄒᆞᆯ지며或은他人의顰(비)笑로喜憂를삼아鼻息을伺ᄒᆞᄂᆞᆫ者ᄂᆞᆫ自己의信ᄒᆞᄂᆞᆫ바도此를主張ᄒᆞ기不能ᄒᆞ고自己의行코져ᄒᆞᄂᆞᆫ바도此를實行ᄒᆞ기不能ᄒᆞᆯ지라此輩ᄂᆞᆫ찰하리社會에無ᄒᆞᆷ만ᄀᆞᆺ지못ᄒᆞ니此ᄂᆞᆫ生活의獨

立치못홈으로브터生ᄒᆞᄂᆞᆫ弊害니라

自信

또當然홈으로自信ᄒᆞ야信홈에至ᄒᆞᆫ理由가依然히存在홀時ᄂᆞᆫ如何ᄒᆞᆫ事情을遇홀지라도其確信ᄒᆞᆫ바ᄅᆞᆯ不屈ᄒᆞᄂᆞᆫ勇敢이無치못홀지니古來로브터曠世의大學者라稱ᄒᆞᄂᆞᆫ人은다만其學識의宏深홈을因홀ᄲᅮᆫ아니라權勢威武에對ᄒᆞ야도其確信ᄒᆞᄂᆞᆫ바ᄅᆞᆯ不動ᄒᆞ며時好俗尙에混雜홈을爲ᄒᆞ야其持論ᄒᆞᄂᆞᆫ바ᄅᆞᆯ不枉ᄒᆞᄂᆞᆫ眞正ᄒᆞᆫ獨立의氣像이有ᄒᆞᆫ所以니라

自決

또事物을判斷홈을當ᄒᆞ야全然히他人을依賴홈은곳自己의獨立心이無홈을表示ᄒᆞᄂᆞᆫ者ㅣ니自己識見의不足ᄒᆞᆫ바ᄅᆞᆯ明確히ᄒᆞ고져ᄒᆞ야先輩故老의意見을參考홈은實로無妨ᄒᆞᆫ바ㅣ나事ᄅᆞᆯ臨ᄒᆞ야스ᄉᆞ로裁決치못홈은自己ᄅᆞᆯ自信치못ᄒᆞᄂᆞᆫ者ㅣ니卑劣홈이此에셔甚ᄒᆞᆫ者ㅣ無ᄒᆞ니라要컨대獨立心이無ᄒᆞᆫ人은能히自重치못ᄒᆞ며自重치못ᄒᆞ면能히他人을尊重히녁이지못ᄒᆞᄂᆞ니此ᄂᆞᆫ自己의品格과威嚴을失墜홀ᄲᅮᆫ아니라他에對ᄒᆞ야德義ᄅᆞᆯ欠損ᄒᆞᄂᆞᆫ端緖가되ᄂᆞᆫ바ㅣ라獨立心이無ᄒᆞᆫ人이集合ᄒᆞ야國家ᄅᆞᆯ成ᄒᆞ면其國의獨立도또ᄒᆞᆫ決斷코鞏固홈을可期치못홀지니垂亡

ᄒᆞᄂᆞᆫ國의情狀을槪觀ᄒᆞᆯ진대此에足徵ᄒᆞᆯ바ㅣ有ᄒᆞ니라

義勇

義勇은獨立과ᄒᆞᆷᄭᅴ人의欠闕치못ᄒᆞᆯ者ㅣ니라所謂暴虎憑河의勇은强盜도能히行ᄒᆞᄂᆞ니此ᄂᆞᆫ血氣의勇이라足히賛賞ᄒᆞᆯ바ㅣ아니니라義에在ᄒᆞ야當行ᄒᆞᆷ이可ᄒᆞᆷ을知ᄒᆞᆯ지라도人이毁ᄒᆞ면此ᄅᆞᆯ不行ᄒᆞ며義에在ᄒᆞ야當行ᄒᆞᆷ이不可ᄒᆞᆷ을知ᄒᆞᆯ지라도人이譽ᄒᆞ면此ᄅᆞᆯ行ᄒᆞᄂᆞ니此ᄂᆞᆫ自決의勇이無ᄒᆞᆯᄲᅮᆫ아니라도로혀怯懦ᄒᆞᄂᆞᆫ者ㅣ니라此와相反ᄒᆞ야義의存ᄒᆞᆫ바ᄂᆞᆫ千萬人이毁ᄒᆞᆯ지라도止치아니ᄒᆞ며義의存치아니ᄒᆞᆫ바ᄂᆞᆫ千萬人이譽ᄒᆞᆯ지라도行치아니ᄒᆞᄂᆞ니此ᄂᆞᆫ眞正ᄒᆞᆫ義勇이니라

國家에對ᄒᆞᄂᆞᆫ義勇

義勇은日常에在ᄒᆞ야欠闕치못ᄒᆞᆯ美德이니其中에最大ᄒᆞᆫ者ᄂᆞᆫ國家에對ᄒᆞᄂᆞᆫ義勇이니라吾人이一國中에住在ᄒᆞ야生命財産의安全ᄒᆞᆷ을得ᄒᆞ고또諸般幸福을享受ᄒᆞᆷ은總히國家의恩澤이니此ᄅᆞᆯ祖先의게承紹ᄒᆞ고此ᄅᆞᆯ子孫의게傳付ᄒᆞᆷ은吾人의一大本務ㅣ라此一事로써ᄒᆞᆯ지라도一朝國家에緩急의事가有ᄒᆞᆯ時ᄂᆞᆫ一身을捨ᄒᆞ야國家의獨立安全과밋幸福을維持ᄒᆞᆷ이可ᄒᆞ니警告動靜

에닐ᄋᆞ사대惟爾庶民은一乃心ᄒᆞ야惟國是愛ᄒᆞ며同爾氣ᄒᆞ야惟君是忠ᄒᆞ라允若玆ᄒᆞ면朕曰有敵愾라ᄒᆞ며朕曰有禦侮라ᄒᆞ리라ᄒᆞ심이곳此ᄅᆞᆯ諭ᄒᆞ심이니라假令學識이如何히博高ᄒᆞ고官爵이如何히貴顯ᄒᆯ지라도國家의大事ᄅᆞᆯ當ᄒᆞ야逡巡ᄒᆞᆷ이有ᄒᆯ진대半生의榮名은一朝에汚名이되여生ᄒᆞ야當世의唾罵ᄅᆞᆯ不免ᄒᆞ고死ᄒᆞ야後代의恥笑ᄅᆞᆯ不避ᄒᆯ지니故로大節에臨ᄒᆞ야其本務ᄅᆞᆯ完全히ᄒᆞᆷ을爲ᄒᆞ야平素에勇敢의氣ᄅᆞᆯ訓育ᄒᆞᆷ이可ᄒᆞ니라

然則何ᄅᆞᆯ義라云ᄒᆞ며何ᄅᆞᆯ不義라云ᄒᆞᄂᆞ뇨此ᄅᆞᆯ明確히區別치아니ᄒᆞ면吾人은義勇과義勇이아닌者ᄅᆞᆯ辨別ᄒᆞᆷ이不能ᄒᆯ지니此ᄅᆞᆯ爲ᄒᆞᆷ에ᄂᆞᆫ반다시智識을琢磨ᄒᆞᆷ을要ᄒᆯ지니此ᄂᆞᆫ곳吾人에修學의本務가有ᄒᆞᆫ所以니라

第六章　修學

身体가長大ᄒᆞ고筋骨이强健ᄒᆯᄲᅮᆫ으로ᄂᆞᆫ아즉써有用ᄒᆞᆫ人物이라稱ᄒᆞ지못ᄒᆯ지니라人이되여其身에智識을具備ᄒᆞ야事物의道理ᄅᆞᆯ辨別ᄒᆞᄂᆞᆫ力을不有ᄒᆞ면世에處ᄒᆞ야能히有益ᄒᆞᆫ業務ᄅᆞᆯ成就

智識은道德上에欠闕ᄒᆞᆷ이不可ᄒᆞᆷ

치못ᄒᆞᆯ지니家에萬金을積貯ᄒᆞᆯ지라도智識이無ᄒᆞ면무엇이卑賤ᄒᆞᆫ人과異ᄒᆞ다ᄒᆞ리오

ᄯᅩ智識은道德上에欠闕치못ᄒᆞᆯ바ㅣ니道德이란者ᄂᆞᆫ善을行ᄒᆞᆷ을謂ᄒᆞᆷ이니라然이나萬一善과不善을認別ᄒᆞᄂᆞᆫ智識이無ᄒᆞ면엇지써善을得行ᄒᆞ리오爲善ᄒᆞᆷ이可ᄒᆞᆷ을知ᄒᆞ고此ᄅᆞᆯ行ᄒᆞ며爲惡ᄒᆞᆷ이不可ᄒᆞᆷ을知ᄒᆞ고此ᄅᆞᆯ不行ᄒᆞᆷ이眞正ᄒᆞᆫ道德이니라世의不忠不孝ᄒᆞ고信을缺ᄒᆞ며義ᄅᆞᆯ失ᄒᆞ고慾을恣行ᄒᆞ야身을自亡ᄒᆞᄂᆞᆫ者도其人의人됨이반다시惡逆無道ᄒᆞᆷ이아니오ᄆᆡ양智識이不足ᄒᆞ야善惡의差別을能辨치못ᄒᆞᄂᆞᆫ所以니라

普通의道德은普通의智識으로써行ᄒᆞᆷ을得ᄒᆞᆯ지나高尙ᄒᆞᆫ道德에至ᄒᆞ야ᄂᆞᆫ다만高尙ᄒᆞᆫ智識이有ᄒᆞᆫ人이라야此ᄅᆞᆯ行ᄒᆞᆷ을得ᄒᆞᆯ지니라故로古來로브터萬世의龜鑑이되ᄂᆞᆫ行爲ᄂᆞᆫᄆᆡ양超世非凡ᄒᆞᆫ識者中에出ᄒᆞᄂᆞ니孔子基督釋迦郤久羅斗蘇ᄌ ᄒᆞᆫ聖賢이皆然ᄒᆞᆫ바ㅣ니라

智識은人事의基礎ㅣ라

智識은人事의基礎ㅣ니人生의事業은數로써槪擧치못ᄒᆞᆯ지나一도智識을不依ᄒᆞᄂᆞᆫ者ㅣ無ᄒᆞ니라ᄒᆞ믈며文化發達ᄒᆞᆫ今日에在ᄒᆞ야ᄂᆞᆫ何事ᄅᆞᆯ做

去ᄒᆞ던지益益히智識을要ᄒᆞᄂᆞᆫ世에至ᄒᆞᆷ이리오故로其地位와職業의如何ᄒᆞᆷ을勿論ᄒᆞ고吾人은반다시敎育을受ᄒᆞ야少不下普通의道理를曉得ᄒᆞᄂᆞᆫ智識이無치못ᄒᆞᆯ지니라ᄯᅩ智識은人의品格을高尙ᄒᆞ게ᄒᆞᄂᆞᆫ者ㅣ됨으로深遠ᄒᆞᆫ智識이有ᄒᆞᆫ人의言行은端雅溫藉ᄒᆞ야人으로ᄒᆞ여곰自然히欽慕ᄒᆞᄂᆞᆫ情을感發케ᄒᆞᄂᆞ니其深遠ᄒᆞᆫ思想과高尙ᄒᆞᆫ氣宇가外形에自顯ᄒᆞᄂᆞᆫ所以니라大凡一理가胷中에自明ᄒᆞ면百事를做去ᄒᆞᆷ에스ᄉᆞ로涵養ᄒᆞᆫ바ㅣ有ᄒᆞ야。決斷코牴牾跼蹐ᄒᆞᆷ이無ᄒᆞᄂᆞ니彼

學問은智識을啓發ᄒᆞᄂᆞᆫ關鍵이라

智識이無ᄒᆞᆫ人은日月의光을見ᄒᆞ야도能히智慧의光을見치못ᄒᆞ며有形ᄒᆞᆫ世界에行動ᄒᆞ야도能히無形ᄒᆞᆫ世界를窺知치못ᄒᆞᄂᆞᆫ지라故로目前事에固着ᄒᆞ고遠大ᄒᆞᆫ思想이頓無ᄒᆞ야胷次가狹少ᄒᆞᆷ으로써言行이ᄯᅩᄒᆞᆫ卑陋ᄒᆞᆷ을不免ᄒᆞᄂᆞ니라

學問은智識을啓發ᄒᆞᄂᆞᆫ關鍵이니然ᄒᆞᆷ으로吾人은반다시博洽ᄒᆞ고深遠ᄒᆞᆫ學問을修得ᄒᆞᆷ이可ᄒᆞ니라ᄒᆞ믈며文明의進步와一國의富强은專主히學問의實力을基因치아니ᄒᆞᄂᆞᆫ者ㅣ無ᄒᆞᆷ이리오歐米諸國의某某國이今日에如許ᄒᆞᆫ富强을得致

ᄒᆞᆷ은當初其國의學者가理學工學等의智識을依ᄒᆞ야殖産興業의端緖ᄅᆞᆯ啓發ᄒᆞᆷ에原因ᄒᆞᆷ이니故로文明國의競爭은腕力의競爭이아니오實로智力의競爭이니라今에我邦과諸外國間의交際가逐年繁昌ᄒᆞᆷ을隨ᄒᆞ야智力의競爭이또ᄒᆞᆫ益益激烈ᄒᆞᆷ은明確ᄒᆞᆫ事實이니然則吾人國民된者ᄂᆞᆫ益益奮勵ᄒᆞ야智識을硏磨ᄒᆞ야ᄡᅥ他日國家有用의利器가됨을自期ᄒᆞᆷ이可ᄒᆞ니라

學問의選擇

然則人人이如何ᄒᆞᆫ學問을學修ᄒᆞᆷ이可ᄒᆞ뇨學問을修得ᄒᆞ고智識을具有ᄒᆞᆷ이可ᄒᆞᆷ은各個人의必

要ᄒᆞᆫ本務ㅣ나如何ᄒᆞᆫ人이如何ᄒᆞᆫ學問을修ᄒᆞ야도可ᄒᆞ다ᄒᆞᆷ이아니오其資産天性과밋身体健康의程度ᄅᆞᆯ應ᄒᆞ야其志ᄒᆞᆫ바ᄅᆞᆯ確定ᄒᆞᆷ을要ᄒᆞᆯ지니大抵人은各各自安ᄒᆞᆷ이可ᄒᆞᆫ本分이有ᄒᆞᆷ을了解ᄒᆞᆷ이可ᄒᆞ니라

資力과學問

爲先自家의資力을應ᄒᆞ야學問을修ᄒᆞᆷ이可ᄒᆞ니我가某種學問에熱心ᄒᆞᆫ終極에其資力이果然多年의修業을能支ᄒᆞᆯ與否ᄅᆞᆯ自顧치아니ᄒᆞᆫ時ᄂᆞᆫ다만不幸히其學을半途에廢ᄒᆞᆯ뿐아니라其父兄親戚으로不虞의困難을並蒙케ᄒᆞ야我의得ᄒᆞᆫ바ᄂᆞᆫ無ᄒᆞ고도로혀人을困迫케ᄒᆞᆯ지니

此輩ᄂᆞᆫ찰하리當初로브터不學홈만ᄀᆞᆺ지못ᄒᆞ니라彼學業을不成ᄒᆞ고中途坎軻ᄒᆞᄂᆞᆫ靑年輩ᄂᆞᆫ미양自初에資力을應ᄒᆞ오야其業을選擇치못ᄒᆞᆫ無謀의過失을專因홈이라迂濶히高尙ᄒᆞᆫ學問에心醉ᄒᆞ야產業의法을不知ᄒᆞ고自活의道가不立ᄒᆞᆯ時ᄂᆞᆫ다만其志만過大ᄒᆞ야身이賤役에就홈을不屑히녁이다가飢寒이逼身홈에及ᄒᆞ야玆에無稽ᄒᆞᆫ智識으로各種不良ᄒᆞᆫ事業을企圖ᄒᆞᄂᆞ니此輩의禍害ᄂᆞᆫ小ᄒᆞᆫ즉一身一家에止ᄒᆞ고大ᄒᆞᆫ즉社會國家에及ᄒᆞᆯ지니學을志ᄒᆞᄂᆞᆫ者ㅣ깁히銘心ᄒᆞᆯ바ㅣ나라

天性과學問

人은生出홈으로브터各各特殊ᄒᆞᆫ天性을具有ᄒᆞᄂᆞ니天性에適合ᄒᆞᆫ事ᄂᆞᆫ過勞치아니ᄒᆞ고衆人에特秀홈이有ᄒᆞ나此와相反ᄒᆞ야天性에不適合ᄒᆞᆫ事ᄂᆞᆫ아모리心身을勞苦ᄒᆞᆯ지라도맛ᄎᆞᆷ내凡庸의列에自止홈이有ᄒᆞᆫ지라故로人은學業을選擇홈에도반다시天性에適合ᄒᆞᆫ者를取홈이可ᄒᆞ니라學問의範圍ᄂᆞᆫ廣博ᄒᆞ고ᄯᅩ深遠ᄒᆞ니一人으로셔萬藝를通홈은到底히可望ᄒᆞᆯ바ㅣ아니라故로人人이其長處를隨ᄒᆞ야硏鑽(연찬)ᄒᆞᄂᆞᆫ勞苦를積累홈이

可ᄒᆞ니라다만其長處ᄅᆞᆯ隨ᄒᆞ야業務에就ᄒᆞ기前에ᄂᆞᆫ반다시普通敎育을學修ᄒᆞᆷ이可ᄒᆞ니普通敎育은中等以上의國民이되고져ᄒᆞᄂᆞᆫ者의不得不修得ᄒᆞᆯ者ㅣ니라ᄯᅩ各自의天性의長處ᄂᆞᆫ自初로知得ᄒᆞᆷ이可ᄒᆞᆫ者ㅣ아니오此ᄅᆞᆯ知ᄒᆞᆷ에ᄂᆞᆫ몬져諸科의學術을廣博히涉獵ᄒᆞᆷ을要ᄒᆞᆯ지니此點으로브터見ᄒᆞᆯ지라도普通敎育의欠闕치못ᄒᆞᆯ理由ᄂᆞᆫ明確ᄒᆞᆫ바ㅣ니라普通敎育에在ᄒᆞ야ᄂᆞᆫ就學者의年齒가尙少ᄒᆞ고ᄯᅩ學習ᄒᆞᆫ바科目이甚多ᄒᆞᆷ으로아즉高尙ᄒᆞᆫ理論을爲事치아니ᄒᆞ나人人이能히

其性에近ᄒᆞᆫ바ᄅᆞᆯ自知ᄒᆞᆯ지니임의其性의長處ᄅᆞᆯ知ᄒᆞ야普通敎育을完了ᄒᆞᆫ後에學을志ᄒᆞᄂᆞᆫ者ㅣ다시一層深遠ᄒᆞᆫ硏究에從事ᄒᆞ면其學의大成ᄒᆞᆷ이ᄯᅩᄒᆞᆫ無難ᄒᆞ니라

健全과學問

學問을修ᄒᆞᆷ에ᄂᆞᆫ資力과天性外에ᄯᅩ各自의身體健全ᄒᆞᆷ이此에能堪ᄒᆞᆯ與否ᄅᆞᆯ顧念치아니치못ᄒᆞᆯ지니學問을修ᄒᆞᆷ은甚히嘉尙ᄒᆞᆫ바ㅣ나此ᄅᆞᆯ因ᄒᆞ야其健康을反害ᄒᆞᆷ은甚히不可ᄒᆞᆫ바ㅣ니라健全은萬事의基礎ㅣ니一切의道德은健康ᄒᆞᆫ身體ᄅᆞᆯ待ᄒᆞ야비로소實行ᄒᆞᆷ을得ᄒᆞᄂᆞ니라一時의熱心

에牽引ᄒᆞ야偏히其所志를得達코져홈으로브터其身體가疾病에罹홈을不知ᄒᆞ고一朝에自救치못홈에及ᄒᆞ야忽然히往日의無謀홈을悔恨ᄒᆞᆫ덜엇지追及ᄒᆞ리오學이아즉未成ᄒᆞᆫ時에遽然히疾로써廢ᄒᆞ며或은業을僅成ᄒᆞ고卽時死亡ᄒᆞᄂᆞᆫ者ㅣ有ᄒᆞ니此等人은미리其健康을顧念치아니ᄒᆞᆫ所以니다만一身의不幸이될ᄲᅮᆫ아니라父兄과國家에對ᄒᆞ야셔도ᄯᅩᄒᆞᆫ其本務를缺ᄒᆞᆫ者ㅣ라謂홀지니라今에一般學校에在ᄒᆞ야入學試驗中에体格檢査ᄒᆞᄂᆞᆫ規制를設ᄒᆞ야써此憂를豫防ᄒᆞ나大概形式에止홀ᄲᅮᆫ이니人人은各自銘心홈을要홀지니라

實行과學問

學問으로써身名을立揚코져ᄒᆞᄂᆞᆫ專門學者에在ᄒᆞ야ᄂᆞᆫ其學을博洽히ᄒᆞ고ᄯᅩ宏深케홈을要홀지오다만前人의所說을蹈襲홈으로써足ᄒᆞ다홈은不可ᄒᆞ니先哲의아즉未發ᄒᆞᆫ바를發明ᄒᆞ야世界學術의進步上에多少裨益을與홈이아니면足히써其職責을完全히ᄒᆞ얏다謂ᄒᆞ지못홀지니라然이나此ᄂᆞᆫ專門學士의事오通常人에在ᄒᆞ야ᄂᆞᆫ學問과홈ᄭᅴ實際上業務를鍊習치아니ᄒᆞ면반다시

迂濶홈에流ᄒᆞᄂᆞᆫ弊를難免홀지라故로人은반다시實際有用ᄒᆞᆫ學을修ᄒᆞ고空理無益ᄒᆞᆫ學을避홀지니學ᄒᆞᆫ바로써行得ᄒᆞ면其學이비로소有益ᄒᆞ다云홀지며行ᄒᆞᄂᆞᆫ바가學ᄒᆞᆫ바에基本ᄒᆞ면其行이비로소適切홈을得홀지라故로學問과實行을並ᄒᆞ야學習홈은人生의必要ᄒᆞᆫ事ㅣ니라

修學ᄒᆞᄂᆞᆫ法

學을修ᄒᆞᄂᆞᆫ法은如何ᄒᆞ뇨其主要된者ㅣ二가有ᄒᆞ니一曰忍耐오二曰時間을惜홈이니라

學問은精神의美飾이되여人品을高尙케ᄒᆞᄂᆞᆫ者ㅣ니身体의美飾은一時에渝損ᄒᆞ나精神의美飾

은一生에不變ᄒᆞᄂᆞ니라學問은如斯히貴重ᄒᆞᆫ者ㅣ됨으로써此를修得ᄒᆞᄂᆞᆫ道도ᄯᅩᄒᆞᆫ困難홈을不免ᄒᆞᄂᆞ니故로忍耐의精神은學者의第一必要ᄒᆞᆫ바ㅣ니라

忍耐

靑年書生의學을志ᄒᆞᄂᆞᆫ者ㅣ其初에ᄂᆞᆫ能히奮勵ᄒᆞ나日月의經過홈과홈씌怠惰心이漸生ᄒᆞ야我의勤勉의不足홈을反省치아니ᄒᆞ고도로혀完成치못ᄒᆞᄂᆞᆫ愆過를他에歸ᄒᆞᄂᆞ니甚히謬誤ᄒᆞᆫ者ㅣ라謂홀지니라如何ᄒᆞᆫ人이던지逸居ᄒᆞ야其學의成就홈을自期홈은不可ᄒᆞ니古來로브터碩學鴻儒라稱ᄒᆞᄂᆞᆫ人도大槪ᄂᆞᆫ天品의才를因

ᄒᆞᆷ이나其實은苦學의人이아닌者ㅣ無ᄒᆞ니天才로도尙然ᄒᆞ거던ᄒᆞ믈며凡常ᄒᆞᆫ人이리오世人이믜양恒久堅持의志가無ᄒᆞ고我의一月半歲의勞로써他人一生의功에比코져ᄒᆞ야事가如意치못ᄒᆞ면其志를遽廢ᄒᆞᆷ이弊屣를脫去ᄒᆞᆷ과ᄀᆞᆺ치ᄒᆞ니如斯히ᄒᆞ고엇지其學의得成ᄒᆞᆷ을望ᄒᆞ리오

專門學問에至ᄒᆞ야ᄂᆞᆫ義理가精深ᄒᆞ고關係가莫大ᄒᆞᆷ으로써其困難ᄒᆞᆷ도ᄯᅩᄒᆞᆫ通常에比ᄒᆞᆯ바ㅣ아니니다만널니探究ᄒᆞ고깁히尋繹ᄒᆞ야蕪思雜念을絕去ᄒᆞ고潛心熟考ᄒᆞ야孜孜勤勤ᄒᆞ면거위其志를達ᄒᆞᆷ을得ᄒᆞᆯ지니鹵莽ᄒᆞᆫ心志로其煩을厭ᄒᆞ며其久를不堪ᄒᆞᄂᆞᆫ者ᄂᆞᆫ決斷코成就ᄒᆞᆯ理가無ᄒᆞ니라

時間을惜ᄒᆞᄂᆞᆫ事

學을修ᄒᆞᆷ에對ᄒᆞ야ᄀᆞ장着念ᄒᆞᆯ者ᄂᆞᆫ時間을惜ᄒᆞᆷ이니人生의生命은限이有ᄒᆞᆫ者오學問은限이無ᄒᆞᆫ者ㅣ라故로此短歲月間에限이無ᄒᆞᆫ學問을修得코져ᄒᆞᆯ진ᄃᆡ반다시無益ᄒᆞᆫ時間을消費치말고餘暇가有ᄒᆞ면此를學問에充ᄒᆞᆷ을要ᄒᆞᆯ지니라浪費ᄒᆞᆫ財貨ᄂᆞᆫ再得ᄒᆞᆷ이有ᄒᆞ나浪費ᄒᆞᆫ時間은一去ᄒᆞ면復還ᄒᆞᆯ期가無ᄒᆞᄂᆞ니故로學者에在ᄒᆞ야ᄂᆞᆫ

時間ᄀᆞ치貴重ᄒᆞᆫ者ㅣ無ᄒᆞ니라
少壯ᄒᆞᆫ時期ᄂᆞᆫᄀᆞ장修學ᄒᆞᆷ에適當ᄒᆞ니此ᄂᆞᆫ其志操가아즉未定ᄒᆞ고心氣가空虛ᄒᆞᆷ으로써ㅣ니라故로人이年少ᄒᆞᆫ時에在ᄒᆞ야學을修ᄒᆞ고智識을啓發ᄒᆞᆫ時ᄂᆞᆫ一生間에其惠ᄅᆞᆯ自蒙ᄒᆞᆯ지니라此와相反ᄒᆞ야半生을懶惰中에過了ᄒᆞᆯ時ᄂᆞᆫ惡習이性을成ᄒᆞ고偏僻이質을成ᄒᆞ야浸潤許久ᄒᆞ면甄견牢不拔ᄒᆞᆷ에至ᄒᆞᄂᆞ니年少ᄒᆞᆫ時ᄂᆞᆫ如斯히修學ᄒᆞᆷ에必要ᄒᆞᆫ時期가됨으로써此際ᄂᆞᆫ時間을浪費치아니ᄒᆞᆷ으로써特別히銘心ᄒᆞᆷ이可ᄒᆞ니라朱文公訓에曰今日에學ᄒᆞ지아니ᄒᆞ야도來日이有ᄒᆞ다謂치말며今年에學ᄒᆞ지아니ᄒᆞ야도來年이有ᄒᆞ다謂치말나日月이逝ᄒᆞᄂᆞᆫ지라歲ᄅᆞᆯ延치못ᄒᆞᄂᆞ니라嗚呼ㅣ라老ᄒᆞᆷ이여誰의愆건이뇨ᄒᆞ니吾人靑年의學生은맛당히惕念ᄒᆞᆯ바ㅣ니라

時間의賊

時間이學問에貴重ᄒᆞᆷ이如許ᄒᆞ니吾人은他人에對ᄒᆞ야셔도ᄯᅩᄒᆞᆫ其時間을浪費치아니케ᄒᆞᆷ으로써銘心ᄒᆞᆷ이可ᄒᆞ니라世에他人을訪問ᄒᆞᄂᆞᆫ者ㅣ速히其所幹事ᄅᆞᆯ妥辦치아니ᄒᆞ고閑談雜話로時ᄅᆞᆯ移ᄒᆞᄂᆞᆫ者ㅣ有ᄒᆞ니此ᄂᆞᆫ時間의賊이라稱ᄒᆞᆷ이

可ᄒᆞᆫ者ㅣ니學者間에在ᄒᆞ야ᄂᆞᆫ特別히警戒ᄒᆞᆯ바ㅣ니라

學問을修ᄒᆞᆷ에ᄂᆞᆫ學校에入ᄒᆞ야良師의게親灸ᄒᆞᆷ을要ᄒᆞᆯ지나其大部分은讀書의道ᄅᆞᆯ必須ᄒᆞᆯ지니大抵良師ᄅᆞᆯ得ᄒᆞᆯ지라도日夕에其座右에常從ᄒᆞ야其敎諭ᄒᆞᄂᆞᆫ바ᄅᆞᆯ隨意로得聞ᄒᆞ기不能ᄒᆞᆫ事情이有ᄒᆞᆷ으로써ㅣ니라

學問과書籍

然이나人文이漸開ᄒᆞᆷ으로브터世에書籍이有ᄒᆞ고累代의學者가또ᄒᆞᆫ多少의著述을遺傳치아니ᄒᆞᆫ者ㅣ無ᄒᆞ니書籍의數ᄂᆞᆫ古今內外ᄅᆞᆯ通ᄒᆞ야幾千萬册에至ᄒᆞᆷ을不知ᄒᆞᆯ지라然이나吾人의資力은能히此ᄅᆞᆯ蒐集치못ᄒᆞᆯ지며能히此ᄅᆞᆯ蒐得ᄒᆞᆯ지라도吾人一生에在ᄒᆞ야一回라도此ᄅᆞᆯ讀過ᄒᆞᆷ이不能ᄒᆞᆯ지니라然則普通敎育을受ᄒᆞᄂᆞᆫ者로셔課外餘暇에書ᄅᆞᆯ讀코져ᄒᆞᄂᆞᆫ者ᄂᆞᆫ特別히書籍을選擇ᄒᆞᆷ이可ᄒᆞ니라大凡現行의書籍은擧皆有益ᄒᆞᆫ者ᄂᆞᆫ아니니無益ᄒᆞᆫ書籍을讀ᄒᆞᆷ은곳無益ᄒᆞᆫ時間을消費ᄒᆞᆷ과又ᄒᆞᆷ으로써書籍의選擇은學者自身을爲ᄒᆞ야必要ᄒᆞᆫ事ㅣ라謂ᄒᆞᆯ지니라

書籍選擇의必要

人人이其業을依ᄒᆞ야其學을相異케ᄒᆞ며其學을

依ᄒᆞ야其書ᄅᆞᆯ相異케ᄒᆞᄂᆞᆫ지라故로專門學業에從事ᄒᆞᄂᆞᆫ者에對ᄒᆞ야ᄂᆞᆫ可讀ᄒᆞᆯ書籍을一例로指摘ᄒᆞᆷ이不能ᄒᆞᆯ지니라然이나普通의智德을修養ᄒᆞᆷ에在ᄒᆞ야ᄂᆞᆫ吾人의服膺ᄒᆞᆷ이可ᄒᆞᆫ者ㅣ不少ᄒᆞ니左에此ᄅᆞᆯ概述ᄒᆞ노라

人은交好ᄒᆞᄂᆞᆫ友ᄅᆞᆯ因ᄒᆞ야其人物의如何ᄒᆞᆷ을知ᄒᆞᆷ과ᄀᆞᆺ치ᄯᅩᄒᆞᆫ其愛讀ᄒᆞᄂᆞᆫ바書籍을依ᄒᆞ야其人을知ᄒᆞᆯ지니라書籍은人心을感化ᄒᆞᆷ에在ᄒᆞ야其勢力의偉大ᄒᆞᆷ이朋友에不讓ᄒᆞᄂᆞᆫ바ㅣ有ᄒᆞ니故로人은損友ᄅᆞᆯ交遊ᄒᆞᆷ이不可ᄒᆞᆷ과ᄀᆞᆺ치ᄯᅩᄒᆞᆫ雜書ᄅᆞᆯ接ᄒᆞᆷ이不可ᄒᆞ니라

書籍의眞價ᄂᆞᆫ時와ᄒᆞᆷᄭᅴ低昂ᄒᆞᄂᆞ니其發刊ᄒᆞᆫ當時에擧世가讚賞ᄒᆞᄂᆞᆫ者ㅣ라도星移物換ᄒᆞᆷ을隨ᄒᆞ야맛ᄎᆞᆷ내一人도不顧ᄒᆞᆷ에至ᄒᆞᆷ이有ᄒᆞᄂᆞ니此ᄂᆞᆫ該書籍이恒久의價値가無ᄒᆞᆷ을足証ᄒᆞᆯ者ㅣ니라故로數十年或은數百年前의著作으로셔今日에오히려其聲價가不墜ᄒᆞᆫ者ᄂᆞᆫ有益ᄒᆞᆫ者ㅣ니必讀ᄒᆞᆯ書籍으로見做ᄒᆞᆷ이可ᄒᆞᆯ지며時好俗尙을因ᄒᆞ야現行ᄒᆞᄂᆞᆫ諸家書ᄀᆞᆺᄒᆞᆫ者ᄂᆞᆫ少不下十數年後에批評의一定ᄒᆞᆷ을竢ᄒᆞ야此ᄅᆞᆯ玩讀ᄒᆞ야도오히

려未晩ᄒᆞ다ᄒᆞᆯ지니라眞理ᄂᆞᆫ古今을通ᄒᆞ야變遷ᄒᆞᆷ이無ᄒᆞᄂᆞ니古聖賢의遺傳ᄒᆞᆫ諸般書籍은吾人의終身服膺ᄒᆞᆯ바ㅣ多ᄒᆞ니라

事實의書

年少ᄒᆞᆫ時에在ᄒᆞ야ᄂᆞᆫ반다시事實을記載ᄒᆞᆫ書를耽讀ᄒᆞᆷ이可ᄒᆞ니라大凡智識의基礎ᄂᆞᆫ事實에在ᄒᆞᄂᆞ니理論或은原理라稱ᄒᆞᄂᆞᆫ者ᄂᆞᆫ無數ᄒᆞᆫ事實中으로브터總合ᄒᆞᆫ道理에不外ᄒᆞᆫ바ㅣ라今에此事實을會得치아니ᄒᆞ고곳理論을耽ᄒᆞᆯ時ᄂᆞᆫ其理論의由來ᄒᆞᆫ바를不知ᄒᆞᆷ으로써不識不知間에空想에陷ᄒᆞᄂᆞᆫ者ㅣ有ᄒᆞᆯ지니라彼靑年書生이먀양空論을唱道ᄒᆞ야高尙ᄒᆞᆷ으로自處ᄒᆞᆷ은畢竟事實의智識이無ᄒᆞᆫ所以니事實은人의思想으로ᄒᆞ여곰眞正純實케ᄒᆞᄂᆞᆫ바ㅣ니라

少年의志氣를奬勵ᄒᆞ야自然히奮發케ᄒᆞᄂᆞᆫ者ᄂᆞᆫ偉人傑士의傳記와ᄀᆞᆺᄒᆞᆫ者ㅣ無ᄒᆞ니元來少年은模倣嘆美的精神이素富ᄒᆞᆫ者ㅣ니라傳記ᄂᆞᆫ忠孝節義勤學苦行功名의談話로史上의事實을삼아吾人의게說與ᄒᆞᆷ인즉其中에吾人으로ᄒᆞ여곰感發興起케ᄒᆞᄂᆞᆫ바ㅣ自有ᄒᆞ니故로古來로브터大志를立ᄒᆞ고偉業을成ᄒᆞᄂᆞᆫ者ᄂᆞᆫ先人事蹟에感動

됨을因ᄒᆞᆫ者ㅣ甚多ᄒᆞ니라此와相反ᄒᆞ야稗史小說ᄀᆞᆺᄒᆞᆫ者ᄂᆞᆫ아ᄌᆞᆨ思想이未定ᄒᆞᆫ少年에對ᄒᆞ야ᄂᆞᆫ다만情慾을誘動ᄒᆞ고空想을引起ᄒᆞᆯᄲᅮᆫ이니도로혀純正ᄒᆞᆫ精神을消磨ᄒᆞᄂᆞᆫ虞慮가有ᄒᆞᆷ으로써此ᄅᆞᆯ接近치아니ᄒᆞᆷ이可ᄒᆞ니라

普通教育을受ᄒᆞᄂᆞᆫ者로셔課外에讀書코져ᄒᆞᄂᆞᆫ者ᄂᆞᆫ반다시其課業을充分히修ᄒᆞᆫ後에ᄒᆞᆷ이可ᄒᆞ니라正課ᄅᆞᆯ忽諸히ᄒᆞ고他書ᄅᆞᆯ耽讀ᄒᆞᆷ은其智識으로ᄒᆞ여곰空然히散漫浮靡케ᄒᆞᆷ에不外ᄒᆞᆷ이니此ᄂᆞᆫ少年의ᄆᆞ장銘心ᄒᆞᆯ바ㅣ니라또課外의書ᄅᆞᆯ

讀書의 决書

讀ᄒᆞᆷ에도次序가自有ᄒᆞᆷ을知ᄒᆞᆷ이可ᄒᆞ니專門學問에在ᄒᆞ야ᄂᆞᆫ尤然ᄒᆞᆫ바ㅣ니라吾人은其智識程度ᄅᆞᆯ應ᄒᆞ야可讀ᄒᆞᆯ書ᄅᆞᆯ選擇ᄒᆞᆷ이可ᄒᆞ니空然히高尙難解의書ᄅᆞᆯ讀ᄒᆞᆷ은有害無益ᄒᆞᆫ바ㅣ니라自己智識에不相當ᄒᆞᆫ書ᄂᆞᆫ假令自己ᄂᆞᆫ能解ᄒᆞᆷ으로思ᄒᆞ나眞個了解ᄒᆞᄂᆞᆫ者로브터此ᄅᆞᆯ見ᄒᆞᆯ진ᄃᆡ太半은誤解謬讀ᄒᆞᆷ을不免ᄒᆞᆯ지오設令此ᄅᆞᆯ誤解ᄒᆞᆷ이無ᄒᆞ다ᄒᆞᆯ지라도其書의眞義ᄂᆞᆫ決斷코會得ᄒᆞᆷ이不能ᄒᆞ야맛ᄎᆞᆷ내一知半解에止ᄒᆞ야一生에此ᄅᆞᆯ悟了ᄒᆞᆯ機會가無ᄒᆞᆯ지니라淺近ᄒᆞᆫ書라도此ᄅᆞᆯ

完全히解得ᄒᆞ면其中에無限ᄒᆞᆫ意味가有ᄒᆞ고高尙ᄒᆞᆫ書라도此ᄅᆞᆯ解得치못ᄒᆞ면其奧妙ᄒᆞᆫ旨가何에在ᄒᆞ리오智識의進步ᄂᆞᆫ行路ᄒᆞᆷ과如ᄒᆞ야아즉一里ᄅᆞᆯ行치아니ᄒᆞ고十里에達ᄒᆞᆷ을望ᄒᆞᆷ은不可ᄒᆞ니自己의智識을忖度치아니ᄒᆞ고空然히高尙ᄒᆞᆫ書籍을耽ᄒᆞᆷ은其愚迂ᄒᆞᆷ이此와同ᄒᆞ니라故로玩讀ᄒᆞᆷ이可ᄒᆞᆫ書籍의種類程度等에對ᄒᆞ야ᄂᆞᆫ미리教師先輩의意見을叅質ᄒᆞ야聽從ᄒᆞᆷ이可ᄒᆞ니라

學問과朋友

學問은大槪師와書ᄅᆞᆯ依ᄒᆞᄂᆞᆫ바ㅣ나또ᄒᆞᆫ朋友ᄅᆞᆯ依ᄒᆞ야益을受ᄒᆞᆷ이不少ᄒᆞ니暇日에同心人이會合ᄒᆞ야疑義ᄅᆞᆯ相質ᄒᆞ고意見을相述ᄒᆞ며委曲을辨論ᄒᆞᆷ은攻學ᄒᆞᄂᆞᆫ道에欠闕치못ᄒᆞᆯ事ㅣ라故로學問에在ᄒᆞ야셔도또ᄒᆞᆫ其友ᄅᆞᆯ擇ᄒᆞᆷ이可ᄒᆞ니라

疑問은修學上에欠闕치못ᄒᆞᆯ者ㅣ라

學問은맛당히疑難處가有ᄒᆞᆷ을要ᄒᆞᆯ지니라學問을ᄒᆞᆷ은本來信ᄒᆞᄂᆞᆫ바에自安ᄒᆞᆷ을爲ᄒᆞᆷ이나此目的을達ᄒᆞᆷ에ᄂᆞᆫ疑問을必須ᄒᆞᆯ지니他의書說에盲從ᄒᆞᄂᆞᆫ者ᄂᆞᆫ假令萬卷의書ᄅᆞᆯ讀過ᄒᆞᆯ지라도絲毫도有益ᄒᆞᆫ바ㅣ無ᄒᆞᆯ지니라書ᄅᆞᆯ臨ᄒᆞ야一一히誠然ᄒᆞᆫ바ᄅᆞᆯᄉᆞᄉᆞ로認識ᄒᆞ야如何ᄒᆞᆫ人의所說이라

도萬一疑難處가有ᄒᆞ면此를了解ᄒᆞ기ᄭᆞ지ᄂᆞᆫ確信치아니ᄒᆞ고精思熟慮ᄒᆞ야其胷底에會得ᄒᆞᆷ에至ᄒᆞ야비로소眞正ᄒᆞᆫ智識을得ᄒᆞᆯ지니다만多讀ᄒᆞᆷ을專事ᄒᆞ고스ᄉᆞ로定見이無ᄒᆞᆫ者ᄂᆞᆫ一個活動字典에無過ᄒᆞᆯ지니라然이나疑難을空懷ᄒᆞ야他를排斥ᄒᆞ고스ᄉᆞ로悟了ᄒᆞᄂᆞᆫ意志가無ᄒᆞᆫ者ᄂᆞᆫ또ᄒᆞᆫ學問의何件物됨을不知ᄒᆞᄂᆞᆫ者ㅣ니疑問은學問의方法이오學問의目的은아니니라

第七章　修德

修德

人이禽獸와異ᄒᆞᆷ은德性이有ᄒᆞᆷ으로써ㅣ니萬一德性을具有ᄒᆞᆫ바ㅣ無ᄒᆞ면身体의健强ᄒᆞᆷ은暴戾의根柢가되고智能의卓越ᄒᆞᆷ은奸惡의媒介가될지니라

德과德性

本務의命ᄒᆞᄂᆞᆫ바에服從ᄒᆞ야云爲ᄒᆞᆷ을德이라云ᄒᆞ고吾人으로ᄒᆞ여곰此德을行케ᄒᆞᄂᆞᆫ바를德性이라云ᄒᆞᄂᆞ니健康과智識이모다道德을實行ᄒᆞᆷ에須要된者ㅣ나萬一此를率ᄒᆞᄂᆞᆫ德性이無ᄒᆞᆯ時ᄂᆞᆫ譬컨대精兵이有ᄒᆞ대此를率ᄒᆞᄂᆞᆫ良將이無ᄒᆞᆷ과ᄀᆞᆺᄒᆞ니라

本務에服從ᄒᆞᆷ

德性의本領은一言으로써蔽ᄒᆞᆯ진대本務에服從

은德性의根本이라

ᄒᆞᆷ에在ᄒᆞ니라吾人의良心은本務의標準이니一事一物을總히良心의命令을服從ᄒᆞ야其間에私心私慾을挾ᄒᆞᆷ이無ᄒᆞᆯ時ᄂᆞᆫ其行爲ᄂᆞᆫ거위過失이無ᄒᆞᆯ지며其人도ᄯᅩᄒᆞᆫ有德ᄒᆞᆫ人이될지니라今에吾人의平生服膺ᄒᆞᆷ이可ᄒᆞᆫ德性의主要된者二三을左揭ᄒᆞ노라

信義

吾人은萬一人이我에對ᄒᆞ야信義ᄅᆞᆯ守케ᄒᆞ고져ᄒᆞᆯ진대吾人은몬져我가人에對ᄒᆞ야信義ᄅᆞᆯ守ᄒᆞᆷ이可ᄒᆞ니라信이란者ᄂᆞᆫ虛僞의反對니不欺ᄒᆞᆷ을謂ᄒᆞᆷ이오義란者ᄂᆞᆫ道理의存在ᄒᆞᆫ바ᄂᆞᆫ如何ᄒᆞᆫ艱難이라도除排ᄒᆞ고此에趨向ᄒᆞ며道理의存在치아니ᄒᆞᆫ바ᄂᆞᆫ如何ᄒᆞᆫ利益이라도行치아니ᄒᆞᆷ을謂ᄒᆞᆷ이니社會萬般의事業은信義ᄅᆞᆯ依ᄒᆞ야成立ᄒᆞᄂᆞᆫ바ㅣ니라

人人이信義ᄅᆞᆯ尊重히녁이지아니ᄒᆞᆯ時ᄂᆞᆫ一國의道德은地에掃ᄒᆞᆷ에至ᄒᆞᆯ지니論語에言忠信ᄒᆞ며行篤敬이면비록蠻貊의邦이라도可히써行ᄒᆞᆫ다ᄒᆞᆷ은곳信義의德을云ᄒᆞᆷ이니라故로我가몬져誠實ᄒᆞᆷ으로써人에對ᄒᆞ야眞心을胷中에實ᄒᆞᆯ時ᄂᆞᆫ暴戾無道ᄒᆞᆫ人이라도能히己ᄅᆞᆯ害ᄒᆞᆷ이無ᄒᆞᆯ지나

此와相反ᄒᆞ야不義無道ᄒᆞᆫ心으로써他에對ᄒᆞᆯ時ᄂᆞᆫ溫厚篤實ᄒᆞᆫ人이라도往往非理로써我에對酬ᄒᆞᆷ이不無ᄒᆞᄂᆞ니西諺에닐은바正直은最良ᄒᆞᆫ方策이라ᄒᆞᆷ이곳此ᄅᆞᆯ說ᄒᆞᆷ이니라詐欺로써一時에能히人心을籠絡ᄒᆞᆯ지라도不義의福利ᄂᆞᆫ決斷코永續ᄒᆞᆯ바ㅣ아니오無幾에顯露ᄒᆞ야맛ᄎᆞᆷ내社會의擯斥ᄒᆞᄂᆞᆫ바ㅣ되ᄂᆞ니라

誠實及遵約

信義의本旨ᄂᆞᆫ虛言을不發ᄒᆞ고約諾을一遵ᄒᆞᆷ에在ᄒᆞ니라人이約諾을不守ᄒᆞ고言行이相反될時ᄂᆞᆫ他人은其不信ᄒᆞᆷ을怒ᄒᆞ야擯斥ᄒᆞᆯ지니設令此ᄅᆞᆯ因ᄒᆞ야他人의게損害ᄅᆞᆯ與ᄒᆞᆷ이無ᄒᆞᆯ지라도一次社會에信을缺ᄒᆞ면名譽ᄅᆞᆯ失ᄒᆞ고面目을墜ᄒᆞ야將來에協議同事ᄒᆞᆯ者ㅣ無ᄒᆞᆯ지니라人이斯境에一至ᄒᆞ면友愛도可望치못ᄒᆞ며和協도得見치못ᄒᆞᆯᄲᅮᆫ아니라一人도己ᄅᆞᆯ顧護ᄒᆞᄂᆞᆫ者ㅣ無ᄒᆞᆯ지니身은社會에在ᄒᆞ야도心은荒山窮野에獨居ᄒᆞᆷ과叉ᄒᆞᆯ지니라

虛誕은곳不德이라

世人이或虛誕ᄒᆞᆷ을不咎ᄒᆞ고도로혀滑稽嬉笑의好資料로認ᄒᆞ야깁히介意치아니ᄒᆞᄂᆞᆫ者ㅣ有ᄒᆞᆯᄲᅮᆫ아니라더욱少年輩에在ᄒᆞ야ᄂᆞᆫ口로出ᄒᆞ야事

에利害關係가無ᄒᆞᆫ時ᄂᆞᆫ往往히寬假ᄒᆞ야寘之不問ᄒᆞᆷ이有ᄒᆞ나畢竟虛誕이란者ᄂᆞᆫ如何ᄒᆞᆫ境遇에在ᄒᆞᆫ던지惡結果ᄅᆞᆯ生ᄒᆞᄂᆞᆫ바ㅣ됨을想到치못ᄒᆞᆫ弊習으로出來ᄒᆞᆫ者ㅣ니라ᄒᆞ믈며虛僞ᄂᆞᆫ眞實보다言ᄒᆞ기易ᄒᆞᆫ者ㅣ리오少年輩로써他人이其虛誕ᄒᆞᆷ을寬假ᄒᆞᆫ時ᄂᆞᆫ漸次虛言으로써不德이되ᄂᆞᆫ思想을喪失ᄒᆞ야不識不知間에虛誕의慣習을馴致ᄒᆞᆷ에至ᄒᆞᆯ지며또戲謔中에도虛言을好ᄒᆞᄂᆞᆫ者ᄂᆞᆫ맛ᄎᆞᆷ내他人의信用을失ᄒᆞᆷ도되ᄂᆞ니何故오此等人의言語ᄂᆞᆫ如何ᄒᆞᆫ點ᄭᆞ지虛妄ᄒᆞᆷ이아니오信用ᄒᆞᆷ이可ᄒᆞᆯ지미리測定ᄒᆞ기難ᄒᆞᆫ所以니라故로虛言은如何ᄒᆞᆫ境遇에在ᄒᆞᆫ던지一切嚴絶ᄒᆞᆷ을要ᄒᆞᆯ지니라

虛言의深戒ᄒᆞᆷ이可ᄒᆞᆷ과約諾의尊重ᄒᆞᆷ이可ᄒᆞᆷ은以上에述ᄒᆞᆷ과又ᄒᆞ나一次約束을成ᄒᆞᆫ後에在ᄒᆞ야該事件의非道됨을覺悟ᄒᆞᆫ時ᄂᆞᆫ此ᄅᆞᆯ變更ᄒᆞᆷ에躕躇ᄒᆞᆷ이不可ᄒᆞ니라一次約定ᄒᆞᆫ所以로非行을强遂ᄒᆞᆷ은其罪ᄅᆞᆯ重犯ᄒᆞᆫ者ㅣ라謂ᄒᆞᆯ지니故로此等의失策이無코져ᄒᆞᆯ진대其言을豫愼ᄒᆞᆷ이可ᄒᆞ니라誰가食言ᄒᆞᆷ을自好ᄒᆞ며違約ᄒᆞᆷ을自甘ᄒᆞ리

輕言多辯의害

오매양實際에臨ᄒᆞ야自力이此를能堪치못홈을發見ᄒᆞ고不得已ᄒᆞ야事狀이玆에至ᄒᆞᆫ者ㅣ니此ᄂᆞᆫ締約ᄒᆞᆯ初에在ᄒᆞ야其言을愼重치못ᄒᆞᆫ所以라故로人이一事를約ᄒᆞ고一言을發홈에當ᄒᆞ야我가果然此約言을實行ᄒᆞᆯ力이有ᄒᆞᆯ지몬져此를熟慮홈이可ᄒᆞ니라輕言多辯은ᄀᆞ장事爲에有害ᄒᆞᆫ者ㅣ니中庸에言은行을顧ᄒᆞ고行은言을顧ᄒᆞ라홈이此를謂홈이니라然이나玆에特別히銘心ᄒᆞᆯ바ㅣ有ᄒᆞ니假令友人과漫遊或은散策을豫約ᄒᆞ고期에臨ᄒᆞ야親患或은不獲已ᄒᆞᆫ急故가有ᄒᆞᆫ境遇에在ᄒᆞ야ᄂᆞᆫ事体의輕重이自在홈으로써其約束을履行치아니ᄒᆞᆯ지라도敢히執咎ᄒᆞᆯ바ㅣ無ᄒᆞ니다만約諾을重히녁임으로써親患或은急故를捨ᄒᆞ고此에赴홈은도로혀悖德의甚ᄒᆞᆫ者ㅣ라謂ᄒᆞᆯ지니라故로不時의事變이履約을妨害ᄒᆞᄂᆞᆫ바ㅣ有ᄒᆞᆯ時ᄂᆞᆫ事件의大小를相較ᄒᆞ고本務의輕重을熟慮ᄒᆞ야써其進退를定홈을要ᄒᆞᆯ지니라

多辯은다만食言違約의弊源이될ᄲᅮᆫ아니라品位를自失ᄒᆞ고名譽를自損ᄒᆞ야諸般禍害가自身에及ᄒᆞᄂᆞᆫ바ㅣ라故로古語에口ᄂᆞᆫ禍의門이라云ᄒᆞ

얏스니言語ᄂᆞᆫ愼重치아니치못ᄒᆞᆯ者ㅣ니라人은其思想을반다시吐露無餘ᄒᆞᄂᆞᆫ義務가有홈이아니니時와處ᄅᆞᆯ隨ᄒᆞ야言홈이不可ᄒᆞᆫ事와言치아니홈이不可ᄒᆞᆫ事가有ᄒᆞ거ᄂᆞᆯ世에多辯의癖이有ᄒᆞᆫ者ᄂᆞᆫ興을乘ᄒᆞ야喋喋喃喃ᄒᆞ야自己의不利됨과他人의迷惑됨을不顧ᄒᆞ고또ᄒᆞᆫ其不德됨을知ᄒᆞ면셔其口ᄅᆞᆯ緘默치못ᄒᆞ고言이口外에一出홈애駟가不及홈에至ᄒᆞ야噬臍의悔ᄅᆞᆯ始生ᄒᆞᄂᆞᆫ者ㅣ有ᄒᆞ니엇지戒懼ᄒᆞᆯ바ㅣ아니리오言語ᄂᆞᆫ心의形跡이니人의品位智德은其言으로써知홈이可

ᄒᆞ니라

言語ᄂᆞᆫ能히人을怒케ᄒᆞ며能히人을喜케ᄒᆞᄂᆞᆫ지라故로他人의忌嫌ᄒᆞᄂᆞᆫ事ᄅᆞᆯ言홈이不可ᄒᆞ니假令人의善을言ᄒᆞᆯ지라도반다시人의惡은言홈이不可ᄒᆞ니라ᄒᆞ믈며人의舊惡을暴露홈은怒ᄅᆞᆯ招ᄒᆞᆯ섇아니라人을不測에陷홈이니古來로브터一言으로써人을害ᄒᆞ고身을亡ᄒᆞᄂᆞᆫ者ㅣ其例甚多ᄒᆞ니라

恭儉

恭儉은人에欠闕치못ᄒᆞᆯ美德이니圓滑ᄒᆞᆫ交際와秩序가有ᄒᆞᆫ社會ᄂᆞᆫ專히此에基因ᄒᆞᄂᆞᆫ者ㅣ니라

恭儉이란者ᄂᆞᆫ行儀가鄭重ᄒᆞ야放恣僭濫홈에流치아니ᄒᆞ며辭色이禮節에相合ᄒᆞ야檢飭規律이有홈을謂홈이니財貨의節儉도ᄯᅩᄒᆞᆫ其一이니라

人이平日에在ᄒᆞ야ᄂᆞᆫ自處홈을恭儉히ᄒᆞᆯ지니嚴毅威武又ᄒᆞᆫ바ᄂᆞᆫ別로히用ᄒᆞᆯ時가有ᄒᆞ고決斷코常居의道ᄂᆞᆫ아니니라

社會의惡憎不和홈은大槪互相間의感情이衝突홈에原因홈이니곳接應相對ᄒᆞᆯ際에容色辭氣에溫厚和婉홈을欠缺홈으로써其感情을損ᄒᆞ야一生에反目送迎홈이有ᄒᆞ니甚히悲慘ᄒᆞᆫ事ㅣ라謂

ᄒᆞᆯ지라萬一人人으로ᄒᆞ여곰恭儉의德을守ᄒᆞᆯ진대거위斯境에至홈이無ᄒᆞᆯ지니라尊長을事ᄒᆞ고朋友를交ᄒᆞ며더욱未知ᄒᆞᆫ人을接應홈에當ᄒᆞ야ᄂᆞᆫ맛당히恭儉으로써爲本ᄒᆞᆯ지니人이或偏見을執ᄒᆞ고正理를不從ᄒᆞᆯ時라도聲色을不勵ᄒᆞ며辭氣를不張ᄒᆞ고반다시色을平和히ᄒᆞ야此를諷誦ᄒᆞ며言을婉柔히ᄒᆞ야此를輔導ᄒᆞ고誠心으로써此를感動케홈을要ᄒᆞᆯ지니무릇如斯홈에엇지感化치아니ᄒᆞᄂᆞᆫ者ㅣ有ᄒᆞ리오萬一此와相反ᄒᆞ야倨傲自居ᄒᆞ면有德ᄒᆞᆫ人은見ᄒᆞ고足히써與ᄒᆞ지

못홀小人이라홀지며小人은見ᄒᆞ고반다시怨을蓄ᄒᆞ며釁을生ᄒᆞ야我를害홈이有홀지니라

親을事ᄒᆞᄂᆞᆫ者ㅣ婉容怡色으로써ᄒᆞ면疏食菜羹이라도親이반다시歡欣홀지며萬一色이婉和치아니ᄒᆞ고聲이溫順치아니ᄒᆞ면玉食錦衣라도親이반다시喜悅치아니홀지니故로容色辭氣의恭儉홈은社會交際에在ᄒᆞ야圓滑和平의媒介가되ᄂᆞᆫ者ㅣ니라

名望이益高ᄒᆞ고官爵이愈貴홈을隨ᄒᆞ야人에對ᄒᆞ야愈益恭儉홀時ᄂᆞᆫ人의게贊稱景慕홈이될지

恭儉과卑屈

니故로恭儉ᄒᆞ야人의게下홈은곳地位와聲譽를永保ᄒᆞᄂᆞᆫ德業의基가되ᄂᆞ니라

然이나恭儉自居홈을爲ᄒᆞ야도로혀卑屈홈에誤陷치아니홀事를日常에着念홈이可ᄒᆞ니卑屈의賤히녁임은恭儉의貴히녁임과同一ᄒᆞ니라人은如何ᄒᆞᆫ境遇에在ᄒᆞ던지自主獨立의精神이無치못홀지니吾人國民된者ᄂᆞᆫ其品格과地位를維持홈에須臾도欠闕치못홀者ㅣ라意를枉ᄒᆞ야人의意를逢迎ᄒᆞ며媚悅自甘ᄒᆞ야人의歡心을買홈은恭儉이아니오卑屈이니라自他의交際를圓滑케

홈을爲ᄒᆞ야人人이互相謙讓홈은社會를構成홈에要務가되나自己品位人格의存在ᄒᆞᆫ바本領에至ᄒᆞ야ᄂᆞᆫ一毫도他人의게毁損치아니홀大決心이無치못홀지니讓홈이可ᄒᆞᆫ者ᄂᆞᆫ此를讓ᄒᆞ고守홈이可ᄒᆞᆫ者ᄂᆞᆫ此를守ᄒᆞ야其中庸을不失홈은吾人의日常銘心을要홀바ㅣ니라

禮節과恭儉

禮節은恭儉을守ᄒᆞᄂᆞᆫ바ㅣ됨으로다만外面의修飾이아니오中心에存ᄒᆞᆫ恭儉의美德이스ᄉᆞ로外形에發顯되ᄂᆞᆫ者ㅣ니라禮節은時宜를隨ᄒᆞ야推移ᄒᆞᄂᆞᆫ者ㅣ됨으로其精神은古今을通ᄒᆞ야同一

ᄒᆞ나其方法에至ᄒᆞ야ᄂᆞᆫ多少의差別이不無ᄒᆞ니라現今我邦에在ᄒᆞ야外國의文物이多大히國內에輸入됨으로써接應相酬集會宴遊等의禮節도ᄯᅩᄒᆞᆫ曾往과不同ᄒᆞᆫ者ㅣ有ᄒᆞ니玆에一一히細述홈에不遑ᄒᆞ나今日社會에立코져ᄒᆞᄂᆞᆫ者ᄂᆞᆫ其槪要를通曉홈이可ᄒᆞ니라

要컨대恭儉은自己를謙讓ᄒᆞ고他人을包容홈에在ᄒᆞ니라人心의不同홈이其面과如ᄒᆞ니萬一我와不同ᄒᆞᆫ者ᄂᆞᆫ此를包容치아니ᄒᆞ면世에協同一致ᄒᆞᄂᆞᆫ者ㅣ無홀지니故로容認은社會의秩序를

悛改

維持ᄒᆞᄂᆞᆫ基本이니라ᄯᅩ人이我의過失을責ᄒᆯ時ᄂᆞᆫ虛心反省ᄒᆞᆷ이可ᄒᆞ니局外의言은往往適中ᄒᆞᄂᆞᆫ바ㅣ有ᄒᆞ니라大凡聖人이라도或過失이不無ᄒᆞᄂᆞ니過失이란者ᄂᆞᆫ無心히做錯ᄒᆞ야道에違ᄒᆞᆷ을云ᄒᆞᆷ이라一朝에其過ᄅᆞᆯ覺悟ᄒᆞᆫ時ᄂᆞᆫ飜然히悛改ᄒᆞ면有德ᄒᆞᆫ人이됨에무엇이難ᄒᆞᆫ바ㅣ有ᄒᆞ리오임의其過ᄅᆞᆯ知ᄒᆞ고此ᄅᆞᆯ改ᄒᆞᆷ에憚ᄒᆞᄂᆞᆫ바ㅣ有ᄒᆞ면此ᄂᆞᆫ非道ᄅᆞᆯ故爲ᄒᆞ야畢竟惡戾ᄒᆞᆷ에自歸ᄒᆞᄂᆞᆫ者ㅣ니吾人의깁히戒懼ᄒᆯ바ㅣ니라.

倫理學敎科書卷一 終

倫理學敎科書卷二

家族의本務

第一章 總論

總論
道德과本務

大凡道德을完全히ᄒᆞᆷ은本務를實行ᄒᆞᆷ에在ᄒᆞ니本務란者ᄂᆞᆫ他에對ᄒᆞ야吾人의當然히行ᄒᆞᆯ바를謂ᄒᆞᆷ이니라假令忠孝ᄂᆞᆫ臣子의本務오和睦은夫婦의本務오信義를守ᄒᆞᆷ은社會에在ᄒᆞᆫ各人의本務오國家를愛ᄒᆞᆷ은國民의本務ㅣ니人이各各此等諸般의本務를恪守ᄒᆞ야敢히違背치아니ᄒᆞ면其道德이完全ᄒᆞᆷ을得ᄒᆞ얏다謂ᄒᆞᆯ지니라自身을

自身에對ᄒᆞᆫ道德과他에對ᄒᆞᆫ道德의關係

修ᄒᆞᄂᆞᆫ大要ᄂᆞᆫ畢竟此等의他에對ᄒᆞᆫ本務ᄅᆞᆯ完全히ᄒᆞ고져ᄒᆞᆷ에不外ᄒᆞᆷ이니吾人이萬一他에對ᄒᆞ야當然히行ᄒᆞᆯ本務ᄅᆞᆯ極盡히ᄒᆞᆯ時ᄂᆞᆫ自身에對ᄒᆞᆫ道德도또ᄒᆞᆫ完全ᄒᆞᆷ을得ᄒᆞᆯ지니라道德의目的은要컨대社會國家의安寧繁昌ᄒᆞᆷ을依ᄒᆞ야個人의幸福을增進ᄒᆞᆷ에在ᄒᆞᆷ이니自身의幸福은自身一人을依ᄒᆞ야享得ᄒᆞᄂᆞᆫ者ㅣ아니오人人이集合ᄒᆞ야成立ᄒᆞᆫ바家族社會와밋國家의幸福과相須ᄒᆞ야비로소成立ᄒᆞᆷ이됨으로써此等의家族社會와밋國家에對ᄒᆞᆫ道德은自身의幸福을享得ᄒᆞ기前에미리實行ᄒᆞᆷ을要ᄒᆞᆯ지니라

假令家族이不睦ᄒᆞ고社會의秩序가紊亂ᄒᆞ며國家의權力이微弱ᄒᆞᆯ時ᄂᆞᆫ人이엇지호올노幸福을享受ᄒᆞ리오內에在ᄒᆞ야ᄂᆞᆫ一家가能히團圝의歡樂을得享치못ᄒᆞ고外에在ᄒᆞ야ᄂᆞᆫ能히生命財產의安全ᄒᆞᆷ을得保치못ᄒᆞ며名譽ᄅᆞᆯ墜ᄒᆞ고自由ᄅᆞᆯ失ᄒᆞᄂᆞᆫ不幸ᄒᆞᆫ情狀에跼蹐ᄒᆞ야오히려幸福을獨享ᄒᆞᄂᆞᆫ人이有ᄒᆞ면此ᄂᆞᆫ癲狂天痴의徒가아니면奸惡無慚의輩가됨에無過ᄒᆞᆯ지니眞個恒性이有ᄒᆞᆫ者의得爲치못ᄒᆞᆯ바ㅣ니라然則如何ᄒᆞᆫ道理로

他에對ᄒᆞᆫ本務

家族社會와밋國家의幸福을成홈이可ᄒᆞ고他에求홀바ㅣ아니라人人이此等에對ᄒᆞᆫ道德곳本務를完全히홈에在ᄒᆞ니라故로他에對ᄒᆞᆫ道德은決斷코自身의幸福을犧牲으로써供홈을謂홈이아니오도로혀此를享受ᄒᆞ야維持ᄒᆞ고또增進ᄒᆞᄂᆞᆫ바ㅣ됨을覺悟홈이可ᄒᆞ니라

要컨대人人이自身을修ᄒᆞᄂᆞᆫ本務가有홈은他에對ᄒᆞᆫ本務가有홈을爲홈이니萬一他에對ᄒᆞᆫ義務가無홀진대엇지自身에對ᄒᆞᄂᆞᆫ本務가有ᄒᆞ리오他에對ᄒᆞᆫ本務를大凡三種으로區分홀진대第一

家族社會國家

家族에對ᄒᆞᆫ本務第二社會에對ᄒᆞᆫ本務第三國家에對ᄒᆞᆫ本務ㅣ니此ᄂᆞᆫ範圍의廣狹을依홀바ㅣ니라家族이란者ᄂᆞᆫ父子兄弟夫妻等一家中에同居ᄒᆞᄂᆞᆫ血緣이有ᄒᆞᆫ各個人의團体를云홈이오社會란者ᄂᆞᆫ血統主從의關係有無를勿論ᄒᆞ고다만生存幸福에關ᄒᆞ야其利害를共同히ᄒᆞᄂᆞᆫ各個人의集合홈을云홈이오國家란者ᄂᆞᆫ獨立의主權을依ᄒᆞ야統治홈이되ᄂᆞᆫ一定ᄒᆞᆫ土地와밋一定ᄒᆞᆫ人民의團体를云홈이니라吾人은此等에對ᄒᆞ야各各當行홈이可ᄒᆞᆫ本務가有ᄒᆞ니곳家에在ᄒᆞ야ᄂᆞᆫ父

가되고子가되며夫婦가되고兄弟가되며社會에在ᄒᆞ야ᄂᆞᆫ公民이되고君主에對ᄒᆞ야ᄂᆞᆫ臣下가되며國家에對ᄒᆞ야ᄂᆞᆫ國民이되ᄂᆞ니此數者ᄂᆞᆫ並行ᄒᆞ야偏廢ᄒᆞᆷ이不可ᄒᆞᆫ바ㅣ라萬一其一을缺ᄒᆞ면他도ᄯᅩᄒᆞᆫ萬全ᄒᆞᆷ을期待키不可ᄒᆞ니라

實際上에在ᄒᆞ야ᄂᆞᆫᄒᆞᆷᄭᅴ必要ᄒᆞᆫ者ㅣ되나論理上順序에至ᄒᆞ야ᄂᆞᆫᄉᆞᄉᆞ로前後의別이無치못ᄒᆞᆯ지라故로吾人은몬져家族에對ᄒᆞᆫ本務ᄅᆞᆯ說ᄒᆞ고社會國家에次及코져ᄒᆞ노니家族은ᄀᆞ장各人의親密ᄒᆞᆫ바ㅣ되여社會의交際와自他의關係等一切

道德의淵源이됨으로써ㅣ니라

家族은社會國家의基礎

大凡家族은社會國家의基礎ᄅᆞᆯ成ᄒᆞᆫ者ㅣ니家族이無ᄒᆞ면社會와國家가無ᄒᆞᆯ지라故로家族은道德의門戶ㅣ니라萬一家族이道德에在ᄒᆞ야欠闕ᄒᆞᆫ바ㅣ有ᄒᆞ면社會國家에對ᄒᆞᄂᆞᆫ道德도ᄯᅩᄒᆞᆫ完全ᄒᆞᆷ을可望치못ᄒᆞᆯ지니忠臣은孝子의門으로브터出ᄒᆞᆫ다ᄒᆞᆷ이此ᄅᆞᆯ謂ᄒᆞᆷ이니라彼蒙昧野蠻의社會에在ᄒᆞ야ᄂᆞᆫ所謂完全ᄒᆞᆫ家族된者ㅣ無ᄒᆞᆯᄲᅮᆫ아니라設令有ᄒᆞᆯ지라도父子兄弟間에禮文과秩序가無ᄒᆞ고夫婦關係等에至ᄒᆞ야ᄂᆞᆫ紊亂ᄒᆞᆷ이尤甚

ᄒᆞ니如斯ᄒᆞᆫ狀況으로生存ᄒᆞᆫ時ᄂᆞᆫ完全ᄒᆞᆫ社會國家ᄂᆞᆫ到底히成立ᄒᆞᆷ을不得ᄒᆞᆯ바오其所爲ᄂᆞᆫ暴戾背倫ᄒᆞ야禽獸와相去ᄒᆞᆷ이不遠ᄒᆞ니라此와相反ᄒᆞ야吾人이一次圓滿ᄒᆞᆫ家族을構成ᄒᆞ야父ᄂᆞᆫ慈ᄒᆞ고子ᄂᆞᆫ孝ᄒᆞ며兄은友ᄒᆞ고弟ᄂᆞᆫ悌ᄒᆞ며夫婦가相和ᄒᆞ고主從이相信ᄒᆞᆯ時ᄂᆞᆫ다만一家에在ᄒᆞ야和氣가融融ᄒᆞ고福祿이穰穰ᄒᆞᆯᄲᅮᆫ아니라此ᄅᆞᆯ社會에施及ᄒᆞ면信義仁恕가되고此ᄅᆞᆯ國家에施及ᄒᆞ면忠君愛國이되ᄂᆞ니故로家族의良否ᄂᆞᆫ社會의幸福과一國의權力이此로브터生ᄒᆞᄂᆞᆫ바ㅣ니

家族은一個小國体라

라家族은譬컨대一個小國体라ᄒᆞᆷ이可ᄒᆞ니一家의主人은곳一國의元首오其家屋은國土ㅣ며其子女婢僕은國民이오其家族의系譜ᄂᆞᆫ곳國家의歷史ㅣ라故로眞誠으로主人을敬ᄒᆞ고家ᄅᆞᆯ愛ᄒᆞᄂᆞᆫ者ㅣ아니면엇지君에忠ᄒᆞ고國을愛ᄒᆞ리오ᄒᆞ믈며我邦에在ᄒᆞ야ᄂᆞᆫ吾人의祖先으로브터皇祖皇宗을仰戴ᄒᆞ야君臣의義ᄂᆞᆫ곳父子의情과如ᄒᆞ니然ᄒᆞᆷ으로父에孝치아니ᄒᆞ고君에忠ᄒᆞᄂᆞᆫ者ㅣ잇ᄉᆞ未有ᄒᆞ니라

家族은다만社會國家에對ᄒᆞᆫ道德의根柢가될ᄲᅮᆫ
아니라ᄯᅩᄒᆞᆫ幸福의基礎를成ᄒᆞᄂᆞᆫ者ㅣ니何者오
人生의幸福은畢竟勤勞로브터生ᄒᆞᄂᆞ니吾人의
勤勞를感發ᄒᆞᄂᆞᆫ者ᄂᆞᆫ畢竟吾人의眷愛養護ᄒᆞᄂᆞᆫ
바家族의幸福을維持ᄒᆞ고增進코저ᄒᆞᄂᆞᆫ希望心
에基因홈으로ᄡᅥㅣ니라非常ᄒᆞᆫ時를際ᄒᆞ야非常
ᄒᆞᆫ人物은公共을爲ᄒᆞ야一身一家를不顧ᄒᆞᄂᆞᆫ者
ㅣ不無ᄒᆞ나此ᄂᆞᆫ平素日常의訓勉됨이可ᄒᆞᆫ者ᄂᆞᆫ
아니니故로家族의關係를親密케ᄒᆞ고慈愛扶護
의感念을素富케홈은間接으로社會國家의福利

를增進ᄒᆞᄂᆞᆫ所以니라

家族의 二要素

大凡家族을成ᄒᆞᄂᆞᆫ要素가三이有ᄒᆞ니第一父子
의關係第二夫婦의關係第三兄弟姊妹의關係가
是라此三者ᄂᆞᆫ各各特別ᄒᆞᆫ本務가有ᄒᆞᆫ바오此外
主從의關係가有ᄒᆞ나大槪家族을構成홈에須要
된者ㅣ아니니라

第二章 父母에對ᄒᆞᆫ本務

父母에 對ᄒᆞᆫ本務

大凡人은父母가在ᄒᆞᆫ然後에비로소其身이有ᄒᆞ
니라人의ᄀᆞ장貴重히녁이ᄂᆞᆫ바ᄂᆞᆫ其身과ᄀᆞᆺᄒᆞᆫ者
ㅣ無ᄒᆞ니然則其身의從生ᄒᆞᆫ바父母ᄂᆞᆫ엇지吾人

父母養育의劬勞

의마장敬愛홀바ㅣ아니리오
父母가其子를愛홈은本來天然혼至性으로出혼바ㅣ니其感情의深厚홈이他에比홀바ㅣ無ᄒᆞ니라厥初에慈母의胎內에在홈애慈母가此를爲ᄒᆞ야高談치아니ᄒᆞ고頗足치아니ᄒᆞ며食飮을選擇ᄒᆞ고操行을方正히ᄒᆞ며坐臥起居를雍容히ᄒᆞ야須臾도胎兒의健全홈을心祝치아니홈이無ᄒᆞ고玆에出生홈애百方의劬勞와萬般의保護를受홈이아니면此生을能保치못홀지라父母ᄂᆞᆫ此에當ᄒᆞ야絲毫도勞苦를不憚ᄒᆞ고飢ᄒᆞ면食의不及홈

을憂ᄒᆞ며飽ᄒᆞ면食의過度홈을慮ᄒᆞᄂᆞ니라
寒衣暑凉은更言홀바ㅣ아니오幼兒의一顰一笑를心에留ᄒᆞ야喜憂를홈씌ᄒᆞ며漸長ᄒᆞ야匍匐홀時ᄂᆞᆫ其起立홈을望ᄒᆞ고起立홈을得홀時ᄂᆞᆫ其移步홈을望ᄒᆞ며六七歲에纔至ᄒᆞ야學校에入ᄒᆞ면父母ᄂᆞᆫ其進步의迅速홈을望ᄒᆞ며疾病에罹혼時ᄂᆞᆫ醫師를迎ᄒᆞ고藥餌를求ᄒᆞ야自身의衰弱홈을不顧ᄒᆞ고日夕에看護ᄒᆞ며出遊ᄒᆞ야日暮ᄒᆞ도록未歸홀時ᄂᆞᆫ門에倚望ᄒᆞ야其身의無恙홈을暗希ᄒᆞ며兒가맛츰내普通敎育을修了ᄒᆞ고稍

히獨立의生活을自營홈에至ᄒᆞ면父母ᄂᆞᆫ其前途의十分成就홈을希望ᄒᆞᄂᆞᆫ情이尤切ᄒᆞ며兒가幸運을乘ᄒᆞᆫ時ᄂᆞᆫ父母도ᄯᅩᄒᆞᆫ홈씌歡欣ᄒᆞ고兒가否運에顚躋ᄒᆞᆯ時ᄂᆞᆫ父母도ᄯᅩᄒᆞᆫ홈씌憂戚ᄒᆞ야終身토록兒子의게懸懸ᄒᆞᆫ情으로此生을送盡ᄒᆞᄂᆞ니大哉라父母의恩德이여仁天의慈愛홈과同ᄒᆞ도다

世人은一飯의恩에對ᄒᆞ야셔도오히려報償홈을要ᄒᆞᄂᆞ니山海보다崇深ᄒᆞᆫ父母의恩德에對ᄒᆞ야ᄂᆞᆫ쟝ᄎᆞᆺ何로써報答ᄒᆞ리오

父母를事ᄒᆞᄂᆞᆫ道

父母를事ᄒᆞᄂᆞᆫ道ᄂᆞᆫ一言으로써蔽ᄒᆞᆯ진대孝一字에不出ᄒᆞᄂᆞ니親이子에對ᄒᆞᄂᆞᆫ愛情은禽獸에在ᄒᆞ야셔도此를尙見ᄒᆞᆯ지나子가親에對ᄒᆞᄂᆞᆫ孝行은호올노人類에在ᄒᆞ야셔만此를見ᄒᆞᆯ지라故로孝ᄂᆞᆫ人의人文된바의第一이라謂ᄒᆞᆯ지니라大抵生長홈에長年月日을要홈이世에人類와ᄀᆞᆺᄒᆞᆫ者ㅣ無ᄒᆞ니他動物에在ᄒᆞ야ᄂᆞᆫ大槪一年을不出ᄒᆞ야獨立의生活을得홈으로써其親의恩澤을浴ᄒᆞᄂᆞᆫ時間도短少ᄒᆞ고子가親에對ᄒᆞᄂᆞᆫ本務도ᄯᅩᄒᆞᆫ自輕홈이可ᄒᆞ나호올노人類에在ᄒᆞ야ᄂᆞᆫ不然ᄒᆞ

孝ᄂᆞᆫ一家幸福의本源이라

니其親의養育을受ᄒᆞᄂᆞᆫ年光도最長ᄒᆞ고其親의身心을勞홈도最大홈으로써此에對ᄒᆞᄂᆞᆫ本務도ᄀᆞ장重大홈이可홈은自然ᄒᆞᆫ道理니라

또孝ᄂᆞᆫ一家의幸福을得致ᄒᆞᄂᆞᆫ本源이니라一家ᄂᆞᆫ자못一國과如ᄒᆞ며父母ᄂᆞᆫ자못君主와同ᄒᆞ니君主가一國을統治홈애臣民이此에忠順치아니ᄒᆞ면國家의隆運을能히期待치못ᄒᆞᆯ지며父母가一家를統率홈애子女가此에孝順치아니ᄒᆞ면一家의和樂은또ᄒᆞᆫ期望치못ᄒᆞᆯ지니라一家가相和치못ᄒᆞ고父子兄弟가鬩爭홈에至ᄒᆞᆯ진대如斯ᄒᆞᆫ

孝ᄂᆞᆫ百行의源이라

家族으로브터成立ᄒᆞᆫ社會國家에在ᄒᆞ야ᄂᆞᆫ또ᄒᆞᆫ完全ᄒᆞᆫ團体를得見치못ᄒᆞᆯ지라故로孝ᄂᆞᆫ百行의源이라홈은古로브터訓示ᄒᆞᆫ바ㅣ니萬一孝에在ᄒᆞ야缺ᄒᆞᆫ바ㅣ有ᄒᆞ면他에如何ᄒᆞᆫ善行이有ᄒᆞᆯ지라도足히贊稱ᄒᆞᆯ바ㅣ아니라人道ᄂᆞᆫ孝보다大ᄒᆞᆫ者ㅣ無ᄒᆞ며또孝보다先ᄒᆞᆯ者ㅣ無ᄒᆞ니孝의心으로써君을事ᄒᆞ면곳忠이오孝의心으로써人을交ᄒᆞ면곳信이라故로凡事를孝의心으로써推ᄒᆞ면道德의完全홈을庶期ᄒᆞᆯ지니라論語에曰君子ᄂᆞᆫ本을務ᄒᆞᄂᆞ니本이立ᄒᆞ면道가生ᄒᆞᄂᆞ니孝悌란

者ᄂᆞᆫ仁을爲ᄒᆞᄂᆞᆫ本이될진져ᄒᆞ며又曰其人됨이孝悌ᄒᆞ고셔上을犯ᄒᆞᆷ을好ᄒᆞᄂᆞᆫ者ㅣ鮮ᄒᆞ다ᄒᆞ니라

如何히孝ᄅᆞᆯ盡ᄒᆞᆷ이可ᄒᆞ뇨

然則吾人은如何히孝ᄅᆞᆯ盡ᄒᆞᆷ이可ᄒᆞ뇨孝의道가一二에止치아니ᄒᆞ나大槪承順親愛尊敬과報恩四者에不出ᄒᆞᆯ지니라

承順

承順이란者ᄂᆞᆫ恭謹히父母의敎訓과命令을遵守ᄒᆞᆷ을云ᄒᆞᆷ이니決斷코不得已ᄒᆞ야父母의意ᄅᆞᆯ從順ᄒᆞᆷ이아니오十分의誠心으로此ᄅᆞᆯ遵奉ᄒᆞᆷ을謂ᄒᆞᆷ이니라故로人의子된者ᄂᆞᆫ其父母ᄅᆞᆯ篤信ᄒᆞ야其訓ᄒᆞᄂᆞᆫ바ᄂᆞᆫ반다시道義에合ᄒᆞ고其戒ᄒᆞᄂᆞᆫ바ᄂᆞᆫ반다시慈愛로出ᄒᆞᆷ이니其命令을遵守ᄒᆞᆷ은반다시自身의幸福을增進ᄒᆞᆷ으로信認ᄒᆞᆷ이可ᄒᆞ니라ᄯᅩ父母로브터此ᄅᆞᆯ見ᄒᆞᆯ지라도其子로ᄒᆞ여곰萬一敎訓을不受ᄒᆞ고命令을不從ᄒᆞᆯ진대父母ᄂᆞᆫ비록慈愛의情이心底에充溢ᄒᆞᆯ지라도엇지其子ᄅᆞᆯ敎育ᄒᆞ고指導ᄒᆞ야써父母된本分을得盡ᄒᆞ리오世에其父母의無慈愛ᄒᆞᆷ을怨ᄒᆞᄂᆞᆫ者ㅣ或有ᄒᆞ니此ᄂᆞᆫ其父母ᄅᆞᆯ事ᄒᆞᄂᆞᆫ道에十分盡善치못ᄒᆞᆷ을因ᄒᆞᆷ이니其罪過ᄂᆞᆫ子된者에在ᄒᆞ니라

絶對的從順

人의子된者ㅣ幼時에在ᄒᆞ야ᄂᆞᆫ絶對的으로其父母의게從順치아니치못ᄒᆞᆯ지니此ᄂᆞᆫ其經驗智識이共乏ᄒᆞ야아직自己獨立의意見을依ᄒᆞ야行動치못ᄒᆞᆷ으로써ㅣ니라此時ᄅᆞᆯ當ᄒᆞ야ᄂᆞᆫ父母의敎訓命令이有ᄒᆞᆯ時마다私心을去ᄒᆞ고此ᄅᆞᆯ恭聽ᄒᆞ야敢히倦怠又ᄂᆞᆫ不滿ᄒᆞᆫ色을形顯치말고恒常婉容愉色을持ᄒᆞ야凡事에從順ᄒᆞᆷ이可ᄒᆞᆯ지며猥妄히此에抗言ᄒᆞᄂᆞᆫ等事ᄂᆞᆫ一切深愼ᄒᆞᆷ이可ᄒᆞ니라漸長ᄒᆞ야事理ᄅᆞᆯ自辨ᄒᆞᄂᆞᆫ能力을具有ᄒᆞᆯ時라도父母의言은虛心聽從ᄒᆞᆷ이可ᄒᆞ니父母ᄂᆞᆫ閱歷이積久ᄒᆞ고經驗이亦多ᄒᆞᆷ으로其學識의如何ᄅᆞᆯ不問ᄒᆞ고其言이實際에適切ᄒᆞᆷ은靑年輩의逈然히不及ᄒᆞᆫ바ㅣ有ᄒᆞᆷ으로써ㅣ니라萬一父母의言으로ᄒᆞ며곰我의信ᄒᆞᆫ바와不同ᄒᆞᆯ진대實際에利害가無ᄒᆞᆫ事ᄂᆞᆫ此ᄅᆞᆯ辨爭치아니ᄒᆞᆷ을務ᄒᆞᆯ지며萬一此ᄅᆞᆯ諫爭치아니ᄒᆞᆷ이不可ᄒᆞᆫ時ᄅᆞᆯ當ᄒᆞ야ᄂᆞᆫ言辭ᄅᆞᆯ婉柔히ᄒᆞ야和氣怡色으로써徐徐히其信ᄒᆞᆫ바가父母의言과不同ᄒᆞᆫ者ㅣ有ᄒᆞᆷ을陳述ᄒᆞᆷ이可ᄒᆞ니라

相對的從順

人의子된者ㅣ年齡이漸長ᄒᆞ야智德이自備ᄒᆞ고

處世의經驗이또ᄒᆞᆫ自足ᄒᆞᆷ에至ᄒᆞ면父母에게對ᄒᆞᆫ從順도또ᄒᆞᆫ幼時와自異ᄒᆞᄂᆞ니此ᄂᆞᆫ其父母가子가成長ᄒᆞ야凡事에能堪ᄒᆞᆷ을見ᄒᆞ고其自由를漸次容認ᄒᆞᆷ으로써ㅣ니라然이나從順ᄒᆞᄂᆞᆫ精神은孝의道에在ᄒᆞ야須臾도欠闕ᄒᆞᆷ이不可ᄒᆞᆷ으로써父母가在世ᄒᆞᆫ間은반다시其意를省察ᄒᆞ야百方으로滿足케ᄒᆞᆷ을要ᄒᆞᆯ지니萬一智能을恃ᄒᆞ고스ᄉᆞ로父母의束縛을脫ᄒᆞ야其志에違反ᄒᆞᆷ을不顧ᄒᆞᄂᆞᆫ者ᄂᆞᆫ決斷코孝子의道가아니니라父母의年이已老ᄒᆞ고或은他의事故를因ᄒᆞ야其子의自

由를容許ᄒᆞ던지又ᄂᆞᆫ子가父母의居所를遠離ᄒᆞ야一一히其意向을承ᄒᆞᆷ에不遑ᄒᆞ거나或은子가官吏와兵士가되여公務로써私情을從ᄒᆞ기不能ᄒᆞ던지此等事情에在ᄒᆞ야ᄂᆞᆫ子된者도비로소獨立ᄒᆞ야自己의意見을實行ᄒᆞᆷ을得ᄒᆞᆯ지니라

從順은子된者의本務가되나萬一父母로ᄒᆞ여곰悖惡의事를命ᄒᆞᆯ時ᄂᆞᆫ子된者ᄂᆞᆫ다만此를不從ᄒᆞᆯᄲᅮᆫ아니라百方으로諫爭ᄒᆞ야父母의心을幡然改悟케ᄒᆞᆯ지니惡事를知ᄒᆞ고도父母의命이됨으로此를遵奉코져ᄒᆞᆷ은다만自身이罪人될ᄲᅮᆫ아니라

또ᄒᆞᆫ其父母를罪過에陷케ᄒᆞᆷ이니라또父母가不幸히不德의事가有ᄒᆞᆯ지라도此를反詰ᄒᆞ거나或暴露ᄒᆞᆷ은또子된者의道가아니니故로孔子ㅣᄀᆞᆯᄋᆞ사대父는子를爲ᄒᆞ야隱ᄒᆞ며子는父를爲ᄒᆞ야隱ᄒᆞ면直이其中에在ᄒᆞ다ᄒᆞ시며法律에도家族間에在ᄒᆞ야罪惡을掩蔽ᄒᆞᆷ을寬容ᄒᆞᆷ은또ᄒᆞᆫ親과子의情義에根據ᄒᆞᆷ이니라

親愛와尊敬

親愛와尊敬은孝의道의經緯니라大凡親과子의情은本來人의天性으로出ᄒᆞᆷ이오是非邪正의義理를因ᄒᆞ야外로브터强行ᄒᆞ는者ㅣ아니니故로親이其子를爲ᄒᆞ고子가其親을爲ᄒᆞᆷ에私心을絶ᄒᆞ고私慾을離ᄒᆞ며敬ᄒᆞ야不違ᄒᆞ고勞호대不怨ᄒᆞ야其行爲가全然히利害得失以外에在ᄒᆞᄂᆞ니此는親과子의情의ᄀᆞ장貴ᄒᆞᆫ바ㅣ라愛敬의二者는實로此至性에爲本ᄒᆞᆫ者ㅣ니라親愛의情이無ᄒᆞᆯ진대親과子의間에무엇이他人과異ᄒᆞ리오尊敬의念이無ᄒᆞᆯ진대褻慢疎忽ᄒᆞᆷ에流ᄒᆞ야맛ᄎᆞᆷ내父母를輕蔑ᄒᆞᆷ에至ᄒᆞᆯ지며愛가有ᄒᆞ고敬이無ᄒᆞᆷ은禽獸도能ᄒᆞᆫ바오敬이有ᄒᆞ고愛가無ᄒᆞ면무엇이骨肉의親이라ᄒᆞ리오愛敬이周到치아니ᄒᆞ면

報恩

孝가아니니二者를兼具치아니ᄒᆞᆫ者는곳人된至性을缺ᄒᆞᆫ者ㅣ라謂ᄒᆞᆯ지니라

從順親愛尊敬의三者를全有ᄒᆞᆯ지라도아직孝의道를盡ᄒᆞ얏다謂치못ᄒᆞᆯ지니孝子의ᄀᆞ장苦心力行ᄒᆞᆯ바는報恩ᄒᆞᆷ에在ᄒᆞᆷ을覺悟ᄒᆞᆷ이可ᄒᆞ니라

恩義를悠久不忘ᄒᆞ야맛ᄎᆞᆷ내此를報償ᄒᆞᆷ은實로人類의美德이니吾人一生에受ᄒᆞᆫ바最大恩義는父母에過ᄒᆞᆯ者ㅣ無ᄒᆞ니라父母가我를生ᄒᆞᆷ에劬勞ᄒᆞ고我를生ᄒᆞᆷ애勞瘁ᄒᆞ며我를撫ᄒᆞ고我를育ᄒᆞ야周到치아니ᄒᆞᆫ바ㅣ無ᄒᆞ니父母는다만其身体와生命을吾人의게與ᄒᆞᆯᄲᅮᆫ아니라吾人이此를依ᄒᆞ야써此世에生存ᄒᆞᆷ을得ᄒᆞ는바一切의基本도ᄯᅩᄒᆞᆫ其付與ᄒᆞᆫ바ㅣ니吾人은日夕에其恩德을銘感ᄒᆞ야萬一의報答을自期치아니치못ᄒᆞᆯ지라人이되여父母의恩德을忘却ᄒᆞᆷ은禽獸보다尤劣ᄒᆞᆫ者ㅣ라謂ᄒᆞᆷ이可ᄒᆞ니라

老年에至ᄒᆞ야餘生이無多ᄒᆞᆷ을見ᄒᆞ면路傍의人이라도惻隱의心이有ᄒᆞᆯ지니萬一自己의父母로셔老耄衰弱ᄒᆞᆷ을見ᄒᆞᆯ진대誰可哀憐의情을能堪ᄒᆞ리오맛당히兩親이我의幼穉ᄒᆞᆯ時에我를撫愛

ᄒᆞᆷ과ᄀᆞᆺ치我도ᄯᅩᄒᆞᆫ至誠의心으로써兩親을藉慰ᄒᆞ야孝養ᄒᆞᆷ이可ᄒᆞ니라子女가一日의成長을加ᄒᆞ면父母ᄂᆞᆫ一日의老衰를加ᄒᆞ며子女가임의獨立의道를得ᄒᆞ야父母를供養ᄒᆞᆯ時期에至ᄒᆞ면父母의餘生은임의無幾ᄒᆞᆯ지니此時를當ᄒᆞ야一心으로써孝의道를盡ᄒᆞᆷ이아니면百歲後에在ᄒᆞ야風樹의痛을엇지ᄒᆞ리오

報恩의道

父母의恩德을報答ᄒᆞᆷ에ᄂᆞᆫ二個의道가有ᄒᆞ니父母의体를養ᄒᆞᆷ이其一이오志를養ᄒᆞᆷ이其二니라

体養

体를養ᄒᆞᆫ다ᄒᆞᆷ은父母를衣食으로써安樂케ᄒᆞᆷ을謂ᄒᆞᆷ이니곳資力이及ᄒᆞᄂᆞᆫ限에在ᄒᆞ야ᄂᆞᆫ父母를爲ᄒᆞ야甘旨를調進ᄒᆞ며耳目을歡樂케ᄒᆞ고寢息을安閑케ᄒᆞ며其他生活에須要된者를資供ᄒᆞ야써孝養의道를盡ᄒᆞᆯ지니라萬一成年에及ᄒᆞ야오히려父母를養ᄒᆞᆷ이不能ᄒᆞ야衰耄ᄒᆞᆫ父母로口体의養을屢空ᄒᆞᆷ은不孝子됨을免치못ᄒᆞᆷ이오ᄯᅩ自身이ᄒᆞ올노燦衣를衣ᄒᆞ고珍味를飽ᄒᆞ야父母의窮乏ᄒᆞᆷ을不顧ᄒᆞᄂᆞᆫ者ᄂᆞᆫ悖倫非道의極ᄒᆞᆫ者ㅣ라謂ᄒᆞᆷ이可ᄒᆞ니라

老年의父母로肢体의動作이如意치못ᄒᆞ야坐臥

起居를他人의助力을須홀時ᄂᆞᆫ子된者ᄂᆞᆫ반다시他人의手를假借치말고스ᄉᆞ로扶護提携ᄒᆞᄂᆞᆫ役을當홈이可ᄒᆞ니父母ᄂᆞᆫ同一ᄒᆞᆫ事ㅣ라도其子의手를依ᄒᆞ면非常히滿足홈을感홈으로써ㅣ니라ᄒᆞ믈며父母가病臥ᄒᆞᆫ時ᄂᆞᆫ事情의容許ᄒᆞᄂᆞᆫ限에在ᄒᆞ야病床에侍ᄒᆞ야朝夕에看護ᄒᆞᄂᆞᆫ任을身으로當홈이可ᄒᆞ니萬一自己幼時에在ᄒᆞ야父母鞠育의劬勞의如何홈을思홀진대孝養을如何히홀지라도能히其恩德의萬一을不報홈을了知홈이可ᄒᆞ니라

養志

또子된者ᄂᆞᆫ父母의体를養홈과홈ᄭᅴ其志를養홈이可ᄒᆞ니父母의志를養ᄒᆞᆫ다홈은其心을安閑케ᄒᆞ고其情을歡樂케ᄒᆞ야恒常心滿神怡케홈에在ᄒᆞ니라身体의奉養이如何히盡美홀지라도其子의心情行爲가直接或은間接으로父母의心을傷痛케홈이有ᄒᆞ면父母가엇지安樂홈을得ᄒᆞ리오身体의奉養은悖倫의徒라도資財가有ᄒᆞ면此를能行홀지나眞個父母의心志를喜悅케홈은眞正ᄒᆞᆫ孝子가아니면行得치못홀지라故로志를養홈은本이오体를養홈은末이니衣食의養으로써孝

의道를盡홈으로思ᄒᆞᄂᆞᆫ者ᄂᆞᆫ其親을視홈에犬馬로써ᄒᆞᄂᆞᆫ者ㅣ라謂홈이可ᄒᆞ니라

養志의道

自身의健康을維持홈은父母의志를養ᄒᆞᄂᆞᆫ바의第一이니라父母ᄂᆞᆫ偏히其子의幸福을希望홈으로其子가疾病에罹ᄒᆞ거나或은虛弱ᄒᆞ야事爲에能堪치못ᄒᆯ時ᄂᆞᆫ此를因ᄒᆞ야其志를傷홈이偏深ᄒᆯ지라故로健康을完全히홈은다만自身을爲홈에須要될ᄲᅮᆫ아니라父母에對ᄒᆞ야孝의道를盡홈에도또ᄒᆫ欠闕치못ᄒᆯ바ㅣ니爭鬪를好ᄒᆞ며冒險을喜ᄒᆞ야其身을自危ᄒᆞᄂᆞᆫ者ᄂᆞᆫ또ᄒᆫ孝子의道가

自己의健康을完保홈

아니니라尋常ᄒᆫ物品이라도人이好意로써我의게贈與ᄒᆞ면此를愛護ᄒᆞ야受用홈은吾人이他의好誼에對ᄒᆞ야鄭重ᄒᆫ禮義를表홈이어ᄂᆞᆯᄒᆞ믈며吾人의身体ᄂᆞᆫ父母의遺体니父母一生의劬勞ᄂᆞᆫ吾人身体에凝結ᄒᆞ얏다ᄒᆞ여도決斷코過言이아니니라然則此를保全ᄒᆞ고此를攝養ᄒᆞ야敢히損傷치아니홈을要홈은엇지子된者의本務가아니리오孔子ㅣ曰身体髮膚ᄂᆞᆫ此를父母의게受ᄒᆞ얏스니敢히毀傷치아니홈은孝의始라ᄒᆞ시니千古의懿訓이라謂ᄒᆯ지니라

自身의名譽롤立揚ᄒᆞᆯ事

然이나다만身体가强壯ᄒᆞᆯ뿐으로는아직父母의志롤養ᄒᆞᆷ에足ᄒᆞ다云치못ᄒᆞᆯ지니父母는其子의强壯ᄒᆞᆷ을望ᄒᆞᆷ과ᄒᆞᆷ씌其子의榮譽가有ᄒᆞᆷ을願ᄒᆞᆷ으로써ㅣ니라萬一社會國家에對ᄒᆞ야當然ᄒᆞᆫ本務롤能盡치못ᄒᆞ야身과名을忝瀆ᄒᆞ고七尺長躬으로天地間에跼蹐ᄒᆞᆷ은곳父母롤辱되게ᄒᆞᆷ이니

孝의道는家族中에만限ᄒᆞᆷ이아니라

故로孝의道는決斷코一家族中에限ᄒᆞᆫ者ㅣ아니오外에對ᄒᆞ야身을立ᄒᆞ고道롤行ᄒᆞᆷ이아니면決斷코完全ᄒᆞᆷ을得ᄒᆞ얏다謂ᄒᆞ지못ᄒᆞᆯ지니라故로官君을事ᄒᆞᆷ에忠을盡ᄒᆞ지아니ᄒᆞᆷ은孝가아니오官에莅ᄒᆞ야敬ᄒᆞ지아니ᄒᆞᆷ도孝가아니오友롤交ᄒᆞᆷ에信으로써아니ᄒᆞ고事에臨ᄒᆞ야誠으로써아니ᄒᆞᆷ도孝가아니니라萬一國家有事ᄒᆞᆫ際롤當ᄒᆞ야敵愾의氣와義勇의志로君國을爲ᄒᆞ야一命을捨ᄒᆞᆷ은國家의忠臣됨과ᄒᆞᆷ씌一家의孝子됨이니忠孝의道는玆에在ᄒᆞ야兩全ᄒᆞᆷ을得ᄒᆞ얏다謂ᄒᆞᆯ지니라父母는곳其子의名譽로써自己의名譽롤삼고其子의汚辱으로써自己의汚辱을삼ᄂᆞ니人의子된者ㅣ맛당히銘念ᄒᆞᆯ바ㅣ니라

孔子ㅣ曰親을事ᄒᆞ는者는上에居ᄒᆞ야驕치아니

ᄒᆞᆯ지며下가되여亂치아니ᄒᆞᆯ지며醜에在ᄒᆞ야爭치아니ᄒᆞᆯ지니上에居ᄒᆞ야驕ᄒᆞ면곳亡ᄒᆞ고下가되여亂ᄒᆞ면곳刑을被ᄒᆞᆯ지며醜에在ᄒᆞ야爭ᄒᆞ면곳兵을被ᄒᆞᆯ지니此三者ᄅᆞᆯ除ᄒᆞᆷ이아니면日에三牲의養을供ᄒᆞᆯ지라도오히려不孝가된다ᄒᆞ시니此도ᄯᅩᄒᆞᆫ父母의志ᄅᆞᆯ養ᄒᆞᆷ에懿訓이니라

ᄯᅩ父母의所爲ᄅᆞᆯ贊助ᄒᆞ야喜憂ᄅᆞᆯᄒᆞᆷ씌ᄒᆞᆷ은父母의志ᄅᆞᆯ養ᄒᆞᆷ에ᄯᅩᄒᆞᆫ重要ᄒᆞᆫ事ㅣ라故로事物의如何ᄒᆞᆷ을不問ᄒᆞ고父母의愛敬ᄒᆞᄂᆞᆫ者ᄂᆞᆫ我도ᄯᅩᄒᆞᆫ此ᄅᆞᆯ愛敬ᄒᆞ고父母의嗜好ᄒᆞᄂᆞᆫ者ᄂᆞᆫ我도ᄯᅩᄒᆞᆫ此ᄅᆞᆯ嗜好ᄒᆞᆷ이可ᄒᆞ니라

父母死後의孝道

以上은父母在世ᄒᆞᆫ時에當行ᄒᆞᆯ孝道ᄅᆞᆯ說ᄒᆞᆷ이니라然이나孝의道ᄂᆞᆫ父母死後에在ᄒᆞ야도繼續ᄒᆞᆷ이可ᄒᆞᆫ바ㅣ니곳父母가既沒ᄒᆞᆷ에至ᄒᆞᆫ時ᄂᆞᆫ禮로써葬ᄒᆞ야養生送死에憾이無ᄒᆞᆷ을要ᄒᆞᆯ지며遺言이有ᄒᆞᆫ時ᄂᆞᆫ此ᄅᆞᆯ遵守ᄒᆞ야敢히違背치말고其遺志ᄅᆞᆯ繼續ᄒᆞ야在天의靈을慰ᄒᆞᆷ을要ᄒᆞᆯ지오父母在世時에計畫成就ᄒᆞᆫ事物等은반다시此ᄅᆞᆯ保存ᄒᆞᆯ지니死後에至ᄒᆞ야忽然히此ᄅᆞᆯ破壞ᄒᆞᆷ은孝子의情에不忍ᄒᆞᆫ바ㅣ니라一步ᄅᆞᆯ更進ᄒᆞ야內에在

호야는益益히家族의繁榮홈을計圖호고外에在
호야는社會國家를爲호야有益훈業務를成就호
야世에偉人傑士라稱홈이되여써父母의名을後
世에顯揚훈後에비로소孝道를完全히호얏다謂
홈을得홀지니라

忠孝二道의一致

父母를善事호고祖先을崇敬홈은本來東洋一般
의人文上美風이될뿐아니라特別히我邦에在호
야는古來로브터孝의道를忠君의道와並行不悖
호야써彝倫의本을成호얏스니此는眞實로我國
体의固有精華ㅣ라謂홀바ㅣ니라大凡我邦의人
民은總히皇祖皇宗의外裔로出훈者ㅣ니皇室은
곳國民의祖先이오父母ㅣ시라故로一家에在호
야父母의게孝호는者는곳一國에在호야君主의
게忠호는者ㅣ니其親의게孝호지아니호고其君
의게忠호는者ㅣ일즉未有홈으로忠孝의道는玆
에一致無二훈바ㅣ되니라今에東西列邦의文物
이크게我邦에輸入됨으로브터孝라云호는者ㅣ
漸次蔑如홈에至호니此는決斷코國家의慶幸이
아니로다吾人은外國의長훈바를採用홈과홈씌
本邦의固有훈美風을保存홈을務要홀지니라

第三章 父母의本務

父母의 本務

子된者가其父母에對ᄒᆞ야必行ᄒᆞᆯ本務가有ᄒᆞᆷ과ᄒᆞᆷ씌父母된者도ᄯᅩᄒᆞᆫ其子에對ᄒᆞ야必行ᄒᆞᆷ이可ᄒᆞᆫ道가有ᄒᆞ니父母의게我에對ᄒᆞ야必行ᄒᆞᆷ이可ᄒᆞᆫ道를要求ᄒᆞᆷ은子된者의道가아니나其子에對ᄒᆞ야在我의道를盡ᄒᆞᆷ은父母된者의깁히用意ᄒᆞᆯ바ㅣ니라ᄒᆞ믈며子女를責訓ᄒᆞᆷ에精詳ᄒᆞ고父母된道를說ᄒᆞᆷ에疎略ᄒᆞᆷ은古來로브터東洋道德의一種欠点이라謂ᄒᆞᆷ이可ᄒᆞᆷ이리오

父母의道ᄂᆞᆫ許多ᄒᆞ나一言으로써蔽ᄒᆞᆯ진대慈ㅣ字에不出ᄒᆞᄂᆞ니子가孝ᄒᆞ고父母가慈ᄒᆞᆯ時ᄂᆞᆫ親과子의道가비로소完全ᄒᆞᆷ을得ᄒᆞ얏다謂ᄒᆞᆯ지니라

眞正ᄒᆞᆫ 慈愛

慈란者ᄂᆞᆫ自然ᄒᆞᆫ愛情에一任ᄒᆞᆯ바오鍾愛無度ᄒᆞᆷ을謂ᄒᆞᆷ이아니니라其目的ᄒᆞᄂᆞᆫ바ᄂᆞᆫ其子의永久ᄒᆞᆫ幸福에在ᄒᆞᆷ이可ᄒᆞ니其子의嗜好ᄒᆞᄂᆞᆫ바ᄂᆞᆫ是非正邪를勿論ᄒᆞ고求ᄒᆞᆷ을輒應ᄒᆞ야此를容許ᄒᆞᆷ은곳一時의愛情을因ᄒᆞ야도로혀其子의게百歲의禍孽을貽ᄒᆞᆷ이니不慈ᄒᆞᆷ이此에서莫大ᄒᆞᆫ者ㅣ無ᄒᆞ니라故로父母가其子를爲ᄒᆞ야要ᄒᆞᄂᆞᆫ바ᄂᆞᆫ

總히利害得失의存在ᄒᆞᆫ바를考察ᄒᆞ야目前의愛憐에惑溺치말고將來의永遠ᄒᆞᆫ幸福을務圖ᄒᆞᆷ이可ᄒᆞ니라。

養育及敎訓

養育과밋敎訓은父母의第一本務ㅣ니라世에人의生命ᄀᆞᆺ치貴重ᄒᆞᆫ者ㅣ無ᄒᆞ거ᄂᆞᆯ子를生ᄒᆞ야此를養育ᄒᆞᆷ이不能ᄒᆞ고貧窮困苦ᄒᆞᆷ에陷ᄒᆞᆷ은곳父母의本務를怠惰히ᄒᆞᆫ者ㅣ라謂ᄒᆞᆷ이可ᄒᆞ니故로法律上에도ᄯᅩᄒᆞᆫ其子를棄ᄒᆞᄂᆞᆫ父母를責罰ᄒᆞᄂᆞᆫ法規가有ᄒᆞᆷ이此를因ᄒᆞᆷ이니라然則其子가成長ᄒᆞ야獨立의生活을營得ᄒᆞᆷ에至ᄒᆞ기ᄭᆞ지此를養育ᄒᆞᆷ이父母된者의本務됨은贅言을不要ᄒᆞ고甚히明瞭ᄒᆞᆫ바ㅣ니라

罰

임의養育의本務가有ᄒᆞᆫ즉父母ᄂᆞᆫ其子의健康ᄒᆞᆷ을保全ᄒᆞᄂᆞᆫ責을自任치아니치못ᄒᆞᆯ지니幼兒ᄂᆞᆫ性理가아직十分發達치못ᄒᆞ야攝養健康의道를自辨치못ᄒᆞᆷ으로써ㅣ니라ᄒᆞ믈며生産ᄒᆞᆫ厥初에ᄂᆞᆫ孱弱柔軟ᄒᆞ야可憐ᄒᆞᆫ一小動物됨에無過ᄒᆞᆷ으로起居ᄒᆞᆷ에力이無ᄒᆞ고言語를不解ᄒᆞ야아직向人求護ᄒᆞᆷ을不知ᄒᆞᄂᆞᆫ者ㅣ라故로他의親切ᄒᆞᆫ用意와周到ᄒᆞᆫ看護를須要ᄒᆞᆷ이아니면生存ᄒᆞᆷ이不

家庭教育의必要

能ᄒᆞᆯ지니此의職務ᄂᆞᆫ何等關係가無ᄒᆞᆫ他人의게不歸ᄒᆞ고此를產出ᄒᆞᆫ兩親의게自歸ᄒᆞᆷ은理의當然ᄒᆞᆫ바ㅣ니라

養育ᄒᆞᄂᆞᆫ職務에次됨이可ᄒᆞᆫ者ᄂᆞᆫ教訓의職務ㅣ니人은生出ᄒᆞᆷ으로브터人生의須要된바智德을具備ᄒᆞᆫ者ㅣ아니오다만他日에如斯ᄒᆞᆫ智德을享受ᄒᆞᆷ이可ᄒᆞᆫ能力을得有ᄒᆞᆯᄲᅮᆫ이니라故로嬰孩ᄒᆞᆫ時에在ᄒᆞ야人의性은반다시善ᄒᆞᆷ이아니며ᄯᅩ반다시智ᄒᆞᆷ이아니오자못萌蘖이柔軟ᄒᆞ야撟揉ᄒᆞᆷ이易ᄒᆞᆷ과ᄀᆞᆺ치教導薰陶의如何ᄒᆞᆷ을依ᄒᆞ야비로

소其性質의發達ᄒᆞᆷ을定ᄒᆞᆷ이可ᄒᆞ니라故로其子의幼ᄒᆞᆫ時에在ᄒᆞ야教訓指導ᄒᆞᄂᆞᆫ責을自任ᄒᆞᆷ은世의父母된者의最大本務中其一이니此ᄂᆞᆫ곳家庭教育의必要된所以니라

家庭의影響

大凡家庭은人生의最初期오ᄯᅩ最重要ᄒᆞᆫ學校라謂ᄒᆞᆷ이可ᄒᆞ니何者오人의一生의性癖과意向을薰陶作成ᄒᆞ야萬般의行爲를規定ᄒᆞᄂᆞᆫ바ᄂᆞᆫ大槪家庭中에胚胎ᄒᆞᄂᆞᆫ者ㅣ됨으로ᄡᅥㅣ니라慣習은性을成ᄒᆞ고朋友ᄂᆞᆫ人을化ᄒᆞᄂᆞᆫ者ㅣ나家庭의影響이人性上에及ᄒᆞᄂᆞᆫ바에比ᄒᆞ면實로微微ᄒᆞᆫ者

ㅣ됨에止ᄒᆞᆯ뿐이니라社會國家의事業은一二로써論ᄒᆞᆯ바ㅣ아니나此를作爲ᄒᆞᄂᆞᆫ人物은誰가알즉家庭中에呱呱ᄒᆞ던바孩兒가아니리오偉人傑士가一世를聳動ᄒᆞᄂᆞᆫ바意見行爲도其家庭間에在ᄒᆞ야孩兒의頭腦에印得ᄒᆞᆫ바零碎ᄒᆞᆫ思想에根因됨이決斷코不少ᄒᆞᄂᆞ니古來로브터歷史上非凡有爲ᄒᆞᆫ士가善良ᄒᆞᆫ家庭中에化成되지아니ᄒᆞᆫ者ㅣ幾稀ᄒᆞ니라故로善良ᄒᆞᆫ家庭은社會國家의隆盛富强ᄒᆞᆷ을得致ᄒᆞᆷ에在ᄒᆞ야欠缺치못ᄒᆞᆯ一要素가된다謂ᄒᆞᆷ이可ᄒᆞ니라

小兒가家庭에在ᄒᆞ야受ᄒᆞᆫ敎訓은假令微細ᄒᆞᆫ事라도一生을通ᄒᆞ야其頭腦에深銘ᄒᆞ야맛ᄎᆞᆷ내忘却치아니ᄒᆞᄂᆞ니故로小兒의性이大人의心에在ᄒᆞᆷ은根柢가幹枝에關連ᄒᆞᆷ과ᄀᆞᆺ타니라一日의天氣ᄂᆞᆫ崇朝에已現ᄒᆞᆷ과ᄀᆞᆺ치一生의運命은小兒時에已判ᄒᆞᄂᆞ니家庭敎育의忽諸히못ᄒᆞᆷ은贅言을要ᄒᆞᆯ바ㅣ아니니라

善良ᄒᆞᆫ家庭

家庭敎育에要ᄒᆞᄂᆞᆫ바ᄂᆞᆫ第一善良ᄒᆞᆫ家庭에在ᄒᆞ니라大凡小兒가繦褓를去ᄒᆞᆷ으로브터知覺을稍具ᄒᆞᆷ애자못暗室을去ᄒᆞ고白日을向面ᄒᆞᆷ과如ᄒᆞ

야耳目五官에感觸ᄒᆞᄂᆞᆫ바事事物物이新奇치아니ᄒᆞᆷ이無ᄒᆞᄂᆞ니此時ᄅᆞᆯ當ᄒᆞ야經驗이無ᄒᆞᆫ小兒ᄂᆞᆫ아직自己의意志로써獨立의行爲ᄅᆞᆯ做得치못ᄒᆞᆷ으로써外物을模倣ᄒᆞᆷ에專心ᄒᆞᆷ은自然ᄒᆞᆫ理勢라萬一此際ᄅᆞᆯ當ᄒᆞ야小兒의棲息ᄒᆞᄂᆞᆫ家庭으로ᄒᆞ여곰腐ᄒᆞᆷ에至ᄒᆞᆯ진대彼淸淨無垢ᄒᆞᆫ小兒의心은一生에塗抹치못ᄒᆞᆯ汚点을印得ᄒᆞᆯ지며此와相反ᄒᆞ야其家庭으로ᄒᆞ여곰禮節慈愛正義親睦으로써陶成ᄒᆞᆷ에至ᄒᆞᆯ진대小兒의心은호올노不良ᄒᆞᆷ이되고져ᄒᆞᆯ지라도不得ᄒᆞᆯ지니故로父母로ᄒᆞ

父母養育의銘心

여곰其子의完全ᄒᆞᆫ發育을希望ᄒᆞᆯ진대自身이率先ᄒᆞ야模範을提示ᄒᆞᆷ이可ᄒᆞ니라

世에父母된者ㅣ各各許多ᄒᆞᆫ職分이有ᄒᆞ나一念에其子의敎育으로써ᄀᆞ장重要ᄒᆞᆫ事業으로認定ᄒᆞᆷ이可ᄒᆞ니或은業務ᄅᆞᆯ選ᄒᆞ고或은住居地ᄅᆞᆯ擇ᄒᆞ며其他言語飮食家具衣服等日常生活에在ᄒᆞ야恒常其子ᄅᆞᆯ敎育ᄒᆞᆷ에關ᄒᆞᆫ利害如何에着念ᄒᆞᆷ을要ᄒᆞᆯ지니孟母의三遷과如ᄒᆞᆫ事ᄂᆞᆫ百世의龜鑑됨이可ᄒᆞᆫ바ㅣ니라父母ᄂᆞᆫ또ᄒᆞᆫ機會ᄅᆞᆯ隨ᄒᆞ야訓育의方法을自任ᄒᆞᆷ이可ᄒᆞ니其子가疑問이有ᄒᆞᆯ

時ᄂᆞᆫ眞實ᄒᆞᆫ事로써應答ᄒᆞᆷ을要ᄒᆞ고荒誕無稽의言으로써一時彌縫ᄒᆞᆷ은一切不可ᄒᆞ니라善惡是非의判別이知官에漸具ᄒᆞᆯ時ᄂᆞᆫ父母된者ᄂᆞᆫ一層用意ᄒᆞ야勸奬과懲戒를明確히ᄒᆞ야小兒로ᄒᆞ여곰일즉善을愛ᄒᆞ고惡을憎ᄒᆞᄂᆞᆫ性質을固定케ᄒᆞᆷ이可ᄒᆞᆯ지며ᄯᅩ此를導率ᄒᆞᆷ에嚴威에不偏ᄒᆞ고寬裕에不失ᄒᆞ며束縛과自由의中正ᄒᆞᆷ을要ᄒᆞᆯ지니라撫愛ᄂᆞᆫ慈母의性이오剛毅ᄂᆞᆫ嚴父의性이라故로其子로ᄒᆞ여곰다만一邊을倣則ᄒᆞᆯ時ᄂᆞᆫ其性이ᄯᅩᄒᆞᆫ一邊에偏ᄒᆞᆷ을不免ᄒᆞᆯ지니故로完美ᄒᆞᆫ良質

을化成코져ᄒᆞᆯ진대반다시兩親의薰陶를依ᄒᆞ야恒常中正ᄒᆞᆫ規律下에服從ᄒᆞᄂᆞᆫ慣習을馴致ᄒᆞᆷ이可ᄒᆞ니라

職業의選擇

漸次成長ᄒᆞᆫ時ᄂᆞᆫ父母ᄂᆞᆫ其子의材器를隨ᄒᆞ야其職業을選擇ᄒᆞ고ᄯᅩ必要ᄒᆞᆫ指導를與ᄒᆞᆷ이可ᄒᆞ니大抵年少氣銳ᄒᆞᆫ時에在ᄒᆞ야ᄂᆞᆫ沉思熟慮ᄒᆞ야自他의永遠ᄒᆞᆫ利害를考究ᄒᆞ야前途의方針을自定ᄒᆞᆷ이不能ᄒᆞᆷ으로써ㅣ니라

婚姻의關涉

特別히成婚ᄒᆞᆫ際에在ᄒᆞ야ᄂᆞᆫ父母ᄂᆞᆫ其子의前途의幸福을顧慮ᄒᆞ야適宜ᄒᆞᆫ監督을要ᄒᆞᆯ지니婚姻은人生의大事ㅣ라此를熱情이方盛ᄒᆞᆫ妙齡男女의게一任ᄒᆞᆯ

時는其弊害가此에서大홈이無ᄒᆞ니大抵子女에在ᄒᆞ야ᄀᆞ장危險ᄒᆞᆫ時期는兩親의管轄을離ᄒᆞ야自身의智能과自身의血氣로凡事를幹辦코져홈에在ᄒᆞ니此時를際ᄒᆞ야父母된者는特別히周到嚴密ᄒᆞᆫ勸戒를要ᄒᆞᆯ지니라

老退閑養의不可

父母를養홈은子된者의本務ㅣ나父母된者는決斷코其子에依賴ᄒᆞ는心이無홈을要ᄒᆞᆯ지니라我邦은古來로브터其子에依賴ᄒᆞ는風習이有ᄒᆞ야父母된者가年이五六十에達ᄒᆞ면家事를擧ᄒᆞ야其子의게一任ᄒᆞ고自身은老退閑居ᄒᆞ야其子의

奉養을專依ᄒᆞ며不然ᄒᆞᆫ즉自己의餘財를依ᄒᆞ야殘年을安閒ᄒᆞᆫ中에送코져ᄒᆞ는者ㅣ多ᄒᆞ니此는古來로브터風俗慣習의使然ᄒᆞ는바ㅣ나父母된者怠惰心에起原ᄒᆞᆫ者ㅣ不尠ᄒᆞᆫ바ㅣ니家族又는社會國家에關ᄒᆞ야有害無利ᄒᆞᆫ者ㅣ니라人生의本務는一生에無盡ᄒᆞᆫ者ㅣ니現世에生存ᄒᆞᆫ以上은本分을應ᄒᆞ고職務를隨ᄒᆞ야當行홈이可ᄒᆞᆫ事ㅣ無홈이아니어ᄂᆞᆯᄒᆞ믈며事에能堪ᄒᆞᆯ心身으로써無爲安樂홈에歲月을消費홈은찰하리社會國家의蠹毒이라謂홈이可ᄒᆞ니라西洋에在ᄒᆞ야는

上으로帝王으로브터下으로庶民에至ᄒᆞ기ᄭᆞ지身이事에能堪ᄒᆞᆯ以上은萬般設計에須臾도惓怠ᄒᆞᆷ이無ᄒᆞ야七八十의卲齡으로써公私繁務에鞅掌ᄒᆞᄂᆞ니此ᄂᆞᆫ彼邦의一般美風이라我邦人의맛당히採用ᄒᆞᆯ바ㅣ니라假令人生을七十으로假定ᄒᆞᆯ진대四十五十은오히려壯年의時代어ᄂᆞᆯ廢棄로自處ᄒᆞ고其子의奉養을必須ᄒᆞ야坐食을自甘ᄒᆞᆷ은다만子孫의發達進步ᄅᆞᆯ妨害ᄒᆞᆯᄲᅮᆫ아니라國家經濟上으로觀ᄒᆞᆯ지라도非常ᄒᆞᆫ損害ᄅᆞᆯ貽ᄒᆞᆯ지니老親으로ᄒᆞ여곰安逸에自居ᄒᆞ야殘年을送케

老退閒居ᄂᆞᆫ國家에有害ᄒᆞᆷ

ᄒᆞᆷ은孝子의自然ᄒᆞᆫ情이나世의父母된者ᄂᆞᆫ身神이事에能堪ᄒᆞᆯ以上은반다시其子에依賴치아니ᄒᆞᆷ을自期ᄒᆞᆯ지니라

第四章 夫婦의本務

夫婦의本務

一國의基礎ᄂᆞᆫ一家에在ᄒᆞ고一家의基礎ᄂᆞᆫ夫婦에在ᄒᆞᆫ지라故로夫婦의和合은小ᄒᆞ게言ᄒᆞᆯ진대一家의幸福이되고大ᄒᆞ게言ᄒᆞᆯ진대一國의富强이되ᄂᆞ니夫婦의道ᄂᆞᆫ人倫의始生ᄒᆞᄂᆞᆫ바ㅣ니라

夫婦

夫婦ᄂᆞᆫ異性된他人의結合으로브터成ᄒᆞᆫ者ㅣ니本來骨肉의親은아니나天緣을一結ᄒᆞᆫ後ᄂᆞᆫ異身

同体의關係를生ᄒᆞ야苦樂을ᄒᆞᆷᄭᅴᄒᆞ며榮枯를ᄀᆞᆺ치ᄒᆞ야一生에相離치못ᄒᆞᆯ伴侶가되ᄂᆞ니라一家의安全ᄒᆞᆷ은夫婦가和合ᄒᆞᆷ에基因ᄒᆞ고人生의最大幸福은夫婦가和諧ᄒᆞᆷ에存在ᄒᆞᄂᆞ니然ᄒᆞᆷ으로夫된者ᄂᆞᆫ婦를愛護ᄒᆞ고婦된者ᄂᆞᆫ夫의게柔順ᄒᆞ야서로親密ᄒᆞᆫ情義를維持ᄒᆞᆷ이可ᄒᆞ니琴瑟이友和ᄒᆞᆷ을一失ᄒᆞ면一家의道德이基礎를失ᄒᆞ야孝悌의道를得行ᄒᆞᆯ期望이無ᄒᆞ며一國의道德도ᄯᅩᄒᆞᆫ頹廢ᄒᆞᆷ에自至ᄒᆞᆯ지니라

愛情은夫婦의原理

愛情은夫婦의原理니私利와私慾을不顧ᄒᆞ고夫ᄂᆞᆫ妻를爲ᄒᆞ며妻ᄂᆞᆫ夫를爲ᄒᆞ야十分의愛情을傾瀉ᄒᆞ야서로永遠ᄒᆞᆫ幸福을希望ᄒᆞᆷ은곳夫婦의夫婦된所以니人生의最貴ᄒᆞᆫ情義라夫婦가此를ᄒᆞᆷᄭᅴᄒᆞᆯ時ᄂᆞᆫ비록憂苦라도足히ᄡᅥ憂苦가되지아니ᄒᆞ고도로혀深厚ᄒᆞᆫ同情을因ᄒᆞ야一種의快樂을感生ᄒᆞᄂᆞ니愛情은夫婦를一体가되게ᄒᆞᄂᆞᆫ鐵鎖라ᄒᆞᆷ이可ᄒᆞ니라愛情이無ᄒᆞᆫ夫婦ᄂᆞᆫ其結合ᄒᆞᆷ이薄弱ᄒᆞ야厭忌嫉妬等의惡緣이其釁을輒乘ᄒᆞ야紛起ᄒᆞᄂᆞ니其名은夫婦라ᄒᆞᆯ지나其實은他人과何異ᄒᆞ리오夫婦의愛情은能히他物로ᄡᅥ交易ᄒᆞᆷ

이可ᄒᆞᆫ者ㅣ아니니夫婦相愛의情이無ᄒᆞᆫ時ᄂᆞᆫ富貴榮華ᄅᆞᆯ窮極히ᄒᆞᆯ지라도人生幸福의眞趣ᄂᆞᆫ得享치못ᄒᆞᆯ지니라

婚姻

夫婦和合의關係된바ㅣ如斯히重大ᄒᆞ니故로夫婦結合의基礎된바婚姻을成行ᄒᆞᆷ에當ᄒᆞ야깁히愼重ᄒᆞᆷ을要ᄒᆞᆯ지니라婚姻은男女一生의禍福이係ᄒᆞᆫ바ㅣ니一次約結ᄒᆞᆫ以上은再次變幻ᄒᆞᆷ을不得ᄒᆞᆯ바ㅣ니라離婚은人生의最大不幸ᄒᆞᆫ바ㅣ니男女의精神上에終生不愈ᄒᆞᆯ瘡痍ᄅᆞᆯ被ᄒᆞᆫ者ㅣ니此ᄂᆞᆫ미양婚姻厥初에在ᄒᆞ야十分銘念치못ᄒᆞᆷ에坐罪ᄒᆞᆷ이니靑年의男女와밋父兄된者의깁히省察ᄒᆞᆯ바ㅣ니라

婚姻과高尙ᄒᆞᆫ愛情

要컨대婚姻은高尙ᄒᆞᆫ愛情에基因ᄒᆞᆷ이可ᄒᆞᆫ者ㅣ니라彼財産容姿ᄅᆞᆯ主眼ᄒᆞᄂᆞᆫ者ᄂᆞᆫ決斷코永遠ᄒᆞᆫ幸福을享得치못ᄒᆞᆯ지니財産은聚散無常ᄒᆞ고容姿ᄂᆞᆫ歲月과ᄒᆞᆷ믜凋落ᄒᆞᆯ지나眞正ᄒᆞᆫ愛情은如何ᄒᆞᆫ事情下에在ᄒᆞᆯ지라도衰退ᄒᆞᄂᆞᆫ者ㅣ아님으로써ㅣ니라

眞正ᄒᆞᆫ愛情은人物을敬愛ᄒᆞᄂᆞᆫ根情에基因ᄒᆞᄂᆞᆫ者ㅣ라故로其配偶ᄅᆞᆯ擇ᄒᆞᆷ에在ᄒᆞ야夫ᄂᆞᆫ女子의

婉淑ᄒᆞ고貞正ᄒᆞ며溫良ᄒᆞ야輕邪浮薄치아니ᄒᆞᆫ者를娶ᄒᆞᆯ지며妻는男子의健强ᄒᆞ고重厚ᄒᆞ며勤勉ᄒᆞ야聰明智德이具ᄒᆞᆫ者를擇ᄒᆞᆯ지니此로써相信ᄒᆞ고此로써相愛ᄒᆞ야비로소幸福된一家를構成ᄒᆞᆷ을得ᄒᆞᆯ지니라

夫婦分業의必要

임의一家族을成ᄒᆞᆫ즉夫婦는반다시業을分ᄒᆞᆯ必要가生ᄒᆞᄂᆞ니此는男女의差別에在ᄒᆞ야其性質이不同ᄒᆞᆷ으로써ㅣ니라男子는女子보다身体가强壯ᄒᆞ고心性도ᄯᅩᄒᆞᆫ剛毅ᄒᆞ나此와相反ᄒᆞ야女子는本來筋骨이孱弱ᄒᆞ고性質도ᄯᅩᄒᆞᆫ脆柔ᄒᆞᆷ으

로써夫는一生에妻를慇然히녁이여盡力扶護ᄒᆞᆷ을要ᄒᆞ고決斷코其妻의健康을戕害ᄒᆞ거나或은其身神에過勞ᄒᆞᆫ業務를躬執치아니케ᄒᆞᆯ지니라夫는ᄯᅩ妻를爲ᄒᆞ야生活上에須要된物品을供給ᄒᆞᄂᆞᆫ本務가有ᄒᆞᆫ지라故로能히其妻를保養치못ᄒᆞᄂᆞᆫ者는自初로不娶ᄒᆞᆷ만ᄀᆞᆺ지못ᄒᆞᆫ바ㅣ니임의妻를娶ᄒᆞ고飢寒中에困苦케ᄒᆞᆷ은夫된道를得行치못ᄒᆞᄂᆞᆫ者ㅣ니라ᄯᅩ妻는夫에比ᄒᆞ면才量과智識이乏ᄒᆞ고一家庭의整理를專事ᄒᆞᆯ으로써社會의經歷이ᄯᅩᄒᆞᆫ其夫에不及ᄒᆞᆯ지니夫가無理非道

를云치아니ᄒᆞᆯ限에在ᄒᆞ야ᄂᆞᆫ반다시承順無違ᄒᆞ고貞節自守ᄒᆞᆷ으로本務를삼아一生苦樂을ᄒᆞᆷ씌ᄒᆞᆷ이可ᄒᆞ니라夫가唱ᄒᆞ고婦가和ᄒᆞᆷ은人倫道德의自然ᄒᆞᆫ原理가됨으로써妻된者ㅣ夫의意를恣忤ᄒᆞ야放肆ᄒᆞᆫ行爲를敢逞ᄒᆞᆷ은不可ᄒᆞ니夫ᄂᆞᆫ一家의主權이오妻ᄂᆞᆫ輔佐에無過ᄒᆞᆫ者ㅣ라故로二者ㅣ相須ᄒᆞ야비로소完全ᄒᆞᆫ一家의生活을得ᄒᆞᆯ지니라夫의職務ᄂᆞᆫ外에在ᄒᆞ야事業에從事ᄒᆞ야其家族을收養ᄒᆞᆷ에在ᄒᆞ고妻의職務ᄂᆞᆫ內에在ᄒᆞ야家政을整理ᄒᆞ야써夫를輔翼ᄒᆞᆷ에在ᄒᆞ니此ᄂᆞᆫ

男女同權의理

其性資에適應ᄒᆞᆷ을依ᄒᆞ야職務를分擔ᄒᆞᆫ바ㅣ니男女同權의理도ᄯᅩᄒᆞᆫ此中에存在ᄒᆞ니라然이나世人이輒稱호대女도男과同ᄒᆞᆫ人이니夫婦ᄂᆞᆫ맛당히同等의地位에立ᄒᆞ야同等의職權을行ᄒᆞᆷ이可ᄒᆞ다ᄒᆞ니此ᄂᆞᆫ甚히沒理ᄒᆞᆫ者ㅣ라謂ᄒᆞᆯ지니라男女ᄂᆞᆫ本來性質과能力을相異케ᄒᆞ야其差別은다만身体構造上으로브터見ᄒᆞᆯ지라도明確ᄒᆞᆫ바ㅣ니男은骨格이強大ᄒᆞ야力役에能堪ᄒᆞᆯ지나女ᄂᆞᆫ不然ᄒᆞ니라男은推理에長ᄒᆞ고女ᄂᆞᆫ覺力에長ᄒᆞ며男은智力에富ᄒᆞ고女ᄂᆞᆫ感情에富ᄒᆞ며男은

進取的性質이오女는保守的性質이라故로保護勇敢勞動은男子의職務오輔佐謙讓巽順은女子의職務ㅣ니陰陽相和ᄒᆞ고剛柔相順의理가玆에存在ᄒᆞᆫ바ㅣ니라男과女가人됨에在ᄒᆞ야는本來同一ᄒᆞᆫ바ㅣ나其資質에在ᄒᆞ야如許히相異ᄒᆞᆫ以上은天分을各應ᄒᆞ야相當ᄒᆞᆫ業務를執行홈이곳男女同權의眞義라謂ᄒᆞᆯ지니라

임의子를生産ᄒᆞᆫ時는夫婦는곳父母ㅣ니適當ᄒᆞᆫ鞠養과敎訓을施ᄒᆞ야家系를紹述ᄒᆞ고ᄯᅩ社會國家를爲ᄒᆞ야有爲ᄒᆞᆫ人物을養成ᄒᆞᆯ지며其愛情에在ᄒᆞ야셔도數多子女에對ᄒᆞ야偏頗홈이無홈을要ᄒᆞᆯ지니라ᄯᅩ其子는父母와홈ᄭᅴ社會國家에對ᄒᆞ야應分의本務가有ᄒᆞᆫ者ㅣ됨으로써此를養育ᄒᆞᆯ際에도國民의一分子로看做ᄒᆞ야其德性을薰陶ᄒᆞᆯ지오萬一其子를私有物로認ᄒᆞ야虐待酷遇홈이有ᄒᆞᆯ진대父母된職務를欠缺ᄒᆞᆯ뿐아니라社會國家에對ᄒᆞ야其本務를失ᄒᆞᆫ者ㅣ라謂ᄒᆞᆯ지니라

第五章　兄弟姊妹의本務

兄弟姊妹의本務

父子와夫婦에次ᄒᆞ야ᄀᆞ장重要ᄒᆞᆫ者는兄弟姊妹

의本務ㅣ니라大凡夫婦가有ᄒᆞᆫ後에親과子가有ᄒᆞ고親과子가有ᄒᆞᆫ後에兄弟姉妹가有ᄒᆞ니兄弟姉妹ᄂᆞᆫ其所生을ᄀᆞ치ᄒᆞ고長育을ᄒᆞᆷ씌ᄒᆞ야一家內의人이됨으로다만血屬의關係가最近ᄒᆞᆯ뿐아니라親睦의情도ᄯᅩᄒᆞᆫ最深ᄒᆞᆫ者ㅣ니라此에其父母ᄅᆞᆯ同一케ᄒᆞᆫ一事로써ᄒᆞᆯ지라도兄弟間에骨肉의親을繫連ᄒᆞᆷ에足ᄒᆞ거늘ᄒᆞ믈며幼時에在ᄒᆞ야ᄂᆞᆫ父母左右에ᄒᆞᆷ씌提挈ᄒᆞ고食ᄒᆞᆷ에床을同ᄒᆞ며寢ᄒᆞᆷ에衾을同ᄒᆞ고學ᄒᆞᆷ에机ᄅᆞᆯ並ᄒᆞ며遊ᄒᆞᆷ에方을共ᄒᆞ야相須扶護ᄒᆞᆷ이左右의手와如ᄒᆞᆷ이리오

兄弟姉妹ᄂᆞᆫ一木의枝葉이오一体에分肢라

如斯히兄弟姉妹ᄂᆞᆫ一木의枝葉과ᄀᆞᆺᄒᆞ며一体의分肢와ᄀᆞᆺᄒᆞᆷ으로써互相友愛ᄒᆞᄂᆞᆫ道ᄅᆞᆯ必盡ᄒᆞᆷ이可ᄒᆞ니라

兄弟姉妹間의愛情

兄弟姉妹의愛情은父母夫婦의愛情과ᄒᆞᆷ씌人의天性으로出ᄒᆞᄂᆞᆫ者ㅣ니利害得失을度外에寘ᄒᆞ야一点의私心을不容ᄒᆞᄂᆞᆫ情誼ᄂᆞᆫ호올노此中에見得ᄒᆞᆯ바ㅣ라如斯ᄒᆞᆫ愛情은實로人生의至寶ㅣ라謂ᄒᆞᆯ지니財貨ᄅᆞᆯ山積ᄒᆞᆯ지라도能히購求치못ᄒᆞᆯ바ㅣ됨으로人人이一念으로써此ᄅᆞᆯ永遠勿失ᄒᆞᆷ을要ᄒᆞᆯ지라

兄弟姉妹ᄂᆞᆫ各各自己에對ᄒᆞ야或禮儀와愛情을欠闕ᄒᆞᆷ이有ᄒᆞᆯ지라도此를寬容ᄒᆞ야苛責치말지니此ᄂᆞᆫ友愛의情을維持ᄒᆞᆷ에在ᄒᆞ야第一必要ᄒᆞᆫ事ㅣ니라萬一彼我間에毫末도容宥ᄒᆞᆷ이無ᄒᆞ야反目疾視ᄒᆞᄂᆞᆫ極度에至ᄒᆞᆯ時ᄂᆞᆫ맛ᄎᆞᆷ내同氣의情이行路人과無異ᄒᆞᆯ지니恒常仁惠慈愛의意를勿失ᄒᆞ야窮乏을相救ᄒᆞ고憂苦를相慰ᄒᆞ며歡樂을相分ᄒᆞ면兄弟姉妹間에其情이益益懇篤ᄒᆞ야天倫의樂事를永保ᄒᆞᆯ지니라

大凡父母ᄂᆞᆫ其子女로브터見ᄒᆞᆯ진대前半의生活을ᄒᆞᆷ씌ᄒᆞᄂᆞᆫ者ㅣ됨으로써찰하리前代의人이라稱ᄒᆞᆷ이可ᄒᆞᆯ지나兄弟姉妹ᄂᆞᆫ不然ᄒᆞ야비록年齡에多少의差가有ᄒᆞ나親과子에在ᄒᆞᆷ과ᄀᆞᆺ치不甚ᄒᆞ니찰하리同時代의人이라謂ᄒᆞᆷ이可ᄒᆞᆫ지라故로兄弟姉妹ᄂᆞᆫ畢生間에親近ᄒᆞ야서로協助ᄒᆞ며서로扶護ᄒᆞᆷ을得ᄒᆞᄂᆞᆫ者ㅣ니라然ᄒᆞᆷ으로幼時에父母膝下에在ᄒᆞ야兒戱ᄒᆞ던親密ᄒᆞᆫ關係ᄂᆞᆫ百歲가一日과ᄀᆞᆺ치些毫도隔離ᄒᆞᆷ이不可ᄒᆞ니라漸次成長ᄒᆞᆫ後에父母의家를離ᄒᆞ야其業을相異케ᄒᆞ고其居를遠隔ᄒᆞᆫ時에在ᄒᆞ야셔도互常往來ᄒᆞ야

禍福을相問ᄒᆞ고吉凶을相尋홈이오히려一家와ᄀᆞᆺ홈을要홀지니라萬一遠隔ᄒᆞᆫ地에住居ᄒᆞᆫ時ᄂᆞᆫ歲時名節에音信을不怠히홈이可ᄒᆞ니同胞의眞情은千里의山河도隔絕ᄒᆞ다謂치못홀지라天涯에越在ᄒᆞ야書信으로써愛情을相寄홈은實로人生의至樂이라孩提時에在ᄒᆞ야父母의襟裾에前後홈을回憶ᄒᆞ고ᄯᅩ未來의會合홈을想望ᄒᆞ면友愛欣滿의情이스ᄉᆞ로不堪홀者ㅣ有ᄒᆞ니라

兄姊와弟妹

兄姊ᄂᆞᆫ弟妹보다年齒가長홈으로써智識과經驗이미양弟妹보다優勝ᄒᆞᄂᆞ니故로弟妹ᄂᆞᆫ兄姊로써兩親의次位로認做ᄒᆞ야其敎訓과指導ᄅᆞᆯ敢히違越치말지니라他人이라도長者에對ᄒᆞ야謙讓의禮ᄅᆞᆯ必盡홈은長幼의序가有홈이어ᄂᆞᆯᄒᆞ믈며兄姊에在홈이리오ᄯᅩ兄姊ᄂᆞᆫ弟妹에對ᄒᆞ야父母의次位가되여耳提面命의責을自任홀지오猥妄히年長을自恃ᄒᆞ야暴慢橫恣의行爲가有홈은不可ᄒᆞ니라萬一弟妹로서兄姊ᄅᆞᆯ凌侮ᄒᆞ거나或은兄姊로서弟妹ᄅᆞᆯ虐待ᄒᆞᄂᆞᆫ者ᄂᆞᆫ다만悖倫의所行이될ᄲᅮᆫ아니라同氣의不幸이此에셔大ᄒᆞᆫ者ㅣ無홈으로其害가漸蔓ᄒᆞ야父母의心을苦悶케ᄒᆞ고

一家의平和를攪亂ᄒᆞ야맛ᄎᆞᆷ내社會國家의患을釀成홈에至ᄒᆞᆯ지니라大凡一家가一國의爲本홈이細胞가有機体에在홈과ᄀᆺᄒᆞ니一家의人이各各相和치아니ᄒᆞᆯ時ᄂᆞᆫ一國의人心이ᄯᅩᄒᆞᆫ一致치못ᄒᆞᆯ지며人心이離反ᄒᆞᆯ時ᄂᆞᆫ假令億兆의衆이有ᄒᆞᆯ지라도能히써國家의富强을得成치못ᄒᆞᆯ지니라

不和ᄒᆞᆫ兄弟에對ᄒᆞᆫ西哲의訓誡

西國哲人邵久羅斗蘇가兄弟의不和홈을戒ᄒᆞ야曰兄弟ᄂᆞᆫ財寶보다貴重ᄒᆞᆫ者ㅣ니金錢은感覺이無ᄒᆞ나兄弟ᄂᆞᆫ同情이有홈으로써ㅣ오金錢은다만吾人의保護를要ᄒᆞᄂᆞᆫ者ㅣ나兄弟ᄂᆞᆫ도로혀吾人을保護홈으로써ㅣ니라人은單獨으로生活홈보다伴侶가有홈을喜ᄒᆞᄂᆞᆫ바어ᄂᆞᆯ何故로兄弟를疎遠케ᄒᆞᄂᆞ뇨ᄯᅩ兄弟ᄂᆞᆫ父母를同一히ᄒᆞᆫ바ㅣ어ᄂᆞᆯ何故로相愛치아니ᄒᆞᄂᆞ뇨禽獸라도홈ᄭᅴ養育된者ᄂᆞᆫ반다시相愛홈을見치못ᄒᆞᄂᆞ뇨ᄒᆞ니眞個至言이라謂ᄒᆞᆯ지니라

兄弟姉妹의感化力

兄弟姉妹ᄂᆞᆫ日相近接홈으로互相間에在ᄒᆞᆫ感化力이甚大ᄒᆞᆫ者ㅣ니라人이朋友를擇홈은惡習에浸染홈을恐홈이니兄弟姉妹의親善은如何ᄒᆞᆫ朋

友라도不及ᄒᆞᆯ바ㅣ라然則其言語行爲의浸潤波及ᄒᆞᆷ은엇지自然의理勢가아니리오子弟로서父兄의導率ᄒᆞᆷ을抵抗ᄒᆞ거나或은長者에對ᄒᆞ야暴慢無禮ᄒᆞᆫ語를出ᄒᆞᆷ은ᄆᆡ양兄弟姉妹中에在ᄒᆞ야不美ᄒᆞᆫ模範을做ᄒᆞᆫ者ㅣ有ᄒᆞᆷ에職由ᄒᆞᆷ이니年長者된兄姉의行爲ᄂᆞᆫ弟妹의模範되ᄂᆞᆫ바ㅣ라故로特別히愼重ᄒᆞᆷ을加ᄒᆞ야一動一靜이弟妹의標準됨을自期ᄒᆞᆷ이可ᄒᆞ니라

兄弟와姉妹

兄弟ᄂᆞᆫ姉妹에對ᄒᆞ야特別히保護의責을自任ᄒᆞᆷ이可ᄒᆞ니라婦女ᄂᆞᆫ本來体質이纖弱ᄒᆞ고精神이ᄯᅩᄒᆞᆫ婉柔ᄒᆞᆷ으로써世에立ᄒᆞ야事를處ᄒᆞᆷ을當ᄒᆞ야ᄂᆞᆫ반다시男子를依賴치아니치못ᄒᆞᆯ지니假令昏夜와遠方에獨行ᄒᆞᆷ이不能ᄒᆞᆯ지며讒誣와凌辱을遇ᄒᆞᆯ지라도其理를抗辯ᄒᆞ야權利를主張ᄒᆞᆷ이男子와ᄀᆞᆺ지못ᄒᆞᆯ지니婉淑ᄒᆞᆫ女子의萬事에處ᄒᆞ야男子의保護를要ᄒᆞᆷ이大槪此類와ᄀᆞᆺᄒᆞᆫ지라故로其姉妹가婚嫁ᄒᆞ야夫를迎ᄒᆞ기ᄭᅡ지父母와ᄒᆞᆷᄭᅴ誘掖扶護ᄒᆞᆷ을自任ᄒᆞᆷ은兄弟된者의當然ᄒᆞᆫ本務ㅣ니라姉妹도ᄯᅩᄒᆞᆫ其兄弟에對ᄒᆞ야他人의能爲치못ᄒᆞᆯ利益을與ᄒᆞᄂᆞ니少壯ᄒᆞᆫ男子ᄂᆞᆫ血氣를

乘ᄒᆞ야往往粗暴ᄒᆞᆫ擧動이多ᄒᆞ고直前勇往ᄒᆞ야險을冒ᄒᆞ고事를好ᄒᆞ야事物에忍耐ᄒᆞᆷ이不能ᄒᆞᆷ으로써미양錯誤顚躓ᄒᆞᆷ에至ᄒᆞᄂᆞ니此를諫止ᄒᆞᆷ에ᄀᆞ장有力ᄒᆞᆷ은姉妹의言이니大凡女子ᄂᆞᆫ其情이醇篤ᄒᆞ고其辭가懇切ᄒᆞᆷ으로써壯年의客氣를挽止ᄒᆞᆷ에ᄂᆞᆫ도로혀男子의面折力爭ᄒᆞᆷ보다優越ᄒᆞᆷ으로써ㅣ니라兄弟姉妹ᄂᆞᆫ如斯히互相扶護ᄒᆞ야幸福을相讓ᄒᆞ고窮困을相恤ᄒᆞᆯ時ᄂᆞᆫ永遠히深厚ᄒᆞᆫ愛情을得保ᄒᆞᆯ지니라

萬一父母가死去ᄒᆞᆫ時ᄂᆞᆫ兄姉ᄂᆞᆫ父母의地位에立ᄒᆞ야一念으로其弟妹를養育ᄒᆞᆷ이可ᄒᆞ니此時를當ᄒᆞ야弟妹된者ᄂᆞᆫ其兄姉를父母와ᄀᆞ치供奉ᄒᆞᆷ이可ᄒᆞ니라

第六章　家에對ᄒᆞᆫ本務

家에對ᄒᆞᆫ本務

孝慈ᄂᆞᆫ親과子의道오和順은夫婦의道오友愛ᄂᆞᆫ兄弟의道ㅣ니家族의本務ᄂᆞᆫ玆에盡ᄒᆞ얏다謂ᄒᆞᆯ지니라然이나此外에家에對ᄒᆞᆫ本務가尙存ᄒᆞᆷ을了知ᄒᆞᆷ이可ᄒᆞ니此ᄂᆞᆫ本邦道德의一種特質로他國에其比類를罕見ᄒᆞᄂᆞᆫ바ㅣ니라

大凡道德의原理란者ᄂᆞᆫ古今을貫ᄒᆞ고內外를通

各國倫理上에特質이有ᄒᆞᆫ所以

ᄒᆞ야終始不易의性質이有ᄒᆞᆫ者ㅣ나其實行ᄒᆞᄂᆞᆫ点에至ᄒᆞ야ᄂᆞᆫ各國이特有ᄒᆞᆫ事情을應ᄒᆞ야倫理上에도또ᄒᆞᆫ多少의同異가有ᄒᆞᆫ바ㅣ니라故로大ᄒᆞ야ᄂᆞᆫ國体로브터小ᄒᆞ야ᄂᆞᆫ家族制度에至ᄒᆞ기ᄭᆞ지大韓에ᄂᆞᆫ大韓의特質이有ᄒᆞ고歐米에ᄂᆞᆫ歐米의特質이有ᄒᆞᆫ바ㅣ니此ᄂᆞᆫ本來其國의人種歷史風土慣習等에必然ᄒᆞᆫ根據가有ᄒᆞᆫ者ㅣ됨으로써何를認是ᄒᆞ고何를認非홈이可ᄒᆞᆫ者ㅣ아니오자못人体가異홈을依ᄒᆞ야衣服의制度를相異케홈과又ᄒᆞᆫ바ㅣ니玆에家에對ᄒᆞᆫ本務라홈은歐米列邦에存在ᄒᆞᆫ者를云홈이아니오호올노我邦에在ᄒᆞ야固有ᄒᆞᆫ者를言홈이니라

家ᄂᆞᆫ何를謂홈이뇨

玆에家라홈은吾人의住居ᄒᆞᄂᆞᆫ家屋을謂홈이아니오또其中에住居ᄒᆞᄂᆞᆫ家族을謂홈이아니오祖先以來로世世相繼ᄒᆞ야斷絕홈이無ᄒᆞᆫ血統을謂홈이니此血統을繼續ᄒᆞ고또益益히其光榮을增進홈은戶主된者의義務ㅣ니라此의家라云ᄒᆞᄂᆞᆫ思想은我邦人間에先天的固有ᄒᆞᆫ바ㅣ니다만一國의美風이될ᄲᅮᆫ아니라國民의道德心을興起홈에在ᄒᆞ야不少ᄒᆞᆫ勢力이有ᄒᆞᆫ者ㅣ니라萬一吾人

의祖先으로名譽가有혼事業을成就ᄒ야社會의崇敬ᄒ논바ㅣ되던지或은累代의戶主가德望이有혼人으로家聲을顯揚혼時논其後로享受혼吾人은益益히智識을硏磨ᄒ야社會國家에裨益혼業務를成就ᄒ야써其家의光榮이有혼歷史에汚点을勿遺홀지니祖先을忝辱ᄒ고家聲을墜落홈은곳父祖에對ᄒ야孝道를欠闕홀쓴아니라我大韓帝國國民된者의名譽를毁損ᄒ논바ㅣ니라

家系繼續及家聲顯揚

家에對혼第一本務논家系를繼續홈에在ᄒ니故로吾人은반다시長派곳宗家를設ᄒ야家產을承

襲케ᄒ야써祖先의基業을永遠히勿替케홀지니라大凡祖先을尊敬홈은我國家族制度의基礎ㅣ니家長主義와血統繼續의義務가並히此에起原혼바ㅣ니此를繼續혼者논益益히家產을擴張ᄒ고家聲을振興ᄒ야써祖先을顯揚홈이可혼一層重大혼責이有ᄒ니라

家와國家의關係

家를繼續ᄒ고基業을紹述ᄒ야光榮을後世에垂홈은我邦에特著혼道德이라謂홀지니라大凡我國의國民은皇祖建國以來로嫡派의血緣을依ᄒ야總히外裔로出혼者ㅣ됨으로皇室에對ᄒ야臣

民된同時에家族이라稱ᄒᆞ야도敢히妄言이라謂ᄒᆞᆯ바ㅣ아니니臣子라ᄒᆞᄂᆞᆫ語ᄂᆞᆫ實로此關係를表彰ᄒᆞᆷ이라故로忠孝ᄂᆞᆫ他邦에在ᄒᆞ야ᄂᆞᆫ其道가相異ᄒᆞ나我邦에在ᄒᆞ야ᄂᆞᆫ一致無二ᄒᆞ야父母에孝ᄒᆞᆷ은곳君에忠ᄒᆞᄂᆞᆫ바ㅣ니此ᄂᆞᆫ歷代祖宗의遺訓ᄒᆞ신바오君臣의大義도ᄯᅩᄒᆞᆫ此에胚胎ᄒᆞᆫ바ㅣ니라故로一個人이되여其祖先을不忘ᄒᆞ고家系에對ᄒᆞ야必盡ᄒᆞᆷ이可ᄒᆞᆫ本務가有ᄒᆞᆷ을感覺ᄒᆞᆷ은곳萬世一統의國体에對ᄒᆞ야益益扶贊ᄒᆞᆯ斷斷無他ᄒᆞᆫ心이니家族과國体의關係가如斯히密接ᄒᆞ야

一致無二ᄒᆞᆷ은實로宇內에卓冠ᄒᆞᆫ바ㅣ니라

我國과歐米의家族制度의相異

家에對ᄒᆞᄂᆞᆫ本務가有ᄒᆞᆷ은我邦에特質이되여萬邦에比倫이無ᄒᆞᆫ바ㅣ니라今日歐米諸國에在ᄒᆞ야ᄂᆞᆫ家의觀念은甚히薄弱ᄒᆞᆷ으로家系紹述ᄒᆞᆷ에關ᄒᆞ야一定ᄒᆞᆫ道德이無ᄒᆞ니(此에歐美制度를云ᄒᆞᆷ은宗敎以外의國風을指稱ᄒᆞᆷ)此ᄂᆞᆫ其國風이我邦과異ᄒᆞᆫ者ㅣ有ᄒᆞᆷ으로써ㅣ오彼此間에褒貶ᄒᆞᆷ을要ᄒᆞᆷ은아니나다만西洋人은家系相續ᄒᆞᄂᆞᆫ法으로써野蠻의遺風이라指稱ᄒᆞ니此ᄂᆞᆫ不思의甚ᄒᆞᆫ者ㅣ라謂ᄒᆞᆯ지로다要컨대家系를重히ᄒᆞᆷ은君民一家된我國体와ᄒᆞᆷ씌我大韓帝

國의特有ᄒᆞᆫ美風이니吾人은益益奮勵ᄒᆞ야家聲을振興ᄒᆞ고祖先을顯揚ᄒᆞᆷ을自期ᄒᆯ지니라

第七章 親戚과및主從

親戚及主從

家族에居次ᄒᆞ야吾人과ᄀᆞ장親密ᄒᆞᆫ關係가有ᄒᆞᆫ者ᄅᆞᆯ親戚과및主從이라謂ᄒᆞᄂᆞ니라

親戚은何ᄅᆞᆯ謂ᄒᆞᆷ이뇨

一國의起原은夫婦에在ᄒᆞ니夫婦가子女ᄅᆞᆯ生ᄒᆞ야玆에親과子와兄弟姊妹의關係ᄅᆞᆯ生ᄒᆞᄂᆞ니라然이나兄弟姊妹ᄂᆞᆫ永遠히一家中에同居ᄒᆞᆷ이可ᄒᆞᆫ者ㅣ아니오或은他家의婦가되며或은別로히一家ᄅᆞᆯ樹立ᄒᆞ야早晩에其居ᄅᆞᆯ相異케ᄒᆞᄂᆞ니如斯히年을經ᄒᆞ고代ᄅᆞᆯ累ᄒᆯ時ᄂᆞᆫ厥初에ᄂᆞᆫ一家中에同居ᄒᆞ던僅少ᄒᆞᆫ家族이라도맛ᄎᆞᆷ내多數人이되여處處에散在ᄒᆞᆷ에至ᄒᆞᄂᆞ니此ᄅᆞᆯ親戚이라云ᄒᆞᄂᆞ니라

以上의事實을依ᄒᆞ야親戚은數代ᄅᆞᆯ溯源ᄒᆞ면모다一家의人이아닌바ㅣ無ᄒᆞ니些毫도血緣이無ᄒᆞᆫ他人의게比ᄒᆞ면逈別히親密ᄒᆞᆫ關係가有ᄒᆞ다謂ᄒᆯ지라故로親戚의關係가有ᄒᆞᆫ者ᄂᆞᆫ맛당히一家의人과ᄀᆞᆺ치相視ᄒᆞ야音信을不絕ᄒᆞ고吉凶을相問ᄒᆞ며窮乏을相恤ᄒᆞᆷ을要ᄒᆯ지니擧世가利害

得失로써相離相合홈을當ᄒᆞ야호올노親戚家族이私心을抛ᄒᆞ고眞實懇摯ᄒᆞᆫ同情을交換홈은眞個人生의至樂이라謂ᄒᆞᆯ지니라

親戚間에扶助ᄒᆞᄂᆞᆫ本務

人은無關係ᄒᆞᆫ隣人과도相親ᄒᆞ거ᄂᆞᆯ何故로其親戚을相親치아니ᄒᆞᄂᆞ뇨親戚은다만一代의知己될ᄲᅮᆫ아니라祖先累代의知己가아니뇨人이万一流離坎坷ᄒᆞᄂᆞᆫ不幸ᄒᆞᆫ境遇에陷ᄒᆞ야朋友가此를不救ᄒᆞ고故舊가此를不顧ᄒᆞᆯ時에依賴홈이可ᄒᆞᆫ者ᄂᆞᆫ親戚外에誰가在ᄒᆞ뇨親戚은實로同族의困厄을扶助ᄒᆞᄂᆞᆫ義務가有ᄒᆞᆫ者ㅣ니라

婢僕

婢僕은假令一家의血緣이有ᄒᆞᆫ者ᄂᆞᆫ아니나主人과居息을홈ᄭᅴᄒᆞ고其命令을遵奉ᄒᆞ야家事에從事ᄒᆞᄂᆞᆫ者ㅣ됨으로親戚에次居ᄒᆞ야吾人과가장親密ᄒᆞᆫ關係가有ᄒᆞᆫ者ㅣ니此에從順忠實홈은婢僕의本務오報酬와밋恩慈로홈은主人의本務ㅣ니라

婢僕의本務

人의婢僕이되여使役홈을約諾ᄒᆞᆫ者ᄂᆞᆫ맛당히主人의命令을遵守ᄒᆞ야主人의監視與否를不拘ᄒᆞ고一心으로終始不懈ᄒᆞ야作業을勉勵ᄒᆞᆯ지니라凡事에欣然히趨走ᄒᆞ야萬一이라도不快의色을

形顯ᄒᆞᆷ이不可ᄒᆞᆯ지니同一의事라도愉色으로써ᄒᆞᆯ時ᄂᆞᆫ優殊히主人의滿足ᄒᆞᆷ을得ᄒᆞᆷ으로써ㅣ니라ᄯᅩ主人의委託ᄒᆞᆫ事ᄂᆞᆫ忠實히奉行ᄒᆞ야一点의不正ᄒᆞᆫ邪念을懷ᄒᆞᆷ이不可ᄒᆞ니彼主家의瑕疵를擧ᄒᆞ야隣保에向論ᄒᆞᆷ은甚히不德ᄒᆞᆫ者ㅣ라謂ᄒᆞᆯ지니라

主人의本務

大抵身体意志의自由를減殺ᄒᆞ야不得已ᄒᆞᆫ情勢로他의指揮를甘受俯從ᄒᆞᆷ은婢僕으로브터見ᄒᆞᆫ즉本來必要ᄒᆞᆫ事ㅣ나ᄯᅩᄒᆞᆫ人生의ᄀᆞ장不幸ᄒᆞᆫ境遇라謂ᄒᆞᆯ지라故로主人된者ᄂᆞᆫ婢僕에對ᄒᆞ야恒常愛憐의情을垂ᄒᆞ야適當ᄒᆞᆫ業務를課ᄒᆞᄂᆞᆫ外에際限업시此를驅使虐待ᄒᆞ거나或은罵詈强迫ᄒᆞᆷ이不可ᄒᆞ니라ᄯᅩ婢僕의報酬ᄂᆞᆫ其自体의自由를賣ᄒᆞᆫ代價가됨으로써極히神聖ᄒᆞᆫ者ㅣ라謂ᄒᆞᆯ지니主人된者ᄂᆞᆫ반ᄃᆞ시報酬에對ᄒᆞᆫ當初의約束을履行ᄒᆞ야敢히違反ᄒᆞᆷ이無ᄒᆞᆯ지니라主人은愛憐ᄒᆞᆷ으로써婢僕을使ᄒᆞ고婢僕은忠順ᄒᆞᆷ으로써主人을事ᄒᆞᆯ時ᄂᆞᆫ二者의關係가益益親密ᄒᆞ야一家의幸福을增進ᄒᆞᆷ이不少ᄒᆞᆯ지니라

今日中等以上의生活로居生ᄒᆞᄂᆞᆫ家ᄂᆞᆫ반ᄃᆞ시婢

婢僕의人物을選擇ᄒᆞᆯ必要

僕을要ᄒᆞᄂᆞ니婢僕은一家의經濟風儀에關ᄒᆞ야不少ᄒᆞᆫ影響이有ᄒᆞᆫ者ㅣ됨으로써此를雇入ᄒᆞᆯ際에其人物을選擇ᄒᆞᆷ을要ᄒᆞᆯ지니라ᄒᆞ믈며婢僕은一家의子女와同居ᄒᆞᆷ으로써其性質의善惡은家庭教育의利害를釀成ᄒᆞᄂᆞ니奸佞淫靡ᄒᆞᆫ婢僕이良家의子女를誘惑ᄒᆞ야不良ᄒᆞᆫ行爲를行케ᄒᆞᄂᆞᆫ敗習은吾人의居常目擊ᄒᆞᄂᆞᆫ바ㅣ니此ᄂᆞᆫ選擇을精密히아니ᄒᆞ고監督이周到치못ᄒᆞᆫ所以니라

主從과君臣

一家에在ᄒᆞᆫ主從은자못一國에在ᄒᆞᆫ君臣과ᄀᆞᆺᄒᆞᆫ지라本來로브터忠婢義僕이라稱ᄒᆞᄂᆞᆫ者를見ᄒᆞᆯ진대報酬給料外에一種高尙ᄒᆞᆫ感情이有ᄒᆞ야主從間에終始不易ᄒᆞᆯ關連을成ᄒᆞᄂᆞ니或은主家에終身使役ᄒᆞ야家族과ᄀᆞᆺᄒᆞᆫ者도有ᄒᆞ며或은主家의大事를遇ᄒᆞ야休戚을ᄒᆞᆷᄭᅴᄒᆞᄂᆞᆫ者도有ᄒᆞ며或은主人을代ᄒᆞ야一縷의生命을甘心拋棄ᄒᆞᆷ으로光榮을삼ᄂᆞᆫ者도有ᄒᆞ며或은主人을爲ᄒᆞ야其讐를復ᄒᆞᆯ事로身이鼎鑊에就ᄒᆞᆷ을未恨ᄒᆞᄂᆞᆫ者도有ᄒᆞ니此心으로써君을事ᄒᆞᆯ時ᄂᆞᆫ곳忠臣이니此ᄂᆞᆫ畢竟恩을感銘ᄒᆞ고義에勇奮ᄒᆞᄂᆞᆫ我邦人固有美德에基因ᄒᆞᆫ바ㅣ나또ᄒᆞᆫ主人된者가生平에信任

홈이篤厚ᄒᆞ고愛情이深切홈이아니면엇지此에至ᄒᆞ리오

親知의本務

第一章 朋友의本務

朋友의本務

大凡人類ᄂᆞᆫ社交的動物이니恒常羣居親睦ᄒᆞᄂᆞᆫ傾向이有ᄒᆞᆫ者오離羣絕俗홈은其本性이아니라故로內에在ᄒᆞ야ᄂᆞᆫ家族을成ᄒᆞ고外에在ᄒᆞ야ᄂᆞᆫ朋友를求ᄒᆞᄂᆞᆫ바ㅣ니라彼寂寞孤獨ᄒᆞᆫ生活로自居ᄒᆞᄂᆞᆫ者ᄂᆞᆫ身에繫累가無ᄒᆞᆫ代에社會交際의利益을享得ᄒᆞ기不能홀ᄲᅮᆫ아니라人生의最大幸福

을均受ᄒᆞᄂᆞᆫ一生의世味를不知ᄒᆞᄂᆞᆫ者ㅣ니라

朋友의同情

朋友ᄂᆞᆫ吾人의憂苦를相分減殺ᄒᆞ고歡樂을均共添倍ᄒᆞᄂᆞᆫ者ㅣ니라如何ᄒᆞᆫ快事라도自己一人外에朋友가其樂을홈ᄭᅴᄒᆞᄂᆞᆫ者ㅣ無ᄒᆞ면興味가蕭索홈을不免홀지며ᄯᅩ悲哀의傷情을不禁ᄒᆞ야憂心이忡忡홀時에愁苦를共分ᄒᆞ야同情의慰懷를向論홀朋友가有홀진대吾人의幸福은果然如何홀지뇨ᄒᆞ믈며遠遊羈旅의人에在ᄒᆞ야ᄂᆞᆫ良友好朋이親戚兄弟보다猶勝홈도有ᄒᆞ니라

朋友의助言

朋友ᄂᆞᆫᄆᆞ장正當ᄒᆞᆫ益言을吾人의게與ᄒᆞᄂᆞᆫ者ㅣ

니라大凡情이熱中에在ᄒᆞ고意가追頭에至ᄒᆞᆫ時ᄂᆞᆫ미양公正ᄒᆞᆫ思想을按拄ᄒᆞᆷ이不能ᄒᆞ야不識不知間에偏見邪道에陷ᄒᆞ기易ᄒᆞᆫ者ㅣ니此時ᄅᆞᆯ當ᄒᆞ야忠直ᄒᆞᆫ朋友의助言을從ᄒᆞ면거위大過가無ᄒᆞᆷ을得ᄒᆞᆯ지니라自己의意見과親友의意見은往往諂者의諛辭와公平ᄒᆞᆫ局外者의判斷의差別이有ᄒᆞ니何者오ᄒᆞᆯ진대世에自己ᄀᆞᆺ치諂者의甚ᄒᆞᆫ者가無ᄒᆞᆷ으로써ㅣ니라

朋友의助力

朋友ᄂᆞᆫ吾人의事業을相助ᄒᆞ고患難을相救ᄒᆞᄂᆞᆫ便益이有ᄒᆞᆫ者ㅣ니人은決斷코單獨으로事ᄅᆞᆯ得

成ᄒᆞᆷ이아니오他의協力을必須ᄒᆞᆯ지니라ᄒᆞ믈며今日에在ᄒᆞ야ᄂᆞᆫ學藝의進步와ᄒᆞᆷᄭᅴ新事業이漸起ᄒᆞᆷ을隨ᄒᆞ야社會의組織이益益變更ᄒᆞ고分業의道가愈愈精密ᄒᆞᆷ으로써一事ᄅᆞᆯ創起ᄒᆞ고一業을完成코져ᄒᆞᆯ진대多數의人과ᄒᆞᆷᄭᅴ共同一致ᄒᆞ야此에終始ᄒᆞᆷ을要ᄒᆞᆯ지니故로朋友交際의廣博親密ᄒᆞᆷ이日과月에其必要ᄅᆞᆯ增感ᄒᆞᆷ은自然ᄒᆞᆫ理勢니라또疾病事故가有ᄒᆞᆫ時ᄂᆞᆫ더욱他人의慰藉或은救助ᄅᆞᆯ依賴치아니치못ᄒᆞᆯ지니其家族親戚外에朋友ᄅᆞᆯ除ᄒᆞ고또何人을須ᄒᆞ리오

朋友는他의自身이라

朋友의貴重홈은以上에述홈과又혼지라西國의哲人이云호대朋友는他의自己라ᄒᆞ니眞個格言이라謂홀지로다萬一人으로ᄒᆞ여곰朋友가無홀진대身이社會中에生活홀지라도其心의寂寞홈이자못深山荒野中에獨居홈과又홀지니라

朋友의選擇

朋友는如斯히貴重홈으로擇交홈을맛당히嚴精히홀지니人의善惡은其友를見ᄒᆞ야知得홈으로써ㅣ니라朋友相識ᄒᆞᄂᆞᆫ道가許多ᄒᆞ니或은鄕貫을홈ᄭᅴ홈에因혼者도有ᄒᆞ며或은才器德行을愛慕홈에因혼者도有ᄒᆞ니라然이나其友誼를締結ᄒᆞᄂᆞᆫ精神은決斷코一時의得失을爲홈이아니오此를永遠히持續ᄒᆞ야將來互相間의幸福을增進홈으로써目的홈이可ᄒᆞ니故로眞正히其人을敬愛ᄒᆞᄂᆞᆫ心이有혼後에비로소友好홈이可ᄒᆞ니라一朝에膠漆과如ᄒᆞ고一朝에氷炭과如홈은友誼를玩具로視ᄒᆞ고眞正히貴重홈을不知ᄒᆞᄂᆞᆫ者ㅣ니此輩ᄂᆞᆫ一生에朋友의幸福을均共히홈을不得홀지니라

信義ᄂᆞᆫ交際의第一義라

임의友誼를締結혼以上은朋友ᄂᆞᆫ信義로써相交홈이可ᄒᆞ니라信義ᄂᆞᆫ交際의第一義니信義를欠

缺ᄒᆞᆯ時ᄂᆞᆫ忌疑心이中間을遮隔ᄒᆞᆷ으로交情이忽然冷落ᄒᆞ야斷金의友라도맛참내路傍人이되ᄂᆞ니人이我에對ᄒᆞ야信義가有ᄒᆞᆷ을望ᄒᆞᆯ진대我가人에對ᄒᆞ야몬져信義가有ᄒᆞᆷ을要ᄒᆞᆯ지라故로朋友가實心으로相信ᄒᆞᆯ時ᄂᆞᆫ間言도此에投隙ᄒᆞ지못ᄒᆞ며讒誣도此ᄅᆞᆯ分離ᄒᆞ지못ᄒᆞᆯ지니身이死ᄒᆞᆯ지라도友誼ᄂᆞᆫ決斷코滅絕ᄒᆞ지아니ᄒᆞᄂᆞᆫ바ㅣ니라

寬恕

朋友ᄂᆞᆫ互相間에其過失을寬恕ᄒᆞᆷ이可ᄒᆞ니라夜光의珠라도能히微瑕가無치못ᄒᆞᆯ지니스ᄉᆞ로聖人이아니면世間에엇지無過ᄒᆞᆫ人이有ᄒᆞ리오

朋友의忠告

或은人의過失을覓取ᄒᆞ야此ᄅᆞᆯ露佈ᄒᆞ고一步도寬假치아니ᄒᆞᄂᆞᆫ者ㅣ有ᄒᆞ니此ᄂᆞᆫ友誼ᄅᆞᆯ尊重히ᄒᆞᆷ이아니니라朋友로셔不足ᄒᆞᆫ處가有ᄒᆞᆯ時ᄂᆞᆫ機ᄅᆞᆯ見ᄒᆞ야懇切ᄒᆞᆫ忠告로써其過ᄅᆞᆯ相救ᄒᆞ야後來의事ᄅᆞᆯ善圖ᄒᆞᆯ지며或은非理無道로써我의게反加ᄒᆞᆷ이有ᄒᆞᆯ지라도此ᄅᆞᆯ包容ᄒᆞ야非行의自悟ᄒᆞᆷ을待ᄒᆞᆷ이可ᄒᆞ니라大凡朋友와相交ᄒᆞᆷ에在ᄒᆞ야ᄂᆞᆫ友和愛好ᄒᆞᄂᆞᆫ樂境에在ᄒᆞᆷ을主旨ᄒᆞ야萬一이라도恁地의生釁ᄒᆞᆷ을恒常顧念ᄒᆞᆯ지오或은朋友로ᄒᆞ여곰我의錯誤ᄒᆞᆷ을擧ᄒᆞ야我의게忠告ᄒᆞᆯ時

ᄂᆞᆫ理에適否를不拘ᄒᆞ고虛心緩容으로써此를傾聽ᄒᆞᆷ이可ᄒᆞ니大抵眸子ᄂᆞᆫ能히百里의遠際를見ᄒᆞᆯ지라도睫上의塵을不見ᄒᆞ며寶鏡이雖明ᄒᆞ나能히自背를不照ᄒᆞᆷ과ᄀᆞᆺ치如何히賢明ᄒᆞᆫ人이라도能히自身의過失을知得ᄒᆞ기難ᄒᆞᆷ으로써ㅣ니라ᄒᆞ믈며面을自冒ᄒᆞ고人의過失을諷訐ᄒᆞᆷ은吾人의果難ᄒᆞᆫ바ㅣ됨으로써忠言에對ᄒᆞ야ᄂᆞᆫ其厚意를深感ᄒᆞᆷ이可ᄒᆞ니라我의게一個의菓物을與ᄒᆞᄂᆞᆫ人이有ᄒᆞ면吾人은此를感謝ᄒᆞ다稱ᄒᆞ거ᄂᆞᆯ何故로自知ᄒᆞ기難ᄒᆞᆫ自過를得聞ᄒᆞ고敢히自喜

自負치아니ᄒᆞ리오彼直諫을忌惡ᄒᆞᄂᆞᆫ人은果然下愚不移라謂ᄒᆞᆯ지니라

朋友의協力

朋友의ᄀᆞ장貴重ᄒᆞᆫ바ᄂᆞᆫ提導扶護ᄒᆞᆷ에在ᄒᆞ니라今日社會에在ᄒᆞ야ᄂᆞᆫ自己單獨의力으로써成就ᄒᆞᄂᆞᆫ事業은多數合同의事業에比較ᄒᆞ면極히微少ᄒᆞᆫ者ㅣ니此ᄂᆞᆫ會社組合等의陸續振興ᄒᆞᄂᆞᆫ바오호올노實業社會ᄲᅮᆫ아니라學術社會에在ᄒᆞ야도亦然ᄒᆞᆫ바ㅣ니라今에世界의文化가鉤玄透妙ᄒᆞᆷ에至ᄒᆞ야理論의精緻ᄒᆞᆷ과範圍의廣大ᄒᆞᆷ이到底히一個人의成就치못ᄒᆞᆯ바오ᄯᅩ學問은其科目

이非常浩大ᄒᆞ나其關係가極히密接홈으로써一科에就ᄒᆞ야專修코져ᄒᆞᄂᆞᆫ者ㅣ라도諸他科에就ᄒᆞ야必要ᄒᆞᆫ知識을有홈이可ᄒᆞᆫ지라故로同志의朋友가相合ᄒᆞ야專攻의部分을分擔ᄒᆞ야互相問答ᄒᆞ고또適當ᄒᆞᆫ質義를交換홈은學業을成就홈에極히必要ᄒᆞᆫ事ㅣ니라

患難을相救홈은朋友의大義니라其友의不幸홈을見ᄒᆞ고欣然히自己의財產名譽를抛擲ᄒᆞ야此를救恤ᄒᆞ고些毫도吝惜홈이無홈은其人의高尙ᄒᆞᆫ心事를表示홈이니吾人의感嘆不已ᄒᆞᄂᆞᆫ바ㅣ라平素에手를握ᄒᆞ야歡笑娓娓ᄒᆞᄂᆞᆫ者ㅣ라도一朝有事ᄒᆞᆫ時를當ᄒᆞ야面背改路홈은令人唾罵ᄒᆞᆯ不德의行爲라謂홈이可ᄒᆞ니라然이나朋友로셔非道의行爲를企畫ᄒᆞ야我의賛助를懇求ᄒᆞᆯ時ᄂᆞᆫ다만此에協從ᄒᆞᄂᆞᆫ本務가無ᄒᆞᆯ뿐아니라百方으로此를諷止ᄒᆞ야其心으로幡然改悟케홈을要ᄒᆞᆯ지니라

私交와公義

또自身이官職에在ᄒᆞ야事를處ᄒᆞᆯ時ᄂᆞᆫ假令朋友에關ᄒᆞᆫ事ㅣ라도偏頗不正의行爲가有홈이不可ᄒᆞ니公事ᄂᆞᆫ官吏가되여此를行ᄒᆞ고朋友가되여此를行홈은아님으로써ㅣ오또朋友의利

益을計圖ᄒᆞ야國家의損害를不顧ᄒᆞᆷ은其友에對ᄒᆞ야如何히隆厚ᄒᆞᆯ지라도맛ᄎᆞᆷ내罪惡됨을不免ᄒᆞᆯ지니畢竟朋友의交際ᄂᆞᆫ私德이오國家의本務ᄂᆞᆫ公德이됨으로써ㅣ니라故로公德下에私德을從屬케ᄒᆞᆷ은國民된吾人의恒常服膺ᄒᆞᆷ이可ᄒᆞᆫ바ㅣ니라

第二章 師弟의本務

師弟의關係 智能을啓發ᄒᆞᄂᆞᆫ道

一個完全ᄒᆞᆫ人이되고져ᄒᆞᆯ진대吾人은반다시智能을啓發ᄒᆞᆷ이可ᄒᆞ니라智能을啓發ᄒᆞᄂᆞᆫ道가大凡三이有ᄒᆞ니自己의經驗이其一이오讀書가其

一이오讀書가其二오敎師의薰陶가其三이니라經驗은吾人智識上에重要ᄒᆞᆫ根基가되ᄂᆞᆫ者ㅣ나此를得ᄒᆞᆷ에ᄂᆞᆫ自身에在ᄒᆞ야事物의道理를辨別ᄒᆞᄂᆞᆫ能力을素養ᄒᆞᆷ이可ᄒᆞ니라書籍은過去와밋遠隔ᄒᆞᆫ事實을記載ᄒᆞ고또諸般學藝에關ᄒᆞᆫ古來學者의所說을網羅ᄒᆞᆷ으로써吾人의智識을擴充ᄒᆞᆷ에須要됨은贅論ᄒᆞᆯ바ㅣ아니나元來書籍은專門學者를爲ᄒᆞᆷ이아니면普通敎育을受ᄒᆞᄂᆞᆫ讀者를爲ᄒᆞ야著述ᄒᆞᆷ인故로此를會得ᄒᆞᆷ에ᄂᆞᆫ미리該學科에就ᄒᆞ야一般智識을通曉ᄒᆞ고又ᄂᆞᆫ普通事

敎師의必要

物에對ᄒᆞ야是非正誤를辨別ᄒᆞᄂᆞᆫ素養의能力이無치못ᄒᆞᆯ者ㅣ니此ᄂᆞᆫ吾人이敎育初步에在ᄒᆞ야곤져敎師의게就學ᄒᆞᆯ必要가有ᄒᆞᆫ所以니라大凡年齡이尙少ᄒᆞ야智力이十分發達치못ᄒᆞ고兼ᄒᆞ야經驗讀書를依ᄒᆞ야自立으로硏究ᄒᆞ기不能ᄒᆞᆫ時를當ᄒᆞ야吾人을提醒訓誨ᄒᆞ야써敎育의正路를指導ᄒᆞᄂᆞᆫ者ᄂᆞᆫ世에敎師를除ᄒᆞᆫ外에何人을更須ᄒᆞ리오

敎師ᄂᆞᆫ父母의代理者

吾人이일즉幼穉ᄒᆞᆷ에在ᄒᆞᆯ時ᄂᆞᆫ父母가此를保育ᄒᆞ나漸次成長ᄒᆞᆯ時ᄂᆞᆫ家庭에在ᄒᆞ야完全ᄒᆞᆫ敎育을施ᄒᆞ기不能ᄒᆞᆷ으로써此를學校에委託ᄒᆞ야敎師下에就學케ᄒᆞᄂᆞᆫ바ㅣ라故로敎師ᄂᆞᆫ父母의代理者가되여敎務의一半을負擔ᄒᆞᆫ者ㅣ라謂ᄒᆞᆯ지니然ᄒᆞᆷ으로吾人은敎師에對ᄒᆞ야맛당히父母에對ᄒᆞᆫ時와ᄀᆞᆺ치從順敬愛의義務를必盡ᄒᆞᆷ이可ᄒᆞ니라

敎師의責任重大

大凡敎師로브터此를見ᄒᆞᆯ진대世에兒童의敎育ᄀᆞᆺ치困難ᄒᆞᆫ者ㅣ無ᄒᆞ니彼等은大人과ᄀᆞᆺ치辨別力이無ᄒᆞ고言語動作의細節에至ᄒᆞ기ᄭᆞ지一一히敎師의關涉을要ᄒᆞᆷ으로써ㅣ니라敎師의責任은幼童으로ᄒᆞ여곰良好ᄒᆞᆫ慣習情緖와밋純

正ᄒᆞᆫ思想을養成홈에在ᄒᆞ니彼等으로ᄒᆞ여곰他日에智德兼備ᄒᆞᆫ士가되게홈과又ᄂᆞᆫ鹵莽卑劣ᄒᆞᆫ輩가되게홈은幼年에在ᄒᆞ야敎育指導의如何홈에職由ᄒᆞᆫ바ㅣ라故로社會의安寧과國家의幸福은根本的으로言ᄒᆞᆯ진대敎師된者兩肩에擔負ᄒᆞᆫ者ㅣ라謂ᄒᆞ야도決斷코過言이아니니敎師의責任됨이如許히重ᄒᆞ고또大ᄒᆞ니라然則弟子된者ᄂᆞᆫ敎師職分上에關ᄒᆞᆫ劬勞와밋憂慮의如何홈을推察ᄒᆞ야其恩誼의深厚홈을感銘홈이可ᄒᆞ니라

敎師ᄅᆞᆯ信認ᄒᆞᄂᆞᆫ必要

然홈으로弟子된者ᄂᆞᆫ敎師ᄅᆞᆯ信認ᄒᆞ야其敎授ᄒᆞᄂᆞᆫ바ᄂᆞᆫ本來我ᄅᆞᆯ爲ᄒᆞ야十分裨益홈을希望ᄒᆞᄂᆞᆫ一念으로出來홈을確信ᄒᆞ야其命令을遵奉ᄒᆞ야其業을專勵홈이可ᄒᆞ니라敎師된者ᄂᆞᆫ其弟子의勉勵홈을見ᄒᆞ고一念에偏喜ᄒᆞᆯ지나此ᄂᆞᆫ其弟子의裨益ᄒᆞᆫ바ㅣ有홈을喜홈이오自己ᄅᆞᆯ爲ᄒᆞ야此ᄅᆞᆯ喜홈이아니니何者오敎師ᄂᆞᆫ講義홈을因ᄒᆞ야些毫도新奇ᄒᆞᆫ智識을收得홈이無홈으로써ㅣ니라故로我의게與ᄒᆞᆫ바課程은敎師ᄅᆞᆯ爲ᄒᆞ야修得홈이아니오本來我의裨益을爲ᄒᆞ야此ᄅᆞᆯ學修홈이니此ᄅᆞᆯ了解홈은弟子에在ᄒᆞ야가장必要ᄒᆞᆫ바

ㅣ니라

然이나教師의行蹟을專倣ᄒᆞ야敢히違越치아니ᄒᆞᆷ은教育初步에在ᄒᆞ야ᄂᆞᆫ本來必要ᄒᆞᆫ바ㅣ나智識이稍進ᄒᆞᆯ時ᄂᆞᆫ他의指揮ᄅᆞᆯ不待ᄒᆞ고自力으로尋繹ᄒᆞ야學業을修養ᄒᆞᆷ이可ᄒᆞ니라大抵教師의督勵ᄒᆞᆷ을專依ᄒᆞ야業을修ᄒᆞᆯ時ᄂᆞᆫ畏忌惓怠의念이自生ᄒᆞ야前頭의進步가ᄯᅩᄒᆞᆫ緩漫ᄒᆞᆯ지니自進自求ᄒᆞᆯ時ᄂᆞᆫ學問은一種의快樂이되며些毫도苦痛을不感ᄒᆞ야不識不知間에漸次進達ᄒᆞᆷ을得ᄒᆞᆯ지니라然이나疑義가存在ᄒᆞᆫ바ᄂᆞᆫ私見으로써此ᄅᆞᆯ臆斷치말고一一히教師의教誨ᄒᆞᆷ을從ᄒᆞᆯ지니라

教師의恩義

教師ᄂᆞᆫ吾人의智能을啓發ᄒᆞᆷ에在ᄒᆞ야洪大ᄒᆞᆫ恩義가有ᄒᆞᆫ者ㅣ니此ᄂᆞᆫ父兄과朋友의能為치못ᄒᆞᆯ바오專히教師의賛予ᄒᆞᄂᆞᆫ바ㅣ니라萬一教師가아니면百年의經驗을積累ᄒᆞ고萬卷의書籍을縱覽ᄒᆞᆯ지라도決斷코完全ᄒᆞᆫ効果ᄅᆞᆯ収得치못ᄒᆞᆯ바ㅣ어ᄂᆞᆯ世人이或은教師의게謝金을贈與ᄒᆞ고物品을寄呈ᄒᆞ야써其恩誼ᄅᆞᆯ報酬ᄒᆞᆷ으로自居ᄒᆞᄂᆞᆫ者ㅣ有ᄒᆞ며ᄒᆞ믈며學校生徒中에ᄂᆞᆫ束脩와月謝

로써其授業을購得홈과ᄀᆞᆺ치思ᄒᆞ고些毫도敎師의恩誼를顧念치아니ᄒᆞᄂᆞᆫ者ㅣ有ᄒᆞ니此等은其養育料로써父母의恩義를消却홈이可홈으로思惟홈과同一ᄒᆞᆫ者ㅣ니不德의甚ᄒᆞᆫ者ㅣ라謂ᄒᆞᆯ지니라假令玆에人이有ᄒᆞ니임의成長ᄒᆞ야獨立의生活을營得홈에至ᄒᆞ야父母에對ᄒᆞ야義務가無ᄒᆞ다謂ᄒᆞᆯ진대誰가其不孝됨을可憎히녁이지아니ᄒᆞ리오彼學校를見홈을자못旅館과ᄀᆞᆺ치ᄒᆞ고敎師을見홈을자못旅館의借人과ᄀᆞᆺ치ᄒᆞ야一朝에學校를出ᄒᆞᆫ즉자못路傍人과ᄀᆞᆺ치越視홈은忘恩背義의甚ᄒᆞᆫ者ㅣ라謂ᄒᆞᆯ지니라

敎師의本務

然이나弟子에弟子의本務가有홈과ᄀᆞᆺ치敎師에도또ᄒᆞᆫ敎師의本務가有ᄒᆞ니敎育은다만一個人뿐아니라社會國家의安寧幸福과密接ᄒᆞᆫ關係가有홈으로써敎師된者ᄂᆞᆫ其職責의重大홈을自覺ᄒᆞ야眞誠으로써其職에從事홈이可ᄒᆞ니라

敎師의資格

第一敎師된者ᄂᆞᆫ其擔任ᄒᆞᆫ學課에就ᄒᆞ야根本的智識을具有홈은更言ᄒᆞᆯ바ㅣ아니오敎育學과밋敎授法에就ᄒᆞ야相當ᄒᆞᆫ修鍊이無치못ᄒᆞᆯ지니敎授方法에通曉치못ᄒᆞ고經驗만依賴ᄒᆞ야授業ᄒᆞᆯ時ᄂᆞᆫ

假令特優ᄒᆞᆫ智識이有ᄒᆞᆯ지라도十分의功効ᄅᆞᆯ未見ᄒᆞᆯ지니라또學術에對ᄒᆞ야ᄂᆞᆫ熱心과弟子에對ᄒᆞ야ᄂᆞᆫ愛情이無치못ᄒᆞᆯ지니愛情은師弟의關係ᄅᆞᆯ親密케ᄒᆞᄂᆞᆫ鐵鎖라謂ᄒᆞᆯ지라假令教師로셔其學識이人의敬畏ᄒᆞᄂᆞᆫ바ㅣ될지라도다만峻嚴白持ᄒᆞ야些毫도其弟子ᄅᆞᆯ親愛ᄒᆞᄂᆞᆫ情이無ᄒᆞᆯ진대弟子ᄂᆞᆫ其學에樂從치못ᄒᆞᆯ지며教育奬勵ᄒᆞᄂᆞᆫ道도또ᄒᆞᆫ施行ᄒᆞᆯ途가無ᄒᆞᆯ지니라또教師ᄂᆞᆫ自己學術의補修ᄒᆞᆷ을爲ᄒᆞ야一層勉勵ᄒᆞ야日新文運에不後ᄒᆞᆷ을自期ᄒᆞᆯ지니不然ᄒᆞᆫ즉決斷코弟子의心

悅誠服ᄒᆞᆷ과尊敬愛慕ᄒᆞᆷ을不得ᄒᆞᆯ지니라

教師의德育

德育도또ᄒᆞᆫ智育과ᄒᆞᆷ끠教育의目的이됨으로써教師된者ᄂᆞᆫ謹直公正ᄒᆞᆷ으로自持ᄒᆞ야其弟子에對ᄒᆞ야道德上의模範됨을自期ᄒᆞᆷ이可ᄒᆞ니라普通教育學校에在ᄒᆞ야ᄂᆞᆫ德育을爲ᄒᆞ야特別히倫理의一科ᄅᆞᆯ設ᄒᆞᆷ이有ᄒᆞ나其結果로브터見ᄒᆞᆯ時ᄂᆞᆫ찰하리教師其人의感化力이著大ᄒᆞᆷ에不及ᄒᆞᆫ바ㅣ니大凡人은書上의理論보다眼前實例에感動ᄒᆞᆷ이易ᄒᆞᆷ으로써ㅣ니라故로教師ᄂᆞᆫ其教誨ᄒᆞᄂᆞᆫ바ᄅᆞᆯ반다시實踐ᄒᆞ야身으로써活法의模範됨

을自期홈이可ᄒᆞ니智德과홈씌兼備ᄒᆞᆫ後에비로소完全ᄒᆞᆫ敎育의結果를得ᄒᆞᆯ지니라

倫理學敎科書卷二終

光武十年六月十五日印刷
同　年六月二十日發行

不許複製

編述者　申海永
發行所　普成中學校 漢城中署磚洞
印刷所　普成社 漢城中署磚洞

倫理學敎科書 卷三 卷四

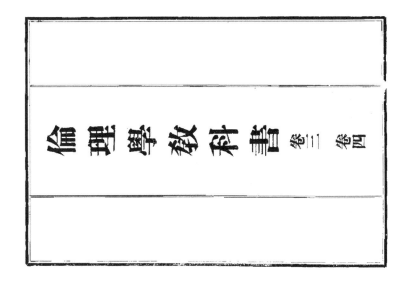

倫理學教科書卷三目次

倫理學教科書卷四目次

倫理學敎科書卷三

申海永　編述

第一章　社會總論

社會總論　社會

國家와直接關係가無ᄒᆞ며並히一定ᄒᆞᆫ法律制度下에不在ᄒᆞ고다만生存幸福의利害를共享ᄒᆞᄂᆞᆫ人民間에存在ᄒᆞᆫ結合体를社會라稱ᄒᆞᄂᆞ니라故로社會ᄂᆞᆫ其範圍廣狹에在ᄒᆞ야本來一定ᄒᆞᆫ界限이無ᄒᆞ니今에至小ᄒᆞᆫ一鄕一黨의興衆으로브터至大ᄒᆞᆫ四海萬邦의人類에至ᄒᆞ기ᄭᆞ지此를組成ᄒᆞᆫ人民으로셔其生存幸福의利害를共享ᄒᆞᄂᆞᆫ者

는總히社會라稱ᄒᆞᄂᆞ니假令漢城社會라云ᄒᆞ며大韓社會東洋社會라云ᄒᆞ고又或人類社會라汎稱홈은總히此理를因홈이니라大凡吾人은生出홈으로브터人類同族間에必行ᄒᆞᆯ義務가有ᄒᆞ니其所屬의國家가相殊ᄒᆞ고所生의人種이相異ᄒᆞᆯ지라도斯世에併生ᄒᆞ야一般히人類社會를組成ᄒᆞᆫ所以니라然이나吾人은生存의目的을더옥完全히홈을爲ᄒᆞ야國土와人種의親近ᄒᆞᆫ者가相聚ᄒᆞ야社會上에獨立ᄒᆞᆫ國家를建設ᄒᆞ야統一制裁下에服從ᄒᆞᄂᆞ니此는곳今日世界의現狀이니라

社會와國家의關係

故로社會란者는本來其範圍에定限이無ᄒᆞ나實際에在ᄒᆞ야는國家의事業과互相關聯ᄒᆞᆫ者ㅣ甚多ᄒᆞᄂᆞ니故로世界를共通ᄒᆞ야人類社會된者의存在홈을妨害홈이無ᄒᆞ나大韓에는大韓社會의特質이自有ᄒᆞ고歐米諸國에는歐米諸國社會의特質이自有ᄒᆞ니此는總히其國家의特性으로브터由來ᄒᆞ야彼此의相混치못ᄒᆞᆯ者ㅣ니라道德上實踐ᄒᆞ는点으로브터觀ᄒᆞᆫ즉各國의社會는一般히人類社會의道德을通有ᄒᆞᆫ外에其風土人種風俗歷史等相殊ᄒᆞᆫ性質에根基ᄒᆞᆫ特別의道德을偏

人은何故로社會ᄅᆞᆯ組織ᄒᆞᄂᆞ뇨

有ᄒᆞᆷ이可ᄒᆞ니此ᄂᆞᆫ著者가本書ᄅᆞᆯ論述ᄒᆞᆷ에當ᄒᆞ야專主히大韓國民의社會ᄅᆞᆯ目的ᄒᆞᄂᆞᆫ所以니라

大凡人이社會ᄅᆞᆯ組織ᄒᆞᆷ은其家族을組織ᄒᆞᄂᆞᆫ理와無異ᄒᆞ니一個人이家族에在ᄒᆞᆷ은一家族이社會에在ᄒᆞᆷ과恰似ᄒᆞ니라吾人은本來羣居社交의動物이니寂寞蕭條의個個生活은先天的의現狀이라故로人은配偶ᄅᆞᆯ求ᄒᆞ며子女ᄅᆞᆯ養ᄒᆞ야一家가團圞ᄒᆞ야終身토록愛慕의情을不失ᄒᆞᄂᆞ니家族의成立이人性必然ᄒᆞᆫ理에基因ᄒᆞᆷ은玆에明確ᄒᆞᆫ事實이니라然이나吾人의社交的慾望은吾人

家族及社會

血族間에自成ᄒᆞᆫ家族만으로써滿足ᄒᆞᆷ이不能ᄒᆞᆯ지니吾人이萬一吾家門外에在ᄒᆞᆫ人과交際치아니코一世ᄅᆞᆯ擧ᄒᆞ야、人도利益을交換ᄒᆞᆷ이無ᄒᆞ고一人도感情思想을共通ᄒᆞᆷ이無ᄒᆞ야正義ᄅᆞᆯ相守치아니ᄒᆞ며仁慈로相救치아니ᄒᆞ고個個獨立ᄒᆞ야毫末도關與치아니ᄒᆞ면此ᄂᆞᆫ窮山荒野에家居ᄒᆞᆷ과無異ᄒᆞᆯ지니엇지吾人의能堪ᄒᆞᆯ바ㅣ리오다만實利上으로브터推觀ᄒᆞᆯ지라도如斯ᄒᆞᆫ狀況으로ᄂᆞᆫ家族이永久成立ᄒᆞᆷ을不得ᄒᆞᆯ지며個人도또ᄒᆞᆫ滅亡ᄒᆞᆷ을不免ᄒᆞᆯ지니라

社交的感情의起原

社會의成立은吾人의社交的感情에基因홈이니此感情의生ᄒᆞᄂᆞᆫ所以를推究홀진대大凡吾人이精神及肉体上의能力이不完全ᄒᆞ야到底히獨力으로其生存의目的을得達ᄒᆞ기不能홈을因홈이니라

個人과社會

此를肉体上으로브터觀ᄒᆞᆫ즉吾人은社會의幇助를離ᄒᆞ면生活의資力을不得홀지니風土의刺擊을能堪ᄒᆞ며猛獸의禍害를能免ᄒᆞ야安寧의生活을營得ᄒᆞᄂᆞᆫ所以ᄂᆞᆫ全然히社會의所賚를因홈이오此를精神上으로브터觀ᄒᆞᆫ즉人이孤立홈을忌惡ᄒᆞᄂᆞᆫ情은자못死去홈을忌惡ᄒᆞᄂᆞᆫ情과無

異ᄒᆞ니吾人의固有ᄒᆞᆫ諸種의感情思想은他人과交與홈이아니면到底히滿足홈을不得홈은實際에明白ᄒᆞᆫ事實이라人이萬一他와交通홈을一切謝絕ᄒᆞ야如斯ᄒᆞᆫ感情思想의發生을抑壓홀時ᄂᆞᆫ形論치못홀煩悶ᄒᆞᆫ心緒를感覺홀지며甚ᄒᆞᆫ者ᄂᆞᆫ傷心害情ᄒᆞ야맛ᄎᆞᆷ내癲狂에至홀지니吾人이社會에所負ᄒᆞᆫ바가如許히大ᄒᆞ도다또吾人의依賴ᄒᆞ야思想을交換ᄒᆞ며此를保存ᄒᆞᄂᆞᆫ바의言語文字等도또ᄒᆞᆫ社會의組織을因ᄒᆞ야비로소存在ᄒᆞᄂᆞ니此를思홀진대吾人의享有ᄒᆞᄂᆞᆫ바事物은一

社會에對ᄒᆞᆫ本務

個도社會에所負ᄒᆞᆫ바에不在ᄒᆞᆷ이無ᄒᆞ니라
個人과社會의關係가至極히密接ᄒᆞ야須臾도相離치못ᄒᆞᆷ이如斯ᄒᆞ니此를要ᄒᆞᆫ건대吾人의安寧幸福은細大를勿論ᄒᆞ고總히社會의直接或은間接으로與ᄒᆞ는바恩惠에不在ᄒᆞᆷ이無ᄒᆞᆫ지라故로吾人은社會에對ᄒᆞ야必盡ᄒᆞᆯ義務가有ᄒᆞ나곳一身一家의利益ᄲᅮᆫ을不圖ᄒᆞ고널니社會公衆을爲ᄒᆞ야其福利의增進ᄒᆞᆷ을務圖ᄒᆞᆷ이可ᄒᆞ니如斯히社會의公益을爲ᄒᆞ야永遠ᄒᆞᆫ基業을設計ᄒᆞᆷ에一身의利害를不顧ᄒᆞᆷ은實로社會의一員이되여其

愛他主義와孤獨主義

本務를完全히ᄒᆞᆫ者ㅣ라謂ᄒᆞᆯ지니라純一ᄒᆞᆫ利他的精神은道德의ᄀᆞ장高尙ᄒᆞᆫ바ㅣ니社會의改善進步는本來此의精神으로出來ᄒᆞ는바ㅣ니라故로博愛主義를持ᄒᆞᆫ一種仁人이自身의生命을棄ᄒᆞ야社會의犧牲이된時는後世子孫이其遺德을久享ᄒᆞ며其流風을追慕ᄒᆞᄂᆞ니社會의發達與否는此種人物의多少存在ᄒᆞᆷ에實由ᄒᆞᆷ이라謂ᄒᆞᆯ지니라萬一國內에個人의孤立主義가大行ᄒᆞ면自身의利益ᄲᅮᆫ만求ᄒᆞ고毫末도社會公衆에留心ᄒᆞ는者ㅣ無ᄒᆞᆯ지니如斯ᄒᆞᆫ時는社會가腐敗ᄒᆞ며衆

博愛의精神은人心을結合ᄒᆞᄂᆞᆫ鐵鎖라

庶가凋殘ᄒᆞ야其國家가또ᄒᆞᆫ萎靡衰弱ᄒᆞᆷ에沉淪ᄒᆞᆯ지니라大抵一身을抛棄ᄒᆞ야社會公衆을爲ᄒᆞᆷ에盡瘁ᄒᆞᆷ을自負ᄒᆞᄂᆞᆫ바博愛의精神은人心을結合ᄒᆞᄂᆞᆫ바의鐵鎖라謂ᄒᆞᆯ지니社會가此ᄅᆞᆯ依ᄒᆞ야善美ᄒᆞᆫ域에進ᄒᆞ며國家가此ᄅᆞᆯ依ᄒᆞ야富强ᄒᆞᆫ境에至ᄒᆞᄂᆞ니라眞實로此의精神이無ᄒᆞᆫ즉人心이渙散崩壞ᄒᆞᆷ에至ᄒᆞᆯ지니人心이渙散ᄒᆞᆫ즉社會와國家가何ᄅᆞᆯ依ᄒᆞ야善美ᄒᆞᆷ과富强ᄒᆞᆷ에至ᄒᆞ리오然이나吾人은社會上에在ᄒᆞ야現存社會ᄅᆞᆯ統一ᄒᆞ며制裁ᄒᆞᄂᆞᆫ바國家가有ᄒᆞᆷ을忘却ᄒᆞᆷ이不可ᄒᆞ

社會의道德과國家의法律

니國家ᄂᆞᆫ獨立의主權으로써一定ᄒᆞᆫ土地와人民上에在ᄒᆞ야其制定ᄒᆞᆫ바法律의力을依ᄒᆞ야其人民을統御ᄒᆞᄂᆞ니吾人은社會의一員됨과同時에國家의一民된者ㅣ라故로社會의一員이되여社會의道德을完全히ᄒᆞᆷ과同時에國家의一民이되여國家의法律을遵奉ᄒᆞᆷ이可ᄒᆞ니라然이나國家의本領은元來社會에不在ᄒᆞᆷ으로써國家ᄂᆞᆫ반다시社會의萬般事業에對ᄒᆞ야總히干與ᄒᆞᄂᆞᆫ바ㅣ아니니故로社會ᄂᆞᆫ國家의制定ᄒᆞᆫ바法律範圍內에在ᄒᆞ야其道德의自由ᄅᆞᆯ保有ᄒᆞᆫ바ㅣ니라萬一

國家의法律을違犯ᄒᆞ고오히려社會의道德을完全히ᄒᆞ고져ᄒᆞᆷ은到底히行得치못ᄒᆞᆯ바ㅣ니其理由ᄅᆞᆯ言ᄒᆞᆯ진대道德은法律의力이不及ᄒᆞᄂᆞᆫ바ᄅᆞᆯ制裁ᄒᆞᆷ과同時에法律도ᄯᅩᄒᆞᆫ吾人의安寧福利ᄅᆞᆯ爲ᄒᆞ야社會道德의周及치못ᄒᆞᆫ바에對ᄒᆞ야其制裁ᄅᆞᆯ施加ᄒᆞᄂᆞᆫ所以니라

社會에對ᄒᆞᆫ本務

公義及公德

社會公衆에對ᄒᆞ야盡力ᄒᆞᆷ이可ᄒᆞᆫ本務ᄂᆞᆫ能히枚擧ᄒᆞ기難ᄒᆞ나大約公義와公德의二者로區別ᄒᆞᆷ을得ᄒᆞᆯ지니吾人이社會에對ᄒᆞ야第一力行ᄒᆞᆯ바ᄂᆞᆫ곳他人의權利ᄅᆞᆯ侵害치아니ᄒᆞᆷ에在ᄒᆞ니라大

公義

抵人類가되여一社會中에共存ᄒᆞᆫ즉人된權利ᄂᆞᆫ自他間에逕庭이有ᄒᆞᆯ理가無ᄒᆞ니萬一吾人으로自身의生命財産과밋名譽ᄅᆞᆯ享有ᄒᆞ고ᄯᅩ他의侵害에對ᄒᆞ야保護防衛ᄒᆞᄂᆞᆫ權利가有ᄒᆞ면他人도ᄯᅩᄒᆞᆫ其生命財産과밋名譽에關ᄒᆞ야此와同等의權利ᄅᆞᆯ享有ᄒᆞᆷ이可ᄒᆞᆫ지라故로人人互相間에他의權利ᄅᆞᆯ尊重히ᄒᆞ야敢히侵害치아니ᄒᆞᆷ을務圖ᄒᆞᆷ은社會에對ᄒᆞᆫ道德의第一本旨니換言ᄒᆞᆯ진대此ᄂᆞᆫ곳惡事ᄅᆞᆯ不爲ᄒᆞᄂᆞᆫ本務가되여社會의安寧秩序ᄅᆞᆯ維持ᄒᆞᄂᆞᆫ所以니라

公德

然이나互相間에他의權利를侵害치아니홀뿐으로는아직吾人이社會에對ᄒᆞ는本務를全盡ᄒᆞ얏다謂ᄒᆞ기不可ᄒᆞ니此는다만吾人으로道德과或은法律의罪人됨을得免케ᄒᆞ는바消極的制裁에不過홈이니라吾人은惡人됨을得免홀지라도아직써善人됨을不得홀지니吾人으로ᄒᆞ여곰社會에在ᄒᆞ야一個善人이되게ᄒᆞ는所以는實로博愛慈善의積極的道德에不外ᄒᆞ니라

博愛慈善

大凡博愛慈善은道德心의ᄀᆞ장貴重ᄒᆞᆫ者ㅣ라人이人된所以는實로此에在ᄒᆞ니萬一一身一家의狹隘微小ᄒᆞᆫ幸福을爲主ᄒᆞ거나或은自身의親愛昵近ᄒᆞᆫ者의利益을專事ᄒᆞ야一毫도社會公衆에對ᄒᆞ야널니慈愛의情을不有ᄒᆞ면何로써山禽野獸와相異ᄒᆞᆫ바ㅣ有ᄒᆞ다ᄒᆞ리오故로吾人은他人의權利를尊重히홀뿐아니라一步를更進ᄒᆞ야他人의困厄危難에臨ᄒᆞᆫ者를援助ᄒᆞ며他人의貧窶窮乏에在ᄒᆞᆫ者를救濟홈이可ᄒᆞ니라或은無罪히不測ᄒᆞᆫ禍害를蒙ᄒᆞ며或은先天的病弱의身体가되여薄命不幸ᄒᆞᆫ輩가斯世에甚多ᄒᆞ며또文化가漸進ᄒᆞ야社會의事情이複雜홈을隨ᄒᆞ야貧富의

懸隔ᄒᆞᆷ이ᄉᆞᄉᆞ로增加ᄒᆞᆷ으로써薄命者의數가또ᄒᆞᆫ增殖ᄒᆞᆷ을不免ᄒᆞᆯ지니此輩ᄂᆞᆫ비록饑寒에困苦ᄒᆞ나道德과法律의制裁ᄅᆞᆯ因ᄒᆞ야能히他人의權利ᄅᆞᆯ侵害치못ᄒᆞᄂᆞᆫ지라故로富裕ᄒᆞᆫ慈善者로셔愛憐의情을垂ᄒᆞ야此에惠與ᄒᆞᆷ이不有ᄒᆞ면坐ᄒᆞ야死ᄅᆞᆯ待ᄒᆞᄂᆞᆫ外에他道理가無ᄒᆞᆯ지니라ᄒᆞᆷᄭᅴ斯世에生存ᄒᆞ야ᄒᆞᆷᄭᅴ社會의人民된者로셔眞實히愛憐의情理ᄅᆞᆯ知ᄒᆞ고오히려袖手傍觀ᄒᆞᆷ은高尙ᄒᆞᆫ道德心을保有ᄒᆞᆫ者의不忍ᄒᆞᄂᆞᆫ바ㅣ니라

公益의事業을

吾人은他人의權利ᄅᆞᆯ尊重히ᄒᆞ고不幸ᄒᆞᆫ者ᄅᆞᆯ救恤ᄒᆞᄂᆞᆫ外에一步ᄅᆞᆯ更進ᄒᆞ야公益이有ᄒᆞᆫ事業을經紀ᄒᆞ야福利의增進ᄒᆞᆷ을務圖ᄒᆞᆯ지니라吾人이社會로브터享受ᄒᆞᄂᆞᆫ바無限ᄒᆞᆫ恩惠ᄂᆞᆫ旣述ᄒᆞᆷ과又ᄒᆞ니萬一社會로ᄒᆞ여곰秩序가無ᄒᆞ고公衆으로ᄒᆞ여곰德義가無ᄒᆞ면吾人은호올노何ᄅᆞᆯ依ᄒᆞ야幸福의生活을經營ᄒᆞ리오假令蒙昧無知ᄒᆞᆫ野蠻社會에生出ᄒᆞᆷ으로假定ᄒᆞ라吾人은決斷코禽獸보다優等된生活을經營ᄒᆞᆷ이不能ᄒᆞᆯ지니라吾人의幸福을保護ᄒᆞ고增進ᄒᆞᄂᆞᆫ바社會의秩序와德義ᄂᆞᆫ吾人이祖先으로브터繼承ᄒᆞᆫ者ㅣ니此ᄅᆞᆯ

起ᄒᆞᄂᆞᆫ本務

成就홈에在ᄒᆞ야吾人의能히與知ᄒᆞᆯ바ㅣ아니니라如斯히生出홈으로브터先人의遺德을浴ᄒᆞᆫ바吾人은其繼承ᄒᆞᆫ社會를一層完美케ᄒᆞ야此를子孫의게遺傳홈이當然ᄒᆞᆫ義務ㅣ니라故로吾人은各其天分을應ᄒᆞ고職能을隨ᄒᆞ야公益을計畫ᄒᆞ며世務를開發ᄒᆞ야社會로ᄒᆞ여곰益益히善良完美ᄒᆞᆫ域에進就케홈이可ᄒᆞ니其計畫ᄒᆞ는바는다만眼前의結果를企望홈이아니오社會의永遠ᄒᆞᆫ利益을爲홈이可ᄒᆞ니라一人으로써億兆의衆을普濟ᄒᆞ며一代로써百世의後를遠慮홈은古來聖賢의公共心으로出來ᄒᆞᆫ仁術이니반다시後人의模範ᄒᆞᆯ바ㅣ라如斯ᄒᆞᆫ人은身이雖死ᄒᆞ나功이不滅ᄒᆞ야萬世의景仰ᄒᆞ는바ㅣ되ᄂᆞ니社會的道德은玆에至ᄒᆞ야理想的完美ᄒᆞᆫ域에達ᄒᆞ얏다謂ᄒᆞᆯ지니라

公義와公德은東西二聖의訓示ᄒᆞᆫ바ㅣ라

以上에述홈과ᄀᆞᆺ치他人의權利를侵害치아니ᄒᆞᆯᄲᅮᆫ아니라도로혀困窮ᄒᆞᆫ者를救助ᄒᆞ고다시一般의公益을計畫홈은吾人이社會에對ᄒᆞᆫ本務의綱領이니此ᄂᆞᆫ東西二聖이垂訓ᄒᆞᆫ바二個格言으로써總括홈을得ᄒᆞᆯ지라己의不欲ᄒᆞ는바를人의게

勿施ᄒᆞ라ᄒᆞᆷ은孔子의言이오己의欲ᄒᆞᄂᆞᆫ바ᄅᆞᆯ施ᄒᆞ라ᄒᆞᆷ은基督의言이니此二者中에前者ᄂᆞᆫ消極的으로吾人의行事ᄅᆞᆯ制限ᄒᆞᆫ바오後者ᄂᆞᆫ積極的으로吾人의行事ᄅᆞᆯ奬勵ᄒᆞᆫ바ㅣ라前者ᄂᆞᆫ惡事의作爲ᄅᆞᆯ戒ᄒᆞᆫ바오後者ᄂᆞᆫ善事의作爲ᄅᆞᆯ勸ᄒᆞᆫ바ㅣ며前者의訓示ᄒᆞᆫ바ᄂᆞᆫ公義오後者의教喩ᄒᆞᆫ바ᄂᆞᆫ公德이니此二者ᄂᆞᆫ其一을偏廢치아니코兩兩並行ᄒᆞᆫ後에비로소社會에對ᄒᆞ야完全ᄒᆞᆫ本務ᄅᆞᆯ行得ᄒᆞᆯ지니라吾人은自身의權利의毁損ᄒᆞᆷ을不欲ᄒᆞᆷ으로他人에對ᄒᆞ야셔도其權利ᄅᆞᆯ侵害치아니

ᄒᆞᄂᆞ니此ᄂᆞᆫ前者의訓示ᄒᆞᆫ바ㅣ며吾人은自身의困窮ᄒᆞᆷ을自憐ᄒᆞ고社會公益의成就됨을自喜ᄒᆞᆷ으로此ᄅᆞᆯ推及ᄒᆞ야他人의困窮ᄒᆞᆷ을救助ᄒᆞ고또自進ᄒᆞ야社會의公益을計圖ᄒᆞᄂᆞ니此ᄂᆞᆫ後者의訓示ᄒᆞᆫ바ㅣ니라故로前者ᄂᆞᆫ道德上의本務됨과同時에並히法律上의本務가되고後者ᄂᆞᆫ專히道德上의本務가되ᄂᆞ니다만法律上의罪人되지아니코져ᄒᆞᄂᆞᆫ者ᄂᆞᆫ前者로써足ᄒᆞ다ᄒᆞᆯ지나眞實로道德上의罪人되지아니코져ᄒᆞᄂᆞᆫ者ᄂᆞᆫ後者ᄅᆞᆯ實踐ᄒᆞᆷ이可ᄒᆞ니라

第二章　社會의公義

社會의公義

大凡吾人이他人에對ᄒᆞ야一定ᄒᆞᆫ本務를保有홈은本來吾人이自身에對ᄒᆞ야保有ᄒᆞᆫ本務를擴張ᄒᆞ야此를他人의게推及홈에不外ᄒᆞ니라我와人은同一社會의一員됨에在ᄒᆞ야本來差別이無ᄒᆞ니萬一自己에對ᄒᆞ야當行ᄒᆞᆯ本務가有ᄒᆞ면他人도ᄯᅩᄒᆞᆫ吾人과ᄀᆞᆺ치各其當行ᄒᆞᆯ本務가有ᄒᆞ니라

何故로吾人은他人에對ᄒᆞ야本務가有ᄒᆞ뇨

權利及本務

萬一吾人은他人이自己의權利를侵害홈으로ᄡᅥ不正ᄒᆞᆫ行爲로見做ᄒᆞ면同時에自己가他人의權利를毁損홈과ᄀᆞᆺᄒᆞᆫ不義의行爲로推思ᄒᆞ야此를

深戒홈이可ᄒᆞ니各其他人의權利를尊重히ᄒᆞ야其限度를相越치아니ᄒᆞ면此이곳社會公義의因起ᄒᆞ는바ㅣ니라

吾人의主要된權利는生命財産及名譽

今에吾人의保有ᄒᆞᆫ바權利를究論ᄒᆞᆯ진대生命財産과밋名譽의三種이ᄀᆞ장主要된바ㅣ라大凡吾人이世에處ᄒᆞ야道를行ᄒᆞ야ᄡᅥ人生의目的을得達코져홈에는第一身体健全에着念ᄒᆞ야恒常事爲에能堪ᄒᆞᆯ活潑ᄒᆞᆫ精力을維持홈이可ᄒᆞᆫ지라於是乎吾人은他의殺傷에對ᄒᆞ야스ᄉᆞ로保護ᄒᆞ는權利를保有ᄒᆞ니此이곳生命의侵害홈이不可ᄒᆞᆫ

所以니라ᄯᅩ人生의目的을達ᄒᆞᆷ에ᄂᆞᆫ赤手로能爲ᄒᆞᆯ바ㅣ아니오반다시財産의幇助를依ᄒᆞᆯ지라正當ᄒᆞᆫ手段으로써取得ᄒᆞᆫ財産은自身의能力을擴張ᄒᆞᆷ과又ᄒᆞᆷ으로人生의欠闕치못ᄒᆞᆯ要素가되ᄂᆞ니故로自己所有의財産을自由로處寘ᄒᆞᆷ은吾人의自然ᄒᆞᆫ權利니라名譽도ᄯᅩᄒᆞᆫ自己의勞力價値를依ᄒᆞ야得ᄒᆞᆫ바一種無形財産에不外ᄒᆞᆷ으로써吾人은他의毁損讒誣ᄒᆞᆷ에對ᄒᆞ야스ᄉᆞ로保護ᄒᆞᄂᆞᆫ權利를保有ᄒᆞ니라此三者ᄂᆞᆫ吾人의最大權利가됨으로社會의安寧秩序ᄂᆞᆫ專히此의安全ᄒᆞᆷ을依ᄒᆞᄂᆞ니故로國家가짐짓法律을設定ᄒᆞ야此를保護ᄒᆞ야써道德的制裁의不及ᄒᆞᆫ바를補充ᄒᆞᄂᆞᆫ所以니라下文에此를一一히詳述코져ᄒᆞ노라

第一節　生命에關ᄒᆞᆫ本務

生命에關ᄒᆞᆫ本務

生命의所重ᄒᆞᆫ理由

大凡人의生命을侵害ᄒᆞᆷ이不可ᄒᆞᆫ所以ᄂᆞᆫ人生一切의權利本務의基礎가됨으로써ㅣ니라然ᄒᆞᆷ으로故意로人을殺ᄒᆞ거나人의生命을危害ᄒᆞᄂᆞᆫ者ᄂᆞᆫ곳人生과밋社會의成立ᄒᆞᆫ바本旨에反對ᄒᆞᄂᆞᆫ者가됨으로써罪惡中의ᄀᆞ장重大ᄒᆞᆫ者ㅣ니此ᄂᆞᆫ곳各國의法律이均同히極刑으로써殺人罪를擬

正當防禦

用ᄒᆞᄂᆞᆫ所以니라
吾人의게殺傷을禁ᄒᆞᄂᆞᆫ바原理ᄂᆞᆫ곳吾人의게正當防禦의權利를與홈이라世에暴惡無道의輩가必無홈이아니니吾人은如斯ᄒᆞᆫ强暴輩가吾人의生命을脅迫ᄒᆞᆯ時를當ᄒᆞ야其兇行을束手甘受ᄒᆞᆯ바ㅣ아니오반다시自身의安全을維持코져ᄒᆞ야適當ᄒᆞᆫ手段으로써此를防禦치아니치못ᄒᆞᆯ지니라他의暴力을抵抗홈에ᄂᆞᆫ自身도ᄯᅩᄒᆞᆫ此와同ᄒᆞᆫ暴力을要홈으로써不得已ᄒᆞᆫ時ᄂᆞᆫ吾人을殺傷코져ᄒᆞᄂᆞᆫ者를殺傷홈도可ᄒᆞ니라此正當ᄒᆞᆫ防禦ᄂᆞᆫ

正當防禦가道

德에違反치아니ᄒᆞᄂᆞᆫ理由

다만殺傷을禁止ᄒᆞᄂᆞᆫ바法律에違反되지아니ᄒᆞᆯᄲᅮᆫ아니라도로혀此를完全히홈이라ᄒᆞᆯ지니其理由를言ᄒᆞᆯ진대人命의侵害홈이不可ᄒᆞᆫ原則은本來正義로出ᄒᆞᆫ바ㅣ라故로正義에悖戾ᄒᆞ야他人의生命을危害ᄒᆞᄂᆞᆫ者의게對ᄒᆞ야ᄂᆞᆫ直時消滅홈이可ᄒᆞᆫ所以니라萬一被害者로ᄒᆞ여곰正當히自己를保護치아니ᄒᆞ고他의暴力에屈從ᄒᆞ야其生命의危害를甘受ᄒᆞᆯ時ᄂᆞᆫ正義가墜蔑ᄒᆞᆯᄲᅮᆫ아니라財產과名譽도安全홈을不得ᄒᆞ야社會의秩序가顚覆홈에自至ᄒᆞᆯ지니故로列邦刑法에自己의身

体生命을正當히防禦홈을爲ᄒᆞ야不得已ᄒᆞᆫ境遇에暴行人을殺傷ᄒᆞᆫ者ᄂᆞᆫ自身을爲홈과他人을爲홈을不分ᄒᆞ고其罪를勿論홈으로規定ᄒᆞ니라

如斯히正當防禦를爲ᄒᆞ야他人을殺傷홈은不得已ᄒᆞᆫ事에出홈이나自身의安全홈이旣復ᄒᆞᆫ後에在ᄒᆞ야오히려私憤을爲ᄒᆞ거나或은激昂의餘勢를乘ᄒᆞ야他를殺傷홈은곳自身이他의殺傷罪를故犯홈이니故로列邦刑法에身体財産을防衛홈에出ᄒᆞᆫ者ㅣ라도不得已ᄒᆞᆫ境遇가아니오害를暴行人의게加ᄒᆞ거나又ᄂᆞᆫ危害가已去ᄒᆞᆫ後에餘勢

를乘ᄒᆞ야害를暴行人의게加ᄒᆞᆫ者ᄂᆞᆫ罪를勿論ᄒᆞᄂᆞᆫ限에不在홈으로規定ᄒᆞ니라

正當防禦外의殺傷은總히罪惡이라

正當防禦를除ᄒᆞᆫ外에ᄂᆞᆫ如何ᄒᆞᆫ境遇에在ᄒᆞ던지殺人의大罪됨은更言홀바ㅣ아니어ᄂᆞᆯ人世往往公私의憤怨으로人命을殺害ᄒᆞ야正義를違反ᄒᆞ고도良心人을對ᄒᆞ야恥ᄒᆞᆫ바ㅣ無홈으로思ᄒᆞᄂᆞᆫ者ㅣ有ᄒᆞ니此ᄂᆞᆫ道德의賊이라謂홀지니라

復讎의不正

一個人의權利됨은本來自身利害에關係가有ᄒᆞᆫ範圍內에在ᄒᆞ야만存在홈으로吾人身体에對ᄒᆞᆫ危害가임의除去ᄒᆞ면吾人은他人에對ᄒᆞ야一毫도侵

害ᄒᆞᆷ이不能ᄒᆞᆯ지며此外에在ᄒᆞ야制裁ᄅᆞᆯ加ᄒᆞᆷ은國家에一任ᄒᆞᆯ지니라大抵國家의法律을違背ᄒᆞᄂᆞᆫ者ᄂᆞᆫ假令其害가一個人에關ᄒᆞᆫ時라도ᄯᅩᄒᆞᆫ社會全体에對ᄒᆞ야罪惡이되ᄂᆞ니其理由ᄅᆞᆯ言ᄒᆞᆯ진대社會ᄂᆞᆫ一團体가됨으로써其一部의危害ᄂᆞᆫ곳全体의安全을毁損ᄒᆞᆷ이자못人体의一部ᄅᆞᆯ傷ᄒᆞ면全身의健康을害ᄒᆞᆷ과ᄀᆞᆺᄒᆞᆫ지라故로假令其直接의損害ᄂᆞᆫ社會의一部又ᄂᆞᆫ一個人에關ᄒᆞᆫ境遇라도間接으로ᄂᆞᆫ社會國家人体의損害가되ᄂᆞ니如斯ᄒᆞᆫ罪人을責罰ᄒᆞᄂᆞᆫ職務ᄂᆞᆫ國家에在ᄒᆞᆷ으로

써一個人의能히干與ᄒᆞᆯ바ㅣ아니니라人世에或不正ᄒᆞᆫ手段으로父兄親戚의仇ᄅᆞᆯ復ᄒᆞᄂᆞᆫ者ㅣ有ᄒᆞ니此輩ᄂᆞᆫ利益或은情慾으로써權利正義ᄅᆞᆯ蹂躪ᄒᆞᄂᆞᆫ者ㅣ라謂ᄒᆞᆯ지니라

暗殺의不道

復讐의不道됨은世人의既知ᄒᆞᄂᆞᆫ바ㅣ나政治宗敎等과ᄀᆞᆺᄒᆞᆫ社會公共의利益에關ᄒᆞᆫ社會에在ᄒᆞ야ᄂᆞᆫ殺伐狂暴의行爲가오히려其跡이未絕ᄒᆞ니라特히政治上의暗殺ᄀᆞᆺᄒᆞᆫ바ᄂᆞᆫ暴行者ᄂᆞᆫ國家ᄅᆞᆯ爲ᄒᆞ야奸賊을除去ᄒᆞᆫ다揚言ᄒᆞ고社會의人도ᄯᅩᄒᆞᆫ其不道됨을公認ᄒᆞ나오히려憂國至誠으로出

ᄒᆞᆷ이라ᄒᆞ야도로혀此에同情을表ᄒᆞᄂᆞᆫ者ㅣ有ᄒᆞ니此ᄂᆞᆫ곳一國의公義를破壞ᄒᆞᄂᆞᆫ者ㅣ라吾人의크게排斥ᄒᆞᆯ바ㅣ니라蒙昧未開ᄒᆞᆫ世를當ᄒᆞ야法律이不行ᄒᆞ고正義가不容ᄒᆞ며姦臣庸主가橫暴를專事ᄒᆞ야良民이塗炭에墜ᄒᆞ고國家가滅亡에瀕ᄒᆞᆫ時機에在ᄒᆞ야ᄂᆞᆫ志士仁人이身을捐ᄒᆞ야君側의惡을除去ᄒᆞᆯ必要가無ᄒᆞᆫ바ㅣ아니로대文明法治곳今日에在ᄒᆞ야如斯ᄒᆞᆫ行爲ᄂᆞᆫ決코容許치못ᄒᆞᆯ바ㅣ니라

暗殺과誅戮

人이或政治上의刺殺을指ᄒᆞ야誅戮이라ᄒᆞ나誅戮은國家가既定ᄒᆞᆫ法律에照ᄒᆞ야

死刑을宣告ᄒᆞᆷ을謂ᄒᆞᆷ이오刺殺은不然ᄒᆞ니刺殺이란者ᄂᆞᆫ凶器를自帶ᄒᆞ고恣意로執行ᄒᆞᆫ者ㅣ니其理由의如何를勿論ᄒᆞ고狂暴悖戾ᄒᆞᆷ이此에甚ᄒᆞᆫ者ㅣ無ᄒᆞ거ᄂᆞᆯ人이或愛國勤王이라稱ᄒᆞ야此를寬假ᄒᆞᄂᆞ니此ᄂᆞᆫ곳私情으로써公義를湮滅ᄒᆞᄂᆞᆫ者ㅣ라謂ᄒᆞᆯ지니라

決鬪의不可

決鬪도ᄯᅩᄒᆞᆫ野蠻의遺風이라紛爭正邪를裁斷ᄒᆞᆷ에世에法律이自在ᄒᆞ거ᄂᆞᆯ私憤을乘ᄒᆞ야決鬪에自訟ᄒᆞᆷ은곳法律을擅私ᄒᆞᄂᆞᆫ者ㅣ니라ᄯᅩ決鬪ᄂᆞᆫ人을殺ᄒᆞᆷ이아니면人의게被殺ᄒᆞᄂᆞᆫ바ㅣ니ᄒᆞᆷ싀

死刑

人된本務에違反됨이라其原因은大槪微瑣ᄒᆞᆫ事情에出ᄒᆞᆷ이오其勝敗도ᄯᅩᄒᆞᆫ其理의曲直을不由ᄒᆞ고其技의巧拙을因ᄒᆞᆷ이니公正ᄒᆞᆫ法律制裁에委付ᄒᆞᆷ과同日의論ᄒᆞᆯ바ㅣ아니니라

然이나法律은罪ᄅᆞᆯ隨ᄒᆞ야人을殺害ᄒᆞᆷ이有ᄒᆞ니死刑이곳是니라死刑의可否ᄂᆞᆫ學者間에多少異議가有ᄒᆞᆫ바ㅣ나此ᄅᆞᆯ全廢ᄒᆞᆷ이尙早ᄒᆞᆷ은文化現狀의實際事實이니라大抵刑法은一定不變ᄒᆞᆷ이可ᄒᆞᆫ者ㅣ아니오반다시文化의發達을隨ᄒᆞ야變更ᄒᆞᆷ이可ᄒᆞᆫ者ㅣ라故로昔時의苛酷ᄒᆞᆫ刑罰은今日에其跡이漸絶ᄒᆞ야檻禁服役等의方法도年年改良ᄒᆞᆷ에就ᄒᆞᄂᆞ니此ᄅᆞᆯ由ᄒᆞ야觀ᄒᆞᆯ진대社會가其殘忍ᄒᆞᆫ害ᄅᆞᆯ不被ᄒᆞ고能히死刑을全廢ᄒᆞᆯ日도不遠ᄒᆞ리라ᄒᆞᆯ지로다

正當防禦에不在ᄒᆞ고殺傷을容許ᄒᆞᄂᆞᆫ一例外

人命의貴重ᄒᆞᆷ은以上에說明ᄒᆞᆫ바로ᄡᅥ推知ᄒᆞᆯ지나玆에正當防禦에不在ᄒᆞ고殺傷을容許ᄒᆞᄂᆞᆫ一種例外가有ᄒᆞ니戰爭이곳是니라

兵은凶器라故로濫用ᄒᆞᆷ이不可ᄒᆞ니라戰爭이社會에毒害ᄅᆞᆯ貽ᄒᆞᆷ은人의熟知ᄒᆞᄂᆞᆫ바ㅣ나坤輿上에地ᄅᆞᆯ劃ᄒᆞ고邦을建ᄒᆞ야各其自國人民의福利

戰爭의不得已ᄒᆞᆫ理由

를增進코져ᄒᆞᆷ은今日世界列國의現狀이라萬一列國中에一朝에其意見이相異ᄒᆞ야樽俎間에平和의所望이無ᄒᆞᆫ時ᄂᆞᆫ勢不得已ᄒᆞ야干戈로相見ᄒᆞᄂᆞ니此時를當ᄒᆞ야各國의人民된者ᄂᆞᆫ各其所屬의國家를爲ᄒᆞ야素養의銳氣를奮ᄒᆞ며敵愾의忠義를盡ᄒᆞ야써自國의利益과名譽를保全ᄒᆞᆷ이可ᄒᆞ니此際에在ᄒᆞ야敵人을殺害ᄒᆞᆷ은다만法律道德의不禁ᄒᆞᄂᆞᆫ바ㅣ될ᄲᅮᆫ아니라國家ᄂᆞᆫ도로혀此를命令ᄒᆞ며公費로써其準備에資供ᄒᆞᄂᆞ니라

戰爭은臣民의當然ᄒᆞᆫ本務

彼未開國의人民은國家를頓忘ᄒᆞ고身命을徒惜ᄒᆞᆷ으로現籍을隱冒ᄒᆞ야兵役의免除ᄒᆞᆷ을圖謀ᄒᆞᄂᆞ니此輩ᄂᆞᆫ法律上의罪人될ᄲᅮᆫ아니라道德上으로見ᄒᆞ야도決코許容ᄒᆞᆯ바ㅣ아니니其理由를言ᄒᆞᆯ진대임의國家保護下에生息ᄒᆞᆫ以上은國家의獨立安寧을維持ᄒᆞᆷ은곳臣民된者의當然ᄒᆞᆫ本務가된所以니라

第二節　財産에關ᄒᆞᆫ本務

財産에關ᄒᆞᆫ本務

身体生命의貴重ᄒᆞᆫ事ᄂᆞᆫ前節에既述ᄒᆞᆫ바ㅣ라他人의身体生命을重히녁일진대其行止云爲의自由도ᄯᅩᄒᆞᆫ重히녁임이可ᄒᆞ니其所有ᄒᆞᆫ바自由를

使用홈이不能홀진대身体生命을維持ㅎ는바의目的이何에在ㅎ뇨萬一吾人으로ㅎ여곰他人의利益情欲의頤使ㅎ는바ㅣ되여自身이自由의意思로行止云爲홈이不能홀진대道德上에在훈生命身体의價值는玆에全然히失墜ㅎ엿다謂홀지니라

他人의財産을侵害홈이不可훈理由

임의他人의身体生命의自由됨을貴重히녁일진대此와同一훈理를依ㅎ야他人의財産도또훈均重히녁일지니其理由를言홀진대財産이란者는其人의勤勉勞力으로브터生훈結果에不外훈所以니라萬一吾人의自力으로써所得훈바로셔오히려吾人의所有됨이不能홀진대吾人은곳他人의利益을爲ㅎ야行動ㅎ는一個器械와無異홀지니如斯홀진대吾人의身体生命의自由된事實이何에在ㅎ뇨또自己의財産을所有훈權利가微薄ㅎ면吾人은스스로人生須要의物品을供給홈이不能홀지며兼ㅎ야其身体生命은一日도安全홈을不得홀지라故로時와處를勿論ㅎ고盜奪과殺傷이踵起ㅎ야社會의最大罪惡을釀成홀지니엇지誠懼홀바ㅣ아니리오

所有權의基礎先占及勞力

以上은一般道德上으로브터財産의所重ᄒᆞᆷ을槪論ᄒᆞᆫ바ㅣ라今에財産所有權의基礎ᄅᆞᆯ證明ᄒᆞᄂᆞᆫ바直接의原理ᄅᆞᆯ左에說明ᄒᆞ노니곳先有와勞力이是니라

先占

아ᄌᆞᆨ何人의게도屬치아니ᄒᆞᆫ者ᄂᆞᆫ吾人이此ᄅᆞᆯ取得ᄒᆞᆷ이可ᄒᆞ니主人이無ᄒᆞᆫ物件의占有ᄂᆞᆫ何人의權利던지侵害ᄒᆞᆷ이無ᄒᆞᆫ所以니라

勞力

然이나先占의權利라도勞力을費ᄒᆞᆷ이아니면取得ᄒᆞᆷ을不得ᄒᆞᄂᆞ니라假令綱罟ᄅᆞᆯ設ᄒᆞ야水陸에漁獵ᄒᆞ며無人의土地ᄅᆞᆯ發見ᄒᆞ야此ᄅᆞᆯ私有ᄒᆞᆷ은곳先占의權利에基因ᄒᆞᆷ이니其事業에難易의差別이有ᄒᆞ나並히勞力의結果ᄂᆞᆫ아니라ᄒᆞᆷ이可ᄒᆞ니라故로先占의權利로取得의效가잇게ᄒᆞᄂᆞᆫ所以도ᄯᅩᄒᆞᆫ勞力이라ᄒᆞᆷ이可ᄒᆞ니勞力은다만先占ᄲᅮᆫ아니라一切所有權의根據가되ᄂᆞᆫ바ㅣ니라

獲得ᄒᆞᆷ에勞力을不要ᄒᆞᆫ者ᄂᆞᆫ財産이아니라

大凡人生의須臾도欠闕치못ᄒᆞᆯ物件이라도此ᄅᆞᆯ獲得ᄒᆞᆷ에些少도勞力을不要ᄒᆞᆫ者ᄂᆞᆫ아직財産이라稱ᄒᆞᆷ을不得ᄒᆞᄂᆞ니假令空氣ᄀᆞᆺᄒᆞᆫ者ᄂᆞᆫ地球上到處에存在ᄒᆞ야人生自由呼吸에一任ᄒᆞ며其分量도ᄯᅩᄒᆞᆫ實用上에定限ᄒᆞᆫ바ㅣ無ᄒᆞᆫ지라故로財

産이라謂치아니ᄒᆞᄂᆞ니라山禽野獸ᄂᆞᆫ本來何人所有에歸屬치아니ᄒᆞ고또人이此를造作ᄒᆞᆫ者ㅣ아니나人이此를捕獲ᄒᆞ면곳財産이되ᄂᆞ니此ᄂᆞᆫ捕獲ᄒᆞᆯ際에多少의勞力을費ᄒᆞᆫ所以오또田地를耕作ᄒᆞ야米麥을收穫ᄒᆞ며木石으로써家屋器具를建造ᄒᆞᄂᆞᆫ境遇에在ᄒᆞ야此等의財産이勞力의結果됨은更論ᄒᆞᆯ바ㅣ아니니如斯히一種의物件이吾人의財産됨을得ᄒᆞᆷ은總히吾人의勤勉思量勞動으로브터生ᄒᆞᆫ所以니라

所有權

大抵生活의資料를供給ᄒᆞ야公私百般의本務를能盡케ᄒᆞᄂᆞᆫ者ᄂᆞᆫ財産이오吾人으로ᄒᆞ여곰財産의使用收益處分을自由케ᄒᆞᄂᆞᆫ者ᄂᆞᆫ所有權이니所有權의確立ᄒᆞᆷ은社會의安寧을維持ᄒᆞ야其幸福을增進ᄒᆞᄂᆞᆫ바의一大標準이되여未開國과文明國의差別이玆에存在ᄒᆞ니라誅求橫奪이公私間에恣行ᄒᆞᄂᆞᆫ社會에在ᄒᆞ야ᄂᆞᆫ人民이能히安堵치못ᄒᆞᆯᄲᅮᆫ아니라財産의不安全ᄒᆞᆷ은勤勉貯蓄의心을沮喪ᄒᆞ야맛ᄎᆞᆷ내一般社會로ᄒᆞ여곰怠惰貧困ᄒᆞᆷ에俱陷케ᄒᆞᄂᆞᆫ바ㅣ니라

所有權의確立ᄒᆞᆷ은法律과ᄒᆞ

大抵所有權은法律의規定ᄒᆞᆫ바ㅣ나各其他人의財産을尊重히ᄒᆞ야

재道德의制裁를要ᄒᆞᆷ

貯蓄及讓與權

敢히侵害치못ᄒᆞᄂᆞᆫ바道德上의制裁가아니면決斷코其權利의確立鞏固홈을未見홀지니라吾人은임의財產의所有ᄒᆞᄂᆞᆫ權을享有ᄒᆞ고ᄯᅩᄉᆞᄉᆞ로貯蓄讓與ᄒᆞᄂᆞᆫ權을保有ᄒᆞᄂᆞ니此ᄂᆞᆫ原理의當然ᄒᆞᆫ바ㅣ라何人도容疑홀바ㅣ아니니라貯蓄은다만自身의現在를爲홀ᄲᅮᆫ아니라後世子孫의福利를遠慮홈으로ᄡᅥㅣ니吾人의ᄀᆞ장貴重ᄒᆞᆫ特性이니라萬一些少도財產을貯蓄홈이無ᄒᆞ면一朝不虞의灾禍를當ᄒᆞ야吾人과밋吾人의子孫은何를依ᄒᆞ야生存의幸福을繼續ᄒᆞ리오社會事業의進

世襲相續

步도ᄯᅩᄒᆞᆫ所望이無홀지니라讓與의權도ᄯᅩᄒᆞᆫ我의所有權을實行ᄒᆞᄂᆞᆫ一種方法에不過홈이니其理由를言홀진대吾人의生時와밋死後에在ᄒᆞ야我의所欲ᄒᆞᄂᆞᆫ바人의게讓與홈은곳自由로我의財產을使用홈에不外홈이니라世襲相續의理도ᄯᅩᄒᆞᆫ此와ᄀᆞᆺᄒᆞ니萬一我의死後에在ᄒᆞᆫ子孫家族을爲홈이아니면吾人은何故로如許히自苦ᄒᆞ야吾人生活上에須要되ᄂᆞᆫ바以外에在ᄒᆞ야貯蓄홈을勤勉ᄒᆞ리오此ᄂᆞᆫ다만子孫家族을遠慮ᄒᆞᄂᆞᆫ一念이有홈으로終始孜孜ᄒᆞ야日夕의勤勞를自甘ᄒᆞ

ᄂᆞᆫ바ㅣ니라萬一如斯히勤勞ᄒᆞ야貯蓄ᄒᆞᆫ財產으로吾人의本志와相反ᄒᆞ야도로혀他人의享有消費ᄒᆞᄂᆞᆫ바ㅣ되면곳我의子孫家族의게損害될ᄲᅮᆫ아니라吾人自身의損害됨이라謂ᄒᆞᆯ지니라此ᄂᆞᆫ所有의權이有ᄒᆞᆷ과ᄒᆞᆷ씌讓與의權이有ᄒᆞᆫ所以오ᄯᅩ吾人의財產은其后嗣의所有가됨이아니면親族의所有가되ᄂᆞᆫ所以니라

以上에述ᄒᆞᆷ과ᄀᆞᆺ치所有權의成立됨은或은先占을因ᄒᆞ며或은勞動을因ᄒᆞ며又ᄂᆞᆫ讓與와밋相續을因ᄒᆞ나然이나其權利ᄅᆞᆯ尊重히ᄒᆞ야侵害치못ᄒᆞᆷ은同一ᄒᆞᆫ바ㅣ니라世에或共產主義ᄅᆞᆯ唱道ᄒᆞ야財產의私有ᄒᆞᆷ을攻駁ᄒᆞᄂᆞᆫ者ㅣ有ᄒᆞ며ᄯᅩ富의不平均ᄒᆞᆷ을非難ᄒᆞᄂᆞᆫ者ㅣ有ᄒᆞ나此輩의言論은並히謬見妄想에出ᄒᆞᆷ이라엇지足히辯明ᄒᆞᆷ을要ᄒᆞ리오故로吾人은他人이我에對ᄒᆞ야我의所有權을尊重히ᄒᆞᆷ을希望ᄒᆞᆷ과ᄀᆞᆺ치吾人도ᄯᅩᄒᆞᆫ他人에對ᄒᆞ야其所有權을侵害ᄒᆞᆷ이不可ᄒᆞ니此이곳財產에對ᄒᆞᆫ吾人의本務ㅣ니라

共產主義

以上은財產에對ᄒᆞ야大体의原理ᄅᆞᆯ說明ᄒᆞᆫ바ㅣ라左에其實際本務에就ᄒᆞ야略述코져ᄒᆞ노라

他人의財産에關ᄒᆞᆫ實際의本務

他人의財産에關係된本務ᄂᆞᆫ大略四項으로區別ᄒᆞᆷ이可ᄒᆞ니第一他의財産에關ᄒᆞᆫ直接의本務第二貸借에關ᄒᆞᆫ本務第三依託에關ᄒᆞᆫ本務第四賣買에關ᄒᆞᆫ本務가是니라

竊盜强奪等의罪惡됨은三尺의童子도能知ᄒᆞ며法律의明文도ᄯᅩᄒᆞᆫ嚴禁ᄒᆞᄂᆞᆫ바ㅣ라然이나道德上으로言ᄒᆞᆫ즉暗夜에墻壁을穿踰ᄒᆞ고他의財産을竊取ᄒᆞ며或은暴力脅迫으로써此를强奪ᄒᆞᄂᆞᆫ者만偸盜라謂ᄒᆞᆯ뿐아니라自己의實有치아니ᄒᆞᆫ者를實有ᄒᆞᆷ과ᄀᆞᆺ치ᄒᆞᄂᆞᆫ假粧手段으로써人心을籠絡ᄒᆞ야自身의利益을計圖ᄒᆞᄂᆞᆫ行爲ᄂᆞᆫ設令法律의制裁ᄒᆞᄂᆞᆫ限에不在ᄒᆞᆷ이라ᄒᆞᆯ지라도道德上偸盜의罪를犯ᄒᆞᆫ者ㅣ라謂ᄒᆞᆷ이可ᄒᆞ니라ᄒᆞ믈며詐僞로써財貨를騙取ᄒᆞᆷ은法律의嚴禁ᄒᆞᄂᆞᆫ바ㅣ리오世에他人의財囊을指論ᄒᆞᆷ도躊躇嫌忌ᄒᆞ면셔人을詐欺ᄒᆞ며世를瞞着ᄒᆞ야法網을巧遁ᄒᆞ고도로혀得意揚揚ᄒᆞᄂᆞᆫ者ㅣ有ᄒᆞ니此輩ᄂᆞᆫ貧困에陷ᄒᆞ고饑寒에迫ᄒᆞ야不得已竊盜ᄒᆞᄂᆞᆫ者에比ᄒᆞ면道德上의罪惡이逈別히重大ᄒᆞᆫ者ㅣ라謂ᄒᆞᆯ지니라

貸借

財産의貸借는境遇를隨ᄒᆞ야必要ᄒᆞᆫ바ㅣ有ᄒᆞ니라人은獨力으로써時를臨ᄒᆞ야事를處ᄒᆞᆷ이不能ᄒᆞᆫ바ㅣ有ᄒᆞ니此時를當ᄒᆞ야有無相通ᄒᆞ야其事業을互相幇助ᄒᆞᆷ은實로人世의美擧ㅣ니라然이나吾人은公義上他人의請求를隨ᄒᆞ야반다시貸與치아니치못ᄒᆞᆯ義務가有ᄒᆞᆷ은아니니故로人이萬一好意로써我의게財産을貸與ᄒᆞᆫ時는我도ᄯᅩᄒᆞᆫ其恩德을銘感ᄒᆞ야其契約을實行ᄒᆞᆷ이可ᄒᆞ니라ᄯᅩ吾人은貸與ᄒᆞᆫ바財産에對ᄒᆞ야返還을求ᄒᆞ

報酬의本務

는權이有ᄒᆞᆫ外에다시相當ᄒᆞᆫ報酬를請求ᄒᆞ는權利가有ᄒᆞᆷ으로써借用者는契約의明文이有ᄒᆞᆫ境遇는更論ᄒᆞᆯ바ㅣ無ᄒᆞ고設令契約이無ᄒᆞᆫ時라도其財産을借用ᄒᆞᆫ所以로自己의享受ᄒᆞᆫ바利益에對ᄒᆞ야相當ᄒᆞᆫ報酬를行치아니ᄒᆞᆷ이不可ᄒᆞ니라

重利의不道

然이나債主는報酬를受ᄒᆞ는權이有ᄒᆞᆷ을因ᄒᆞ야決斷코法外의多額을要求ᄒᆞᆷ이不可ᄒᆞ니라利息의率은供給需要의關係를依ᄒᆞ야一定ᄒᆞ는者ㅣ라故로此一定ᄒᆞᆫ利率을超過ᄒᆞᆷ은곳不當ᄒᆞᆫ利益을貪ᄒᆞ는者ㅣ니道德上의罪惡이라謂ᄒᆞᆯ지니라然이나世人이往往借主의急迫ᄒᆞᆫ事勢를乘ᄒᆞ야

各種의手段으로法外의重利ᄅᆞᆯ收取ᄒᆞᄂᆞᆫ者ㅣ有ᄒᆞ니實로可惜ᄒᆞᆫ行爲라謂ᄒᆞᆯ지니라

親知間의貸借

朋友親戚間에在ᄒᆞ야ᄂᆞᆫ借受ᄒᆞᄂᆞᆫ者ᄂᆞᆫ德義上報復ᄒᆞᆷ을自期ᄒᆞᆷ이可ᄒᆞ나貸與ᄒᆞᄂᆞᆫ者ᄂᆞᆫ此ᄅᆞᆯ因ᄒᆞ야何等의報酬던지企望치아니ᄒᆞᆷ이可ᄒᆞ니恩을賣ᄒᆞ야德을求ᄒᆞᆷ은高尙ᄒᆞᆫ友誼間에切禁ᄒᆞᆯ바ㅣ니라

還償의期限

또借用者ᄂᆞᆫ還償의期限을確守ᄒᆞᆷ이可ᄒᆞ니라或者ᄂᆞᆫ還償과報酬로만借用者의主要된本務로認ᄒᆞ고還償期限의遲速으로써些少도介意치아니

ᄒᆞᄂᆞᆫ者ㅣ有ᄒᆞ니此ᄂᆞᆫ惡弊의甚ᄒᆞᆫ者ㅣ니라假令學生ᄋᆞ로셔師友의書籍을借用ᄒᆞ고期限에至ᄒᆞ야此ᄅᆞᆯ返還치아니ᄒᆞ며甚ᄒᆞᆫ者ᄂᆞᆫ他人의게轉貸ᄒᆞ고些少도愧恧ᄒᆞᆫ바ㅣ無ᄒᆞ니此ᄂᆞᆫ自他의損害ᄅᆞᆯ生ᄒᆞᆯ섇아니라借用者의信用을自蔑ᄒᆞᄂᆞᆫ者ㅣ니엇지戒愼ᄒᆞᆯ바ㅣ아니리오

寄託物에關ᄒᆞᆫ互相間의義務

他人으로브터財貨ᄅᆞᆯ寄託ᄒᆞᆷ이된時ᄂᆞᆫ此ᄅᆞᆯ自己의財貨와ᄀᆞᆺ치保管ᄒᆞᆷ이可ᄒᆞ니寄託者의明示或默示가無ᄒᆞᆫ時ᄂᆞᆫ恣意로使用ᄒᆞ거나又ᄂᆞᆫ消費ᄒᆞᆷ이不可ᄒᆞᆯ지며寄託物로브터生ᄒᆞᆫ利益等도亦然

ᄒᆞ니라意外의災禍를被ᄒᆞ거나或은不得已ᄒᆞᆫ事情을因ᄒᆞ야此를損失ᄒᆞᆫ境遇를除ᄒᆞᆫ外에受託者ᄂᆞᆫ保存管理ᄒᆞᆷ에關ᄒᆞ야一切의責任을負ᄒᆞ고또先時의寄託을受ᄒᆞᆫ者와同一ᄒᆞᆫ財貨로써寄託者의게返還ᄒᆞᆷ이可ᄒᆞ니라또此에對ᄒᆞ야保管ᄒᆞᆷ으로브터生ᄒᆞᆫ費用을負擔ᄒᆞ고또相當ᄒᆞᆫ報酬를贈與ᄒᆞᆷ은寄託者의本務ㅣ니라

賣買에關ᄒᆞᆫ本務

賣買ᄂᆞᆫ人生의一日도欠闕치못ᄒᆞᆯ바ㅣ니社會의幸福과밋進步에在ᄒᆞᆫ必要의條件이니라人人이其業을各分ᄒᆞ며其職을相異케ᄒᆞ야各其一心으로專門의職務에從事ᄒᆞᆷ은文化發達의大本이니然ᄒᆞᆷ을得致ᄒᆞᄂᆞᆫ所以ᄂᆞᆫ總히賣買의所賚니라賣者의第一本務ᄂᆞᆫ其販賣코져ᄒᆞᄂᆞᆫ貨物에對ᄒᆞ야正直ᄒᆞᆫ價格을附ᄒᆞᆷ에在ᄒᆞ며品質의精粗優劣等은買者의게交附ᄒᆞᆷ을當ᄒᆞ야毫末도掩蔽ᄒᆞᆷ이不可ᄒᆞ며詐僞에近ᄒᆞᆫ約束은嚴密히避ᄒᆞᆷ이可ᄒᆞ며價格等은法律로써規定ᄒᆞᆷ이可ᄒᆞᆫ者ᄂᆞᆫ아니나社會經濟의狀況을依ᄒᆞ야相當ᄒᆞᆫ時價로評定ᄒᆞᆯ지며小賣營業ᄒᆞᄂᆞᆫ者가平民愚直者의時價不知ᄒᆞᆷ을因ᄒᆞ야不當ᄒᆞᆫ高價를貪ᄒᆞᆷ은賣者의德義를欠

缺ᄒᆞᄂᆞᆫ者ㅣ라此를一身의利害로見ᄒᆞᆯ지라도欺瞞으로브터一時의利益을取得코져ᄒᆞᆷ을因ᄒᆞ야도로혀永久ᄒᆞᆫ信用을失墜ᄒᆞᆷ은甚히愚昧ᄒᆞᆫ者ㅣ라謂ᄒᆞᆯ지라西諺에云ᄒᆞ되正直은商家의最上方策이라ᄒᆞ니實로今古의格言이라云ᄒᆞᆯ지니라

正直은最上方策

大凡財產은人生에直接關係가有ᄒᆞᆷ으로써道德의心이不高ᄒᆞ고本務의念이不强ᄒᆞᆫ人은往往其誘惑ᄒᆞᆷ에抵抗ᄒᆞ기難ᄒᆞ야不識不知間에不正不義에陷入ᄒᆞᄂᆞᆫ바ㅣ되ᄂᆞ니라偷盜又ᄒᆞᆫ者ᄂᆞᆫ法律의禁ᄒᆞᄂᆞᆫ바ㅣ됨으로써敢히違犯ᄒᆞᄂᆞᆫ者ㅣ少ᄒᆞ나然이나賣買寄託貸借等에在ᄒᆞ야好意或은默諾으로出ᄒᆞᆫ者ᄂᆞᆫ每每히公義에違背ᄒᆞ야道德의罪人이되ᄂᆞ니此ᄂᆞᆫ畢竟一般社會의道德心이薄弱ᄒᆞᆫ所致니라與ᄒᆞᆷ이可ᄒᆞᆫ者ᄂᆞᆫ人이不求ᄒᆞᆯ지라도與ᄒᆞ며取ᄒᆞᆷ이不可ᄒᆞᆫ者ᄂᆞᆫ人이贈與ᄒᆞᆯ지라도不取ᄒᆞᆯ지라一邊으로ᄂᆞᆫ他人의財產을尊重히ᄒᆞ야敢히侵害치말며他一邊으로ᄂᆞᆫ自己의本務를確守ᄒᆞ야敢히違越치말지니社會의安寧과幸福은如斯ᄒᆞᆷ을因ᄒᆞ야益益進步ᄒᆞᆷ을得ᄒᆞᆯ지니라

第三節　名譽에關ᄒᆞᆫ本務

名譽에關ᄒᆞᆫ本務

大凡人은肉體의慾望과ᄒᆞᆷᄭᅴ精神의需要를塡充ᄒᆞᆷ이아니면滿足치못ᄒᆞᄂᆞ니故로暖衣飽食이아직足히써幸福이라稱치못ᄒᆞᆯ지며富貴榮華가아직足히써幸福이라稱치못ᄒᆞᆯ지며博學多才가아직足히써幸福이라稱치못ᄒᆞᆯ지니라

豹ᄂᆞᆫ死ᄒᆞᆷ애皮를留ᄒᆞ고人은死ᄒᆞᆷ애名을留ᄒᆞᄂᆞ니此ᄂᆞᆫ吾人의名譽가身後에不朽ᄒᆞᆷ을謂ᄒᆞᆷ이니라吾人은다만名譽를現生에惜ᄒᆞᆯᄲᅮᆫ아니라此를後世에傳ᄒᆞᆷ이아니면決斷코圓滿ᄒᆞᆫ幸福을享受ᄒᆞ얏다謂ᄒᆞ기不能ᄒᆞ니라如斯히名譽를貴重히

名譽를貴重히ᄒᆞᆷ은人의高尙ᄒᆞᆫ性格이라

녁이ᄂᆞᆫ一念은人生의ᄆᆞ장高尙ᄒᆞᆫ性格에基本ᄒᆞᆷ이니人의下等動物과相殊ᄒᆞᆫ所以가玆에在ᄒᆞ니라

特別히我邦에在ᄒᆞ야ᄂᆞᆫ古來로브터名譽를貴重히녁이ᄂᆞᆫ風習이盛行ᄒᆞ야男子가世에立ᄒᆞᄂᆞᆫ骨髓가된지라忠孝節義를尊尙ᄒᆞ고廉耻正直을貴重히ᄒᆞᄂᆞᆫ精神이總히名譽心에自負ᄒᆞᆫ바ㅣ니一縷의命을抛擲ᄒᆞ야萬古의名을完全히ᄒᆞᆷ은我韓人士間에足히異例로視ᄒᆞᆯ바ㅣ아니오곳我韓의固有美風이니라大抵名譽란者ᄂᆞᆫ金銀으로써購

得치못ᄒᆞ며財寶로써換取치못ᄒᆞᄂᆞ니人生의다
시此와此ᄒᆞᆯ者ㅣ無ᄒᆞᆫ所以니라

名譽에關ᄒᆞᆫ本務의起原

大凡正當ᄒᆞᆫ理由를依ᄒᆞ야各人에屬ᄒᆞᆫ바를尊重
히ᄒᆞ며保護ᄒᆞᆷ은社會의本務ㅣ라故로生命財産
을保護ᄒᆞᄂᆞᆫ本務가有ᄒᆞᆫ以上은財産中의ᄀᆞ장貴
重ᄒᆞ고或時ᄂᆞᆫ生命보다더옥貴重히녁이ᄂᆞᆫ바의
名譽ᄂᆞᆫ一層愛重ᄒᆞ게此를保護ᄒᆞᄂᆞᆫ本務가有ᄒᆞ
니此ᄂᆞᆫ日星과ᄀᆞᆺ치炳然ᄒᆞᆫ道理니라大抵眞正ᄒᆞᆫ
名譽ᄂᆞᆫ其人의天才勤勉으로브터生ᄒᆞᆫ結果ㅣ니
此를取得ᄒᆞᄂᆞᆫ所以ᄂᆞᆫ有形財産과無異ᄒᆞᆫ바ㅣ라
故로此를毁損ᄒᆞᆷ이罪惡됨은偷盜詐欺를因ᄒᆞ야
他人의財貨를侵害ᄒᆞᆷ이罪惡됨과些少도差別이
無ᄒᆞ니故로生命財産과ᄒᆞᆷᄭᅴ名譽를保護ᄒᆞᆷ은古
今內外의法律을勿論ᄒᆞ고均同히規定ᄒᆞᆫ바ㅣ니
라然이나名譽ᄂᆞᆫ財産과相異ᄒᆞ야本來無形에屬
ᄒᆞᆷ으로써法律의制裁가ᄉᆞᄉᆞ로周到ᄒᆞᆷ을不得ᄒᆞ
ᄂᆞ니故로此에對ᄒᆞᆫ本務ᄂᆞᆫ專主히道德範圍內에
歸着ᄒᆞᄂᆞᆫ바ㅣ니라

讒誣及誹謗

讒誣와誹謗은他人의名譽를侵害ᄒᆞᄂᆞᆫ二大罪惡
이니라讒誣ᄂᆞᆫ詐僞의手段으로써他人의名譽를

汚辱코져ᄒᆞᄂᆞᆫ者ㅣ니其賤劣ᄒᆞᆫ行爲ᄂᆞᆫ盜賊보다甚ᄒᆞᆫ바ㅣ니라其理由ᄅᆞᆯ言ᄒᆞᆯ진대盜賊은다만吾人의財産을掠奪ᄒᆞᆷ에止ᄒᆞᆯᄲᅳᆫ이나讒誣ᄂᆞᆫ吾人으로ᄒᆞ여곰他人의尊敬을喪失케ᄒᆞ며公私間에吾人의面目과밋信用을墜落케ᄒᆞᆷ이됨으로써ㅣ니라流言이一出ᄒᆞ면設令無根의事ㅣ라도世에其盛名을嫉妬ᄒᆞᄂᆞᆫ輩가爭相喧傳ᄒᆞᆷ으로一世가靡然ᄒᆞ야맛ᄎᆞᆷ내萬口가和附ᄒᆞ야公平直實ᄒᆞᆫ人도또ᄒᆞᆫ容疑ᄒᆞᆷ에至ᄒᆞᄂᆞ니古來로브터讒誣ᄅᆞᆯ因ᄒᆞ야名을失ᄒᆞ고身이死ᄒᆞᆫ者ㅣ其例不少ᄒᆞ니라

誹謗은惡意로써他人의行事云爲ᄅᆞᆯ論評ᄒᆞᆷ을謂ᄒᆞᆷ이니其害가讒誣와ᄀᆞᆺ치甚ᄒᆞᆫ바ᄂᆞᆫ아니나公義에欠損됨은同一ᄒᆞ니라吾人이ᄒᆞᆷᄭᅴ同一社會에生息ᄒᆞ야其利害ᄅᆞᆯᄒᆞᆷᄭᅴᄒᆞᆫ以上은互相間에他의利益을助成ᄒᆞ야써社會全体의幸福을增進ᄒᆞᆷ을另務ᄒᆞᆷ이可ᄒᆞᆫ지라故로社會公衆의利益되지아니ᄒᆞᆯ事ᄂᆞᆫ設令眞正ᄒᆞᆫ事實이라도人의短處欠点을指摘ᄒᆞᆷ은道德上에決斷코容許ᄒᆞᄂᆞᆫ바ㅣ아니니라ᄒᆞ믈며他人의損害ᄅᆞᆯ反喜ᄒᆞ며他人의苦痛을反欣ᄒᆞᆷ은其心術의陰險邪惡ᄒᆞᆷ이此에서甚ᄒᆞᆫ

者ㅣ無ᄒᆞᆷ이리오警官과檢事等ᄀᆞᆺ치公職에在ᄒᆞᆫ者ᄂᆞᆫ他의惡事ᄅᆞᆯ摘發ᄒᆞᆷ으로ᄡᅥ其職司上의本務ᄅᆞᆯ삼으나其職에不在ᄒᆞ야他人의惡事ᄅᆞᆯ暴露ᄒᆞᆷ은甚히可憎可惡ᄒᆞᆫ行爲라謂ᄒᆞᆯ지며名을公義에假借ᄒᆞ고言을公益에藉託ᄒᆞ야自己嫉妬의心情을漏洩ᄒᆞᄂᆞᆫ者ᄂᆞᆫ더욱可憎ᄒᆞᆫ者ㅣ라謂ᄒᆞᆯ지니라

死者의名譽에對ᄒᆞᆫ本務

讒誣誹謗을行ᄒᆞᆷ이不可ᄒᆞᆷ은다만生者에對ᄒᆞᆫ本務가될ᄲᅮᆫ아니라ᄯᅩᄒᆞᆫ死者에對ᄒᆞᆫ本務가되ᄂᆞ니라生者ᄂᆞᆫ誹謗에對ᄒᆞ야스ᄉᆞ로辯解ᄒᆞᄂᆞᆫ自由의權이有ᄒᆞ나死者ᄂᆞᆫ永久沉默ᄒᆞ야一身으로ᄡᅥ後世評判에委付ᄒᆞᆯ지라故로死者에對ᄒᆞ야讒謗ᄒᆞᆷ은더욱卑劣의甚ᄒᆞᆫ者ㅣ니大丈夫의行ᄒᆞᆯ바ㅣ아니니라

讒謗의由來

大抵讒誣와誹謗은吾人의嫉妬猜疑或은輕忽ᄒᆞᆫ判斷으로브터起ᄒᆞᆫ바ㅣ니畢竟自身을愼重치아니ᄒᆞᆷ에職由ᄒᆞᆷ이라吾人이萬一他의盛名을欽羨ᄒᆞᆯ진대스ᄉᆞ로奮勵ᄒᆞ야我도ᄯᅩᄒᆞᆫ如斯히됨을自期ᄒᆞᆯ지어ᄂᆞᆯ自身은自暴ᄒᆞ고다만他人을嫉妬ᄒᆞ니愚昧ᄒᆞᆷ이此에셔甚ᄒᆞᆫ者ㅣ無ᄒᆞ니라

他의心事ᄅᆞᆯ忖度ᄒᆞᆷ이不可ᄒᆞᆷ

ᄯᅩ妄悖히他人의心事ᄅᆞᆯ忖度ᄒᆞ며其是非ᄅᆞᆯ批評ᄒᆞᆯ時ᄂᆞᆫ吾人은動ᄒᆞ면문득猜疑에陷ᄒᆞᆯ지니吾人은

輕忽ᄒᆞᆫ判斷의弊害

다만他의行爲가外面에顯出ᄒᆞᆫ者를知得홈으로써足ᄒᆞ다ᄒᆞᆯ지니라人은性質이各異ᄒᆞ니其行爲의由來ᄒᆞᆫ바心事ᄂᆞᆫ스ᄉᆞ로神明이아니면엇지能히此를推察ᄒᆞ야錯誤가無홈을得ᄒᆞ리오萬一他人의行爲에判斷을下ᄒᆞᆯ必要가有ᄒᆞᆫ時ᄂᆞᆫ반다시公正ᄒᆞᆫ心衡으로其事實을充分히稽査商量ᄒᆞ야써一点의偏頗가無홈을要ᄒᆞᆯ지니라一言의左右홈을因ᄒᆞ야人을中傷ᄒᆞ며世를淆亂ᄒᆞ고또其身을敗亾홈이古來로브터其例가不尠ᄒᆞ니此ᄂᆞᆫ미양輕忽ᄒᆞᆫ判斷으로써他人을批評홈을因홈이니라또平素에輕忽ᄒᆞᆫ判斷을自好ᄒᆞᄂᆞᆫ人은不識不知間에一種偏僻ᄒᆞᆫ習性을成홈으로事를臨ᄒᆞ야公正ᄒᆞᆫ批評을行홈이不能ᄒᆞᆯ지니라故로沈思熟慮홈이아니면決斷코批評을行치아니ᄒᆞᄂᆞᆫ慣習을馴致홈은吾人의處世要務라謂ᄒᆞᆯ지니라

惡意ᄂᆞᆫ評判으로ᄒᆞ여곰輕忽케홈

他에對ᄒᆞᆫ評判을輕忽히ᄒᆞ게ᄒᆞᄂᆞᆫ最大原因은其人에對ᄒᆞ야惡意를包藏홈에在ᄒᆞ니惡意를包藏ᄒᆞᆫ評判은評判이아니오實로讒謗이니讒謗으로評判의假面을粧撰ᄒᆞᆫ者ᄂᆞᆫ人을害ᄒᆞ고世를誤홈이더욱著大ᄒᆞ니라

請컨ᄃᆡ吾人은社會公衆의利害에不關ᄒᆞᆫ以上은반다시他人의行爲에對ᄒᆞ야評判을行치말지어다他人의惡事를隱默看過ᄒᆞᆷ은善良ᄒᆞᆫ人의不忍ᄒᆞᄂᆞᆫ바ㅣ나짐짓此를摘發ᄒᆞ야廣遠히傳播ᄒᆞᆯ必要ᄂᆞᆫ決無ᄒᆞ니라古人이沉默ᄒᆞᆷ으로ᄡᅥ最上의德이라ᄒᆞᆷ은今日吾人의株守ᄒᆞᆷ이可ᄒᆞᆫ바ᄂᆞᆫ아니나ᄯᅩᄒᆞᆫ全然히其理가無ᄒᆞᆷ은아니니라萬一事件이公共의利害에有關ᄒᆞᆫ時ᄂᆞᆫ社會를爲ᄒᆞ야此를指彈ᄒᆞ야ᄡᅥ善後의策을講究ᄒᆞᆷ은吾人이社會에對ᄒᆞᆫ本務ㅣ니라

第三章 社會의公德

第一節 博愛와밋公益

博愛及公益 社會의公德

博愛慈善은人生의最高ᄒᆞᆫ道德이니正義ᄂᆞᆫ我로ᄒᆞ여곰惡人됨을免케ᄒᆞᆯᄲᅮᆫ이나然이나我로ᄒᆞ여곰能히善人됨을得케ᄒᆞᄂᆞᆫ者ᄂᆞᆫ專히博愛慈善의精神을依ᄒᆞᆷ이니라

玆에人이有ᄒᆞ니法律을能히嚴守ᄒᆞ고公義를能히篤尙ᄒᆞ며殺傷ᄒᆞᆷ도無ᄒᆞ고偷盜ᄒᆞᆷ도無ᄒᆞ며ᄯᅩ譏謗ᄒᆞᆷ도無ᄒᆞ야鞠躬謹愼ᄒᆞᄂᆞᆫ道理를力行ᄒᆞᆯ지라도彼가餓莩의橫道ᄒᆞᆷ을見ᄒᆞ고惻隱의心이無

ᄒᆞ며赤子의入井ᄒᆞᆷ을見ᄒᆞ고拯救치아니ᄒᆞ며社會의事業이彼를期待ᄒᆞᄂᆞᆫ바ㅣ有ᄒᆞᆯ지라도此를自任치아니ᄒᆞ면彼를엇지善人이라稱ᄒᆞ리오

博愛란者ᄂᆞᆫ何를謂ᄒᆞᆷ이뇨

博愛란者ᄂᆞᆫ要컨대自身의利益을捨ᄒᆞ고他人을爲ᄒᆞ야盡力ᄒᆞ고些少도報酬를希望치아니ᄒᆞᆷ을謂ᄒᆞᆷ이니라大凡同類를相愛ᄒᆞᆷ은一般動物의天性의니萬一萬物의最靈된人類로셔自利를偏計ᄒᆞ고他를不顧ᄒᆞᄂᆞᆫ者ᄂᆞᆫ禽獸에對ᄒᆞ야엇지慚愧ᄒᆞᆫ바ㅣ無ᄒᆞ리오

博愛의次序

然이나博愛의法이반다시次序가有ᄒᆞ니萬一自己의家族을棄ᄒᆞ고他人의家族을爲先ᄒᆞ며或은自國의同胞를不顧ᄒᆞ고異邦의人民을爲先ᄒᆞᆷ은決斷코其法을得ᄒᆞᆫ者ㅣ아니니라博愛의目的ᄒᆞᄂᆞᆫ바ᄂᆞᆫ人類全体에在ᄒᆞ나近親으로브터爲始ᄒᆞ야漸次로衆庶에推及ᄒᆞᆷ을要ᄒᆞᆯ지니萬一親踈를不分ᄒᆞ고彼我를勿論ᄒᆞ면忠孝의道가自滅ᄒᆞ고愛國의心이自休ᄒᆞᆯ지니此ᄂᆞᆫ博愛의本旨가아니니라

人이各各博愛의精神이素富ᄒᆞᆫ時ᄂᆞᆫ家庭에在ᄒᆞ야ᄂᆞᆫ父子와兄弟가相和ᄒᆞ고社會에在ᄒᆞ야ᄂᆞᆫ長

幼와老少가相親ᄒᆞ며私慾을肆行ᄒᆞ야攘奪ᄒᆞᆷ이無ᄒᆞ고忿怨을相較ᄒᆞ야爭鬪ᄒᆞᆷ이無ᄒᆞ며貧富가서로蔑視치아니ᄒᆞ고貴賤이서로凌辱치아니ᄒᆞ야恩德이靄然ᄒᆞ고秩序가森然ᄒᆞ야淳風厚俗이社會의永遠ᄒᆞᆫ幸福을成ᄒᆞᆯ지니社會에不和ᄒᆞᆫ罪惡을生ᄒᆞᆷ은專히博愛의精神이欠乏ᄒᆞᆷ에起原ᄒᆞᆫ바ㅣ니라

他人의不幸을救助ᄒᆞᄂᆞᆫ本務

博愛의精神이有ᄒᆞᆫ者ᄂᆞᆫ다만他人의生命財産을侵害치아니ᄒᆞᆷ에止ᄒᆞᆯᄲᅮᆫ아니라一步를更進ᄒᆞ야他人의疾病危難과貧窮困厄을救護ᄒᆞᆷ에盡力ᄒᆞᄂᆞ니라萬一自身의不幸으로他의救助를得코져ᄒᆞᆯ진대自身이몬져他人의不幸을救助ᄒᆞᆷ이可ᄒᆞ니我의所欲ᄒᆞᄂᆞᆫ바를他에推及ᄒᆞᆷ은實로人된者의美德이니라

人이疾病危難에陷ᄒᆞ야救助ᄒᆞᄂᆞᆫ者ㅣ無ᄒᆞᆷ을見ᄒᆞ면誰가能히惻隱의心을不起ᄒᆞ리오赤子가井에入ᄒᆞᆷ을見ᄒᆞ고오히려袖手傍觀ᄒᆞᄂᆞᆫ者ᄂᆞᆫ人이아니니라惻隱의心은人의天性이니此를擴充ᄒᆞ면博愛의精神이될지어ᄂᆞᆯ미양情慾이天眞을茅塞ᄒᆞᆷ으로써心과事가相應치못ᄒᆞ야맛ᄎᆞᆷ내不慈

無情ᄒᆞᆫ人이되ᄂᆞ니實로可惜可嘆ᄒᆞᆫ바ㅣ니라身을奮挺ᄒᆞ야能히一個人의災厄을援助ᄒᆞᄂᆞᆫ人이아니면엇지能히社會를愛ᄒᆞ며國家에殉ᄒᆞᆷ을得ᄒᆞ리오身을奔流中에投ᄒᆞ야稚兒의生命을救全ᄒᆞᆫ華盛頓으로셔비로소米國의百萬生靈을壓制中으로브터救濟ᄒᆞ야萬古의偉大ᄒᆞᆫ業을成就ᄒᆞ니라

設令博愛의心이素富ᄒᆞᆯ지라도生死一髮間에處ᄒᆞ야能히救助의目的을達ᄒᆞᆷ을勇斷과膽力의快確ᄒᆞᆷ을要ᄒᆞᆯ지니吾人은玆에在ᄒᆞ야平素에身을修ᄒᆞᆫ一般道德의必要ᄒᆞᆷ을可見ᄒᆞᆯ지니라

傳染病者의看護等事ᄂᆞᆫ慈善中에ᄀᆞ장高尙ᄒᆞᆫ바ㅣ니其理由를言ᄒᆞᆯ진대自身의生命을捨ᄒᆞ고他를救護ᄒᆞᆷ으로써ㅣ니라然이나萬一自身의位置와職責이重大非常ᄒᆞᆫ者로在ᄒᆞᆫ時ᄂᆞᆫ吾人은本務의輕重과ᄒᆞᆷ씌比較ᄒᆞ야其去就를決ᄒᆞᆷ이可ᄒᆞ니萬一父母로ᄒᆞ여곰專히自身을依賴ᄒᆞ야餘生을送ᄒᆞ며또社會國家의福利될事로반다시自身을期待ᄒᆞᆯ時ᄂᆞᆫ吾人의身体ᄂᆞᆫ非常히貴重ᄒᆞᆫ者ㅣ라故로傳染病者의近接ᄒᆞᄂᆞᆫ等事ᄂᆞᆫ一切務避ᄒᆞᆷ이

可ᄒᆞ니라

惠施

物品을惠施ᄒᆞ야他人의貧窮홈을救助홈은實로人生의美事ㅣ니物品의多寡等은반다시指論홀바ㅣ아니오其惠施ᄒᆞᄂᆞᆫ바心情에至ᄒᆞ야ᄂᆞᆫ實로高尙優美ᄒᆞᆫ者ㅣ라謂홀지라故로惠與를受ᄒᆞᆫ者ᄂᆞᆫ此를銘感홈이可ᄒᆞ니其理由를言홀진대곳他의不幸으로써己의不幸으로認ᄒᆞ야己의幸福을減殺ᄒᆞ야써他의不幸을補償코져홈으로써ㅣ니라

慈善의貴重ᄒᆞᆫ理由

慈善事業이道德上ᄆᆞ장貴重ᄒᆞᆫ理由ᄂᆞᆫ玆에存在ᄒᆞ니萬一惠施ᄒᆞᄂᆞᆫ本意가眞正ᄒᆞᆫ博愛同情의精神으로出ᄒᆞᆫ者ㅣ아니오도로혀外面虛飾等을爲ᄒᆞᆫ바ㅣ될時ᄂᆞᆫ其物品이비록夥多홀지라도些少도贊賞홀바ㅣ아니오찰하리僞善者로認ᄒᆞ야批難홈이可ᄒᆞ니라

僞善者

惠與를受ᄒᆞᆫ者도其惠與가僞善으로出ᄒᆞᆫ바ㅣ됨을知ᄒᆞ면엇지中心으로브터其恩을感謝히녁이ᄂᆞᆫ者ㅣ有ᄒᆞ리오

眞正ᄒᆞᆫ慈善者

眞正ᄒᆞᆫ慈善者ᄂᆞᆫ人이其恩을忘却홈을不嫌ᄒᆞ고다만其惠가周到치못홈을憂慮ᄒᆞᄂᆞ니設令人은我의恩德을忘却홀지라도善行의効績은滅홀바ㅣ아니니라恩을忘却홈을怒ᄒᆞ야慈善을廢ᄒᆞᄂᆞᆫ

者ᄂᆞᆫ厥初로브터德을賣ᄒᆞ야報酬ᄅᆞᆯ希望ᄒᆞᄂᆞᆫ者ㅣ오또他의惠施ᄅᆞᆯ受ᄒᆞ고其恩을忘却ᄒᆞᄂᆞᆫ者ᄂᆞᆫ人類의心情이아니라謂ᄒᆞᆯ지니라

惠施의方法

惠施의方法何如ᄂᆞᆫ惠施ᄒᆞᄂᆞᆫ바의物品과ᄒᆞᆷᄭᅴ重要된事ᄅᆞᆯ顧念ᄒᆞᆷ이可ᄒᆞ니라大抵慈善의本旨ᄂᆞᆫ貧困者의一時快樂을爲ᄒᆞᆷ이아니오其永久의幸福을目的ᄒᆞᆷ이라故로惠施ᄅᆞᆯ受ᄒᆞᄂᆞᆫ者로셔節儉의道와遠慮의心이無ᄒᆞ고受領을隨ᄒᆞ야此ᄅᆞᆯ浪費ᄒᆞᄂᆞᆫ虞慮가有ᄒᆞᆫ時ᄂᆞᆫ惠施ᄒᆞᄂᆞᆫ者ᄂᆞᆫ此에對ᄒᆞ

監督及拒絶

야適當ᄒᆞᆫ方法을講究ᄒᆞᆷ이可ᄒᆞ니不然ᄒᆞᆫ즉惠施의目的은決斷코無効로歸ᄒᆞᆯ지니라萬一他의哀求ᄒᆞᄂᆞᆫ者가도로혀其人을害ᄒᆞᆯ時ᄂᆞᆫ此ᄅᆞᆯ拒絶ᄒᆞᆷ이可ᄒᆞ니此이곳眞正ᄒᆞᆫ慈善이니라故로吾人은懶惰ᄒᆞᆫ者가스ᄉᆞ로勤勉치아니ᄒᆞ고다만他人의惠施로衣食ᄒᆞᄂᆞᆫ者의게對ᄒᆞ야愛憐을濫垂ᄒᆞᆷ이不可ᄒᆞ니如斯ᄒᆞᆫ愛憐은徒然히懶惰의習을助長ᄒᆞ야自立의心을消耗케ᄒᆞᆯᄲᅮᆫ인所以니라

公益과世務ᄅᆞᆯ廣開ᄒᆞᄂᆞᆫ事

以上에演陳ᄒᆞᆫ바博愛慈善은實로人情의美果ㅣ니道德의至高ᄒᆞᆫ者ㅣ니라然이나此精神을一層淬勵ᄒᆞ야公益을擴張ᄒᆞ고世務ᄅᆞᆯ廣開ᄒᆞᆷ이아니

면吾人이社會에對ᄒᆞᆫ義務를盡行ᄒᆞ얏다謂ᄒᆞ기不能ᄒᆞᆯ지니라一個人의窮困을救助ᄒᆞᆷ이美德이될진대一國의福利를增進ᄒᆞᄂᆞᆫ者ᄂᆞᆫ더욱貴重ᄒᆞᆫ美德이될지니다만疾病鰥寡를哀憐히녁이고社會公衆의利害에傾心치아니ᄒᆞᄂᆞᆫ者ᄂᆞᆫ大德高義의人이아니니라

人이其分을各應ᄒᆞ야公益上에盡力ᄒᆞᆷ이可ᄒᆞᆫ事業

人이各各才能이相殊ᄒᆞ고職務가相異ᄒᆞᆷ으로萬人에對ᄒᆞ야同一의功業을企望ᄒᆞᆷ은不可ᄒᆞ나其分을應ᄒᆞ고其器를隨ᄒᆞ야公益을爲ᄒᆞᆷ에무슴得成치못ᄒᆞᆯ事ㅣ有ᄒᆞ리오農工商이各其實業을勉

勵ᄒᆞᆷ은社會의殷富와國家의强大를得致ᄒᆞᄂᆞᆫ基本이니此에從事ᄒᆞᄂᆞᆫ者ㅣ日夕에關心치아니치못ᄒᆞᆯ바ㅣ니라政治家가政治의改善을計畫ᄒᆞ고學者가學藝의進步를勉勵ᄒᆞᆷ은並히公利公益을爲ᄒᆞ야盡力ᄒᆞᄂᆞᆫ바ㅣ라故로其道가雖異ᄒᆞ나其志ᄂᆞᆫ同一ᄒᆞ니社會의盛衰와一國의强弱은實로此種人民의多少에原因ᄒᆞᄂᆞᆫ바ㅣ니라然ᄒᆞᆫ즉임의身을修ᄒᆞ고家를齊ᄒᆞᆫ者ㅣ一步를更進ᄒᆞ야社會有用의實務를爲ᄒᆞ야盡力ᄒᆞᆯ바ㅣ無치못ᄒᆞᆯ지니라學問을修ᄒᆞ며財貨를貯ᄒᆞ고些少도社會의

公益을不務ᄒᆞ

ᄂᆞᆫ者ᄂᆞᆫ社會에對ᄒᆞ야死人과同ᄒᆞᆷ

公益을不務ᄒᆞ면此等人은生世有無에何關係가有ᄒᆞ리오人은自身이生息ᄒᆞᄂᆞᆫ社會中에其功績을不遺ᄒᆞ면人生의本務快樂과밋價値가何에在ᄒᆞ뇨其事業이世道人心에裨益되ᄂᆞᆫ바ㅣ有ᄒᆞᆫ人은身이死ᄒᆞᆯ지라도精神은功績과ᄒᆞᆷᄭᅴ永遠不滅ᄒᆞ야百世下의人으로ᄒᆞ여곰景仰의情을不堪케ᄒᆞᆯ지니라

學者文人의事業

學者文人의事業은미양目前의實利에無關ᄒᆞ나智識을開發ᄒᆞ고品性을高尙케ᄒᆞ야一國의文化를奬揚ᄒᆞᄂᆞᆫ바ㅣ라故로學識이有ᄒᆞᆫ者ᄂᆞᆫ凡俗에

不惑ᄒᆞ고權勢에不撓ᄒᆞ며其篤信ᄒᆞᄂᆞᆫ바를固執ᄒᆞ야衆庶의게趨向ᄒᆞᆯ바를提示ᄒᆞᄂᆞ니一代에卓絕ᄒᆞᆫ碩學天才가其國에存在ᄒᆞᆷ은譬컨대荒園中에一枝艶花가開ᄒᆞᆷ과ᄀᆞᆺ치一國의光彩를添ᄒᆞ고名譽를揚ᄒᆞᄂᆞᆫ바ㅣ되ᄂᆞ니古來로브터邦家가顚覆ᄒᆞ고生民이滅殄ᄒᆞᆯ지라도一個碩學文人이存在ᄒᆞ야能히其國民의名譽를不朽케ᄒᆞᄂᆞᆫ證蹟이不尠ᄒᆞ니라

美術도ᄯᅩᄒᆞᆫ文學과ᄀᆞᆺ치文明의精華가되여一國의品位를高貴케ᄒᆞᄂᆞᆫ바ㅣ라特別히我邦에在ᄒᆞ

야古來로브터他邦人의得倣치못홀天然美術의長技가有홈은山河의秀麗홈과民智의聰明홈으로從生혼바ㅣ니此는今日萬國의艶美贊道ᄒᆞ는바ㅣ라故로我邦人으로셔美術의天才가有혼者는列邦의精藝를旁採ᄒᆞ야自國의特長혼技術을益益發達케홈을自期홀지니設令政治上權力에在ᄒᆞ야天下를雄視홀지라도其學問藝術에在ᄒᆞ야可觀홀者ㅣ無ᄒᆞ면此는곳國家의千載榮譽를ᄉᆞᄉᆞ로湮滅ᄒᆞ는바ㅣ니라

目前의事業과

日常當路의事業은人生의欠闕치못홀바ㅣ나吾人은眼前에其結果를取홈으로써滿足히넉이지말지오다시後世子孫의利益을爲ᄒᆞ야遠大의計畫을經營홀지니不然혼즉社會의進步는決斷코期待치못홀지라故로功을一人의게貪치말며績을一代에取치말고其業務를世世相紹ᄒᆞ야社會永久의福利를計圖홈이可ᄒᆞ니此는곳公共心의ᄀᆞ장博大혼바ㅣ니라

遠大의計畫

人生의最大博愛

古來로브터聖賢이라稱ᄒᆞ는其人의事業은總히如斯혼바ㅣ니一人으로브터一代에推及ᄒᆞ고一代로브터萬世에推及홈이實로人生의最大혼博愛니라

公益事業에醵金ᄒᆞᄂᆞᆫ本務

資産을公益事業에投홈은何人이던지得爲ᄒᆞᆯ바ㅣ니곳一般人民의本務ㅣ니라公益을爲ᄒᆞ야使用ᄒᆞᆫ資本은酒食에浪費ᄒᆞᄂᆞᆫ財貨와ᄀᆞᆺ치消失ᄒᆞᄂᆞᆫ바ㅣ아니오永遠히吾人과밋吾人의子孫이其利ᄅᆞᆯ享受ᄒᆞᄂᆞᆫ바ㅣ니其例ᄅᆞᆯ言ᄒᆞᆯ진대港灣의築埠河川의堤防道路의修繕開鑿或은荒蕪地의開墾學校病院의建設等이곳是니라特別히學校의建設ᄀᆞᆺᄒᆞᆫ者ᄂᆞᆫ社會ᄅᆞᆯ爲ᄒᆞ야ᄀᆞ장有益ᄒᆞᆫ事業이니文運의進步ᄅᆞᆯ爲ᄒᆞ야깁히希望ᄒᆞᆯ바ㅣ니라私資ᄅᆞᆯ投ᄒᆞ야圖書館을公開홈도亦然ᄒᆞᆫ바ㅣ오其他養育院孤兒院을設立홈도慈善事業의ᄀᆞ장高尙ᄒᆞᆫ바ㅣ니一國文明의程度ᄂᆞᆫ實로此等事業의多少ᄅᆞᆯ因ᄒᆞ야認証ᄒᆞᆯ바ㅣ不尠ᄒᆞ니라

玆에特別히銘心홈이可홈은公益의美名을因ᄒᆞ야無用의事業을經記홈이不可ᄒᆞᆫ바ㅣ어ᄂᆞᆯ世人이往往好個名義에眩惑ᄒᆞ야其利害ᄅᆞᆯ深究치아니ᄒᆞ고輕忽히着手ᄒᆞ야半途失敗ᄒᆞᄂᆞᆫ者ㅣ有ᄒᆞ니此ᄂᆞᆫ다만自己ᄅᆞᆯ損害ᄒᆞ고社會ᄅᆞᆯ妨碍ᄒᆞᆯ섇아니라或은後人의企業心을沮喪케홈이되ᄂᆞ니故로一種事ᄅᆞᆯ起ᄒᆞ고一種業을企ᄒᆞᆯ時마다其利害

得失을豫先精覈홈이可ᄒᆞ니라

名을衒ᄒᆞᄂᆞᆫ者와公益을主ᄒᆞᄂᆞᆫ者의差別

自己의衒名홈을專爲ᄒᆞ야事ᄅᆞᆯ公益에藉託ᄒᆞᄂᆞᆫ者의可憎홈은자못後世의福利ᄅᆞᆯ專計ᄒᆞ야芳名의遺傳홈을希望ᄒᆞᄂᆞᆫ者의嘉尙홈과ᄀᆞᆺᄒᆞ니二者가其跡이相似ᄒᆞᆫ바ㅣ有ᄒᆞ나其本志의基因ᄒᆞᆫ바ᄅᆞᆯ見ᄒᆞᆯ진대其差別이天淵에比ᄒᆞᆯ바ㅣ아니니라名을衒홈은自身을爲ᄒᆞ야行ᄒᆞᄂᆞᆫ者ㅣ니其意가利己에不外ᄒᆞᆫ바ㅣ라萬一其名이意와ᄀᆞᆺ치顯揚ᄒᆞ면事業의成否ᄂᆞᆫ반다시置之不問ᄒᆞᆯ지니라然이나公共의福利ᄅᆞᆯ專主ᄒᆞᄂᆞᆫ者ᄂᆞᆫ不然ᄒᆞ니其本志가公益에存在홈으로써萬一公益의目的에到達치못ᄒᆞ면말지아니ᄒᆞ고其名譽의顯揚與否ᄂᆞᆫ敢히介意치아니ᄒᆞᄂᆞᆫ바ㅣ니라

公共의事物을尊重히ᄒᆞᆯ事

吾人은公益의事業을奬勵홈과ᄒᆞᆷ씌社會公共의事物을尊重히홈이可ᄒᆞ니라大抵共有에係ᄒᆞᆫ者ᄂᆞᆫ一個人과直接의關係가少홈으로써人이미양輕視ᄒᆞ야損傷破毁홈으로써介意치아니ᄒᆞᄂᆞᆫ者ㅣ有ᄒᆞ니此ᄂᆞᆫ畢竟公共心이無ᄒᆞᆫ所致니라임의一個人의財産을侵害홈이不可홈을知ᄒᆞᆯ진대엇지一個人의團体된社會事物의더옥貴重홈이可

ᄒᆞᆫ者를不知ᄒᆞ리오人의一絲半錢을侵害홀가恐懼ᄒᆞᄂᆞᆫ者로셔도로혀白晝公共의事物을凌蔑홈을介意치아니ᄒᆞᄂᆞᆫ者ㅣ有ᄒᆞ니假令學校의學徒로셔該校의家屋器械를毁損ᄒᆞ고頓然不顧ᄒᆞ며或은公園道路의樹木을折傷ᄒᆞ고泰然無怪ᄒᆞ며或은社院樓閣의墻壁을倒碎ᄒᆞ고爽然自快ᄒᆞᄂᆞᆫ者ㅣ有ᄒᆞ니此ᄂᆞᆫ我邦社會의日常目擊ᄒᆞᄂᆞᆫ바ㅣ라엇지慨嘆치아니ᄒᆞ리오西洋에在ᄒᆞ야ᄂᆞᆫ公共의財産을尊重히ᄒᆞᄂᆞᆫ一念이各人頭腦에遍在ᄒᆞ야敢히此를毁損ᄒᆞᄂᆞᆫ者ㅣ無ᄒᆞ니公園의椅子ᄀᆞᆺ

ᄒᆞᆫ等屬에도其後面에詳記ᄒᆞ야各人은共有財産을保護ᄒᆞᄂᆞᆫ責이有홈을明示ᄒᆞᆫ바ㅣ有ᄒᆞᆫ지라此ᄂᆞᆫ彼邦의一般의美風이니엇지我邦人의效則홀바ㅣ아니리오大抵國民公共心의多少ᄂᆞᆫ其公共의事物을尊重ᄒᆞᄂᆞᆫ程度로브터推認홈을得ᄒᆞᄂᆞ니公園의一石一木은社會利害의大關ᄒᆞᆫ바ㅣ아니나此를尊重히녁이ᄂᆞᆫ觀念이無홈은곳其人의公共心이欠乏홈을表示홈이되ᄂᆞᆫ故로社會國家를爲ᄒᆞ야크게憂慮홀바ㅣ니라

第二節 禮讓과밋禮文

禮讓及禮文

實際의社會ᄂᆞᆫ道理뿐으로써成立ᄒᆞᆫ者ㅣ아니니萬一凡事ᄅᆞᆯ當ᄒᆞ야理의指圖ᄒᆞᄂᆞᆫ바ᄂᆞᆫ一步도枉屈ᄒᆞᆷ이無ᄒᆞ면社會ᄂᆞᆫ恒常衝突不和ᄒᆞᆷ에在ᄒᆞ야眞正ᄒᆞᆫ安寧幸福을求ᄒᆞᆯ道理가無ᄒᆞᆯ지니라

禮讓의必要

大凡人은本來感情에牽引되ᄂᆞᆫ바ㅣ多ᄒᆞ니萬一他人의云爲가我의情에不快ᄒᆞᆷ이有ᄒᆞ면其道理의如何ᄂᆞᆫ置之不問ᄒᆞ고偏히其人을嫌忌ᄒᆞᆷ은吾人互相間에日常目擊ᄒᆞᄂᆞᆫ바ㅣ니라潤達不羈ᄒᆞᆫ人에在ᄒᆞ야ᄂᆞᆫ本來如斯ᄒᆞᆫ事가少ᄒᆞ나此로써一般社會에通行ᄒᆞᄂᆞᆫ例規ᄅᆞᆯ成ᄒᆞᆷ은不能ᄒᆞᆯ지니此感情의衝突을防止ᄒᆞ야彼我의交際ᄅᆞᆯ圓滑케ᄒᆞᄂᆞᆫ者ᄂᆞᆫ곳禮讓이니라

禮讓은譬컨대車軸을潤滑케ᄒᆞᄂᆞᆫ油와ᄀᆞᆺᄒᆞᆫ지라各人의交際ᄅᆞᆯ圓滑케ᄒᆞ야溫情和氣間에其目的을得達케ᄒᆞᄂᆞᆫ바ㅣ니社會의平和ᄅᆞᆯ維持ᄒᆞ야其幸福을推奬ᄒᆞᆷ을爲ᄒᆞᆷ에ᄂᆞᆫ須臾도欠闕치못ᄒᆞᆯ바ㅣ니라

禮儀

禮讓의道ᄂᆞᆫ禮儀와謙讓에在ᄒᆞ니禮儀ᄂᆞᆫ各人間의關係가此ᄅᆞᆯ依ᄒᆞ야써整理되ᄂᆞᆫ바의慣例니其要ᄂᆞᆫ自他의感觸을損傷치아니ᄒᆞ고서로名譽ᄅᆞᆯ

尊重히ᄒᆞ며서로敬愛ᄒᆞᄂᆞᆫ好意ᄅᆞᆯ表ᄒᆞᆷ에在ᄒᆞ니라或은禮儀로써虛飾을삼ᄂᆞᆫ者ㅣ有ᄒᆞ나此ᄂᆞᆫ謬誤의甚ᄒᆞᆫ者ㅣ라實로禮儀ᄂᆞᆫ社會의秩序ᄅᆞᆯ整理ᄒᆞ야各人이서로其名譽ᄅᆞᆯ保全ᄒᆞᄂᆞᆫ바ㅣ니人生의一日도欠缺치못ᄒᆞᆯ者ㅣ니라

禮儀의起原

禮儀의起原은他에對ᄒᆞᄂᆞᆫ尊敬의情이其容貌에自顯ᄒᆞᄂᆞᆫ者ㅣ니라感情發表의形式은生活의狀況이同一ᄒᆞᆫ人民에在ᄒᆞ야ᄂᆞᆫ스ᄉᆞ로同一치아니치못ᄒᆞᆷ으로써因襲이許久ᄒᆞ야맛ᄎᆞᆷ내一定ᄒᆞᆫ儀容을成ᄒᆞᆷ에至ᄒᆞᄂᆞᆫ지라故로一國民의禮儀ᄂᆞᆫ決斷코一時各自의任意로出ᄒᆞᄂᆞᆫ바ㅣ아니오實로數千載間慣習에基本ᄒᆞᆫ바ㅣ니라大抵一國의慣習을貴重히ᄒᆞᆷ은곳其國의秩序ᄅᆞᆯ貴重히ᄒᆞᄂᆞᆫ바ㅣ됨으로써吾人은一國의固有ᄒᆞᆫ禮儀에對ᄒᆞ야서도ᄯᅩᄒᆞᆫ遵奉ᄒᆞᄂᆞᆫ本務가有ᄒᆞ다ᄒᆞᆯ지니라

眞正ᄒᆞᆫ禮儀ᄂᆞᆫ形式과ᄒᆞᆷ씌精神을要ᄒᆞᆷ

然이나眞正ᄒᆞᆫ禮儀ᄂᆞᆫ다만形式으로써足ᄒᆞ다못ᄒᆞᆯ지니반다시如斯ᄒᆞᆫ形式은其內心으로브터自然히發表됨을要ᄒᆞᆯ지니라精神이無ᄒᆞᆫ禮式은비록鄭重懇切ᄒᆞᆷ을極備ᄒᆞ나畢竟虛飾뿐이니其禮가더욱隆厚ᄒᆞᆯᄉᆞ록其意가더욱鄙屈ᄒᆞᆯ지라浮華

諂諛를喜ᄒᆞᄂᆞᆫ者ㅣ아니면何人이此를指彈치아니ᄒᆞ리오故로禮儀의本旨ᄂᆞᆫ恒常他人을對ᄒᆞ야尊敬ᄒᆞᄂᆞᆫ誠意에存在ᄒᆞ니라

禮儀의形式은以上에言홈과ᄀᆞᆺ치生活의狀況을依ᄒᆞ야規定이됨으로ᄡᅥ生活의狀況이變更ᄒᆞ면禮儀도ᄯᅩᄒᆞᆫᄉᆞᄉᆞ로變更치아니치못ᄒᆞᄂᆞ니라更張以來로歐米의文物이盛히我邦社會에輸入이되여交際의儀式도前日과大異ᄒᆞᆫ바ㅣ有ᄒᆞᆫ지라故로今日中에以上社會에立코져ᄒᆞᄂᆞᆫ者ᄂᆞᆫ반다시彼邦禮式에關ᄒᆞ야其大体를通曉홈이必要ᄒᆞ니라

謙讓

謙讓은禮義와홈ᄭᅴ交際에在ᄒᆞ야欠闕치못홀바ㅣ라萬一人人이相交ᄒᆞ야些少도相遜홈이無ᄒᆞ면談話ᄂᆞᆫ恒常爭論에陷ᄒᆞ고交際ᄂᆞᆫ서로釁隙을構ᄒᆞᄂᆞᆫ媒介가됨에止ᄒᆞ리니故로他人을尊敬ᄒᆞᄂᆞᆫ者ᄂᆞᆫ他人의前에在ᄒᆞ야敢히自尊自大의心을不有ᄒᆞ며ᄯᅩ猥濫히自恃自矜의習을不行ᄒᆞ고一念으로遜讓의誠을盡ᄒᆞ야恒常他人의名譽를贊成홈을勉行홀지니大抵人이ᄉᆞᄉᆞ로自己를誇張ᄒᆞᄂᆞᆫ것처럼鄙陋ᄒᆞ고ᄯᅩ人의感觸을惡ᄒᆞ게ᄒᆞᄂᆞᆫ

바ㅣ無ᄒᆞᆫ所以니라故로虛己愛人의心으로써他言을傾聽ᄒᆞ고偏히其美績과長處ᄅᆞᆯ獎揚ᄒᆞᆷ은恭謙의美德이오交際의要道ㅣ니라

他人의思想과信仰에對ᄒᆞᆫ尊敬

또擅恣히他人의思想과信仰을排斥ᄒᆞᆷ은謙讓의德을欠損ᄒᆞᄂᆞᆫ바ㅣ니라學術上의硏究ᄒᆞᆷ을當ᄒᆞ야自他間에其說을相異케ᄒᆞ야全然히調和의道가無ᄒᆞ던지或은實際事業에在ᄒᆞ야自他間에其意見을相異케ᄒᆞ야其結果의如何ᄒᆞᆷ을因ᄒᆞ야重大ᄒᆞᆫ利害가有ᄒᆞ던지如斯ᄒᆞᆫ境遇에在ᄒᆞ야ᄂᆞᆫ吾人은맛당히各自의所信을執ᄒᆞ야其理의當否ᄅᆞᆯ討議ᄒᆞ고一步도枉屈치아니ᄒᆞᆷ이可ᄒᆞ니라然이나日常平和의際에在ᄒᆞ야ᄂᆞᆫ他의言論이我와相異ᄒᆞᆫ바ㅣ有ᄒᆞᆷ으로써곳此ᄅᆞᆯ攻駁排斥ᄒᆞᆯ必要가無ᄒᆞ니其結果가미양自他의感情을傷ᄒᆞ야서로反目疾視ᄒᆞᆷ에止ᄒᆞᆯ뿐이니라其心을寬裕히ᄒᆞ야人을對ᄒᆞᆷ에其容을恭謹히ᄒᆞ고其言을溫順히ᄒᆞ며他ᄅᆞᆯ包容ᄒᆞ고自身을自尊치아니ᄒᆞᆷ은禮讓이有ᄒᆞᆫ人의日常用意ᄒᆞᆯ바ㅣ니라特別히他人의歸依ᄒᆞᄂᆞᆫ바宗敎的信仰은其人에在ᄒᆞ야ᄂᆞᆫ生活의標準이오또道德의理想이라故로吾人은自己의

信仰ᄒᆞᆷ과ᄀᆞᆺ치此를優殊히尊敬ᄒᆞ고決斷코輕侮誹嘲ᄒᆞᄂᆞᆫ惡習을勿有ᄒᆞᆯ지니라

禮儀謙讓은專主히各人互相間의交際를整理ᄒᆞ고또長幼貴賤의秩序를維持ᄒᆞᄂᆞᆫ바ㅣ니라然이나吾人은一個人에對ᄒᆞ야然ᄒᆞᆯ뿐아니라一般社會에對ᄒᆞ야셔도또ᄒᆞᆫ相當ᄒᆞᆫ禮容을維持ᄒᆞ야行止云爲에效則ᄒᆞᆯ바ㅣ無치못ᄒᆞᆯ지니禮文이곳是니라

禮文

禮文이란者ᄂᆞᆫ一言으로써蔽ᄒᆞᆯ진대社會에對ᄒᆞᄂᆞᆫ禮讓이니一個人에對ᄒᆞ야恭敬의禮를極盡히ᄒᆞᄂᆞᆫ者도往往社會에對ᄒᆞ야其儀를失ᄒᆞᄂᆞᆫ者ㅣ有ᄒᆞ니此ᄂᆞᆫ畢竟禮文의觀念이周到치못ᄒᆞᆫ所以니라前者에言ᄒᆞᆷ과ᄀᆞᆺ치同一社會에住居ᄒᆞᆫ人은本來同一의利害가有ᄒᆞᆷ으로써自己一人의意로專恣ᄒᆞ고些少도他를不顧ᄒᆞᆯ時ᄂᆞᆫ社會ᄂᆞᆫ一日도成立ᄒᆞᆷ이不能ᄒᆞᆯ지니此이곳吾人이公衆의生命財産名譽에對ᄒᆞ야尊重保護의本務가有ᄒᆞᆫ所以오또禮讓禮文의欠闕치못ᄒᆞᆯ所以니라垢衣跣足으로大路에行ᄒᆞᄂᆞᆫ者ㅣ自己에在ᄒᆞ야些少도不疚히녁이나此에接觸ᄒᆞᄂᆞᆫ人으로不快嫌忌의念

禮文의必要

을生케ᄒᆞ리니엇지社會에對ᄒᆞ야禮容을備有ᄒᆞᆫ者ㅣ라ᄒᆞ리오社會의事物은隨處에一定ᄒᆞᆫ慣例가有ᄒᆞ니此에違反ᄒᆞᆯ지라도法이此를禁치아니ᄒᆞ며人이此를拒치아니ᄒᆞ나暗裏에公衆의不快를釀起ᄒᆞ야其幸福을減殺ᄒᆞᆷ이其例不尠ᄒᆞ니假令宴會ᄀᆞᆺᄒᆞᆫ者ᄂᆞᆫ本來各人의愉樂을爲ᄒᆞᆷ이어ᄂᆞᆯ萬一此에列席ᄒᆞᆫ者로셔憂愁의心懷를抱ᄒᆞ야不快ᄒᆞᆫ顔色을示ᄒᆞ던지或은傲然自大ᄒᆞ야他人을蔑視ᄒᆞ고跳踉無憚ᄒᆞᆯ時ᄂᆞᆫ반다시同參ᄒᆞᆫ者의歡樂을妨害ᄒᆞ야滿座의和氣를減傷ᄒᆞᆯ지니라或은

抗爭이紛起ᄒᆞ야氣色을勃變ᄒᆞ고言論을峻激케ᄒᆞ며甚至於血氣의勇으로腕力을試ᄒᆞᄂᆞᆫ者ㅣ有ᄒᆞ니此ᄂᆞᆫ我邦에在ᄒᆞ야平素에教育을受ᄒᆞᆫ者間에도往往目擊ᄒᆞᄂᆞᆫ바ㅣ니野蠻無禮의甚ᄒᆞᆫ者ㅣ라謂ᄒᆞᆯ지니라眞正ᄒᆞᆫ議論은時와處가自在ᄒᆞ니愉樂을目的ᄒᆞᄂᆞᆫ集會에在ᄒᆞ야ᄂᆞᆫ此를提起ᄒᆞᆯ必要가無ᄒᆞᆫ지라歐米諸國에셔ᄂᆞᆫ宴會席에在ᄒᆞ야斷定코政治宗教의問題를不言ᄒᆞᄂᆞᆫ一種美風이有ᄒᆞ니此ᄂᆞᆫ爭論을惹起ᄒᆞ야他人의歡笑를妨碍ᄒᆞᆯ가虞慮ᄒᆞᄂᆞᆫ所以니實로吾人의效則ᄒᆞᆯ바ㅣ니

라
大凡一種集會席에參列ᄒᆞᄂᆞᆫ者ᄂᆞᆫ其會合의性質
을豫先考究ᄒᆞ야ᄡᅥ適當ᄒᆞᆫ禮貌와儀容을自保ᄒᆞᆷ
이可ᄒᆞ니假令喪葬에赴參ᄒᆞᄂᆞᆫ者로셔猥妄히談
笑戲謔ᄒᆞᆷ은곳他의悲哀ᄅᆞᆯ嘲弄ᄒᆞᆷ과一般이니無
禮의甚ᄒᆞᆫ者ㅣ라謂ᄒᆞᆯ지니라
禮文을推奬ᄒᆞᆷ은我邦今日社會에在ᄒᆞ야特別히
必要ᄒᆞᆫ者ㅣ라謂ᄒᆞᆯ지니平素에敎育을受ᄒᆞᆫ人이
決斷코不少ᄒᆞᆯ지나一個紳士로셔適當ᄒᆞᆫ禮文을
修得ᄒᆞᆫ者ᄂᆞᆫ實로無多ᄒᆞᆯ지니라狷介自負ᄒᆞ야스

ᄉᆞ로高尙ᄒᆞ다ᄒᆞᄂᆞᆫ者ㅣ有ᄒᆞ며弊衣垢面을스ᄉᆞ
로精潔ᄒᆞ다ᄒᆞᄂᆞᆫ者ㅣ有ᄒᆞ며喜怒ᄅᆞᆯ形色에不顯
ᄒᆞ고寡言危坐ᄒᆞ야스ᄉᆞ로正大ᄒᆞ다ᄒᆞᄂᆞᆫ者ㅣ有
ᄒᆞ며或은言ᄒᆞ되大丈夫ᄂᆞᆫ맛당히小節을不拘ᄒᆞᆯ
지라區區ᄒᆞᆫ禮容이엇지我에在ᄒᆞ리오ᄒᆞᄂᆞᆫ者ㅣ
有ᄒᆞ니此ᄂᆞᆫ東洋古來風習에根因ᄒᆞᆫ바ㅣ나文明
國의紳士가되여셔ᄂᆞᆫ少許도粗率卑野ᄒᆞᆷ이無ᄒᆞᆷ
이리오媚悅을自甘ᄒᆞ야人을遇ᄒᆞ면문득叩頭ᄒᆞᆷ
은本來不可ᄒᆞᆫ바ㅣ니事ᄅᆞᆯ應ᄒᆞ고物을接ᄒᆞ야各
各適當ᄒᆞᆫ容止ᄅᆞᆯ保有ᄒᆞᆷ은곳他人의感情을尊重

히녁이고公衆의幸福을增進ᄒᆞᄂᆞᆫ所以니文明社會에欠闕치못ᄒᆞᆯ禮文이니라

倫理學敎科書卷三終

倫理學敎科書卷四

申海永 編述

第一章 國家總論

國家總論
家族社會國家

大凡人類가此世에生存홈애一人으로서生活홈이不能홀지라故로반다시家族을成ᄒᆞ며家族으로서生活홈이不能홀지라故로반다시社會를成ᄒᆞ니라然이나社會를統御ᄒᆞ며制裁ᄒᆞᄂᆞᆫ바主權이無ᄒᆞ면其福利의增進은期望홀道理가無ᄒᆞ니라於是乎國家란者가起ᄒᆞ니其要ᄂᆞᆫ人類生存의目的을得遂홈에在홀ᄲᅮᆫ이니라故로家族을離ᄒᆞ

國家란者ᄂᆞᆫ何를謂홈이뇨

야個人이無ᄒᆞ고社會ᄂᆞᆫ離ᄒᆞ야家族이無ᄒᆞ며國
家ᄂᆞᆫ離ᄒᆞ야社會가無ᄒᆞᄂᆞ니라
然則國家란者ᄂᆞᆫ何를謂홈이뇨國家란者ᄂᆞᆫ一定
ᄒᆞᆫ土地를占有ᄒᆞ고一定ᄒᆞᆫ獨立主權에服從ᄒᆞᄂᆞᆫ
多數人民의團体를云홈이니라玆에一帶의土地
가有ᄒᆞ니其山河ᄂᆞᆫ漁獵홈이可ᄒᆞ고其原野ᄂᆞᆫ耕
作홈이可ᄒᆞᆯ지라도此에住居ᄒᆞᄂᆞᆫ人民이無ᄒᆞ면
足히써國家라稱ᄒᆞ지못ᄒᆞ며仮玆에一群의人民
이有ᄒᆞ니人情風俗을同一히ᄒᆞ고利害休戚을共
同히ᄒᆞᆯ지라도一定ᄒᆞᆫ土地에住居홈이아니면仮

社會와國家의區別

ᄒᆞᆫ足히써國家라稱ᄒᆞ지못ᄒᆞ며仮一定ᄒᆞᆫ土地와
一群의人民이並有ᄒᆞᆯ지라도此를統御ᄒᆞᄂᆞᆫ바一
定ᄒᆞᆫ主權이無ᄒᆞ면아직足히써國家라稱홈이不
可ᄒᆞ니라大凡人民이其利害를同一히ᄒᆞ고其生
存과幸福을爲ᄒᆞ야協同一致의運動을行ᄒᆞᄂᆞᆫ者
ᄂᆞᆫ곳社會니社會ᄂᆞᆫ權力으로써人民에莅홈이아
니라故로一次其利害를相異케ᄒᆞ면彼等은곳東
西乖離ᄒᆞ야爭鬪强奪이踵起ᄒᆞᆯ지라於是乎一定
ᄒᆞᆫ法律로써人民을統御ᄒᆞ고一定ᄒᆞᆫ意思目的으
로써千萬人을導率ᄒᆞ야進退齊整홈이자못一個

人과ᄀᆞ치運動ᄒᆞᆷ을得ᄒᆞᄂᆞᆫ바一定ᄒᆞᆫ主權이란者가起ᄒᆞ니玆에在ᄒᆞ야國家가비로소成立ᄒᆞ니라

大凡國家ᄂᆞᆫ其意志와目的을具有ᄒᆞᆷ이자못一個人과ᄀᆞᆺᄒᆞ며其人格을保有ᄒᆞᆷ이또ᄒᆞᆫ一個人과ᄀᆞᆺᄒᆞ니라土地人民主權의三者ᄂᆞᆫ國家가此를依ᄒᆞ야써成立ᄒᆞᄂᆞᆫ바ㅣ나임의成立ᄒᆞᆫ以上은國家ᄂᆞᆫ各人以外에在ᄒᆞ야다시無形의一体를組織ᄒᆞ야獨立의意志로써獨立의行爲를營行ᄒᆞᄂᆞᆫ者ㅣ니主權은國家의中心이오또生命이며主權은無上의威力으로써人民의게命令ᄒᆞ고人民은또共同

生存의目的을完全히ᄒᆞᆷ을爲ᄒᆞ야其命令을服從치아니치못ᄒᆞ며主權의行爲ᄂᆞᆫ法律이니곳國家意志의發動이니라故로此에抵抗ᄒᆞᄂᆞᆫ者ᄂᆞᆫ主權의神聖ᄒᆞᆷ을侵害ᄒᆞᄂᆞᆫ者ㅣ니곳國家의安寧秩序를妨害ᄒᆞᄂᆞᆫ者ㅣ니라

國家의目的

國家成立의目的은要컨대外에對ᄒᆞ야ᄂᆞᆫ獨立自存을維持ᄒᆞᆷ으로本旨를삼고內에臨ᄒᆞ야ᄂᆞᆫ人民의安寧幸福을維持ᄒᆞᆷ으로本務를삼ᄂᆞ니於是乎道德은法律이되여各種法令制度가社會利益의增進ᄒᆞᆷ을爲ᄒᆞ야起ᄒᆞᆫ바ㅣ니라國家ᄂᆞᆫ社會秩序

의管理者오ᄯᅩ社會幸福의保護者ㅣ니其全能ᄒᆞᆫ
權力과公正ᄒᆞᆫ法律은國家가此를依ᄒᆞ야써社會
人民의圓滿ᄒᆞᆫ共同生存을得致ᄒᆞᄂᆞᆫ바ㅣ니라

主權及國體

主權은國家의本體나其所在ᄂᆞᆫ各國이其揆不一
ᄒᆞ니此ᄂᆞᆫ國體가相異ᄒᆞᆫ所以니라主權이人民全

共和國體와君主國體

體에在ᄒᆞᆫ者를共和國體라稱ᄒᆞ고一人의게在ᄒᆞᆫ
者를君主國體라云ᄒᆞᄂᆞ니共和國體ᄂᆞᆫ主權이人
民의게在ᄒᆞᆫ故로國家의政治를人民이스ᄉᆞ로行
ᄒᆞᄂᆞ니라然이나此ᄂᆞᆫ國이小ᄒᆞ고民이寡ᄒᆞᆷ이아
니면不能ᄒᆞᆫ바ㅣ라故로近世의共和國은國民으
로ᄒᆞ여곰代議士를選出케ᄒᆞ고ᄯᅩ大統領一人을
選擧ᄒᆞ야國家를代表케ᄒᆞᄂᆞ니佛蘭西國과北米

其利害

合衆國等이곳是오君主國體ᄂᆞᆫ特定ᄒᆞᆫ一人이主
權을掌握ᄒᆞ야써全國을統御ᄒᆞᄂᆞᆫ者를謂ᄒᆞᆷ이니
支那帝國과露西亞國等이是니라前者에在ᄒᆞ야
ᄂᆞᆫ國家全体가叅政의權을共有ᄒᆞ야被治者와治
者가同一ᄒᆞᆷ으로暴君虐主의弊政을受ᄒᆞᆯ虞慮가
無ᄒᆞ나人民이一時의情慾으로或國家百年의大
計를計畫ᄒᆞᆷ이不能ᄒᆞ야往往非常過激ᄒᆞᆫ變態를
釀起ᄒᆞᆷ이不無ᄒᆞᄂᆞ니此ᄂᆞᆫ歷史上에足徵ᄒᆞᆯ바ㅣ

니라後者에在ᄒᆞ야ᄂᆞᆫ不然ᄒᆞ니君主一人이萬民에君臨ᄒᆞᆷ으로써國家의機關이純一ᄒᆞ고其運轉ᄒᆞᄂᆞᆫ方法도甚히圓滑ᄒᆞ며또君主ᄂᆞᆫ專意로國家永遠의利益을計畫ᄒᆞ고또機를臨ᄒᆞ고變을應ᄒᆞ야敏活히處斷ᄒᆞᆷ을得ᄒᆞ며人民도또ᄒᆞᆫ政治得失에奔走ᄒᆞᆷ이無ᄒᆞ고其業의安心ᄒᆞᆷ을得ᄒᆞ나百世中의君主가其德을失ᄒᆞᄂᆞᆫ者ㅣ不無ᄒᆞᆯ지니如斯ᄒᆞᆫ時에在ᄒᆞ야ᄂᆞᆫ其弊가甚大ᄒᆞᆯ지라故로近世에至ᄒᆞ야ᄂᆞᆫ文明諸國이大槪立憲政体로써君主國体上에加ᄒᆞ야此等의弊害를未然에防禦ᄒᆞᄂᆞ니라

國体와政体의區別

國体와政体ᄂᆞᆫ서로混同ᄒᆞᆷ이不可ᄒᆞ니國体ᄂᆞᆫ主權의所在를因ᄒᆞ야分ᄒᆞ고政体ᄂᆞᆫ主權行動의形式을因ᄒᆞ야異ᄒᆞ니라故로君主가國權을總攬ᄒᆞᆷ은君主國体니憲法으로써統治의大法을定ᄒᆞ고立法行政司法의諸機關을設ᄒᆞ야統治의細則을實行ᄒᆞᄂᆞᆫ者를立憲政体라稱ᄒᆞ고君主國体로서立憲政体된者를立憲君主政体라稱ᄒᆞᄂᆞ니라

立憲君主政体

此政体에在ᄒᆞ야ᄂᆞᆫ君主下에代議의機關이有ᄒᆞ야民選의代議士가大政에參與ᄒᆞ야立法財政諸般

憲法

事項에關ᄒᆞ야協賛의責任이有ᄒᆞᆷ으로써君主政体의効果를収ᄒᆞ고獘害를袪ᄒᆞᄂᆞᆫ者ㅣ되ᄂᆞ니라此ᄂᆞᆫ君主共和의兩國体를折衷ᄒᆞᆫ者로셔今日에在ᄒᆞ야比較上가장完全ᄒᆞᆫ政体라謂ᄒᆞᄂᆞ니英吉利國과日本國等이곳是니라(君主國体에在ᄒᆞ야立法의機關이無ᄒᆞ고各種法律이君主의命令으로出ᄒᆞᄂᆞᆫ者를君主專制政体라謂ᄒᆞᄂᆞ니上項에云ᄒᆞᆫ바支那帝國等이是니라)

國体와밋政体의性質을確定ᄒᆞ야國家의組織을明瞭히ᄒᆞ야治者와被治者의關係를規定ᄒᆞᆫ者ᄂᆞᆫ곳憲法이니라임의國家가有ᄒᆞ면써存立ᄒᆞ며써行動ᄒᆞᄂᆞᆫ바의組織과秩序가無치못ᄒᆞᆯ지라故로

不文及成文憲法

憲法은곳此의組織과秩序를定ᄒᆞᆫ者ㅣ니此ᄂᆞᆫ實로國家無上의大典이되여國民의欽遵無違ᄒᆞᄂᆞᆫ바ㅣ니라如斯히憲法은一國主權의行動을規定ᄒᆞ고臣民의權利義務를管理ᄒᆞᄂᆞᆫ바大法典이됨으로써國家를成立ᄒᆞᆫ者ᄂᆞᆫ반다시一定ᄒᆞᆫ憲法이無치못ᄒᆞᆯ지니다만成文存否의差別이有ᄒᆞᆯ뿐이니라

成文憲法의種類

成文憲法은其制定者의如何ᄒᆞᆷ을依ᄒᆞ야名義를各異케ᄒᆞᄂᆞ니帝王이親히制定ᄒᆞᆫ者ᄂᆞᆫ欽定憲法이라云ᄒᆞ고君臣의商議를依ᄒᆞ야成ᄒᆞᆫ者ᄂᆞᆫ約定憲法이라云ᄒᆞ며人民이制定ᄒᆞᆫ者ᄂᆞᆫ民定憲

法이라云ᄒᆞᄂᆞ니라
國家ᄂᆞᆫ自体의保全과發達을目的ᄒᆞ야活動ᄒᆞᄂᆞᆫ有機体가됨으로써此目的을得遂코져ᄒᆞ야行爲의方法을決定ᄒᆞ고또決定ᄒᆞᆫ者를實行ᄒᆞᄂᆞᆫ機關이無치못ᄒᆞᆯ지니前者ᄂᆞᆫ곳立法權이오後者ᄂᆞᆫ곳行法權이니라

立法權及行法權

行法權을다시二種으로分ᄒᆞ야其一을行政權이라云ᄒᆞ고其一을司法權이라云ᄒᆞᄂᆞ니立法權은國會의協賛을經由ᄒᆞ야元首가此를裁可ᄒᆞ고行政權은國務大臣의輔弼을依ᄒᆞ야元首가此를發布ᄒᆞ며司法權은獨立된裁判所를

行政權及司法權

依ᄒᆞ야元首가此를施行ᄒᆞᄂᆞ니라如斯히立法行政司法의三權은各其特殊ᄒᆞᆫ機關의翼賛ᄒᆞᄂᆞᆫ바ㅣ나此를總攬統轄ᄒᆞᆷ은元首의大權이니라

我國体의特質

大凡我國体ᄂᆞᆫ君主國体로專制政体를依ᄒᆞᆫ바곳君主專制政体시니其尊嚴密勿ᄒᆞᆫ体裁ᄂᆞᆫ吾人臣民이中外에誇示ᄒᆞᆯ바ㅣ니라皇祖建國以來로一天萬乘의君上이億兆에君臨ᄒᆞ사一日도寶籙이勿替ᄒᆞ야亂臣賊子의敢히覬覦치못ᄒᆞᆷ은玆에更言ᄒᆞᆯ바ㅣ아니오時或世運의推移ᄒᆞᆷ을隨ᄒᆞ야權親貴戚의跋扈ᄒᆞᆷ이有ᄒᆞ나或은主權行動形式에

正變이有ᄒᆞᆯᄲᅮᆫ이오主權所在에至ᄒᆞ야ᄂᆞᆫ依然히皇帝掌中에在ᄒᆞ시니故로政体와國体ᄂᆞᆫ百世를亘ᄒᆞ야一定不動ᄒᆞᆫ바ㅣ되니라大凡君主ᄂᆞᆫ固有의權力을依ᄒᆞ야一國을統轄ᄒᆞᄂᆞᆫ者어ᄂᆞᆯ彼支那及歐洲의往古歷史와日本國關白의制度를按ᄒᆞᆯ진대名은皇帝라稱ᄒᆞ나實은人民代表者에無過ᄒᆞᆫ者ㅣ多ᄒᆞ야或은國体의變更이無常ᄒᆞ고或은主權의移轉이頻數ᄒᆞ니此ᄂᆞᆫ主權의一部를掌握ᄒᆞ고其全部를不有ᄒᆞᆫ者오或은其本体를僅有ᄒᆞ고行用의權能을不有ᄒᆞᆫ者ㅣ니總히君主의名稱은有ᄒᆞ고君主의實權은無ᄒᆞᆫ者ㅣ라此例로써萬世一統千古不易된我國体에比ᄒᆞ면엇지天壤의差가有ᄒᆞᆯᄲᅮᆫ이리오我國에在ᄒᆞ야ᄂᆞᆫ不然ᄒᆞ니統治의諸機關은天然的憲法範圍內에在ᄒᆞ야行動ᄒᆞ고主權의体用은恒常皇帝掌握에在ᄒᆞ야一國統治의大典及法令은總히陛下의權力으로制定ᄒᆞ시ᄂᆞ니此ᄂᆞᆫ各君主國에比類ᄒᆞᆷ이無ᄒᆞᆫ바곳我國体의特質이니라

中興帝業

神聖文武ᄒᆞ오신我大皇帝陛下ᄭᅴ오서臨御三十載에百度를更張ᄒᆞ시고誓告文과勅語를煥發ᄒᆞ

사(開國五百三年十二月十二日及十三日)國体와밋政体를確立ᄒᆞ시고臣民의權義를明示ᄒᆞ시며國法과밋國制를一定ᄒᆞ사舊邦의命을維新케ᄒᆞ시고前人의烈을增光케ᄒᆞ시니此ᄂᆞᆫ宇內萬國의欽仰崇敬ᄒᆞᄂᆞᆫ바ㅣ라玆에立憲制의或은萬一의弊가有ᄒᆞᆷ을軫念ᄒᆞ사아직大憲을發布치아니ᄒᆞ심으로立法의機關은姑無ᄒᆞ나行政及司法의機關을分設ᄒᆞ사統治의主權으로此를總攬ᄒᆞ시고樞院을特設ᄒᆞ사言路를廣開ᄒᆞ야人民의게叅政權을거위附與ᄒᆞ시니此에不文憲法은儼然存在ᄒᆞ야國朝五百有餘年純正

ᄒᆞᆫ歷史上에一倍의光輝를添ᄒᆞ야中興의不基를益益鞏固케ᄒᆞ신바ㅣ라吾人臣民된者ᄂᆞᆫ聖謨의優渥ᄒᆞ심을体念ᄒᆞᆷ애엇지感激無涯ᄒᆞᆫ바ㅣ아니리오

列國憲法의大體

今에諸外國의憲法의大体를講確ᄒᆞᆯ진대開卷第一에統治의主体된皇位皇位繼承에關ᄒᆞᆫ事를大書ᄒᆞ고次에統治의客体된國土臣民에關ᄒᆞ야其權能義務를規定ᄒᆞ고次에統治의機關된國會政府로브터諸般作用에及ᄒᆞ얏시니皇位ᄂᆞᆫ統治의

統治權

主体곳一國을統轄ᄒᆞᄂᆞᆫ主權의所在됨을表示ᄒᆞ

야皇帝는唯一無限의主權者됨을明確히ᄒᆞ고皇
帝는統治의体用을倂有ᄒᆞᆫ者로서立法行政의權
能의由出ᄒᆞ는바오皇帝는國法과機關을依ᄒᆞ야
統治ᄒᆞ나唯一無二의國權을掌握ᄒᆞ야神聖不可
侵ᄒᆞᆫ바ㅣ되며皇帝는憲法及法律을制定ᄒᆞ야國
法의源泉이된다ᄒᆞ니統治의主權은一國의元首
된皇帝가掌握ᄒᆞ야此를世世相紹ᄒᆞ야永遠히皇
裔에傳ᄒᆞ는바ㅣ되ᄂᆞ니今에我國体에比ᄒᆞᆯ진대
些少도差異ᄒᆞᆫ바ㅣ無ᄒᆞ고憲法은다만此를特書
ᄒᆞ야成典으로써明示ᄒᆞᆷ에無過ᄒᆞ도다

國土及臣民

國家의本은國土와밋臣民에在ᄒᆞ니故로各國의
憲法은國土와臣民에關ᄒᆞᆫ事를皇帝大權에次ᄒᆞ
야記載ᄒᆞ니라大凡統治權은皇帝가國家에君臨
ᄒᆞ야臣民을撫綏ᄒᆞ는至高ᄒᆞᆫ權이니立法行政百
揆의事가此로브터出ᄒᆞ는바ㅣ라故로內에對ᄒᆞ
야는不法을糺明ᄒᆞ야社會의幸福을增進ᄒᆞ고外
에對ᄒᆞ야는國難을防禦ᄒᆞ야國勢를振張ᄒᆞᄂᆞ니
臣民이此를依ᄒᆞ야其堵를安ᄒᆞ며此를依ᄒᆞ야其
業을樂ᄒᆞᆷ으로忠君愛國의精神은統治權의完全
ᄒᆞᆫ作用과서로表裏가되는바ㅣ니라我邦에在ᄒᆞ

야振古以來로一定ᄒᆞᆫ國土와一定ᄒᆞᆫ主權下에一
定ᄒᆞᆫ臣民이生存幸福의樂을完全히ᄒᆞᆷ은總히我
歷代聖皇의洋洋ᄒᆞ신聖德과赫赫ᄒᆞ신威靈을依
ᄒᆞᆷ이니我臣民된者ᄂᆞᆫ益益히皇室을敬愛ᄒᆞ고國
法에從順ᄒᆞ야忠勇禦侮의志로奮勵ᄒᆞᆷ이可ᄒᆞ니
라

第二章 國民의本務

國民의本務

國이有ᄒᆞ면民이有ᄒᆞ니民은一定ᄒᆞᆫ國土와및主
權과ᄒᆞᆷ씌國家組織上에相離치못ᄒᆞᆯ者ㅣ라於是
乎法律은其權利와및義務를規定ᄒᆞ야吾人臣民

된者의國家에對ᄒᆞᆫ關係를明示ᄒᆞᄂᆞ니라

國權에服從ᄒᆞᄂᆞᆫ臣民의第一本務

大凡臣民의第一本務ᄂᆞᆫ國權에服從ᄒᆞᆷ에在ᄒᆞ니
權利의享有ᄂᆞᆫ服從의結果ㅣ니라故로吾人이其
生命財産名譽에關ᄒᆞ야國家의完全ᄒᆞᆫ保護를享
受ᄒᆞᆷ은總히國家統治權에對ᄒᆞ야服從의義務를
完全히ᄒᆞᆷ에職由ᄒᆞᆷ이니라

我國家와臣民間에存ᄒᆞᆫ特別關係

特別히我大韓帝國에在ᄒᆞ야ᄂᆞᆫ臣民이國家에對
ᄒᆞᆫ本務가諸外國과迥別ᄒᆞᆫ바ㅣ有ᄒᆞ니我
太祖高皇帝씌오서海內를掃蕩ᄒᆞ시고皇業을一
統ᄒᆞ오서萬世不易의丕基를神州漢陽에肇建ᄒᆞ

심으로브터爾來歷世相承ᄒᆞ사一系五百有餘年에綿綿ᄒᆞᆫ寶籙으로今日에式至ᄒᆞ시니帝國의國土ᄂᆞᆫ實로皇祖皇宗의創定ᄒᆞ신바오帝國의國民은大概神孫皇族의外裔로서祖先以來로此土에生息ᄒᆞ야萬世一統의皇室에奉公ᄒᆞᆫ者ㅣ라故로我國에在ᄒᆞ야ᄂᆞᆫ皇室은國土와人民의本源이시니彼外邦에在ᄒᆞᆷ과ᄀᆞᆺ치數多의異人種이羣集ᄒᆞ야契約或은强迫으로君臣의關係ᄅᆞᆯ定ᄒᆞ야써國家ᄅᆞᆯ建設ᄒᆞᆫ者와同日에論ᄒᆯ바ㅣ아니니라故로吾人臣民된者ᄂᆞᆫ國家에對ᄒᆞ야絕對의服從과忠勇의精神으로써其本務ᄅᆞᆯ遂行ᄒᆞᆷ이可ᄒᆞ니라大凡吾人은歐米諸國에在ᄒᆞᆷ과ᄀᆞᆺ치自己固有의權力을國家에讓ᄒᆞ야一定ᄒᆞᆫ條件下에服從ᄒᆯ契約을成ᄒᆞᆫ者ㅣ아니니其服從은合意上으로出ᄒᆞᆷ이아니오實로萬古不易된我國体의使然ᄒᆞᆫ바ㅣ라故로臣民이國家에對ᄒᆞᆷ이자못一家의子女가其家長의게對ᄒᆞᆷ과ᄀᆞᆺᄒᆞ니라

權利義務ᄂᆞᆫ服從의結果

帝國臣民은國權에服從ᄒᆞᄂᆞᆫ結果로其權利義務ᄅᆞᆯ保有ᄒᆞᄂᆞ니今에吾人臣民의權利ᄅᆞᆯ言ᄒᆯ진대憲政國과ᄀᆞᆺ치代議機關을設ᄒᆞ야國家事業에直

臣民의權利

接參與ᄒᆞᆷ은無ᄒᆞ나諸般公共義務에就ᄒᆞ야得ᄒᆞ
ᄂᆞᆫ바公權外에居住身体信敎言論著書集會請願
等의自由를保有ᄒᆞ고또財産의安固와書信의秘
密等을維持ᄒᆞᄂᆞᆫ權利를保有ᄒᆞ니라大抵居住身
体의自由ᄂᆞᆫ人生의目的을得遂ᄒᆞᄂᆞᆫ바ㅣ니故로
社會의安寧幸福을設圖ᄒᆞᄂᆞᆫ政府ᄂᆞᆫ반다시此를
保護ᄒᆞᆷ으로先務를삼ᄂᆞ니라信敎의自由ᄂᆞᆫ國家
의安寧秩序를妨害치아니ᄒᆞ고또臣民된本務에
違背치아니ᄒᆞᆯ限에在ᄒᆞ야ᄂᆞᆫ臣民自由에放任ᄒᆞᆷ
이可ᄒᆞᆫ바ㅣ라故로政府ᄂᆞᆫ人心의信仰思想의自

由를妨害ᄒᆞᆷ이不可ᄒᆞ니라또公衆에對ᄒᆞ야我의
思想을吐露ᄒᆞ며互相의意見을交換ᄒᆞᆷ은吾人의
均共히希望ᄒᆞᄂᆞᆫ바ㅣ라言論著書集會等은곳此
目的을達ᄒᆞᄂᆞᆫ바ㅣ니社會의進步를爲ᄒᆞ야一日
도欠闕치못ᄒᆞᆯ者ㅣ니라請願은民意를上達ᄒᆞᄂᆞᆫ
바ㅣ니輿論을貴重히녁이고公議를尊尙ᄒᆞᄂᆞᆫ政
体에在ᄒᆞ야ᄂᆞᆫ또ᄒᆞᆫ必要ᄒᆞᆫ事로認ᄒᆞᄂᆞᆫ바ㅣ라故
로國法은法律範圍와밋相當ᄒᆞᆫ規定下에在ᄒᆞ야
並히其自由를容認ᄒᆞᄂᆞ니라住所居宅은곳吾人
의城郭이니諸般의自由ᄂᆞᆫ其中에保護ᄒᆞᆷ이되고

諸般의秘密은其中에儲藏홈이되여決斷코他人의侵入搜索홈을容許홀바ㅣ아니니라財產의安固됨이可훈理由는玆에贅言홀者ㅣ아니오書信은他의轉聞을忌ᄒᆞ는바秘密훈事件을相通ᄒᆞ는要具가됨으로써假令官廳이라도敢히吾人의書信의秘密홈을暴露홀者ㅣ아니니라以上諸般의權利는憲政國에在ᄒᆞ야는憲法의明文으로써規定훈바ㅣ나帝國에在ᄒᆞ야는아직大憲章으로써明示홈은無ᄒᆞ고自來의固有慣例와各種法令을據ᄒᆞ야足徵홀바ㅣ니不文憲法이라稱ᄒᆞ야도足히妄言이라아니ᄒᆞ노라

如斯히國家는法令과其他方法을依ᄒᆞ야吾人臣民의安寧幸福을爲ᄒᆞ야其權利를認ᄒᆞ고他의侵害毁損홈에對ᄒᆞ야此를保護ᄒᆞ는責을自任ᄒᆞᄂᆞ니吾人臣民된者가此에服從ᄒᆞ야其本務를自盡홈은本來當然훈바ㅣ니라

國家의惠澤

國家는다만他의侵害凌辱에對ᄒᆞ야吾人의生命財產과밋名譽를保護홀ᄲᅮᆫ아니라臣民의利益과幸福을增進홈이되는者는此는勸奬勉勵홈에不怠ᄒᆞ야或은臣民으로ᄒᆞ여곰其職業과天分을應

ᄒᆞ야必要ᄒᆞᆫ敎育을享得케ᄒᆞ며或은殖産興業의道를開拓ᄒᆞ고市場을設ᄒᆞ야貿易을奬勵ᄒᆞ며或은諸種藝術에特秀ᄒᆞᆫ者를優待ᄒᆞ며또諸般制度의組織을設ᄒᆞ야臣民이不幸에陷ᄒᆞᆷ을防禦ᄒᆞ고또임의不幸에陷ᄒᆞᆫ者를救濟ᄒᆞ며또外邦에對ᄒᆞ야ᄂᆞᆫ自國臣民의名譽를顯揚ᄒᆞᆷ에勉力ᄒᆞᄂᆞ니吾人臣民이一個人又ᄂᆞᆫ國民이되여安寧幸福의生活을享得ᄒᆞᆷ은總히國家保護에基因ᄒᆞᆷ이라云ᄒᆞ야도過言이아니니라此等保護ᄂᆞᆫ臣民自身의忠實ᄒᆞᆫ服從으로브터享得ᄒᆞᆫ바ㅣ라故로吾人臣民된者ᄂᆞᆫ日夕에國家의恵澤을感銘ᄒᆞ야圖報의實効를必要ᄒᆞᆯ지라

臣民의本務

然則臣民의本務ᄂᆞᆫ何를謂ᄒᆞᆷ이뇨其主要된者ㅣ大凡四種이有ᄒᆞ니一曰法律에服從ᄒᆞᄂᆞᆫ本務오二曰兵役에就ᄒᆞᄂᆞᆫ本務오三曰租稅를納ᄒᆞᄂᆞᆫ本務오四曰子女를敎育ᄒᆞᄂᆞᆫ本務가是니라立憲國에在ᄒᆞ야ᄂᆞᆫ代議士選擧ᄒᆞᄂᆞᆫ本務를並ᄒᆞ야合其五種의本務가有ᄒᆞ니라

國法을遵奉ᄒᆞᆷ

國家에對ᄒᆞᆫ臣民의第一本務ᄂᆞᆫ國家의規定ᄒᆞᆫ바法律에服從ᄒᆞᆷ에在ᄒᆞ니此ᄂᆞᆫ多言을不須ᄒᆞ고可

知ᄒᆞᆯ바ㅣ니라大抵法律은國家의基礎ㅣ니國家가此를依ᄒᆞ야써一個人의私心私慾을抑制ᄒᆞ고臣民公共의利益을爲ᄒᆞ야公平無私ᄒᆞᆫ權力을普及케ᄒᆞᄂᆞᆫ바ㅣ니라또法律은萬物의保障이니暴力으로ᄒᆞ여곰公道에服從케ᄒᆞ고公道로ᄒᆞ여곰暴力에不屈케ᄒᆞ며正義ᄂᆞᆫ此를保護ᄒᆞ고奸惡은此를懲戒ᄒᆞ야社會의秩序로ᄒᆞ여곰一毫도紊亂ᄒᆞᆷ이無케ᄒᆞᄂᆞᆫ바ㅣ니라物이有ᄒᆞ면반다시則이有ᄒᆞ니國家가一日이라도法律이無치못ᄒᆞᆯ지라故로法律에服從치아니ᄒᆞᄂᆞᆫ者ᄂᆞᆫ國家의敵이니國家保護下에置ᄒᆞᆷ이不可ᄒᆞ니라

法律은다만國內의平和를維持ᄒᆞᆷ에欠闕치못ᄒᆞᆯ者ㅣ될ᄲᅮᆫ아니라또一國의獨立을保障ᄒᆞᄂᆞᆫ者ㅣ니라萬一國民으로ᄒᆞ여곰其國法에服從치아니ᄒᆞ면此ᄂᆞᆫ所謂無政府니一朝에外敵의侵入을遇ᄒᆞ면자못滅亡ᄒᆞᆷ에至ᄒᆞᆯ지라古來로브터邦國의滅亡ᄒᆞᆷ은大概法令이國內에不行ᄒᆞ야臣民이其運動을同一히아니ᄒᆞᆷ을因ᄒᆞᆷ이니라

或은言호대不正ᄒᆞᆫ法律은此를遵奉ᄒᆞᆯ本務가無ᄒᆞ다ᄒᆞ나決斷코不然ᄒᆞ니라法律은國家主權者

國法에對ᄒᆞᆫ臣民의服從은絕對的이됨

의命令ᄒᆞᄂᆞᆫ바ㅣ니臣民된者ᄂᆞᆫ其主權에對ᄒᆞ야絕對的服從의本務가有ᄒᆞᆷ으로써國家保護下에在ᄒᆞᆫ以上은반다시絕對的으로此ᄅᆞᆯ遵奉치아니치못ᄒᆞᆯ지니라萬一其法律로ᄒᆞ여곰眞個正當치못ᄒᆞᆫ者ㅣ有ᄒᆞᆯ진대맛당히相當ᄒᆞᆫ方法으로써此ᄅᆞᆯ改良ᄒᆞᆷ을講究ᄒᆞᆷ이可ᄒᆞ니立憲政体된者ᄂᆞᆫ實로如斯ᄒᆞᆫ公議衆論을容認ᄒᆞᄂᆞᆫ必要로브터成立ᄒᆞᆫ바ㅣ니라

法律과命令곳勅令은國家統治의作用이니總히皇帝大權에出ᄒᆞᆷ으로써此ᄅᆞᆯ遵奉ᄒᆞᆷ은곳國家情

神에服從ᄒᆞᆷ이니라大凡法律이란者ᄂᆞᆫ立憲政体에在ᄒᆞ야ᄂᆞᆫ立法機關된國會의議定을經ᄒᆞ야裁可로써發布ᄒᆞ고專制政体에在ᄒᆞ야ᄂᆞᆫ行法機關된政府의制定을依ᄒᆞ야裁可로써發布ᄒᆞᆷ을謂ᄒᆞᆷ이오命令이란者ᄂᆞᆫ立憲과專制ᄅᆞᆯ勿論ᄒᆞ고元首의大權으로써直行發布ᄒᆞᆷ을謂ᄒᆞᆷ이니라

國法의大体ᄅᆞᆯ通曉ᄒᆞᆷ은臣民의本務

前條에述ᄒᆞᆷ과ᄀᆞ치法律에服從ᄒᆞᆷ은國民의第一本務ㅣ니我國民이忠君愛國의精神이素富ᄒᆞᆷ은本來中外에無愧ᄒᆞᆫ바ㅣ라敢히國家의大法을背戾ᄒᆞᄂᆞᆫ者ㅣ無ᄒᆞ나大槪國法의大体ᄅᆞᆯ通曉ᄒᆞᆷ이

아니면自治의精神으로臣民의公德을維持ᄒᆞᆷ이不能ᄒᆞᆯ지라故로適宜히國家의法律을從順코져ᄒᆞᆯ진대미리其大体를了知ᄒᆞᆷ이可ᄒᆞ니라大抵今日時代에在ᄒᆞ야ᄂᆞᆫ高尙ᄒᆞᆫ愛國心이라도完全ᄒᆞᆫ國家的知識과互相表裏ᄒᆞᆷ이아니면往往無謀非道의擧動이無ᄒᆞᆷ을確保키難ᄒᆞ니自國体制의法律大要를通曉ᄒᆞᆷ은今日臣民된者의急務라謂ᄒᆞᆯ지니라

官吏를尊敬ᄒᆞᄂᆞᆫ本務

國家의法律에從順ᄒᆞᄂᆞᆫ者ᄂᆞᆫ또ᄒᆞᆫ國家의官吏를尊敬치아니치못ᄒᆞᆯ지니何者오官吏ᄂᆞᆫ國法을施行ᄒᆞᄂᆞᆫ職務를帶ᄒᆞ야곳國家統治의權力을代表ᄒᆞᆫ者ㅣ된所以니라故로一個人으로特別히尊敬ᄒᆞᆷ을不要ᄒᆞᆯ人이라도官吏가된以上은相當ᄒᆞᆫ尊敬을表ᄒᆞᆷ이理에當然ᄒᆞᆫ바ㅣ어ᄂᆞᆯ世人이往往官吏로ᄡᅥᄒᆞᆫ갓壓制를行ᄒᆞᄂᆞᆫ者로認定ᄒᆞ야妄悖히反抗輕侮의風習을示ᄒᆞ고慷慨義俠으로ᄡᅥ自居ᄒᆞᄂᆞᆫ者ㅣ有ᄒᆞ니此ᄂᆞᆫ곳國法을蔑視ᄒᆞ며侮辱ᄒᆞᄂᆞᆫ者ㅣ라決斷코忠良ᄒᆞᆫ臣民의得行ᄒᆞᆯ바ㅣ아니니라

兵役의本務

兵役의本務ᄂᆞᆫ臣民이國家에對ᄒᆞ야當然히負擔

ᄒᆞᆫ바ㅣ니라大抵兵은兇器니軍旅干戈의事ᄂᆞᆫ國家가期期코忌避홈이可ᄒᆞᆫ바ㅣ나內外의形勢를觀察홀진대아직須臾間이라도兵備를解除홈은事實上到底不能ᄒᆞᆫ바ㅣ니라

兵備의必要

國家의目的은外로列國에對ᄒᆞ야ᄂᆞᆫ獨立의國体를保全ᄒᆞ고內에在ᄒᆞ야ᄂᆞᆫ臣民의安寧幸福을計畫홈에在ᄒᆞ니故로世界萬國中에並立ᄒᆞ야此目的을得遂코져홀진대맛당히外로ᄂᆞᆫ外敵의侵掠을防禦ᄒᆞ고內로ᄂᆞᆫ叛徒의不逞을鎭撫ᄒᆞᄂᆞᆫ準備가無치못홀지니兵力은곳此의準備라故로世界萬國이古來로브터兵備의無ᄒᆞᆫ國이無ᄒᆞ니라

一國의兵備ᄂᆞᆫ其國의臣民으로써此에充ᄒᆞᄂᆞ니此ᄂᆞᆫ國民이總히兵役의本務를負擔ᄒᆞᆫ所以니라

我邦은國初로브터中葉에至ᄒᆞ기ᄭᆞ지海內의壯丁이總히軍役에服從ᄒᆞᄂᆞᆫ本務가有ᄒᆞ더니中葉以後로昇平日久ᄒᆞ야文治를專尙ᄒᆞ고武道를不備홈으로士大夫와軍民의階級이懸隔ᄒᆞ야軍丁은平民에限ᄒᆞᆫ바ㅣ되고近代에至ᄒᆞ야ᄂᆞᆫ軍丁은一個特別ᄒᆞᆫ種族이되여軍籍에編載ᄒᆞᆫ者ᄂᆞᆫ世世로其役을襲服홈으로此를軍族이라指稱ᄒᆞ더니

龍德이中興ᄒᆞ샤百度를更張홈으로브터軍制도
또ᄒᆞᆫ一變ᄒᆞ야
大皇帝陛下씌오셔親히大元帥位에居ᄒᆞ샤軍機를總攬ᄒᆞ심애全國의臣民은共히兵役의本務를負擔ᄒᆞᆫ바ㅣ되니라兵役은大概現役豫備後備의三種으로分ᄒᆞ고徵兵令으로써全國의成年된男子를徵募ᄒᆞ야現役에服從케ᄒᆞ되此를常備軍이라ᄒᆞ고常備軍으로滿期된者ᄂᆞᆫ豫備軍이되여服役케ᄒᆞ고豫備軍으로滿期된者ᄂᆞᆫ後備軍이되여服役케ᄒᆞ며此外에다시國民軍의一種特制를設

ᄒᆞ야常備豫備後備에不在ᄒᆞᆫ者ᄂᆞᆫ總히此에編入ᄒᆞ야一朝有事ᄒᆞᆫ時ᄂᆞᆫ臨時에此를召集ᄒᆞᄂᆞ니國家ᄂᆞᆫ國家를組織ᄒᆞᆫ바臣民全体로써持保ᄒᆞᄂᆞᆫ原理에出ᄒᆞᆫ所以니라以上의軍制ᄂᆞᆫ今日世界萬國이總히國民皆兵의主義를取ᄒᆞᆫ바ㅣ라故로我邦에在ᄒᆞ야서도大概此制度를採用ᄒᆞᆫ바ㅣ나庶軍草創ᄒᆞᆫ今日을當ᄒᆞ야아직徵兵法을實行치못홈은吾人國民된者의甚히遺憾ᄒᆞᄂᆞᆫ바ㅣ니라彼文化程度가아직幼稚ᄒᆞᆫ國에在ᄒᆞ야ᄂᆞᆫ大概雇傭兵으로써軍備에充ᄒᆞ야國家干城의任을擔負케ᄒᆞ

兵役은國民의特有ᄒᆞᆫ權利

ᄂᆞ니此等國의臣民된者ᄂᆞᆫ自身의本務를抛棄ᄒᆞᆯᄲᅮᆫ아니라國으로써敵의게與홈이니吾人은此에對ᄒᆞ야엇지戒懼ᄒᆞᆯ바ㅣ아니리오

ᄯᅩ他一方으로觀ᄒᆞᆫ즉兵役의本務된은國民의特有ᄒᆞᆫ權利니外國人은決斷코此權利를享得지못ᄒᆞᆯ바ㅣ니라我의ᄆᆞ장敬愛ᄒᆞᄂᆞᆫ바國家를爲ᄒᆞ야身命을捨ᄒᆞ고戮力홈을得홈은엇지吾人臣民된者의最大本務됨과同時에最大名譽됨이아니리오今에我大韓帝國의現狀을觀察홈애宇內列國間에對峙ᄒᆞ야激烈ᄒᆞᆫ生存競爭場裏를經過치아

니치못ᄒᆞᆯ지라殖産興業은富國强兵ᄒᆞᄂᆞᆫ道에本來欠闕치못ᄒᆞᆯ者ㅣ나一朝有事ᄒᆞᆫ時를當ᄒᆞ야國家의獨立을維持ᄒᆞ고國威를奮揚ᄒᆞᄂᆞᆫ者ᄂᆞᆫ專히兵力에在ᄒᆞ니萬世無疆ᄒᆞ신皇室을奉戴ᄒᆞ고天壤無窮ᄒᆞᆫ國土에棲息ᄒᆞᄂᆞᆫ我帝國臣民된者ᄂᆞᆫ君國을爲ᄒᆞ야敵愾奮勵의志를蓄積홈이可ᄒᆞ니라

尙武ᄂᆞᆫ國朝의固有制度

大凡武道를尊尙홈은國朝의固有ᄒᆞᆫ制度ㅣ라皇祖ᄭᅴ오서武威文德으로써海內를定一ᄒᆞ심으로브터歷代聖主ᄂᆞᆫ武備에不懈ᄒᆞ사皇都에五衛及訓鍊院을設ᄒᆞ시고國內諸道에兵馬及水軍節度

使를置ᄒ시며其他要害地에鎭堡와兵營을設ᄒ사國防을嚴히ᄒ신지라故로太祖朝에在ᄒ야琉球王이使价를派來ᄒ야藩臣을稱ᄒ고暹羅王이方物을貢獻ᄒ며降倭가六等의土物을獻ᄒ야化氓됨을願ᄒ고野人酋長의게萬戶의職을除授ᄒ사聖恩의如天ᄒ심을示ᄒ심으로브터皇國의武威가四藩에赫赫ᄒ니라自後定宗朝로브터成宗朝에至ᄒ기ᄭ지女眞萬戶好時乃等과日本國五島守源勝과肥前守源盛等의貢獻이不絕ᄒ고世宗及成宗聖代에在ᄒ야對馬州越中守盛弘이就

降홈애其歸化ᄒᆞᆫ種族을薺浦鹽浦及釜山浦에移殖ᄒ야聖德의懷柔ᄒ심을示ᄒ시고宣祖聖代에在ᄒ야日軍의十萬이東土에鏖殺됨으로브터外寇가敢히神州를窺覦ᄒᄂᆞᆫ者ㅣ無ᄒ니爾來大韓帝國의國光이四海에遠揚ᄒ야宇內의耳目을驚動홈에至ᄒ니라今에往史를追究ᄒᆯ진대總히列聖朝의武威文德을因홈이나또ᄒᆞᆫ我邦人士의忠勇ᄒᆞᆫ精神이素富ᄒ야一心奉公홈이아니면엇지此를得致ᄒ리오吾人臣民된者ᄂᆞᆫ맛당히勇敢ᄒᆞᆫ兵士가되여奮勵의志氣로其役에就ᄒᆯ지며임의

其役에就홀時ᄂᆞᆫ信義를守ᄒᆞ고忠節을盡ᄒᆞ야써吾人祖先의名譽를失墜치아니홈으로自期홀지니라

租稅를供納ᄒᆞᄂᆞᆫ本務

租稅를供納홈이國民의重大ᄒᆞᆫ本務됨은玆에贅言홀바ㅣ無ᄒᆞ니何者오國家ᄂᆞᆫ臣民을保護홈으로第一의目的을삼ᄂᆞᆫ故로臣民保護홈을爲ᄒᆞ야要ᄒᆞᄂᆞᆫ바費用은臣民이此를負擔홈이可ᄒᆞᆫ所以니라世人이往往租稅로써다만政府를爲ᄒᆞ야供納홈으로誤認ᄒᆞ야不平ᄒᆞᆫ意思를懷ᄒᆞ고謗訕의言語를出ᄒᆞᄂᆞᆫ者ㅣ不無ᄒᆞ니此ᄂᆞᆫ畢竟無知蒙昧ᄒᆞ야國家須要의費途를不辨홈에職由홈이니라

一人一家의安全ᄒᆞᆫ幸福은衣食住ᄲᅮᆫ으로써得홈이可ᄒᆞᆫ者ㅣ아니오社會國家의安全幸福을必須홀지며社會國家의安全幸福을維持홈에ᄂᆞᆫ完全ᄒᆞᆫ政府의組織을必須홀지니此ᄂᆞᆫ곳一國의臣民된資格을保全코져홀진대반다시政府의須要ᄒᆞᄂᆞᆫ바費用을支應치아니홈이不可ᄒᆞᆫ所以니라

以上에述ᄒᆞᆫ바本務ᄂᆞᆫ大概國法으로써規定ᄒᆞᆫ바에基因홈이나玆에法律의制裁로써强行홈을不待ᄒᆞ고一個의國民이되여一般人民의必行홀本

務가有ᄒᆞ니何者오곳子女를敎育ᄒᆞᄂᆞᆫ本務가是
니라

子女敎育의本務

子女의게普通敎育을施與ᄒᆞᆷ은一個人되여世의
父母된者의本務ㅣ니라然이나世의子女된者ᄂᆞᆫ
父母에對ᄒᆞ야子女됨과ᄒᆞᆷᄭᅴ一國에對ᄒᆞ야셔ᄂᆞᆫ
臣民이된지라故로世의父母된者ᄂᆞᆫ其子女를私
有物로認定치말고各各一個의臣民이되여他日
에國家를裨益ᄒᆞᆷ에必要ᄒᆞᆫ敎育을施與ᄒᆞᆷ을要ᄒᆞᆯ
지니此이곳父母된者의國家에對ᄒᆞᆫ本務ㅣ니라
如斯ᄒᆞᆫ精神으로써子女의게敎育을施與ᄒᆞ면다

子女ᄂᆞᆫ父母의私有가아니오國家의臣民이라

만國家의有益ᄒᆞᆫ人物을得成ᄒᆞᆯᄲᅮᆫ아니라ᄯᅩᄒᆞᆫ子
女自身의幸福이此에過ᄒᆞᄂᆞᆫ者ㅣ無ᄒᆞᆯ지니라
國家ᄂᆞᆫ國民으로써組織ᄒᆞᆫ바오個人은國民을組
成ᄒᆞᄂᆞᆫ元素ㅣ니故로一個人의賢愚勤惰ᄂᆞᆫ곳一
國上에多少影響이延及ᄒᆞᄂᆞᆫ者ㅣ니라ᄯᅩ一個人
이되여如何히優秀ᄒᆞᆫ資性을具有ᄒᆞᆯ지라도萬一
國家의一民이되여何等의功績이無ᄒᆞᆯ진대此ᄂᆞᆫ
足히國民의本務를盡ᄒᆞ엿다謂ᄒᆞ기不能ᄒᆞᆯ지니
故로世의子女를敎育ᄒᆞᄂᆞᆫ者ᄂᆞᆫ恒常國家의性質
을對照ᄒᆞ고其目的과情狀을應ᄒᆞ야指導의方法

國民敎育의必要

을取홈이可ᄒᆞ니라비록學藝를通ᄒᆞ고才智가長ᄒᆞᆯ지라도萬一國家利害에思想이冷落ᄒᆞᆫ者ᄂᆞᆫ決斷코贊賞홈이可ᄒᆞᆫ者ㅣ아니오또國家의岌嶪ᄒᆞᆫ時를當ᄒᆞ야逡巡狐疑ᄒᆞᄂᆞᆫ者ᄂᆞᆫ一個人이되여비록完全ᄒᆞᆫ才學을兼備ᄒᆞᆯ지라도다만世人의唾罵홈이될ᄲᅮᆫ이니此ᄂᆞᆫ實로國民敎育의必要된所以라世의父母된者ᄂᆞᆫ맛당히深思熟考ᄒᆞᆯ바ㅣ니라

然ᄒᆞᆫ故로各種專門의敎育은各各其人의所好ᄒᆞᄂᆞᆫ바에放任홈이可ᄒᆞ나父母된者ᄂᆞᆫ其子女로ᄒᆞ여곰國家의制定ᄒᆞᆫ바普通敎育은반다시受學케

홈이可ᄒᆞ니此ᄂᆞᆫ一個國民된資格을保有홈에欠闕치못ᄒᆞᆯ者ㅣ됨으로써ㅣ니라

以上은다만國家에對ᄒᆞᆫ本務의ᄀᆞ장主要된者를槪擧ᄒᆞᆯᄲᅮᆫ이오其詳細ᄒᆞᆫ者에至ᄒᆞ야ᄂᆞᆫ玆에枚擧홈에不遑ᄒᆞᆯ지니其要ᄂᆞᆫ國法의規定ᄒᆞᆫ바를隨ᄒᆞ야其職分을忠實히遵奉ᄒᆞ고또國家의獨立富强을爲ᄒᆞ야臣民된本務를盡行홈에在ᄒᆞ니라

國家에對ᄒᆞᆫ本務와家族社會에對ᄒᆞᆫ

然이나國家에對ᄒᆞᆫ本務ᄂᆞᆫ家族社會에對ᄒᆞᆫ本務를妨害ᄒᆞᄂᆞᆫ者ㅣ아니오도로혀家族社會에對ᄒᆞ야完全ᄒᆞᆫ本務를盡行홈은곳國家에對ᄒᆞ야忠良

本務의關係

혼臣民된所以니大凡此를倫理學上으로브터見홀時ᄂᆞᆫ家族이라云ᄒᆞ고社會라云ᄒᆞ며또國家라云ᄒᆞᄂᆞᆫ者ᄂᆞᆫ總히人生幸福의目的을達홈에須要된手段에不外홈이니라人生은出生홈으로브터社交的動物이라離羣索居ᄒᆞ야能히幸福될바ㅣ無ᄒᆞ니於是乎一家族을成立ᄒᆞ니라然이나家族은單獨히存在홈이不能홀지니墻外를擧ᄒᆞ야敵地로假定홀진대其生活은慘憺搖落홈에自止홀지니於是乎其利害를共同히ᄒᆞᄂᆞᆫ人民이相聚ᄒᆞ야社會를組成ᄒᆞ니라然이나人이多ᄒᆞ면意가相合치못ᄒᆞ며意가相合치못ᄒᆞ면一定혼目的과整齊혼秩序로써一人과又치行動홈이不能홀지라故로家에家法이有홈과又치社會도또혼統治의主体가無치못홀지니於是乎主權者가起ᄒᆞ야此主權을行動ᄒᆞᄂᆞᆫ바機關을設ᄒᆞ야玆에國家의基礎를建ᄒᆞ니라故로家族의必要된所以ᄂᆞᆫ곳國家의必要된所以니홈ᄭᅴ人生의須要된者ㅣ니라如斯히家族과社會와國家ᄂᆞᆫ並히同一의目的으로由來혼者ㅣ됨으로其間에本務의衝突이有홀理가毫無ᄒᆞ니라

公私兩德의調和

然ᄒᆞᆫ故로私德과밋公德과社會家族에對ᄒᆞᆫ本務와國家에對ᄒᆞᆫ本務ᄂᆞᆫ決斷코離背或은矛盾될事가無ᄒᆞ니라君에忠ᄒᆞᆷ은곳父母의게孝ᄒᆞᄂᆞᆫ바오國家를篤愛ᄒᆞᄂᆞᆫ者ᄂᆞᆫ곳社會를爲ᄒᆞᄂᆞᆫ바오人人이其職을勉勵ᄒᆞ며其業을謹務ᄒᆞ면家族이其惠를蒙ᄒᆞ고社會가其澤을被ᄒᆞ며國家가ᄯᅩᄒᆞᆫ其益을受ᄒᆯ지오國難에赴ᄒᆞ야勇이無ᄒᆞᆷ은國家에不忠됨과ᄒᆞᆷ씌父母의게不孝되ᄂᆞᆫ者ㅣ오同胞에對ᄒᆞ야信이無ᄒᆞᆷ은社會에不義될ᄲᅮᆫ아니라ᄯᅩᄒᆞᆫ家族에不德되ᄂᆞᆫ者ㅣ니人生의道德은公私自他를

勿論ᄒᆞ고서로關聯調和ᄒᆞ야決斷코乖離睽違ᄒᆞᆷ이無ᄒᆞ니라萬一不然ᄒᆞ야善惡邪正이事와物을應ᄒᆞ야眞面을變換ᄒᆞ고名義를倒錯ᄒᆞᆯ時ᄂᆞᆫ家族과國家ᄂᆞᆫ一日도安全ᄒᆞᆷ을得保치못ᄒᆞᆯ지니라

立憲國臣民의代議士選擧ᄒᆞᄂᆞᆫ本務

玆에吾人의叅考ᄒᆞᆷ을爲ᄒᆞ야代議士選擧의本務를大略尾陳ᄒᆞ노라代議士選擧의本務ᄂᆞᆫ立憲國臣民된者의ᄀᆞ장愼重ᄒᆞᄂᆞᆫ바ㅣ니諸般本務ᄂᆞᆫ法律의詳細規定ᄒᆞᆫ바를依ᄒᆞ야此를遂行ᄒᆞᆯᄲᅮᆫ이나代議士選擧ᄒᆞᄂᆞᆫ本務에至ᄒᆞ야ᄂᆞᆫ國法은其大要만槪示ᄒᆞᆯᄲᅮᆫ이오選擧ᄒᆞᆯ人物의如何ᄂᆞᆫ人民自由

에放任홈으로써其責任이一層重大ᄒᆞ니라
大凡代議士를選擧홈은要컨대多數人民의意見을徵ᄒᆞ야公議輿論으로써決行홈을爲홈이니下으로郡市面村會議員으로브터上으로國會議員에至ᄒᆞ기ᄭᆞ지總히其國人民에直接利害가有ᄒᆞᆫ바國家의政治를協贊ᄒᆞᄂᆞᆫ者ㅣ됨으로써人民은公明正大ᄒᆞᆫ方法을依ᄒᆞ야ᄆᆞ장適當ᄒᆞᆫ人物을選擧홈이可ᄒᆞ니라就中國會ᄂᆞᆫ一國의樞要된統治機關이니立法에叅與홈과國庫歲計의豫筭을議定홈과決筭을審査ᄒᆞᄂᆞᆫ權能을保有ᄒᆞᆫ者ㅣ라故

投票에關ᄒᆞᆫ選擧人과被選擧人의本務

로代議士의選擧ᄂᆞᆫ特別히鄭重親切ᄒᆞᆫ意로此를執行ᄒᆞᆯ지니善良ᄒᆞᆫ代議士를得홈은一國臣民의福祉가될ᄲᅮᆫ아니라上으로元首의渴望ᄒᆞᄂᆞᆫ聖衷을奉荅홈이됨으로써ㅣ니라
萬一故意로써投票權을放棄ᄒᆞ고或은偏頗의私情으로써不適當ᄒᆞᆫ人物을投票ᄒᆞ거나又ᄂᆞᆫ投票를賣買ᄒᆞ고或은賄賂로써不正ᄒᆞᆫ多數의投票를得코져홈은다만一個人의卑野ᄒᆞᆫ行爲가될ᄲᅮᆫ아니라上으로國家皇室에對ᄒᆞ고下으로社會人民에對ᄒᆞ야其本務를失墜ᄒᆞ고公德을欠缺ᄒᆞᄂᆞᆫ者

ㅣ라謂홀지니라故로選擧人된者는미리被選擧人될者의人物德行學識等에關ᄒᆞ야果然人民을代表ᄒᆞ야大政에叅與홀資格이有ᄒᆞᆫ與否를鑑別홈이可홀지며또被選擧人될者는미리自己의主義와意見을發表ᄒᆞ야此를選擧人의輿論에一任ᄒᆞ야公正ᄒᆞᆫ手段으로써投票홈을請求홈이可ᄒᆞ니金力으로써投票를買收홈은ᄀᆞ장卑劣ᄒᆞᆫ行爲니라

第三章 愛國心

愛國心

國法에服從ᄒᆞ고兵役에就ᄒᆞ며租稅를納홈은總히國民의本務ㅣ니此等의本務를極盡히홈은다만法制의規定ᄒᆞᆫ바를不得已ᄒᆞ야遵奉홈을云홈이아니오國家를愛護ᄒᆞ는精神곳眞誠으로브터出홈을要홀지니라一國의法律制度는如何히善美홀지라도此를遵奉ᄒᆞ는臣民으로ᄒᆞ여곰至誠ᄒᆞᆫ愛國心으로브터出홈이아니면決斷코贊賞홀바ㅣ아니니何者오다만法을畏ᄒᆞ야此를守ᄒᆞ는者는法이無홀時는반다시惡事를行홈에忌憚이無홈으로써ㅣ니라

國民의本務는愛國心에根基홈을要홈

愛國心의必要

法律로써規定ᄒᆞᆫ바本務는要컨대消極的이되ᄂᆞ

니太平無事ᄒᆞᆫ時에在ᄒᆞ야ᄂᆞᆫ此로써足ᄒᆞ다ᄒᆞᆯ지나國步艱難ᄒᆞᆫ時ᄅᆞᆯ當ᄒᆞ야ᄂᆞᆫ國家의事ᄂᆞᆫ國民의義勇을必須ᄒᆞᆯ지니此ᄂᆞᆫ法으로써定ᄒᆞᆯ바ㅣ아니오國民各個의愛國心에一任ᄒᆞᆯ바ㅣ니라

ᄒᆞ믈며太平無事ᄒᆞᆫ時ᄅᆞᆯ當ᄒᆞ야셔도國家의富强은다만國民의消極的本務로써得致ᄒᆞᆯ바ㅣ아니니万一一國을擧ᄒᆞ야私利에孜孜ᄒᆞ고一人도國家의福利ᄅᆞᆯ爲ᄒᆞ야鞠躬ᄒᆞᄂᆞᆫ者ㅣ無ᄒᆞ면國運이日蹙ᄒᆞ야獨立平和ᄅᆞᆯ維持ᄒᆞᆷ에困難ᄒᆞᆯ지니故로愛國心은一國幸福의根蔕라云ᄒᆞ야도決斷코過言이아니니라

愛國心의起原

大凡愛國心은멀니國家歷史에起原ᄒᆞ고깁히國民腦髓에浸潤ᄒᆞ야並行不悖ᄒᆞᄂᆞᆫ者ㅣ라我大韓帝國은建國以來로一定ᄒᆞᆫ國土ᄅᆞᆯ據ᄒᆞ고萬世一統의皇室을戴ᄒᆞ야由前五百有餘年間에國家의寶籙이一日도或替ᄒᆞᆫ바ㅣ無ᄒᆞ시니臣民은總히皇室의外裔오皇室은實로國民의宗家ㅣ라其間에一種不易의國風을成ᄒᆞ야內外로브터攝取ᄒᆞᆫ百般事情이此에同化ᄒᆞ야國家의基礎ᄅᆞᆯ玆에確定ᄒᆞᆷ애千秋萬古에白岳의不騫ᄒᆞᆷ과東溟의無盡

ᄒᆞᆷ과ᄒᆞᆷᄭᅴ悠久悠長ᄒᆞᆷ을可期ᄒᆞᆯ지라故로我邦에在ᄒᆞ야ᄂᆞᆫ國家ᄂᆞᆫ자못一家와同ᄒᆞ야皇室은父母오人民은子女ㅣ니愛慕扶翼의情이特別히浹洽ᄒᆞᆫ바ㅣ니라ᄯᅩ國土ᄂᆞᆫ吾人의祖先이玆에生長ᄒᆞ며玆에棲息ᄒᆞ야汗으로써此ᄅᆞᆯ肥ᄒᆞ고血로써此ᄅᆞᆯ護ᄒᆞ야맛ᄎᆞᆷ내遺骨을藏ᄒᆞᆫ바오百世에欽慕ᄒᆞᆷ이可ᄒᆞᆫ許多事蹟의興廢와千秋에景仰ᄒᆞᆷ이可ᄒᆞᆫ忠臣義士의存亡ᄒᆞᆫ바오吾人의思想感情風俗慣習을作成ᄒᆞᆫ一切歷史의終始ᄒᆞᆫ바ㅣ니國土ᄂᆞᆫ實로歷史의墳墓ㅣ라稱ᄒᆞᆷ이可ᄒᆞ니라ᄒᆞ믈며吾人

我國民의愛國心은맛당히世界에冠絕ᄒᆞᆫ原因

은此土에生ᄒᆞ고此土에長ᄒᆞ야萬古不磨의秀麗ᄒᆞᆫ山川을日夕에瞻望ᄒᆞᄂᆞᆫ바ㅣ니此에셔더욱親切ᄒᆞᆫ知己가何에在ᄒᆞ리오愛國心은實로這中에得來ᄒᆞ야國民의堅確ᄒᆞᆫ志氣와國家의隆盛ᄒᆞᆫ基礎ᄅᆞᆯ作成ᄒᆞᄂᆞᆫ者ㅣ니라

同一의國土라도同一의人民과同一의主權에係ᄒᆞᆫ바ㅣ아니면能히愛國心을發生치못ᄒᆞ며ᄯᅩ同一의人民이라도一定ᄒᆞᆫ國土와一定ᄒᆞᆫ主權에係ᄒᆞᆫ바ㅣ아니면ᄯᅩᄒᆞᆫ足히愛國心을發生치못ᄒᆞᄂᆞ니我大韓帝國은建國以來로一定ᄒᆞᆫ人民이一定

ᄒᆞᆫ皇室을愛戴ᄒᆞ야一定ᄒᆞᆫ國土에棲息ᄒᆞᆫ者ㅣ니吾人은各各素富ᄒᆞᆫ愛國心을더옥涵養ᄒᆞ야맛당히世界萬邦에卓冠됨을自期ᄒᆞᆯ지니라

愛國心의發表

然이나自國의觀念은他國을對ᄒᆞ야비로소生ᄒᆞᆷ과ᄀᆞᆺ치自國을愛ᄒᆞᄂᆞᆫ心은外國을對ᄒᆞ야비로소自覺됨이有ᄒᆞ니라故로愛國心이素富ᄒᆞᆫ國民이라도他國과交涉이無ᄒᆞᆫ時ᄂᆞᆫ맛ᄎᆞᆷ내此ᄅᆞᆯ自覺ᄒᆞᆯ機能이無ᄒᆞ니故로我邦古訓中에ᄂᆞᆫ愛國心을說道ᄒᆞᆫ者ㅣ幾稀ᄒᆞ니라然이나一朝에外邦과干戈로相交ᄒᆞ거나或은外寇의게恥辱을見ᄒᆞᆯ時ᄂᆞᆫ忠

勇ᄒᆞᆫ臣民의愛國心은미양偉大ᄒᆞᆫ敵愾心이되여顯出ᄒᆞᄂᆞ니宣祖壬辰에李忠武公(名舜臣)의輸忠奮威와趙重峯(名憲)高霽峯(名敬命)의仗義殉國ᄒᆞᆷ을因ᄒᆞ야鄰敵으로ᄒᆞ여곰國威ᄅᆞᆯ慴服케ᄒᆞᆷ과仁祖丙子에金文忠公(名尚容號仙源)의自縊과鄭桐溪(名蘊)의割腹과三學士(洪翼漢尹集吳達濟)의罵賊就死ᄒᆞᆷ을因ᄒᆞ야遼虜로ᄒᆞ여곰國光을景仰케ᄒᆞᆷ과聖上光武九年乙巳十月에閔忠正公(名泳煥)의白刃自裁와趙忠正公(名秉世)의仰藥自盡ᄒᆞᆷ을因ᄒᆞ야東土含生으로薪에臥ᄒᆞ야膽을嘗케ᄒᆞᆷ은總히國家ᄅᆞᆯ愛護ᄒᆞᄂᆞᆫ精神으로出ᄒᆞᆫ바ㅣ

라歷代忠良의日星과ᄀᆞᆺᄒᆞᆫ炳義孤節은엇지다만勤王靖社ᄒᆞᆫ一時偉勳에止ᄒᆞ리오其忠魂毅魄이萬古에不死ᄒᆞ야今日吾人腦髓에個個精靈을鍾毓ᄒᆞᆫ바ㅣ니라帝國三十餘年間에列邦과交好의約을締結ᄒᆞᆷ으로브터對外思想이國民間에勃興ᄒᆞ야世界에對峙ᄒᆞᆫ本邦의位置를自覺ᄒᆞᆷ에至ᄒᆞ니國民의愛國心은玆에一層加倍ᄒᆞᆯ지라ᄒᆞ믈며吾人의愛國ᄒᆞᄂᆞᆫ心은今日에初有ᄒᆞᆷ이아니라歷史上精華를並蓄ᄒᆞ야特種固有ᄒᆞᆫ根性을成ᄒᆞᆷ이리오

愛國心은國民의心을結合ᄒᆞᆷ

大凡愛國心은國民의心을歸一케ᄒᆞᄂᆞᆫ者ㅣ라愛國心에對ᄒᆞ야ᄂᆞᆫ私怨도無ᄒᆞ고私利도無ᄒᆞ고私爭도無ᄒᆞ야國民全体의勢力이此心으로브터비로소表顯됨을得ᄒᆞᄂᆞ니故로深厚ᄒᆞᆫ愛國心을保有ᄒᆞᆫ國民은千萬人을通共ᄒᆞ야一髮을容ᄒᆞᆯ餘地가無ᄒᆞᄂᆞ니此ᄂᆞᆫ곳戰陣에臨ᄒᆞ야向ᄒᆞᄂᆞᆫ바의對敵ᄒᆞᆯ者ㅣ無ᄒᆞᆫ바ㅣ되ᄂᆞᆫ所以니라

愛國心은一國의元氣

愛國心의盛衰ᄂᆞᆫ곳一國元氣의消長되ᄂᆞᆫ바ㅣ라國家의强弱汚隆은專히其國民이其國을愛ᄒᆞᄂᆞᆫ精神多少에在ᄒᆞᄂᆞ니此ᄂᆞᆫ歷史上에明白ᄒᆞᆫ事實

이니라國을不愛ᄒᆞᄂᆞᆫ民은곳公으로써私에殉ᄒᆞᄂᆞᆫ民이니公으로써私에殉ᄒᆞᄂᆞᆫ民은其心이散離ᄒᆞᆯ지라民心이散離ᄒᆞ고國家가엇지호올노成立ᄒᆞᆷ을得ᄒᆞ리오一朝에內訌外憂를遇ᄒᆞ면土崩瓦解ᄒᆞᆷ에至ᄒᆞ리니此時를當ᄒᆞ야二三慷慨의士가忠을奮ᄒᆞ고義를仗ᄒᆞ야既傾ᄒᆞᆫ大厦를一木으로支撑ᄒᆞ고既倒ᄒᆞᆫ狂瀾을隻手로挽回코져ᄒᆞᆯ지라도時晩의嘆을空懷ᄒᆞᆯ지니古來로브터亡國의末路가擧皆如是ᄒᆞ니라

愛國心의ᄀᆞ장現出ᄒᆞᆷ은國家有事ᄒᆞᆫ時에可見ᄒᆞᄂᆞ니此時를當ᄒᆞ야國家의命令이一下ᄒᆞ면國民은生命을抛棄ᄒᆞ고國難에勇赴ᄒᆞᆷ이可ᄒᆞ니라今日은兵勇을徵募ᄒᆞᆷ에關ᄒᆞ야一定ᄒᆞᆫ國法이有ᄒᆞᆷ으로써一個의私勇으로大事를妄擧ᄒᆞᆷ이不可ᄒᆞ니다만徵兵의令이有ᄒᆞᆯ時ᄂᆞᆫ欣然히應募ᄒᆞ고決斷코奔竄逃匿ᄒᆞ야公事에赴ᄒᆞᆷ을圖避ᄒᆞᆷ이不可ᄒᆞ니라萬一榮幸으로軍伍에編列ᄒᆞᆫ者ᄂᆞᆫ맛당히勇往直前ᄒᆞ야死ᄒᆞᆫ後已ᄒᆞᆯ지니人이世에生ᄒᆞ야一死치아니ᄒᆞᄂᆞᆫ者ㅣ誰가有ᄒᆞ리오맛당히死ᄒᆞᆯ바에死ᄒᆞ면死ᄒᆞ야도오히려生ᄒᆞᆷ이니라國家를

爲ᄒᆞ야身을犧牲에供ᄒᆞ며皇室을爲ᄒᆞ고又ᄂᆞᆫ後世子孫을爲ᄒᆞ야一命을捨ᄒᆞᆷ은眞正ᄒᆞᆫ帝國男子의ᄆᆞ장名譽로自許ᄒᆞᆯ바ㅣ니라

排外心과愛國心

然이나愛國心이有ᄒᆞᆫ者ᄂᆞᆫ其行爲가往往過激ᄒᆞᆷ에失ᄒᆞᄂᆞᆫ弊가有ᄒᆞᄂᆞ니吾人은맛당히愼重ᄒᆞᆷ을要ᄒᆞᆯ지니라ᄒᆞ믈며故意로써外人을輕蔑히ᄒᆞᆷ은自己의狹量偏見을表示ᄒᆞᆷ에無過ᄒᆞᆷ이니決斷코文明國人의行ᄒᆞᆯ바ᄂᆞᆫ아니니라自國을愛ᄒᆞᆫ다ᄒᆞᆷ은他國을排ᄒᆞᆷ에不在ᄒᆞ고다만自國의獨立幸福을愛護ᄒᆞ며此ᄅᆞᆯ妨害ᄒᆞᄂᆞᆫ者에對ᄒᆞ야正當ᄒᆞᆫ防禦ᄅᆞᆯ力行ᄒᆞᆷ을謂ᄒᆞᆷ이니라

平時의愛國心

愛國心은다만國家非常ᄒᆞᆫ時에在ᄒᆞ야만發顯ᄒᆞᄂᆞᆫ者ㅣ아니오無事ᄒᆞᆫ時에在ᄒᆞ야도ᄯᅩᄒᆞᆫ戰時와ᄀᆞᆺ치表著ᄒᆞᆷ이可ᄒᆞᆫ者ㅣ니一己의自利心을棄ᄒᆞ고國家ᄅᆞᆯ爲ᄒᆞ야裨益ᄒᆞᆫ事業을成ᄒᆞᆷ은곳其國을愛ᄒᆞᆷ이니라戰爭에在ᄒᆞ야其責任을當ᄒᆞᆫ者ᄂᆞᆫ專히兵士라稱ᄒᆞᆯ지나平素에國家의裨益을計圖ᄒᆞᆷ은何人이라도得行ᄒᆞᆯ바ㅣ니大抵本務ᄂᆞᆫ能力이有ᄒᆞᆫ바에存在ᄒᆞᄂᆞ니故로國利ᄅᆞᆯ計畫ᄒᆞ고世益을經紀ᄒᆞᆷ은國民의固有ᄒᆞᆫ바義務ㅣ니라

皇室에對ᄒᆞᆫ本務
我國의建國及國體

第四章 皇室에對ᄒᆞᆫ本務

神聖文武ᄒᆞ오신我太祖高皇帝씌오셔皇天의明命을誕膺ᄒᆞ사磐泰의丕基를神都에奠安ᄒᆞ오셔我大韓帝國을肇建ᄒᆞ심으로브터萬世一統의帝冑로列聖이相傳ᄒᆞ사上下五百有餘年에無疆大曆服을嗣ᄒᆞ오시니歷世에在ᄒᆞ야道의隆衰와時의治亂이無ᄒᆞᆷ은아니로대일즉邊警의不虞를因ᄒᆞ야版圖의欠虧ᄒᆞᆫ바ㅣ無ᄒᆞ며墻禍의不逞을因ᄒᆞ야神器의累汚ᄒᆞᆫ바ㅣ無ᄒᆞ시고先皇의典禮를子孫의게丕顯ᄒᆞ시며天下의福樂을臣民과共享ᄒᆞ사寶祚二十八世에皇統이綿綿ᄒᆞ시고皇道ㅣ蕩蕩ᄒᆞ시니彼列邦歷史에廢讓이無常ᄒᆞ고革命이踵起ᄒᆞ야國典이無稽ᄒᆞ고王綱이屢絕ᄒᆞᆫ者와相較ᄒᆞ면汚隆의差別이엇지天壤에比ᄒᆞᆯ섇이리오千載隆運의今日을當ᄒᆞ야友邦의和好ᄂᆞᆫ衣裳의會盟을宛成ᄒᆞ고外臣의賀儀ᄂᆞᆫ玉帛의聘幣가相望ᄒᆞ야國体의崇嚴ᄒᆞ심과大權의神聖ᄒᆞ심이環球萬邦의瞻仰欽慕ᄒᆞᄂᆞᆫ바ㅣ되시니吾人帝國의臣民된者ᄂᆞᆫ歷代의深厚ᄒᆞ신聖謨와祖宗의宏遠ᄒᆞ신遺德을仰体ᄒᆞ야萬一의報荅을自期ᄒᆞᆯ지

니라

皇室의大恩

歷世의優渥ᄒᆞ신皇恩은敢히讚謨ᄒᆞ기難ᄒᆞ나其遠大ᄒᆞᆷ을言ᄒᆞᆯ진대皇祖ᄭᅴ오셔此國을肇基ᄒᆞ심으로브터今日에至ᄒᆞ고其廣博ᄒᆞᆷ을言ᄒᆞᆯ진대億兆로브터四海를含包ᄒᆞ야멀니異邦에至ᄒᆞ기ᄭᆞ지覃及ᄒᆞ얏도다ᄒᆞ믈며政敎가浹洽ᄒᆞ고典憲이燦備ᄒᆞ야洪纖을不遺ᄒᆞ고遐邇를一視ᄒᆞ심이리오普天의下와率土의濱이福樂을共享ᄒᆞ고壽康을均得ᄒᆞᆷ은莫非帝室의惠撫慈養ᄒᆞ심이니其廣大無涯ᄒᆞ심이巍巍ᄒᆞ고蕩蕩ᄒᆞ야天의覆ᄒᆞ고地

의載ᄒᆞᆷ과同ᄒᆞ신지라民의能名ᄒᆞᆯ바ㅣ아니로다

君主ᄂᆞᆫ國家의中心이라

大凡君主ᄂᆞᆫ國家의中心이니億兆臣民의休戚이係ᄒᆞᆫ바ㅣ니라吾人人類된者ㅣ社會를成立ᄒᆞ고國家를組織ᄒᆞᆷ을當ᄒᆞ야반다시此를統治ᄒᆞᄂᆞᆫ바主權者가無치못ᄒᆞᆯ지니於是乎小ᄒᆞᆫ者ᄂᆞᆫ酋長이有ᄒᆞ고大ᄒᆞᆫ者ᄂᆞᆫ君主가有ᄒᆞ야자못一家中에家長이有ᄒᆞᆷ과ᄀᆞᆺᄒᆞ니라

團体에君主가有ᄒᆞᆷ은天地의大法이라

如斯히統治의大權이一身에集中ᄒᆞᆷ은團体結合으로브터生ᄒᆞᄂᆞᆫ自然의結果곳天地自然의大則이니蜂과蟻와ᄀᆞᆺᄒᆞᆫ者도ᄯᅩᄒᆞᆫ首領이有ᄒᆞ며다만生物界ᄲᅮᆫ아니라太陽系에

在ᄒᆞ야셔도太陽이中心에在ᄒᆞ야諸星의運行을
調和ᄒᆞᄂᆞᆫ地位를占有ᄒᆞᄂᆞ니라一國의君主도ᄯᅩᄒᆞᆫ
此와ᄀᆞᆺ치衆庶의上에在ᄒᆞ야統治의大權을掌握
ᄒᆞᄂᆞ니此ᄂᆞᆫ곳人民의幸福을增進ᄒᆞᆷ에在ᄒᆞ야必
要ᄒᆞᆫ條件이되ᄂᆞᆫ바ㅣ라假令共和民政國에在ᄒᆞ
야셔도반다시統領을置ᄒᆞᆷ은此理로出ᄒᆞᆫ바오ᄯᅩ
社會平等이實行키難ᄒᆞᆷ은곳國家에主權의必要
가有ᄒᆞᆫ所以ᄲᅮᆫ아니라君臣의別은天地自然의組
織으로不得不然ᄒᆞᆷ에出ᄒᆞᆷ을因ᄒᆞᆷ이니라

皇室과臣民의關係

ᄒᆞ믈며我邦의國体ᄂᆞᆫ一種不易의特質이有ᄒᆞ야
君臣의關係ᄂᆞᆫ異邦의例로ᄡᅥ類觀ᄒᆞᆯ者ㅣ아니니
此ᄂᆞᆫ我國民의特別히記憶ᄒᆞᆯ바ㅣ니라既述ᄒᆞᆷ과
ᄀᆞᆺ치我邦의臣民은諸外國과ᄀᆞᆺ치一時勢力의結
果로契約或은强迫으로ᄡᅥ異種의民族을臣屬케
ᄒᆞ야君臣의分義를成ᄒᆞᆫ者ㅣ아니오皇祖建國以
來로神孫皇族이國中에蕃衍ᄒᆞ심애我臣庶ᄂᆞᆫ玆
에倫理가相連ᄒᆞ고氣血이相混ᄒᆞ야璿派의外裔
로出ᄒᆞ지아니ᄒᆞᆫ者ㅣ幾稀ᄒᆞ니此로ᄡᅥ觀ᄒᆞᆯ진대
大韓帝國은一大宗戚의黨이團結ᄒᆞ야國家를形
成ᄒᆞ얏다ᄒᆞ야도過言이아니니라然ᄒᆞᆷ으로我邦

에在ᄒᆞ야ᄂᆞᆫ君臣의情誼가公式을除ᄒᆞᆫ外에特別히親密ᄒᆞ니맛당히忠君愛國의精神이根性으로브터流出ᄒᆞᆯ바ㅣ니라

一家와一國

一家와一國의比較ᄂᆞᆫ我邦에在ᄒᆞ야ᄀᆞ장適切ᄒᆞᆫ바ㅣ라我國은곳同黨이同居團欒ᄒᆞᄂᆞᆫ一家ㅣ니皇帝陛下ᄂᆞᆫ곳親系外黨의家長이시며億兆臣民은곳親子外孫이라故로吾人臣民된者ᄂᆞᆫ各各家庭에在ᄒᆞ야祖와父母ᄅᆞᆯ供奉ᄒᆞᄂᆞᆫ바로써一國에在ᄒᆞ야皇帝陛下ᄅᆞᆯ供奉ᄒᆞᆷ이可ᄒᆞ니此ᄂᆞᆫ父母ᄅᆞᆯ事ᄒᆞᄂᆞᆫ孝로써君을事ᄒᆞ면곳忠이되ᄂᆞᆫ所以니라

君臣의情誼

如斯히吾人臣民은全國一種上下同氣의人民이됨으로써皇室에對ᄒᆞᆫ本務에在ᄒᆞ야도他邦臣民에比ᄒᆞ야더욱敦厚懇悃ᄒᆞᆷ을要ᄒᆞᆯ지니라ᄒᆞ믈며歷代聖君씌오셔皇祖皇宗의鴻猷駿德을紹述ᄒᆞ사皇國에君臨ᄒᆞ심애吾人臣民의祖先은모다世世皇室의鴻恩을厚洛ᄒᆞ고其餘慶을다시世世子孫에傳垂ᄒᆞ야써今日에至ᄒᆞ얏스니吾人의子孫도ᄯᅩᄒᆞᆫ長遠히皇子皇孫의聖恩을霑得ᄒᆞ야장ᄎᆞ天壤과ᄒᆞᆷᄭᅴ無窮ᄒᆞᆷ에至ᄒᆞᆯ지라故로我邦君臣의情誼ᄂᆞᆫ決코一朝一夕에成ᄒᆞᆫ바ㅣ아니오멀니建

國ᄒᆞᆫ同時로브터由來ᄒᆞ야斯後萬世下에傳至ᄒᆞᆷ이可ᄒᆞᆫ者ㅣ니라

君主ᄂᆞᆫ天下의心으로ᄡᅥ心을삼으시며萬民의休戚으로ᄡᅥ一身의利害를삼으시ᄂᆞ니故로歷代聖主ᄭᅴ오셔或凶歲를當ᄒᆞ사我民의饑饉을偏憐ᄒᆞ오셔御膳을減省ᄒᆞ시며或冬夜에在ᄒᆞ사我民의寒苦를偏憐ᄒᆞ오셔御裘를解除ᄒᆞ시니宵衣旰食으로國民一般의利害를爲ᄒᆞ사宸衷의煩惱ᄒᆞ심이如許히深厚ᄒᆞ심은吾人臣民된者의아직十分報荅치못ᄒᆞᆫ바ㅣ니라ᄒᆞ믈며國에不虞의變이有ᄒᆞ면皇室의歲費를蠲減ᄒᆞ사國防을親飭ᄒᆞ시며國에非常ᄒᆞᆫ灾가有ᄒᆞ면內帑의鉅額을捐發ᄒᆞ사窮民을親賑ᄒᆞ시니君父의元元赤子를慈諒惠顧ᄒᆞ시ᄂᆞᆫ一念의優渥ᄒᆞ심은山이비록高ᄒᆞ고海가비록深ᄒᆞ나足히ᄡᅥ比ᄒᆞ지못ᄒᆞᆯ바ㅣ라吾人臣民된者ᄂᆞᆫ念念ᄒᆞ야玆에及ᄒᆞᆷ애實로感淚縱橫ᄒᆞᆷ을自覺치못ᄒᆞᆯ바ㅣ니라

從順ᄒᆞᆷ은臣民의第一本務라

ᄯᅩ吾人臣民의生命財產으로브터名譽信敎에至ᄒᆞ기ᄭᆞ지安全ᄒᆞᆷ을得ᄒᆞᆷ은君主의統治ᄒᆞ시ᄂᆞᆫ道가得中ᄒᆞ심을因ᄒᆞᆷ이니此를人体에譬ᄒᆞᆯ진대君

主ᄂᆞᆫ心神과ᄀᆞᆺᄒᆞ시며臣民은四肢百体와ᄀᆞᆺᄒᆞᆫ지라四肢百体가安全健康ᄒᆞᆷ을得ᄒᆞᄂᆞᆫ所以ᄂᆞᆫ專主ᄒᆞᆫ心神의指導調護ᄒᆞᆷ이其宜ᄅᆞᆯ得ᄒᆞᆷ을因ᄒᆞᆷ이니四肢百体中에萬一心神의命ᄒᆞᄂᆞᆫ바ᄅᆞᆯ隨ᄒᆞ야行動치아니ᄒᆞᄂᆞᆫ者ㅣ有ᄒᆞᆫ時ᄂᆞᆫ心神은其目的을得遂치못ᄒᆞᆯ지며全体도ᄯᅩᄒᆞᆫ此ᄅᆞᆯ因ᄒᆞ야活用ᄒᆞᆷ을不得ᄒᆞᆯ지니此ᄂᆞᆫ곳臣民이君主에對ᄒᆞ야從順치아니ᄒᆞᆷ이不可ᄒᆞᆫ所以니라從順ᄒᆞᆷ은實로臣民된者의第一本務오ᄯᅩ最大ᄒᆞᆫ美德이니此ᄂᆞᆫ君臣의自然ᄒᆞᆫ情誼오ᄯᅩ社會의秩序ᄅᆞᆯ維持ᄒᆞ며國家의福利ᄅᆞᆯ增進ᄒᆞᄂᆞᆫ바ㅣ니라

義勇奉公

臣民은다만從順ᄒᆞᆷ에止ᄒᆞᆯᄲᅮᆫ아니라萬一事가皇室에關ᄒᆞᆫ者ㅣ有ᄒᆞᆫ時ᄂᆞᆫ國法의容許ᄒᆞᄂᆞᆫ限에在ᄒᆞ야義勇의志와忠良의誠으로各各皇室의干城이되며碎骨粉身ᄒᆞᆷ으로自處ᄒᆞᆯ지니帝國의臣民이되며皇室을爲ᄒᆞ야一命을犧牲으로供ᄒᆞᆷ은實로千載一遇의名譽라謂ᄒᆞᆯ지니라

國家와皇室의關係

我邦에在ᄒᆞ야ᄂᆞᆫ皇室은國權의存在ᄒᆞᆫ바오統治의本源이시니一切의法律命令은皇帝ᄭᅴ셔制定ᄒᆞ시ᄂᆞᆫ바ㅣ니라歐洲諸國中에或은統治의本体

는國家에存在ᄒᆞ고君主는다만行用의權을保有홈으로써國法을定ᄒᆞᆫ者ㅣ有ᄒᆞ니此는我國体와一切相反되는바ㅣ니라我邦에在ᄒᆞ야는國家는皇位와須臾도相離치못ᄒᆞ야皇位는곳國家의生命이시니皇室의隆替는곳國家의盛衰니라皇室이無ᄒᆞ면帝國이無ᄒᆞᆯ지라故로忠君과愛國은其名은相異ᄒᆞ나其實은곳同一ᄒᆞᆫ바ㅣ니라大凡眞正ᄒᆞᆫ愛國心이라도此를集中ᄒᆞ는바極点이無ᄒᆞ면散漫無紀ᄒᆞ야効果가少ᄒᆞᆯ지니譬컨대一物을擧ᄒᆞ는者ㅣ其重力의中心에對ᄒᆞ야其力을用치아니ᄒᆞ면能히十分의効果를見치못홈과ᄀᆞᆺᄒᆞ니라皇室이國家에在홈은곳大車의機軸과光線의燒点과同一ᄒᆞ야一國活動의中心이되ᄂᆞ니故로眞誠으로國家를愛ᄒᆞ는者는반다시皇室에對ᄒᆞ야盡忠홈이可ᄒᆞ니라

皇室을扶翼ᄒᆞ는道는他에在홈이아니라國法을遵奉ᄒᆞ야公益을務圖ᄒᆞ며一朝有事ᄒᆞᆫ時는義勇으로奉公홈에在ᄒᆞ니라我帝國의今日盛運은歷世聖君의偉業으로써遂成홈인故로此를保守翊衛ᄒᆞ야天壤과홈씌無窮홈은吾人臣民의當然ᄒᆞᆫ

國際의本務

本務ㅣ니라此目的을遂成ᄒᆞᄂᆞᆫ道ᄂᆞᆫ다만一身을修ᄒᆞ고一家를齊ᄒᆞ야其身体를健康히ᄒᆞ고其産業을安全히ᄒᆞ야平素에忠勇ᄒᆞᆫ精神을涵養ᄒᆞᆷ에在ᄒᆞ니라臣民으로ᄒᆞ여곰文弱ᄒᆞᆷ에流ᄒᆞ야尙武의氣像이乏ᄒᆞ고忠憤의精神이無ᄒᆞ면맛ᄎᆞᆷ내國家ᄂᆞᆫ萎靡ᄒᆞᆷ에自底ᄒᆞ고皇室은衰替ᄒᆞᆷ에自歸ᄒᆞ리니然ᄒᆞᆫ즉吾人臣民은君國에對ᄒᆞ야不忠不義의罪를得免치못ᄒᆞᆯ지니라

第五章 國際의本務

前章에在ᄒᆞ야ᄂᆞᆫ國家와밋皇室에對ᄒᆞᆫ臣民의本務를述ᄒᆞᆫ바ㅣ나世界에國을建設ᄒᆞᆫ者ㅣ一에止치아니ᄒᆞᄂᆞ니万國交通의今日을當ᄒᆞ야ᄂᆞᆫ國家가恒常諸外國과交好치아니치못ᄒᆞᆷ으로써互相間에當行ᄒᆞᆯ本務가不無ᄒᆞᄂᆞ니此ᄂᆞᆫ本來國政에當局ᄒᆞᆫ者가直接으로關係ᄒᆞᆯ바ㅣ나一般臣民도ᄯᅩᄒᆞᆫ其大体를通曉ᄒᆞᆷ을要ᄒᆞᆯ지니라

一個人과國家의類似ᄒᆞᆫ点

大抵道德上으로觀ᄒᆞᆯ時ᄂᆞᆫ一國은자못一人과ᄀᆞᆺᄒᆞ니다만此ᄂᆞᆫ一個人이오彼ᄂᆞᆫ一個人의集合体된差別이有ᄒᆞᆯᄲᅮᆫ이니라國家의心性은主權이니此이곳一個人과ᄀᆞᆺᄒᆞᆫ바오國家의意志ᄂᆞᆫ法律이

國家互相間의本務

니此이곳一個人과又ᄒᆞᆫ바오國家의目的은幸福
이며國家의生命은獨立自由니此이곳一個人과
又ᄒᆞᆫ바ㅣ니라其他財産名譽를具有ᄒᆞᆷ이些少도
一個人과無異ᄒᆞᆫ지라故로一個人이其生命財産
名譽를保全ᄒᆞᄂᆞᆫ權利가有ᄒᆞᆷ과又치國家도坯ᄒᆞᆫ
其獨立財産名譽를侵害치못ᄒᆞᆯ權利가有ᄒᆞ니라
大凡獨立平等의地位를各保ᄒᆞ야其權利를서로
尊重ᄒᆞᆷ은國家互相間의本務ㅣ니國家가萬一他
의攻擊을遇ᄒᆞᆯ時ᄂᆞᆫ其獨立과利益을完全히ᄒᆞᆷ을
爲ᄒᆞ야正當防禦의權을保有ᄒᆞᆷ이자못一個人과

一個人과國家의差別

無異ᄒᆞ니라然이나此權利를使用ᄒᆞᄂᆞᆫ바方法은
一個人과國家間에著大ᄒᆞᆫ差別이有ᄒᆞ니一個人
이暴力으로써他의暴力을防禦ᄒᆞᆷ을得ᄒᆞᆷ은다만
法律의保護를必須ᄒᆞᆷ에無暇ᄒᆞᆫ非常ᄒᆞᆫ時에限ᄒᆞ
고平時에在ᄒᆞ야ᄂᆞᆫ다만國家의手段을藉ᄒᆞ야此
權을行得ᄒᆞᆯ뿐이니故로一個人을保護ᄒᆞ야不正
ᄒᆞᆫ行爲를責罰ᄒᆞᄂᆞᆫ者ᄂᆞᆫ國家ㅣ니라然이나國家
에在ᄒᆞ야ᄂᆞᆫ不然ᄒᆞ니一個의權力이各國을牽制
ᄒᆞ야各國으로ᄒᆞ여곰其制裁判決에服從케ᄒᆞᄂᆞᆫ
者ᄂᆞᆫ決無ᄒᆞ니라萬一如斯ᄒᆞᆫ權力이有ᄒᆞ다ᄒᆞᆯ진

대各國은임의獨立의主權을失ᄒᆞᆫ者ㅣ라謂ᄒᆞᆷ이可ᄒᆞᆯ지라故로國家의獨立을危害ᄒᆞ고名譽ᄅᆞᆯ毁損ᄒᆞ며財産을侵奪ᄒᆞᄂᆞᆫ者ㅣ有ᄒᆞᆫ時ᄂᆞᆫ此ᄅᆞᆯ防禦ᄒᆞ며責罰ᄒᆞᄂᆞᆫ者ᄂᆞᆫ國家自身이니所謂國際公法이란者가有ᄒᆞ나此ᄂᆞᆫ他法律과ᄀᆞᆺ치行使ᄒᆞᄂᆞᆫ바一定ᄒᆞᆫ主權이無ᄒᆞᆷ으로써其本領은全然히各國德義心에存在ᄒᆞᆫ者ㅣ라謂ᄒᆞᆷ이可ᄒᆞ니라

如斯히國家ᄂᆞᆫ自己의權利ᄅᆞᆯ侵害ᄒᆞᄂᆞᆫ바暴力에對ᄒᆞᆷ에또ᄒᆞᆫ暴力으로써ᄒᆞ야自己의利益을保護치아니치못ᄒᆞᆯ지니戰爭이곳是니라

戰爭은國家의正當防禦라

戰爭의性質됨은本來正當防禦로出ᄒᆞᆫ者ㅣ나戰爭을起ᄒᆞᄂᆞᆫ權利ᄂᆞᆫ國家自由에存在ᄒᆞ고他에此ᄅᆞᆯ牽制ᄒᆞᄂᆞᆫ바權力이無ᄒᆞᆷ으로써其理由ᄂᆞᆫ반다시正當ᄒᆞ다謂치못ᄒᆞᆯ지니此ᄂᆞᆫ古今歷史上에明確ᄒᆞᆫ事實이오또國際公法은不正ᄒᆞᆫ戰爭을責罰ᄒᆞᄂᆞᆫ權力이無ᄒᆞ고다만國家道義心에一任ᄒᆞᆷ에不外ᄒᆞᆫ者ㅣ니라自國의强大ᄒᆞᆷ을恃ᄒᆞ야弱小ᄒᆞᆫ者ᄅᆞᆯ抑壓ᄒᆞ며自國의利益을爲ᄒᆞ야他邦의膨脹ᄒᆞᆷ을妨害ᄒᆞᆷ은其擧措의不正ᄒᆞᆷ이更言ᄒᆞᆯ바ㅣ아니나世界今日의實際狀況은아직腕力을全依ᄒᆞ

ᄂᆞ니純然ᄒᆞᆫ道德의制裁를依ᄒᆞ야國際의關係를調和ᄒᆞᄂᆞᆫ時代에至ᄒᆞ기ᄭᆞ지ᄂᆞᆫ前途가오히려悠遠ᄒᆞ다謂ᄒᆞᆯ지니라

然이나恒常國際公法을標準ᄒᆞ야正理와公道를遵守ᄒᆞ야正當ᄒᆞᆫ理由가아니면敢히干戈를動치아니ᄒᆞᄂᆞᆫ國家ᄂᆞᆫ眞個國家된本務를保守ᄒᆞᄂᆞᆫ者ㅣ니此ᄂᆞᆫ吾人의贊賞ᄒᆞᄂᆞᆫ바ㅣ라距今一百二十年前에北米合衆國이英吉利國과兵을交ᄒᆞᆷ은其暴戾ᄒᆞᆫ政策을除排ᄒᆞ고自國의獨立을維持ᄒᆞᆷ에職由ᄒᆞᆷ이니其正大ᄒᆞᆫ理由와義勇의精神은世界

萬邦의感嘆ᄒᆞᄂᆞᆫ바ㅣ라實로千古의義戰이라謂ᄒᆞᆯ지니라

戰爭의目的은勝利에在ᄒᆞᆷ

임의開戰ᄒᆞᄂᆞᆫ不得已ᄒᆞᆫ境遇에至ᄒᆞᆯ時ᄂᆞᆫ國家ᄂᆞᆫ十分完全ᄒᆞᆫ手段을豫備ᄒᆞ야勝利의目的을得達ᄒᆞᆷ이可ᄒᆞᆷ은玆에贅言ᄒᆞᆯ바ㅣ아니니라然이나其手段은다만勝利의目的을達ᄒᆞᆷ에止ᄒᆞᆯᄲᅮᆫ이오萬一勝利에必要ᄒᆞᆷ이되지아니ᄒᆞᄂᆞᆫ者ᄂᆞᆫ假令敵國의一物이라도此를侵害ᄒᆞᄂᆞᆫ權利가無ᄒᆞ니라

戰爭中의本務

敵의兵士와軍屬을殺傷ᄒᆞᆷ은敵兵의戰鬪力을弱ᄒᆞ게ᄒᆞᄂᆞᆫ理由에出ᄒᆞᆷ인故로반다시正當ᄒᆞᆫ權利

라謂홀지나武器를携帶치아니훈者假令婦女子ᄀᆞᆺ훈者에對ᄒᆞ야ᄂᆞᆫ決斷코危害를加홈이不可홀지며囚虜ᄂᆞᆫ禁錮ᄒᆞ야繼戰치못ᄒᆞ게홈이足ᄒᆞ고決斷코此를殺戮홈이不可홀지며敵의城郭堡壘ᄂᆞᆫ此를破壞ᄒᆞᄂᆞᆫ權利가有ᄒᆞ나戰爭에不係훈建築物等은毁損홈이不可ᄒᆞ고다만償金의擔保로敵國의所有物을占有홀ᄲᅮᆫ이며또海上에在ᄒᆞ야ᄂᆞᆫ敵의船艦을捕獲홈이可ᄒᆞ니라玆에更言홀진대敵國의財産을占有捕獲ᄒᆞᄂᆞᆫ權利ᄂᆞᆫ總히國家主權에存在훈바ㅣ니兵士軍夫가되여此等의行

爲가有홈은偷盜와無異ᄒᆞ니라

古今戰爭의差別

往古의人文이未開훈時에在ᄒᆞ야ᄂᆞᆫ戰勝훈者ᄂᆞᆫ敵國의子女를刦掠ᄒᆞ고財産을橫奪ᄒᆞ며家屋은燒壞ᄒᆞ고原野ᄂᆞᆫ荒蕪케ᄒᆞ야其暴虐훈行爲가無所不至ᄒᆞᄂᆞ니此ᄂᆞᆫ戰勝의威를乘ᄒᆞ야私慾을充홈이니크게國家道義에背違ᄒᆞᄂᆞᆫ者ㅣ니라近世에在ᄒᆞ야ᄂᆞᆫ各國이서로平和의手段으로써國際의葛藤을裁決홈을要ᄒᆞ고不得已훈境遇가아니면妄悖히干戈를不動ᄒᆞ며또一朝에開戰홈을宣告홀지라도互相間에國際의德義를敦守ᄒᆞ야或

도殘忍暴虐의行爲를不行ᄒᆞᄂᆞᆫ傾向에至ᄒᆞᆷ은곳人道公義의進步를表彰ᄒᆞᆷ이니라

國과國의關係ᄂᆞᆫ各國上에立ᄒᆞ야此를牽制ᄒᆞᄂᆞᆫ主權이無ᄒᆞᆷ으로써다만各國主權者의判斷을依ᄒᆞᄂᆞᆫ外에他道理가無ᄒᆞ니此를牽制ᄒᆞᄂᆞᆫ主權이無ᄒᆞᆷ을乘ᄒᆞ야暴力으로써正義를蹂躪ᄒᆞᄂᆞᆫ者ᄂᆞᆫ其國이비록强大ᄒᆞᆯ지라도決斷코國家의永遠ᄒᆞᆫ名譽를成ᄒᆞᄂᆞᆫ바ㅣ아니니라大抵各國互相間에道를守ᄒᆞ고德을行ᄒᆞᆷ이一個人과ᄀᆞᆺᄒᆞᆷ에至ᄒᆞ기以前에ᄂᆞᆫ世界의道義ᄂᆞᆫ아직圓滿ᄒᆞ다稱ᄒᆞ지못ᄒᆞᆯ지니라

國家를成ᄒᆞᄂᆞᆫ者ᄂᆞᆫ個人이니個人의道德이完全無缺ᄒᆞ고國家가호올노엇지非道悖德됨이有ᄒᆞ리오今日國際의道德이아직完全치못ᄒᆞᆷ은畢竟個人의道德에在ᄒᆞ야欠缺ᄒᆞᆫ바ㅣ有ᄒᆞᆫ所以니라

第六章　結論

大凡道德의原理ᄂᆞᆫ古今을通ᄒᆞ야有一無二ᄒᆞᆫ바ㅣ나此를一國一社會에適當히施用ᄒᆞᄂᆞᆫ情狀에至ᄒᆞ야ᄂᆞᆫ其風俗慣習歷史國体等의相異ᄒᆞᆷ을隨ᄒᆞ야各各變更치아니ᄒᆞᆷ을不得ᄒᆞᆯ지니此ᄂᆞᆫ吾人

의マ장研究홀바ㅣ니라

道德의原理

道德의原理라홈은何를謂홈이뇨一言으로써蔽홀진대善行을奬ᄒᆞ고惡事를戒홈에在ᄒᆞ니라何를善行이라云ᄒᆞ며何를惡事라云ᄒᆞᄂᆞ뇨此ᄂᆞᆫ곳倫理學의根本的問題니人生의目的을確究홈이아니면解釋키不能ᄒᆞᆫ바ㅣ니라

人生의目的

人生의目的이라홈은何를謂홈이뇨圓滿ᄒᆞᆫ幸福이곳是니라幸福이란者ᄂᆞᆫ다만口体耳目의慾望을充홈을謂홈이아니오ᄯᅩᄒᆞᆫ良知良能의至高ᄒᆞᆫ滿足을謂홈이니人生의榮華가비록極盡홀지라도良心의苛責을受홈이有ᄒᆞ면其人은決斷코幸福이아니니라故로圓滿ᄒᆞᆫ幸福은快樂과德義의融和一致홈을要ᄒᆞᄂᆞ니라

幸福을求ᄒᆞᄂᆞᆫ道

圓滿ᄒᆞᆫ幸福을求ᄒᆞᄂᆞᆫ道ᄂᆞᆫ何에在ᄒᆞ뇨人類의天性을完全히發展홈에在ᄒᆞ니라人性의發展을害ᄒᆞᄂᆞᆫ者ᄂᆞᆫ惡事오利ᄒᆞ게ᄒᆞᄂᆞᆫ者ᄂᆞᆫ善行이니此이곳道德의原理니라

道德의原理와此를實行ᄒᆞᄂᆞᆫ方法의

然이나其國이相異ᄒᆞ고其人이相殊ᄒᆞ면此의原理를實行ᄒᆞᄂᆞᆫ方法도ᄯᅩᄒᆞᆫ相異ᄒᆞᄂᆞ니所以로世界萬邦이各各特殊ᄒᆞᆫ情狀이有ᄒᆞ니라故로彼로

比較

써此를推論홈은到底不能훈바오其要는다만人生의目的을均共히得達홈에在ᄒᆞ니라然홈으로我邦에는스ᄉᆞ로我邦固有의道德이有ᄒᆞ니此는人種歷史國体等의使然훈바ㅣ됨으로吾人人民의幸福과終始隨伴ᄒᆞ야決斷코相離치못ᄒᆞ는바ㅣ니라

我邦道德의根蒂와標準

忠信孝悌는我邦彝倫의根蒂오共同愛國은國民德義의標準이니或此에違反되는倫理는我國民의不要ᄒᆞ는바ㅣ니라故로人情이不同ᄒᆞ고國政이相殊훈諸外國의偏頗或固定훈國敎道德等은

其外形의美觀을見ᄒᆞ고一時艶美ᄒᆞ야此를곳我邦에移植코져홈은實로我邦固有의道德이有홈을不知ᄒᆞ는者ㅣ니此는社會主義의利一邊을見ᄒᆞ고國家主義의害一邊을未見ᄒᆞ는者ㅣ니라彼에利가有훈者ㅣ반다시我에益이有훈바ㅣ아니오其要는一國의特質에適應ᄒᆞ는與否에在ᄒᆞ니此는國家主義의道德의必要훈所以니라

國家的道德과世界的道德

人이或國家主義의道德으로써狹隘不通홈이라ᄒᆞ야世界平等의原理로써곳實際에施行코져ᄒᆞ는者ㅣ有ᄒᆞ니深思熟慮치아니홈에職由홈이로

다今日에幾多의國家가世界에樹立홈은實로各國民族의特性에基因혼者ㅣ니其根據가深ᄒ고大ᄒ야各其特質을保有ᄒ고또혼各其利害를相異케혼지라其利害를相異케혼國民의게平等一致의道德으로써홀진대決斷코施行됨을未見홀지니라此를施行코져홈은곳一國의特質을湮滅홈이오國民의特質을湮滅홈은곳國民이無홈이니國民이無ᄒ고國家가엇지호올노存在홈을得ᄒ리오

世界와國家

大凡吾人은世界의一員된者ㅣ나同時에國家의

國家와國民

一民이오吾人은世界에住在혼者ㅣ나直接으로其保護를仰賴ᄒ는바는國家ㅣ니라吾人은玆에生ᄒ야玆에家ᄒ고玆에生命財產名譽의安全홈을享受ᄒᄂ니吾人의幸福은世界의資與혼바ㅣ아니오곳國家의恩이니라然홈으로吾人은民됨에在ᄒ야何國에던지可혼바ㅣ아니오반다시一定혼國家에臣屬치아니치못홀바ㅣ니此는偶然히然혼바ㅣ아니오實로吾人의特性과相離치못홀關係가有혼所以니라

故로國家는圓滿혼幸福을享受홈에在ᄒ야人生

의須臾도相離치못ᄒᆞᆯ바ㅣ니라吾人은國家ᄅᆞᆯ依ᄒᆞ야世界에生活ᄒᆞᄂᆞᆫ者ㅣ오世界ᄅᆞᆯ依ᄒᆞ야國家에生活ᄒᆞᄂᆞᆫ者ㅣ아니니吾人의幸福은總히國家幸福에隨伴되ᄂᆞᆫ바ㅣ라故로人生의目的을得遂코져ᄒᆞᆯ진대國家의獨立盛大홈을計畫치아니치못ᄒᆞᆯ지니此ᄂᆞᆫ國家가맛당히實際道德의標準됨이可ᄒᆞᆫ所以니라

國民의心을結合홈은國家의盛大홈

國家의盛大홈을得致ᄒᆞᄂᆞᆫ所以ᄂᆞᆫ其道가唯一이有ᄒᆞᆯ섇이니國民의私利私慾으로ᄒᆞ여곰國家公共利益에服從케홈에在ᄒᆞ며또國民으로ᄒᆞ여곰

을得致ᄒᆞᄂᆞᆫ所以라

國家의福利로브터由來ᄒᆞᄂᆞᆫ者ᄅᆞᆯ除却ᄒᆞᆫ外에個人의福利가無홈을覺悟케홈에在ᄒᆞ니詳言ᄒᆞᆯ진대民心을結合ᄒᆞ야國家ᄅᆞᆯ爲ᄒᆞ야盡力케홈에在ᄒᆞ니라大抵一國의强弱은專主히民心結合의如何홈에在ᄒᆞ니萬一民心이乖離ᄒᆞᆯ진대金城鐵艦이라도足히依恃ᄒᆞᆯ바ㅣ아니오民心이結合ᄒᆞᆯ진대비록百萬勁敵이라도足히畏慮ᄒᆞᆯ바ㅣ아니니라

民心을結合ᄒᆞᄂᆞᆫ道

民心을結合ᄒᆞᄂᆞᆫ道ᄂᆞᆫ何에在ᄒᆞ뇨民族의特性에基本ᄒᆞ고國体의要義ᄅᆞᆯ應ᄒᆞ야國民的道德을確

立홈에在ᄒᆞ니라忠信孝悌와共同愛國은我邦道德의標準됨이可ᄒᆞᆫ者ㅣ니前者ᄂᆞᆫ各人의德行을修ᄒᆞ야國家의基礎를鞏固게ᄒᆞᄂᆞᆫ바오後者ᄂᆞᆫ國民의義勇心을培養ᄒᆞ야不虞의緩急을備禦ᄒᆞᄂᆞᆫ所以니라

임의國家로써道德의標準을삼을진대私德은맛당히公德에服從홀지며個人的道德은맛당히國家的道德에讓步홀지니個人과國家가同等의地位를持保ᄒᆞ야相對홀진대國家의統一과民心의結合은到底히期望치못홀지니라

然이나國家의道德은決斷코個人的道德에背戾ᄒᆞᄂᆞᆫ者ㅣ아니니라個人이家族을成ᄒᆞ고家族이社會를成ᄒᆞ며社會가國家를成홈이總히人生의目的을達ᄒᆞᄂᆞᆫ必要로出홈이니엇지其間에利害의衝突이生홀理가有ᄒᆞ리오國家에利가有ᄒᆞᆫ者ᄂᆞᆫ個人이ᄯᅩᄒᆞᆫ其益을享ᄒᆞ고個人에害가有ᄒᆞᆫ者ᄂᆞᆫ國家가ᄯᅩᄒᆞᆫ其弊를受ᄒᆞᄂᆞ니個人은國家의損害를因ᄒᆞ야一時의私利를享得홀지라도其害가반다시踵을旋치아니ᄒᆞ야卽至ᄒᆞᄂᆞ니라個人의福利ᄂᆞᆫ國家와홈ᄭᅴ홈이아니면決斷코永續홈이

可ᄒᆞᆫ者ㅣ아니니故로國家의利害ᄂᆞᆫ곳個人의利害니라

國家的道德은一國敎育의基礎됨이可홈

國家的道德은반다시一國敎育의基礎됨이可ᄒᆞ니國家的敎育이곳是니라通商以來로我邦人士가歐米及日本의文物을採取ᄒᆞᆷ에當ᄒᆞ야長短을不問ᄒᆞ고彼國의事物로써모다善타ᄒᆞ고東洋及我邦의事物은모다陳腐로歸ᄒᆞ야맛ᄎᆞᆷ내我帝國固有의德敎ᄸ지倂히此ᄅᆞᆯ放棄코져ᄒᆞᆷ에至ᄒᆞ니故로世人이各其見聞ᄒᆞᄂᆞᆫ바에迷惑ᄒᆞ야左柢右牾에漠然히其趨向ᄒᆞᆯ바ᄅᆞᆯ知치못ᄒᆞᄂᆞᆫ지라我至仁至慈ᄒᆞ신大皇帝陛下씌오셔此ᄅᆞᆯ軫念ᄒᆞ사敎育에關ᄒᆞᆫ勅語ᄅᆞᆯ屢下ᄒᆞ사懇惻히忠信孝悌共同愛國의大道ᄅᆞᆯ指示ᄒᆞ사國民으로ᄒᆞ야곰矜式ᄒᆞᄂᆞᆫ바ᄅᆞᆯ知得케ᄒᆞ시니我邦臣民된者ᄂᆞᆫ聖旨ᄅᆞᆯ欽奉ᄒᆞ야써國家的敎育의美果ᄅᆞᆯ擧ᄒᆞᆷ을自期ᄒᆞᆯ지니라今에我邦은임의物質上의文明을輸入ᄒᆞ야一個의外形을改新ᄒᆞᆫ지라此에接續ᄒᆞᆷ에道德上의改良으로써ᄒᆞ야擧國臣民이眞正ᄒᆞᆫ國家的敎育의薰陶ᄅᆞᆯ受ᄒᆞ야生長ᄒᆞᆯ진대國威의振興은日을指ᄒᆞ야可待ᄒᆞᆯ지니라

倫理學敎科書卷四 終

隆熙二年一月十日 印刷
隆熙二年一月十五日發行

版權所有

倫理學上下
定價金壹圜五拾錢
郵稅十四錢

編述者 申海永
發行所 京城磚洞 普成館
印刷所 京城磚洞 普成社
發兌所 京城磚洞 普成館

普成館新刊書籍廣告

●東國史略	一帙四册	定價金貳圜	郵稅貳拾八錢
●東西洋歷史	一帙二册	仝 壹圜五拾錢	仝 拾貳錢
●越南亡國史	全	仝 貳拾五錢	仝 貳錢
●世界一覽	全	仝 貳拾錢	仝 貳錢
●初等小學	卷一	仝 貳拾五錢	仝 貳錢
●商業大要	全	仝 六拾錢	仝 拾錢
●新編博物學	全	仝 七拾錢	仝 拾錢
●外交通義	一帙二册	仝 壹圜貳拾錢	仝 拾八錢
●中等生理學	全	仝 九拾錢	仝 拾錢
●五偉人小歷史	全	仝 拾錢	仝 參錢
●家庭教育學	全	仝 參拾錢	仝 六錢
●萬國地理	一帙二册	仝 壹圜拾錢	仝 拾四錢
●師範教育學	全	定價金五拾錢	郵稅四錢
●新編大韓地理	全	仝 七拾錢	仝 八錢
●商業汎論	一帙二册	仝 壹圜拾錢	仝 拾四錢
●比律賓戰史	全	仝 四拾錢	仝 拾錢
●普通經濟學	全	仝 八拾五錢	仝 拾錢
●中等地文學	全	仝 五拾錢	仝 八錢
●比斯麥傳	全	仝 拾五錢	仝 貳錢
●農學初階	全	仝 四拾五錢	仝 六錢
●心理學	全	仝 八拾五錢	仝 拾錢
●銀行論	一帙二册	仝 壹圜五拾錢	仝 貳拾錢
●會社法綱要	一帙二册	仝 壹圜五拾錢	仝 貳拾錢
●貨幣論	全	仝 壹圜貳拾錢	仝 拾錢
●小物理學	全	仝 六十錢	仝 四錢
●初等理化學	全	仝 八拾五錢	仝 十錢

근대 한국학 교과서 총서 5 | 윤리과 |

초판인쇄 2022년 04월 11일
초판발행 2022년 04월 25일

편 자 성신여대 인문융합연구소
발 행 인 윤석현
발 행 처 제이앤씨
책임편집 최인노
등록번호 제7-220호

우편주소 서울시 도봉구 우이천로 353 성주빌딩
대표전화 02) 992 / 3253
전 송 02) 991 / 1285
전자우편 jncbook@hanmail.net

ISBN 979-11-5917-206-9 94370 정가 48,000원
979-11-5917-201-4 (Set)